La France au XXe siècle

tome 1 : jusqu'en 1968

En couverture :

Un enfant et son père en bicyclette en Provence (v. 1960-1961).
Ph. © Eliott Erwitt/Magnum.

Y. Trotignon

Agrégé de l'Université

La France au XXe siècle

tome 1 : jusqu'en 1968

Dunod

Né en 1923, agrégé d'histoire en 1949, **Yves Trotignon** se consacre d'abord à l'enseignement secondaire, tout en s'intéressant à la cartographie scolaire. Professeur de classes préparatoires aux Grandes Écoles en 1956, il est spécialement chargé de la préparation à HEC depuis 1961 au lycée Hoche à Versailles ; il devient inspecteur en 1976. Il a publié plusieurs ouvrages qui, par leur thème – le XXe siècle – s'adressent tant aux candidats aux Grandes Écoles de commerce qu'aux étudiants des facultés ou au public cultivé désireux de comprendre son temps.

Du même auteur, dans la même série

La France au XXe siècle - tome 1 : jusqu'en 1968
- tome 2 : depuis 1968

Le XXe siècle en URSS

Le XXe siècle américain

ISBN 2-04-016403-0

AVERTISSEMENT

Les objectifs auxquels répond cet ouvrage doivent sans doute être indiqués afin qu'on n'aille pas y chercher ce qu'il ne prétend pas apporter.

*Il vise d'abord à faire connaître la France du XX*e *siècle dans ses « structures », c'est-à-dire ses conditions économiques, démographiques, sociales, financières, mentales, politiques, etc. Donc pas d'étude purement politique ou événementielle, mais une recherche de la vie de la France considérée surtout dans ses profondeurs.*

Dans ses profondeurs, mais aussi dans ses manifestations extérieures, son évolution. C'est justement cette évolution — une fois dégagées les bases — qu'il s'agit de comprendre. Aussi les tableaux « évolutifs » alternent-ils avec les tableaux purement « descriptifs », comme avec la présentation des diverses politiques suivies.

Un autre objectif, plus pratique, apparaîtra facilement à la lecture des pages qui suivent : faciliter le travail des étudiants, spécialement de ceux qui abordent l'histoire économique : candidats aux hautes études commerciales, aux écoles normales supérieures, étudiants des facultés, etc. Il s'agit de les aider à comprendre une période très récente, sinon trop récente pour être facilement dominée, leur fournir un instrument de travail aussi utilisable que possible.

Celui-ci ne les dispensera absolument pas de recourir à des travaux plus précis, plus « savants », mais leur évitera peut-être de succomber sous une masse d'ouvrages ou d'articles dispersés, d'intérêt (ou de valeur) très inégal, parfois même leur fournira une ébauche de synthèse en attendant la parution de traités d'ensemble dont la nécessité est de plus en plus ressentie aujourd'hui.

C'est pourquoi l'on n'a pas craint de faire ici un travail très scolaire dans sa présentation : chapitres, paragraphes et sous-paragraphes sont multipliés ; les notions générales sont fréquemment rappelées (il est bien illusoire de les croire suffisamment connues !) ; des comparaisons sont dressées avec les pays étrangers ; quelques graphiques concrétisent les évolutions les plus importantes ; quelques indications bibliographiques sont fournies. Les renvois d'un paragraphe à l'autre sont nombreux ; on s'est efforcé de rendre facile l'étude d'une question particulière à travers les différents chapitres.

Il n'est peut-être pas inutile, après avoir souligné les objectifs de cet ouvrage, d'en justifier le plan. Trois grandes périodes sont distinguées : avant 1945, de 1945 à 1968, depuis 1968. Le plan suivi pour l'étude de ces trois périodes n'est pas le même. Pour la période la plus récente (objet du tome II), après avoir montré les conditions générales de l'évolution, on distinguera d'abord l'aspect proprement économique puis la perspective humaine, devenue si importante de nos jours. Pour les deux premières périodes, les seules à être abordées dans ce tome I, on a procédé autrement.

Les tableaux successifs de la France d'avant 1914, de ses tentatives des années 20, de sa crise des années 30 culminant dans la défaite et l'occupa-

tion par l'ennemi cherchent à montrer par étapes la démarche d'un pays accablé par des épreuves insignes.

De 1945 à 1968, il eût été assez aisé de souligner aussi les étapes de 1950 et de 1958. Mais cela — à notre avis — aurait empêché de saisir la caractéristique essentielle de la période (quelles qu'en soient les péripéties) : la profonde mutation de la France. Aussi, pour en arriver à la présentation de celle-ci, avons-nous tenu — abandonnant l'ordre chronologique — à en dégager d'abord les conditions, et en particulier le rôle devenu si important de l'État ; l'étude de la mutation apparaît ensuite couronnant le tout.

En terminant on ne cachera pas que, conduisant une étude comme celle-ci jusqu'au présent le plus actuel, on a parfaitement ressenti trois difficultés principales :

- *difficulté de dominer des faits très récents et une documentation à la fois surabondante et très insuffisante ;*
- *difficulté de parvenir à des conclusions solides (si tant est qu'on y parvienne jamais en histoire !) alors que le sujet de l'étude risque sans cesse de les remettre lui-même en cause ;*
- *difficulté enfin de garder l'impartialité souhaitable quand on évoque un passé en tout ou partie vécu et qu'on est témoin de la mutation d'un pays qui vous est cher. On s'est efforcé d'être impartial, mais on n'éprouve aucune honte à avoir tenté de donner une âme à cet ouvrage.*

PREMIÈRE PÉRIODE : AVANT 1945

PREMIÈRE PARTIE

LA FRANCE D'AVANT 1914

« Avant 14... » était l'expression consacrée pour désigner une période calme, stable, heureuse. Certes, des inventions ou découvertes surprenantes (l'électricité, la radio, l'avion) donnaient aux hommes la conscience de vivre une période de transformations, mais celles-ci, à tout prendre, étaient lentes et ne touchaient qu'un nombre restreint de privilégiés. L'évolution ne bouleversait pas les vieilles structures. Dans bien des cantons des pays évolués, on vivait en 1914 comme avaient vécu les générations antérieures.

La France, en particulier, était restée profondément rurale. Méfiante envers un progrès trop brutal, elle était le pays où l'on « savait vivre », elle était riche et heureuse. Elle était puissante en Europe et surtout dans le monde grâce à ses placements lointains et à son Empire colonial. C'était « la belle époque », notion confuse née, comme il se doit, au lendemain de la Grande Guerre lorsque les bouleversements vécus embellissaient d'autant un passé révolu.

Il ne faut pas cependant se laisser prendre au piège de cette expression. Pays heureux, la France cachait bien des misères ouvrières et paysannes. Pays riche, la France vivait en partie sur son capital et sacrifiait son avenir. Pays puissant, elle s'illusionnait un peu sur sa force réelle. Il s'agit ici, derrière les apparences, de retrouver la réalité. Comme toujours, le tableau doit être nuancé.

Chapitre I

LE PEUPLE ET L'ÉTAT

C'est en étudiant la structure de la France en 1914, au double point de vue démographique et politique, que l'on découvre le mieux certains points faibles du pays, quelles que soient alors les apparences de prospérité.

I. STRUCTURE DÉMOGRAPHIQUE

Au recensement de 1911, la France compte 39 600 000 habitants. Elle se classe ainsi au cinquième rang en Europe avec 9 % de la population du continent. Pourcentage en baisse : en 1851, avec 35 800 000, elle représentait 14 % des Européens. Encore faut-il compter, dans le chiffre de 1911, le nombre important de 1 160 000 étrangers résidant en France, contre 380 000 seulement en 1851. Manifestement, la démographie française est en perte de vitesse. Fait très grave à tous points de vue. Examinons d'abord les tendances démographiques, puis essayons d'en tirer les conséquences.

Les tendances démographiques

★ La *dénatalité* est le fait majeur[1]. Depuis la fin du XVIIIe siècle le nombre d'enfants par famille décroît régulièrement en France. Les familles nombreuses n'ont pas disparu, mais elles se raréfient. Les ménages n'ayant que deux enfants deviennent nombreux ; ceux n'en ayant qu'un ou aucun se multiplient. En conséquence, la natalité qui était d'environ 27 ‰ au milieu du XIXe siècle n'est plus que de 20 à la veille de la guerre. Dans le quart de siècle qui a précédé 1914, il a suffi que, certaines années, la mortalité augmentât légèrement pour que son chiffre dépassât celui de la natalité.

Naturellement, cette diminution de la natalité varie beaucoup selon les classes sociales et les régions du pays. En faire la description précise serait difficile, et en trouver l'explication, délicat. On peut dire par exemple que le monde rural, dans son ensemble, garde une natalité plus forte que les milieux urbains, que les familles pratiquantes ont plus d'enfants que les autres. Il y a pourtant des causes plus générales de cette dénatalité.

Avant tout, c'est le *désir d'une vie facile* : à mesure que (on le verra) la mortalité diminue, on risque, en ayant beaucoup d'enfants, de les garder tous à charge pendant longtemps, puis de ne pouvoir leur donner l'instruction et le rang social qu'on désire. (C'est pourquoi la natalité est souvent inversement proportionnelle au degré d'instruction.) Ceci est valable pour toutes les classes : le bourgeois aisé veut

1. Pour toutes les questions démographiques, se reporter à : M. Reinhard et A. Armengaud, *Histoire générale de la population mondiale*, Paris, Montchrestien, 1961 ; et A. Armengaud, *La Population française au XXe siècle*, coll. « Que sais-je ? », Paris, P.U.F., 1965.

ménager son aisance et la transmettre à son ou à ses enfants ; l'ouvrier « arrivé » veut assurer une situation semblable aux siens ; le pauvre veut s'élever (idée nouvelle qui prouve la relative « facilité » de l'époque) ; le paysan veut éviter le morcellement excessif du patrimoine entre des héritiers trop nombreux.

D'autres causes de la dénatalité sont perceptibles, en rapport avec le développement de l'*individualisme* qui brise la cellule familiale et mènera bientôt à l'émancipation de la femme ; déjà le divorce est légal en France depuis 1884 (à vrai dire, il est encore peu répandu). Cet individualisme est développé par la vie urbaine, or l'urbanisation s'accentue. Le déclin général de la vie religieuse a les mêmes origines et les mêmes conséquences.

Souci de quiétude, vie volontiers repliée sur elle-même, mentalité de rentier (tout Français, en 1914, est rentier, ou rentier en puissance, ou désire l'être) : comment dans ces conditions fonder une famille, c'est-à-dire, en quelque manière, investir ? D'ailleurs, personne ne songe aux conséquences possibles de cette dénatalité. L'État, cela va sans dire, n'aide en rien les familles. Tout au plus quelques patrons charitables, à la suite de Léon Harmel, versent-ils des salaires plus forts aux pères de famille nombreuse, ou certains Conseils généraux viennent-ils en aide aux familles nécessiteuses. Mais cela relève, avant tout, de la charité.

★★ La *diminution de la mortalité* vient heureusement compenser dans une certaine mesure celle de la natalité. A la veille de la guerre, le chiffre est d'environ 18 ‰ au lieu de 23 à 25 au milieu du XIXe siècle.

Causes de cette baisse : d'abord l'enrichissement général. Toutes les classes, bien qu'à des degrés divers, s'enrichissent depuis le milieu du siècle précédent ; par là même, elles se nourrissent mieux :

		1850	*1910*
Consommation par personne et par an.	Blé	187 kg	234 kg
	Sucre	4 kg	14 kg
	Vin	77 l	141 l

Elles sont aussi plus instruites et par conséquent se soignent mieux. Or de grandes découvertes médicales ont été faites. Beaucoup de maladies incurables autrefois (cas de la diphtérie entre autres) sont maintenant traitées avec succès, surtout depuis les recherches de Pasteur (mort en 1895) ou de ses disciples. Un autre facteur joue aussi : le travail tend à devenir moins pénible à cause de la mécanisation progressive et, d'autre part, sa durée diminue. Les conditions du travail jouent en effet beaucoup dans l'usure des hommes qui, généralement, meurent plus jeunes que les femmes. On le constate en considérant l'« espérance de vie », moindre pour les premiers. On notera toutefois les progrès pour les deux sexes.

	Hommes.	*Femmes.*
1860	38 ans	41 ans
1910	48 —	52 —

Mais *les progrès sont lents,* beaucoup plus lents que dans les autres pays évolués (mortalité en Angleterre 15 ‰, en Allemagne 16). Cela tient à une hygiène moindre, à un travail plus pénible favorisant certaines maladies (comme la tuberculose) ; à l'alcoolisme aussi qui, on le sait, ... tue lentement et traîne ses tares de génération en génération. Cela tient aussi au chiffre encore élevé de la mortalité infantile : sur 1 000 enfants, 126 meurent encore dans leur première année. Cette moyenne élevée est surtout due aux campagnes, où les progrès médicaux pénètrent lentement.

L'autre point noir, c'est justement l'*inégalité devant la mort*. Celle-ci frappe davantage la jeunesse rurale que la jeunesse bourgeoise (les solides octogénaires de la campagne sont le résultat d'une sélection naturelle impitoyable) et surtout davantage les pauvres que les riches. Pour 90 patrons qui mourront à l'âge de 40 ans, il mourra 130 employés et 160 ouvriers.

Conséquences de la tendance démographique

★ Les *conséquences humaines* se laissent deviner. Notons tout de suite qu'elles sont *à l'inverse de celles des autres pays*.

Chiffre de population à peu près stable. Depuis 1871, la France a gagné 3,5 millions d'habitants, l'Italie et l'Angleterre (parties avec des chiffres sensiblement plus faibles) respectivement 11 et 14, l'Allemagne 27 (passant de 41 à 68 millions), les États-Unis 55, la Russie plus de 60. Démographiquement, la France cesse d'être un grand pays. Et encore ne doit-elle le maintien relatif de son chiffre qu'à la diminution (insuffisante) de la mortalité et à l'immigration, qui fournit près de la moitié de l'accroissement depuis 1870, car le taux de reproduction, d'environ 105 au début du XIXe siècle, est tombé à 95.

La France est appelée, dans un proche avenir, à diminuer de population. La courbe schématique ci-dessous le prouve :

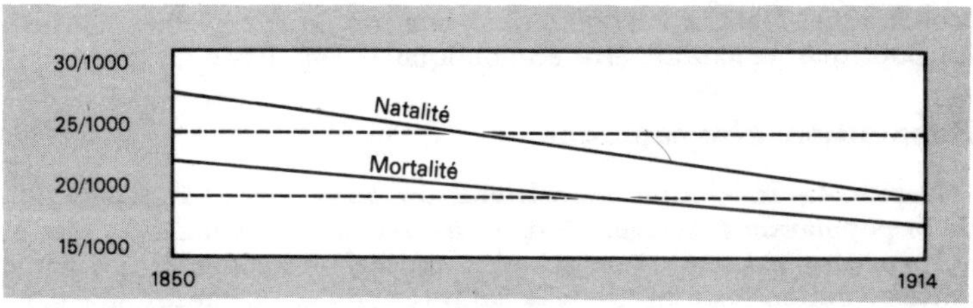

Pas d'émigration, mais importante immigration. Vers le milieu du siècle passé, il y avait eu un certain nombre de départs vers l'Algérie ou l'Amérique ; ils se sont raréfiés et la source, en 1914, est à peu près tarie. Les Français ne sont guère présents à l'étranger ou dans leurs colonies, à l'inverse des Anglais par exemple. Infailliblement, ces colonies seront d'exploitation et non de peuplement. (Que de conséquences en découleront !) En sens inverse, cas unique en Europe, la France est devenue terre d'immigration. En 1914, 1 160 000 étrangers y vivent (près de la moitié sont des Italiens, un quart des Belges ; les autres sont également originaires de pays voisins), attirés par les possibilités de travail et de vie assez facile dans une atmosphère de liberté. Ils s'installent surtout dans les régions industrielles (Paris, Nord, Lorraine), mais beaucoup d'Italiens se fixent dans le Sud-Est où la place ne manque pas.

Vieillissement de la population. Suite inévitable d'une natalité qui diminue plus vite que la mortalité, les « moins de 20 ans » ne forment plus qu'un tiers de la population totale contre 44 % à l'aube du XIXe siècle. Les « plus de 60 ans » voient leur chiffre augmenter (1/8 du total). Les conséquences en seront lourdes.

★★ Les *conséquences économiques et politiques* sont capitales pour le présent et, plus encore, pour l'avenir, bien qu'il soit peu d'esprits clairvoyants pour s'en rendre compte alors !

Économiquement, il manque à la France le stimulant d'une population croissante à nourrir (qu'on songe, en sens inverse, à l'exemple des États-Unis depuis le milieu du XIXe siècle). Pas d'investissements nécessaires pour fournir du travail à une main-d'œuvre stagnante ! Le marché est déjà insuffisant, à une époque où la production de masse devient possible et souhaitable, où elle entraînerait baisse des prix et productivité.

Moralement, les Français, satisfaits, s'installent dans les situations acquises.

Politiquement, il s'agit de préserver plus que de fonder. Petite politique prudente à l'image de la nation ! Et cependant on est prêt à tous les sacrifices pour l'indépendance et même, si possible, pour la récupération de l'Alsace-Lorraine. On entretient à grands frais une armée nombreuse, orgueil du pays, à laquelle depuis 1905 aucun Français mâle ne saurait échapper. Car l'armée française doit être aussi nombreuse que l'armée allemande et il naît en 1913 deux fois plus d'Allemands que de Français ! Pas d'exemptions possibles. L'Allemagne en juillet 1913 augmentant son armée de 200 000 hommes, la France, un mois plus tard, adopte le service militaire de trois ans pour avoir autant d'hommes sous les drapeaux que sa voisine. Voici donc une partie importante de la main-d'œuvre qui échappe à l'activité économique. Mais, à l'époque, c'est une notion encore bien confuse. La politique ne saurait être économique — ou si peu !

Répartition géographique

Depuis la révolution industrielle du XIXe siècle, la répartition de la population a évolué. C'est un mouvement lent mais régulier et qui, en 1914, est loin d'être achevé... puisqu'il continue de nos jours. Cette évolution tient au jeu de la natalité et de la mortalité d'une part, mais aussi et surtout aux migrations internes.

Le *dépeuplement* est important dans certaines régions, surtout dans la moitié sud de la France : là, en effet, le sol, plus pauvre en général, invite les paysans à partir et l'industrie est trop rare pour les inciter à rester. Ainsi les Alpes du Sud, le Massif central et l'Aquitaine forment-ils des taches blanches sur la carte démographique. Par contre, l'Ouest est fortement peuplé (la forte natalité semble devoir être en rapport avec la vitalité du sentiment religieux) ; il alimente un important courant d'émigration vers Paris ou d'autres régions. Le Nord et l'Est bénéficient à la fois d'une bonne natalité et de l'immigration suscitée par leurs industries. Le Bassin parisien tend à se dépeupler au profit exclusif de Paris.

L'exode rural entraîne une urbanisation modérée. La France, comme les autres pays, voit ses campagnes se vider peu à peu de leurs habitants surtout depuis l'existence du chemin de fer. L'appel de l'industrie s'ajoute aux difficultés qu'a dû subir l'agriculture depuis les années 80 et à l'amélioration de son rendement. Les progrès de l'éducation jouent dans le même sens, la campagne offrant peu de débouchés à l'homme instruit. On a noté aussi le rôle du service militaire obligatoire qui, mettant les jeunes ruraux en contact avec des citadins, leur rend plus pénible ensuite le retour aux champs.

Aussi, chaque année, c'est environ 100 000 personnes qui quittent la campagne ou leur petit bourg pour venir s'installer en ville. Mouvement modéré cependant. En effet, à la veille de la guerre, la population rurale représente encore 56 % du total, chiffre beaucoup plus fort que celui de l'Allemagne (35 %) et de l'Angleterre (20 %). La France reste une nation de paysans ! Il en résulte que le progrès des villes est lent. En 1913, seize d'entre elles seulement dépassent 100 000 habitants, groupant un septième de la population totale. La grande ville est donc rare, d'importance finalement moyenne, peu capable de jouer le rôle d'une vraie capitale régionale.

Paris, seul, prend un développement considérable. Avec presque 3 millions d'habitants, la « Ville-Lumière » est sans commune mesure avec les autres. Elle atteint alors presque son apogée puisque, bientôt, sa population décroîtra lentement au profit de la banlieue. Celle-ci, par contre, en 1914, est encore rudimentaire. Paris se peuple de tous les provinciaux qui viennent y chercher ce qu'ils ne trouvent pas chez eux. Plus que jamais, elle est le creuset de la France. Mais aussi elle absorbe toute l'énergie latente du pays et son développement se fonde sur une sorte d'asphyxie de la province.

II. STRUCTURE POLITIQUE : LE LIBÉRALISME

On sait l'importance que peut jouer l'État dans la vie économique d'une nation. Ses interventions peuvent créer ou transformer le cadre de l'activité, influer sur le niveau ou l'orientation de la production, stimuler ou contrarier le progrès, etc. A sa disposition, il a aujourd'hui tout un arsenal qu'à la moindre alerte il est prêt à mettre en action. Aujourd'hui, mais non en 1914. Et cela essentiellement pour deux raisons.

Première raison : le mécanisme des lois économiques est ignoré à cette époque, la science économique telle que nous la connaissons maintenant n'est pas née ! Il faudra dans l'Entre-deux-guerres la catastrophe de 1929 pour susciter la réflexion (la plus illustre est celle de Keynes) et, après bien des tâtonnements, des interventions fructueuses en matière économique.

Deuxième raison, raison de principe : la majorité des penseurs, des hommes d'affaires, des hommes politiques reste obstinément fidèle au libéralisme, c'est-à-dire à la *non-intervention de l'État en matière économique ou sociale*. Doctrine qui s'est assuré la victoire au cours du XIXe siècle, en opposition à la réglementation tatillonne et dépassée des anciens régimes. A tel point que le triomphe de la liberté en matière politique semble être devenu inséparable de celui de la liberté économique. La démocratie ne saurait être, alors, que libérale.

Le libéralisme : la doctrine et son influence

★ *La doctrine* du libéralisme a été établie essentiellement au XIXe siècle. Un de ses derniers grands représentants en France, Paul Leroy-Beaulieu, vivra jusqu'en 1916. Mais, vers 1914, on s'attache moins aux détails de la doctrine qu'à son esprit général : il s'agit pour l'homme, citoyen ou producteur, d'être libre. Le Français plus que tout autre est attaché à cette liberté et il ne lui viendrait même pas à l'idée de le discuter. Liberté politique ou liberté économique ? Les deux ensemble, l'une ne va pas sans l'autre, l'une garantit l'autre. A vrai dire lorsqu'on parle de liberté on ne voit peut-être pas très bien la différence entre les deux domaines ! Ou plutôt *on raisonne sur l'économie en termes politiques*, car il ne semble pas alors qu'il puisse y avoir des lois économiques qui échapperaient au politique. L'essentiel en politique étant la liberté, on est libéral et vive la liberté, dût l'égalité en souffrir !

Il faut noter qu'en France l'attachement très marqué à la liberté peut expliquer, dans une certaine mesure, la diversité des courants politiques et la multiplicité des partis. En 1914, et depuis assez longtemps déjà, ils sont si nombreux qu'il est difficile de dégager une majorité de gouvernement. L'instabilité ministérielle est un problème très préoccupant qu'on songe à résoudre alors en modifiant le système électoral (celui-ci permettrait, pense-t-on, de dégager plus nettement une majorité). Il existe, dès l'époque, une crise du régime. La guerre devait, momentanément, la régler.

★★ Toutefois, s'ils ne s'accordent pas sur la doctrine politique, en matière économique, *la plupart des partis politiques sont libéraux*. A droite, les nationalistes et les conservateurs le sont moins cependant que les « progressistes » héritiers du courant orléaniste, modérés, très attachés aux libertés. Poincaré, président de la République en 1913, représente assez bien cette tendance. Ces modérés se divisent en une foule de petits groupes politiques, mais leur influence reste forte, car ils représentent une grande partie de la bourgeoisie. Cette bourgeoisie est prudente, méfiante devant un progrès social trop rapide ou une action envahissante de l'État !

Les élections de 1914 ont vu cependant le succès de la gauche. Celle-ci peut se diviser en trois groupes : un centre gauche, fort proche du centre droit (modéré) si n'était son anticléricalisme. Beaucoup d'hommes politiques ont évolué d'un « centre » à l'autre, certains même, comme Caillaux, se sont finalement retrouvés chez les radicaux. Formant le parti le plus important en ce début du XXe siècle, les *radicaux* sont très représentatifs du courant de pensée politique de l'époque : situés à l'extrême gauche vers 1880, fidèles au programme extrémiste de Belleville de 1869 (favorable à l'intervention de l'État en matière sociale), très anticléricaux, ils n'en sont pas moins devenus dans la pratique des libéraux ; leur politique sociale est finalement prudente et le plus célèbre des leurs, Georges Clemenceau, n'a pas réalisé grand'chose du vieux programme de Belleville pendant son ministère de 1906 à 1909. Très « républicains », les radicaux ont l'audience de la petite bourgeoisie, des artisans, boutiquiers, de nombre de paysans et de pas mal d'ouvriers. Avec eux, ce menu peuple traditionnellement individualiste a pris le pouvoir... et est resté fidèle au libéralisme dans une République résolument laïque et anticléricale (les luttes religieuses ont pris le pas sur le progrès social).

★★★ *Les socialistes* sont les seuls à condamner le libéralisme. Ils se proclament collectivistes et ont, après des dizaines d'années de divisions, formé en 1905 un parti unique rattaché à l'Internationale, la S.F.I.O. (Section française de l'Internationale ouvrière), d'obédience marxiste grâce à Jules Guesde, officiellement révolutionnaire. Mais il existe au sein du parti des tendances diverses, notamment un courant plus « réformiste » que révolutionnaire. Le chef du parti, le grand orateur Jaurès, ne s'était rallié que difficilement au marxisme. S'il est pleuré lors de son assassinat le 31 juillet 1914, faut-il croire que tous ses amis auraient été prêts à abolir immédiatement la propriété, à supprimer la liberté traditionnelle, à établir une quelconque dictature du prolétariat ? Il y avait sans doute dans ce socialisme français (comme dans le radicalisme) plus de théorie que de volonté d'action. On peut du moins poser la question. On peut noter aussi que quelques socialistes notoires comme Millerand ou Briand avaient quitté leur parti pour participer à des gouvernements partisans de l'ordre établi. Et c'est pourquoi le libéralisme triomphait. Mais au profit de qui ?

Visage du libéralisme français

Toutes les libertés, voilà ce que la France s'enorgueillit de posséder depuis les réformes fondamentales de l'époque de Jules Ferry dans les années 80. En tête, les libertés d'expression et de presse, de réunion, d'association. On aurait tort de négliger ces libertés si importantes pour la vie politique, quand on parle de vie économique. Elles profitent aux producteurs, aux hommes d'affaires, aux ouvriers; elles créent un « climat économique » d'importance capitale.

La *non-intervention de l'État* dans les affaires est la règle d'or du libéralisme. On ne demande à l'État que de maintenir l'ordre pour assurer le bon fonctionnement de l'économie. Mais il ne doit pas intervenir directement dans la production, ni investir. La seule tentative contraire sous la IIIe République avant 1914 a été le plan Freycinet qui, sans passer par les grandes sociétés privées, s'attachait à développer tout particulièrement les transports. Le monde des affaires eut vite fait de faire échouer ce plan ou de l'accaparer à son profit avec l'aide complaisante du nouveau ministre des Finances, Léon Say. Par contre, quelques années plus tard, un autre ministre des Finances, Rouvier, intervient pour sauver de la déconfiture une grande banque privée, le Comptoir d'escompte, en lui faisant consentir un prêt par la Banque de France. Ainsi la non-intervention peut-elle être à sens unique. Car, normalement, cette même Banque de France, privée mais contrôlée par l'État, renonce à tout rôle économique direct. Elle se cantonne essentiellement dans son rôle de banque d'émission ou se contente de pratiquer le réescompte avec beaucoup de prudence, mais elle ne commandite pas les affaires.

L'*équilibre budgétaire* est une autre théorie chère aux libéraux. L'État doit être géré comme une entreprise saine. Ses comptes doivent être en équilibre. Le déficit entraînerait l'augmentation des impôts et menacerait la monnaie. On l'évitera par l'emprunt. D'autre part, le budget doit se limiter à des chiffres raisonnables : l'État ne doit pas manipuler une partie trop importante de la fortune nationale. En 1913, le budget n'en dépasse pas moins 5 milliards de francs du fait des dépenses militaires, et cela n'est pas sans inquiéter l'opinion. La République a su trouver des financiers de valeur pour gérer ses fonds : un Léon Say (mort en 1896), un Rouvier (mort en 1911), un Caillaux (qui survivra jusqu'en 1944). Hommes d'affaires ou banquiers, très liés à la haute finance, très compétents dans leurs fonctions de présidents de la commission des Finances ou du Budget, ou leurs fonctions de ministres, la plupart se recrutent dans le centre droit ou le centre gauche, citadelles du libéralisme.

Le *protectionnisme* est, en théorie, en contradiction avec le libéralisme dont la manifestation, dans le domaine commercial, est le libre-échange. Or nos libéraux sont protectionnistes ! C'est là peut-être qu'on découvre le mieux le vrai visage du « libéralisme » français : liberté à l'intérieur, mais protection aux frontières contre l'invasion des produits étrangers, ou tout simplement contre la concurrence. Illogisme du raisonnement ? Certainement, mais profit assuré !

Progressivement augmentés depuis 1871, les droits de douane français ont été consacrés et précisés par le tarif Méline de 1892. C'est un système de double tarif : un tarif fort frappe les produits venant de pays taxant fortement les produits français ; un tarif faible frappe les autres. En 1911, l'ensemble du système a été révisé... et renforcé sous l'impulsion de Klotz, soutenu par Méline. Si celui-ci prétend par là défendre surtout l'agriculture contre l'invasion des produits étrangers, spécialement américains, les industriels en profitent aussi et par là le monde des affaires voit ses prix et ses bénéfices garantis, faute de concurrence sérieuse. Mais n'est-ce pas une atteinte au pur libéralisme ? Il est vrai que seule l'Angleterre, en 1914, lui reste obstinément fidèle.

Les premières interventions de l'État

A vrai dire, la législation douanière n'est pas la seule entorse au principe de l'effacement de l'État dans la vie économique et sociale. Il en est déjà quelques autres, mais qui, celles-là, sont beaucoup moins profitables au monde des affaires. Elles sont d'ailleurs limitées et cette intrusion de l'État dans le domaine interdit ne s'est pas faite sans discussions passionnées. Du moins, la brèche, en 1914, est ouverte. Le XXe siècle devait singulièrement l'élargir !

Dans le domaine économique, l'État possède en 1914 le réseau téléphonique, racheté en 1889, et le réseau des chemins de fer de l'Ouest (dits « Chemins de fer de l'État »), racheté au prix fort par Clemenceau en 1908, grâce à la résignation de la compagnie concessionnaire qui était toujours en déficit. Les autres réseaux, plus rentables, sont aux mains de capitaux privés. Le vieux programme radical de rachat total, programme émoussé par le temps, n'a pas été réalisé.

Dans le domaine social, sous la poussée des ouvriers, une législation déjà importante, bien qu'incomplète, protège désormais le travail des salariés (on en verra le détail plus loin). A noter cependant que cette législation ne concerne pas le salaire lui-même et que la répression des mouvements ouvriers reste la règle — même sous les ministères de gauche comme, en 1910, celui de Briand, socialiste indépendant.

Dans le domaine fiscal, en 1914, les discussions battent leur plein sur un point crucial pour les libéraux : la question de l'impôt sur le revenu. Cet impôt, on le sait, est plus ou moins proportionnel au revenu individuel ; il est considéré par beaucoup comme un élément de justice sociale. Réclamé bien avant 1914 par les radicaux et les socialistes, il suscite l'opposition des libéraux, parce que l'État n'a pas à savoir ce que chacun gagne, et encore moins à prendre dans la poche de l'un pour mettre dans celle de l'autre. Là est le nœud de la question : l'État doit assurer l'ordre, et non le modifier !

En 1914, la fiscalité épargne en effet les grosses fortunes. Elle reste modérée, le budget l'étant lui-même. Pour l'essentiel, elle repose sur les « quatre vieilles » contributions directes : l'impôt foncier, l'impôt mobilier, celui sur les portes et fenêtres, et la patente ; toutes quatre remontent à l'époque de la Révolution. A quoi s'ajoutent une taxe de 4 % sur les revenus de valeurs mobilières, un impôt progressif sur les successions, et divers impôts indirects tels que droits de douane, de timbre, d'enregistrement, taxes sur les boissons et quelques monopoles d'État (tabac, etc.).

L'accroissement des dépenses publiques poussa cependant à chercher de nouvelles ressources et la gauche fit donc campagne pour l'impôt sur le revenu. Caillaux présenta un projet modéré en 1907. Le Sénat fit opposition. Finalement, en 1913, la loi de trois ans étant votée, la droite dut se résigner à trouver les moyens de financer l'effort militaire qu'elle réclamait. Ce n'est qu'en juillet 1914, à la veille de la guerre, que le Sénat accepte le fameux impôt, impôt encore léger et susceptible de dégrèvements. Ce n'en était pas moins une défaite pour la droite libérale.

L'État protecteur des intérêts acquis

Comment juger au total cet État que se sont forgé les Français ? Nul doute qu'en 1914 on ne soit plus dans un régime totalement libéral, si tant est qu'il ait jamais existé. Mais on en est infiniment plus près que du régime actuel (dans quelque pays que ce soit) !

Voici un État qui ménage les grosses fortunes et les milieux d'affaires, qui refuse de leur faire concurrence, qui les soutient à l'occasion, qui leur paraît, finalement, très lié. Un Rouvier, plusieurs fois ministre ou président du Conseil, dirigeait la Banque française pour le commerce et l'industrie, fondée par Caillaux, et où entraient des capitaux d'autres banques d'affaires (comme la Banque de Paris et des Pays-Bas) ou de dépôt (comme le Comptoir national d'escompte ou la Société générale) et aussi des capitaux allemands (on sait l'attitude réservée de nos deux banquiers lors des crises franco-allemandes relatives au Maroc en 1905 et en 1911). La « haute banque » garde ainsi une liberté d'action et une influence que ne parviennent pas à cacher les grands discours démocratiques ou autres professions de foi électorales. Rejetés dans la coulisse depuis 1900 environ, après avoir occupé le devant de la scène avant cette date, les grands intérêts restent prédominants et influents ; ils contrôlent la presse : *Le*

Petit Journal, Le Petit Parisien, Le Matin. Tenant la place, ils l'ont modelée à leur avantage. Ils ont satisfait la masse par le libéralisme politique, ont conservé l'essentiel du libéralisme économique, se sont garantis des risques par le protectionnisme. Mais la nation n'est-elle pas d'accord là-dessus ?

Voici, en effet, un État qui protège les petits : le petit boutiquier contre la concurrence du grand magasin, on le verra, le petit paysan contre le blé étranger, l'ouvrier, déjà, contre les accidents du travail. Plus curieux : un État qui subventionne les petits armateurs de la marine à voile et les petits producteurs de garance... alors que les voisins modernisent leur flotte ou développent la chimie des colorants. Un État, tenu apparemment par les représentants de ces petits. Le gouvernement n'est-il pas radical, ou de gauche ? Les « conservateurs » n'ont-ils pas été éliminés ? Et la République n'est-elle pas laïque, échappant par là à l'influence rétrograde de l'Église ?

Voici un État qui fait vivre tout le monde. Non seulement la terre, cette bonne « mère nourricière » chère à Méline, nourrit son peuple, mais l'État lui-même est la manne des rentiers. De temps en temps, pour couvrir le déficit, l'État lance des emprunts : tout le monde y souscrit. Et l'État, régulièrement, verse les intérêts. La dette de l'État atteint 33,7 milliards de francs en 1913. C'est la plus forte du monde, mais elle est sans danger pour l'État puisque la dette flottante représente tout juste 2 milliards. Par contre, la dette consolidée (ou perpétuelle) étant la moitié du total, quelle garantie pour le souscripteur ! En 1913, les intérêts servis représentent 1,355 milliard, soit le quart des dépenses de l'État ! État merveilleux qui emprunte pour boucler son budget et qui augmente son budget pour pouvoir payer ses dettes ! Pas d'aléas, pas de surprises ! Le rentier a son avenir assuré. Il suffit, au départ, d'avoir un peu d'argent (ou beaucoup) ; ce qu'on possède est garanti et fructifiera.

Décidément, en 1914, la France est heureuse !

Chapitre II

LA SOCIÉTÉ

Vieille nation, la France a une société stable depuis longtemps. Les groupes ou classes ont des contours nettement dessinés, des caractères bien définis. Cependant, malgré la persistance des traits les plus nets, une évolution est en cours depuis le XIXe siècle : le progrès technique a modifié les conditions de l'agriculture et plus encore de l'industrie, et cela s'est répercuté sur la société. Mais on note que cette répercussion a été plus lente sur la société rurale que sur la société industrielle. Les bouleversements de celle-ci apparaissent plus violemment (problème ouvrier), troublant la quiétude de la masse des possédants et des rentiers[1] qui forment le gros de la classe moyenne.

I. LES CLASSES SOCIALES

Pérennité des anciennes catégories, mais évolution interne et variations de l'importance relative de chaque groupe.

La grande aristocratie

Atteinte une première fois par la Révolution de 1789, elle l'a été une seconde par l'avènement du capitalisme industriel. Dans la mesure où les hobereaux sont restés fidèles à la terre et à leurs liens fonciers, ils se sont condamnés à subir la crise de l'agriculture, à pâtir de la chute du revenu et du prix de la terre ; ils se sont placés en dehors du grand courant économique basé sur l'industrialisation. Dans le même temps, écartés du pouvoir par la démocratisation, ils n'ont plus eu comme recours que de vendre leurs biens, ou de faire un riche mariage. Toutefois, un certain nombre, plus habiles, ont su participer aux profits du capitalisme en achetant des actions. Et, par ailleurs, beaucoup gardent leur rang en fournissant toujours à l'État une partie des cadres de l'armée ou des grandes administrations.

La haute bourgeoisie

Elle est formée par le monde des affaires, elle dirige l'industrie et le commerce. C'est elle qui tient l'essentiel de la richesse mobilière. Elle gère cette richesse avec prudence, cherchant volontiers à l'étranger un profit que ses placements ne lui donneraient pas en France. Elle mène une vie facile, tient le haut du pavé à Paris, donne le ton. Souvent libertine, elle compte cependant en son sein des personnalités de moralité irréprochable, et le catholicisme y fait des progrès, face à une fraction toujours importante de protestants. C'est que la religion paraît désormais garante de l'ordre établi. Très attachée au

---

1. On trouvera des pages intéressantes sur la société et la mentalité françaises dans Charles Morazé : *La France bourgeoise* (Paris, Colin, 1946).

libéralisme et à ses profits, cette classe admet cependant que l'État doive assouplir la politique sociale pour éviter des troubles encore plus dangereux. Encore présente au gouvernement, elle se trouve plus souvent maintenant dans l'ombre de celui-ci, agissant par ses relations, ses contacts personnels, ses campagnes de presse, son influence dans l'administration. Ayant dominé l'État au cours du XIXe siècle, elle bénéficie encore pleinement des structures qu'elle a établies (même si, de temps à autre, il lui faut jeter du lest) et notamment du maintien de l'ordre, fonction première de l'État, à son point de vue.

La moyenne et petite bourgeoisie

Elle est devenue peu à peu la classe essentielle de la République. Inévitable résultat de la démocratie. Petits commerçants, artisans, employés, fonctionnaires plus nombreux et influents qu'autrefois ont conquis le pouvoir[1]. L'affaire Dreyfus, dans les dernières années du siècle passé, les a rassemblés pour la défense de l'intérêt suprême : la liberté, le respect de la personne humaine. Très volontiers anticléricaux, ils votent radical, pour la plupart. Un nombre croissant adhère à la franc-maçonnerie. L'instruction primaire, obligatoire depuis 1882, multipliant le nombre des instituteurs (125 000 en 1913), leur a révélé les horizons illimités ouverts par la science. Accumulant patiemment une petite fortune, ils font instruire leurs enfants peu nombreux, rêvent d'en faire des fonctionnaires (à la vie et à la retraite assurées), souscrivent aux emprunts d'État, français ou étrangers, veillent jalousement à l'équilibre du budget et au respect des libertés.

Les paysans

Ils forment la *classe la plus nombreuse* (près de la moitié de la population totale — plus de la moitié si l'on compte tous les ruraux). En dépit de la crise agricole des vingt dernières années du XIXe siècle, elle a survécu (à la différence de sa congénère d'Outre-Manche). Sa cohésion en a peut-être été même renforcée. Un fossé existe entre ces ruraux et les citadins, condescendants à leur égard. Pourquoi ? D'abord parce qu'il en est ainsi depuis longtemps ! Ensuite parce que les paysans gardent encore les mœurs d'autrefois, le patois, le genre de vie rude et laborieux ; parce qu'ils sont routiniers, méfiants envers le progrès.

Et cependant, depuis plusieurs décennies, un mouvement continu a secoué ce monde rural qui n'est plus en 1914 ce qu'il était cinquante ans plus tôt. D'une part, *il participe beaucoup plus à la vie nationale :* le suffrage universel, les transports, l'école, la caserne, comme le développement des échanges qui fait circuler les commis voyageurs, font du paysan un citoyen à part entière, mieux au fait des problèmes du jour, plus ouvert aux transformations, moins ignorant du monde. Plus encore, il est un électeur qu'on courtise et son influence sur la politique du pays est grande : soit de par le système de désignation

---

1. En 1914, on compte environ 500 000 fonctionnaires (sans les militaires), deux fois plus qu'en 1870.

des sénateurs (qui favorise les communes rurales), soit parce que ses revendications protectionnistes viennent rejoindre le penchant des industriels et des commerçants à la facilité.

D'autre part, *une évolution mentale s'opère peu à peu :* le paysan a en partie échappé à l'influence du notable et du curé. Le respect pour le grand propriétaire disparaît ou se teinte d'ironie ; la pratique religieuse, dans le Midi et dans le Centre surtout, est en forte baisse. Au contraire, l'instituteur, secrétaire de mairie, devient le savant, le guide, le nouveau notable du pays. Sous son influence, à la campagne aussi, on vote radical.

Dans ce monde rural qu'un même sentiment attache à la terre et au respect de la propriété, *il faut cependant distinguer bien des catégories.* La plus représentative est celle du petit ou moyen propriétaire-exploitant, vivant de son bien, travaillant dur avec femme et enfants pour mettre en valeur ses 10, 20 ou 30 ha[1]. La vie est rude, l'horizon limité, mais, somme toute, on vit et l'exploitation depuis quelques lustres s'est arrondie de quelques parcelles rachetées au grand propriétaire en difficulté, ou au contraire à celui qui, n'ayant qu'un bien insuffisant, a tout vendu pour partir à la ville. Le métayer, encore répandu dans l'Ouest, le Centre ou le Sud-Ouest, mais dont la catégorie se raréfie, connaît des difficultés également. Le fermier, par contre, reste un type très courant : un quart des exploitations est en fermage. C'est que le grand propriétaire met à ferme tout ou partie de ses biens. Quand il exploite lui-même, il emploie une main-d'œuvre salariée encore nombreuse (2 millions et demi d'individus) mais en diminution sensible tout de même depuis une trentaine d'années. La dureté du travail, la faiblesse du salaire, l'incertitude de l'emploi, la misère enfin expliquent suffisamment cette évolution.

Les ouvriers

Six millions, ils forment un monde bien différent du monde paysan, quoique grossi sans cesse par l'émigration rurale. Cette remarque ne vaut pas toutefois pour les artisans encore très nombreux qui se vouent à toutes sortes de métiers traditionnels. Mais, souvent, ces artisans sont déjà des petits bourgeois ; ils en ont fréquemment le genre de vie et la mentalité. Seront plus typiquement ouvriers les travailleurs à domicile, hommes ou femmes, qui sont les plus mal payés, et surtout les « ouvriers d'usine ». Mais, ici encore, attention ! L'atelier employant dix ou vingt personnes ne crée pas forcément la « mentalité ouvrière ». Il faut aller chercher la grande entreprise rassemblant des centaines, des milliers de travailleurs.

Ces prolétaires, si typiques de la seconde moitié du XIXe et du début du XXe siècle, sont mécontents. Nul doute pourtant que leur sort, en 1914, soit moins mauvais qu'autrefois, qu'ils se nourrissent beaucoup mieux, que la journée de travail (dix heures) soit moins longue, que le salaire soit plus fort (on notera cependant que, depuis quelques années, il augmente moins vite que les prix), qu'un système d'assurances soit ébauché, que le chômage soit rare, que la méfiance dont on les entourait soit en cours de disparition.

1. Chiffre qui tombe très souvent à beaucoup moins : cinq ou six, voire un ou deux, surtout s'il s'agit de vignerons.

Mais, pour eux, nombreux et organisés désormais, tout cela est insuffisant. Le progrès de leur condition est moins rapide que celui de la bourgeoisie, l'égalité devant la loi n'a pas entraîné l'égalité sociale. Il y a toujours dans leur existence quelque chose de précaire. N'ayant ni biens ni fortune, ils se sentent un peu comme des étrangers au sein d'une société rurale et bourgeoise, dans un système politique finalement conservateur. L'anticléricalisme des radicaux ne suffit pas à ces hommes à peu près complètement déchristianisés : ils se tournent vers le programme révolutionnaire du socialisme et, plus encore, de l'anarcho-syndicalisme.

Ainsi, dans cette société française solide, basée sur le paysan et le petit bourgeois, deux réalités opposées apparaissent : l'existence d'une catégorie mécontente, révélant un problème ouvrier ; l'importance d'une classe moyenne, modeste ou aisée, à peu près satisfaite.

II. LE PROBLÈME OUVRIER

Problème paysan et problème ouvrier

Parmi les insatisfaits de l'évolution économique, on trouve surtout une part des paysans et la quasi-totalité des ouvriers. Pour les paysans, victimes d'un progrès plus lent, d'une longue baisse des revenus à la fin du siècle précédent, d'une instruction insuffisante, le problème est finalement moins voyant, quoiqu'il touche des millions de personnes. En effet, on s'est habitué aux plaintes séculaires des hommes de la terre. Dispersés, manquant d'organisation et de moyens d'action, malgré quelques violences dans le Midi viticole en 1907, ils ne parviennent pas à exercer sur l'opinion une pression analogue à celle des ouvriers. Et puis il y a pour eux une issue à leur sort : c'est l'exode rural. Ils y ont recours beaucoup plus qu'au syndicalisme qui ne connaît quelque succès qu'auprès des ouvriers agricoles et seulement dans certaines régions (Midi, Beauce, par exemple). Beaucoup de groupements agricoles dénommés « syndicats » ne sont en effet que des groupements d'achat ou de vente.

La question ouvrière est tout autre. Elle est liée au développement du capitalisme : l'amélioration de la condition ouvrière n'a pas été parallèle au profit capitaliste. Et le problème est très voyant parce que les ouvriers se sont multipliés et groupés (ils sont six millions) du fait de la concentration économique : les usines sont plus grosses ; elles rassemblent des masses chez lesquelles se développe facilement la conscience de classe. On se rappellera cependant qu'en France les très grosses usines sont encore relativement rares ; il y a quand même des « quartiers ouvriers » ou des « zones industrielles » qui rassemblent de grandes masses.

En outre, ces ouvriers ont désormais une organisation puissante, le syndicat, qui n'hésite pas à recourir aux moyens d'action violents (la grève surtout). Beaucoup ont conscience de participer à un mouvement d'émancipation mondiale soutenu par une organisation adéquate, la seconde Internationale (née en 1889), émanation pratique d'un système voué à la libération du travailleur, le marxisme.

En France, d'autre part, l'ouvrier constate qu'il n'est pas au centre des préoccupations gouvernementales (les assemblées sont beaucoup plus rurales qu'ouvrières, malgré les progrès du parti socialiste). Si, obscurément, pendant longtemps, on sentait que les progrès du parti républicain étaient favorables à ceux de la condition ouvrière, depuis que la République est assurée, on voit de mieux en mieux qu'il faut aller plus loin ; les quelques lois sociales qu'on a pu voter sont insuffisantes. L'action, sinon la révolution, semble nécessaire.

La condition ouvrière

Elle est donc meilleure qu'autrefois, mais encore nettement défavorable. Elle est d'ailleurs *variable selon les catégories*. Les plus à plaindre sont, presque toujours, les ouvriers et ouvrières à façon qui, travaillant à domicile pour le compte d'une entreprise, ne bénéficient pas ou presque pas des lois sociales et, pour plus d'heures de travail, gagnent généralement moins. Les femmes surtout sont les victimes de ce système. Elles sont particulièrement nombreuses dans les métiers du textile et de la couture. En gros, en 1914, une femme, quel que soit son emploi, gagne deux fois moins qu'un homme.

Le *salaire*, si l'on s'en tient à des moyennes, se situe autour de 4,80 F par jour, pouvant monter jusqu'à 8 ou 9 F ou descendre à 1,50 pour une lingère. C'est un chiffre qui interdit pratiquement toute économie. Une revendication courante, c'est la journée à 5 F (« Nos cent sous ! » crie-t-on dans les manifestations). C'est que, depuis 1909 ou 1910, les ouvriers ont conscience que les prix montent plus vite que le salaire (à l'inverse des années antérieures à 1900).

Le *chômage*, cette plaie de la condition ouvrière jusque vers 1850, ne pose plus désormais de problème sérieux, à tel point que la France doit importer de la main-d'œuvre. Toutefois, la mise à pied est toujours une menace puisque le salaire est payable à la semaine ou, très souvent, à la journée. Et ce sentiment de la précarité de la situation est un des éléments essentiel de la conscience de classe.

La *condition matérielle* s'est bien améliorée. L'ouvrier se nourrit à peu près convenablement, s'habille mieux et comme tout le monde (la blouse typique a disparu). Mais le logement reste très médiocre, sans aucun confort. L'enrichissement des villes fait monter les loyers et rejette les ouvriers dans « les quartiers pauvres » de la périphérie ou dans les taudis qui bordent les rues sombres, étroites et puantes du vieux centre de la cité (à Lyon, par exemple). Dans le bassin charbonnier du Nord s'édifient les corons, sous la forme, à l'époque, de grands immeubles monotones et pauvres.

Moralement, l'ouvrier se sent dans une situation meilleure. Il n'est plus l'objet d'une méfiance *a priori* qui, jusqu'en 1890, s'était traduite par l'existence du « livret ouvrier ». Il est respecté ; sa dignité est mise en évidence non seulement par la doctrine marxiste, mais par un courant chrétien (catholicisme social) qui connaît quelque développement depuis le début du siècle. Toutefois, quand il est prolétaire, c'est-à-dire ne possédant rien et soumis aux conditions de travail qu'on lui impose, il ne peut se sentir l'égal des autres citoyens.

Les *conditions de travail* restent en effet pénibles malgré un certain progrès. Depuis 1904, la journée légale est de 10 heures (8 heures dans les mines depuis 1905) et le repos hebdomadaire a été rendu obligatoire en 1906. Ce qui donne une semaine de 60 heures. Les inspecteurs du travail (multipliés par Millerand vers 1900) veillent à l'application de la loi ; un ministère du Travail existe aussi depuis 1906. Des délégués ouvriers peuvent y être entendus.

Un *système d'assurances* a été mis sur pied, mais, en 1914, il est nettement en retard sur celui de l'Angleterre et de l'Allemagne. Il existe une loi de 1898 sur les accidents du travail pour lesquels le patron est tenu pour responsable et verse à la victime une indemnité (égale à la moitié du traitement si l'incapacité de travail est temporaire, et aux deux tiers si elle est permanente — voire une rente à la veuve en cas de décès). Il existe aussi depuis peu de temps (1910) un système de retraites ouvrières (et paysannes) dit « assurance vieillesse » en vertu duquel une petite retraite est versée au travailleur à partir de 65 ans (ou 60 depuis 1912). Mais cette possibilité est encore rarement réalisée ; les syndicats lui sont hostiles à cause de la nécessité de la cotisation ouvrière (qui s'ajoute à celle du patron et à la participation de l'État). Ne fonctionne bien que le système antérieur de retraite des mineurs, des cheminots et des fonctionnaires pour lesquels la cotisation est retenue sur le salaire. Il n'existe pas encore d'assurance organisée pour la maladie et l'on a recours le plus souvent à des sociétés mutuelles plus ou moins solides et dont les prestations sont toujours modestes.

Au total, 1914 ne marque pas le terme d'une évolution en matière de politique ouvrière, ni un tournant. Disons qu'on est en cours d'évolution. La France, bourgeoise et rurale, devient peu à peu ouvrière. Pour cette raison, le système du libéralisme économique a subi plus d'une atteinte (vote de ces diverses lois sociales). Mais le problème ouvrier reste plus que jamais à l'ordre du jour. Il est même un des grands problèmes de l'heure (avec celui de la menace de guerre et du fonctionnement des institutions), et les ouvriers, loin de désarmer, s'organisent.

L'organisation ouvrière

Elle est devenue importante depuis le début du siècle, mais, bien que le socialisme prétende avant tout à la défense des prolétaires, c'est le syndicalisme qui attire surtout la masse ouvrière, modérément d'ailleurs.

★ Le *syndicalisme*, proprement ouvrier, a un développement récent, la loi de 1884 sur la liberté d'association n'ayant pas été suivie d'un effet immédiat. En 1914, on compte un million de syndiqués, ce qui est peu pour 6 millions d'ouvriers. La très grande majorité cotise à la C.G.T. (Confédération générale du travail) née en 1895, réorganisée en 1902 et dont la doctrine reste fidèle à la « charte d'Amiens » de 1906. Notons que les fonctionnaires n'ont pas le droit de se syndiquer, mais que la loi est souvent tournée.

Cette charte, qui s'inspire des idées de Georges Sorel, se caractérise par la violence de ses revendications (augmentation de salaire, journée de 8 heures, émancipation des travailleurs), des méthodes qu'elle préconise (l'action directe : grève générale, boycottage des mauvais patrons), des théories qu'elle professe (hostilité envers l'État, antimilitarisme). Elle pousse le syndicalisme à prendre ses distances vis-à-vis du socialisme qui compose trop souvent avec l'État et ne s'adresse pas qu'aux ouvriers, elle est pour « l'anarcho-syndicalisme ». Son but est de réaliser un monde meilleur où il n'y aurait plus de prolétaires, plus d'exploités. Le syndicalisme, en quelque sorte, remplacerait l'État. Mouvement ouvriériste non dépourvu d'idéalisme ! Le secrétaire de la C.G.T., Griffuelhes, avait entretenu à partir de 1906 une campagne d'agitation et de grèves. Mais le mouvement fut brisé par les divers gouvernements (Clemenceau, Briand) et Griffuelhes démissionna (1909).

En 1914, Léon Jouhaux préside aux destinées de la C.G.T., et pour de longues années. Fidèle à la charte d'Amiens, il laisse cependant l'agitation se calmer. D'ailleurs, des divisions apparaissent dans le syndicalisme (courant modéré avec Keufer).

L'idéal corporatiste, cherchant à unir dans une même corporation (= profession) les patrons et les ouvriers, n'a pas grand succès auprès du monde ouvrier, malgré les efforts d'Albert de Mun († 1914) et de La Tour du Pin († 1924). Il paraît réactionnaire et trop lié à l'idéal monarchiste.

D'autre part, le syndicalisme chrétien reste peu répandu malgré l'existence d'une Union des syndicats chrétiens d'employés depuis 1905.

★★ L'*aspect socialiste* du mouvement ouvrier attire au contraire l'attention après le succès de la S.F.I.O. aux élections de 1914 où, avec 1 400 000 voix, elle a obtenu 101 sièges. Si elle est affaiblie peu de temps après par l'assassinat de son chef, Jaurès, elle reste au moment des élections un pôle d'attraction pour de nombreux ouvriers qu'attire l'idée d'une révolution prolétarienne ou qui comptent tout simplement sur leur député pour améliorer par des réformes le sort de la classe ouvrière ; mais elle attire également certains intellectuels sinon même une fraction, encore mince, des fonctionnaires ou des paysans. Toutefois, elle ne compte guère que 73 000 adhérents.

★★★ L'*efficacité du mouvement ouvrier* est finalement discutable. Beaucoup d'intéressés restent en dehors. Des divisions existent dans le syndicalisme comme dans le socialisme où survivent (malgré l'unification de 1905) des courants divers. Les professions de foi antimilitaristes, pacifistes ou révolutionnaires en cette veille de guerre ne sont peut-être pas aussi inquiétantes que le croient les patriotes, les possédants, ou tout simplement « le Français moyen ».

III. LA CLASSE MOYENNE
LA « BELLE ÉPOQUE »

A travers les catégories sociales qui se distinguent à l'analyse, et mis à part les très riches ou les pauvres (ouvriers et fraction des paysans) se révèle un « Français moyen » extrêmement typique, qu'il s'agit de mettre maintenant en vedette. C'est lui surtout qui, la guerre passée, songera avec nostalgie, à la « belle époque » où l'on pouvait épargner tout en vivant dans une honnête aisance.

Importance de la classe moyenne

C'est la classe caractéristique des vieux pays d'Europe occidentale et, plus spécialement, de la France où elle a été favorisée par la richesse naturelle et l'esprit individualiste.

★ La *définition de cette classe* est difficile à donner avec précision. Elle suppose un niveau de vie modeste ou aisé, quelque bien au soleil (mais ce n'est pas obligatoire), un désir de promotion, une éducation faite d'attachement à la tradition et si possible à la morale, un respect pour le travail et l'épargne, un souci de respectabilité, un intérêt pour la chose publique lorsque sont mises en cause soit l'indépendance nationale, soit la liberté, l'égalité et la propriété. Elle suppose aussi de la prudence, de la modération et quelques rentes. Dans cette catégorie rentrent la plus grande partie de la bourgeoisie (à l'exception des plus riches) : membres des professions libérales, fonctionnaires, employés, commerçants et boutiquiers ; la plus grande partie des artisans (sauf les plus misérables) ; un grand nombre de paysans : propriétaires, exploitants et fermiers capables de vivre de leur production et de mettre quelque argent de côté ; très rares cependant, en 1914, les ouvriers qui parviennent à pénétrer dans le sanctuaire !

Cette classe moyenne s'est renforcée depuis les débuts de la troisième République ; elle groupe largement la majorité des Français. Et ceci malgré la perte, pour elle, d'un certain nombre de paysans ou d'artisans qui, victimes de l'évolution économique, sont allés grossir les rangs de la classe ouvrière.

★★ *A quoi est dû ce progrès? A l'enrichissement général* de l'époque, tout d'abord. L'abondance plus grande du métal précieux (nombreuses mines découvertes depuis 1848), une économie d'échanges favorisée par le développement des transports (chemins de fer surtout), un très grand progrès technique générateur d'abondance de biens : tout cela s'est conjugué pour augmenter les revenus de l'ensemble des Français.

Dans le même sens a joué la *baisse des prix*, sensible de 1875 à 1895 environ, favorable au consommateur. Or la France a une économie tournée surtout vers la consommation. La *tendance démographique* elle-même, si grave pour l'avenir avec sa population qui se sclérose, contribue dans un premier temps à donner la richesse : le bourgeois qui n'a que deux enfants l'a bien compris quand il blâme l'ouvrier inconséquent qui en a cinq ou six !

L'*évolution économique*, depuis une quarantaine d'années, a eu le même résultat : les profits des grands capitalistes, sans cesser de croître, ont eu une hausse plus lente depuis les années 80 du fait de la baisse du taux de l'intérêt ; les grands propriétaires fonciers ont vu leurs revenus diminuer à cause de la concurrence ; celle-ci, sous sa forme agricole ou industrielle, a également ruiné le petit artisan propriétaire d'une parcelle insuffisante. L'un et l'autre ont vendu leur terre à perte, et c'est le paysan moyen qui en a profité. Le salarié de l'industrie, grâce à un salaire plus convenable, a pu quelquefois faire instruire ses enfants et leur donner un bon métier. Mais c'est surtout le bourgeois, commerçant, employé fonctionnaire, qui a bien profité du progrès de l'économie et du développement d'un État « libéral » (dans les deux sens du terme). Tout compte fait, les grands bénéficiaires de l'évolution ont été ceux dont la fortune n'était pas foncière, puisque celle-ci, qui représentait encore les trois quarts de la fortune française vers le milieu du XIXe siècle, n'en représente plus la moitié en 1914.

Reste la question : ce progrès, qui a donc eu de nombreux bénéficiaires, a-t-il sensiblement effacé les différences sociales ? Non, sans aucun doute : dans la France de 1914, 2 % des Français détiennent encore 60 % de la fortune et, face à cette richesse (qui n'est pas forcément criarde) que de misère dans nombre de familles ouvrières et, plus encore peut-être, chez les ouvriers agricoles ! Mais le fait nouveau, c'est que la grande majorité des Français ne connaît plus la gêne et peut envisager l'avenir avec confiance.

La notion de « belle époque »

Elle est sortie de là quelques années plus tard, lorsque la guerre eut tout bouleversé et que l'avenir restait chargé de menaces. Car la « belle époque », ce n'est pas seulement une honnête aisance, c'est surtout la stabilité, l'avenir garanti pour les travailleurs et les économes, la monnaie tellement assurée qu'il ne venait à l'idée de personne qu'il pût en être autrement, les prix pratiquement fixes, le confort accessible un jour ou l'autre, l'instruction en progrès, gage d'une bonne situation pour les enfants. Et, avec tout cela, le temps de « vivre », de parler, de s'amuser et aussi une certaine conception de la vie, un peu simpliste, passablement matérialiste, mais ouverte à tous justement parce qu'on ne se posait guère de problèmes.

Les conséquences de cet état de choses ne sont d'ailleurs pas toutes heureuses. Il y a des ombres au tableau. La « belle époque » a été égoïste et peu sensible aux misères voyantes ou cachées (problème ouvrier entre autres). Elle a forgé un État à son image, d'envergure modeste, s'attachant souvent plus aux apparences qu'aux réalités. Elle a orienté la production vers la consommation plutôt que vers l'investissement. Elle a contribué au ralentissement démographique. Elle a forgé pour le peuple une fausse conception de la liberté. Elle a cherché dans l'État le pourvoyeur suprême en situations (fonction publique) et en revenus (rentes). Elle a donné au Français une vue terre à terre et amoindrie [1]. Elle a étriqué la France.

---

1. Noms de journaux de l'époque : *Le Petit Parisien*, *Le Petit Journal*, et, pour les socialistes, *La Petite République* et *Le Petit Sou*. Expressions de l'époque : petit propriétaire, petit paysan, petit exploitant, petit bourgeois, petit employé, petit rentier, petit épargnant, petit soldat (... symbole du guerrier. Mais, heureusement, la sève n'était pas morte !)

Chapitre III

LA RICHESSE

La stabilité sociale de la France, dont le symbole est l'importance de la classe moyenne, s'explique pour une bonne part par une richesse diffuse et considérable. La France est un réservoir d'or ! « L'or de la France ruisselle sur le monde » a dit Briand. Cela donne au franc une solidité qui semble à l'abri de toute épreuve. Mais dans quelle mesure l'économie nationale en profite-t-elle ? Dans quels secteurs, dans quelles directions se tourne l'investissement ? Question essentielle pour apprécier à sa juste valeur la puissance économique de la France et plus encore son avenir. Question que ne semblent guère se poser les contemporains, émerveillés seulement devant l'importance des capitaux français dans le monde.

I. L'ÉPARGNE

La France est le pays de l'épargne. Non seulement on vit de mieux en mieux, mais on met de l'argent de côté.

L'aisance

L'aisance a progressé dans toutes les classes · classe moyenne, classes laborieuses et, bien sûr, classes déjà aisées. Globalement l'enrichissement est indéniable. Il n'est pour s'en rendre compte que de comparer les chiffres de la richesse nationale en 1870-1871 et en 1913-1914, tels qu'ils s'expriment par les symboles suivants :

	1870-1871		*1913-1914*	
	—		—	
Fortune nationale (approxim.) ..	120	milliards	300	milliards (F)
Revenu national (approximatif).	19	—	36	—
Épargne nationale (annuelle) ...	2	—	5	—
Placements à l'étranger	12	—	45	—
Dépôts dans les caisses d'épargne	400	millions	5,8	—
Nombre de livrets de caisse d'épargne	3 500 000 (1880)		14	millions

Les manifestations de cet enrichissement sont multiples dans la vie courante : nourriture plus abondante et plus diversifiée (on mange moins de pain, mais plus de viande, de sucre, de fruits) ; vêtement plus confortable ; santé plus surveillée, mortalité moindre, instruction presque généralisée, âge du travail reculé. Le trait le plus visible pour l'économiste, c'est le progrès de l'épargne.

L'*épargne* est considérable en France. Déjà en 1871, lorsqu'il s'était agi de payer l'indemnité de guerre à l'Allemagne, Thiers n'avait eu aucun mal à trouver de nombreux souscripteurs aux emprunts qu'il lançait. L'or était abondant en France, à la ville comme à la campagne. Chaque année, c'étaient des milliards de francs qui étaient épargnés : le chiffre va croissant depuis les débuts de la troisième République pour atteindre la somme de cinq milliards de francs-or pour la seule année 1913 ! Malheureusement, l'utilisation de cette épargne est très discutable, comme on va le voir en considérant les formes qu'elle a prises.

L'utilisation de la richesse

Le *bas de laine* reste un des aspects les plus typiques de l'épargne française. Il s'agit de mettre de côté, patiemment, les belles pièces d'or ou d'argent ; on les entasse dans un bas de laine, on les cache derrière les piles de draps. En 1914, six milliards en or dorment ainsi... sans rien rapporter. Mais, l'or étant une valeur sûre et la monnaie aussi, cette forme de l'épargne convient parfaitement à un peuple de ruraux méfiants envers tout maniement incontrôlé des économies par les banques.

Les *caisses d'épargne* drainent des sommes comparables puisque les caisses locales détiennent 4 milliards et la Caisse nationale 1,8. Elles satisfont à l'esprit prudent de l'épargnant tout en lui rapportant un petit intérêt régulièrement comptabilisé. Elles ont l'avantage de laisser l'argent toujours disponible tout en le protégeant contre perte ou vol. L'économie nationale, malheureusement, n'y trouve pas son compte, puisque la loi oblige les caisses d'épargne à placer la quasi-totalité de leurs ressources en titres d'État. Cependant, on peut dire que chaque famille désormais a son ou ses livrets de caisse d'épargne (puisqu'il y en a 14 millions à la veille de la guerre). C'est là sans doute le meilleur symbole de cet esprit économe de la « classe moyenne » et en même temps le signe d'un enrichissement général depuis les débuts de la République.

Les *mutuelles, sociétés d'assurances (contre l'incendie, etc.), caisses de retraites* absorbent de leur côté, sous forme de cotisations annuelles, une part considérable de l'épargne. Leur extension prouve la prudence de l'épargnant. Les fonds ainsi rassemblés échappent encore pratiquement à l'économie nationale (les sociétés d'assurances placent très souvent leurs revenus en immeubles ; le loyer est d'un bon rapport).

Le *dépôt à la banque* est une pratique qui s'est développée lentement, très lentement dans les milieux ruraux ou modestes. Le progrès est cependant indéniable. A côté d'une foule de petites banques locales, qui plaisent parce qu'elles sont proches du client, se sont développés quelques très gros établissements. Si le « Crédit industriel et commercial » draine surtout la petite épargne, les autres (Crédit lyonnais, Société générale, Comptoir national d'escompte) gèrent plutôt les dépôts des citadins ou des riches. Là encore ces dépôts échappent dans une certaine mesure à l'économie nationale. En effet, une partie dort et l'autre est utilisée avec la plus grande prudence :

Les *placements* se font surtout par l'intermédiaire des banques. Il est très intéressant de voir leur nature et leur orientation pour apprécier la mentalité française d'avant la guerre et comprendre la situation économique : en 1914 on peut estimer que les Français détiennent 115 milliards de francs de titres divers. Ils se décomposent comme suit :

Titres de l'État, obligations des chemins de fer.....	45	milliards
Autres titres français (industrie, etc.)	25	—
Titres étrangers	45	—
Total	115	—

Les titres étrangers eux-mêmes consistent beaucoup plus en titres d'État qu'en actions privées. On en déduira :

• le goût des Français pour le placement sûr, du type du titre d'État, obligation, malgré un rapport faible. Cela fait du Français « un petit rentier » ;

• l'orientation très importante vers l'étranger (Russie, Empire turc, etc.) ;

• la faible utilité de ces placements pour l'économie française.

La France a donc une richesse dont l'économie ne profite guère. Et, cependant, elle a une des monnaies les plus fortes du monde, sinon la plus forte.

II. LA MONNAIE (LA BANQUE DE FRANCE)

Le franc jouit d'un prestige considérable dans le monde. La saine gestion de la Banque de France n'y est pas étrangère.

Le franc

★ *Définition.* Le franc de 1914 est resté celui qui fut créé par Bonaparte, le 7 avril 1803 (ou 17 germinal an XI). Connu sous le nom de « franc-germinal », il est défini par une pièce de 5 grammes d'argent (au titre de 900/1000), ce qui, compte tenu du rapport de valeur entre l'or et l'argent, donne un poids d'or correspondant de 0,3225 g (aux 900/1000, soit 0,29 d'or fin) pour un franc.

Mais ce rapport or-argent changea plusieurs fois au cours du XIXe siècle par suite de la multiplication (et par conséquent de la dépréciation) de l'un ou l'autre métal, consécutive à la découverte de nouvelles mines ou à l'invention de nouveaux procédés de traitement. Pour défendre l'argent-métal, la France fut amenée à s'entendre en 1865 avec la Belgique, la Suisse et l'Italie et fonda avec elles « l'Union latine » (à laquelle adhéra la Grèce en 1868). L'Union latine baissa ensuite le taux d'argent à 835/1000, limita l'émission et la circulation des pièces de 2 F, 1 F., 0,50 et 0,25. La pièce de 5 F était épargnée par ces mesures. Mais finalement, en 1878, on cessa de la frapper (bien qu'elle continuât à circuler).

Depuis 1878 et jusqu'en 1914 (théoriquement même, jusqu'en 1928), la France a donc un système de « bimétallisme boiteux », c'est-à-dire qu'à l'inverse des autres pays dont les principaux ont adopté l'étalon-or sa monnaie repose sur deux métaux précieux (l'or et l'argent) ; mais un seul bénéficie de la « frappe libre » et ainsi le bimétallisme est plus théorique que réel. Précisons le système en considérant :

★★ Les *divers moyens de paiement* dont dispose le Français de 1914 :

• des pièces d'or de 10, 20 (le « napoléon »), 50 et 100 F, pour lesquelles la frappe est libre (= quiconque a des lingots peut, à tout moment, les faire transformer en pièces) ;

• des pièces d'argent de 5 F, qui ne sont plus frappées (même pas par l'État), mais qui circulent toujours ; leur pouvoir libératoire est illimité en France et dans l'Union latine ;

• des petites pièces d'argent de 2, 1, 0,50 et 0,25 F que seul l'État peut faire frapper et dont le pouvoir libératoire va jusqu'à 50 F (100 F dans les paiements à l'État) ;

• une petite monnaie divisionnaire de bronze (pouvoir libératoire jusqu'à 4,99 F) ;

• des billets de banque (monnaie fiduciaire), en coupures de 200, 100 et 50, puis 10 et 5 F en 1871 émis par la Banque de France, toujours convertibles au pair (c'est-à-dire qu'on peut toujours les échanger contre de la monnaie-métal) ;

• le chèque enfin et autres types de monnaie scripturale dont l'usage n'est pas vraiment répandu en dehors du monde des affaires (cette monnaie représente en 1913 environ 45 % de la masse monétaire totale).

★★★ La *solidité de la monnaie française* s'explique par plusieurs raisons : d'une part, la baisse des prix, qui s'est manifestée dans le dernier quart du XIXe siècle et même au-delà, relativement, puisque les prix de gros sont plus faibles en 1914 qu'en 1873 : cela contribue à renforcer la valeur de la monnaie (fait qui n'est pas propre à la France); d'autre part, la richesse du pays est une garantie très importante ; qui ne sait que le Français thésaurise, que l'or est présent partout ? ensuite la situation financière est saine : budget généralement équilibré, excédent de la balance des comptes, accroissement de l'encaisse métallique de la Banque de France et enfin, justement, prudence de cette Banque dans sa fonction d'émission.

La Banque de France

Elle est le symbole de cette solidité. Cet institut d'émission pour la monnaie fiduciaire (billets de banque) est une banque privée, fondée en 1800 ; dès 1803, elle recevait ce privilège d'émission, qui devint un monopole en 1848 (monopole plusieurs fois renouvelé par la suite). En contrepartie, l'État exerçait un droit de regard sur ses activités par l'intermédiaire du « gouverneur » et des deux « sous-gouverneurs » qu'il nommait. Cependant, le conseil d'administration de la Banque, dit « Conseil de régence », était toujours formé (et il le sera jusqu'en 1936) des 200 principaux actionnaires. L'évolution a dégagé peu à peu les caractères suivants :

Déclin du rôle commercial de la Banque. Celui-ci n'a qu'une importance indirecte, la Banque pratiquant le prêt sur titre, l'escompte et avant tout le réescompte, vis-à-vis des autres banques. Elle joue ainsi le rôle de réserve générale des Banques. Maintenant bas le taux de l'escompte (4 à 5 %), elle a un rôle stabilisateur.

Renforcement de l'emprise de l'État, notamment lors du renouvellement du privilège, en 1897. L'État l'a obligée à ouvrir des succursales dans tous les départements (pour faciliter la circulation monétaire), lui a imposé le service du placement des emprunts d'État ; il l'oblige à détenir un stock de ces titres d'État proportionnel au taux de l'intérêt et à la part de circulation fiduciaire supérieure au stock métallique. Ainsi l'État veille à la solidité de la monnaie.

Prudence de l'émission. Le plafond de celle-ci, déjà en 1848-1850, puis à partir de 1870, est fixé par la loi. Système pratique et souple qui permet de multiplier ou de limiter la monnaie fiduciaire selon les circonstances. Bon système... en période de stabilité (on s'en apercevra plus tard). En 1914, malgré la multiplication des billets il n'en circule que pour 5,7 milliards. Chiffre très inférieur à celui de la monnaie métallique :

Monnaie métallique	9	milliards de francs
— fiduciaire	5,7	— —
— scripturale	12,3	— —
Total	27	— —

Mais ce qui est important, c'est que ces 5,7 milliards de papier sont garantis par une encaisse métallique de la Banque de France qui s'élève à près de 4 milliards, soit une excellente couverture (à 70 %). Ce stock est lui-même composé d'or pour 84 %.

Influence indirecte sur la vie économique. Malgré la limitation de son rôle commercial, la Banque de France a une très grande importance pour la vie économique française, importance indirecte. Elle assure une bonne monnaie ; elle garantit les liquidités des autres banques (en pratiquant le réescompte) : côté favorable. Mais côté discutable : maintenant l'intérêt faible, elle pousse les capitaux à chercher un profit supérieur à l'étranger ; soumise à l'État, elle lui achète ou place ses titres d'emprunts, détournant encore ainsi des sommes importantes hors de l'activité économique nationale.

En forçant un peu les choses, on peut donc conclure que la France a une monnaie très forte... aux dépens du progrès économique (situation qui n'a rien de paradoxal ni de rare dans l'histoire). L'étude de l'investissement en apportera une autre preuve.

III. L'INVESTISSEMENT (LES BANQUES)

L'investissement est une nécessité pressante dans la vie économique moderne qui exige le renouvellement rapide des machines ou des bâtiments et le perfectionnement des méthodes. Il est facile avec le régime capitaliste : il existe alors une masse importante de capitaux en quête d'emploi et, généralement, une grande possibilité de crédit. Dans ce domaine, les banques jouent un rôle primordial.

Les banques

En France, elles ne sont malheureusement guère tournées vers l'investissement productif, favorable à l'économie nationale. C'est sous le Second Empire (qui a réellement lancé la France dans la voie du capitalisme) qu'est née la structure bancaire moderne : les plus importantes banques de 1914 sont apparues à cette époque. Elles s'étaient tournées résolument, à leur origine, vers les grandes affaires nationales, entraînées surtout par le développement du réseau ferroviaire. Au cours de la troisième République cependant se dessinèrent de nouveaux caractères.

★ Ces *caractères*, très marquants encore à la veille de la guerre, sont *d'abord la concentration* par regroupement, entente ou élimination (échec d'une nouvelle banque, l'Union générale, en 1882).

Concentration qui met les banques françaises dans les premiers rangs du monde (ex. : « Le Crédit lyonnais » comme banque de dépôt, ou la « Banque de Paris et des Pays-Bas » comme banque d'affaires), mais qui n'empêche pas la survie d'un grand nombre de petites banques locales de puissance modeste.

D'autre part, la domination de la « haute banque », c'est-à-dire de l'ensemble de ces capitalistes dont la fortune remonte généralement à la première moitié du XIXe siècle et qui, groupés autour de Rothschild, éliminent les rivaux possibles, ont des attaches par-dessus les frontières, contrôlent la création de banques filiales, se retrouvent dans le Conseil de régence de la Banque de France, dominent l'investissement dans les domaines les plus intéressants (chemin de fer, par exemple), en France et, de plus en plus, à l'étranger.

Ensuite, justement, l'intérêt porté par ces banques à l'investissement à l'étranger. Non seulement elles souscrivent aux emprunts des États, ou en placent les titres dans le public français, mais elles y fondent d'autres banques, y créent des sociétés, y développent les transports ou y fondent des usines — beaucoup plus qu'en France, car le profit y est supérieur.

Enfin l'existence de types de banques bien distincts en 1914. Le ralentissement des affaires dans les années 80 et 90 a amené en effet les banquiers les plus prudents à se cantonner dans la fonction de dépôt — laissant à d'autres les banques d'affaires.

★★ *Les banques de dépôts* sont de loin les plus nombreuses. Elles pratiquent les fonctions classiques d'escompte, prêt sur titre, etc. Elles sont désormais d'un usage courant et, pour un capital quatre fois supérieur à celui de 1871, elles ont en dépôt des sommes dix à douze fois plus importantes. La question est de *savoir l'orientation qu'elles vont donner à ces énormes sommes :* l'achat d'obligations, de titres d'État français ou étrangers (russes surtout), de titres de compagnies d'assurances ou d'emprunts municipaux l'emporte trop souvent sur l'investissement industriel. A côté de quelques grandes créations financières (comme par exemple la Banque d'Indochine par le Comptoir d'escompte) qui n'ont eu quelque importance qu'avant 1880, les bénéfices de ces banques vont de plus en plus servir eux-mêmes à ces usages plus ou moins parasitaires ou vont résolument se tourner vers quelques affaires bien choisies... à l'étranger[1].

L'importance des banques de dépôt est très variable. Trois gros établissements les dominent qui datent du Second Empire : le Crédit lyonnais, la Société générale et le Comptoir national d'escompte. Le Crédit lyonnais, qui a connu un développement considérable sous l'habile direction d'Henri Germain (mort en 1905), possède, en 1914, 415 agences, 23 sièges à l'étranger. C'est la plus grosse banque du monde (par l'importance de son bilan). Une autre banque est encore d'importance nationale : le Crédit industriel et commercial. Puis viennent de nombreuses banques régionales ou locales, d'origine parfois ancienne, parfois récente. La plus importante est le « Crédit du Nord » qui possède plus de cent succursales. Ces petites banques jouent un rôle non négligeable dans leur région, contribuant au

1. Voir la suggestive étude de J. Bouvier : *Le Crédit lyonnais de 1863 à 1882* Paris, S.E.V.P.E.N., 1961.

financement des petites entreprises, aidant les trésoreries par la pratique de l'escompte. Mais leurs moyens d'action sont limités par la faiblesse de leur capital et une prudence souvent extrême. Elles contribuent donc à figer la structure des entreprises — et elles-mêmes sont un exemple de ce phénomène puisque, même petites ou faibles, elles survivent grâce à l'entraide qu'elles s'apportent : elles ont en effet créé en 1905 une « Société centrale des banques de province ».

★★★ Les *banques d'affaires* sont tout autres : elles sont destinées, par définition, à faire fructifier leur capital par des placements bien choisis. La première d'entre elles est la *Banque de Paris et des Pays-Bas* fondée en 1872 ; elle a aidé le Comptoir d'escompte en 1889, a pénétré au conseil d'administration de la Société générale en 1905, est à la tête du Consortium des banques. Elle s'enrichit à placer les actions des sociétés privées comme les emprunts d'État français ou étrangers, elle investit dans les grandes affaires françaises (choisies parmi les secteurs les plus modernes : électricité, T.S.F., chimie, pétrole) et plus encore dans les affaires de l'étranger, spécialement les chemins de fer ou les banques centrales ; elle a contribué à la pénétration coloniale au Maroc.

Importante aussi est la Banque de l'Union parisienne organisée par la haute banque protestante en 1904, très liée au métallurgiste Schneider et qui s'est beaucoup intéressée aux placements à l'étranger (Russie, Argentine, Europe centrale, Maroc). On trouve encore la Banque française pour le commerce et l'industrie créée en 1901 par Caillaux, la Banque transatlantique, le Crédit mobilier (qui s'est enrichi en plaçant l'emprunt serbe en 1909), etc.

Au total, ces banques d'affaires ont environ 75 % de leurs investissements à l'étranger. La responsabilité de la haute banque est grande dans la relative stagnation économique de la France.

Les placements à l'étranger [1]

★ Leur *puissance* donne à la France le deuxième rang dans le monde, derrière l'Angleterre. En 1914, on peut estimer leur chiffre à 45 milliards de francs (peut-être 50), (Angleterre 95 à 100) soit à peu près 20 % de l'investissement mondial (en dehors des frontières nationales). Si l'on place ce chiffre de 45 milliards dans l'ensemble du portefeuille français, c'est-à-dire si l'on compare les titres français et les titres étrangers que peuvent détenir les Français, c'est à 40 ou 50 % du total que s'élèvent ces placements hors du territoire national.

Pourcentage considérable que n'atteint aucun autre pays. *Comment l'expliquer ?*

Raison économique d'abord : l'intérêt versé à l'étranger est supérieur à celui de la France (vers 1914 : 4 à 5 % contre 3 à 4 %) parce que la mise en valeur, retardataire, doit y être plus rapide ou parce que les besoins sont pressants à cause d'une population qui augmente vite. Or en France la mise en valeur est déjà ancienne et la population cesse presque d'augmenter.

---

1. Le cours polycopié de P. Renouvin : *L'Expansion européenne dans le monde* (Paris, C.D.U.), montre non seulement l'importance mais aussi les causes et les conséquences de ces placements.

Raison politique : la propagande encouragée par le gouvernement en faveur de certains titres étrangers, russes surtout, pour les nécessités de la politique extérieure (alliance franco-russe 1892-1893). Il ne faut pas oublier qu'en France le gouvernement a un moyen de pression très important : c'est lui qui décide de « l'admission à la cote » (de la Bourse) des titres étrangers.

Raison psychologique : manque d'esprit d'entreprise des grands milieux capitalistes qui préfèrent un investissement facile à l'étranger à une lutte serrée sur le territoire national (état d'esprit très différent de celui qu'on pouvait observer sous le Second Empire) ; attrait du Français moyen, non moins prudent, pour un titre d'État, à revenu fixe et qui semble garanti tant par la République française que par l'État qui l'émet. En effet :

★★ *Deux formes de placement* sont à distinguer :

La *souscription à l'emprunt public,* d'une part : forme la plus importante, 84 % du total. Les États qui, comme la Russie, ont voulu se moderniser, ont eu largement recours à ce procédé. Le gouvernement cherche à placer ses titres sur les places étrangères... et il trouve le plus souvent un accueil favorable à Paris : emprunts russe, italien, serbe y connurent du succès. Paris est la première place du monde pour les fonds d'État (même si, pour l'ensemble des transactions, c'est la Bourse de Londres qui est la vedette).

Ces titres d'État sont placés dans le public par l'intermédiaire des grandes banques, qui en tirent un profit substantiel, mais la clientèle de choix, c'est le petit épargnant.

L'*achat d'actions privées* d'autre part, — mais ici ce seront surtout les grands milieux financiers, les banques d'affaires, les milieux capitalistes en un mot, qui seront intéressés. Tantôt ces actions sont émises par les sociétés étrangères (qui risquent parfois, de la sorte, de passer plus ou moins sous contrôle français), tantôt elles le sont par des groupes français qui fondent des sociétés ou des banques en pays étrangers. Il va sans dire qu'il y a ici rivalité avec les milieux capitalistes d'autres pays (Angleterre, Allemagne, etc.) et il peut arriver que le gouvernement français soit amené à faire pression pour sauvegarder les intérêts de ses nationaux : au début de 1914, c'est ce qui se passe en Russie quand la grosse entreprise d'armements Putilov, dominée depuis quelques années par Schneider et la Banque de l'Union parisienne, risque de passer sous l'influence de Krupp (à l'occasion d'une augmentation de capital). On mesure ici l'étroitesse des relations entre milieux d'affaires et milieux politiques — sans qu'il soit très facile de savoir lesquels ont été prépondérants : des intérêts économiques, ou des intérêts politiques supérieurs [1].

★★★ *La répartition des placements.*

L'*Europe en absorbe plus de la moitié* (environ 25 milliards sur 45). La *Russie* à elle seule, avec 13 milliards, s'adjuge la part du lion ; la France y détient 35 % des investissements industriels étrangers

1. Question qui a fait couler beaucoup d'encre ! P. Renouvin aborde le problème dans nombre de ses ouvrages dont, en collaboration avec J.-B. Duroselle, l'*Introduction à l'histoire des relations internationales*, Paris, Colin, 1964. Il semble qu'il n'y ait pas d'explication générale valable pour chaque cas particulier.

et 75 % des emprunts d'État russes à l'étranger (grâce aux souscriptions échelonnées de 1887 à 1906).

En France, 1 600 000 personnes ont de « l'emprunt russe » ! Ce sont les beaux temps de l'alliance franco-russe et des espoirs qu'on met dans ce colosse pour tenir l'Allemagne en respect.

Les Balkans (Roumanie), l'Autriche (avec 3 milliards), l'Empire turc (2,4 milliards), l'Espagne viennent ensuite. Il s'agit encore d'emprunts d'État ou d'investissements dans les transports ou l'industrie. D'autres pays européens suivent (Italie, Belgique, Suisse, etc.).

Hors d'Europe, c'est l'Amérique qui vient en tête : d'abord l'Amérique latine avec environ 6 milliards (chemins de fer ou ports d'Argentine et du Brésil principalement). Les États-Unis, par contre, n'ont attiré que la somme relativement faible de 2 milliards (chemins de fer, plantations, mines, fonds d'État). En Asie, c'est la Chine qui a la première place (chemins de fer), puis l'Indochine. L'Afrique est représentée par l'Égypte, l'Afrique du Sud et l'Afrique du Nord, qui, chacune, ont environ 3 milliards.

Les *colonies*, sur ce total, ne représentent guère que 9 à 10 %, soit autour de 4 milliards : dix fois moins que l'investissement de l'Angleterre dans son Empire (la moitié de l'investissement anglais va dans l'Empire). Fait capital : les Français, qui négligent d'investir en France, négligent aussi leur Empire. Encore les deux tiers de leurs placements coloniaux vont-ils à l'Afrique du Nord. Qu'est-ce qu'un milliard environ pour tout le reste ? Un certain nombre d'événements devaient sortir de là !

Les conséquences

Les formes prises par l'investissement (ou l'absence d'investissement) français ont de graves conséquences.

Dans l'ordre purement économique : mise en valeur insuffisante du territoire national ; méthodes de production peu évoluées, parfois désuètes ; prix de revient (et donc prix de vente) élevés. Il existe cependant de grandes entreprises modernes, financièrement puissantes : pour elles, le prix de revient est plus bas ; mais, conscientes qu'elles sont l'exception, garanties d'autre part par le protectionnisme, elles en profitent, elles aussi, pour vendre cher. D'un autre point de vue, la fréquence de l'investissement à l'étranger nous forge des rivaux ou nous ferme des débouchés.

Dans l'ordre financier, quelle menace pour les Français que ces masses de titres qu'ils détiennent, mais dont le rapport dépend de la solidité ou de la loyauté de l'État qui les a émis ! On sait que les trois quarts des placements faits en Europe seront perdus après la guerre (révolution russe, etc.). Sans même aller jusque-là, quel profit immédiat, autre que la rente, pour l'économie française ? Cet argent français qui enrichit l'étranger ne sert que rarement à acheter des produits français : les meilleurs fournisseurs de la Russie sont l'Allemagne et l'Angleterre. Le profit est donc moins économique que financier ; celui-ci est d'ailleurs considérable, puisque l'intérêt servi aux capitaux placés à l'étranger s'élève à deux milliards et demi en 1913.

Dans l'ordre politique, même si l'on néglige le fait que les placements des Français (peuple démocrate) se sont portés de préférence dans les pays à régime plus ou moins absolutiste (Russie, Empire turc, etc.), on constate d'abord que l'État, captant à son profit des capitaux très importants qui eussent été mieux placés dans l'économie, s'est, en quelque sorte, d'autant plus renforcé que l'économie se paralysait.

D'autre part, le désintérêt des Français pour l'investissement chez eux a entraîné en revanche l'intérêt des étrangers pour l'investissement en France. Peu à peu s'amorce une colonisation économique de la France ! Les Belges, puissants à Jeumont, dans le Nord, financent une partie du matériel ferroviaire, de l'électricité, du métro ; les Suisses et surtout les Allemands contrôlent une partie de l'industrie des colorants. Les Allemands, de surcroît, tiennent, financièrement, la moitié du fer du bassin de Briey et, peu avant la guerre, Thyssen a mis en valeur le fer normand et implanté une usine sidérurgique à Caen.

Dans l'ordre psychologique, nous retrouvons le renforcement de la mentalité de rentier et le maintien de l'esprit de routine.

Chapitre IV

L'ÉCONOMIE

Quatrième du monde en 1914 (après celles des États-Unis, de l'Allemagne, de l'Angleterre), l'économie française est, on s'en doute, en rapport avec les conditions démographiques, politiques et sociales du pays. Celles-ci ne poussent pas à un développement considérable ni à une refonte des structures. Mais l'économie dépend aussi de la conjoncture. 1914 s'intègre dans la période de conjoncture favorable qui a commencé dans les toutes dernières années du XIXe siècle. La France, tardivement mais durement touchée (surtout dans son agriculture) par la dépression qui avait précédé cette phase favorable, semble avoir retrouvé désormais une nouvelle vigueur. Les affaires marchent bien dans les années qui précèdent la guerre, la prospérité est quasi générale.

Il semble, avec le recul, qu'il y ait quelque divorce entre les structures économiques un peu démodées de la France et cet élan qui dure depuis sept ou huit ans. On en découvre la raison, non seulement dans le climat économique favorable, mais aussi dans l'existence, en France, de deux secteurs de production : l'un archaïque ou presque, fondé sur la petite entreprise d'autrefois, l'autre moderne basé sur le capitalisme, orienté vers quelques produits de valeur et qui est capable de donner un grand essor à la vie économique.

L'étude des structures, comme celle des productions, révélera cette diversité si typique de la France.

I. STRUCTURE ÉCONOMIQUE

Elle est, en moyenne, relativement peu évoluée. C'est ce que prouvent la répartition des activités, les types de production, la dimension des entreprises ou leur mode de financement. Il n'en résulte pas toujours des avantages pour la France.

Caractéristiques

★ L'*importance du secteur primaire* ne trompe pas sur le degré d'évolution. Or, à la veille de la guerre, c'est 42 % des Français qui s'y rattachent. Chiffre considérable en lui-même. Presque un Français sur deux se consacre à une activité de première nécessité, généralement pénible, l'agriculture avant tout. On est loin des 26 % de l'Allemagne, sinon des 10 % de l'Angleterre ! Ce qui est frappant aussi, c'est la lenteur de la diminution de ce chiffre (et, corrélativement, du progrès des autres secteurs) [1].

---

1. Ces pourcentages, comme ceux qui seront donnés plus loin, sont approximatifs. On manque trop de bases statistiques solides avant 1945. D'où les différences entre les auteurs à partir de bases souvent discutables.

	1872	*1913*
	—	—
Secteur primaire	52 %	42 %
— secondaire	23 %	31 %
— tertiaire	25 %	27 %

On mesure ici combien lente a été la pénétration du progrès mécanique qui libère les bras, combien lents le développement de la grande industrie, l'organisation de la distribution, la multiplication des services, toutes choses qui caractérisent la vie moderne. On peut en conclure une sorte d'équilibre des activités, trait tenace du visage économique de la France, équilibre qui trahit une difficulté d'adaptation au progrès technique, trop de bras restant mobilisés dans les tâches inférieures.

★★ Une *économie de consommation :* telle est l'orientation de la production française, comme on le déduit de l'étude des activités[1]. On sait qu'un bien de consommation satisfait un besoin sans être à l'origine d'une nouvelle richesse. Or on constate qu'en 1901, pour 165 000 ouvriers de la métallurgie lourde et 170 000 mineurs, on trouvait 215 000 personnes employées dans le blanchissage, 220 000 dans l'industrie de la chaussure et 725 000 dans la couture ! — D'une façon générale, jusqu'à la veille de la guerre, le textile occupe trois fois plus de main-d'œuvre que la métallurgie. On saura par ailleurs qu'il y a dans la France de 1914 482 000 débitants de boisson (mais seulement 125 000 instituteurs !). — L'importance de ces activités faiblement productives explique d'une part que la campagne se soit dépeuplée avec une certaine lenteur (elle abrite encore beaucoup de métiers à tisser à bras) ; d'autre part, en sens inverse, le grand développement de Paris fournissant toutes sortes de menus emplois. Le premier département industriel de France, c'est la Seine avec 800 000 ouvriers. Le Nord, avec ses industries lourdes, ne vient que loin derrière avec 450 000.

★★★ La *prédominance de la petite entreprise* découle tout naturellement de cette situation. Le Français typique, c'est surtout le petit propriétaire-exploitant ou le petit commerçant, ou l'artisan. En 1913, sur 20 millions de travailleurs, on ne compte tout au plus que 57,5 % de salariés. La majorité des ouvriers travaillent encore dans des entreprises en employant moins de dix. Sur 900 000 établissements industriels ayant des salariés, 10 000 seulement, soit un peu plus de 1 %, emploient plus de 50 ouvriers. Dans le domaine de l'agriculture, le chiffre est infiniment plus faible. L'entreprise agricole typique a une dizaine d'hectares ; elle est exploitée par le propriétaire et sa famille, le plus souvent sans aucun salarié permanent. La grande exploitation (plus de 40 ha) n'est le fait que de 2 % des exploitants ! On estime qu'environ 50 % des exploitants ont entre un et dix ha. Mais combien ne disposent pas même d'un ha ! (Il faut cependant noter que, si un ha de grande culture est très insuffisant pour faire vivre son homme, il n'en est pas de même pour un ha de vigne.)

1. Voir l'étude qu'en fait M. Lévy dans son cours polycopié riche d'idées : *L'Histoire économique et sociale de la France depuis 1848*, Paris, Les Cours de Droit, 1952.

Quoi qu'il en soit, le Français reste, en grande partie, un artisan — artisan de la terre, artisan de l'industrie ou du commerce.

★★★★ L'*autofinancement des entreprises*, compte tenu de ce qu'on vient de voir, est donc la règle. Le *petit chef d'entreprise industrielle* ne connaît pas grand'chose à la finance et il se méfie instinctivement du crédit. L'entreprise, le plus souvent, se transmet de père en fils, le capital est purement familial. D'où l'importance d'un mariage assorti ! Si l'on a recours à une banque, ce sera de préférence à la banque régionale. Celle-ci, avant d'accorder quelques crédits, se renseignera soigneusement et prendra de multiples précautions. Seules les grandes sociétés ont une pratique courante de la banque et de ses mécanismes... Mais elles sont les premières à placer leurs bénéfices à l'étranger.

De toute façon, le *chef d'entreprise agricole*, c'est-à-dire le paysan, se tourne très rarement vers la banque, sauf pour y placer ses économies. Le Crédit foncier n'a pas joué à cet égard le rôle que lui avait assigné Napoléon III. Le paysan vit ainsi, financièrement, en circuit fermé. Il ne lui vient d'ailleurs même pas à l'idée de distinguer capital familial et capital d'exploitation. Beaucoup produisent encore l'essentiel de leurs besoins et disposent de peu d'argent liquide. En ont-ils, ils le placent à la caisse d'épargne ou achètent quelques titres de rente, ne renouvelant leur matériel qu'au minimum. L'idée d'un investissement, d'un emprunt nécessaire pour développer leur entreprise, ne leur vient pas à l'esprit. Le profit en serait-il assuré ?

Les quelques coopératives qui existent, peu nombreuses, n'ont même pas joué à cet égard le rôle qu'elles auraient pu avoir. Elles servent plus à écouler la production ou à faire en commun quelques achats indispensables qu'elles ne sont des bailleurs de fonds. Il n'en fut pas de même en Allemagne !

Dans la France de 1914, l'entreprise vit pour une bonne part sur elle-même et comme en dehors d'un monde où le capitalisme a cependant triomphé.

Conséquences de cet état de choses

Les *avantages* de la situation sont, à l'époque, soulignés avec complaisance. Sur le plan social, l'individualisme y trouve son compte. La prolétarisation est faible. Le Français est généralement un possédant ; il a l'amour de son métier, l'exerce souvent avec talent. Il est aussi un patriote qui saura se battre avec vaillance pour défendre son bien. Tout cela, sans conteste, a sa valeur; sur le plan économique même, l'équilibre des activités est peut-être précieux au moment des crises ou lorsque le commerce est difficile. Le développement des biens de consommation n'est pas un mal en soi, loin de là ; il est sans doute bien adapté aux qualités des Français. Ces industries ont par ailleurs une diversité et une souplesse fort avantageuses. Ce qui est plus regrettable dans la France de 1914, c'est que ce pays qui mange bien, qui vit bien et où chacun ou presque est son maître, ce pays ne vit déjà plus avec son temps.

Les *inconvénients* devaient apparaître, cruellement, plus tard. On n'investit plus (du moins en France), car le profit est plus faible qu'ailleurs faute d'un marché en expansion. L'action économique est limitée par l'étroitesse des ressources financières (qu'on songe aux artisans, aux petits paysans pour lesquels la mécanisation est souvent plus ruineuse que la concurrence). Le livret de caisse d'épargne est plus profitable que l'investissement. La plupart des producteurs en sont encore à l'époque précapitaliste !

Se modernisant lentement, l'entreprise produit à prix élevé. Il semble que chacun s'en accommode. Si l'une d'entre elles vend meilleur marché (exemple : la tentative des « Chaussures André »), l'armée des petits producteurs intervient si bien qu'on lui impose les « tarifs syndicaux ». Les « grands magasins » ont été contraints de payer une patente plus forte... pour faire monter leurs prix au niveau de ceux des petits magasins qu'ils concurrençaient. Depuis 1905, les coopératives elles-mêmes doivent payer la patente.

Prospérité ou engourdissement ?

II. L'AGRICULTURE

D'importance encore primordiale, en dépit de la crise qu'elle a traversée, elle est cependant mal adaptée aux conditions de la vie économique moderne, sauf pour certains produits ou certaines régions. Il y a en fait deux agricultures françaises en 1914. (N'est-ce pas vrai encore aujourd'hui ?)

L'agriculture française a survécu à la crise

C'est là un fait capital à souligner tout de suite (on sait qu'il n'en fut pas de même de l'agriculture anglaise).

★ La *crise* avait frappé l'agriculture européenne à partir de 1875-1880. Non seulement il avait fallu compter, au début, avec de très mauvaises récoltes dues aux intempéries ou, dans le cas de la vigne, à la propagation du phylloxéra, mais surtout c'était la concurrence étrangère qui l'avait atteinte : blé ou viande congelée d'Amérique, laine d'Australie, oléagineux des pays tropicaux, soie japonaise, coton venant concurrencer les textiles traditionnels : tous ces produits arrivaient facilement en Europe grâce à la multiplication des transports et à la mise en valeur de nouveaux pays producteurs. Il en était résulté un effondrement général des cours. En 1914, le blé, par exemple, n'avait pas encore retrouvé en France son cours de 1880. Et, cependant, l'Europe (Angleterre exceptée) avait réagi par un retour au protectionnisme; en France, Méline avait œuvré dans ce sens. A partir de 1895 et 1900 surtout, la situation s'améliore ; la concurrence est moins vive. Mais la condition de l'agriculture, en France notamment, reste précaire.

★★ Les *traces de la crise* se perçoivent aisément : la *main-d'œuvre* occupée par l'agriculture a diminué (42 % au lieu de 52 % vers 1871), un grand nombre d'exploitants et surtout de salariés agricoles abandonnant une terre qui ne rapporte pas assez. Le *mode d'exploitation* a évolué aussi : le métayage est en cours de disparition, le fermage diminue lui-même (mais reste encore important) tandis que le faire-valoir direct progresse au profit de la petite ou de la moyenne exploitation utilisant la main-d'œuvre familiale (4 millions de propriétaires exploitants pour 1 300 000 fermiers et métayers et 2 700 000 salariés). Le *revenu* du paysan est inférieur, relativement, à ce qu'il était :

Part de l'agriculture dans le revenu national :

en 1871 : les agriculteurs (soit 52 % des Français) reçoivent 54 % du revenu ;
en 1906 : les agriculteurs (soit 43 % des Français) reçoivent 39 % du revenu (en progrès, il est vrai).

Enfin, *certains produits* sont en déclin complet du fait de la crise : oléagineux (quatre fois moins en 1914 qu'en 1870), plantes textiles (cinq fois moins). Les autres sont plus ou moins atteints (deux fois moins de moutons, etc.).

★★★ L'*importance de l'agriculture française* n'en apparaît pas moins : importance *numérique* (rappelons-nous encore que deux Français sur cinq sont paysans) ; importance *économique* grâce à ses très grands produits qui restent une source de richesse, grâce aussi à l'influence qu'elle a sur la vie nationale, ne serait-ce que par son attachement au protectionnisme qui modèle toute l'activité nationale ; grâce encore au caractère limité qu'elle donne au marché français : la paysannerie, peu aisée, n'absorbe pas beaucoup de produits. Importance *politique* enfin : les milieux ruraux sont les mieux représentés à la Chambre des députés et surtout au Sénat et la défense de leurs intérêts est au premier plan des préoccupations gouvernementales ... même si ces intérêts ne sont pas toujours bien compris.

La structure de l'agriculture est trop peu moderne.

L'*exploitation* (une dizaine d'hectares en moyenne) est trop petite ; de plus, elle est morcelée, souvent à l'extrême ; elle n'emploie souvent aucun salarié. En 1906, 250 exploitants emploient plus de 50 salariés; 45 000 exploitants emploient 6 à 50 salariés; 1 300 000 exploitants emploient 1 à 5 salariés. Le chef d'exploitation, paysan de père en fils, sans capitaux disponibles (il est vrai qu'il y a des exceptions !) et sans grande instruction, est connu pour son esprit routinier. La France a négligé l'enseignement agricole d'un façon à peu près totale : on s'en tient trop souvent aux concours des sociétés d'agriculture ou aux comices où le conseiller général vient, non sans arrière-pensées politiques, primer les plus beaux produits de la région.

La *technique agricole* évolue lentement (mais sûrement, il est vrai) : la pratique de l'assolement remplace partout ou presque la jachère ; les engrais restent à base de fumier de ferme, mais l'engrais chimique progresse depuis le début du siècle (phosphates notamment avec la mise en valeur des gisements tunisiens). Les amendements (chaulage, etc.) sont de pratique courante.

L'*outillage* se mécanise : faucheuses et moissonneuses (...d'origine américaine pour les trois quarts) ont triplé depuis le début du siècle. Les voies Decauville sillonnent certaines campagnes riches (elles sont particulièrement utiles pour le transport des betteraves). Le bœuf de travail et le cheval de trait ou de labour n'en restent pas moins la première source d'énergie de l'agriculture.

La *qualité des produits* laisse encore beaucoup à désirer. Certes, on a recours assez souvent à des semences sélectionnées, mais la sélection animale est très inégalement répandue ; l'alimentation des bêtes reste traditionnelle. Les produits mis sur le marché sont de valeur très inégale.

L'*organisation du monde rural* est très insuffisante pour parvenir à une réelle amélioration de la production. On a vu que les coopératives étaient rares ; elles n'atteignent quelque importance que dans les Charentes (qui produisent un beurre de qualité), dans les pays de vignoble, dans le Jura (où elles sont anciennes : les « fruitières »). Mais il existe des sociétés de matériel agricole, des syndicats d'achat (surtout pour les engrais) ou de vente (600 000 adhérents seulement en 1913 à quoi s'ajoutent des mutuelles qui pratiquent l'assurance).

La *commercialisation* des produits agricoles est gênée par les insuffisances qu'on vient de souligner. Qu'elle ait progressé depuis cinquante ans est indéniable. Mais elle ne touche qu'un certain nombre de produits et qu'un certain nombre de régions qui ont pu se spécialiser : l'importance ou la qualité de transports est ici une condition primordiale. Si la plaine du Vaucluse connaît la prospérité grâce à l'excellence des chemins de fer qui emportent ses fruits et primeurs jusqu'à Paris, si les vins français se vendent dans le monde entier, que de cantons montagnards, que de secteurs en Bretagne ou en Auvergne, que de paysans d'Aquitaine, de Provence ou du Berry vivent encore dans une pure économie de subsistance !

Les grands produits

La France reste avant tout le pays du blé et de la vigne.

Le *blé*, en dépit de la crise qui l'a fait abandonner par les régions les plus pauvres, couvre encore un peu plus de 6 millions d'hectares. La récolte approche de 90 millions de quintaux. Elle satisfait aux besoins nationaux. Le rendement augmente peu à peu, lentement : 13,5 quintaux à l'hectare en moyenne (Allemagne, dans des conditions bien plus mauvaises : 22). On trouve le blé presque partout, mais les meilleurs résultats s'obtiennent dans le centre du Bassin parisien et le Nord. Il a une véritable importance nationale ; le taux des fermages est souvent calculé sur le cours du blé. Il a une valeur de symbole (cf. le franc à « la Semeuse »). Quel paysan ne fait pas « son blé » ?

La *vigne* est non moins symbolique, le Français étant de loin le plus gros consommateur de vin (comme de pain). Presque entièrement détruit par le phylloxéra entre 1875 et 1895, le vignoble s'est si bien reconstitué (grâce à des plants américains rebelles au parasite) que, depuis 1900, il y a tendance à la surproduction. C'est qu'il faut compter désormais avec un rendement supérieur, bien que la surface ait diminué d'un quart, et avec le vignoble algérien dont les 8 millions d'hectolitres viennent s'ajouter aux 48 de la métropole (chiffre moyen). L'écoulement reste précaire pour une partie de la récolte : celle du Midi languedocien surtout, abondante et de peu de qualité. Il n'en est pas de même pour les bordeaux ou les champagnes très appréciés en Angleterre, Russie ou Amérique. Quant aux « petits vins », tous les paysans qui le peuvent en font pour leur consommation.

Les *autres cultures* sont d'importance très variable. Sont en progrès, grâce à l'enrichissement général ou à la qualité des transports, ou à la diversification de l'alimentation : la betterave sucrière (centre et nord du Bassin parisien, région du Nord), les cultures maraîchères et fruitières (très répandues, mais importantes surtout dans le Vaucluse, le Roussillon, la « Ceinture dorée », la région parisienne, etc.), la pomme de terre (revenu intéressant pour les pays pauvres), le tabac. Déclinent, au contraire, les céréales secondaires (spécialement le seigle) et surtout les plantes industrielles : textiles et oléagineux.

L'*élevage* est en progrès, car on consomme davantage de viande (15 millions de quintaux) et de lait (100 millions d'hectolitres). Les bovins ne sont pas tellement plus nombreux que quarante ans plus tôt (14 millions au lieu de 13), mais leur rendement s'est amélioré. Des régions se spécialisent dans l'élevage laitier (Normandie, Charentes depuis la crise phylloxérique) ou de boucherie (Charolais). La plupart des autres (régions de montagne, Bretagne, etc.) pratiquent un élevage très traditionnel. Les ovins sont en déclin très accusé (en rapport avec le dépleuplement des pays pauvres) : 16 millions — globalement, l'élevage n'entre que pour un tiers environ dans le revenu du paysan et il reste, très souvent, un sous-produit de l'agriculture.

Les deux Frances agricoles

Au terme de cette étude, on en arrive à la conclusion qu'il n'y a pas une, mais deux agricultures françaises.

Deux types d'exploitants peuvent se distinguer : d'un côté, cas le plus fréquent, petit paysan ne disposant que de quelques hectares mis en valeur par la main-d'œuvre familiale, peu enclin au progrès, n'en ayant d'ailleurs pas les moyens financiers, pratiquant une polyculture et un petit élevage rarement destinés à la commercialisation. De l'autre, l'exploitant spécialisé, connaissant bien son affaire, œuvrant pour le commerce, obtenant de bons bénéfices grâce au caractère moderne de ses méthodes : ce sera le betteravier du Nord de Paris ou son voisin le grand céréalier. D'où le prix élevé des terres dans ces régions où vont volontiers s'investir les capitaux des industriels parisiens. Ce seront aussi le maraîcher du Vaucluse, l'éleveur du Charolais ou le grand viticulteur bordelais, sinon même celui du Languedoc.

Deux types de produits : le produit « courant » reste de loin le plus fréquent, vendu en vrac ou consommé sur place ou apporté en charrette à la foire voisine. Produits courants de même, ces semences non sélectionnées, ces animaux de races multiples dont une reproduction traditionnelle perpétue la diversité et gêne l'amélioration. Par contre, produits de valeur ou de qualité que ces bœufs du Charolais, ces beurres des Charentes, ces fruits soigneusement emballés, ces vins surtout qui, de tout temps, ont porté au delà des frontières la renommée des produits français.

Deux types de régions enfin : les riches qui, par chance naturelle, effort d'adaptation, proximité de bons transports, bénéfice d'investissements intelligents, pratiquent l'agriculture comme une industrie et en tirent de substantiels revenus : le centre du Bassin parisien, le Nord, certaines parties de la Normandie, du Sud-Est, les Charentes, le Bordelais et quelques autres régions de vignoble ou d'élevage spécialisé. Et puis les pauvres : l'Ouest, l'Aquitaine au dépeuplement accéléré, le Massif central, les Alpes du Sud, les franges est et sud du Bassin parisien. La moitié sud de la France forme le gros de ce second ensemble où sévit l'exode rural.

Un quart de la France est moderne ; trois quarts vivotent dans la polyculture en pure économie de subsistance à prix de revient élevé. Les trois quarts imposent la politique protectionniste — et l'autre quart l'accepte volontiers, car le bénéfice est surtout pour lui qui, seul, a une quantité importante de produits à vendre.

III. L'INDUSTRIE

En 1914, l'industrie n'a pas encore pris le pas sur l'agriculture dans l'économie française. Elle a tout au plus une importance relative comparable. Son revenu est à peu près semblable à celui de l'agriculture. Toutefois, elle a sur celle-ci trois avantages : elle est plus rentable (à preuve : n'occupant que 31 % de la main-d'œuvre, elle lui procure le même revenu qu'aux 42 % de travailleurs du secteur primaire) ; elle progresse plus rapidement (dans la production comme dans ses méthodes) ; elle est plus moderne, dans l'ensemble, bien qu'elle garde de multiples traces de son passé.

En valeur le textile représente 44 %, les industries alimentaires ou autres industries légères 32 %, les industries lourdes 24 %.

Puissance et points faibles

★ La *puissance* de l'industrie est indéniable : la France est au quatrième rang mondial derrière les États-Unis, l'Allemagne et l'Angleterre (on se rappellera toutefois qu'elle était au second encore à la fin du second Empire). Elle est célèbre surtout pour ses industries de qualité ou de luxe, mais toutes les branches de la production sont extrêmement vivaces dans les années qui précèdent la guerre : la France a alors le rythme d'accroissement le plus rapide du monde (surtout grâce à sa métallurgie qui démarre littéralement). Des industries nouvelles et modernes connaissent un développement considérable, l'automobile par exemple. Les Français participent plus que tout autre peuple aux inventions de nouveaux produits ou procédés. Ainsi donc, tandis que l'agriculture semble encore un peu marquée par sa crise, l'industrie, elle, est en pleine prospérité et elle attire non seulement une main-d'œuvre qu'elle arrache à la campagne, mais même des capitaux : on constate que, dans les dernières années d'avant guerre, les investissements, fait notable, sont plus attirés par l'industrie française que par l'étranger. On peut donc parler d'élan de cette industrie. Il sera brisé par la guerre. Mais tout était-il si parfait ?

★★ *Les points faibles :*

L'*insuffisance énergétique* apparaît comme une constante regrettable de l'industrie française. Déjà sous le second Empire, on manquait d'un tiers du charbon nécessaire. La production a plus que triplé depuis lors (42 millions de tonnes en 1914). Mais on en manque toujours d'un tiers, qui représente maintenant 22 millions de tonnes au lieu de six. Cependant, le rendement a augmenté, les mines du Nord et du Pas-de-Calais fournissent environ 70 % du total (le reste vient du Massif central). Mais la qualité moyenne de ces gisements donne au charbon français un prix d'au moins 15 % supérieur au charbon allemand. Lourd handicap pour une industrie où la machine à vapeur garde toute sa primauté. Le moteur électrique (l'électricité est d'origine surtout thermique), si courant désormais au États-Unis, est très rare en France, et le pétrole sert avant tout comme pétrole lampant.

L'*insuffisance de la transformation :* trop souvent, la France met sur le marché des produits bruts ou peu élaborés, quitte à acheter à l'étranger les produits transformés. C'est ainsi que, très riche en fer, elle en exporte 45 % à l'état brut et que, pour la bauxite, ce chiffre dépasse 50 %. Toutefois, ce qui est vrai pour ces minerais ne l'est pas forcément pour d'autres branches de l'industrie (textile par exemple).

Le *prix de revient élevé :* il existe trop de petites entreprises sans moyens financiers, à la technique traditionnelle, à la mécanisation insuffisante ou vieillie ; trop d'artisanat là où ce mode de production n'est pas indispensable. Malgré une faible marge bénéficiaire, ces entreprises vendent cher ; le protectionnisme le leur permet et les grandes entreprises concurrentes s'en satisfont (tout comme pour l'agriculture).

★★★ Les *causes des points faibles* sont intéressantes à rechercher pour savoir dans quelle mesure ceux-ci sont permanents ou passagers. On trouve des *causes naturelles*, telles que le manque de charbon ou de certaines matières premières. Contre celles-là on ne peut rien. On trouve aussi des *causes psychologiques :* non pas le manque d'esprit inventif, mais l'esprit de routine : la France laisse à d'autres le soin d'utiliser ses inventions (utilisation de l'hydro-électricité par exemple) ou une prudence excessive (insuffisance de l'investissement, celui-ci présentant toujours des risques). La *cause démographique* se retrouve bien sûr avec l'exiguïté du marché qui freine la grande production et encourage le protectionnisme stérilisant. Des *causes économiques* : le manque de grandes voies d'eau permettant un transport économique (par exemple entre le charbon du Nord et le fer de Lorraine), le caractère rural du marché français : monde de peu de besoins et de peu de ressources, l'insuffisance des capitaux ou du crédit pour un grand nombre de producteurs : la concentration capitaliste reste faible.

Faiblesse du caractère capitaliste

★ L'*insuffisance de la concentration* financière ou technique contribue à retarder le progrès économique. La petite entreprise est la règle ; son prix de revient est élevé, sa modernisation difficile. En 1906, on ne trouvait en France que 421 établissements occupant de 500 à 1 000 ouvriers et 215 seulement en avaient plus de 1 000. Mais que d'ateliers marchant avec quelques bras ! Cette dispersion de la main-d'œuvre est particulièrement grave dans le textile et souvent dans la mécanique. Elle est moindre ailleurs.

On note pourtant un net mouvement vers la concentration. Déjà en 1888, les très nombreux propriétaires de houillères sont regroupés en un « Comité central des houillères de France », sorte de syndicat. Mais c'est pour la sidérurgie que le mouvement est le plus net. On y trouve trois types de regroupements :

★★ Le *type syndicat* avec l'U.I.M.M. (Union des industries minières et métallurgiques) créée en 1900, rassemblant divers syndicats autour du vieux « Comité des forges ». L'U.I.M.M. a des liens avec les chambres syndicales des autres industries françaises et souvent même étrangères. Par là, le patronat a un puissant moyen de pression sur le mouvement ouvrier, le gouvernement, la politique. Cette forme de concentration a son importance, même économique, dans la mesure où il y a entente et contacts entre producteurs, bien qu'il ne s'agisse pas ici d'une concentration au niveau des moyens de production.

★★★ Le *type cartel*, c'est-à-dire entente entre des producteurs pour maintenir les prix. Le cartel, en général, dispose d'un comptoir de vente auquel chaque adhérent fournit un certain quota. C'est à partir du Comité des forges (où Schneider et de Wendel étaient puissants) que se sont développés ces comptoirs, d'abord pour les demi-produits (essieux, poutrelles, etc.), puis pour la métallurgie différenciée (matériel de chemin de fer, navires, matériel de guerre). Ces ententes maintiennent les prix, ce qui contribue à rendre chers les produits transformés. Plus que les consommateurs, les fabricants y trouvent leur profit, surtout s'ils s'entendent avec leurs concurrents des autres pays pour entrer dans des cartels internationaux, ce qu'ils firent pour le cartel des rails et du matériel de guerre (la célèbre entente des « marchands de canons »).

★★★★ Le *type « trust »* correspond mieux à la notion de concentration financière et technique : une grosse entreprise en absorbe d'autres, développe ses affaires, multiplie le nombre de ses usines et de ses employés. Dans la sidérurgie, c'est le cas de Schneider et de Wendel. *Schneider* a fait la fortune du Creusot. Maître de forges, il produit non seulement fonte et acier, mais aussi matériel de chemin de fer ou de travaux publics, canons, outillage industriel. Comme il possède des mines de charbon au Creusot et de fer en Normandie, on voit qu'il s'agit d'une véritable entreprise « intégrée ». Mais sa puissance s'étend aussi en Lorraine (il a des actions chez de Wendel et dans la société « Homécourt »), il a des intérêts à Bordeaux où l'on fabrique des bateaux de guerre ; hors de France, il contrôle une partie de la métallurgie russe (sidérurgie en Ukraine, transformation à Saint-Pétersbourg où il est lié à Putilov). Très puissant à la Banque de l'Union parisienne (qui a investi au Maroc, en Amérique latine et ailleurs) il est une des figures les plus typiques du capitalisme français.

De Wendel a ses intérêts en Lorraine où, par-dessus la frontière, il est très lié à « De Wendel allemand ». Il contrôle fer français, belge, luxembourgeois, charbon hollandais. Il se cantonne dans la sidérurgie (Jœuf, Briey). Très puissantes aussi sont les « aciéries de Longwy », les « Forges et Aciéries de Pont-à-Mousson » ; « Denain-Anzin » domine la région du Nord. « Châtillon-Commentry », « Marine-Homécourt » résultent de la fusion de sociétés autrefois indépendantes.

Hors de la sidérurgie, il n'y a guère que l'*industrie chimique* qui offre de puissantes sociétés : Saint-Gobain, Kuhlmann, Péchiney qui s'appelle alors « Compagnie d'Alais et de Camargue », société intégrée qui grâce à ses marais salants traite les dérivés du sel (chlore, etc.), grâce à ses mines de bauxite produit l'essentiel de l'aluminium français et s'entend en 1912 avec son seul rival dans ce domaine (la « Société d'Électrochimie » = Ugine) pour former un cartel « L'Aluminium français ».

Donc, le capitalisme est représenté dans l'industrie française, mais il n'est important que dans quelques branches (sidérurgie surtout) et côtoie une masse de petites entreprises qui n'ont rien à voir avec lui. Cela tient en partie à la diversité de la production.

Diversité de la production

★ La *primauté du textile* reste complète. En 1906, cette activité emploie 40 % de la main-d'œuvre industrielle. Elle se modernise lentement et reste très dispersée financièrement et géographiquement. Si le Nord vient en tête, l'Est, la Normandie, la région lyonnaise suivent, mais aussi la plupart des campagnes où le tissage rural est loin d'avoir disparu. Tout au plus apparaît-il comme condamné. Le coton est très prospère, vainqueur du chanvre et du lin (bien que la France soit deuxième du monde pour celui-ci). La laine fait la fortune de Roubaix, mais aussi, non loin de là, de Fourmies — et, beaucoup plus loin, de Mazamet qui s'est spécialisé dans le délainage. Pour la soie, grâce à Lyon, la France tient le premier rang dans le monde. Le textile alimente un très important commerce de produits bruts à l'importation, de produits finis à l'exportation (premier article industriel d'exportation).

★★ L'*importance de la métallurgie* est grande (toutefois, celle-ci n'occupe que 13 % de la main-d'œuvre industrielle (1906). La richesse en minerai de fer l'explique. Avec 22 millions de tonnes, la France est deuxième du monde derrière les États-Unis. Sa production a quadruplé depuis la fin du siècle où l'on a enfin, systématiquement, utilisé le procédé Thomas pour traiter le fer phosphoreux de Lorraine. Cette région, dès lors, devient la première pour la sidérurgie (60 % du total) surclassant le Nord (25 %) et le Massif central (Le Creusot, Saint-Étienne, etc.), obligeant les sidérurgistes à déplacer leurs intérêts vers elle. En 1913-1914, la France produit 5,2 millions de tonnes de fonte et 4,6 d'acier [soit à peu près le tiers de l'Allemagne qui possède une moitié de la Lorraine (fer) et la Ruhr (coke)]. La métallurgie de transformation, beaucoup moins concentrée géographiquement et financièrement, se disperse dans une foule de productions (machines, navires, quincaillerie, etc.), mais produit trop peu de machines agricoles et de machines-outils qu'il faut importer des États-Unis et d'Allemagne.

★★★ Le *développement de nouvelles industries* est plus intéressant pour l'économie française : l'industrie *électrique* se développe lentement (matériel électrique de la « Compagnie générale d'électricité » ; matériel cinématographique dont l'essor souffre d'un manque de capitaux). L'industrie *automobile* est prospère en 1914. Deuxième derrière les États-Unis, la France produit 45 000 voitures, dont elle exporte la moitié ; les fabricants sont légion (Renault, Peugeot, Berliet, Panhard-Levassor comptent parmi les principaux). L'industrie *chimique* a pris un grand retard sur l'Allemagne (2 000 chimistes contre 30 000). Cependant, les acides, les engrais, la soude, la pharmacie prospèrent. La carbochimie, peu développée, est contrôlée en partie par les capitaux allemands. Michelin, à Clermont-Ferrand, fait fortune dans le caoutchouc. La France tient le premier rang pour la soie artificielle comme pour l'aluminium, deux produits encore peu répandus. La plupart de ces industries nouvelles sont nées d'inventions françaises. Elles témoignent du dynamisme de l'esprit français mais leur faible importance (en général) démontre que ce dynamisme fait trop souvent défaut dans le domaine proprement économique.

Inégalité de l'implantation géographique

Pays encore très rural, la France a une *industrie encore presque partout présente.* C'est la survivance d'une époque où l'industrie se pratiquait à la campagne, soit dans les fermes (filature, tissage), soit plus spécialement près des forêts (métallurgie). C'est le signe d'un archaïsme durable de l'industrie française. Quelle région en 1914 ne produit pas encore quelques toiles ? Les régions forestières n'ont-elles pas encore quelques forges rudimentaires — à l'agonie il est vrai ?

L'*industrie, cependant, se concentre* désormais d'une façon très nette au profit de quelques régions privilégiées — qui sont celles d'aujourd'hui — c'est un déplacement général vers le quart nord-est du pays riche en charbon (Nord), en fer et sel (Lorraine), en main-d'œuvre nombreuse et experte (Paris). Un autre grand foyer vivace se maintient autour de Lyon - Saint-Étienne. Çà et là, des ports ont des usines ou chantiers qui ne manquent pas de puissance : Rouen, Caen, Nantes et Saint-Nazaire, Bordeaux, le Boucau, Marseille. Au total, la région parisienne est la première du pays par sa main-d'œuvre industrielle, symbole éloquent de la prédominance de la petite industrie de transformation, sinon de luxe ou d'art. Viennent ensuite le Nord, puis la région lyonnaise.

Et ailleurs ? *Ailleurs, c'est le déclin* par suite d'inadaptation aux formes modernes de l'activité industrielle : petits foyers métallurgiques du Centre ou de Champagne, tissages du Languedoc ou des Pyrénées ou du Berry, quincaillerie de Basse-Normandie, etc. Une France industrielle moderne s'oppose nettement déjà (dans le quart Nord-Est et, à la rigueur, le Sud-Est) à une France plus purement agricole, à l'Ouest (malgré les ports) et au Sud en presque totalité. Malheureusement, cette France à l'industrie déclinante est la même que celle à l'agriculture vivotante. Faute d'hommes, faute d'esprit d'entreprise, faute de chance peut-être (charbon), victime d'avoir eu une trop solide civilisation rurale, la France se déséquilibre.

IV. TRANSPORTS ET COMMERCE

Les transports

Ils restent très importants et disposent d'un réseau satisfaisant.

★ Le *chemin de fer a la prédominance.* Avec 51 300 km de voies ferrées, on peut dire que la France est très largement pourvue. Toutes les régions sont desservies, même les montagnes : en 1911, a été construite la ligne Digne-Nice dans des régions difficiles et peu peuplées. On trouve une foule de petites lignes d'intérêt local pénétrant partout, contribuant puissamment à l'éveil des campagnes. Lignes généralement déficitaires, exploitées à perte par les départements, plus rarement par les grandes sociétés.

Mais ce sont les grands axes qui jouent **le rôle essentiel** pour l'économie nationale et aussi pour les compagnies privées qui les gèrent. Depuis la convention de 1883, elles bénéficient moyennant un certain contrôle de l'État de la garantie de leurs dividendes. Il est vrai qu'en contrepartie elles se sont résignées à construire et exploiter des lignes peu rentables. Mais les titres des chemins de fer n'en restent pas moins des valeurs recherchées. Une seule des six compagnies a eu de grosses difficultés : l'Ouest. Aussi a-t-elle accepté sans difficulté son rachat par l'État en 1908 (d'où le nom de « réseau de l'État »). La menace du rachat possible pèse toujours sur les autres, mais elle est plus théorique que réelle.

★★ La *route* retrouve une certaine activité (bien tombée depuis les chemins de fer) grâce à l'automobile. Il est vrai que celle-ci reste avant tout encore un objet de luxe ou de sport. Déjà cependant circulent quelques camions, mais l'état des routes est médiocre. En fait la route est utile dans les banlieues ouvrières où l'usage de la bicyclette est extrêmement répandu et surtout dans les campagnes pour les charrois. Partout présente, desservant le moindre village ou le moindre écart, elle offre un réseau qui est de loin le plus dense du monde. La République l'a complété. Comme pour les petites lignes de chemins de fer, elle a eu le souci du paysan (électeur à ne pas sacrifier).

★★★ La *voie d'eau*, par contre, si utile aux transports des produits lourds et donc à l'industrie, a été bien *négligée*. Certes, le réseau est très long, mais il a de graves défauts : mal réparti (primauté du quart nord-est), mal entretenu, de gabarit déjà insuffisant. Si l'on a terminé en 1907 — après 40 ans ! — le peu utile canal de la Marne à la Saône, on n'a jamais entrepris le canal du Nord-Est (entre la houille du Nord et le fer de Lorraine). Il est vrai pourtant qu'on achève, en 1914, le « canal du Nord » (du Nord à l'Oise, c'est-à-dire à Paris), mais la guerre le transformera en tranchée ! Contrairement à l'Allemagne, la France néglige cet excellent transport à bon marché qu'est la voie d'eau, au profit du chemin de fer. On sent là, sur le gouvernement, la puissante influence des compagnies et de la haute banque qui les possèdent.

★★★★ Les *ports maritimes* sont nombreux, trop nombreux pour être tous bien équipés (encore une différence avec l'Allemagne). Mais les principaux continuent à s'agrandir : Marseille, Le Havre, Dunkerque. Bordeaux se développe et profite comme Marseille de l'expansion coloniale. Nantes, par contre, périclite. Saint-Nazaire a une certaine activité. Rouen est très vivant.

★★★★★ La *flotte* de haute mer, avec 2,4 millions de tonneaux, est *insuffisante*. Moderne dans l'ensemble (mais le voilier n'a pas totalement disparu), elle ne couvre les besoins du commerce français qu'à 35 % et n'occupe plus que le quatrième rang mondial. Il faut voir là l'influence non seulement de la structure du commerce français (exportation de produits peu volumineux, à la différence des importations faites souvent sur bateaux étrangers), mais aussi de cette lenteur du développement économique, déjà plusieurs fois notée et qu'on retrouve en étudiant le commerce.

Le commerce

Important sans aucun doute, il souffre pourtant de méthodes peu modernisées et d'un progrès plus mesuré que dans beaucoup de pays.

C'est la conséquence logique d'une économie modérément dynamique, d'une démographie stable, d'une structure sociale à base de petits paysans et surtout d'un *protectionnisme* rigide : le système du double tarif (de Méline en 1892 et conservé lors de la révision de 1911 [1]) ne permet pas la souplesse nécessaire des échanges (comme en Allemagne) et il offre un rempart trop solide contre la concurrence. La « loi du cadenas » permet même au gouvernement de relever par simple décret (à faire ratifier ensuite par l'Assemblée) les taxes sur les produits agricoles.

★ Le *commerce intérieur* est le premier à en souffrir. Les prix peuvent sans risque rester élevés ! Conséquence : le consommateur achète moins et le vendeur fait moins d'affaires ! Le commerçant typique en 1914, c'est le petit boutiquier veillant jalousement à écarter la concurrence des «grands magasins». Ceux-ci existent, mais, payant une patente plus forte depuis 1905, ils vendent relativement cher. Il en est de même pour les coopératives (peu nombreuses). Ainsi le commerce apparaît-il comme non rationalisé et maladroitement freiné par la structure sociale et mentale !

★★ Le *commerce extérieur* a, tout au plus, doublé en 40 ans. Il se caractérise par :

• *son manque de dynamisme :* on cherche à préserver ses marchés plus qu'à en conquérir de nouveaux ; on ne varie ni ses objets ni leur présentation ; on fait peu d'efforts sur les prix. Tout cela est en rapport, évidemment, avec la structure de la production française. Le résultat, c'est qu'avec un chiffre de 15,3 milliards de francs, la France n'atteint que la moitié du commerce anglais et les trois cinquièmes de l'allemand ; les États-Unis aussi la dépassent. Elle fait seulement 8 % du commerce mondial (11 % trente ans plus tôt).

• *le deséquilibre avantageux de la structure :*

— aux importations : 58 % de matières premières : textiles surtout, minerais. Importance du charbon — produits agricoles tropicaux — mais 20 % seulement de produits fabriqués.

— aux exportations : 58 % de produits fabriqués, soit de luxe (soieries, modes), soit courants (autres textiles, mécanique). Puis vins et quelques produits agricoles (13 %) ; minerai de fer et autres matières premières (29 %).

Il faut noter que les termes de l'échange tendent à devenir défavorables.

• *la tendance à une orientation plus restreinte* au bénéfice de l'Europe : Angleterre, Allemagne, Belgique. La Russie nous vend plus qu'elle ne nous achète. Les États-Unis occupent en moyenne la troisième ou quatrième place. Les colonies occupent une place croissante qui ne dépasse pas cependant 12 % du total. Mais les pays méditerranéens comptent moins qu'autrefois, ainsi que le reste du monde (sauf l'Argentine qui vend sa laine).

• *le déséquilibre de sa balance :* il y a déficit croissant. Il atteint un milliard et demi en 1914.

---

1. Voir Lacour-Gayet : *Histoire du commerce*, t. V, Paris, Éd. Spid, 1952. Se reporter par ailleurs au chapitre I ci-dessus (§ II *Visage du libéralisme, p. 16).*

Balances

Balance commerciale :

		Solde (milliards de francs)
Importations	8,422	— 1,5
Exportations	6,880	

Balance des comptes :

Balance commerciale	— 1,5	— 0,5
Tourisme	+ 0,6	
Services (fret, brevets, etc.)	+ 0,4	

Balance des paiements :

Balance des comptes	— 0,5	+ 1,7
Intérêts servis aux capitaux étrangers en France	— 0,3	
Intérêts servis aux capitaux français à l'étranger	+ 2,5	

L'étude de ces chiffres montre crûment la nature de l'économie française. Son déficit commercial, donc proprement économique, est

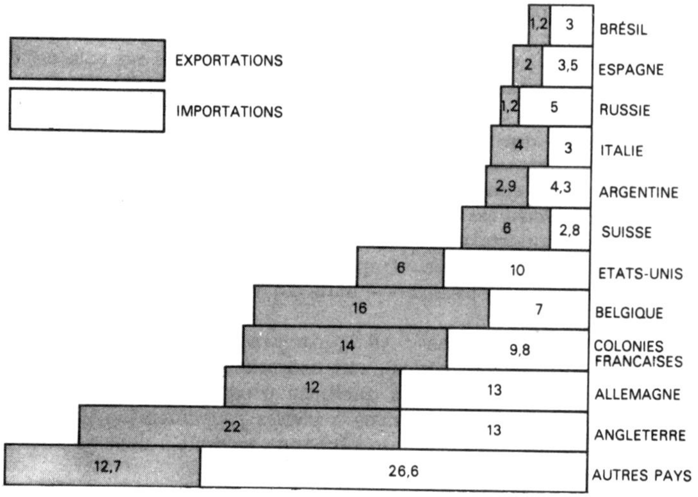

1913. Structure géographique du commerce extérieur de la France (en pourcentage).

lourd. Ayant la chance d'être un pays touristique et d'avoir un esprit inventif (brevets), elle corrige ce déséquilibre. Mais elle tire sa plus grande richesse de ses placements à l'étranger : mouvement purement financier rendu possible par une épargne accumulée au cours des siècles et qu'elle a «habilement» placée et utilisée. « Habilement ? » Dans le cas, seulement, où l'ordre établi ne viendra pas à être bouleversé. N'est-ce pas là la situation de tous les rentiers ? La France n'est pas pauvre, mais, vers 1914, au terme d'une longue vie de travail et d'épargne, elle est un peu le rentier de l'univers.

Chapitre V

LA PUISSANCE COLONIALE

En 1914, la France n'est pas réduite à l'hexagone (tronqué au nord-est). Elle possède d'immenses territoires répartis dans toutes les parties du monde et qui font d'elle la deuxième puissance coloniale, après l'Angleterre. L'importance de cet Empire est d'abord politique : il contribue à donner à la France un grand prestige, car la France clame sa mission civilisatrice auprès des « indigènes » et il n'est pas de pays « civilisé » (entendez « de civilisation européenne ») qui y trouve à redire ; les autres peuples n'ont pas voix au chapitre et, de toute façon, il n'y a pas chez eux de conscience collective suffisamment organisée. L'Empire est calme. Outre le prestige, la France y trouve aussi des profits, mais la faiblesse de la mise en valeur de tous ces pays (Algérie exceptée) les rend sans commune mesure avec ceux qui enrichissent l'Angleterre.

I. LA DOMINATION POLITIQUE

L'achèvement de l'Empire

L'achèvement de l'Empire est chose faite ou à peu près en 1914, récompense d'une œuvre que la Troisième République a menée avec une certaine constance.

★ Les *étapes de la formation* n'ont pas à être rappelées ici en détail. On sait que le premier empire colonial français a disparu dans le demi-siècle qui s'étend de 1763 à 1815. Sur ses ruines (il ne restait plus que cinq comptoirs dans l'Inde, l'île de la Réunion et, en Amérique, deux Antilles (Martinique et Guadeloupe), la Guyane et Saint-Pierre-et-Miquelon), la Monarchie de Juillet (avec la conquête de l'Algérie) et le Second Empire ont jeté les bases d'un nouvel empire colonial.

C'est la Troisième République qui l'a réalisé[1]. Sans plan préétabli, sans régularité et sans unanimité. Ferry, dont le nom est attaché à cette œuvre, n'avait pas que des amis vers 1880-1885 ! Et son ministère est tombé sur la question indochinoise. Mais l'opinion peu à peu s'y est intéressée tandis que les hommes d'affaires, vers la fin du siècle, pensaient y trouver des avantages. La longue rivalité avec l'Angleterre faisait place en 1904 à un accord sur la base du *statu quo*. L'Allemagne prenait alors la relève de l'opposition sur la question marocaine. A la veille de la guerre, le problème vient tout juste d'être réglé : en 1911, la France a cédé une bonne partie du Congo à l'Allemagne pour que celle-ci lui laissât les mains libres au Maroc. Dès 1912, les Français y mettaient leur protectorat et, avec Lyautey,

1. On peut en prendre une idée rapide dans l'étude concise d'Émile Tersen : *Histoire de la colonisation française*, coll. « Que sais-je ? », Paris, P.U.F., 1950.

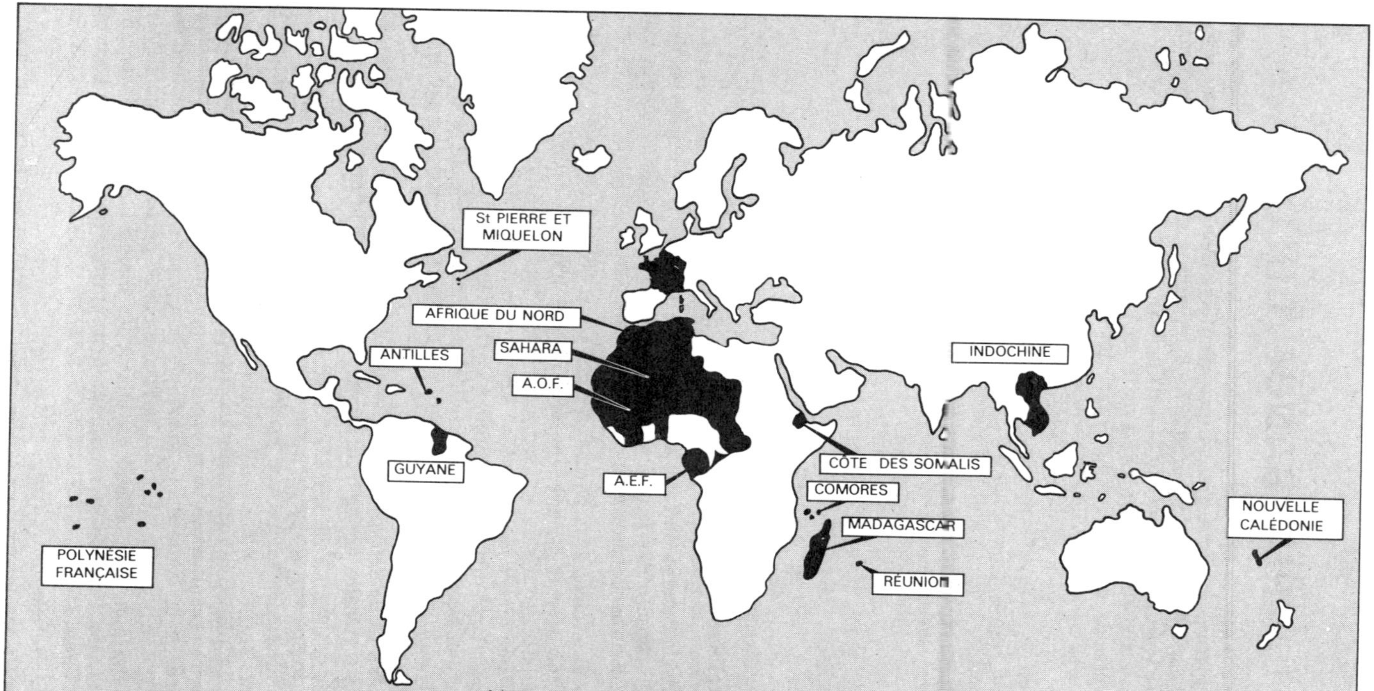

L'empire colonial francais (1914)

en commençaient la conquête méthodique. Celle-ci est loin d'être achevée quand débute la guerre, mais la partie riche (« le Maroc utile ») est occupée.

★★ L'*importance de l'Empire* est certaine — mais un peu illusoire. Il couvre 10,5 millions de kilomètres carrés (vingt fois la France), est peuplé de 48 millions d'habitants (soit un peu plus que la Métropole). Sur la carte, il se présente comme *un bloc essentiellement africain*, dont le Sahara occupe à peu près la moitié, entre l'Afrique du Nord (Algérie, Tunisie, Maroc) et l'Afrique noire. Celle-ci est coupée d'enclaves profondes, formées par les territoires britanniques (Nigeria, Côte-de-l'Or, etc.) ou allemands (Togo, Cameroun), ce qui gêne l'homogénéité de l'ensemble français et lui retire quelques-unes des régions les plus riches et les plus peuplées. L'A.O.F. (Afrique occidentale française) groupe Sénégal, Guinée, Côte-d'Ivoire et Dahomey sur la côte, Soudan et Niger vers l'intérieur. Par le lac Tchad, ce pays touche à l'A.E.F. (Afrique équatoriale française) étendue du Tchad au nord au Congo au sud, en passant par l'Oubangui-Chari et le Gabon. Au large du Sud-est africain : Madagascar, les Comores et la Réunion. Sur la mer Rouge, la Côte des Somalis avec Djibouti.

En Asie, l'*Indochine* surclasse totalement les cinq comptoirs de l'Inde. Elle se divise en cinq territoires : Cochinchine, Annam, Tonkin, Cambodge, Laos. En Amérique, on trouve toujours les mêmes petites possessions (Martinique, Guadeloupe, Guyane, Saint-Pierre-et-Miquelon). En Océanie, de nombreuses îles dispersées sur des milliers de kilomètres, notamment la Nouvelle-Calédonie, les Nouvelles-Hébrides en condominium avec l'Angleterre, les îles de la Polynésie française dont Tahiti. Citons pour mémoire les îles perdues dans le sud de l'océan Indien (Kerguelen, etc.) et ... la Terre Adélie !

★★★ Les *faiblesses de cet Empire* tiennent d'abord à sa situation géographique : d'une part, il est trop dispersé ; d'autre part, le seul bloc important (en Afrique) est pour les trois quarts sans intérêt économique (désert, forêt vierge, etc.). Elles tiennent plus encore à l'insuffisance du peuplement : sans hommes, pas de mise en valeur ! Non seulement les indigènes sont rares, mais les colons européens le sont également. L'Algérie seule fait exception avec ses 760 000 Français (pour 4 700 000 indigènes) en 1911. Mais, au total, on dépasse à peine le million d'Européens installés dans l'Empire : c'est peu.

La France n'a pas peuplé son Empire, à la différence de l'Angleterre.

L'idée d'Empire

★ *L'Empire n'est donc pas un exutoire pour une population* trop nombreuse — et pour cause.

★★ *L'Empire assure par contre un profit économique.* Développé pendant la dépression des années 1873-1895, il était et reste encore considéré comme un *débouché* assuré pour les produits français (le protectionnisme, depuis 1892, l'englobe) ; en sens inverse, comme un *fournisseur* attitré de certains produits exotiques ou de matières premières rares ou absentes en France. Il est aussi, bien que dans une moindre mesure, un domaine d'*investissement* pour les capitaux en quête de profit. Ainsi la France, comme les autres grandes puissances de l'époque, pratique-t-elle l'impérialisme économique. Ferry ne l'a pas caché quand, en 1885, il justifiait sa politique ; dix ans plus tard la doctrine avait pleinement triomphé grâce au « parti colonial » groupé autour du très actif député d'Oran : *Eugène Étienne*. Celui-ci a fondé le « groupe colonial » à la Chambre. Très influent, il veille à ce que le gouvernement favorise les colons et la colonisation en général. Il entre dans plusieurs ministères (il est encore ministre de la Guerre en 1913). Avec lui (il meurt après la guerre, en 1921) l'idée économique caractérise l'idée d'Empire : ensemble de territoires devant servir à l'enrichissement de la France et des colons.

★★★ *L'Empire sert le prestige de la France*, cependant : raison politique plus qu'économique. Non seulement la mainmise politique vise à protéger les intérêts économiques, mais il s'est agi, plus encore : 1° de freiner l'expansion étrangère dans une zone jugée importante (exemple : l'Indochine près de l'Inde anglaise et de la Chine); 2° de trouver outre-mer le prestige que, pendant longtemps, la France avait perdu en Europe après 1871 : aux yeux de l'opinion, l'armée coloniale s'est couverte de gloire (elle fournira d'ailleurs l'élite du commandement français en 1914-1918) ; 3° de *satisfaire le nationalisme* face aux Anglais (avant 1904), aux Allemands (depuis cette date) : la rivalité franco-allemande au Maroc est-elle une pure rivalité impérialiste ? Ne s'alimente-t-elle pas à un courant beaucoup plus profond d'antagonisme entre les deux peuples ? Et la crise d'Agadir de 1911, suivie de l'accord sur les compensations (Congo), n'a-t-elle pas, psychologiquement, contribué à préparer la guerre de 1914 ?

Enfin, au delà de ces diverses raisons, il faut aller plus loin : la colonisation française revêt depuis longtemps les caractères d'un impérialisme politique : il s'agit tout simplement de posséder des territoires, d'avoir du terrain, d'occuper de vastes surfaces, ce à quoi excellent les officiers perdus dans la brousse ! Peuple de paysans [1], les Français comprennent mieux cette forme d'expansion que l'impérialisme économique pour lequel brillent les Anglais. Ceux-ci visent les côtes, les Français l'intérieur. Et c'est ainsi que la France a entrepris la conquête du Sahara (elle s'achève en 1914) qui n'offre aucun intérêt économique à l'époque, mais soude les blocs épars de l'Empire (l'esprit rationaliste y trouve autant son compte que l'intérêt stratégique). C'est pourquoi l'opinion considère cet Empire à sa façon, c'est pourquoi aussi l'administration y prendra un caractère particulier.

★★★★ L'*Empire satisfait les Français* plus qu'il ne les enrichit. Longtemps rebelles à l'idée de colonisation (souvent à cause des dépenses qu'elle entraînait), ils ont fini par l'accepter comme une satisfaction d'*amour-propre national*. En 1914, il n'y a plus guère que les socialistes qui lui restent hostiles pour des raisons de doctrine. Encore Jaurès est-il plus nuancé, lui qui pense que la colonisation peut préparer l'égalité humaine. Vieux rêve de l'assimilation, si propre à la doctrine coloniale française. Faire de ces indigènes arriérés de futurs citoyens français, pénétrés de notre civilisation ! N'était-ce pas le but lointain que Gallieni avait poursuivi à Madagascar, selon les vœux des républicains ?

---

1. H. Deschamps insiste sur cette idée dans son excellent petit livre sur *Les Méthodes et les doctrines coloniales de la France*, Paris, Colin, 1953.

Et puis l'opinion admire l' « épopée coloniale », la *bravoure de ces officiers* qui conquièrent et plus encore font régner l'ordre, répandent l'instruction. Pour la majorité, l'Empire est encore un *monde à demi merveilleux* où dorment des richesses qui attendent leur mise en valeur. Il faut explorer, défricher (on confond un peu exploration et colonisation) ce monde pittoresque, curieux, qui, pour ainsi dire, attendait la venue du Français civilisateur. Le Français n'est-il pas aimé dans ses colonies ? Dans ces immenses territoires, ne règne-t-elle pas, la « paix française » ?

Le calme de l'Empire

Le calme de l'Empire est frappant, en effet. Bien rares (hors du Maroc en cours de conquête), les troubles de l'ordre public. Il est vrai qu'à l'occasion l'administrateur ou l'officier a la main lourde (et, en Métropole, cela restera ignoré) mais peut-on déjà parler de nationalisme ?

En Algérie, tout au plus, au milieu d'une masse amorphe, soumise plus que gagnée, sont apparus de « Jeunes Algériens » qui, instruits, rêvent de participer comme des Français à l'administration de leur pays. Leur désir d'assimilation ne les empêche pas cependant de vouloir garder leur statut personnel.

En Tunisie, mouvement plus net et plus dangereux. Depuis 1907, le groupe des « Jeunes Tunisiens », avec son journal *Le Tunisien,* réclame des réformes. En 1911, il y a eu des manifestations de rues à Tunis ; il a fallu interdire le journal, exiler quelques chefs. Le calme est vite revenu. L'élite, cependant, bourgeoisie enrichie par l'évolution économique, imprégnée d'islamisme, veille. Par ailleurs, on s'inquiète de l'existence d'un fort noyau italien, deux fois plus nombreux que les Français (88 000 contre 46 000) ; il est vrai que les Italiens n'occupent aucun poste directeur.

En Indochine surtout, il y a un malaise. C'est que la victoire du Japon sur la Russie, en 1905, a réveillé les peuples asiatiques. En 1913, une révolte préparée par un naturalisé, Gilbert Chieu, a pu être brisée à temps. Mais on trouve des intrigues révolutionnaires non loin de la frontière, à Canton, tandis qu'à Paris Nguyen-Ai-Quoc (futur Ho-Chi-Minh) jure qu'un jour il libérera l'Indochine. Ces hommes savent que la masse serait prête à les suivre. Mais la raison est plus économique (misère aggravée par la lourdeur des impôts) que proprement politique (sentiment national). D'ailleurs, le gouverneur Albert Sarraut, depuis 1911, s'efforce d'améliorer le sort des populations (il se dit « indigénophile »).

En France, cependant, on ne prend pas tout cela au sérieux. Il ne s'agit, pense-t-on, que de quelques exaltés. La prison saura soutirer à leur influence néfaste la masse des populations qui se satisfait parfaitement de l'administration française.

L'administration

Elle repose sur quelques principes fondamentaux :

★ La *prédominance de l'administration directe* tout d'abord, c'est-à-dire : par des administrateurs français qui imposent leurs méthodes, leurs points de vue et leurs décisions. Le type parfait en est la « colonie », territoire qui a perdu son gouvernement national et est entièrement à la discrétion de la France. Cela correspond assez bien à l'idée que les Français se font de la colonisation. Un autre type existe pourtant : le protectorat, qui laisse en place l'administration nationale qu'on se contente de doubler d'une administration française. C'est un système d'association qu'on trouve en Tunisie, au Maroc, en Annam, au Cambodge, au Laos, théoriquement même au Tonkin. De type plus anglais que français (bien qu'il ait la préférence de Lyautey), il entraîne de moindres dépenses pour la métropole, prend un aspect plus économique que politique. Toutefois, dans la réalité, il y a peu de différences entre ces deux types, car l'administration française est très envahissante. Et c'est de Paris que tout est dirigé.

Sur place, les gouverneurs, résidents, administrateurs sont tout-puissants. Rares sont les assemblées avec lesquelles ils doivent compter: « délégations financières » avec un tiers de participation indigène pour établir le budget à Alger ; conseils consultatifs d'Indochine et de Tunisie. Très souvent même, au Sahara, dans les cercles d'Afrique ou dans certaines zones d'Indochine, l'officier, en droit ou en fait, a des pouvoirs quasi illimités.

★★ La *coexistence de deux sociétés juxtaposées :* l'une (l'européenne) soumise au droit français, bénéficiaire de l'ordre établi, souvent électrice, a les faveurs de l'administration locale et le soutien de Paris; l'autre, l'indigène, a plutôt tous les devoirs, malgré quelques avantages tirés de la « paix française ». Elle est dans une véritable situation d'infériorité ; celle-ci est consacrée par le « *statut de l'indigénat* » qui assure aux colonisés un certain respect de leur droit traditionnel, mais institue à leur égard un système pénal sévère, la soumission à la corvée en Afrique noire, des impôts particuliers.

La France s'appuie systématiquement sur les notables locaux, ce qui facilite le maintien de l'ordre, mais *retarde l'* « *assimilation* » aux métropolitains — bien que la gauche française en fît parfois le but de la colonisation. Il est vrai que, souvent, on n'envisage qu'une « assimilation administrative » (même administration qu'en France..., mais pour l'encadrement des seuls colons). Il est vrai aussi que les indigènes, désireux de garder leur statut personnel, boudent la naturalisation quand on la leur offre.

★★★ La *lourdeur relative de l'impôt* pour les indigènes : capitation, taxes (sur le sel et l'alcool en Indochine) qui permettent, avec les droits de douane, de couvrir les dépenses de la colonie qui ne peut compter, même pour son équipement, sur l'aide financière de l'État français (loi du 13 août 1900). Mais la colonie peut faire appel à l'investissement privé pour sa mise en valeur. Qu'en a-t-il été ?

II. FAIBLESSE DE LA MISE EN VALEUR COLONIALE

L'Empire colonial rapporte peu à la France et aux Français.

Caractères d'ensemble

★ *Les relations économiques avec la métropole sont :*

• *étroites*, car la France considère l'Empire comme le prolongement d'elle-même et l'a inclus dans son système protectionniste en

1892 : pas de droits de douane entre la colonie et la métropole, mais taxes sur les produits étrangers qui pénètrent dans la colonie. Des exceptions existent cependant pour les territoires d'Océanie et pour ceux de l'Afrique noire : elles sont précisées par décret, soit pour satisfaire les intérêts de la France, soit pour se soumettre aux décisions de la conférence coloniale de Berlin (1885) qui prévoyait la liberté du commerce dans le « bassin du Congo ». Par ailleurs, tout transport entre France et colonies est soumis au « monopole de pavillon » (bateaux exclusivement français).

• *Faibles* sont cependant les relations : le commerce colonial ne représente que 12 % du commerce français. Il est pourtant précieux : la France vend beaucoup de textiles et quelques autres produits fabriqués ; elle achète des produits agricoles (vins et fruits d'Algérie, oléagineux d'Afrique noire, sucre des Antilles ou de la Réunion, vanille de Madagascar, riz, épices ou caoutchouc d'Indochine) et des produits miniers (phosphates et minerais d'Afrique du Nord surtout). Quant aux investissements français dans l'Empire, ils sont seulement de l'ordre de 4 milliards de francs, soit le dixième à peine de l'investissement hors de France. Là-dessus, trois sont en Afrique du Nord ; le reste surtout en Indochine. Cette faiblesse est grave : non seulement elle a limité la mise en valeur, mais elle prépare le divorce entre la métropole et l'Empire. Elle prouve que l'impérialisme de la France n'est pas tellement à base économique.

Les causes de la faiblesse des relations ? Elles tiennent aux Français, plus ruraux que commerçants, à l'idée qu'ils se font de leur Empire, à l'insuffisance de leur émigration outre-mer. Elles tiennent aussi à ces vastes territoires, souvent peu riches, éloignés de la mer, trop peu peuplés.

★★ Les *caractères de la mise en valeur* sont dès lors compréhensibles. On se préoccupe avant tout de l'*intérêt des Français*, qu'ils soient colons, commerçants, investisseurs. Comme le capitalisme lui-même, la colonisation a pour base la notion de profit. C'est pourquoi, d'une façon générale, on ne cherche à développer aucune industrie de transformation aux colonies : la métropole s'enrichira à y vendre ses produits industriels. Par contre, produits miniers ou produits agricoles exotiques sont recherchés. C'est pourquoi aussi on n'avait pas hésité en Algérie à déposséder nombre d'habitants de leurs terres, par exemple, en transformant la propriété collective en propriété individuelle que l'indigène imprévoyant vendait à bas prix au colon, ou en confisquant celles-ci sous des prétextes divers. Il en fut de même en Tunisie avec la loi de l'immatriculation des terres. La pratique de la corvée en Afrique noire, destinée à faciliter les travaux publics notamment, n'a pas d'autre base, car ces routes ou ces ports, ces voies ferrées ou ces défrichements faits avec la main-d'œuvre noire serviront avant tout aux commerçants ou aux rares colons blancs — même si, indirectement, le Noir y trouve quelque intérêt (travail dans une plantation, par exemple). Ajoutons que, par abus, il arrivait que la corvée soit imposée au profit d'intérêts privés.

Colonies d'exploitation et non de peuplement, les territoires d'outre-mer seront livrés surtout grâce au système des « concessions » aux agissements *des sociétés capitalistes ou des banques*. Ici, la recherche du profit est évidemment la seule. L'opinion française leur est en général hostile, comme le prouve la dénonciation des « atrocités congolaises » dont, autour de 1900, s'étaient rendues coupables plusieurs grandes compagnies d'Afrique équatoriale.

L'Algérie forme un cas à part à cause de sa forte population de petits colons qui cultivent son sol à la manière des paysans en France. Mais leur attachement à leur nouvelle patrie ne les rend pas toujours plus généreux à l'égard de leurs voisins musulmans.

L'Algérie

Ce territoire, différent des autres à maints égards, a trois chances : sa proximité de la Métropole, l'importance de l'élément européen (760 000 sur 5 millions et demi d'habitants en 1911), la densité relativement élevée de sa population.

★ La *coexistence* entre les deux communautés humaines se traduit par :

• le *partage des terres.* D'un côté, les terres de colonisation (libre ou officielle) comprenant un grand nombre de petites exploitations, mais aussi d'immenses domaines mis en valeur par une main-d'œuvre de salariés musulmans ou par des métayers (khammès). En 1914, l'occupation coloniale est achevée dans la zone littorale mais elle s'étend encore sur les hauts plateaux (un décret de 1904 donnait des lots de 200 hectares gratuitement à condition de ne pas les aliéner avant 5 ans). D'un autre côté, les terres « indigènes » : soit de petites exploitations individuelles médiocres en surface, en qualité et en mise en valeur (le crédit des « Sociétés indigènes de prévoyance » était parcimonieusement accordé), soit de vastes terrains de parcours qui avaient échappé au « cantonnement des tribus », mais qui, trop limités désormais, nourrissaient mal les semi-nomades des hauts-plateaux.

• le *niveau de vie très bas des Musulmans,* pour ne pas dire la misère de la plupart. Les moins malheureux sont ceux qui peuvent travailler chez les Européens (ce qui a été un facteur de progrès agricole même chez les « indigènes »). Ayant des lots de terre insuffisants, ou même totalement prolétarisés (depuis les lois de 1863 et 1873 qui ont établi la propriété individuelle), confinés dans leurs traditions rebelles à l' « assimilation » ou tenus à l'écart de tout progrès, chargés de familles nombreuses moins décimées qu'autrefois par la mortalité, sans instruction (53 000 enfants scolarisés en 1914), beaucoup viennent déjà chercher quelques ressources à la ville tandis que les Kabyles commencent à émigrer vers la France, en quête de travail.

• *la prospérité des Européens :* les plus typiques sont les petits colons très attachés à une terre bien cultivée, très entreprenants. Mais déjà les jeunes vont en ville occuper un emploi de fonctionnaire ou se livrer au commerce ou à une profession libérale, laissant l'héritage foncier grossir les lots des « gros colons » ou de quelque société capitaliste. Une mutation s'opère ainsi dans la structure sociale des Français au moment où le nombre des Musulmans commence à croître beaucoup plus vite que le leur. Quoi qu'il en soit, le revenu des uns et des autres est sans commune mesure.

★★ *La mise en valeur coloniale.*

Les *moyens financiers* sont assez abondants. Ce sont l'impôt (avec une grande prépondérance de l'impôt indirect), l'emprunt (souscrit généralement en France), le crédit offert par la Banque d'Algérie, établissement semi-public qui émet la monnaie et pratique un crédit surtout agricole, le crédit offert par les banques privées : soit les succursales de quelques banques françaises (tout spécialement le Crédit foncier) ou étrangères, soit des banques propres à l'Algérie comme l'importante « Compagnie algérienne de crédit et de banque », liée à la haute banque et dont les filiales gèrent domaines agricoles immenses, mines, entreprises industrielles et commerciales. On trouve enfin diverses sociétés capitalistes indépendantes ayant obtenu de l'État des concessions, tout particulièrement dans les mines.

La richesse est surtout agricole. Elle paraît assez remarquable en 1914, malgré l'échec de plusieurs tentatives pour développer en Algérie des cultures nouvelles (coton, café, canne à sucre). Le vignoble est la première ressource. Avec 155 000 ha, il couvre huit fois plus de surface que 40 ans plus tôt, ayant profité de la crise phylloxérique française (avant d'en être atteint lui-même). Six millions d'hectolitres de vin, sur les sept produits, sont envoyés en France, mais, depuis 1906, il y a mévente (surproduction française). Le blé, le tabac, les primeurs, quelques cultures fruitières apportent un complément de ressources.

Le fer et les phosphates, malgré la concurrence tunisienne, sont les principales ressources minières.

L'Algérie bénéficie d'un réseau de chemin de fer à voie généralement étroite, mais assez bien réparti (réseau racheté par le gouvernement après 1900), de ports assez bien équipés (Alger, Oran). Le commerce est très nettement orienté vers la France.

Trois caractères apparaissent dans cette vie économique :

• un développement globalement favorable ;

• un contraste frappant entre deux types d'exploitation et de production : celle du Musulman, archaïque et insuffisante (économie de subsistance), celle des colons, moderne et tournée vers l'exportation (cultures spéculatives) ;

• la fragilité de l'économie algérienne, retardataire d'un côté, dépendant de l'exportation d'un autre, trop axée sur la vigne, trop soumise à la France.

La Tunisie et le Maroc

Ils rappellent dans une certaine mesure l'Algérie parce que le nombre des colons y est encore relativement élevé (mais déjà beaucoup moins), parce que les problèmes sociaux sont du même type (surtout en Tunisie), parce que les productions sont à peu près les mêmes.

★ La *Tunisie*, occupée depuis 1881, est, en 1914, un motif de fierté pour la France. Car, grâce aux Français, elle a deux richesses : l'*olivier* d'abord. Grâce à l'effort intelligent de Paul Bourde, directeur de l'agriculture de 1895 à 1910, sa culture s'est étendue du nord vers le sud dans la région de Sfax, sur des terres autrefois incultes. Un système d'association capital-travail (pourrait-on dire), appelé contrat de « mgharsa », permet à une société capitaliste de fournir

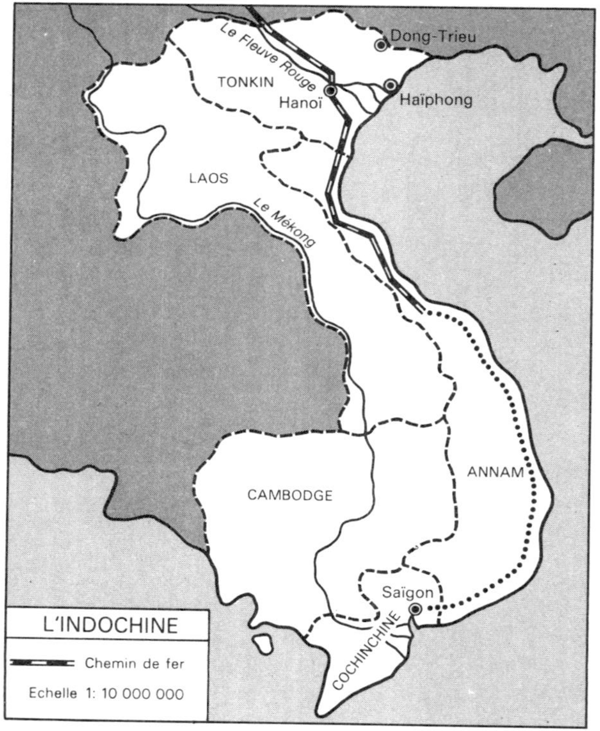
Dong-Trieu
Le Fleuve Rouge
TONKIN
Hanoï
Haïphong
LAOS
Le Mékong
CAMBODGE
ANNAM
Saïgon
COCHINCHINE
L'INDOCHINE
Chemin de fer
Echelle 1: 10 000 000

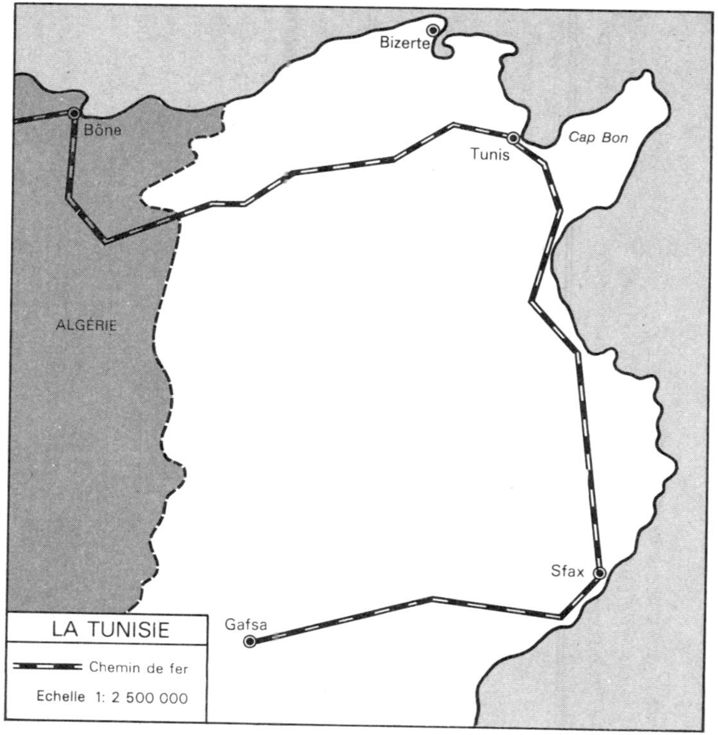
Bizerte
Bône
Tunis
Cap Bon
ALGÉRIE
Sfax
Gafsa
LA TUNISIE
Chemin de fer
Echelle 1: 2 500 000

terres et capitaux, aux indigènes d'apporter les plants et le travail ; quand les arbres sont en rapport (au bout de 15 ou 20 ans) la propriété est partagée. L'huile d'olive fournit désormais la moitié des exportations tunisiennes. Vin, fruits, primeurs, dattes sont un complément.

Les *phosphates* de Gafsa sont la deuxième richesse. Avec 2 millions de tonnes en 1913, la Tunisie donne la moitié de la production mondiale. La société concessionnaire en tire de bons bénéfices. Une partie des capitaux proviennent de la « Compagnie algérienne de crédit et de banque » dont l'influence s'étend sur maintes autres activités.

Le réseau de chemin de fer (1 000 km) dessert les mines et les ports. Ceux-ci (Tunis, Sfax) sont exploités par des compagnies concessionnaires. Dans le Nord, ils traversent les régions de colonisation. Un cinquième des terres cultivables est aux mains des Français. Souvent, il s'agit de grandes sociétés capitalistes (ainsi l'immense domaine de l'Enfida au sud du cap Bon).

Face à ces succès de l'économie coloniale, le petit fellah ou le petit artisan (celui-ci menacé par la concurrence de l'industrie française, en dépit de certaines mesures de protection) sont soumis, dans le rythme de leur économie fermée, aux mêmes problèmes que leurs coreligionnaires d'Algérie, ou même du Maroc.

★★ Le *Maroc* ne connaît encore qu'un début de mise en valeur coloniale puisque la France n'y est installée officiellement que depuis 1912. Lyautey, qui préside à ses destinées, n'a pas pu encore donner toute sa mesure. Mais déjà il trace des routes et équipe des ports. S'appuyant sur les notables, il maintient la civilisation et par là même l'économie traditionnelle du Maroc. Mais, par ailleurs, il est soutenu par les *grosses sociétés* financières qui n'ont pas toujours attendu le protectorat pour s'intéresser à ce pays.

Dès 1902, la « Compagnie marocaine », animée par Schneider et la Banque de l'Union parisienne, y a pris pied. Elle n'a pas été sans influence sur la politique du gouvernement français à l'égard du Maroc. En 1912, apparaît sa rivale la Compagnie générale du Maroc, fondée sous l'égide de la Banque de Paris et des Pays-Bas. Les routes, les mines, l'énergie deviennent les secteurs choisis de leurs investissements. Déjà des colons viennent s'installer sur les terres les plus riches (d'origine généralement domaniale).

Toutefois, la France a les mains un peu liées au Maroc par l'*Acte d'Algésiras* de 1906 : elle est minoritaire à la « Banque chérifienne » (banque d'émission) ; elle doit assurer à tous les ressortissants étrangers l'égalité économique au Maroc, notamment en matière commerciale (pas de cordon douanier). Il faudra attendre la guerre pour que, le calme du pays aidant, elle puisse l'exploiter tout à son profit.

L'Indochine

C'est le territoire exploité de façon la plus capitaliste. Avec 18 millions d'habitants, c'est aussi la colonie la plus peuplée. On a vu que c'est elle qui donne, dans l'ordre politique, les soucis les plus importants à la France. L'origine de cette mise en valeur et de ces soucis, c'est le gouvernement de *Paul Doumer (1897-1902)*. D'une part il a renforcé l'administration, d'autre part lancé la mise en valeur. L'une et l'autre ont coûté cher et les impôts sont devenus très lourds pour le petit peuple. Exemple typique de ces *méthodes coloniales capitalistes* : la nouvelle richesse, la plus-value, pourrait-on dire, de l'Indochine profite à quelques très grosses sociétés rémunérant au minimum, cela va sans dire, une main-d'œuvre à très bon marché, écrasée d'impôts par ailleurs (« l'impérialisme, stade suprême du capitalisme », dira Lénine). 20 000 Français installés là-bas (dont quelques centaines seulement de colons) et les actionnaires de ces sociétés sont pratiquement les seuls à profiter de la nouvelle richesse indochinoise. Celle-ci se traduit par un mouvement commercial croissant, atteignant déjà la valeur de 500 millions en 1914. Mais la masse du peuple reste très pauvre.

Les *bases financières* de la mise en valeur sont d'abord les moyens puissants de grandes banques d'affaires comme la Banque de Paris et des Pays-Bas ou comme la Banque de l'Indochine (créée en 1875) avec les capitaux du Comptoir d'escompte) : banque d'émission qui n'est pas sans profiter de la dépréciation continuelle de la piastre indochinoise, basée sur l'argent métal ; banque d'affaires aussi dont le rayon d'action s'étend à tout l'Extrême-Orient.

Ce sont aussi les ressources fiscales : impôts directs dont le rendement est maintenant assuré, impôts indirects sur le sel, l'alcool, l'opium ; le rendement en est excellent et telle société concessionnaire de la régie de l'alcool fait des bénéfices proprement scandaleux. Ce sont aussi les taxes douanières très fortes sur les produits étrangers. Ce sont enfin des emprunts qu'on lance à l'avantage des capitaux en quête de profit.

Le *développement d'une infrastructure économique* a été, dès lors, possible. L'Indochine a des chemins de fer, dont le Transindochinois (non achevé encore), des ports bien équipés (Saigon, Haiphong), des ponts (pont Doumer à Hanoï : 1 600 m de long) et aussi des services aussi utiles qu'un service « géologique » (qui recherchera les richesses minières). Elle possède un réseau de canaux d'irrigation tout moderne en Cochinchine.

La *production* reste encore basée sur le riz. Au Tonkin surpeuplé, où l'exploitation est minuscule, il y a peu de progrès à attendre, mais la Cochinchine a été mise en valeur : la superficie des rizières y a triplé depuis 1880. Bien que le rendement soit faible, le profit est grand pour le propriétaire qui exige 40 % de la récolte et pratique l'usure. Les Français ont acquis quelques exploitations, données gratuitement ou concédées (anciennes terres domaniales, ou confisquées après la conquête), mais plutôt qu'au riz ils s'intéressent au café, au thé et, depuis 1905 à l'hévéa (celui-ci ne se développera vraiment qu'avec la guerre). Beaucoup s'enrichissent plutôt grâce aux mines de métaux non ferreux ou même de charbon (le gisement de Dong-Trieu au Tonkin donne déjà 500 000 tonnes). Les exportations se font en bonne part vers la France mais celle-ci, malgré le cordon douanier, n'assure qu'une maigre fraction des importations.

L'Afrique noire et Madagascar

Ils offrent un tableau bien différent. Ici, ce sont de vastes territoires très peu peuplés où l'élément français est représenté presque uniquement par des fonctionnaires ou des militaires. La civilisation archaïque donne peu d'espoir de développement économique. L'impôt passe presque entièrement dans les dépenses d'administration. Les moyens financiers sont très réduits.

L'*économie* indigène reste ce qu'elle était, gênée, en plus, par le système du travail forcé qui mobilise les bras au profit de l'économie coloniale. Celle-ci s'oriente vers :

• la construction de quelques lignes de chemin de fer (ainsi le « Sénégal-Niger ») ou l'aménagement des ports (Dakar avant tout, Tamatave).

• le développement de plantations (palmiers à huile, cacao, bananes ou, à Madagascar, canne, vanille, épices) ou l'exploitation forestière.

• la mise en valeur de certaines mines (rares).

La méthode, c'est la concession ; le bénéficiaire : la grande société à capitaux métropolitains (parfois étrangers, exemple : les tentatives d'association économique avec l'Allemagne en Afrique équatoriale ; mais la société N'Goko-Sangha n'a jamais pu fonctionner ; c'est une des raisons pour lesquelles l'Allemagne, en 1911, a préféré demander — et a reçu de la France — un morceau du Congo). Certaines sociétés obtiennent des concessions de 5 000 à 10 000 ha (terres confisquées ou inutilisées). Les abus sont multiples, les résultats très faibles (après des illusions sur la richesse des terres équatoriales). Quelques sociétés orientent leur activité vers le commerce (exemple : la Compagnie française d'Afrique occidentale).

Selon les territoires, les résultats peuvent varier.

L'A.O.F. se développe un peu ; le Sénégal même s'enrichit par la culture de l'arachide — cas unique de petite culture paysanne tournée vers le commerce. La Guinée et la Côte-d'Ivoire sont prometteuses.

L'A.E.F., isolée, morcelée (depuis 1911), totalement dépourvue de chemins de fer, très peu peuplée, est « la Cendrillon des colonies françaises » (quelques mines cependant en Oubangui).

Madagascar est à peu près dans la même situation. Du moins, il n'y a pas eu ici, grâce à Gallieni, d'expropriations. La chance est aussi que les Hovas sont une population agricole déjà évoluée et que des Réunionais commencent à venir installer des plantations.

Au total, les Noirs gardent leur économie archaïque, à côté de bien rares réalisations coloniales. Faiblesse de la mise en valeur !

Les petits territoires dispersés

Ils ont un intérêt très variable et, le plus souvent, limité.

Les uns sont surpeuplés : Réunion et Antilles. De peuplement français ou francisé, ils ont gardé la langueur, sinon la léthargie des « Isles » de l'Ancien Régime. Uniquement tournés vers la canne à sucre et le rhum (Martinique), ils souffrent de cette monoculture (prix insuffisant du sucre) ainsi que de la très grande inégalité sociale.

Le niveau de vie est extrêmement bas.

Les autres, moyennement peuplés (îles d'Océanie) ont quelques produits d'exportation (coprah, nacre) qui peuvent enrichir une population de mœurs ancestrales. Cependant, en Nouvelle-Calédonie, on a découvert de très importants gisements de nickel, chrome et cobalt. Malheureusement, bagne jusqu'en 1897, elle a été longtemps sacrifiée.

D'autres enfin sont vides, comme le nouveau bagne qu'est la Guyane, territoire laissé à l'abandon ou à la discrétion des chercheurs d'or qui peuvent parfois y faire fortune. La Côte des Somalis, de même, n'a d'intérêt que par son port de Djibouti (on achève en 1914 le chemin de fer d'Addis-Abéba, en Éthiopie).

Tous ces petits territoires souffrent de leur éloignement de la France, de leur dispersion. Ce n'est pas vers eux que se dirigent les capitaux !

DEUXIÈME PARTIE

LA FRANCE DE L'APRÈS-GUERRE

(les années 20)

L'après-guerre, avec ses crises et ses difficultés, c'est déjà, il faut le rappeler, l'héritage de l'avant-guerre. La France de 1914 avait une apparence vigoureuse avec sa puissance financière, son économie assez prospère, son vaste Empire colonial et aussi sa force militaire. Elle avait cependant des faiblesses : sa démographie était stationnaire, entraînant un vieillissement de sa population ; sa mentalité était prudente, sinon timorée, comme le prouve son attachement excessif à un protectionnisme rigide ; son économie était peu dynamique, au moins dans beaucoup de secteurs, et on ne voyait pas comment ses entreprises, trop petites, pourraient se moderniser ; moralement même, ses divisions politiques pouvaient inquiéter.

Pourtant, on croyait à la santé du pays parce que l'évolution s'y faisait lentement et sans crise majeure.

Pour la France, la guerre va être une rude, une trop rude épreuve. Non seulement elle laissera des ruines, mais elle aura exigé des Français — dans ses combats comme dans ses conséquences — un effort disproportionné à la structure et à la vitalité de leur pays. Et l'après-guerre, c'est donc cela aussi : c'est un effort de rétablissement, mais également d'adaptation à des conditions nouvelles, par un pays plus faible qu'il ne le pensait et mal préparé à cet effort. Période de difficultés et d'instabilité qui contraste avec la « belle époque » d'avant 1914.

Dix ou douze ans après la fin du conflit, il semble pourtant, dans un climat international rasséréné, que l'équilibre de 1914 soit presque retrouvé. Mais cet équilibre repose-t-il désormais sur des bases solides ? Une France nouvelle serait-elle née des bouleversements et des ruines de la Grande Guerre ?

Chapitre VI

LA GRANDE GUERRE ET SES RUINES

La guerre qui commence en août 1914 est une guerre du XIXe siècle. Un mois et demi plus tard, après la bataille de la Marne, elle prend un nouveau visage : les méthodes de combat doivent changer ; la guerre, prévue pour quelques semaines, sera longue. La volonté de vaincre nécessitera un effort militaire mais aussi financier, économique, moral sans précédent. Une guerre du XXe siècle a succédé à celle du XIXe. La France doit trouver les moyens de s'adapter à cette guerre moderne.

Elle en sortira victorieuse à l'armistice de 1918. Mais dans quel état ! Combien de morts doit-elle pleurer ! Et quel fardeau de dettes et de ruines pèse sur elle au terme de cette « Grande Guerre » !

I. L'ADAPTATION DE LA FRANCE A LA GUERRE MODERNE

La guerre austro-serbe, en quelques jours, devient européenne, puis mondiale, avec la participation du Japon, des colonies, des États-Unis enfin, à partir de 1917. Mais surtout cette guerre prend une nature imprévue, elle connaît un acharnement inconnu jusqu'alors. Guerre moderne, elle suppose une mobilisation générale et totale de la Nation.

Les problèmes militaires

Les problèmes militaires sont ceux qui frappèrent le plus l'opinion. La guerre devait être courte. Après la Marne qui, en septembre 1914, brise l'offensive allemande, comment garder cet espoir alors que des armées gigantesques et équilibrées dans leur puissance rivale s'enterrent pour une lutte sans merci ? Offensives et contre-offensives se succèdent sans résultat. Verdun en est le symbole le plus tragique. Tant qu'on a des hommes, des munitions et le moral, il n'est pas question de céder. L'Allemagne, en 1918, manquera finalement des uns et des autres. La France et ses alliés auront gagné la guerre.

Avec une incroyable générosité, elle aura versé le sang de ses enfants dans la bataille. Ces hommes du pays où l'on savait vivre ont montré aussi qu'ils savaient mourir. Le moral a quelque peu flanché en 1917, mais le voici à nouveau galvanisé en 1918 pour le suprême effort. Cet extraordinaire regain de vitalité nationale a pu paraître miraculeux — mais la survie de la France n'était-elle pas en jeu ? Ainsi la France a gagné la guerre d'abord avec ses hommes. Mais c'est toute la puissance du pays qu'il a fallu jeter dans la bataille pour les soutenir.

Les problèmes financiers

Pour gagner la guerre, la France a dû mobiliser toute sa richesse, quitte à l'augmenter artificiellement par l'inflation. Cette solution, très vite, s'est révélée insuffisante : il a fallu emprunter.

★ *Les données du problème : le déficit.*

L'année 1914 ne voit pas de grave problème financier parce que la richesse est grande et que l'effort de guerre est encore limité. Mais, dès 1915, apparaissent :

• l'*accroissement des dépenses*, dû non seulement à ce coûteux effort de guerre, mais au fait que l'ennemi occupe quelques-unes des plus riches provinces françaises agricoles et surtout industrielles (Nord, Lorraine) d'où la nécessité d'augmenter considérablement les importations : ainsi, le déficit commercial passe de 1,5 milliard de francs en 1913 à 17 en 1918 (il avait atteint 21,5 en 1917)

• l'*insuffisance des revenus :* d'une part, les exportations déclinent fortement, surtout au début ; d'autre part, l'État ne trouve plus les ressources nécessaires, car le rendement de l'impôt diminue (raison bien compréhensibles : la paralysie d'une partie des activités, la mobilisation). Ce n'est qu'à partir de 1917 que les rentrées augmenteront grâce à de nouveaux impôts. Encore, en 1918, l'impôt ne donnera-t-il que 50 % de plus qu'en 1913, tandis que les dépenses de l'État se seront multipliées par 9.

Il y a donc déficit budgétaire comme il y a déficit de la balance des comptes.

★★ La *mobilisation de la richesse nationale* est la première solution pour régler le déficit.

Elle revêt quatre aspects :

• l'*appel à l'or et aux valeurs étrangères* que peuvent détenir les Français. Que de petits épargnants ont ainsi, spontanément, versé leur épargne ou ses fruits ! C'en est fini, désormais, de la monnaie-or ! Le gouvernement proclame le cours forcé du billet de banque (de nouvelles coupures de 5 F et 20 F apparaissent) et la fin de la libre convertibilité. Pour se ménager d'autres ressources, il limite les retraits d'argent aux caisses d'épargne.

Par ailleurs, il suspend le paiement des dividendes et proclame le moratoire des dettes jusqu'à la fin de la guerre.

• l'*emprunt.* Pratique ancienne, mais combien généralisée ! Emprunt à court terme (formant, pour l'État, la dette flottante) : les bons du Trésor, largement multipliés, et les « bons de la Défense nationale » : principal moyen pour équilibrer les recettes (faibles) et les dépenses (fortes) de l'État. Emprunts à long terme aussi, qu'on pouvait souscrire, chaque année, en or, en billets ou en bons de la Défense. De grands appels patriotiques étaient lancés en leur faveur ; les intérêts en étaient exempts d'impôts. Par ces emprunts à long terme, l'État convertissait en dette consolidée une partie de sa dette flottante.

• l'*augmentation des impôts*[1] *:* les impôts directs sont réorganisés

1. Leurs chiffres précis, ainsi que ceux qui concernent les autres questions financières, sont commodément rassemblés, en quelques pages, dans : Ambrosi et Tacel, *Histoire économique : 1850-1958*. Paris, Delagrave, 1964. Nouvelle édition 1967.

de 1914 à 1917 : ainsi l'impôt sur le revenu entré en vigueur en 1914 est-il augmenté (la taxe atteint 10 % sur le revenu au delà de 3 000 F ; un impôt sur les bénéfices de guerre est institué et un autre apparaît, sur le chiffre d'affaires. Les impôts indirects ne sont pas oubliés, la taxe sur les successions est augmentée.

• le *recours à la Banque de France :* celle-ci est invitée à faire des avances dès septembre 1914 ; elles se renouvellent et prennent des proportions importantes en 1917 et 1918 (25 milliards au total). Le stock d'or de la Banque n'est pas entamé. Au contraire, il passe de 4 milliards à 5,7 en 1918 (grâce aux nombreux échanges spontanés d'or contre des billets). Mais la Banque est invitée à multiplier son émission ; elle passe de 5,7 à 27 milliards en 1918. La couverture de la monnaie fiduciaire, qui était de 70 % en 1914, tombe à 21 %. Ici, ce n'est plus vraiment mobilisation de la richesse nationale, c'est création d'une richesse artificielle : le papier-monnaie. Un grand danger pèse sur la monnaie ! Cette inflation fait passer les prix intérieurs de l'indice 100 en 1914 à l'indice 360 en 1918.

★★★ Le *recours à la richesse étrangère* n'en est pas moins indispensable. Ici, la France a, sur l'Allemagne, un avantage considérable : la solidarité de la puissante finance anglo-saxonne. La *place de Londres,*

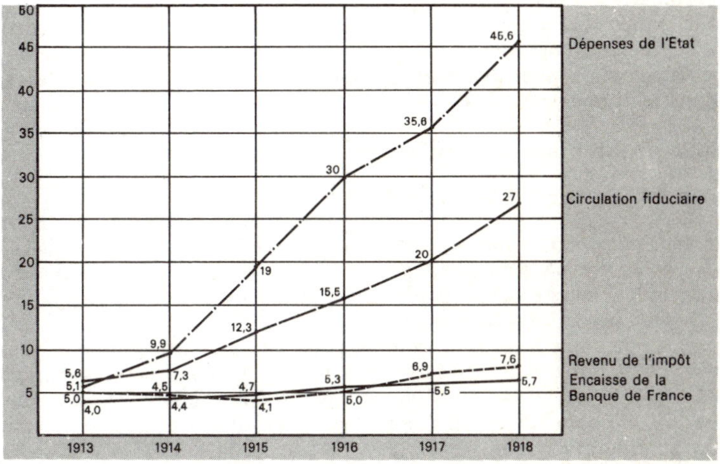

Les éléments de l'inflation pendant la guerre (milliards de francs).

centre de la finance internationale, peut la servir. Mais ce ne sont pas seulement les banques privées qui vont aider le financement de la guerre pour la France (par exemple en faisant des prêts, en consentant des crédits, en plaçant des bons du Trésor français dans le public étranger). C'est aussi l'État anglais qui, dès février 1915, accepte la mise en commun des ressources financières de la France et de l'Angleterre — et bientôt, à la suite des banques privées, l'État américain.

Au début de la guerre, le 19 août 1914, le gouvernement américain, soucieux de neutralité, recommandait aux banques de ne pas faire de prêts aux belligérants. Ceux-ci, cependant, pouvaient acheter des produits américains. Très vite apparut la difficulté de les payer. Aussi, dès le 24 octobre 1914, le président Wilson autorisait les banques à consentir des prêts d'argent. La *Banque Morgan* ouvrit des crédits, servit aussi d'intermédiaire pour placer les titres d'emprunt étranger (pour une valeur de 500 millions de dollars, dès octobre). Les prêts augmentent vite, consentis infiniment plus à la France ou à l'Angleterre qu'à l'Allemagne. Dès lors, se pose pour les banques la question de la solvabilité de leurs débiteurs (France, Angleterre). N'y a-t-il pas intérêt à ce que le gouvernement américain se mette officiellement à leurs côtés contre l'Allemagne ? Ce serait, pour les banques, une garantie. Comme survient sur ces entrefaites la guerre sous-marine qui choque la sensibilité américaine et menace l'écoulement des produits américains vers l'Europe, l'opinion s'enflamme et Wilson peut sans difficulté déclarer la guerre à l'Allemagne (avril 1917). Alors, ce ne sont plus seulement les banques privées, c'est aussi *l'État américain* qui consent des crédits aux alliés : le premier « Liberty Bond Act » (avril 1917) prévoit un crédit de 10 milliards de dollars à condition qu'il serve à payer les dettes ou les achats des Français ou Anglais sur le sol américain. Aide puissante pour l'effort de guerre franco-anglais. Excellente affaire pour les Américains. Germe de maints problèmes !

D'*autres pays* ont également consenti, pendant la guerre, des crédits à la France : notamment l'Espagne, la Suisse, les pays scandinaves, mais ceux-là sont restés neutres. Neutralité très profitable, d'ailleurs, pour le commerce.

Les problèmes économiques

★ La *guerre est devenue économique*, très vite, c'est-à-dire que la puissance économique des belligérants devient un facteur déterminant de leur puissance militaire et de leurs chances de victoire. Les « alliés » ont ici encore un gros avantage sur l'Allemagne, avec leurs richesses nationales, leurs liaisons faciles avec le reste du monde, l'appui de l'énorme production américaine.

Il s'agit, pour la France, comme pour les autres, d'assurer sa production habituelle, agricole ou industrielle, pour ses besoins comme pour ses exportations qu'il ne faut pas réduire (elles financent une partie des importations) ; il s'agit, plus encore, d'assurer les productions de guerre, munitions, armes (guerre de matériel). Il s'agit enfin d'aider des alliés débordés par cette guerre moderne : l'Italie et surtout la Russie.

Au total, deux questions se posent : question d'approvisionnement et, vu l'ampleur de la tâche, question d'organisation.

★★ *La question de l'approvisionnement.*

Ses conditions sont difficiles :

- difficulté de convertir des usines à production pacifique en usines de guerre ;
- diminution énorme de la production dès le début des opérations pour des raisons de main-d'œuvre et de matériel :

Tous les hommes valides et dans la force de l'âge sont mobilisés. Mais, surtout, il faut compter avec les destructions occasionnées par les combats et, plus encore, avec l'occupation, par l'ennemi, de quelques-unes des plus riches régions : le Nord (riche culture, charbon, textile, surtout laine, métallurgie), la Lorraine (minerai de fer, sidérurgie). Ainsi, la moitié du charbon, les deux tiers de la sidérurgie sont perdus. Les terres à blé et à betteraves, aux confins du Nord et du Bassin parisien, sont aussi à l'ennemi. Les autres régions agricoles, faute d'engrais, ont un rendement bien moindre.

Les intempéries font le reste : en 1917, la récolte de blé n'atteint pas la moitié de la normale. Enfin, le réseau de communication est désorganisé.

• nécessité urgente des importations. L'Empire est mis à contribution ; les neutres aussi et parmi eux surtout les États-Unis qui accroissent leur puissance économique et s'enrichissent tandis que l'Europe s'appauvrit. Leur entrée dans la guerre ne fait que renforcer cette tendance. Pour faciliter leurs importations, les alliés, en novembre 1917, mettent leur flotte en commun.

Les résultats positifs ne manquent pas :

• la production de guerre se développe peu à peu tandis que les biens de consommation civile diminuent. En octobre 1914, on manquait de munitions ; en 1915 encore, certaines offensives ne purent porter leurs fruits faute d'artillerie. Le ministre de la Guerre, Millerand, en fut critiqué. On nomme un sous-secrétaire d'État à l'Armement, le socialiste Albert Thomas. Peu à peu, l'effort aboutit : canons, obus, avions, chars lourds ou légers (Renault, Berliet, Schneider) répondent à tous les besoins (« J'attends les Américains et les chars », disait Pétain).

• certaines régions ou villes connaissent un véritable essor : ainsi les foyers charbonniers et métallurgiques du Massif central, le fer et le textile de Normandie, les industries lyonnaise et parisienne.

★★★ *La question de l'organisation.*

Tandis que le blocus cherchait et parvenait peu à peu à asphyxier et affamer l'ennemi, le gouvernement français (comme l'anglais) prenait en main la direction de l'économie. En temps de pénurie et de guerre, *c'en est fini du libéralisme* : les importations, la production agricole, l'industrie (pour assurer la priorité au matériel de guerre), la répartition de la main-d'œuvre, la constitution des stocks relèvent désormais de l'État. Cependant jamais la France, dans ce domaine, ne sera soumise à une organisation aussi rigoureuse que l'Allemagne.

C'est en 1915, qu'apparaît la première ébauche : pour l'armement un comité privé groupe les commandes et en répartit l'exécution ; des « consortiums » similaires apparaissent pour la *répartition* des autres produits. Mais l'État bientôt intervient ; la *production* est contrôlée pour le matériel de guerre, en 1916 le charbon est réquisitionné, ainsi que les céréales. Les *prix* de ces produits sont taxés. Le *commerce* est dirigé à son tour : dès 1915, l'importation de charbon est réglementée. En 1917, toutes les importations sont contrôlées. En 1918, la flotte est réquisitionnée et c'est un comité interallié qui répartit le tonnage de la flotte selon les besoins de chacun. Le *ravitaillement* de la population pose aussi un problème (moins grave qu'en Allemagne) : charbon et sucre sont vite rationnés, la carte de pain est instituée en janvier 1918 et celle d'autres produits alimentaires en avril. La *main-d'œuvre* enfin peut être réquisitionnée : dès 1915, l'État rappelle des métallurgistes ; beaucoup d'ouvriers seront mobilisés non au front mais à l'usine... et bien payés (ce qui fait un peu scandale). Insuffisant malgré tout, leur nombre est complété par des femmes. La femme devient, dans l'industrie comme dans l'agriculture, un agent économique très important ; et elle s'en aperçoit.

L'organisation s'est mise aussi au service du *progrès technique* : collaboration plus étroite entre savants et techniciens, développement de la standardisation (armement), recherche de nouveaux procédés, bond en avant de l'hydro-électricité (× 2,5 de 1914 à 1918) pour compenser le charbon.

Le problème moral

★ *Pour gagner la guerre, il faut « tenir ».*

« Tenir » au front d'abord. La terrible vie des tranchées, « l'enfer de Verdun » exigent du soldat un véritable héroïsme. Trop souvent, il peut avoir l'impression qu'il n'est que de « la chair à canon » qu'on lance pour ainsi dire sans défense contre le feu de l'ennemi[1]. En 1917, le moral craque, des mutineries éclatent. Le grand mérite de Pétain est alors de rendre confiance au soldat. Les visites de Clemenceau aux tranchées ont le même résultat. En 1918, le moral est revenu.

« Tenir » à l'arrière n'est pas un problème moins important. Il faut en effet compter avec la lassitude, la propagande ennemie, la propagande pacifiste des socialistes.

« L'Union sacrée », au début, ne fait aucune difficulté. Tous les partis, socialistes compris, ont, au premier jour de la guerre, oublié leurs querelles pour soutenir le gouvernement (Viviani à l'époque : socialiste indépendant).

Les crédits de guerre sont, de même que l'état de siège et la surveillance de la presse, votés sans difficulté. En 1915, les critiques apparaissent, mais c'est surtout soit pour réclamer un plus grand effort de guerre ou d'armement, soit pour faire valoir les droits du Parlement à contrôler l'exécutif et l'état-major : car la guerre, on le voit maintenant, sera longue. Trois ministres socialistes participent au gouvernement : Guesde, Sembat, A. Thomas. Fin 1915, Viviani démissionne ; il est remplacé par un autre socialiste indépendant : Briand, l'union sacrée demeure, mais voici qu'en 1916 elle est menacée et qu'*en 1917 elle cesse* : crise du moral et opposition de l'extrême gauche se conjuguent.

★★ *Le mécontentement de la gauche s'explique par :*

• la lassitude devant une guerre qui se prolonge ;

• le renchérissement de la vie. Dès 1915, les prix montent ; les salaires, eux, évoluent à peine. Fin 1916, à Marseille, le coût de la vie est de + 48 %, les salaires + 3 % ; à Orléans, respectivement + 50 % et + 9 %[2] ;

• le scandale des fortunes trop faciles de certains « profiteurs de guerre » ;

---

1. Pages pleines de vie à lire dans *Vie et mort des Français : 1914-1918*, par A. Ducasse, J. Meyer et G. Perreux, Paris, Hachette, 1959.

2. D'après Paul Louis, *Histoire du socialisme en France*, Paris, Rivière, 1946.

• l'impatience devant les mesures autoritaires du gouvernement (censure, surveillance des associations...) ;
• la propagande du socialisme international.

1915 à Zimmerwald (Suisse) sont posés les principes à suivre par les socialistes : refuser de servir les classes possédantes, exiger une paix sans annexion ni indemnité. Lénine y a une grande influence.

1916 à Kienthal (Suisse) sont proposés les moyens de mettre fin à la guerre : retirer son appui au gouvernement, refuser les crédits de guerre.

1917 à Stockholm (Suède) est réclamée la grève générale pour mettre fin à la guerre. Mais le désaccord scinde les socialistes. En effet :

La *révolution russe* survient en 1917, bouleversant les conditions : elle est un encouragement à l'action directe, réclamée depuis longtemps par les bolcheviks et Lénine. Celui-ci déclare que « les prolétaires doivent tourner leurs armes contre l'ennemi intérieur » : la volonté de révolution prend le pas sur la volonté de paix.

Elle est cause de divisions, car beaucoup de socialistes refusent de suivre de telles directives.

★★★ *Évolution du socialisme et du syndicalisme.*

Des *caractères communs* apparaissent pour ces deux grands mouvements de défense des travailleurs : la difficulté qu'ils ont désormais à garder le contact avec les organisations des autres pays (du moins subsiste-t-il, surtout entre alliés) ; la volonté, nouvelle, de coopérer (exemple : la participation commune des syndicalistes et des socialistes à la conférence des socialistes alliés à Londres) ; la crise qui les mine : le déclin est manifeste dès 1914, déclin numérique, déclin doctrinal. Au fond, alors, ils se rallient entièrement à la guerre, la trouvant juste face à l'agression. Mais il y a ensuite réflexion, renouveau et développement : le parti socialiste remonte à 34 000 adhérents fin 1918 (73 000 en 1914) et les syndicats se reconstituent (200 000 adhérents pour la seule Fédération des métaux, la plus puissante). Toutefois — et c'est là encore un point commun — de graves divisions menacent chacun des mouvements : d'un côté, les modérés fidèles à l'esprit de 1914 ou 1915 et qui sont majoritaires ; de l'autre, les révolutionnaires, revenant à la doctrine traditionnelle, sensibles aux appels venus de l'extérieur : ils sont minoritaires mais nombreux. On voit même, en 1918, apparaître entre ces deux tendances un « centre » conciliateur.

Le *syndicalisme* voit donc ses effectifs tomber en 1914 (mobilisation). Mais, dès 1915 et surtout 1916, il se reprend : les grèves recommencent. Elles tournent autour des revendications de salaires. Mais *Merrheim*, de la Fédération des métaux, voit plus loin : il participe aux conférences socialistes internationales et anime, au sein de la C.G.T., la violente tendance minoritaire. De grandes grèves éclatent au printemps 1917, surtout à Paris et dans le Centre. On crie « A bas la guerre ! » Les femmes ne sont pas les moins violentes. Le gouvernement (Malvy à l'Intérieur) réagit mollement. Au printemps 1918 (mai surtout), nouvelle vague qui touche 330 000 ouvriers, surtout dans les usines de guerre. Mais

Clemenceau, lui, réagit. D'ailleurs, la victoire approche et, au congrès de la C.G.T. en juillet, la tendance majoritaire vote aux quatre cinquièmes des voix la confiance au secrétaire général, Jouhaux. On se contente en septembre de lancer un manifeste pour une paix sans représailles et dépourvue d'idéal impérialiste ou annexionniste. L'unité syndicale semble avoir survécu aux épreuves. (Merrheim s'est bien modéré à la fin.)

Le *socialisme* est surtout troublé par la question de l' « *union sacrée* ». En 1914, il y a unanimité en sa faveur ; en 1915 apparaissent quelques notes discordantes et déjà, sans autorisation du parti, des socialistes français vont à Zimmerwald ; d'autres iront en 1916 à Kienthal. C'est l'année où se développe la tendance minoritaire, hostile à la participation au pouvoir : elle groupe et garde ensuite un tiers des voix lors des congrès du parti. En 1917, elle est assez forte pour interdire aux socialistes de participer au ministère Painlevé en septembre, puis à celui de Clemenceau en novembre.

Désormais *dans l'opposition*, les socialistes sont la proie de divisions profondes. Les minoritaires, dont certains reviennent d'un voyage en Russie, veulent emboîter le pas aux bolcheviks ; les majoritaires s'en inquiètent. *L'Humanité* passe sous la direction de Cachin, un minoritaire. Et voici qu'au conseil national du parti en juillet 1918, les minoritaires... deviennent majoritaires (ils le seront encore au congrès de Paris en octobre) : ils demandent que le gouvernement définisse la paix sur la base des principes de la révolution russe... et des thèses de Wilson. Au moment de l'armistice, la scission du parti socialiste est profonde et grave.

Du moins, leur opposition au gouvernement n'a pas trop gêné le sursaut moral qui a permis à la France de gagner la guerre, et la victoire est accueillie par tous avec joie et soulagement.

II. LA FRANCE À L'ISSUE DE SA VICTOIRE

Il n'est pas dans l'histoire de la France de victoire plus coûteuse que celle de 1918, consacrée par le traité de Versailles de 1919.

Les profits de la guerre

Les *profits du traité de paix* sont ceux qu'on voit le plus à l'époque. Territorialement, la France retrouve la riche Alsace-Lorraine, récupère le morceau du Congo cédé à l'Allemagne en 1911 et reçoit de la S.D.N. le mandat d'administrer la plus grande part du Togo et du Cameroun (enlevés à l'Allemagne) et la Syrie (enlevée à la Turquie). Démographiquement, elle gagne un million et demi d'habitants (compensant ses pertes). Économiquement, elle trouve en Alsace-Lorraine la suite du gisement de fer (20 millions de tonnes), un riche gisement de potasse, un bassin charbonnier (3,5 millions de tonnes). L'Allemagne lui livre des bateaux, du matériel ferroviaire ; elle devra lui fournir du charbon. La France, pendant quinze ans, exploitera le charbon sarrois (la Sarre est détachée de l'Allemagne). L'Alsace est, par ailleurs, une riche région agricole et cotonnière. La France aura le droit de disposer des eaux du Rhin, d'utiliser les brevets allemands ; elle confisque les avoirs allemands en France (par exemple dans les mines de fer lorraines ou normandes). Financièrement, la charge de la reconstruction pèsera sur l'Allemagne, astreinte à payer des réparations : le montant en sera précisé plus tard, mais, dès 1919, on parle de 134 milliards de francs-or à percevoir par la France (somme quasi fabuleuse).

D'autres profits, moins visibles, peuvent exister :

Ainsi le progrès technique a été stimulé par la guerre : méthodes de production, utilisation de la main-d'œuvre, procédés nouveaux. Certaines régions ont été favorisées (Centre, Normandie, etc.). Des productions modernes ont pris une grande importance : la construction aéronautique par exemple, qu'il suffira d'orienter vers l'usage commercial ; l'hydro-électricité s'est développée. Le rôle directeur de l'État en matière d'organisation économique peut être profitable. En fait, le libéralisme reprendra vite tous ses droits. Seule, une certaine concentration financière privée survivra à la guerre. Le sursaut moral se maintiendra-t-il après la victoire ? Ou, à l'inverse, le relâchement général lui fera-t-il place ?

Les morts

La guerre a atteint démographiquement la France plus qu'aucun autre pays, parce qu'en 1914 elle était déjà dans une situation grave. Or la guerre frappe surtout les hommes dans la force de l'âge. Par là son effet s'étend, indirectement, sur plusieurs générations. On peut dénombrer :

1 140 000 tués au feu (sans compter les troupes coloniales).
100 000 décès prématurés de grands blessés, gazés, etc.
570 000 : surcroît de décès civils.
700 000 (?) : déficit de naissances (pour deux générations successives).

soit, directement ou indirectement, une perte globale de 2 500 000 personnes.

10 % des hommes actifs (20 à 65 ans) sont morts du fait de la guerre.

Mais, parmi ceux qui restent, il faut compter trois millions de blessés et 1 100 000 invalides. Sur le plan économique, cela représente des producteurs à rendement faible ou nul et des charges financières en plus.

La guerre de 1914 a rendu *catastrophique la situation démographique* de la France.

Les ruines

Le passif est lourd. Non seulement la *main-d'œuvre fait défaut,* mais les *dévastations* sont plus graves en France qu'ailleurs puisqu'elle fut le principal champ de bataille. On compte :

600 000 maisons détruites ou endommagées.
20 000 usines — —
5 000 km de voies ferrées détruites ou endommagées.
53 000 km de routes — —
3 000 000 ha de terres — —

Ces dévastations frappent quelques-unes des plus riches régions françaises. Il faut y ajouter les graves destructions ou l'usure du matériel de chemin de fer ou de la flotte.

La diminution de la production agricole est due à l'usure des sols (faute d'engrais), à la mobilisation de la main-d'œuvre, à la réquisition des bestiaux. La production de céréales est tombée de 40 %, celle des fourrages d'environ autant. On compte en moins un million de chevaux, 2,5 de bovins, 3 de porcs, 7 de moutons.

Les difficultés de la production industrielle :

Reconversion pour beaucoup d'usines devenues usines de guerre : problème de matériel et de main-d'œuvre à recaser ; remise en état des mines de charbon du Nord noyées par les Allemands en retraite. L'indice de production (pour 100 en 1913) est tombé à 70 pour le textile, 55 pour le charbon, 45 pour la sidérurgie, 50 environ pour l'ensemble de l'industrie.

Le bouleversement des circuits commerciaux :

Transports désorganisés, commerce à réorienter, marchés à reconquérir, partenaires à retrouver, car, en mai 1918, tous les accords commerciaux ont été dénoncés.

Le déficit

Beaucoup plus grave que la situation économique, la situation financière. Les États-Unis ont maintenant remplacé la France comme banquier du monde et le trésor public est obéré. La situation se caractérise par :

• l'*endettement de la France vis-à-vis de l'étranger :* il atteint en chiffres ronds 32 milliards de francs. Les Américains, directement ou indirectement, détiennent 90 % de la créance.

• la *diminution des revenus extérieurs :* ayant rapatrié de nombreux capitaux, la France a perdu la moitié de son portefeuille étranger (et la Russie communiste annonce qu'elle n'honorera pas les dettes du régime tsariste).

• l'*endettement de l'État vis-à-vis des particuliers :* plus de 150 milliards de dette publique (au lieu de 33 en 1914) ;

• *la menace qui pèse sur la monnaie :* certes, la Banque de France a pu accroître ses réserves (5,7 milliards), certes le franc, au cours officiel, garde sa valeur (franc germinal), mais trois dangers existent :

— l'importance de la dette, surtout à court terme (la dette flottante est la moitié du total). Seule la confiance empêchera les porteurs de bons du Trésor ou de la Défense nationale d'exiger leur remboursement. Sinon, on ne pourra le faire qu'en multipliant le papier-monnaie, or,

— l'abondance du papier-monnaie apparaît déjà excessive ; la couverture est tombée — on l'a vu — de 70 % en 1914 à 21 %. Et cela s'est déjà traduit par la montée des prix (× 3,4 depuis 1914) ;

— la charge financière de l'État : il décide de prendre à son compte la reconstruction (comptant, il est vrai, sur les réparations de l'Allemagne). En avril 1919 et en juin, il promet de verser des pensions aux deux millions et demi de victimes civiles et militaires de la guerre (invalides, orphelins, veuves, etc.). Comment, là encore, éviter l'inflation ? Que de rigueur financière sera nécessaire ! Car il ne faut plus compter sur l'aide des alliés : le 21 novembre 1918, les

États-Unis ont annoncé la fin de leur assistance et en février 1919 prend fin la solidarité des trésoreries anglaise et française. On pourrait croire que la France est redevenue libre et indépendante. Hélas !

La dépendance

Victorieuse, la France ne découvrira que peu à peu non seulement qu'elle est beaucoup moins puissante mais aussi qu'elle est beaucoup moins maîtresse de sa destinée qu'en 1914.

Elle dépend du bon vouloir de l'Allemagne pour le paiement des réparations dont ni le montant ni le calendrier des versements ne sont encore fixés en 1919. Or on sait combien l'Allemagne proteste contre le « *Diktat* » de Versailles.

Elle dépend du bon vouloir de ses anciens alliés pour la soutenir dans sa fermeté vis-à-vis de l'Allemagne, pour lui faciliter le remboursement de ses dettes, pour l'aider dans sa reprise économique. Or, ceux-ci cessent toute assistance, toute entraide ; leur commerce va reprendre très vite avec l'Allemagne, cependant qu'en proie à une vague d'égoïsme national les États-Unis vont renforcer encore leur protectionnisme (1922), fermant certains débouchés traditionnels de la France. Bien mieux, ceux-ci ne signent pas le traité de Versailles et ne se portent donc nullement garants de ce que la France en attend.

Elle dépend d'un nouveau système financier international caractérisé par le désordre et par la prépondérance américaine.

Elle dépend du problématique succès de la S.D.N. qui, seule assurant le respect des traités et la sécurité collective, pourrait dispenser la France d'entretenir une coûteuse armée, seul moyen, pour l'instant, de faire respecter ses droits acquis par la victoire. Or la S.D.N. (à laquelle les États-Unis ont refusé d'adhérer) ne parviendra à rien.

La France de 1919 est généralement confiante, dans l'euphorie de sa victoire. Mais voit-elle que seule une coalition a permis cette victoire, que cette coalition est maintenant rompue, que chacun agit pour soi ? Dans cette conjoncture, quels sont les atouts d'une France déjà en perte de vitesse en 1914, atteinte dans sa chair et ses richesses pendant quatre ans, moralement bouleversée par ses épreuves ? Politiquement même, est-elle armée pour affronter des tâches aussi nouvelles ?

Chapitre VII

LES NOUVELLES CONDITIONS POLITIQUES

La guerre n'a pas seulement ébranlé un certain ordre économique ou financier. Elle a amené de nouvelles conditions politiques pour la France (comme pour d'autres pays), soit dans le domaine extérieur en portant atteinte à sa puissance coloniale, soit en modifiant les bases mêmes de sa vie politique intérieure. Mais la France n'a pas semblé s'en rendre compte : elle ne renouvelle en rien sa structure ou ses méthodes.

I. L'ÉBRANLEMENT DE LA PUISSANCE COLONIALE [1]

Cet ébranlement n'est pas pris au sérieux par l'opinion. Il est pourtant indéniable.

Le renforcement apparent

L'opinion est surtout sensible à deux faits :

• l'*extension de l'Empire* grâce à la victoire : la France a récupéré le morceau de Congo cédé à l'Allemagne en 1911 ; elle a reçu de la S.D.N. le mandat sur la majeure partie du Cameroun (400 000 km² sur 490 000) et du Togo, enlevés à l'Allemagne, et d'autre part le mandat sur la Syrie et le Liban enlevés à l'Empire turc démembré. Certes, en septembre 1919, elle abandonne à l'Italie, selon sa promesse de 1915, une frange de 150 000 km² de Sahara qui iront grossir la Libye (il y aura une nouvelle cession en 1935), mais l'Empire français n'en atteint pas moins alors ses plus grandes dimensions (près de 12 millions de kilomètres carrés).

• *le calme de l'Empire pendant la guerre* : aucune révolte n'a cherché à profiter des embarras de la France. Les troubles infimes qu'on a pu noter en Algérie (Aurès 1916), au Sahara, à Madagascar (complot d'étudiants nationalistes en 1915), en Indochine (intrigues de l'empereur d'Annam) semblaient relever de la routine. Lyautey a pu avec des forces très réduites non seulement se maintenir dans ses conquêtes marocaines, mais les étendre. Bien mieux, les colonies ont fourni à la métropole soit de bons et fidèles soldats (Algériens, Marocains, Sénégalais, etc.), soit des ouvriers pour ses usines. Bref, l'Empire semble renforcé par la guerre.

---

1. Ce chapitre est consacré avant tout aux problèmes politiques. Les questions économiques seront reprises au chapitre XIII. Elles ne sont mentionnées ici qu'à cause de leurs incidences politiques.

Les causes de difficultés

Quoi qu'on en ait pensé, la Première Guerre mondiale a porté à la colonisation des coups dont elle ne se relèvera pas. Aux causes générales profondes ou occasionnelles de cet affaiblissement s'ajoutent, pour la France, des causes plus particulières. Les unes et les autres apparaîtront de plus en plus visiblement.

★ *Causes profondes.*

La *fragilité, inévitable, d'une domination reposant sur la force* : celle-ci, qu'il s'agisse de conquête ou d'exploitation économique, ne peut pas ne pas laisser quelque rancune à ses victimes.

La *réapparition, tôt ou tard, des vieilles civilisations* qu'on avait pu croire submergées : ce qui est particulièrement grave lorsque celles-ci retrouvent conscience d'elles-mêmes en tournant le regard vers des pays étrangers indépendants ou en voie de l'être. Ainsi du monde arabe : il y a réveil de l'islamisme autour du nouveau centre du Caire en Égypte (alors qu'au contraire la Turquie s'européanise) : l'école d'Al-Manar (le Flambeau) réclame une religion plus simple et plus pure, mais aussi l'indépendance des peuples musulmans. Ainsi du Japon qui continue à jouer le même rôle pour l'Extrême-Orient et de la Chine qui se débarrasse maintenant des tutelles étrangères.

Le *nationalisme* apparaît et s'étend, favorisé par le poids même de l'occupation coloniale qui en rapproche les victimes (fait psychologique) par le développement inévitable d'une notion qui a triomphé partout en Europe (fait historique) ; par l'action involontaire des colonisateurs qui, rassemblant et organisant des peuples ou tribus pour les besoins de leur administration, leur ont fourni le cadre qui leur faisait défaut (raison politique) ; par le sentiment de puissance économique qui peut apparaître dans les territoires les mieux mis en valeur (cause économique) ; par l'apparition d'élites formées par les métropoles, élites auxquelles on apprend par exemple la valeur universelle des grands principes de 1789 : Liberté, etc. (raison intellectuelle) ; par la rancœur de ces mêmes élites de ne pouvoir participer à l'administration de leur pays alors que, socialement, elles s'en sentent capables (raison sociale ou, tout simplement, ambition personnelle). Qu'est-ce qui a pu ne pas favoriser le nationalisme ?

La *facilité beaucoup plus grande des contacts internationaux* permettant les échanges de produits, d'hommes et d'idées ; on compare alors sa situation et celle du voisin, on prend conscience de son retard, on s'ouvre à la propagande venue de l'extérieur. S'il y a en effet cheminement obscur d'idées personnelles, il y a aussi beaucoup d'idées venues du dehors.

★★ *Causes occasionnelles : la guerre et l'après-guerre.* En effet, la guerre a très vite fait une réalité de ce qui n'était que virtuel.

La guerre révèle la faiblesse des colonisateurs. Ou ils se livrent une guerre acharnée (1914-1918), ou ils rivalisent sournoisement (Français et Anglais en Orient) au lieu de présenter un front uni. A l'occasion, ils subissent de graves revers militaires. De toute façon, ils n'ont plus le loisir de s'occuper, autant que par le passé, de leurs colonies.

La guerre révèle l'importance des colonisés. La Métropole est bien contente d'y trouver des produits qui lui font défaut et surtout des troupes dont elle a tant besoin. Et, dans la tranchée, c'est la même vie, le même combat, la même mort pour tous. L'inégalité entre colonisateurs et colonisés est-elle encore possible après cela ? La guerre même rend plus vif l'intérêt des tierces puissances pour ces pays jusqu'ici trop jalousement gardés ; leur commerce y pénètre.

Le *rôle des tierces puissances* commence avec la guerre et s'étend démesurément dans les années suivantes.

Le Japon, depuis 1905 (victoire sur la Russie), est un modèle qui inspire le nationalisme asiatique ; l'extension de son commerce pendant la guerre n'a pu que renforcer son influence.

Les États-Unis ont une solide tradition anticoloniale. Mais voici qu'avec la guerre leur commerce s'étend au monde entier et que la voix de leur président, Wilson, est entendue partout : il réclame et obtient qu'on admette le principe des nationalités. Ce principe n'est-il donc valable que pour l'Europe ? Et il fait créer la S.D.N. où tous les peuples indépendants siègent sur un pied d'égalité. Idée nouvelle : ce n'est plus la force, c'est le droit qui doit régler les rapports internationaux. Quel espoir pour les peuples colonisés ou du moins pour leurs élites, instruites !

La Russie et le communisme vont beaucoup plus loin, prêchant la révolution. En 1917, Lénine a publié *L'Impéralisme, stade suprême du capitalisme.* En 1919, le premier congrès de la troisième internationale, à Moscou, a décidé d'encourager les mouvements d'émancipation. En 1920, s'est tenu à Bakou le premier « congrès des peuples opprimés » qui a lancé un appel à la révolte des colonisés. Même si les peuples des colonies sont bien loin d'adhérer au communisme, ils trouveront toujours dans celui-ci un allié fidèle pour leurs révoltes.

★★★ *Causes propres à la France : l'incertitude doctrinale.*

Par ses atermoiements face aux revendications coloniales, la France ne fera sans doute qu'aggraver ses problèmes. C'est qu'au fond elle ne sait pas, au juste, ce qu'elle veut. C'est le vieux conflit entre l'*assimilation* généreuse envers l'indigène qu'on veut sincèrement « rendre français » et l'*association* qui cherche surtout dans la colonie le profit. Mais, s'il y a assimilation, il faut aller jusqu'à la citoyenneté française (avec droit de vote, etc.) et s'il y a association il faut laisser la colonie ou plutôt le protectorat s'administrer seul, tandis qu'on se consacrera à la mise en valeur. La France s'est engagée dans l'une et l'autre voie, mais sans aller jusqu'au bout d'aucune et non sans retours en arrière. Il ne manquait pas d'esprits pour proposer un moyen terme : ainsi Albert Sarraut, en 1923, dans *La Mise en valeur des colonies françaises,* propose un vaste empire, mis en valeur et autarcique, où se développeraient peu à peu les droits politiques des indigènes : sorte de préfiguration de ce que voulut être, après 1945, l' « Union française ».

De fait, après un élan de générosité au lendemain de la guerre de 1914, la France ne poussera pas davantage dans cette voie et reviendra à un *renforcement de son administration directe,* ce qui ne pouvait, pour plus tard, qu'aggraver le problème, mais, pour l'instant, le calme rétabli allait rassurer tout le monde.

Problèmes particuliers des différents territoires

L'*Algérie* voit d'abord son statut s'améliorer : la loi du 4 février 1919 admet l'accession des Algériens à toutes les fonctions (... sauf fonctions d'autorité), établit l'égalité fiscale, facilite la naturalisation, multiplie les municipalités élues ; le code de l'indigénat est atténué ; un programme de construction de barrages (1920) doit favoriser les paysans. Mais la France ne va pas plus loin et, dès 1924, apparaît un mouvement nationaliste dirigé par Messali Hadj : « l'Étoile nord-africaine ».

En *Tunisie*, le nationalisme s'exprime plus vigoureusement par le mouvement « Destour », d'inspiration religieuse et conservatrice. Mais, loin d'accorder (malgré les troubles de 1920-1921) le régime parlementaire qu'il réclame, la France ne concède qu'un « Grand conseil » aux pouvoirs strictement budgétaires. Le calme revenant, l'administration française est de plus en plus directe : la Tunisie « s'algérise ».

Au *Maroc*, le problème est l'achèvement de la conquête. Lyautey s'y emploie, tout en pratiquant une remarquable mise en valeur. En 1925, une révolte partie du Maroc espagnol entraîne une vigoureuse réaction française : c'est la « guerre du Rif » ... et le limogeage de Lyautey. Le calme revenu, l'administration directe est de plus en plus envahissante, tandis que s'achève la conquête (1933-1934).

L'*Indochine* pose des problèmes plus graves : alors que la masse de la population ressent gravement le poids des impôts, les intellectuels tournent les yeux vers les voisins qui se sont libérés peu à peu de la tutelle étrangère : Japon, Chine, Inde. Un « parti national du Viet-Nam » s'organise, coopérant très souvent avec un parti communiste indo-chinois dont les cellules sont répandues dans le pays par l'actif Ho-Chi-Minh. Grèves, pétitions, manifestations se succèdent. La France arrête quelques meneurs, mais admet les Annamites à l'administration (1926), sauf aux fonctions d'autorité, et crée un « Grand conseil des intérêts économiques et financiers » avec minorité indochinoise (1928).

En *Syrie*, les questions sont complexes : il faut d'abord éliminer l'influence anglaise, fixer la frontière avec les Turcs ; il faut surtout s'affirmer dans l'imbroglio des races et des religions. La France sépare le Liban à forte population chrétienne de la Syrie musulmane, mais accorde l'autonomie à plusieurs peuples de cette dernière. L'établissement d'assemblées élues (1922) se révèle difficile. Une grave révolte est durement réprimée en 1925. La Syrie coûte très cher à la France ; son occupation répond surtout à un objectif politique : sa présence en Orient.

Les *autres territoires* (Afrique noire, Madagascar, Océanie, Amérique) ne posent pratiquement pas de problèmes politiques.

II. LES PROBLÈMES DE LA VIE POLITIQUE INTÉRIEURE

La France ne se rend pas bien compte qu'elle s'affaiblit par les problèmes de son Empire colonial (elle se refuse même à les prendre au sérieux). Ses problèmes internes, de même, ne semblent pas déclencher, chez elle, une volonté de renouveau ou d'adaptation aux nouvelles circonstances.

Les nouvelles données politiques

★ La *crise morale* : la France, dans sa victoire, garde une secrète inquiétude. Elle n'a plus le ressort moral qui lui ferait « gagner la paix » comme elle a gagné la guerre. Elle s'est ressaisie après la crise de 1917, mais maintenant, en 1919 et dans les années 20, elle éprouve une grande lassitude. L'effort fourni a dépassé ses forces. Maintenant, il faut « vivre ». Une soif de jouissance s'empare du pays.

D'ailleurs, victorieuse, la France doit pouvoir compter sur l'Allemagne vaincue pour refaire sa puissance. Le mot du ministre des Finances, Klotz, exprime parfaitement ce sentiment : « L'Allemagne paiera. » Mot resté célèbre : on compte sur les autres. La droite nationaliste pense aller jusqu'au bout de cette politique : ce sera la « politique d'exécution » : l'Allemagne devra exécuter le traité et notamment verser les réparations (politique de Poincaré). C'est un peu la mentalité du rentier.

La gauche, elle, serait plus indulgente pour une Allemagne qui s'essaie à la démocratie (politique de Briand), mais elle n'a plus de courage. Chez les ouvriers, plus que jamais, on réclame (et on obtient en 1919) la diminution de la journée de travail. Ce repos, on l'a bien gagné : ce n'est pas l'Allemagne, ce sera le capitaliste qui en fera les frais.

Dans tous les milieux, d'une façon générale, *on renonce à l'effort*. On veut profiter du présent. La guerre a cassé le ressort, déjà distendu, de la France.

★★ Les *perturbations sociales* l'expliquent pour une bonne part. Elles sont *dues surtout à la guerre*. Certaines classes en sortent appauvries : les fonctionnaires, dont le prestige va s'effondrer, les rentiers et même les intellectuels ou les membres des professions libérales. En gros, c'est la petite et moyenne bourgeoisie : vivant de revenus fixes ou insuffisamment relevés, elle voit son pouvoir d'achat diminuer ou s'effondrer tandis que montent les prix. D'un autre côté, une partie des paysans et les ouvriers en général vivent mieux (relèvement des prix agricoles et des salaires). Les commerçants sont beaucoup plus aisés. Et puis, il y a de nouveaux riches dont le luxe tapageur fait scandale.

Ces perturbations seront en partie *renforcées par l'évolution économique*. Le « petit rentier » rongera sa rancœur, le commerçant accroîtra son profit, conséquence inexorable des troubles financiers passés et à venir ; les capitalistes se renforceront. Les revendications des masses ouvrières et urbaines couvriront de leur bruit les plaintes obscures du paysan, mécontent et non plus résigné[1] et du petit « Français moyen » d'autrefois. Et la femme trouve dans la société et l'économie une place qui contribue à bouleverser la famille, cellule essentielle de la France de 1914.

Le *désarroi* s'empare des uns et des autres ; l'ordre moral ancien est détruit ; tandis que foi et pratique religieuse déclinent sensiblement, l'esprit de lucre et l'arrivisme ou tout simplement la force des masses semblent être devenus les seuls atouts du succès.

★★★ L'*influence des facteurs extérieurs* devient primordiale sur la vie politique intérieure.

Le *problème des réparations et des relations avec l'Allemagne* devient le centre d'intérêt de la politique. C'est que les finances de la France en dépendent. Par delà ce problème et en liaison avec lui, se profile la question des relations avec l'Angleterre (depuis 1921, indulgente envers l'Allemagne) et avec les États-Unis qui pourraient, si l'Allemagne ne paie pas, aider financièrement la France. Ainsi les problèmes de politique extérieure prennent le pas sur les autres. On n'est plus au temps de l'affaire Dreyfus et des luttes anticléricales où l'opinion très partagée sur ces problèmes intérieurs était à peu près unanime sur la politique extérieure.

Le *problème du communisme international* est également nouveau dans la mesure où ce communisme a, en quelque sorte, maintenant une patrie : la Russie. En effet, Lénine, en 1919, a créé la troisième Internationale communiste à Moscou. Et les divers partis communistes du monde, français par exemple, aligneront leur attitude sur celle d'un pays étranger. Le parti communiste se fait dès lors taxer de « représentant de l'étranger ». La reconnaissance de l' U.R.S.S. pose donc un problème délicat. Herriot s'y résout en 1924, au grand scandale de la droite. Mais cette situation nouvelle n'était pas sans poser des problèmes aux ouvriers eux-mêmes.

Sur les données nouvelles qui viennent d'être définies, la France doit régler trois grands problèmes politiques (sans parler des problèmes extérieurs et des problèmes financiers qui seront étudiés au chapitre suivant) : le problème ouvrier, le problème du rôle de l'État (question du libéralisme), le problème du régime, problèmes qui ne sont pas nouveaux, mais deviennent pressants.

Le problème ouvrier

★ L'*importance croissante du problème* ne vient pas tant des difficultés propres aux ouvriers (elles ne sont pas pires qu'avant et, sauf de 1922 à 1925, les salaires augmentent plus vite que les prix) ni d'un nombre tellement accru (33 % de la main-d'œuvre en 1931, contre 31 % vers 1913), mais surtout de la place plus importante des ouvriers dans la nation, d'une organisation plus poussée, d'une conscience de classe plus vive (toutes choses qui manquent par exemple

1. M. Augé-Laribé : *La Politique agricole de la France de 1880 à 1940*, Paris, P.U.F., 1950.

aux paysans dont beaucoup, comme en 1914, n'ont pas un sort plus enviable que les ouvriers). Cela vient :

• de l'idée qu'ils se sont faite de leur importance pendant la guerre (usines d'armements) ;

• du luxe plus ou moins tapageur et scandaleux des nouveaux riches ou de certains capitalistes au lendemain de la guerre ;

• de l'importance croissante de l'industrie dans la vie des pays modernes ;

• de la concentration des entreprises qui rassemble des masses où se propage la conscience de classe ;

• du développement d'une civilisation reposant précisément sur les masses ;

• d'une préoccupation « sociale » de plus en plus affirmée ;

• du succès, enfin, de la révolution russe. Celle-ci cependant eut un résultat néfaste pour les ouvriers : leur division.

★★ *La division des ouvriers* est un fait capital de l'époque. Déjà avant la guerre existait une certaine rivalité entre syndicats (jaloux de leur indépendance) et parti socialiste (plus ou moins compromis sur le plan parlementaire). D'autre part, au sein de ce parti, finalement unifié en 1905 (S.F.I.O., rattachée à la deuxième Internationale) persistaient des courants divergents, notamment entre révolutionnaires et réformistes.

Or, voici que les divisions, on l'a vu, se sont accrues, du fait de la guerre, surtout à partir de 1916 : fallait-il rester fidèle à l'union sacrée (position des socialistes majoritaires) ou réclamer la paix ou même tourner ses armes contre la bourgeoisie ? Le succès de la révolution bolchevik, en 1917, stimule ces divisions : le mouvement doctrinal s'y alimente ; les succès révolutionnaires momentanés en Allemagne, en Hongrie, puis les victoires de l'armée rouge en Pologne, dans l'été 1920, permettent de prévoir une bolchevisation rapide de l'Europe : cette attente enthousiasme les uns, inquiète les autres. Là est peut-être la cause principale[1] de la scission du parti socialiste et bientôt de la C.G.T.

C'est au *congrès de Tours* que s'opère la scission, en décembre 1920. Les années 1919 et 1920 avaient pourtant vu un très grand développement du syndicalisme (2,4 millions d'adhérents à la C.G.T.) et du socialisme (180 000). De grandes grèves semblaient prouver l'unité ouvrière face au renchérissement de la vie ; la grève générale de 1920 fut cependant un échec et le gouvernement (de droite, alors) prononça la révocation de nombreux cheminots. Cependant, dans tous les pays, la scission s'opère d'elle-même : ou l'on reste fidèle à la deuxième Internationale, qu'on cherche à restaurer à Berne en février 1919 (mais qui ne le sera qu'au congrès de Hambourg en mars 1922) ou l'on se rallie à la troisième, née à Moscou en mars 1919. La majorité des socialistes français penchent pour cette dernière : ils l'emportent largement au congrès de Tours. Avec Cachin et Frossard, ils forment le parti communiste S.F.I.C. (Section française de l'Internationale commu-

1. Thèse défendue récemment par Annie Kriegel dans *Aux Origines du communisme français* (2 vol., Paris, Mouton et Cie, 1964) : c'est la révolution russe qui serait à l'origine de la scission des socialistes français et non les courants apparus pendant la guerre.

niste). La minorité (qui groupe d'ailleurs la majorité des élus) reste fidèle à la deuxième Internationale[1] sous le nom de parti socialiste S.F.I.O. (Section française de l'Internationale ouvrière). Elle perd le journal *L'Humanité*, mais garde *Le Populaire*. Elle ne rallie autour de Paul Faure et Léon Blum qu'environ un quart des adhérents.

La scission syndicale suit. En 1919, s'était reconstituée l'Internationale syndicale à Amsterdam ; mais, en 1921, était née à Moscou l'Internationale des syndicats rouges : celle-ci veut lier action syndicale et action politique, ce qui est opposé au programme prôné par la C.G.T. Tenant un congrès à Saint-Étienne (1922), une fraction minoritaire de la C.G.T. décide de quitter celle-ci et fonde la C.G.T.U. (Confédération générale du travail unitaire) qui se rallie à l'Internationale rouge. Le syndicalisme chrétien s'organise en 1919, sous le nom de C.F.T.C. (Confédération française des travailleurs chrétiens), mais avec 150 000 adhérents son influence est encore faible.

★★★ *Conséquences de cette double scission :*

• Le déclin de la puissance ouvrière. On le mesure au chiffre des adhésions à la C.G.T.

Début 1920 : 2 400 000
Fin 1920 : 1 300 000
1922 : 550 000 (C.G.T. + C.G.T.U.)
1926 : 1 200 000 (dont 465 000 à la C.G.T.U.).

Le parti socialiste passe de 180 000 au début de 1920 à 30 000 à la fin de l'année. Il est à 55 000 en 1924. Il remonte à 130 000 en 1930. Le parti communiste tombe de 130 000 à environ 30 000 !

Dès lors, les gouvernements de droite ont beau jeu de tabler sur cette faiblesse et ces divisions. En 1921, ils vont jusqu'à dissoudre (théoriquement) la C.G.T. La pression de la France ouvrière sur le pouvoir ne correspond pas à son poids réel :

• le difficile problème de l'unité d'action entre ces tendances : sans cesse évoquée, réclamée par les communistes sous le nom de « front unique », mais jamais réalisée avant 1934-1936 ;

• la position nettement plus réformiste que révolutionnaire de la nouvelle C.G.T. et du parti socialiste ;

• la question pour les socialistes de la participation à un gouvernement « bourgeois ». Ils y répondent par la négative, quitte à former des alliances au moment des élections (cartel des gauches avec les radicaux en 1924) ;

• la faiblesse générale de l'action gouvernementale en faveur des ouvriers : l'État ne réalise pas les lois sociales que semble devoir amener logiquement l'évolution économique.

★★★★ *Les réalisations en faveur des ouvriers.*

On hésite à écrire « politique sociale », car il s'agit de mesures de circonstance adoptées sous la pression des événements, beaucoup plus que d'une volonté délibérée et globale qui ne viendra qu'en 1936.

1. Cette minorité n'accepte pas, entre autres, ces quelques conditions exigées de Moscou : exclusion des réformistes et des centristes, dénonciation du social-patriotisme et du social-pacifisme, épurations périodiques, centralisation et discipline de fer...

En mars 1919, la loi donne un statut aux conventions collectives (accords de travail) sans chercher à généraliser celles-ci qui ne s'appliquent qu'à leurs signataires.

En avril 1919 est accordée la *journée de travail de huit heures.*

En 1925, le gouvernement Herriot reconnaît *de facto* le droit syndical aux fonctionnaires et réintègre les cheminots révoqués en 1920.

En 1927, l'État accorde un secours aux chômeurs (à la suite d'un accroissement du chômage).

En 1928, la loi Loucheur (du nom du ministre du Travail) précise, après des années de discussions, un système d'*Assurances sociales* qui, après quelques retouches, entre en application en 1930.

Deux principes : d'une part, la forme mutualiste de l'assurance, chère aux travailleurs qui veulent gérer eux-mêmes leurs caisses d'assurances ; d'autre part, le regroupement des divers risques jusque-là couverts par des assurances distinctes (accidents du travail, 1898 ; assurance vieillesse de 1910, qui n'avait pas bien fonctionné puisqu'en 1925 on ne comptait que 18 % de cotisants effectifs, 1 380 000 sur 7 700 000 assujettis).

Organisation : sont assurés tous les salariés jusqu'à un salaire maximum de 15 000 F par an (chiffre augmenté selon le nombre d'enfants) ; les cotisations sont versées par l'assuré, le patron et l'État ; les caisses primaires (perception) et départementales (versements) sont gérées par les assurés ; les risques couverts sont la maladie, les accidents du travail, la vieillesse, le décès, la maternité.

Première ébauche d'ensemble d'une législation sociale, première volonté de redistribution du revenu (puisque la cotisation patronale profite aux salariés), ce système ne garantit encore qu'un nombre restreint de Français. Et il est mal vu par les syndicats parce qu'il lie les travailleurs, par l'existence même de ces assurances (auxquelles participe l'État), à un État capitaliste qu'ils rêvent de renverser.

Le problème du rôle de l'État (question du libéralisme)

★ *Comment se pose le problème ?* En 1914, l'État, comme on l'a vu, intervenait fort peu dans la vie économique. Son action consistait surtout à protéger les intérêts acquis. Là-dessus, la guerre est arrivée, et avec elle, par nécessité, un développement considérable de l'action de l'État qui en vient à diriger fortement l'économie. Dans les années qui suivent, on voit, en de nombreux pays, le vieux libéralisme s'effondrer sous l'action de l'État fasciste (Italie) et surtout communiste (U.R.S.S.) : on constate que ce sont les États qui ont le plus de ruines et de problèmes à régler qui renoncent le plus au libéralisme. La question alors se pose : la France qui, pendant quatre ans, a presque renoncé au libéralisme, qui a beaucoup de problèmes à surmonter après sa coûteuse victoire, qui a une classe ouvrière nombreuse et revendicatrice, la France va-t-elle renoncer au libéralisme ?

Le *libéralisme demeure*, suite certaine d'un profond attachement à tout ce que représente cette notion. En effet :

- les lois sociales, comme on l'a vu, sont peu importantes ;
- les impôts sont augmentés, notamment l'impôt sur le revenu; mais l'État ne consacre ses ressources qu'au règlement de ses dettes

ou au fonctionnement de son administration ou de son armée, et non pas au développement économique (sauf en ce qui concerne la seule reconstruction) ;

• la mainmise de l'État sur la production reste infime : tout au plus peut-on citer l'exploitation par l'État des mines de potasse d'Alsace, reprises à l'Allemagne, et la création de l'O.N.I.A. (Office national des industries de l'azote, à Toulouse, pour exploiter un brevet allemand en industrie chimique (fabrication de l'ammoniaque synthétique). Par contre, c'est Schneider qui bénéficie des biens allemands en Normandie et les deux branches de Wendel (française et allemande) fusionnent. On est loin de la nationalisation des chemins de fer et des plus grandes entreprises, réclamée par la C.G.T. dès 1919.

En somme, l'État protège toujours les intérêts acquis, malgré une certaine évolution en faveur de l'idée sociale.

★★ *Cause du maintien du libéralisme : la structure politique.*

En effet, un monde nouveau est né de la guerre et des progrès techniques, mais la structure politique de la France n'a pas évolué. La droite, conservatrice ou modérée, reste traditionnellement attachée au libéralisme. Ces libéraux sont toujours morcelés en multiples groupes politiques où les influences personnelles sont très fortes, par exemple : alliance démocratique, républicains de gauche, indépendants de gauche, gauche républicaine... On notera le qualificatif de « gauche » il faut être de gauche ! Et cependant cette droite, dont l'unité vient sans doute, avant tout, du nationalisme, est soutenue par les grands milieux d'affaires (quoiqu'une grande partie des « Français moyens » lui reste fidèle).

A gauche, communistes et socialistes sont résolument antilibéraux, collectivistes, révolutionnaires. Leur unité, c'est la volonté de progrès social, mais c'est là aussi une grande revendication des radicaux. Or, les radicaux sont des libéraux. Groupés autour d'Édouard Herriot, les *radicaux* sont le groupe-charnière sans lequel il est généralement impossible de gouverner. Ils sont à l'image de la France de l'entre-deux-guerres : volonté de progrès social, mais méfiance devant tout changement ; désir affirmé de renouveau, mais fidélité aux formules traditionnelles (la question de la laïcité est pour eux une des plus importantes). Trop à gauche pour soutenir une droite plus conservatrice qu'elle ne le dit, ils sont trop à droite pour soutenir une gauche révolutionnaire. Habiles à doser les équilibres ministériels, ils se détachent vite des coalitions de droite ou de gauche, car ils ne sont chez eux ni dans l'une ni dans l'autre : ils sont devenus des hommes du centre et pratiquent finalement une politique de bascule.

Ainsi, dans un monde qui évolue vite, où les problèmes abondent, l'État, en France, demeure tel quel sans parvenir ou même sans chercher à renouveler les structures économiques, politiques ou sociales. Le maintien de l'équilibre reste une préoccupation majeure, qui posera le problème du régime.

Le problème du régime

En 1914, déjà, tous les partis politiques s'inquiétaient de l'instabilité ministérielle chronique. On pense y remédier en changeant le mode de scrutin en 1919, on établit donc la représentation proportionnelle... puis, en 1928, on revient au scrutin d'arrondissement. Les résultats sont les mêmes. C'est que les Français restent très divisés.

La droite voudrait augmenter les pouvoirs de l'exécutif. La gauche s'y refuse. A Clemenceau, autoritaire, on préfère Paul Deschanel lors de l'élection présidentielle de 1920. En 1924, on forcera Millerand, ancien socialiste qui a évolué vers la droite, à démissionner pour avoir parlé d'un renforcement de ses pouvoirs. On se méfie des hommes à la personnalité trop affirmée, même s'ils sont de gauche, comme Briand qui est écarté en 1931.

La France ne se réforme donc ni dans ses mœurs politiques ni dans son organisation. Si la majorité élue est solide (chose rare) ou s'il n'y a pas de gros problèmes, la vie politique se déroule sans heurts, mais que surviennent difficultés ou crise, le régime se trouve paralysé. C'est ce que l'on voit déjà en 1925-1926 où se succèdent vainement une dizaine de ministères. C'est ce que l'on verra surtout aux heures sombres des années 30. Le régime en mourra, autant que de la défaite en 1940. Mais, dans les années 20, on n'a pas profité d'un calme relatif pour y remédier préventivement.

La vie politique

Trois ou quatre phases se distinguent aisément.

De 1919 à 1924, la droite domine, regroupée dans le « bloc national » (soutenu au début par les radicaux). Celui-ci remporte une grosse majorité aux élections de 1919 (chambre bleu horizon) grâce au prestige de la victoire qu'il montre comme étant sienne et à la propagande qu'il mène contre le bolchevisme. Les grands espoirs qu'on mettait en lui, car on attendait du renouveau, sont cependant déçus : lenteurs de la reconstruction, difficultés financières, mécomptes extérieurs (aboutissant à l'occupation de la Ruhr par Poincaré en 1923), agitation sociale (grandes grèves de 1920) et difficultés des petits rentiers.

De 1924 à 1926, la *gauche* a le pouvoir. Aux élections de 1924, les radicaux ont formé avec les socialistes le « cartel des gauches ». Mais les socialistes refusent de participer au gouvernement. Le ministère Herriot pratique une politique résolument à gauche (mais pas tellement sociale !), mais se heurte à d'insurmontables difficultés financières. Les multiples ministères de 1925-1926 ne parviennent pas à les résoudre.

De 1926 à 1929, l'*union nationale,* groupant des hommes de gauche et de droite autour de Poincaré, se donne pour but de résoudre la question financière et y parvient. L'économie prospère tandis que le rapprochement franco-allemand opéré par Briand depuis 1925 (Locarno) semble ouvrir des horizons nouveaux. Aux élections de 1928, cependant, les radicaux ont lâché la coalition, mais la majorité a pu survivre à leur départ.

De 1929 à 1932, les *modérés* se maintiennent au pouvoir (Tardieu, Laval, etc.), malgré la démission de Poincaré en 1929. Ils poursuivent son œuvre. Mais les ministères se succèdent très rapidement tandis que la crise mondiale de 1929 finit par toucher la France sérieusement à partir de 1931. Le répit obtenu n'a guère été utilisé pour la conjurer et la France semble bien mal armée, faute de réformes profondes, pour la surmonter.

Chapitre VIII

LES SUITES FINANCIÈRES DE LA GUERRE

Les problèmes financiers ont empoisonné toute la période de l'après-guerre. La France, où ce genre de problèmes était totalement inconnu en 1914, en a été une des principales victimes. Et elle en a éprouvé une grande amertume : sa victoire était vraiment bien mal payée ! Ces problèmes ont revêtu un double aspect : aspect intérieur, à savoir : pour l'État les difficultés budgétaires, pour les particuliers la montée des prix ; aspect extérieur, c'est-à-dire le paiement des réparations par l'Allemagne, mais aussi le règlement par la France de ses dettes de guerre. L'interaction de ces divers éléments oblige à une étude chronologique. Aussi bien, trois phases se distinguent-elles aisément : à une période d'inflation croissante (1919-1926) succède une phase de rétablissement par Poincaré (1926-1929), puis vient une période de richesse (1929-1932) ... où achèvent de se régler (plus ou moins bien !) les divers problèmes.

I. L'INFLATION (1919-1926)

En 1919, le gouvernement tarde à prendre les décisions financières qui s'imposeraient parce qu'il compte sur les réparations et que les élections vont avoir lieu à la fin de l'année : il ne faudrait pas indisposer les électeurs par une augmentation des impôts. La droite l'emporte, on l'a vu. En 1920, il est temps de faire le point : le déficit budgétaire atteint 35 milliards et la dette publique (intérieure et extérieure) 170 milliards ! Le premier problème est donc, tandis que l'Allemagne affirme sa mauvaise volonté pour les réparations, de trouver des ressources.

Accroissement et insuffisance des ressources de l'État

★ *Augmentation des ressources.* Le budget reçoit une nouvelle organisation.

Un *budget spécial* est établi pour les « dépenses recouvrables » (reconstruction, paiement des pensions), c'est-à-dire celles qui seront couvertes par le paiement des réparations (car « l'Allemagne paiera », dit Klotz). Il s'agit donc, en attendant, de trouver des ressources provisoires. Ce sera l'emprunt. Maladroitement, on décide pourtant que l'intérêt de cet emprunt sera imputé au budget général (si l'Allemagne ne paie pas, quelle charge ! Près de 18 milliards, début 1924).

Un budget général pour les dépenses normales. Celles-ci seront couvertes par l'impôt et l'emprunt.

L'impôt est augmenté grâce à la réforme fiscale de 1920 qui permet de dégager huit milliards en sus. En effet, on augmente l'impôt sur le revenu, celui sur les successions et on met au point la taxe sur le chiffre d'affaires. La Chambre, de droite, refuse l'impôt sur le capital réclamé par les socialistes. Les impôts rendront bien (les producteurs, pour garder leurs revenus, se contentent d'augmenter leurs prix, chose facile en économie libérale). Toutefois, dès 1922, c'est le déficit budgétaire. Mais on peut alors plus largement recourir à un deuxième moyen : l'emprunt.

★★ *Insuffisance des ressources.* Le déficit budgétaire avoisine 40 %. Il faut donc avoir recours à :

• l'*emprunt extérieur*, auprès des États-Unis surtout, de l'Angleterre ou de quelques autres pays — ce qui grève l'avenir. On fait des emprunts surtout au début (plus de seize milliards de 1919 à 1921), puis en 1924.

• l'*emprunt intérieur à court terme :* il s'agit de bons du Trésor ou du « Crédit national » (appelé à prendre la succession des bons de la Défense). Le C.N. est une société par actions, privée mais contrôlée par l'État : il émet des bons ; les fonds obtenus aident à la reconstruction ou sont même mis à la disposition de l'industrie.

Ainsi se développe, pour l'État, la dette flottante. On en sait les dangers : l'État est à la merci d'une crise de confiance du public... Celui-ci peut du jour au lendemain demander le remboursement de ses bons. Il est donc grave que l'État en soit venu à compter sur ces bons pour équilibrer son budget. Or ce fut le grand remède. Il est vrai que :

• l'*emprunt intérieur à long terme* peut suppléer l'emprunt à court terme. L'État y recourt soit pour « consolider » sa dette (c'est-à-dire en échangeant les bons à court terme contre des titres à long terme, ce qui le rend plus indépendant des souscripteurs), soit directement à un moment jugé opportun. Mais, là aussi, il lui faut inspirer confiance : en 1925, alors que la gauche gouvernait, à la grande inquiétude des possédants, Caillaux ne put trouver des souscripteurs à son emprunt qu'en le garantissant sur le change-or ;

• les *avances de la Banque de France au Trésor*, chose légale, puisque c'est la loi qui en fixe le montant maximum (le plafond). Encore faut-il ne pas en abuser : opérer des remboursements (en 1920, l'État promet de rembourser deux milliards par an, ce qu'il fera en 1921... mais non ensuite) ; surtout ne pas « crever le plafond » : c'est-à-dire dépasser le montant autorisé.

On voit la précarité de la situation. On mesure l'inconvénient du remède de l'emprunt qui immobilise au profit de l'État des capitaux qui seraient peut-être mieux employés ailleurs (inconvénient économique) et qui lient la puissance du gouvernement au bon vouloir des possédants (inconvénient politique). En outre (inconvénient financier, puis monétaire d'où social, etc.), ce système risque fort de mener à l'inflation.

Cependant tous ces moyens furent employés par nécessité simultanément.

Schématiquement :

• en 1919-1921 : surtout emprunts extérieurs, plus augmentation d'impôts,

• en 1924 : nouvelle augmentation d'impôts (20 %), nouvel emprunt extérieur (ministère Poincaré : 1922-1924) ;

• le reste du temps, recours important à l'emprunt intérieur et aux avances de la Banque de France (surtout avec le Cartel : 1924-1926).

Les causes de l'inflation

★ Les *charges de la guerre* portaient en germe l'inflation : qu'on se rappelle la dette intérieure (plus de 150 milliards) ou extérieure (32 milliards) et qu'on songe à la charge énorme de la reconstruction. Le risque est grand de penser à utiliser la planche à billets !

★★ Le *non-paiement des réparations* : l'Allemagne devait payer... et elle n'a pas payé.

Le montant des réparations a été trop élevé. Cela ne tient pas seulement à l'ampleur des destructions, mais au fait que l'Angleterre, voulant aussi avoir sa part, y a fait inclure les autres préjudices, tels que le paiement des pensions. Dès lors, la somme devient excessive. On la ramène finalement, en mai 1921, au chiffre forfaitaire de 132 milliards de marks-or. L'Angleterre en aura 22 %, la France 52 %, ce qui ne représentera qu'une partie de ses dommages. Poincaré a démissionné de sa présidence de la Commission des réparations dès 1920, quand on admit que les réparations ne seraient pas intégrales.

L'Allemagne cependant refuse, puis (avec Rathenau) accepte tout en demandant des accommodements (diminutions et versements en nature). Briand s'y prête à la conférence de Cannes (février 1922), mais il est désavoué et devra démissionner. Poincaré, qui lui succède, accorde un premier moratoire (juillet), mais refuse un second. La mauvaise volonté allemande est manifeste : l'Allemagne voit d'ailleurs l'Angleterre l'excuser. La France maintient ses exigences. Cependant, une solution semble possible : que l'on diminue parallèlement le montant des réparations et celui des dettes de la France envers ses alliés. Mais les Anglo-Américains ne veulent absolument pas lier les deux choses.

En janvier 1923, Poincaré emploie la manière forte : l'*occupation militaire de la Ruhr* pour tenir « un gage productif ». Après avoir vainement essayé de résister, l'Allemagne, avec Stresemann, cède (septembre 1923), mais demande qu'on l'aide à payer. Poincaré qui négocie alors un emprunt auprès des Anglo-Saxons (et ne peut trop augmenter les impôts à la veille des élections de mai 1924) doit s'en remettre, pour trouver la solution, à une commission d'experts présidée par l'Américain Dawes. Il ne peut ainsi exploiter librement sa victoire.

Le *plan Dawes* (1924) consiste, pour les Anglo-Américains, à aider financièrement l'Allemagne pour qu'elle puisse reprendre le paiement des réparations. Ce qu'elle fait effectivement dès 1925. Il n'empêche qu'à cette date la France n'a reçu en tout et pour tout que 2,3 milliards de francs-or. On est bien loin des 134 milliards escomptés en 1919 !

★★★ *Les imprudences du gouvernement.*

Il multiplie inconsidérément les emprunts, spécialement l'emprunt à court terme (bons du Crédit national). Sa dette intérieure totale a doublé de 1919 à 1926, passant d'un peu plus de 150 à près de 300 milliards. L'intérêt à verser pour toute la dette publique, intérieure et extérieure, représente alors la moitié des dépenses de l'État (au lieu du quart en 1913).

Il recourt dangereusement aux avances de la Banque de France. Le « plafond » a beau être plusieurs fois relevé, l'État est incapable, sauf en 1921, de rembourser la Banque. Mieux : en 1925, Herriot « crève le plafond ». Celui-ci est encore relevé : en 1926, les avances atteignent 38 milliards.

Il fait relever également, par la loi, le niveau de l'émission. Fin 1914, celle-ci atteignait 7,3 milliards. A la fin 1918 : 31. Une loi de 1919 autorise 40 milliards, chiffre qui est effectivement atteint en 1923. Mais il faut relever encore ce niveau : on arrive à 56 milliards en juillet 1926. C'est la pleine inflation. Était-ce inévitable ? C'est qu'alors les bons ne se placent plus dans le public, car la confiance a disparu.

★★★★ *Le manque de confiance.* Confiants en 1918 ou 1919, les Français sont vite devenus inquiets quand ils ont vu l'Allemagne se dérober aux servitudes du traité. Du moins, la droite était au pouvoir et les possédants en étaient rassurés. Mais voici qu'aux élections de 1924, la gauche l'emporte. Et, tout de suite, Herriot (radical) pratique une politique résolument à gauche : il reconnaît l'U.R.S.S., il remet en vogue l'anticléricalisme, il renoue avec Caillaux et Malvy qui avaient été condamnés pour leur attitude douteuse pendant la guerre, il met Jaurès au Panthéon, etc. On parle même d'un possible impôt sur le capital.

Dès lors, la droite, les possédants s'affolent. On se précipite aux guichets pour faire rembourser ses bons, on place ses fonds à l'étranger. Ou même, pour gêner la gauche, on spécule à la baisse du franc en achetant des livres sterling ou des dollars. Herriot doit démissionner : il s'est heurté, dit-il, « au mur d'argent ». Plusieurs ministères de gauche, impuissants, lui succèdent. Le nom même de Caillaux n'a pas réussi à ramener la confiance. Et Herriot constatera amèrement que, « si les Français ont le cœur à gauche, ils ont le portefeuille à droite ». En juillet 1926, il est évident que le gouvernement n'a plus la confiance de la nation, tandis que, suite de l'inflation, la hausse des prix et la dépréciation de la monnaie deviennent dramatiques.

Résultats de l'inflation ; hausse des prix et dépréciation du franc

★ La *hausse des prix* est, pour le consommateur, la manifestation de l'inflation. Cette hausse s'explique tout naturellement par la multiplication des billets. Elle tire aussi son origine d'une demande accrue de produits après les privations de la guerre. Elle vient enfin de l'augmentation des impôts et des salaires, qui pousse le producteur à augmenter ses prix pour retrouver son bénéfice. La hausse des prix a été rapide pendant la guerre ; elle continue ensuite, mais est stoppée à cause du ralentissement économique (mondial) en 1920-1921 ; elle reprend à partir de 1923 et surtout 1924 pour aller très vite jusqu'en 1926.

Si l'indice des prix est à 100 en 1914, on a :

1914 = 100
novembre 1918 = 344
avril 1924 = 432
juillet 1926 = 804

Les conséquences sont heureuses (dans un climat de facilité) pour le producteur ; elles sont pénibles pour le consommateur à revenu fixe.

★★ La *dépréciation du franc* suit une courbe parallèle à celle des prix. Elle est évidemment en rapport avec tous les *mécanismes financiers* exposés ci-dessus. On ne multiplie pas si fortement la masse

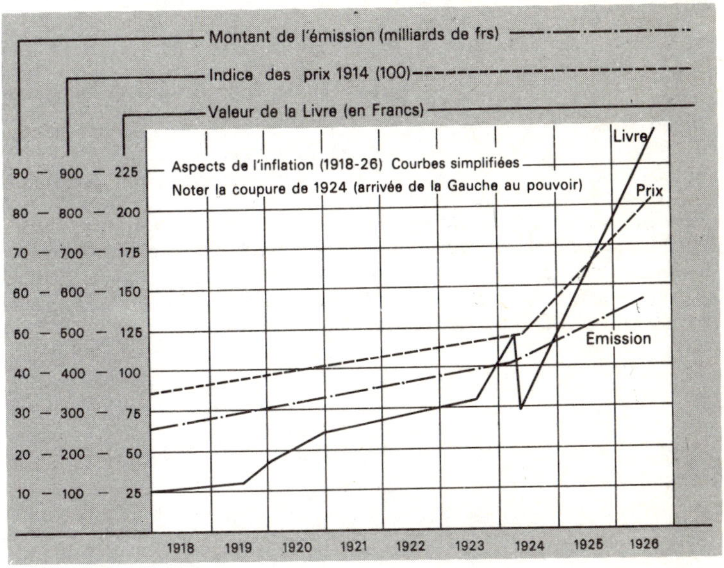

Aspects de l'inflation de 1918 à 1926.

des billets sans porter atteinte à la valeur de la monnaie ; on ne recourt pas si fréquemment à l'emprunt sans ébranler la confiance dans la monnaie. La hausse des prix traduit d'ailleurs la baisse du pouvoir d'achat de cette monnaie. Au change, avec les devises étrangères, le franc ne peut donc garder sa parité, même si, officiellement, sa valeur reste la même.

La dépréciation s'explique aussi par la *spéculation*. On a spéculé contre le franc à l'étranger lorsqu'en 1922-1923 Poincaré maintenait ses exigences envers l'Allemagne, en opposition avec la mansuétude recommandée par les Anglais et les Américains : les banques étrangères procédaient à des ventes massives de francs. C'est pourquoi, il a dû en 1924 conclure un emprunt de cent millions de dollars auprès de la banque Morgan (U.S.) pour pouvoir racheter ces francs et mettre fin à ces manœuvres.

Mais la spéculation est aussi intérieure à partir de 1924, quand la gauche est au pouvoir. Herriot n'a certes rien fait pour rassurer les possédants de droite avec sa politique franchement de gauche. Mais il y a eu contre lui et ses successeurs une volonté délibérée de la paralyser en lui refusant tout crédit, en retirant ses fonds des banques ou des caisses d'épargne pour les convertir en biens, en marchandises ou en devises étrangères.

En dix ou douze ans depuis 1914, le franc passait d'une situation inébranlable à une situation intenable. Il n'est pas de meilleur moyen pour mesurer cet effondrement que de voir combien il fallait de francs pour obtenir une livre sterling de 1914 à 1926 :

1914 :	1 livre	=	25,22 F	
juillet 1919 :	—	=	30 F	
fin 1919 :	—	=	40 F	
fin 1920 :		=	59 F	
août 1923 :	—	=	80 F	Rôle de la spéculation étrangère.
mars 1924 :	—	=	117 F	
avril 1924 :	—	=	71 F	Poincaré rachète les francs vendus à l'étranger.
juillet 1926 :	—	=	240 F	Rôle de la spéculation intérieure.

En juillet 1926, dans la flambée des prix, la fuite devant la monnaie, l'inflation de billets, la chute du système des bons, le plafond excessif des avances de la Banque de France à l'État, la cascade des ministères et l'impuissance de la majorité à trouver les voies du salut, la France semble au bord de la catastrophe.

II. POINCARÉ ET LE RÉTABLISSEMENT DU FRANC (1926-1929)

Dans une atmosphère de drame, le président de la République, Gaston Doumergue, fait appel à Poincaré pour redresser la situation. Celui-ci va réussir pleinement dans sa mission.

Le retour de la confiance

Poincaré, en quelques heures, constitue un ministère de personnalités (cinq anciens présidents du Conseil, dont Herriot et Briand). Treize ministres seulement, mais pris dans tous les partis (sauf socialistes et communistes): c'est l'« *union nationale* ». L'heure n'est plus aux calculs politiques. Il laisse les Affaires étrangères à Briand, bien que « l'homme de Locarno » ne pratique pas la politique extérieure qui lui plairait. Mais ainsi il peut compter sur l'appui de l'opinion, car :

- la politique accommodante de Briand plaît à la gauche et satisfait la lassitude générale ;
- tous sentent la gravité de la situation et la nécessité de l'union ;
- les possédants, d'un coup, sont rassurés de voir Poincaré tenir les rênes du gouvernement.

Poincaré a alors 66 ans. Grand travailleur, méthodique, rigoureux, esprit clair et caractère froid, il est respecté à défaut d'être aimé. Ses convictions républicaines, son intégrité, son patriotisme sont hors de doute. Ministre et président du Conseil avant la guerre, il est président de la République quand celle-ci éclate et il exerce sa charge avec la plus grande conscience, non mécontent de l'influence accrue que lui donnent les circonstances. Terminant son septennat en 1920, il rentre dans le rang, se voit confier la présidence de la Commission des réparations, mais démissionne quand il est admis que le chiffre des réparations sera fixé forfaitairement. Président du Conseil de 1922 à 1924, il s'efforce de lutter contre l'inflation tout en contraignant l'Allemagne à exécuter ses obligations (occupation de la Ruhr 1923). N'ayant plus la majorité, il démissionne après les élections de 1924.

L'unanimité le désigne donc lors de la crise de 1926 et — tant *la confiance* est chose primordiale dans les questions financières et monétaires — aussitôt l'atmosphère change : comme par enchantement, les capitaux réfugiés à l'étranger rentrent en France (5 milliards de 1926 à 1928), les capitaux étrangers viennent eux-mêmes y chercher des profits ; on spécule maintenant à la hausse, on achète du franc sentant qu'il va remonter ; on souscrit aux emprunts. Aussi bien le climat international est-il à la détente, l'activité économique en plein essor et aussi les énergiques mesures de rétablissement prises par Poincaré ne peuvent-elles que renforcer cette confiance. On a l'impression que, renonçant à toute facilité (à la différence de ses prédécesseurs), il veut réellement redresser la situation.

Les mesures de rétablissement

★ *Plusieurs moyens* sont mis en œuvre qui concourent soit à combler le déficit budgétaire, soit à attirer l'or ou les capitaux en France :

Diminution des dépenses.

Économies sévères : diminution du nombre des fonctionnaires, de plus de cent sous-préfectures (avec leurs tribunaux) ;

Conversion d'une partie de la dette par l'émission d'emprunts à long terme auxquels on peut souscrire en titres d'autres emprunts. Ainsi, une partie de la dette flottante se « consolide »-t-elle (ce qui soulage momentanément le Trésor et le rend plus indépendant, quitte à la grever plus durablement).

Report d'une partie de la dette sur une Caisse d'amortissement (août 1926). Celle-ci a charge de résorber les bons à court terme grâce aux ressources qu'elle tirera de certains revenus qui lui sont affectés : soit recettes fiscales (loteries, etc.), soit le monopole du tabac et des allumettes (tarifs augmentés).

Augmentation des ressources.

Augmentation des impôts (ajustement des anciens ou création de nouveaux) : ainsi, en 1927, 9 milliards supplémentaires viendront des impôts sur les bénéfices industriels, commerciaux ou agricoles, des droits de mutation, etc.

Emprunt : à court terme (bons du Trésor au début, mais à intérêt plus faible) ou à long terme, soit pour résorber le précédent, soit pour fournir de l'argent frais (celui de 1928 donnera vingt milliards, dont la moitié en argent frais).

Appel de l'or ou des devises étrangères.

Hausse du taux de l'escompte (6,6 %), qui attire les capitaux étrangers flottants et doit ralentir la circulation monétaire en France.

Autorisation donnée à la Banque de France (loi de 1926) d'acheter or et devises au-dessus du cours officiel (ce qui semble consacrer la dépréciation du franc et pousse les détenteurs étrangers de capitaux à profiter de l'aubaine avant que le franc ne se redresse).

★★ Les *résultats* sont tout à fait positifs dans l'ordre budgétaire et monétaire.

Diminution de la dette à court terme (25 % de bons en moins) compensée, il est vrai, par l'augmentation de la dette à long terme, mais ceci est peu grave, étant donné le bon état des finances.

Diminution des avances de la Banque de France à l'État : celui-ci peut les rembourser en partie (en juin 1928, elles sont tombées à 23 milliards).

Équilibre budgétaire et même excédent (qui atteint cinq milliards en 1929).

Accroissement de l'encaisse de la Banque de France : l'accroissement atteint plus de trois milliards d'or et davantage de devises, ce qui rend sans danger l'augmentation modérée de la circulation fiduciaire (douze milliards de plus de 1926 à 1928).

Remontée du franc, suite inévitable de ce qui précède et, comme on l'a dit, d'une spéculation qui s'exerce désormais en sa faveur.

Pour une livre on a :

240 F à la mi-juillet 1926
199 F à la fin juillet 1926
122 F en décembre 1926

chiffre qui se maintient et qui semble correspondre à la valeur réelle du franc. Le temps de la stabilisation est donc arrivé.

Stabilisation et dévaluation

★ *Les conditions.*

Un *rappel de définitions* ne sera peut-être pas inutile :

• la dépréciation d'une monnaie est une diminution de fait de sa valeur, par rapport aux autres devises. Elle traduit la diminution du pouvoir d'achat de cette monnaie, bien que, officiellement, la définition de celle-ci par rapport à l'or (ou aux autres monnaies) n'ait pas été changée. C'était le cas du franc depuis 1914.

• la dévaluation est en quelque sorte la consécration officielle de la dépréciation. La monnaie reçoit (en baisse) une nouvelle définition par rapport à l'or (ou aux autres devises). La dévaluation peut répondre à une nécessité (consacrer la dépréciation, rétablir la vérité), mais aussi à un calcul, par exemple pour faciliter les exportations (on le verra souvent dans les années 30) surtout si la dévaluation dépasse la dépréciation. Ainsi, dévaluer brusquement de 20 % revient à vendre au-dehors 20 % moins cher en théorie du moins.

• la revalorisation (on dit aussi réévaluation) est l'opération inverse : on augmente d'une façon officielle la valeur de la monnaie, en la faisant correspondre par exemple à une plus grande quantité d'or. Ou bien à la suite d'une dépréciation qui a amené un certain cours, de fait, de cette monnaie, on essaie de relever ce cours (par exemple en accumulant l'or, en jouant sur la spéculation). Peut-être ainsi arrivera-t-on à ramener le cours libre au niveau du cours officiel. Mais il y a alors danger pour les exportations (les Anglais l'ont bien vu, eux qui, en 1925, sont revenus à la valeur d'avant guerre pour la livre).

• la stabilisation est, si l'on peut dire, une opération intermédiaire : une monnaie s'est dépréciée ; on cherche à la ramener à un certain niveau stable, raisonnable, correspondant à son pouvoir d'achat réel. Après quoi il faut fixer officiellement ce nouveau cours. Celui-ci amènera une certaine revalorisation par rapport au cours très bas non officiel où avait pu tomber cette monnaie, mais consistera officiellement en une dévaluation par rapport au cours officiel jusque là en vigueur.

Poincaré stabilise le franc à un niveau raisonnable.

En effet, à partir de décembre 1926, au cours non officiel, il faut 120 à 125 F pour une livre. Il en est ainsi pendant un an (rappelons qu'en 1914 une livre = 25 F 22). Ce nouveau cours paraît raisonnable. C'est ce que Jacques Rueff, spécialiste consulté par Poincaré, lui répond. Certes, il serait facile de revaloriser le franc, mais cela présenterait un triple inconvénient : budgétaire : en reconnaissant une grande valeur à la dette qui atteint 273 milliards (au 1er janvier 1928), on accepterait une charge écrasante pour le budget ; commercial : on risquerait de freiner les exportations (le prix des marchandises monterait) ; extérieur : la spéculation continuant à jouer en faveur du franc, il en résulterait une perte d'or et de devises dangereuse pour les autres pays (États-Unis et surtout Angleterre).

En face de cela, quels avantages a la revalorisation ? Une satisfaction d'amour-propre national ; une mesure d'honnêteté à l'égard des créanciers de l'État, surtout de ceux qui avaient si généreusement donné leur or en 1914. Poincaré a beaucoup pensé à ceux-là. Mais, finalement, il se décide en février 1928 pour la stabilisation officielle du franc au niveau atteint librement depuis un an. Il ferme le marché de l'or et, après les élections du printemps qui semblent l'approuver, il définit le nouveau cours par la loi de stabilisation du 25 juin 1928, et rouvre le marché.

★★ *La loi du 25 juin 1928* (dévaluation). On peut la résumer ainsi :

• fixation d'une nouvelle valeur du franc : désormais
1 F = 65,5 milligrammes d'or à 900/1000, soit 58,95 d'or fin.

La stabilisation aboutit donc en fait à une dévaluation des quatre cinquièmes par rapport à 1914 (on avait alors 322,5 milligrammes ou 290 d'or fin). C'est pourquoi on a appelé le franc Poincaré « le franc de quatre sous ». Avec ce nouveau cours, on obtient :

1 livre = 124,24 F
1 dollar = 25,33 F

• établissement officiel du monométallisme-or, pour la première fois puisque le franc n'est fixé que par rapport au métal jaune et non plus à l'argent (comme le franc-germinal). Ainsi disparaît le « bimétallisme boiteux » qui existait depuis 1878[1]. Toutefois, ces

1. Voir au chapitre III, paragraphe II.

décisions sont plus théoriques que réelles, car on ne prévoit de frapper l'or que pour les pièces de 100 F (... qui ne circuleront jamais). Les billets demeurent donc. Mais les coupures de 10 et 20 F seront remplacées par des pièces d'argent à 680/1000.

• le cours forcé, établi en 1914, est théoriquement supprimé. Mais, en fait, il n'y a pas libre convertibilité. En effet, la conversion n'est possible qu'à partir de 215 000 F — encore n'obtiendra-t-on en échange que des lingots d'or.

• abandon du système de plafond légal pour l'émission. Désormais, l'encaisse-or et devises de la Banque de France devra être égale à 35 % (au minimum) du montant des billets en circulation et des comptes créditeurs de la Banque.

• conséquence de la dévaluation, l'encaisse-or de la Banque de France est réévaluée à 32 milliards de francs.

★★★ *Conséquences de la dévaluation.*

Le profit de l'État dont les dettes n'ont pas été revalorisées à leur niveau de 1914. Elles sont égales, officiellement désormais, au cinquième de leur valeur réelle. Excellente affaire pour le budget.

Les difficultés des petits rentiers de l'État qui font les frais de l'opération (la valeur de l'intérêt reçu est, en chiffre, au niveau prévu, mais le pouvoir d'achat de la somme est cinq fois moindre qu'en 1914).

Le profit des salariés : en effet, la stabilisation met fin à la montée des prix. Par contre, les salaires, favorisés par la prospérité économique, continueront à monter.

La difficulté des exportations, renforcée d'ailleurs par la généralisation rapide de la crise (mondiale) en 1930. La balance commerciale, excédentaire en 1927, presque équilibrée en 1928, accuse en 1930 un déficit de 18 %.

Le renforcement de la monnaie : la confiance dans le franc est plus forte que jamais. Or et devises continuent à affluer en France. L'encaisse de la Banque de France ne cesse de croître : 80 milliards en 1930 dont les deux tiers en or. La France draine l'or !

Le mécontentement de l'Angleterre et des États-Unis, car l'enrichissement de la France est la conséquence de leur appauvrissement. La France est même accusée de contribuer ainsi (involontairement) à aggraver la crise née en 1929 (certains disent même qu'elle en serait la cause principale).

Mais, quand la crise a éclaté, en octobre, Poincaré, malade, avait déjà, après trois ans de gouvernement, pris sa retraite depuis trois mois ; ses successeurs essaient de poursuivre son œuvre, mais le climat n'est plus le même.

III. DETTES ET RICHESSE (1929-1932)

1930-1931, la richesse de la France apparaît à certains quelque peu scandaleuse dans un monde où la crise s'étend. Dès lors, le problème du règlement des réparations et des dettes de guerre se pose sous un jour nouveau.

Richesse de la France

La France est un îlot de richesse. Sa monnaie est la plus forte du monde (tandis que la livre sera dévaluée en 1931, le dollar en 1933). En 1929, le budget accuse un excédent de 5 milliards (auquel succédera il est vrai un déficit égal les années suivantes). La trésorerie dispose de 18 milliards. En 1930, la dette totale intérieure s'élève à 268 milliards, soit 38 % de plus qu'en 1914 (en valeur constante), mais, le budget ayant doublé (toujours en valeur constante), le service de la dette ne représente plus que 18 % des dépenses au lieu de 26. La circulation fiduciaire est entièrement couverte par l'encaisse de la Banque de France. L'or étranger vient chercher refuge en France. Et, en 1932, la France détient 27 % de l'or mondial !

L'utilisation de cette richesse, malheureusement, est bien maladroite. Mettons à l'actif de l'État les crédits accordés à la construction d'immeubles d'habitation à bon marché (selon les modalités de la loi Loucheur de 1928). Reconnaissons l'utilité sociale et finalement économique de la gratuité de l'enseignement en classe de sixième (à étendre ensuite dans les autres classes) ; l'utilité aussi des assurances sociales auxquelles (selon une autre loi Loucheur de 1928) l'État participe financièrement. De même, on admettra la décision prise alors de verser une retraite aux anciens combattants, bien que, mieux calculée, elle eût pu coûter moins cher à l'État.

Mais voici qu'on se lance dans une série de dégrèvements fiscaux parfois bien choisis, comme stimulants économiques, parfois destinés plutôt à capter la reconnaissance de l'électeur. Il en résulte en tout cas une importante diminution de recettes. Plus regrettable encore et très symptomatique de l'état d'esprit d'alors, le refus du plan d'outillage national présenté en novembre 1929 par *Tardieu* pour utiliser les excédents de trésorerie. Tardieu rêve d'une «politique de prospérité» un peu à l'américaine. Il propose d'investir chaque année, pendant cinq ans :

1,730	milliard	dans l'agriculture.
1,450	—	dans les œuvres sociales et l'enseignement.
1,820	—	dans l'industrie et le commerce.

Voilà qui est bien nouveau, cette aide directe de l'État à l'économie ! Et voilà, au milieu des critiques, l'occasion pour le Parlement de présenter une foule de contreprojets peu étudiés ou irréalisables.

Tardieu, brillant et autoritaire, est redouté. Ses trois ministères, entre 1929 et 1932, ne pourront faire beaucoup mieux que ceux de ses rivaux. L'instabilité ministérielle est revenue. La richesse se dilue.

La fragilité de la richesse est d'ailleurs frappante. Le déficit croissant de la balance commerciale contribue à dégrader l'excédent de la balance des paiements. La France prend conscience qu'elle dépend, elle aussi, de la prospérité du monde. Bientôt, seul le versement des réparations viendra renflouer cette balance. Mais, justement, la France, trop riche dans un monde devenu soudain pauvre, fait des jaloux. L'Allemagne, atteinte rapidement, continuera-t-elle à verser une rente à la France ? En rétablissant ses finances, la France croyait avoir instauré un système définitif dans une richesse retrouvée ; elle avait seulement réglé un des problèmes financiers issus de la guerre.

La fin des dettes

Si l'Allemagne devait verser des réparations, la France devait régler ses dettes de guerre envers ses créanciers, Angleterre et surtout États-Unis. Où en est-on ?

Les *difficultés de 1919 à 1924* ont déjà été exposées : l'Allemagne s'est, pratiquement, refusée à payer les réparations ; la France, de son côté, était obligée de contracter de nouveaux emprunts ; elle n'obtenait pas des États-Unis une relation entre versement des réparations et remboursement de ses propres dettes. Tout au plus acceptaient-ils en 1922 d'étaler le remboursement sur 47 anuités avec un intérêt de 4,5 %.

Un aménagement est apparu de 1924 à 1930 :

• pour les réparations, le plan Dawes (1924) prévoit une aide financière anglo-américaine à l'Allemagne qui reprendra ainsi ses paiements. Augmentant ceux-ci chaque année de 500 millions de marks-or, l'Allemagne s'exécute ponctuellement. Il faut alors (chose non précisée en 1924) fixer un plan à long terme pour ces paiements. C'est l'objet du plan Young (1929). L'Allemagne obtient de verser en 36 annuités le solde des réparations. Et celui-ci est ramené à 38 milliards de marks (sur les 132 prévus au total en 1921). Tout contrôle disparaît : on supprime la commission des réparations. Acte de confiance envers l'Allemagne.

• pour les dettes de guerre, après maintes discussions, Caillaux a obtenu des améliorations. La dette française aux États-Unis est diminuée de 53 % et les annuités s'étaleront jusqu'en 1988. A cet accord de 1926, le Parlement français veut ajouter une « clause de sauvegarde » d'après laquelle il y aura révision si la France ne reçoit pas les réparations. Les États-Unis étant intraitables, le Parlement se résigne à ratifier l'accord en 1929.

En 1930 et 1932, le système s'effondre : la crise a gagné l'Allemagne. Le chancelier Brüning se dit incapable de verser les réparations. La finance américaine, qui a de gros intérêts en Allemagne, soutient ce point de vue. Et le président des États-Unis fait admettre en 1931 le « moratoire Hoover » d'un an pour toutes les dettes internationales. A l'expiration, en 1932, à la conférence de Lausanne, on décide un nouveau moratoire de trois ans et l'Allemagne obtient l'abaissement des réparations à trois milliards de marks en trente-sept ans. Indignée, la France n'accepte plus de régler ses dettes envers les États-Unis. Les trois milliards ne seront jamais versés. Au total, l'Allemagne a payé 22 milliards de marks (sur 132 prévus). La France a reçu ainsi l'équivalent de 8,5 milliards de francs-or, plus 4, versés en nature. Mais elle n'honore pas ses dettes envers ses alliés. Ainsi se terminent, tandis que la crise bat son plein dans le monde entier, les suites financières de la guerre.

Chapitre IX

PROGRÈS ET PROBLÈMES DE L'ÉCONOMIE[1]

En 1914, la France, quatrième puissance économique du monde, avait un développement médiocre (quoique plus rapide dans les années qui ont précédé la guerre). Elle bénéficiait pourtant d'un équilibre dû à l'évolution très lente de ses anciennes structures.

De 1919 à 1930, la France a gardé son rang mondial ; l'évolution interne de son économie s'est accélérée : l'industrialisation est sensible tandis que l'agriculture, après les jours heureux de l'immédiat après-guerre, entre dans une crise sérieuse. Un glissement s'opère dans la répartition de la main-d'œuvre :

	1913	*1921*	*1931*
Secteur primaire	42 %	43 %	37 %
— secondaire	31 %	29 %	33 %
— tertiaire	27 %	28 %	30 %

L'équilibre est menacé non seulement par les bouleversements apportés par la guerre (problèmes de main-d'œuvre, de reconstruction, inflation) et qui peuvent parfois être bénéfiques, mais aussi par le développement de structures nouvelles : de plus en plus, croît un secteur moderne de production, côtoyant un secteur plus ou moins archaïque. Donc, progrès d'ensemble, mais aussi problèmes.

I. LES CONDITIONS : STRUCTURE ET CONJONCTURE

Structure en évolution et conjoncture fluctuante.

Les moyens financiers

Ils ne manquent pas. Mais leur utilisation (malgré une évolution assez sensible par rapport à l'avant-guerre) laisse toujours à désirer.

★ L'*épargne* a été fortement atteinte par la guerre et, par le jeu des emprunts publics, s'est volatilisée en productions de guerre d'intérêt faible sur le strict plan de l'économie. Elle tarde ensuite à se reconstituer à cause de l'inflation : en période de hausse des prix, on préfère acheter, notamment des « biens de consommation ». Aussi

1. Beaucoup d'idées à prendre dans C. Ambrosi, M. Baleste et M. Tacel : *Histoire et géographie économiques des grandes puissances à l'époque contemporaine*, Paris, Delagrave, 1967 ; C.-J. Gignoux : *L'Économie française entre les deux guerres*, Paris, S.E.D.E.S., 1943 ; L. Chevalier : *Histoire du XXe siècle* (publié par « Les Cours de droit » à Paris) ; et surtout Alfred Sauvy : *Histoire économique de la France entre les deux guerres*, t. I (*1919-1931*), Paris, Fayard, 1965.

le montant des sommes déposées dans les *caisses d'épargne* qui approchait six milliards de franc-or en 1914 tombe-t-il et reste-t-il vers deux à trois milliards jusqu'en 1926. Ensuite, rassurée par le renforcement de la monnaie, l'épargne se reconstitue et les caisses détiennent à nouveau la valeur de six milliards de franc-or vers 1930. (La crise qui suivra, faisant baisser les prix, amènera le doublement de cette somme en l'espace de cinq ans !) Mais ces fonds, que l'État contrôle par l'intermédiaire de la Caisse des dépôts et consignations, n'ont pas grande utilité pour l'économie. La mobilisation de l'épargne est toujours sollicitée par l'emprunt.

L'emprunt étranger perd sa place de choix. D'une part, le portefeuille détenu en France s'est amenuisé de moitié (capitaux rapatriés ou dettes non reconnues par les États bénéficiaires, comme la Russie) ; d'autre part, le Français n'est plus attiré par l'étranger : par crainte ou par manque de fonds. (La souscription ne reprendra quelque peu qu'entre 1929 et 1933 : 1,7 milliard de francs-or.) Par contre, il répond largement aux émissions françaises, publiques ou privées.

L'*emprunt public* l'emporte très largement de 1914 à 1924 : en vue de la défense nationale, puis du rétablissement budgétaire. L'*emprunt privé* ne prend la première place que de 1924 à 1932 : d'abord parce qu'on se méfie des emprunts du Cartel (1924-1926), puis parce que l'emprunt public se raréfie. C'est cet emprunt privé qui est essentiel pour l'économie du pays (ou plus exactement pour son industrie) : en effet, l'emprunt de l'État n'est pas destiné à celle-ci.

★★ Le *rôle croissant de l'État* est cependant notable, mais, dans sa volonté d'aider l'économie, il est à la fois timide et orienté vers le maintien des structures existantes (au fond : but social plus qu'économique).

L'État aide la petite entreprise : en 1917, la loi autorise la création de « banques populaires », à forme coopérative, bénéficiant de l'aide de l'État, pour aider à court terme les petites entreprises industrielles ou commerciales. En 1920, est créée une Caisse nationale de crédit agricole (à laquelle l'État participe par l'intermédiaire de la Caisse des dépôts). Celle-ci doit venir en aide aux mutuelles agricoles auxquelles elle consent des prêts à court, à moyen et à long terme. Mais son rôle restera faible.

L'État envahit peu à peu le marché financier, non seulement par ses propres emprunts, mais par ses autres organismes semi-publics tels que la Caisse des dépôts et consignations déjà nommée (qui draine les fonds des caisses d'épargne vers les emprunts publics) ou le Crédit foncier (qui intervient modestement dans les aménagements urbains). Depuis 1918, en outre, fonctionnent les chèques postaux qui écartent ainsi des banques privées des sommes croissantes. Tout cet argent que l'État manie ne bénéficie guère à la vie économique du pays, et c'est cela qui est grave.

★★★ L'*action prudente des banques* est non moins caractéristique. Les plus actives sont les *banques de dépôt,* de plus en plus cantonnées dans cette fonction de dépôt et dans le crédit à court terme, d'un intérêt limité pour l'économie nationale. Aux trois grandes (Crédit lyonnais, Société générale, Comptoir national d'escompte) et au Crédit industriel et commercial (C.I.C.), s'ajoutera en 1932 la B.N.C.I. (Banque nationale pour le commerce et l'industrie) née du renflouement, par l'État, de la Banque nationale de crédit qui venait de s'effondrer. Le Crédit lyonnais continue à distancer ses rivales (1 300 succursales en 1939).

Le Crédit commercial de France (réorganisé sous ce nouveau nom en 1917) est très actif et, fait rare, est à la fois banque de dépôt et *banque d'affaires ;* il aide beaucoup l'industrie et le commerce de l'Est, du Nord, du Havre, du Sud-Ouest (grâce à l'absorption de diverses banques locales) et participe à quelques très grosses affaires (chimie, automobile, Compagnie française des pétroles, etc.). A la création de cette dernière a participé la Banque de Paris et des Pays-Bas, toujours très importante banque d'affaires, dont l'intérêt (comme celui de ses rivales : Banque de l'Union parisienne, Union des mines, etc.) se porte sur les secteurs les plus modernes de l'industrie française ; sur les grandes entreprises, les banques prennent une influence marquée.

La *haute banque* traditionnelle (Rothschild, etc.), par contre, tourne son activité vers l'étranger, tout en participant aux autres établissements. Son rôle devient sensiblement moins visible.

En conclusion, pas de bouleversement notable des banques, mais une *accentuation des courants anciens* : c'est-à-dire : d'une part, action encore limitée en faveur de l'économie malgré un progrès indéniable dans certains secteurs bien choisis ; d'autre part, renforcement de la concentration (absorptions, généralement — mais aussi pour le cas du C.I.C. développement d'une forme d'association fédérative avec d'autres établissements).

Le cadre protectionniste

Ce cadre reste une constante des conditions économiques de la France, évidemment peu favorable à une modernisation rapide. Du moins faut-il signaler un abaissement des droits et distinguer avant et après 1927.

Avant 1927, on vit un peu dans le provisoire avec une assez forte protection. Depuis qu'au printemps 1918 les traités de commerce ont été dénoncés, on assouplit le système douanier français : la loi du 27 juillet 1919 donne liberté au gouvernement de négocier de nouveaux traités avec des droits compris entre le tarif minimum et le tarif maximum (contrairement au système de 1892, repris en 1910, qui prévoyait l'un ou l'autre). Ainsi sont établis « des milliers de droits intermédiaires dont la plupart sont convenus avec chaque pays fournisseur par un accord particulier »[1].

Dans l'ensemble, il en résulte un abaissement sensible des droits. Ceux-ci vers 1927, atteignent seulement en moyenne les trois cinquièmes de ceux de 1913. Mais cela est très variable selon les produits ; l'industrie est beaucoup plus protégée qu'avant (on devine l'influence des milieux d'affaires sur le gouvernement), mais l'agriculture beaucoup moins (ce qui est favorable à la consommation).

Un nouveau tarif, unique, est préparé, mais il tarde à voir le jour, car on veut d'abord établir un accord commercial avec l'Allemagne compte tenu du danger que représentera son industrie. Quand le

1. J. Lacour-Gayet : *Histoire du commerce*, t. V, p. 279 (Paris, Spid, 1952).

gouvernement le propose en 1925, le Parlement le refuse parce qu'il ne défend pas assez l'agriculture (retour à des conceptions traditionnelles).

A partir de 1927, les droits sont abaissés. En effet, l'accord commercial avec l'Allemagne est signé en 1927. D'autres, similaires, interviennent avec Belgique, Italie, etc., et sur leurs bases est établi enfin, en 1928, un nouveau tarif d'ensemble avec des droits généralement abaissés par rapport au système antérieur. Il correspond à peu près au projet de 1925 (protection surtout pour l'industrie), mais, cette fois, le Parlement l'adopte. La généralisation de la crise compromettra le système : de nombreuses taxes viennent protéger l'agriculture ; puis, à partir de 1931, ce sera la ruine du système. Simultanément (1928), la France avait renforcé ses liens commerciaux avec l'Afrique noire et ses territoires d'Inde et d'Océanie en augmentant leurs tarifs à l'égard de l'étranger. Au total, pendant deux ou trois ans seulement (1927 à 1930 environ), le commerce a été relativement libéralisé.

Structure technique

Il y a *diminution du nombre des entreprises*, tant agricoles qu'industrielles. Sont responsables de cette évolution : la guerre, puis la concurrence. Ce sont surtout les toutes petites entreprises qui disparaissent : ainsi, dans l'industrie, celles qui emploient moins de cinq ouvriers ; dans l'agriculture, les exploitations inférieures à 10 ha. Par contre, la grande exploitation agricole est plus fréquente (5 % des exploitants ont plus de 40 ha en 1929, contre 2 % seulement en 1913). De même, dans l'industrie, on compte, en 1931, deux fois plus d'entreprises employant plus de 1 000 ouvriers (421 au lieu de 215 en 1906), alors que, globalement, peut-être un tiers des entreprises ont disparu depuis la guerre.

Cette évolution est très favorable sur le plan économique (la grosse entreprise est en général plus viable et produit moins cher), mais elle est trop lente et finalement insuffisante ; aussi elle renforce cette *coexistence entre deux secteurs de production*, l'un évolué et de type plus ou moins capitaliste, l'autre vivotant et produisant cher. Politiquement, socialement, la France reste attachée à cette dernière et l'on a vu que l'État la soutient (banques populaires, Crédit agricole). Au demeurant, l'évolution en cours vers la concentration sera perturbée par la crise économique des années 30.

La conjoncture

La conjoncture intervient en effet par ses à-coups. Or, elle devient complexe. Elle dépend non seulement des phénomènes extérieurs tels que la concurrence internationale ou même la guerre, mais aussi des problèmes financiers et monétaires. On peut distinguer les phases suivantes :

- de 1914 à 1918, la guerre est un stimulant économique, mais les destructions, l'occupation ennemie et le manque de main-d'œuvre gênent la production. Celle-ci baisse.
- en 1919-1920, la reconstruction amène une reprise générale

des affaires, d'autant plus que la main-d'œuvre redevient abondante; les grèves sont une gêne finalement bien surmontée. La reconquête des friches et la reconversion des usines sont plus difficiles. La tendance à l'inflation est propice à l'activité économique.

• en 1920-1921, la petite crise mondiale de surproduction face à un monde appauvri par la guerre est très peu sensible en France.

• de 1921 à 1926, le développement est considérable. En 1924, l'industrie atteint, puis dépasse son niveau de 1913 ; deux ans plus tard, elle est de 20 % supérieure ; l'agriculture rejoint 1913 en 1925 et progresse encore en 1926. Le commerce prospère. On note

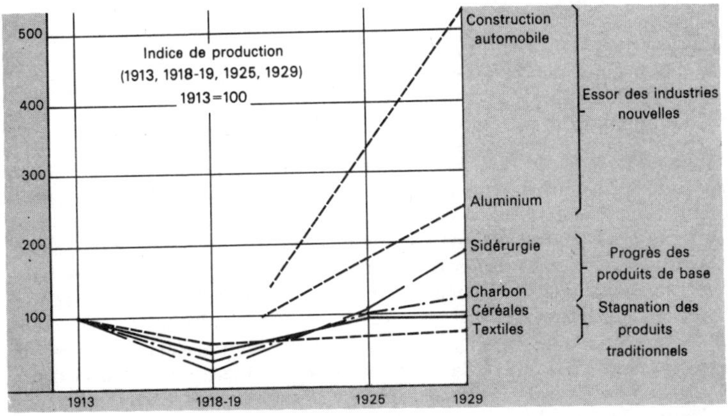

Indices de production.

ici combien l'inflation (très forte en 1924-1926) a stimulé la production. Mais aux dépens de la monnaie.

• en 1926-1927, petit ralentissement dû aux mesures de déflation prises par Poincaré.

• 1927-1930, reprise sensible de l'industrie (40 % supérieure au niveau de 1924) pour laquelle la France fait figure de très grande puissance (tandis que l'Angleterre se débat toujours dans ses problèmes). Mais difficultés du commerce (la balance se détériore à cause du redressement de la monnaie) et surtout de l'agriculture, qui connaît, avec la surproduction, l'effondrement des prix.

On remarquera au total :

• l'importance des phénomènes monétaires sur la conjoncture.
• le divorce croissant entre l'agriculture et l'industrie.

Ces deux faiblesses de l'économie française étaient appelées à un riche avenir ! Toutefois, globalement, la production a fait un progrès considérable : la valeur du produit national passe de 43 milliards de francs-or en 1913 à 59 en 1929. La France aura retrouvé et dépassé son rythme de croissance des années d'avant-guerre, quand éclatera la crise.

II. L'INDUSTRIALISATION

Caractéristiques

Encore foncièrement agricole en 1914, par sa population comme par sa production, la France — c'est là le fait majeur — devient *plus spécialement industrielle*, au moins par sa production ; car la répartition de sa population n'évolue pas tellement (source de maintes difficultés pour le monde agricole). Il y a, si l'on veut, un contraste entre le démarrage de cette industrie, la richesse qu'elle représente d'une part et, d'autre part, la masse toujours importante de la population agricole et rurale. De 1914 à 1930 :

L'industrie passe de l'indice 100 à l'indice 140, soit ... + 40 %
Mais la main-d'œuvre du secteur secondaire, de 31 à 33 %, soit seulement .... + 6 %
Et la population urbaine de 44 à 50 %, soit seulement. + 14 %

On peut trouver là une cause du malaise social et politique qui ira en s'aggravant dans les années 30. Dans une économie plus nettement industrielle et face à de grandes masses ouvrières (car l'artisanat s'effondre) se maintient une population encore très agricole ou rurale.

Les *causes* de cette industrialisation ? Le retour de l'Alsace-Lorraine avec son important potentiel industriel, les nécessités de la reconstruction, l'inflation qui stimule (surtout pour la fabrication des biens de consommation), mais aussi une mentalité nouvelle, « industrialiste ». L'industrie est à la mode ; on la considère comme nécessaire à la grandeur de la France. Le ministre Loucheur, industriel et homme politique, incarne bien la nouvelle tendance. Il organise la reconstruction en songeant presque uniquement à l'industrie et aux possibilités de l'expansion industrielle de la France en Europe centrale ou méridionale. D'ailleurs jamais l'influence des milieux d'affaires ne sera plus grande sur les milieux politiques ou, mieux, il y a fusion entre les deux : des diplomates aussi connus que les frères Cambon entrent dans les conseils d'administration de grandes sociétés. N'est-ce pas là quelque chose d'un peu « américain » ?

Les productions

Toutes n'évoluent pas au même rythme. On peut noter :

★ Le *progrès des industries de base*, comme en témoignent les chiffres suivants :

	1913	*1930*	
Énergie :			
charbon	40	55	millions de tonnes
électricité ...	2	16,7	milliards de kilowatts-heure
Minéraux :			
fer	22	55	millions de tonnes
bauxite	200 000	600 000	tonnes
potasse	300 000	2 000 000	—
Sidérurgie :			
fonte	5,2	10,4	millions de tonnes
acier	4,6	9,7	— —

Le *charbon* a bénéficié de la remise en état des mines du Nord et de l'apport des mines de Lorraine. L'équipement est presque entièrement neuf. Mais le rendement n'atteint qu'à peine une tonne par homme et par jour. La production est de plus en plus insuffisante puisque les besoins sont maintenant de 89 millions de tonnes ! (La Sarre en apporte une partie.) Le charbon reste en effet la grande source d'énergie : la consommation totale d'énergie est de cent millions de tonnes en équivalent de charbon. L'utilisation du pétrole est insignifiante.

La France tarde à adopter l'*électricité*. Celle-ci, hydraulique à 55 % (grâce aux Alpes et aux Pyrénées), n'alimente encore que bien peu de moteurs et, pour l'éclairage, que de campagnes encore totalement dépourvues !

Bien meilleure situation pour les *minéraux*. La potasse d'Alsace que les Allemands avaient laissée sommeiller donne le deuxième rang mondial à la France ; pour la bauxite, la France est première avec 30 % du monde ; pour le fer, deuxième (grâce à l'ex-Lorraine allemande). La Lorraine accentue son importance industrielle avec la *fonte* dont elle donne 78 % et l'*acier* 68 %. La France a jusqu'à 155 hauts fourneaux en 1928. Elle arrive, pour la sidérurgie, au troisième rang mondial, égalant l'Angleterre.

★★ *L'essor des industries nouvelles.*

L'*industrie chimique* démarre enfin ; elle est particulièrement importante pour les colorants, les engrais, les produits pharmaceutiques (doublent de 1913 à 1926) ; la soude (Lorraine) ; les acides progressent aussi. Le caoutchouc (grâce à l'automobile) triple. En 1931, 230 000 personnes travaillent dans l'industrie chimique (un tiers se trouve dans la région parisienne).

L'*aluminium* passe de 13 000 à 29 000 tonnes : la France est deuxième dans le monde (principales usines dans les Alpes, grâce à l'hydro-électricité).

La mécanique de précision est prospère aussi : deuxième rang mondial pour la construction automobile (production passée de 45 000 à 254 000 véhicules, de 1913 à 1929) qui s'implante solidement dans la région parisienne et pour la construction aéronautique (même localisation). Importance aussi de l'industrie cinématographique qui, cependant, ne travaille pas à pleine capacité.

Le raffinage du pétrole reste faible. Ne disposant que du très faible gisement de Pechelbronn en Alsace et participant à l'exploitation des pétroles d'Irak (grâce aux 23,75 % de l'Irak Petroleum Company que possède la C.F.P.), la France ne raffine chez elle qu'un million de tonnes en 1931. Encore les petites raffineries (Frontignan, Petit-Couronne...) sont-elles aux mains de filiales étrangères.

★★★ La *stagnation relative des industries anciennes* est grave elle aussi.

Le *textile* en est l'exemple le plus frappant. Il reste la première industrie française, occupant un million de personnes, autant que toute la métallurgie, mais bien près de deux millions si l'on compte les activités annexes (confection, couture, etc.). Or, globalement, la production en 1929 n'a pas retrouvé son niveau de 1913 (environ 93 %). Cependant, l'outillage s'est quelque peu modernisé, au moins dans certaines régions : ainsi l'Alsace a une bonne production de coton ; le Nord se modernise pour la laine (mais Fourmies ne se relève pas des ruines de la guerre), le coton, par contre, y végète. La soierie lyonnaise progresse, mais voit ses débouchés compromis par la fermeture de certains marchés étrangers ou l'apparition de goûts nouveaux. La rayonne est pour la « fabrique » de Lyon une production en plein essor.

Les autres industries (bois, cuir, papier, etc.) se maintiennent. Les industries de luxe sont très prospères, mais la crise, dès 1930, les atteint durement (chute des exportations).

Les nouvelles structures

L'industrie ne croît pas seulement en quantité. Sa structure évolue.

★ *Progrès de l'outillage et des méthodes.* Disons que ce progrès est limité et qu'il ne touche que les plus grosses entreprises. Il existe, cependant, grâce à l'effort d'un patronat plus dynamique depuis la guerre. L'outillage se modernise. Ainsi les métiers automatiques sont plus fréquents dans le textile ; les hauts fourneaux sont plus puissants ; la mécanisation dans les mines tend à se généraliser : dans le charbon du département du Nord, l'abattage mécanique, qui n'atteignait que 2,5 % en 1913, donne désormais 88 % de la production en 1930. Dans l'industrie automobile (et quelques autres), le travail à la chaîne est courant. L'énergie consommée par l'industrie quadruple de 1906 à 1929.

Il en résulte un accroissement de la *productivité*. Il est sans doute très fort dans les industries de pointe. Mais le très grand nombre d'entreprises retardataires fait que le progrès général de la productivité ne dépasse sans doute pas beaucoup 10 % de 1914 à 1930. C'est finalement bien peu, surtout face aux États-Unis où le chiffre doit approcher de 50 % !

★★ La *concentration technique et financière* est sans doute beaucoup plus marquée. L'artisanat s'effondre. On a déjà dit que le *nombre d'entreprises* a sensiblement diminué. Et cela au profit des plus grosses dont le nombre se multiplie [1].

Répartition des ouvriers dans les établissements occupant :

	1 à 5	*6 à 50*	*51 à 500*	*+ de 500*
France (1931)	15,7 %	25,8 %	32,6 %	25,9 %
U.S.A. (1929)	3,7 %	15,9 %	43,2 %	37,2 %

Avec 40 000 ouvriers, Renault, vers 1930, est la première entreprise d'Europe ; mais elle n'est qu'une des 22 sociétés fabriquant des voitures ! Ainsi, ici encore, mouvement amorcé, mais bien loin d'être achevé et coexistence de deux secteurs de production. Il en est de même dans le charbon du Nord où sur 80 sociétés une quinzaine donnent les trois quarts de la production.

1. Renseignements intéressants sur plusieurs entreprises typiques dans : Claude Fohlen, *La France de l'entre-deux-guerres (1917-1939)*, Paris, Casterman, 1966.

Sur le plan financier, on note une augmentation très sensible du capital des entreprises (ainsi, dans l'automobile : Renault, Citroën apparu pendant la guerre, très capitaliste et dynamique). Très souvent, elles doivent se tourner vers les banques et celles-ci peuvent y jouer un rôle prédominant. Des liens multiples s'établissent d'une société à l'autre, des fusions s'opèrent, des ententes se nouent, officielles ou clandestines, l'intégration se développe. Ceci est net dans la chimie et la sidérurgie.

Dans la chimie, en 1928, la « Société des usines du Rhône » absorbe « Poulenc frères » et devient « Rhône-Poulenc » aux filiales nombreuses en France (Rhodiaceta 1922, pour la rayonne) et à l'étranger. Forme d'intégration, les houillères du Nord se mettent à traiter les sous-produits du charbon.

Dans la sidérurgie, il y a concentration horizontale (réunion des deux branches de Wendel, regroupement de Marine-Homécourt avec Micheville et Pont-à-Mousson, etc.) et verticale (modérée d'ailleurs) : de Wendel a ses mines de charbon en Belgique ou dans la Ruhr ; des sociétés charbonnières du Nord ont des intérêts dans la métallurgie normande, etc.

On assiste même à la formation de véritables holdings comme cette banque Oustric qui se lance dans l'automobile, les chaussures, le linoléum, le chocolat, etc., avant de s'effondrer dans la crise.

Le *système des ententes ou cartels* se développe lui aussi. Dans le cadre national d'abord, où il est visible pour la métallurgie (le Comité des forges). Dans le cadre international ensuite. Ces ententes sont fréquentes après la crise de 1921 ; elles se systématisent après celle de 1929. Ainsi, en est-il dans le domaine du caoutchouc, de l'aluminium, des rails, du plomb, etc., l'entente la plus importante est celle qui naît en 1926, à Bruxelles, sous le nom d' « Entente Internationale de l'Acier » groupant France, Allemagne, Angleterre, Belgique et Luxembourg. L'accord concerne un pourcentage de production (la France produira 30 % du total) ; mais il se perfectionnera : en 1930, l'accord s'étend aux prix à l'exportation (mais il ne se maintient pas) ; en 1933, il prévoit un pourcentage d'exportation pour chaque pays. Il n'y a pas, cependant, de comptoir général de vente : chaque pays a le sien : ainsi, pour la France, c'est le « Comptoir sidérurgique » organisé en 1931. A partir de 1934, d'autres pays négocieront avec l'E.I.A.

L'opinion reste instinctivement méfiante envers ces ententes, expression du capitalisme monopolistique. Mais, en France, le gouvernement laisse faire. Il semble même qu'il ait été assez favorable aux ententes patronales, qui, pendant la guerre, avaient favorisé la répartition des matières premières. En 1919, le ministre du Commerce, Clémentel, essayait de mettre sur pied un organisme central de vingt et un groupes d'industries, organisme qui aurait été rattaché à son ministère. Par désir de liberté, les syndicats patronaux (groupés par profession) refusèrent, mais ils se retrouvèrent néanmoins en une « Confédération générale de la production française », sorte de porte-parole du patronat face au pouvoir. En fait, cette confédération chercha surtout à présenter un front commun (soutenu de fonds) contre le monde ouvrier et les grèves !

On peut rappeler aussi que Briand voyait dans les ententes internationales un moyen de préparer l'unité économique et politique de l'Europe. Elles n'ont été en fait que des accords d'intérêt.

★★★ *La concentration géographique.*

Déjà en 1914, s'opposaient assez sensiblement une France industrielle et une France purement rurale. La guerre ralentit ce divorce, soit que les plus riches régions industrielles (Nord, Lorraine) aient été occupées par l'ennemi, soit que, volontairement, le gouvernement cherchât à développer l'industrie, indispensable à la victoire, dans de nouveaux foyers. Le mouvement, cependant, reprend, inéluctable, dès la guerre finie.

Trois régions croissent de plus en plus. La région parisienne l'emporte pour les industries de transformation (automobile surtout) attirant une main-d'œuvre de plus en plus nombreuse, dévorant, et au-delà, le bien faible excédent de la population française. Le Nord a toutes les industries, lourdes ou légères, minières, métallurgiques, textiles, chimiques. Il bénéficie d'un grand effort de modernisation. Il développe ses échanges avec la Lorraine. L'Est, ensuite, mais en deux foyers : l'Alsace active dans la transformation, la Lorraine puissante dans les industries lourdes et surtout la sidérurgie ; elle renforce ses liens avec le Nord (échange fer-charbon), mais continue à trouver une part du charbon nécessaire en Belgique, dans la Ruhr et dans la Sarre ; elle a du mal, par contre, à écouler son minerai vers l'Allemagne depuis que celle-ci a été dépossédée de ses mines de fer.

A ces trois grandes régions s'ajoute la région lyonnaise aux activités textiles, métallurgiques, chimiques. Viennent ensuite, les foyers du Massif central, surtout Saint-Étienne et le Creusot où les difficultés croissent. La Basse-Seine, la région de Caen, de Marseille et de quelques autres ports ne forment plus que quelques taches sur la carte. L'industrie émigre définitivement de la campagne, même le textile qui y fut le plus tenace. En schématisant, c'est finalement un quart seulement de la France qui a l'industrie active,vivante : le quart nord-est. Toute la moitié ouest du pays en est plus ou moins dépourvue.

★★★★ *Le problème de la main-d'œuvre.*

Ces régions non industrialisées envoient une partie de leur population vers les autres. Mais cela ne suffit pas. Le recours à la main-d'œuvre étrangère est de plus en plus nécessaire. Cela pose des problèmes de formation ; cela entraîne aussi une perte de richesse (fonds envoyés à l'étranger). Les étrangers sont particulièrement nombreux dans les mines et la grosse industrie, dont le travail pénible répugne aux Français. Aussi le Nord et la Lorraine, mais également Paris, sont des carrefours de peuples [1].

III. PROGRÈS ET DIFFICULTÉS DE L'AGRICULTURE

L'agriculture ne connaît pas de bouleversement, pas même de développement rapide comme l'industrie. Mais son essor est sensible jusqu'en 1925-1926. Alors commencent des difficultés d'écoulement qui compromettent la lente refonte des structures.

1. La question sera reprise au chapitre suivant : « La crise démographique ».

Les progrès

La *reconstitution après les destructions* de la guerre est menée à terme vers 1925.

Les terres ont été alors reconquises, déminées, débarrassées des multiples traces des combats qui s'y sont déroulés ; les engrais recommencent à les enrichir. Il faut cependant noter que les friches sont de 20 % supérieures à leur surface d'avant-guerre. Ce qui peut être signe de progrès, car beaucoup de terres demandaient trop de travail pour un maigre résultat.

Le *développement de la production* est assez net et pourtant pourrait l'être davantage si l'écoulement à prix rémunérateur était assuré. Le blé n'évolue guère : il atteint 90 millions de quintaux en 1925, 92 en 1929. Mais le vin fournit 63 millions d'hectolitres cette même année, auxquels s'en ajoutent 13 d'Algérie ! Pour ces deux produits, c'est plus qu'on en peut consommer. Lait, viande, fruits et légumes sont en progrès. Les moutons accélèrent leur déclin (le manque de bergers pendant et depuis la guerre est déterminant) tandis que l'on compte presque un million de bovins en plus.

Le *caractère plus moderne de la production* est visible :

• les produits plus intéressants ou mieux adaptés à une consommation plus riche progressent plus vite que les autres. Ainsi les herbages gagnent 15 % en surface tandis que le blé perd 500 000 ha et que la vigne n'évolue guère. De même les cultures maraîchères gagnent du terrain.

• le rendement augmente : le blé passe de 13,5 à 17 q à l'hectare; une vache laitière qui donnait environ 1 035 litres de lait par an, vers 1880, en donne 1 850 maintenant.

• les méthodes sont plus modernes : l'engrais chimique est désormais d'usage courant : surtout la potasse d'Alsace, mais aussi les phosphates. Le traitement des vignes ou arbres fruitiers fait doubler et davantage la consommation des sulfates. La mécanisation gagne aussi : 27 000 tracteurs en 1929. Et aussi 1 400 000 faucheuses. Beaucoup de matériels sont acquis par les coopératives. Décidément, le paysan s'équipe.

L'*enrichissement* en est la cause jusque vers 1925-1926. Les prix agricoles ont bien monté grâce à la pénurie de la guerre et à l'inflation ensuite. Le paysan achète donc du matériel. Il achète aussi de la terre, chose facile, car beaucoup de trop petites exploitations sont mises en vente. C'est la moyenne exploitation qui se développe le plus : 10 à 40 ha environ, ce qui peut suffire à nourrir la famille. Et l'on pousse un peu plus les enfants dans les études. Si bien que beaucoup quittent la terre. Ceux qui restent n'en sont que plus à l'aise.

Un *effort d'organisation et de défense* de la profession agricole est entrepris parallèlement. Les mutuelles foisonnent toujours, aidant le paysan dans les aléas de la vie. Elles sont désormais soutenues par les caisses de crédit agricole créées par l'État en 1920. Les syndicats, qui n'étaient que 6 000 en 1920, sont 15 000 en 1930, groupant deux millions d'adhérents. Ils se chargent de défendre la profession, mais, depuis 1920, ils sont autorisés à procéder à des achats en commun (matériel, engrais) ou à mettre en vente les produits. Souvent regroupés en confédérations, ils peuvent atteindre à une véritable puissance, comme la Confédération générale des planteurs de betterave qui a de gros appuis dans les milieux politiques.

Les coopératives sont au nombre d'environ 8 000 en 1925, elles groupent la production de leurs adhérents et en opèrent la transformation ou la vente ; elles procèdent aussi à des achats (comme les syndicats), mais leur développement, si souhaitable dans un pays de petits exploitants, comme la France, n'est important que pour le lait et le vin.

Il apparaît donc qu'à l'instar du monde de l'industrie, le monde agricole sort de plus en plus de son isolement, de son individualisme et cherche à participer au progrès général. Hélas les bases de ce renouveau sont fragiles !

Les difficultés

Elles persistent en effet et deviennent très sérieuses à partir de 1926.

Des *difficultés permanentes* existent toujours : le niveau de vie reste inférieur à celui des citadins, l'instruction aussi : les brassages nés de la guerre l'ont prouvé à l'évidence. L'exode rural, très fort

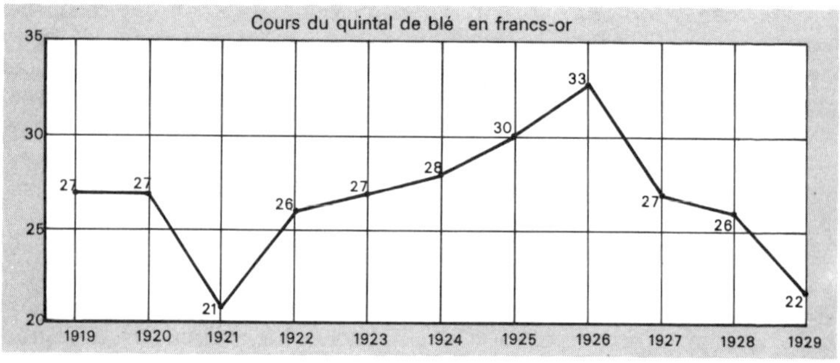

Cours du quintal de blé en francs-or.

de 1919 à 1930, trahit cette volonté de vivre mieux à la ville (rappelons que, vers 1930, pour la première fois, les citadins sont aussi nombreux que les ruraux).

Des *difficultés nouvelles* arrivent en 1926, dues à la *baisse des prix agricoles*. Pourquoi cette baisse ?

- abondance exceptionnelle des récoltes ;
- production trop forte de produits moins demandés : les céréales ;
- accroissement de la concurrence étrangère : en effet, l'Amérique n'a cessé d'augmenter ses ensemencements, tandis que l'Europe peu à peu rétablissait les siens après leur chute due à la guerre. Le moment vient où il y a surproduction mondiale. La protection douanière est insuffisante : le cours s'effondre en quelques années, annonciateur de la grande crise économique mondiale. Le blé perd ainsi un tiers de son prix de 1926 à 1929.

La *hausse continue des prix industriels* vient aggraver le problème : les machines, les engrais, le prix des transports ou de l'électricité continuent à monter ; le paysan lancé dans la modernisation de son entreprise se voit pénalisé ! Ce qu'il achète est plus cher, ce qu'il vend est moins cher. Car la crise, pour l'instant, ne touche que l'agriculture. Seule la très grosse entreprise agricole ayant une grosse marge bénéficiaire peut résister.

Les *causes profondes* de ces difficultés ?

- l'inorganisation totale des marchés mondiaux, malgré les espoirs qu'on avait pu mettre dans la S.D.N. pour y remédier ;
- la structure ancienne de l'exploitation agricole (trop petite, trop peu modernisée, malgré le progrès déjà noté) d'où l'impossibilité de baisser le prix de revient ;
- l'*absence de politique gouvernementale* au nom du libéralisme ou par une sorte de conservatisme instinctif. On laisse les choses de la terre aller d'elles-mêmes. Tout au plus, on compte sur les droits de douane protecteurs : mais, comme on l'a dit, ceux-ci ont été abaissés après la guerre (le relèvement des taxes sur le blé en 1927 est insuffisant). L'influence des milieux industriels sur le gouvernement est maintenant la plus forte. Les députés ruraux eux-mêmes représentent plus la petite ville que la campagne ; quant aux syndicats, ils sont dirigés par de gros agriculteurs aisés, moins atteints que les autres. L'opinion publique devient d'ailleurs hostile, très souvent, au monde paysan, accusé depuis la guerre d'être responsable de la vie chère.

Ainsi, faute d'être soutenu par une action gouvernementale délibérée (telle que politique d'équipement, de crédit abondant), faute d'être compris par une opinion volontiers hostile, le monde paysan retrouve sa solitude séculaire dans un monde capitaliste qui le dépasse.

IV. COMMUNICATIONS ET COMMERCE

Multiplication des transports

La *route* retrouve avec l'auto une importance que les chemins de fer lui avaient fait perdre. Bénéficiant du plus dense réseau du monde, la France est parfaitement adaptée alors à la circulation du deuxième parc automobile du monde (derrière les États-Unis). Les grandes routes sont goudronnées ; elles demeurent bombées, sinueuses... mais qu'importe ! La vitesse n'est pas si grande ! Pas de difficultés : le réseau répond aux besoins ; c'est une sorte d'apogée.

Le *chemin de fer* n'en reste pas moins le moyen de transport fondamental de la vie économique. A tel point que les socialistes et les syndicats en ont demandé la nationalisation au lendemain de la guerre. On y répond seulement par la réorganisation de 1921 qui vise un double but :

- réaliser l'équilibre financier ;
- accroître le rôle de l'État.

Voici les décisions :

- constitution d'un fonds commun où sera versée une partie du bénéfice des compagnies bénéficiaires et qui comblera le déficit des autres ;
- l'État ajoutera éventuellement les sommes nécessaires pour réaliser l'équilibre ;

• les compagnies peuvent relever leurs tarifs pour améliorer leur situation financière ;

• création d'un comité de direction pour l'ensemble des chemins de fer. Rattaché au ministère des Travaux publics, il doit coordonner l'action des compagnies.

Ces mesures n'ont qu'un effet limité. Car voici bientôt pour les petites lignes, les plus déficitaires, la concurrence de la route : cars et camions, plus mobiles, moins soumis aux horaires, moins obérés de charges, enlèvent une partie du trafic. Il faut, c'est évident, régler ce problème de la coordination du rail et de la route. Quelques tentatives apparaissent mais on ne s'y attachera cependant par la loi qu'à partir de 1933.

La *voie d'eau* reste totalement sacrifiée : elle ne transporte pas le quart du tonnage des chemins de fer. Les vieux canaux ne sont pas améliorés, et on n'en creuse point de nouveaux : on renonce même au canal du Nord cependant déjà tracé à la veille de la guerre. Seul est creusé en 1926 le canal du Rove, qui, en partie souterrain, joint Marseille à l'étang de Berre. Mais la liaison avec le Rhône reste ce qu'elle était. La décision en 1921 de créer une « Compagnie nationale du Rhône » à laquelle participe l'État, en vue d'aménager le fleuve, n'est suivie d'aucun effet pratique. Créée effectivement en 1934, sous l'influence d'Edouard Herriot, maire de Lyon, elle se contentera de donner à la grande ville un nouveau port (portant le nom d'Herriot) rendu nécessaire par l'accroissement du trafic depuis la guerre. Quant au canal du Nord-Est (entre Nord et Lorraine) qui serait si utile pour les échanges fer-charbon... il reste toujours dans les papiers. La batellerie fluviale elle-même ne se modernise qu'à peine : l'opposition des mariniers freine l'adoption de péniches automotrices.

Les *ports de mer* et la *marine marchande* se développent par contre. Les travaux d'agrandissement se poursuivent, notamment à Marseille, à Rouen et à Dunkerque, où est créé un grand avant-port. Le trafic de Rouen (produits lourds) lui assure le second rang après Marseille. Dunkerque progresse. Nantes végète. La flotte s'augmente de nouvelles unités et atteint 3,4 millions de tonneaux en 1930 (2,4 en 1913). Elle est passée au cinquième rang à cause du Japon. Elle assure en moyenne 44 % du trafic français (35 % avant la guerre), mais ce pourcentage est des deux tiers pour les exportations (notamment grâce au commerce colonial qui est sous monopole de pavillon) mais d'un tiers seulement pour les importations.

L'*aviation* n'a encore qu'un rôle économique minime. Du moins la France y tient-elle une place de pionnier. Paris est bientôt relié aux grandes capitales d'Europe. La première liaison avec l'Amérique du Sud est réalisée en 1930 par Mermoz, pour le compte de la Compagnie aéropostale, organisée en 1927. (Ses débuts avec Latécoère remontent à 1919.) On fonde les plus grands espoirs sur l'hydravion.

La concentration du commerce intérieur

Elle s'opère lentement. Le développement du commerce entraîne une augmentation d'environ 30 % du personnel, mais les entreprises commerciales deviennent plus grosses. Les « grands magasins » sont en plein essor. Des « magasins à prix unique » apparaissent, souvent filiales de ces « grands magasins », vendant à bas prix. Des entreprises à succursales essaiment dans certaines régions ou dans toute la France (Maggi, etc.) ; les coopératives se multiplient, réservant à leurs adhérents des prix intéressants, dans un esprit foncièrement anticapitaliste.

Ces transformations ont *deux conséquences principales* :

- l'arrivée en France de nouvelles méthodes commerciales, plus ou moins inspirées de l'Amérique, principalement la publicité et la vente à crédit ou à tempérament ;
- les difficultés du petit commerce traditionnel qui, parfois, voit fondre sa clientèle. Quoique le « petit commerçant » reste, de loin, le plus typique, voici donc que, dans le commerce, comme dans l'industrie ou l'agriculture, coexistent deux secteurs : le traditionnel au prix de revient élevé, fondé sur l'individualisme ; le moderne de type capitaliste, capable de vendre meilleur marché... ce qu'il ne fait pas toujours. Mais les « petits » se plaignent des « gros » et comptent bien sur la protection de l'État ... Elle ne saurait en effet leur manquer quand viendront les jours difficiles de la crise.

L'évolution du commerce extérieur

Principaux caractères :

Diminution du protectionnisme (voir plus haut), mais d'une part l'industrie reste bien protégée, d'autre part la hausse en 1928 des droits frappant les importations faites par l'A.O.F., l'A.E.F. et les territoires de l'Inde et de l'Océanie, en provenance de l'étranger, renforce ces pays dans leur rôle de débouchés pour la France.

Augmentation assez sensible du commerce global (+ 50 % de 1913 à 1929). La France fait alors 6 % du commerce mondial contre 8 % en 1913. *Nouvelle orientation :* il diminue relativement avec les pays d'Europe (ainsi avec l'Angleterre, l'Allemagne, la Belgique et, bien sûr, la Russie) et progresse avec les autres pays, y compris les États-Unis. Progrès net avec les colonies : elles assurent 16 % du commerce français en 1930 au lieu de 12 % en 1913 ; progrès surtout dans le sens des exportations : elles absorbent maintenant 20 % des exportations françaises au lieu de 14 %. Elles fournissent 12 % des importations.

Structure plus concentrée sur quelques produits, à l'exportation. Ainsi :

Métallurgie	22 %	au lieu de	12 %	en 1913
Textile	45 %	—	39 %	—
Produits chimiques	5 %	—	4 %	—

Importance des produits bruts ou peu élaborés à l'exportation, ce qui est regrettable pour notre industrie de transformation. Ainsi, la France vend le tiers de son minerai de fer, la moitié de sa bauxite, 30 % de son acier. Quant au progrès des exportations textiles, il est dû surtout au marché colonial.

Le *développement du tourisme*, comme source de revenus, sorte évidemment particulière de commerce, mais très précieuse : le change étant favorable aux temps de l'inflation, nombreux sont les étrangers qui viennent en France. La France y gagne jusqu'à deux milliards de francs-or en 1926 ! Le chiffre tend à diminuer ensuite avec le redressement monétaire, mais reste encore important pour équilibrer la balance des comptes.

Les difficultés des balances :

• la balance commerciale connaît un lourd déficit au lendemain de la guerre (15 milliards pour 1919 et 1920 : cinq fois plus qu'avant 1914). A partir de 1921-1922 le déficit est plus modéré (la dépréciation monétaire favorise les exportations) et même il y a un excédent en 1924, mais, après 1927 (encore un excédent), il devient très préoccupant : 1,8 milliard de francs-or en 1929 et 2,3 en 1930.

• la balance des comptes, grâce au tourisme et aux différents services, est en équilibre ou est même légèrement bénéficiaire.

• la balance des paiements, comme avant la guerre, assure un excédent intéressant qui peut approcher deux milliards : en effet, aux revenus du capital placé à l'étranger (bien diminué on l'a vu) s'ajoutent, au début de la période, les crédits consentis par l'étranger et à la fin les réparations. Il est vrai qu'il faut en déduire les sommes croissantes que les travailleurs étrangers envoient à leurs familles. Toutefois, en 1929, le solde positif est de 2,2 milliards de francs-or.

En conclusion, l'économie française en 1929-1930 est dynamique. Mais :

• les problèmes de structure n'ont reçu qu'un début de solution. Un secteur trop peu évolué se maintient qui gêne le progrès général et contribue à faire vendre cher.

• la richesse de la France est très dépendante du monde : celui-ci achète davantage de produits français ; il envoie des touristes équilibrer notre balance des comptes ; enfin, l'Allemagne contribue de plus en plus à assurer l'excédent de notre balance des paiements. Si le monde relâche ses liens avec la France, celle-ci risque fort de se retrouver seule face à face avec ses problèmes intérieurs qui sont, au fond, à peu près les mêmes que ceux de 1914.

Cette liaison plus grande avec le reste du monde n'est peut-être pas un avantage à la veille de la grande crise qui va déferler sur lui.

Chapitre X

LA CRISE DÉMOGRAPHIQUE (1919-1939)

En 1914, le problème démographique se posait déjà. La guerre, par les pertes qu'elle a entraînées, l'a encore aggravé. Mais il y a plus : la vitalité même de la France semble être en question et les prévisions les plus pessimistes sont permises à la veille de la Deuxième Guerre mondiale. La réaction tardive qu'elles entraînent est bien insuffisante pour changer immédiatement la tendance.

Cette crise démographique n'est donc pas seulement un fait de l'après-guerre ; c'est un fait permanent, structurel[1]. Elle est toutefois renforcée par les circonstances nées de la guerre et il n'y a pas de doute qu'elle explique pour une bonne part les insuffisances de la modernisation économique dans les années 20. On comprendra qu'elle n'ait pu, une fois venue la grande crise des années 30, qu'en retarder la solution.

I. LES FAITS DE BASE : NATALITÉ ET MORTALITÉ

Dans toute l'Europe, il y a ralentissement du progrès de la population. Nulle part, cependant, ce ralentissement n'est aussi fort qu'en France.

1911 :	39,6 millions	d'habitants	dont	1 160 000	étrangers.
1921 :	39,2 —	—	—	1 550 000	—
1931 :	41,8 —	—	—	2 900 000	—
1936 :	41,5 —	—	—	2 200 000	—
1938 :	41,9 —	—	—	2 400 000	—

Les chiffres parlent : en 27 ans la France s'est accrue d'un peu plus de 2 millions d'habitants. Mais, entre-temps, elle a gagné 1 700 000 Alsaciens-Lorrains, plus de 1 200 000 étrangers et de nombreux naturalisés. Même en tenant compte des pertes de la guerre (1 140 000), c'est de déclin qu'il faut parler. L'évolution de la natalité et de la mortalité en est responsable.

La dénatalité

★ La *diminution des naissances* est le fait capital.

Il y a eu, après la chute compréhensible des naissances pendant la guerre, un relèvement, une « compensation » en 1920 et 1921 (833 000 naissances en 1920 contre 788 000 en 1911), mais très vite

---

1. C'est pourquoi ce chapitre porte sur toute la période 1919-1939. Ouvrages de référence : Reinhard et Armengaud : *Histoire générale de la population* ; Armengaud : *La Population française au XXe siècle* (ouvr. cit.).

la courbe en baisse est réapparue et cette baisse s'accentue de plus en plus.

Moyenne	1906-1910 :	830 000 naissances/an,	soit	20,2 ‰
—	1921-1925 :	770 000 —	—	18,5 ‰
—	1936-1939 :	618 000 —	—	14,7 ‰

Dans ces quatre dernières années, la natalité, fait unique au monde, est inférieure à la mortalité (15,2).

Quelles sont les causes de la dénatalité ?

Des *causes occasionnelles :* la guerre, d'abord, qui a tué dans leur jeunesse des hommes qui seraient devenus des pères de famille ; la crise des années 30 qui, par les malheurs qu'elle a entraînés, a, dans tous les pays, amené les ménages à limiter le nombre de leurs enfants ; l'arrivée à l'âge du mariage, enfin, à partir de 1935-1936 des « classes creuses » nées pendant la guerre de 1914-1918.

Mais il y a des *causes plus profondes* :

- le développement d'une nouvelle civilisation, plus avide de confort, de facilité, impatiente devant les contraintes qu'impose une famille et redoutant les dépenses qu'elle entraîne ;
- le désir de mieux élever ses enfants ;
- l'émancipation de la femme, très nette, on l'a vu, après les bouleversements entraînés par la guerre. Une des manifestations en sera le nombre plus important des divorces (augmentation de 75 % entre 1921 et 1925) ;
- le déclin du sentiment religieux ;
- le progrès social et économique : on a — en général — moins d'enfants dans l'espoir de garder et de leur transmettre un meilleur niveau de vie. Attitude malthusienne ! De même quand on est passé d'un secteur économique à un autre, pour mieux garder, sans doute, l'aisance à laquelle on est parvenu. On compte ainsi, pour cent familles :

242	enfants	survivants	s'il s'agit	de pêcheurs.
231	—	—	—	d'agriculteurs.
185	—	—	—	de professions industrielles.
166	—	—	—	de fonctionnaires.
157	—	—	—	de commerçants.

L'emploi occupé dans la profession a une grande importance. On aura :

225	enfants	pour	100 familles	d'employeurs.
186	—	—	—	d'ouvriers.
138	—	—	—	d'employés.

L'employeur « arrivé » depuis un certain temps (souvent depuis de longues générations) redoute moins la charge d'une famille que l'ouvrier, souvent « déraciné » de fraîche date, et surtout que l'employé, type du petit ou tout petit bourgeois, très économe ou très attaché à maintenir les avantages qu'il tire de son emploi plus ou moins récent dans le secteur tertiaire.

En France, une cause psychologique particulière renforce la dénatalité : l'horreur qu'on éprouve pour une guerre qui a été si meurtrière pousse de nombreuses familles à refuser des enfants «qui iraient à la boucherie». Ce manque de confiance (est-il justifié ?) est typique de la mentalité de l'entre-deux-guerres.

Ainsi la guerre, directement ou indirectement, a puissamment renforcé la dénatalité en France.

★★ *La nuptialité, par contre, se maintient :* on se marie autant et même plus qu'avant la guerre. Le nombre des mariages était tombé à 200 000 en 1915 (contre 320 000 en 1913-1914). La guerre finie, on s'empresse de contracter union ; les records sont battus en 1919 et 1920 : 1 200 000 mariages en deux ans. Puis le chiffre retombe, mais reste aux alentours de 380 000 par an.

Cela donne un taux de nuptialité de :

15 ‰ vers 1910
16,5 ‰ entre 1926 et 1930

C'est signe qu'on se marie plus jeune. La natalité aurait dû y trouver son compte, car la fécondité est plus grande chez les couples jeunes. Mais il n'en a rien été, moins à cause du nombre relativement élevé de divorces que pour les raisons énumérées ci-dessus.

Dans les dernières années de la période 1919-1939, on constate une diminution rapide de la nuptialité. On a en effet :

13 ‰ en 1938.

Il faut accuser ici la crise qui persiste en France et rend difficile l'installation d'un jeune ménage, mais plus encore, sans doute, un état d'esprit d'hostilité envers le mariage et l'inquiétude pour l'avenir. Ce phénomène, cependant, est assez tardif et n'explique pas fondamentalement la chute du nombre des naissances.

★★★ *Le déclin des familles nombreuses* en est au contraire une raison déterminante. Preuve de la volonté de mieux-être et du manque de confiance, les ménages ont fréquemment désormais deux, un ou même aucun enfant. L'enfant unique devient le cas courant. En 1931, on compte :

15 % des ménages sans enfant
26,5 % — avec 1 enfant
23,5 % — — 2 enfants

La famille de trois enfants, qui permet le développement de la population d'un pays, représente :

35 % des familles en 1891
33 % — 1911
10 % — 1936

On peut parler d'effondrement ! Et cependant seules les familles nombreuses assurent la survie de la France : celles de 0 à 2 enfants ne fournissent que le quart des descendants.

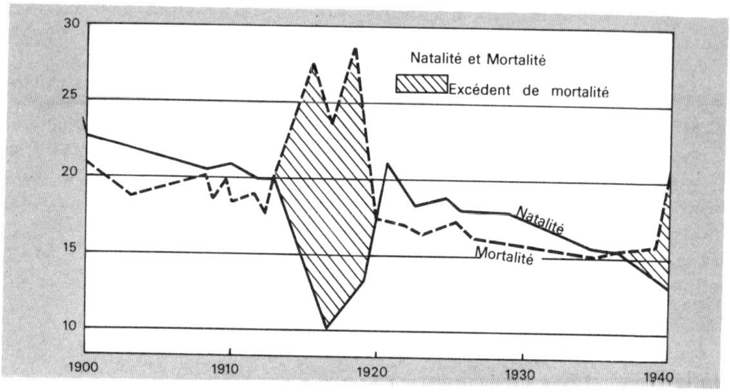

Faible diminution de la mortalité

★ La *mortalité diminue* à peu près selon la courbe amorcée bien avant la guerre.

Moyenne 1906-1910 : 19,1 ‰
— 1936-1939 : 15,2 ‰

C'est la suite logique du progrès continu de la médecine et de l'hygiène, de l'amélioration de l'alimentation et des conditions de travail.

Mais, depuis 1935, il y a un léger relèvement : de 15 ‰, on passe à 15,4 en 1938. Cette aggravation est inquiétante. La mortalité n'est-elle pas d'ailleurs appelée à augmenter dans un pays où le pourcentage des jeunes va en diminuant ?

La mortalité infantile est en net recul, par contre :

Avant la guerre de 1914 : 126 ‰
— — 1939 : 70 ‰

La longévité augmente, mais l'écart s'accroît entre les deux sexes : l'homme meurt sensiblement plus jeune que la femme, suite probable d'un travail plus pénible, mais aussi suite de la guerre avec les souffrances ou les blessures qu'elle lui a laissées :

	Hommes.	*Femmes.*
1910	48 ans	52 ans
1939	54 —	59 —

★★ *La mortalité diminue trop lentement.* Elle reste beaucoup plus élevée que dans les autres pays. Ainsi, l'homme ne meurt qu'à 58 ans en Angleterre, qu'à 60 en Allemagne ; la mortalité infantile n'est que de 59 en Angleterre, 37 aux Pays-Bas (France 70).

Pourquoi ?

C'est la suite logique, on l'a dit, d'une diminution durable de la natalité. La population « vieillit » en moyenne et le pourcentage des décès va donc, tout naturellement, en augmentant.

C'est la conséquence de conditions de travail s'améliorant trop lentement : faute de mécanisation poussée, l'homme (surtout) s'use à son travail, plus vite que dans les pays hautement industrialisés.

Les mauvaises conditions de logement : l'appartement malsain, le taudis deviennent de plus en plus fréquents en France. Foyers redoutables pour la tuberculose et d'autres maladies (entre 1920 et 1930, chaque année, plus de 50 000 personnes meurent de la tuberculose). La raison, c'est qu'on ne construit presque plus d'immeubles entre les deux guerres. Le rapport en est considéré comme insuffisant. Le Français consacre le minimum d'argent à son logement : moins de 10 % de son revenu entre 1930 et 1939, au lieu de 15 % en 1914. Un Français sur sept habite un local insalubre. Il a manqué trois millions d'habitations neuves de 1920 à 1939.

L'alcoolisme est bien responsable du niveau trop élevé de la mortalité. « Il y a en France plus de débitants de boissons que d'instituteurs (225 000 contre 180 000). Une étude précise a montré que, de 1930 à 1939, la consommation moyenne par tête a varié d'un minimum de 17,3 litres d'alcool pur par an (en 1930) à un maximum de 22,6 litres (en 1939) [1] » ... alors qu'en Hollande le chiffre est de 1,3 !

L'absence d'hygiène, l'insuffisance de l'équipement médical et hospitalier. Le nombre total des médecins est satisfaisant pour l'époque, mais ceux-ci sont encore assez rares dans certaines campagnes et on va trop peu les consulter. La maladie n'est pas systématiquement dépistée. La pratique du sport elle-même reste insuffisante. « La France ne détient qu'un seul record du monde sur 75 spécialités en athlétisme... un sur 60 en natation ; par contre 28 des 140 records homologués en cyclisme [1]. »

Le *résultat* de cet ensemble réuni de causes diverses, c'est une mortalité qui apparaît d'autant plus forte que la natalité, elle, diminue très vite. Dans les années qui précèdent la guerre, « la France a plus de cercueils que de berceaux ».

II. CONSÉQUENCES DU DÉCLIN DÉMOGRAPHIQUE

On ne saurait trop souligner ces conséquences.

Vieillissement de la population

★ *La France, peut-on dire, devient un pays de vieillards.* Structure de la population par âge :

	1901	*1921*	*1936*
	—	—	—
0 à 19 ans	34,6 %	31,6 %	30,2 %
20 à 64 —	57,2 %	59,3 %	59,9 %
65 ans et plus	8,2 %	9,1 %	9,9 %

1. Cité dans l'ouvrage de Fourastié et Montet : *L'Économie française dans le monde*, coll. « Que sais-je ? », Paris, P.U.F., 1946.

La diminution, ancienne et aggravée, de la natalité réduit, chaque année, l'excédent de population. Celui-ci devient... négatif :

1921-1925	+ 84 600 par an
1926-1930	+ 58 100 —
1931-1935	+ 31 800 —
1936-1939	— 22 100 —

D'où résulte l'effondrement du taux de reproduction : sans l'accroissement de la longévité et sans l'immigration, les générations ne seraient plus remplacées. Le mouvement a commencé depuis 1886. Il s'aggrave au point que le taux atteint :

0,95 en 1921-1925
0,92 en 1926-1930
0,90 en 1931-1935
0,87 en 1935-1937
0,91 en 1938
0,90 en 1939

L'aspect typique « en meule de paille » de la pyramide des âges, est éloquent à cet égard.

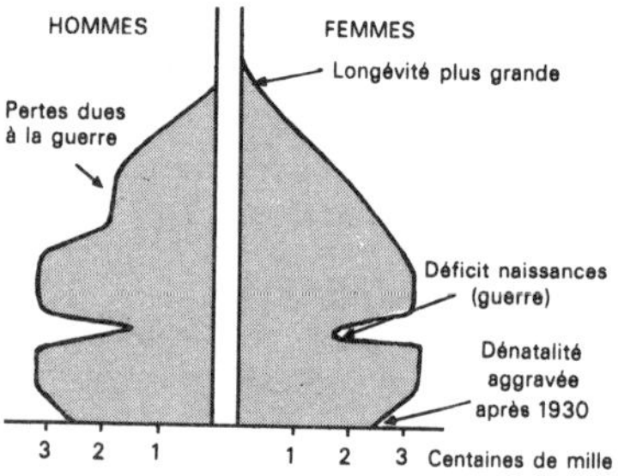

★★ *Les conséquences du vieillissement.*

Économiques : ralentissement de l'activité parce qu'on n'éprouve plus le besoin d'investir (pour qui investirait-on ?), de construire ; plus vieux, en moyenne, les Français ont moins d'esprit d'initiative, sont moins avides de modernisation, de progrès. La main-d'œuvre active diminue. Elle passe de :

20,5 millions en 1906
à 19,5 — en 1938

Financières : charge accrue que l'entretien de ces personnes âgées. Elle a pu être masquée, un temps, par le fait que cette charge diminuait en ce qui concernait les enfants (en effet, 1 000 adultes en 1901 avaient 749 personnes à charge ; ce chiffre tombe à 669 en 1936), mais qu'en adviendrait-il un peu plus tard ? On en ressent encore l'effet aujourd'hui ! D'autre part, tandis que le nombre des contribuables diminue, les dépenses de fonctionnement administratif, militaire, etc., restent les mêmes... On augmente donc les impôts.

Psychologiques : on voit se développer plus qu'avant une mentalité de rentiers, de « vieux ». Le temps est venu d'exploiter égoïstement l'empire colonial pour en vivre ! En France même, dans les années 30, on criera « Place aux jeunes ! » tant ces jeunes, peu nombreux, avaient conscience d'être écartés de l'activité et même des emplois.

Politiques : les structures se figent ; partis, habitudes parlementaires, slogans. C'est une sorte de conservatisme dont on ne cherchera à sortir qu'en se lançant dans les mouvements extrémistes de droite (type fasciste) ou de gauche (communiste).

Internationales : moins nombreux, les Français ont, fatalement, de moins en moins d'influence sur le monde. Ils s'épuisent à dominer un vaste empire où la population commence à croître sensiblement, à maintenir sous les drapeaux une armée très nombreuse (qui retire à l'activité économique des jeunes gens dans la force de l'âge), et cela pour mieux protéger un pays qui forme sur la carte démographique comme une tache blanche et suscite de plus en plus les convoitises de voisins expansionnistes avides « d'espace vital » (Allemands d'Hitler et Italiens de Mussolini).

★★★ Le *déclin de la France* semble irrémédiable, quel que soit encore l'éclat de sa vie intellectuelle. Avec sa mentalité trop prudente, son repliement sur soi et son empire (dans un cadre toujours très protectionniste), son marché limité, ses investissements déclinants, son malthusianisme économique qui n'est que trop lié à son malthusianisme démographique, elle semble lentement s'effacer, s'évanouir. Les prévisions les plus pessimistes sont possibles pour l'avenir : au rythme du déclin des années 30, elle n'aurait plus que 39 millions d'habitants en 1960, 37 en 1970, 25 à 30 à la fin du siècle. Dans un monde qui en compterait combien de milliards, serait-elle encore seulement française ?

L'importance de l'immigration permet d'en douter.

C'est une conséquence logique du dépeuplement. La France, depuis bien longtemps, est le seul pays d'immigration en Europe, mais, depuis la guerre, elle peut aussi compenser par là le manque de main-d'œuvre.

★ Le *nombre des immigrants* augmente à chaque recensement, sauf à la fin, parce que la reprise économique est plus lente en France qu'à l'étranger. Entre 1923 et 1930, période de pointe de l'immigration, le gain net annuel est en moyenne de 122 000 immigrants. Le chiffre des étrangers atteint :

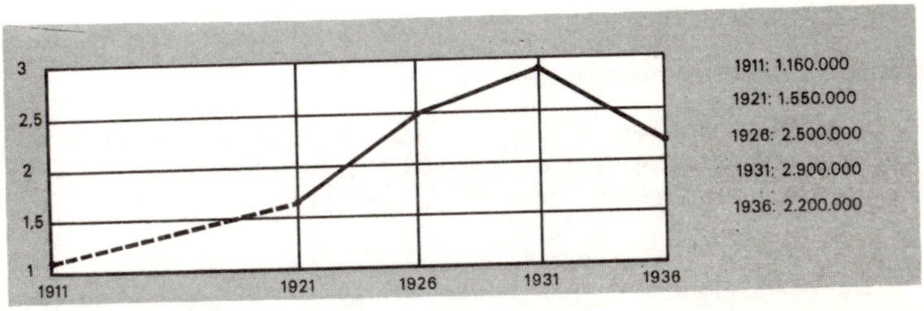

En 1931, ils représentent 1/13 des habitants ; ils ont fourni 75 % de l'accroissement de population en dix ans.

Leur origine est assez diverse : ainsi en 1936, on compte :

721 000 Italiens,	85 000 Africains français,
423 000 Polonais,	79 000 Suisses,
254 000 Espagnols,	58 000 Allemands,
195 000 Belges,	30 000 Anglais.

Parmi eux, beaucoup de réfugiés politiques (Russes blancs, Arméniens, Juifs allemands, Espagnols à partir de 1936, etc.). Mais surtout des hommes en quête de travail. Ils occupent, en général, les emplois les plus durs. Ainsi, dans les mines, ils arrivent à représenter 42 % de la main-d'œuvre en 1927 (8 % en 1911) : Polonais et Italiens surtout. Mais ces derniers sont fréquemment aussi dans le bâtiment et dans l'agriculture. On les trouve d'abord près de leur frontière d'origine (par exemple, beaucoup de Belges dans le Nord, souvent « frontaliers ») ; puis dans les régions industrielles : Nord encore, Lorraine, Lyon, Saint-Étienne : ainsi les Polonais sont très nombreux dans les charbonnages ; ensuite dans la région parisienne où toutes les races se côtoient ; enfin dans les régions agricoles du Sud : Aquitaine, Languedoc (Espagnols), Alpes du Sud ou Provence (Italiens).

Il est évident que la France trouve avantage à cette immigration qui compense une main-d'œuvre trop déficiente. Mais ce sont des sommes d'argent croissantes qui, par ailleurs, quittent le pays, à moins qu'il n'y ait installation définitive.

★★ Le *problème de l'assimilation* finit par se poser. Pendant longtemps, on a accueilli tout le monde sans aucun souci de niveau social, culturel ou même sanitaire. Réputée à juste titre pour être le pays de la liberté, la France était le refuge idéal pour tous ceux que les circonstances politiques (ou policières) chassaient de leur patrie. De surcroît, la France accorde très généreusement la naturalisation : 360 000 naturalisés sont recensés en 1931, 517 000 en 1936. Mais, avec les années 30, une réaction s'opère dans l'opinion publique : la crise économique entraînant le chômage rend insupportables ces étrangers qui ont encore la chance d'avoir du travail. Il est admis qu'en cas de licenciements ils seront renvoyés en priorité. L'esprit de droite, nationaliste, fait le reste : on suspecte ces révolutionnaires espagnols réfugiés en France, ces Juifs allemands volontiers internationalistes, tous ces « métèques » comme on les appelle par mépris. On les montre s'enrichissant aux dépens de la France, épargnés par le service militaire. Comme, par ailleurs, la crise s'éternise en France, les beaux temps de l'immigration sont terminés.

Différenciation régionale

L'évolution démographique est inégale selon les régions ; elle s'accompagne d'autre part de migrations internes ou externes. Il en résulte une nouvelle distribution de la population en France.

★ *Régions vivantes et régions moribondes.*

Évoquer la densité de peuplement d'une région ne suffit pas pour en montrer la vitalité démographique. Cette densité peut en effet, résulter simplement d'une immigration (exemple : la région parisienne). Inversement, des régions bien peuplées grâce à leur natalité peuvent se montrer incapables de nourrir leur population : elle devra émigrer (exemple : la Bretagne). D'autres, en déclin démographique, attirent plus ou moins spontanément des migrants (exemple : le Midi qui attire Italiens à l'Est, Espagnols à l'Ouest ; sans oublier les Bretons qu'on essaie d'installer en Aquitaine : ils sont 600 en 1921, 10 000 en 1946). Il est d'autres régions qui se dépeuplent par dénatalité et par émigration et qui n'attirent aucun immigrant (le Sud du Bassin Parisien, le Nord et l'Ouest du Massif central) : c'est le cas le plus tragique. Le seul cas favorable est celui-ci : régions de forte natalité mais dont l'activité économique nécessite, en plus, le recours aux immigrés (le Nord et une partie du Nord-Est).

On sera frappé par l'importance de la tradition et spécialement de la tradition religieuse dans le maintien de la natalité : les trois grandes régions excédentaires (Ouest, Nord, Nord-Est) sont celles où la pratique religieuse est la plus vive. Il en est de même dans certains îlots qui tranchent avec les régions avoisinantes : Rouergue, Cantal et Velay, Alpes du Nord, Pays basque.

Ainsi du point de vue démographique *la France est-elle une mosaïque* où la densité (moyenne 76) peut atteindre 300 au kilomètre carré (Nord) ou 10 (Alpes du Sud) ; où la natalité dépasse 25‰ (Bretagne) ou tombe à 12 (Midi méditerranéen).

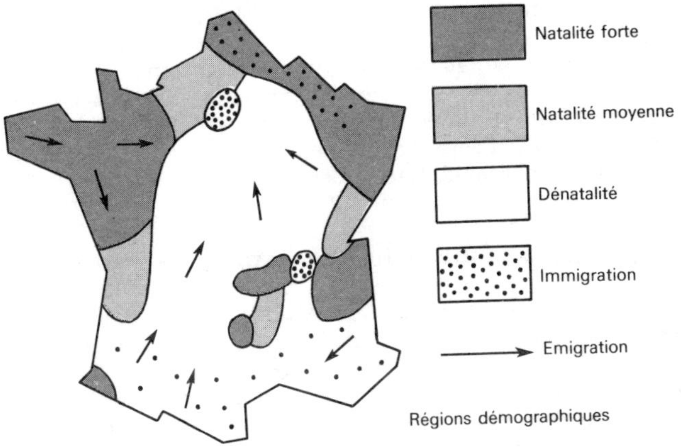

Régions démographiques

★★ L'*urbanisation*, grand phénomène de l'histoire contemporaine, liée au développement de l'économie de relations (transports, spécialisation, instruction, etc.) se poursuit en France comme dans les autres pays. Assez rapidement dans les années 20 (prospérité économique, industrialisation), beaucoup plus lentement dans les années 30 (crise). C'est vers 1929 que la population urbaine atteint, puis dépasse le chiffre de la population rurale. Population urbaine :

1913	44 %
1921	46 %
1929	50 %
1931	51 %
1936	52 %

Cependant, en France, cette urbanisation revêt quatre aspects particuliers :

• *elle est modérée :* par ces pourcentages, la France arrive très loin derrière les autres grands pays industriels, preuve de l'importance de son agriculture et de sa lenteur à s'adapter à la vie moderne ;

• *elle profite autant aux petites villes qu'aux grandes.* En effet, le nombre des villes de plus de 5 000 habitants passe de 648 (en 1901) à 867 (en 1936), mais on n'arrive, en 1936 qu'à 17 villes de plus de 100 000 habitants. Combien de petites agglomérations vivotent, riches surtout de leur passé, de leur marché local, de leur personnel administratif, petite bourgeoisie attachée aux principes, villes de secteur tertiaire beaucoup plus que secondaire ;

• *elle est inégale selon les régions* : la moitié Ouest-Sud-Ouest (à l'ouest d'une ligne Le Havre-Marseille) ne possède que des villes petites ou moyennes (à l'exception de Bordeaux, Toulouse et Nantes) ; il en est de même dans le Bassin parisien où Paris absorbe tout ;

• *elle profite surtout à l'agglomération parisienne.* Paris atteint 2,9 millions et faute de place déborde sur une banlieue industrielle (Est, Nord ou proche Ouest) ou résidentielle (Ouest plus éloigné et Sud). C'est finalement près de 5 millions de personnes qui se rassemblent là. Parisiens de souche, provinciaux, naturalisés de fraîche date et étrangers de tous pays s'y côtoient, posant de multiples problèmes à l'administration. Paris absorbe littéralement presque toute la vitalité française : la croissance de sa population équivaut au gain (léger) de toute la population française en vingt ans : résultat d'une immigration attirée par le rayonnement de la grande ville. Creuset magnifique, mais véritable sangsue pour une France qui s'étiole. Car là seulement l'activité économique, financière, intellectuelle satisfait à tous les besoins. Mais, ailleurs, se forme « le désert français ».

Développement d'une politique familiale

La gravité du problème démographique devait finir par attirer l'attention des pouvoirs publics ; ils intervinrent surtout par une politique d'aide à la famille. Mais cette aide peut répondre à deux buts : un but charitable d'abord : c'est sous cette forme qu'apparaissent les premières manifestations, d'origine privée beaucoup plus que publique ; un but économique sinon politique, au sens large du terme : assurer le développement et même la survie d'un pays qui semblait se condamner à disparaître de mort lente. Ce second aspect n'apparaît que lentement, tardivement ; mais, dans les toutes dernières années de l'entre-deux-guerres, il est le principal, car les sphères officielles ont enfin pris conscience de la gravité du problème.

Avant 1914, l'aide à la famille est très rare, elle prend un caractère charitable, elle est surtout privée. Ainsi, dans les années 1880, des patrons du Nord et du Dauphiné versent-ils quelques allocations à leurs ouvriers lors de la naissance de leurs enfants ou même vont-ils parfois jusqu'à augmenter le salaire si la famille est très nombreuse. Originale est l'action du catholique social Léon Harmel qui, dans son entreprise de Val-des-Bois, verse un salaire proportionnel au nombre des enfants. L'État attendra 1904 pour encourager les conseils généraux à aider les familles modestes ayant au moins trois enfants et

1913 pour que l'aide soit obligatoire à partir du quatrième enfant : mais il ne s'agit toujours que des familles à très faible revenu. Le caractère d'assistance est donc net.

La *guerre de 1914* rend difficile la situation de maintes familles dont le père est mobilisé. Elle va donc renforcer la tendance au soutien. A partir de 1916, les compagnies de chemin de fer donnent des allocations à leur personnel. Dans l'Isère, un industriel, Romanet, d'accord avec le syndicat des fondeurs, crée un système nouveau et d'avenir : une caisse de compensation (dont les fonds viennent de chaque employeur) verse des allocations aux familles nombreuses. Ainsi les versements dépassent le cadre de l'entreprise, ils deviennent donc plus sûrs et sont égaux pour tous les salariés qui bénéficient de l'aide de cette caisse.

L'État, de son côté, par les lois d'avril 1917 et surtout du 14 novembre 1918, décide de verser des allocations familiales à tous les fonctionnaires. On peut donc dire qu'à la fin de la guerre on a les bases du système : reconnaissance du droit à l'allocation ; système de caisses de compensation (pour les entreprises privées). Restait à généraliser ces mesures.

Pendant les années 20, cette généralisation est lente. Les caisses privées se multiplient peu à peu, versant des allocations variables d'une profession ou d'une région à l'autre. L'État, de son côté, par les lois de 1921 et 1923, étend son aide aux familles d'au moins quatre enfants et de revenu modeste. Mais rien de plus. En 1925, on ne compte que 270 000 familles bénéficiant des allocations familiales[1].

Les années 30 vont être décisives : l'État, cette fois, prend l'affaire en main et l'allocation familiale est établie à partir de 1932. En voici ces étapes :

- 1932 : allocations obligatoires pour tous les salariés ; elles seront payées par des caisses de compensation privées, alimentées par les employeurs (cotisation égale à 4 % du salaire). Ces caisses sont gérées par chaque profession, mais l'État y exerce un contrôle. L'allocation est calculée d'après le salaire départemental moyen ;
- 1938 : l'allocation est étendue aux chefs d'exploitation agricole ;
- 1939 : l'allocation est versée à toute la population active. Un code de la famille est promulgué qui regroupe toutes les mesures et prévoit le bénéfice des allocations à partir du deuxième enfant. Une prime est versée à « la mère au foyer ». La même année est créé un « secrétariat général à la Famille et à la Population ». Ces mesures, jointes aux réductions accordées aux familles nombreuses par les chemins de fer et s'ajoutant aux lois de 1920, 1923 et 1939 qui engagent la lutte contre la pratique de l'avortement, prouvent que la France est décidément engagée dans une politique nataliste. Mais il est déjà bien tard. La guerre survenant sur ces entrefaites, il faudra attendre plusieurs années pour que, renforcée par d'autres mesures, cette politique porte pleinement ses fruits.

---

1. Article publié dans *Problèmes économiques*, n° 935, 30 novembre 1965 (*La Documentation française*).

TROISIÈME PARTIE

LA FRANCE DE LA CRISE

(Des années 30 à la Deuxième Guerre mondiale)

La France se remettait des épreuves de la guerre et de l'après-guerre quand éclata la crise. Cette grande crise mondiale qui commence en octobre 1929 ne l'épargne pas, mais les caractères qu'elle y prend révèlent deux différences par rapport au reste du monde :

• différence quantitative, pourrait-on dire : venue en France plus tard qu'ailleurs (1931), la crise n'atteint pas aussi fortement l'économie française, mais beaucoup plus durablement. Elle se développe en effet jusqu'en 1935 et n'amorce alors qu'un reflux extrêmement lent : en 1939 la France n'aura pas retrouvé son niveau de production de 1929 !

• différence qualitative : la crise n'est pas seulement économique et financière ; elle est aussi morale, politique. Le vice du régime et les faiblesses de la France se révèlent à l'épreuve. Incapacité de trouver un remède à la crise ; discussions à caractère beaucoup plus politique qu'économique ; tentation d'une solution de type fasciste à laquelle répond la formation du « Front populaire ». Celui-ci triomphe en 1936. L'année 1936 sera-t-elle un grand tournant de l'histoire de la France ? La révolution va-t-elle marquer de son empreinte la politique, l'économie et la société ? Non : 1936 est une coupure plus apparente que réelle.

Dès 1938, la France se retrouve assez semblable à elle-même, avec des problèmes élargis à l'échelle de son Empire où le nationalisme devient inquiétant (quoi qu'on en pense alors !) et de l'Europe (menaces de guerre). Elle amorce un redressement indéniable. Mais, en 1939, quand éclate le conflit prévu, combien grave est sa situation, combien retardataire ou ébranlée son économie, combien troublée sa société, et justifié son désarroi !

La catastrophe de 1940 apparaît alors comme la conclusion tragique mais logique de « la crise de la France ». Une crise qui ne prendra véritablement fin, après les brimades et les persécutions de l'occupant, qu'à l'heure de la Libération.

Chapitre XI

LA CRISE DE 1931 A 1935

Épargnée plus longtemps que les autres pays par la crise mondiale née aux États-Unis en 1929, la France la subit à son tour à partir de 1931 surtout. La crise se développe dans tous les domaines : économique, financier, politique, moral même, tandis que les gouvernements successifs cherchent par des solutions maladroites à l'endiguer. Le résultat ? En 1935, la crise bat toujours son plein, alors que, dans les autres pays, elle est en nette régression.

I. LA CRISE MONDIALE

Le 22 octobre 1929, le cours des actions s'effondre à la Bourse de New York. Cette crise boursière se développe, s'épanouit en une crise financière et économique qui atteint profondément les États-Unis et, peu à peu, tous les pays du monde (U.R.S.S. exceptée).

Quelles sont les causes de cette crise?

Cette question intéresse la France comme les autres États[1].

C'est apparemment une crise de surproduction générale : dans l'agriculture, celle-ci est visible avant 1929 : les cours se sont abaissés dans tous les pays à partir de 1925-1926 ; dans l'industrie, l'échéance est repoussée à 1929 pour deux raisons : ou bien (cas des États-Unis) on a eu recours à divers procédés pour stimuler artificiellement la consommation (vente à crédit surtout), ou bien (dans la plupart des autres pays, comme la France) les besoins à satisfaire restaient encore importants. Mais un jour l'offre est devenue supérieure à la demande. Pourquoi ?

L'offre, au lendemain de la guerre, venait essentiellement des États-Unis dont l'essor économique a été extraordinaire pendant que l'Europe s'acharnait à se détruire ; mais cette Europe, assez vite, s'est reconstituée économiquement, tandis que les États-Unis continuaient toujours à produire davantage. Dangereusement, *la prosperity poussait à la spéculation* et le cours des actions dépassait de beaucoup leur valeur réelle. Il y a donc, parallèlement, excès de produits et niveau excessif des cours à la Bourse. L'équilibre est fragile : la confiance des producteurs et des détenteurs de capitaux, un jour, s'effondre : on ne croit plus à l'extension de la demande.

Les moyens financiers des consommateurs en effet ne leur permettent pas d'acquérir ces biens multiples que la technique moderne peut produire en abondance. Progrès social trop lent, donc, trop grande diversité de fortune. Ou encore, si l'on veut, distorsion entre la technique du XXe siècle faite pour une grande consommation de masse et la

---

1. La crise ne peut être étudiée ici dans tous ses développements ; on ne l'envisage que dans la mesure où elle intéresse la France.

richesse parcimonieusement distribuée, à la manière du XIXe siècle. N'ont pas assez de moyens d'achat : les masses populaires, les paysans endettés, souvent les rentiers appauvris.

Mais pour certains *la crise a une origine monétaire :* la politique monétaire américaine vise à maintenir un dollar très fort. Son émission est limitée. Par là on a des prix stables, les exportations sont faciles et favorisent le drainage de l'or mondial par les États-Unis. Qui est fortuné achète de l'or ou ces précieux dollars, thésaurise — ou bien même, après 1928, achète des francs, autre monnaie forte. Faute de monnaie abondante, on recourt au crédit. Celui-ci devient bientôt excessif. La confiance disparaît : c'est l'effondrement boursier puis la fin du crédit. Tous les rouages de l'économie sont alors grippés.

Pourquoi la crise prend-elle un caractère universel, s'étendant comme une réaction en chaîne ?

A cause, d'abord, des liens étroits entre tous les pays au XXe siècle. La vie économique repose désormais sur les échanges. Qu'un pays, atteint par la crise, cesse d'importer et voici tous ses anciens fournisseurs plus ou moins profondément touchés. Il y a plus grave : le capitalisme est international. L'effondrement du cours des actions à New York ne frappe pas seulement les capitalistes américains, mais aussi les Européens qui ont investi aux États-Unis et notamment les banques. Les banques forment un véritable réseau international. La prospérité de toutes est liée à la prospérité de chacune. Mieux encore, ces banques (et surtout celles des États-Unis et d'Angleterre) soutiennent, par leurs crédits, non seulement l'économie, mais aussi la monnaie de certains pays. Ainsi l'Allemagne, depuis le plan Dawes (1924) dépend-elle beaucoup de la finance anglo-saxonne. Que ces capitaux étrangers soient rapatriés, son économie, sa monnaie sont menacés. C'est ce qui pousse le chancelier Brüning, en 1931, à contrôler les mouvements de capitaux, à soutenir l'idée de moratoire lancée par le président américain Hoover, à cesser de payer les réparations.

Une autre cause, que l'on devine par l'exemple ci-dessus, est à rechercher dans l'*égoïsme des solutions apportées à la crise par chacun des États*. Malgré le caractère international du commerce et des liens financiers, chaque État cherche à résoudre *sa* propre crise en se repliant dans un système quasi autarcique et en dévaluant sa monnaie pour favoriser ses exportations. Ainsi, la dévaluation anglaise de 1931, destinée à sauver les positions économiques et financières de la Grande-Bretagne, ébranle-t-elle tout le système de l'après-guerre. Les États-Unis s'en rendent compte et dévaluent à leur tour en 1933-1934. La France sera l'une des dernières à en comprendre la nécessité. La S.D.N., dont la mission à l'origine était, dans une certaine mesure, économique autant que politique, ne parvient à rien : la tentative de 1927 d'assouplir le protectionnisme avait déjà été un échec ; l'idée de créer une Banque internationale de crédit agricole, en 1930, n'aboutit pas davantage. Ainsi donc, la crise « s'exporte » d'un pays à l'autre.

Au total, cette crise marque la faillite d'un certain système à base de capitalisme trop peu contrôlé et d'illusions internationalistes.

Si la France est moins profondément atteinte, au départ, c'est parce que le capitalisme l'a moins marquée que les autres, que ses échanges sont d'un niveau assez peu considérable, que vers 1930 sa monnaie est solide.

Les conséquence de la crise

Du point de vue purement économique, l'égoïsme de chaque État aboutit à un regain du protectionnisme et à la destruction des circuits commerciaux traditionnels. A l'intérieur, le chômage s'étend sur des millions d'individus, bouleversant les rapports sociaux, menaçant les régimes politiques. Les États les plus faibles ne résistent pas et, à l'instar de l'Allemagne, remettent leurs destinées entre les mains d'un « Sauveur ». Coup mortel pour la démocratie parlementaire. Mais il est des pays où la fermeté de la tradition politique, la richesse latente, le patriotisme (« union nationale » en Grande-Bretagne) donnent les moyens de remonter la pente.

Ces pays, surtout États-Unis et Angleterre, résolvent la crise par une mutation de leur système économique : au capitalisme trop libre succède un « néocapitalisme » caractérisé par une limitation plus ou moins volontaire de sa liberté d'action et une intervention ou un contrôle de l'État. Le libéralisme en a fait les frais. Mais la solution s'est révélée parfaitement valable. En France, on s'est contenté de replâtrer un édifice déjà passablement vermoulu. On est resté aveuglément attaché à des principes dépassés : rien d'étonnant à ce que la crise s'y soit perpétuée plus longtemps qu'ailleurs.

II. CRISE EN FRANCE ET CRISE DE LA FRANCE

Les premiers signes de difficulté apparaissent à l'automne 1930. La crise se généralise seulement en 1931-1932. Longtemps, la France est apparue comme un îlot épargné et sa monnaie garantie par l'or était alors la plus forte du monde. Mais, quand enfin le marasme s'y étend, il y prend un caractère général : ce n'est pas seulement une crise économique, c'est la crise de la France.

La crise économique

★ *Crise de l'industrie.* Quelques signes avant-coureurs apparaissent dès 1928 pour le textile et les articles de luxe ; en 1929, pour certains articles courants. Pourtant, l'apogée de la production se place en décembre 1929 et janvier 1930. L'année 1930 voit la France peu à peu envahie par les produits étrangers à bas prix. En septembre 1931, la dévaluation de la livre (entraînant celle de nombreuses autres monnaies) fait de la France, par contraste, un pays cher. Faute de pouvoir vendre à l'intérieur ou à l'extérieur (concurrence des produits étrangers à bas prix, ruine des acheteurs traditionnels), les industriels baissent leurs prix : la chute est de 22 % de 1930 à 1935. Beaucoup ne le peuvent: c'est la faillite (parmi les principales victimes : Citroën, sauvé par une intervention de l'État et repris en main par Michelin). Même les entreprises qui peuvent se maintenir doivent diminuer leur production. Celle-ci descend, en 1935, au-dessous du niveau de 1913 (indice 94, pour 100 en 1913 et 140 en 1929-1930), soit une chute d'environ un tiers.

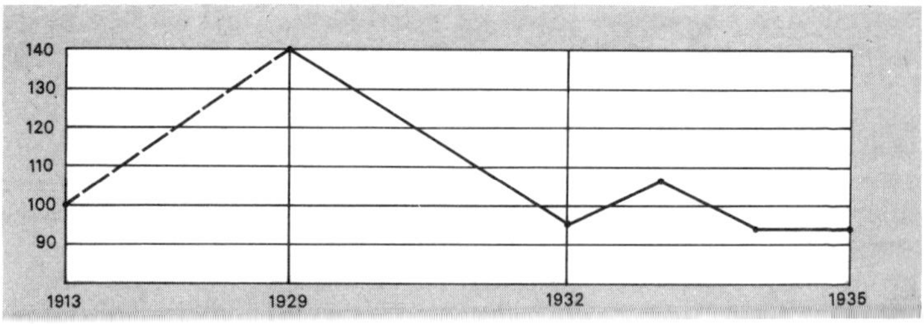

Conséquences sociales : pour l'ensemble des Français-consommateurs situation avantageuse puisque les prix baissent. Pour les ouvriers, aggravation du chômage : 400 000 chômeurs en mars 1933 ; 1 200 000 en mars 1934 auxquels s'ajoutent 1,5 à 2 millions de chômeurs partiels. Cependant (à l'exception de quelques menées communistes au printemps 1931), il n'y a pas de revendications violentes : les syndicats restent affaiblis par leurs divisions et, surtout, l'ouvrier qui travaille a trop peur de perdre son emploi ; d'ailleurs, pour lui, le niveau de vie s'améliore puisque les prix ont bien baissé. Mais la rancœur gagne la masse des chômeurs.

★★ *Crise de l'agriculture.* Latente depuis plusieurs années, elle semble retardée jusqu'en 1931 par le protectionnisme toujours efficace et renforcé par diverses taxes, mais s'amplifie avec la malchance d'excellentes récoltes (92 millions de quintaux de blé en 1932, 98 en 1933 ; 75 millions d'hectolitres de vin en 1934 + 22 d'Algérie au lieu de 50 à 60 + 15) et la chute des cours mondiaux (le blé perd plus de la moitié de sa valeur). Les prix de gros des produits agricoles français s'effondrent. Le blé perd environ 40 % de 1931 à 1935, le vin 60 % par rapport à l'avant-guerre. La crise est d'autant plus sérieuse que les prix industriels n'ont diminué, eux, que de 22 % : ainsi l'agriculture paie ses machines, ses engrais et ses divers produits de consommation relativement beaucoup plus cher qu'avant.

Les *conséquences sociales* sont très sérieuses. Les paysans s'agitent, manifestent, déclenchent parfois de véritables émeutes, vont défiler à Paris. Agitation qui surprend une opinion très mal informée des problèmes agricoles et assez naturellement hostile aux revendications paysannes. Il n'est pas excessif de parler de détresse dans les campagnes. Fait nouveau par son ampleur, les idées socialistes, voire communistes, y pénètrent.

★★★ *Crise du commerce.* La *chute* commence dès 1929. En 1932, le niveau des échanges est inférieur de moitié ! Puis la diminution continue, plus lente, jusqu'en 1935 : on arrive alors à un volume d'échanges égal au tiers de 1929 ! pas même la moitié du niveau de 1913 ! Pourquoi ? Impossibilité d'exporter des produits français trop chers (le franc est la seule grande monnaie qui n'ait pas été dévaluée) ; incapacité d'importer pour de multiples entreprises sans ressources, d'autant plus que de nouvelles taxes frappent l'importation.

Cette diminution des échanges n'empêche pas le *déséquilibre de la balance commerciale* de s'aggraver ; celui-ci atteint :

14 % en 1929
35 % en 1933
26 % en 1935

En chiffres absolus, cependant, le déficit commercial diminue (puisque le volume des transactions est du tiers) :

8	milliards	en 1929	(francs Poincaré)
11,8	—	en 1931	
5,4	—	en 1935	

La crise financière

Bouleversement des fortunes privées, difficultés des banques, insuffisance des rentrées fiscales, déséquilibre du budget, déficit de la balance des paiements — tous les aspects du désordre financier se trouvent réunis.

Les *finances privées* sont inégalement atteintes. Le consommateur assuré d'un emploi profite de la baisse des prix. Mais le chômeur, le petit artisan, le commerçant, le paysan, l'industriel, l'épargnant qui a investi sont dans une situation souvent dramatique. Les banques sont durement atteintes. Parmi elles, surtout la Banque d'Alsace-Lorraine, l'Union parisienne et la Banque nationale de crédit (de la faillite de laquelle naît, en 1932, la B.N.C.I. grâce à l'aide de l'État). En 1931, la banque Oustric s'effondre dans une atmosphère de scandale.

L'État, de son côté, voit se multiplier les problèmes :

• la *balance des paiements*, encore équilibrée en 1930, se déséquilibre sous l'action conjuguée du déficit de la balance commerciale, de la cessation du paiement des réparations, de la chute du tourisme (apport de devises onze fois moindre en 1935 qu'en 1929). Le déficit de la balance doit être soldé en or.

• le *budget* surtout devient catastrophique : aux 5 milliards d'excédent de Poincaré pour 1929, succède un déficit de 5 milliards en 1931, 12 en 1933, 10 en 1935. Les causes ? D'une part, les moins-values fiscales dues à la crise : elles atteignent 17 % de 1931 à 1935. D'autre part, une politique de subventions, secours et primes trop généreusement distribués dans l'espoir — fallacieux — de résoudre la crise.

La crise sociale et morale

Trois millions de personnes sans emploi ou avec un emploi réduit, des millions de paysans acculés au désespoir ou en proie à la colère, le sentiment d'être emporté par une tourmente qui dépasse les forces de l'humanité, le bouleversement de fortunes souvent accumulées avec patience par plusieurs générations — comment, dans ces conditions, attendre confiance et effort d'un peuple déjà si éprouvé par la guerre et les désordres de l'après-guerre ?

Le manque de confiance, la répugnance pour l'effort et la discipline semblent les traits les plus caractéristiques en France. Chaque groupe social cherche, dans la débâcle générale, à sauver ses avantages sans aucun souci du bien commun, sans penser même qu'une solution d'ensemble puisse être trouvée. C'est un repliement général, dans un esprit malthusien : profiter au maximum de ce qu'on possède encore, le garder jalousement pour soi, freiner tout progrès de la production. Refondre les structures économiques ou sociales, repenser les méthodes, il n'en est pas question. On songe seulement à limiter une production qui est devenue excédentaire et à s'en partager les fruits, aussi abondamment que possible.

C'est dans ce contexte que s'inscrit l'évolution démographique : puisqu'il y a des chômeurs, n'est-ce pas la preuve que les bras sont trop nombreux ? Et comment souhaiter agrandir sa famille quand l'avenir est si sombre ? De fait, à partir de 1935, la natalité devient inférieure à la mortalité.

L'*immoralité publique* explique pour beaucoup ce manque de confiance. Des scandales éclatent, non sans éclabousser les hommes les plus en vue. Après cette affaire de « la Gazette du franc » dont la directrice se cautionnait des plus grands noms pour donner de mauvais conseils aux petits épargnants, on apprend l'arrestation pour malversation de l'ancien ministre des Finances Klotz, mais c'est surtout l'affaire Stavisky (1933-1934) qui scandalise l'opinion.

Cet escroc, directeur du Crédit municipal de Bayonne, avait été arrêté à la suite d'agissements malhonnêtes. Très vite relâché, il avait pu, dix-neuf fois de suite, faire remettre son procès, bénéficiant de très solides appuis politiques. Or, en 1933, on s'aperçoit que ses détournements s'élèvent à plusieurs centaines de millions de francs. Et des noms de complices haut placés sont cités. Le procès ne peut plus être évité. Mais Stavisky, brusquement, est tué : suicide ou assassinat ? Le conseiller Prince, chargé d'instruire l'affaire, est trouvé tué à son tour, quelque temps après.

Comme au temps de Panama, mais dans un climat beaucoup plus tragique, n'est-ce pas la preuve que « le régime est pourri » ?

La crise du régime

★ *Le libéralisme traditionnel est menacé.* L'incapacité du gouvernement à résoudre la crise est patente. Mais on ne s'en prend pas seulement au gouvernement de centre gauche ou de centre droit, on s'en prend au régime : à la démocratie parlementaire. Si l'on est de droite, arguant des scandales politiques, on n'a que mépris pour « la République des camarades » ; évoquant les crises ministérielles répétées, on parle de la « République des députés », de ces mandataires du peuple qui vivent en fait de lui et non pour lui, et l'on commence parfois à éprouver quelque admiration pour l' « ordre » qui règne en Italie ou en Allemagne, où Hitler, depuis janvier 1933, s'emploie avec succès à résoudre le chômage.

Si l'on est de gauche, on voit partout l'ombre des milieux capitalistes, des oligarchies, des monopoles, des « 200 familles » les plus riches de France qui contrôlent la production et les banques (dont la Banque de France), et l'on évoque l'U.R.S.S. où le gouvernement est au service du peuple, où la production industrielle connaît un essor rapide.

Les partis politiques traditionnels, spécialement ceux du centre : radicaux ou modérés, les plus attachés au libéralisme, voient le peuple se détacher d'eux et s'engager dans des partis ou ligues extrémistes. *A droite*, les ligues, Action française, Croix de feu, Jeunesses patriotes, bientôt « Doriotistes » (Doriot, ancien communiste évoluant vers le fascisme) s'inspirent d'un idéal antiparlementaire et nationaliste. Le groupe le plus influent, celui des Croix de feu (qui deviendra après sa dissolution en 1936 le P.S.F. : Parti social français) veut le respect des droits des anciens combattants (sa seule raison d'être au début), le salaire minimum et les congés payés, la protection de la petite propriété paysanne, des mesures contre les excès du capitalisme, l'organisation des professions, la protection de la famille, le renforcement des pouvoirs du président de la République, la réduction du nombre des députés et une limite d'âge pour être parlementaire, des sanctions contre les partis faisant campagne contre le devoir militaire, le contrôle des industries présentant un intérêt essentiel, etc.[1] : programme qui unit de très anciens courants de pensée français (individualiste, moral, patriote) à des principes sociaux et autoritaires inspirés du fascisme italien. Les premiers attirent de très nombreux adhérents tandis que les seconds éveillent l'hostilité de la gauche « antifasciste », sensible aux méthodes d'action de cette ligue : manifestations de masse, défilés d'allure militaire, etc.[2].

La *gauche* reste cependant encore divisée. Les communistes, avec Thorez, secrétaire du parti depuis 1930, n'ont que onze députés, mais étendent rapidement leur influence dans le pays. Les socialistes avec Blum se rapprochent d'eux dès 1934, mais, par là même, perdent ceux des leurs qui souhaitent participer au pouvoir aux côtés des radicaux. Le parti se scinde en 1933, une trentaine de parlementaires « participationnistes » forment en dehors de la S.F.I.O. un « Parti socialiste de France » avec Marcel Déat, Marquet, Renaudel. C'est l'illustration des tiraillements de l'opinion entre la vie politique traditionnelle et l'attrait — ou la crainte — d'un système de démocratie non libérale.

★★ La *faiblesse du pouvoir* est la cause et devient la conséquence de cette situation. Elle se caractérise d'abord par l'instabilité ministérielle : ministères de coalition, éphémères, car chaque parti représenté se refuse à endosser l'impopularité des mesures les plus nécessaires. Dès lors aucune politique de longue haleine n'est plus possible, les ministères durant, tout au plus, quelques mois (onze ministères d'août 1931 à février 1934). Paralysie de l'exécutif ensuite : la Chambre est toute-puissante : le président du Conseil est à sa merci et le président de la République est, pour ainsi dire, en dehors de la politique. La droite réclame une révision de la Constitution pour augmenter les pouvoirs de l'exécutif ; la gauche s'y refuse.

Les élections de 1932 ont donné la majorité à celle-ci, après que le centre droit eut perdu la confiance du peuple avec les débuts de la crise. Mais les socialistes ont refusé la participation et les radicaux se débattent donc dans les oscillations de la gauche (d'abord) à la droite (ensuite). Ce défaut de majorité, ces tâtonnements, les scandales alors que la crise se développe sont à l'origine de l'émeute du *6 février 1934*, menée par les ligues (beaucoup de Croix de feu) ; le

1. Extrait du Manifeste des Croix de feu cité dans *Documents d'histoire* par O. Voilliard, G. Cabourdin, etc., Paris, Colin, 1964.
2. R. Rémond : *La Droite en France*, 2e édition, Paris, Aubier, 1963.

ministre Daladier cède : il démissionne. Une tentative de « concentration républicaine » avec Doumergue n'aboutit pas : il est renversé quand il envisage de réformer la Constitution en faveur de l'exécutif. Peu après, l'Assemblée laisse Laval endosser la responsabilité de mesures financières brutales et impopulaires, très mal vues par la gauche. Celle-ci reprend son influence dans les derniers mois de la législature, solidement regroupée dans le « Front Populaire »[1].

En somme, la France n'a jamais été si divisée, le pouvoir si faible, si hésitant qu'en ces moments où la crise appelait des solutions urgentes et des décisions fermement appliquées. S'étonnera-t-on que cette crise se soit si longuement développée, que les remèdes essayés aient été totalement inefficaces ?

III. INEFFICACITÉ DES REMÈDES

Si, politiquement, aucun remède de droite ou de gauche n'a été utilisé pour redresser le régime, on en a essayé un certain nombre pour régler la crise économique. Leur inefficacité est leur caractère le plus frappant.

Absence de remède à la crise commerciale

Le développement des exportations est un moyen d'écouler une production excédentaire. C'est évidemment très difficile quand la surproduction est mondiale. La seule condition est de baisser les prix. Chose difficile, sinon impossible en France : en effet, comme on va le voir, rien n'est fait pour améliorer les structures de production ; d'autre part, le gouvernement se refuse, à la différence des autres pays, à dévaluer le franc : les milieux possédants s'y opposent. C'est le problème budgétaire, avant tout, qui le préoccupe. Il y a dans cet *attachement excessif à la valeur de la monnaie* une cause essentielle du prolongement de la crise en France. Le pays doit la résoudre « en vase clos ».

La *limitation des importations* devient, dès lors, le souci majeur. Mais on voit qu'il s'agit non de résoudre la crise commerciale, mais de maintenir le cours et le niveau de la production nationale. Les moyens ont été :

- des taxes appliquées par le gouvernement à certains articles d'importation, sans relèvement, à proprement parler, des tarifs douaniers (qui venaient d'être conclus pour la plupart depuis 1927). Fin 1931 : 207 articles sont taxés. Parmi ces taxes, il en est qui sont des « surtaxes de change » frappant les produits venant de pays où a eu lieu une dévaluation (c'est un moyen de compenser l'avantage obtenu par celle-ci). Mais, devant les protestations que suscite le système à l'étranger, on y renonce fin 1933 et on préfère :
- un système de contingentement, à partir d'août 1931 et généralisé en 1932 : sans les taxer, on limite la quantité de produits à importer. Remède très efficace... qui a l'inconvénient de priver le

1. Voir, au chapitre suivant, la formation du « Front populaire ».

pays d'un certain nombre de matières premières et donc de freiner excessivement la production et finalement l'exportation ;

• des accords de *clearing :* accords de compensation avec les pays où est établi un contrôle des changes : ainsi en 1934 avec l'Allemagne ; mais, le mark étant surévalué, l'accord se révèle peu intéressant pour les Français : ils achètent beaucoup moins qu'ils ne vendent alors que le but recherché est l'équilibre des échanges sans versement de monnaie. Le système ne peut bien fonctionner.

Remèdes à la crise agricole

★ *Les conditions de l'action gouvernementale sont mauvaises au départ :* d'abord parce qu'on ignore les bases du problème : la grande diversité de la structure agricole française (grandes entreprises qui pourraient vendre moins cher, petites entreprises à prix de revient élevé, mais qui ont peu à vendre), le problème fondamental du rendement, les défauts de la commercialisation. Quoi d'étonnant à ce que, chacun prêchant pour son saint, les remèdes les plus divers aient été proposés au gouvernement ?

Ensuite parce que le problème est envisagé surtout sous son angle politique : il faut garder la clientèle électorale des paysans. Aussi, si la droite défend surtout le grand propriétaire ou le petit exploitant vivant de sa terre, les radicaux protègent spécialement le petit ou le moyen propriétaire, tandis que socialistes et communistes sont les porte-parole du prolétariat rural. Et tous, de toute façon, hésitent à livrer pleinement bataille, car la défense du monde rural apparaît un peu comme un thème réactionnaire.

★★ *Les mesures prises sont typiquement malthusiennes :* on bloque les importations (taxes, contingentement, interdictions), on cherche (... avec peu de succès !) à limiter la production ou, mieux encore, le marché. On en jugera par les décisions concernant les deux cultures de base que sont le blé et la vigne :

Pour le blé (lois de 1932, 1933 et 1934) :

• interdiction d'importation (1932) ;

• fixation d'un prix minimum (115 F le quintal en juillet 1933), celui-ci devant se maintenir grâce à la constitution de stocks ;

• versement de primes aux producteurs qui dénatureraient leur blé (impropre à la consommation humaine, il serait donné aux animaux) (1934) ;

• défense d'étendre les emblavures et de prendre des variétés à gros rendement (décembre 1934) ; mais suppression du prix légal qui n'est pas observé et liberté rendue au marché (elle ne devait durer qu'un an, en fait) ;

Pour le vin (lois de 1931, 1932, 1934, 1935) :

• interdiction de nouvelles plantations sur les exploitations de plus d'un hectare (amendes prévues) ;

• blocage de la récolte pour maintenir les cours ;

• primes d'arrachage de vigne ;

• distillation obligatoire de certaines quantités, proprotionnelles à la récolte (noter que la distillation devient également le remède pour résorber l'excédent de sucre dont pourtant le prix a peu baissé) : la France ne sait plus que faire de son alcool !

★★★ *Les résultats de ces décisions sont très décevants.*

La fraude des producteurs est générale (blé vendu en dessous du cours légal alors que les stocks deviennent excessifs ; extension du vignoble ou arrachage de vieilles vignes sans valeur, primes indûment perçues, etc.).

Lourdes dépenses pour l'État (primes, distillation, assainissement du marché).

Production inchangée et cours peu rémunérateur pour l'exploitant. Malaise durable du monde paysan.

Aucune réforme de structure : le petit producteur continue à vivoter sans pouvoir améliorer son exploitation ; par conséquent, *prix toujours trop bas pour le petit agriculteur et toujours relativement élevé pour le consommateur* (qui ne peut plus compter sur la concurrence extérieure pour le voir baisser).

Le gouvernement, en cherchant à réglementer la production et surtout le marché, « a créé de la valeur mais non de l'utilité »[1]. En renonçant à s'attaquer aux structures, il a retardé l'échéance, mais non réglé le problème. Attachement excessif au libéralisme ? Méconnaissance des données économiques modernes ? Difficulté politique de trouver le remède ? Refus d'un effort d'imagination ? La modernisation de l'agriculture française, retardée depuis le XIXe siècle, ne s'est pas faite en tout cas à l'occasion de la crise ! Et le retard s'accumule...

Remèdes à la crise industrielle

Les produits industriels français sont chers, soit que l'entreprise veuille amortir ses frais de modernisation, soit que, vieillotte, elle ne puisse vendre meilleur marché, soit, tout simplement que, les années passant, le franc apparaisse toujours plus cher face aux autres monnaies. Comme pour l'agriculture, il y a deux solutions possibles :

- soit défendre le cours des produits, ce qui est à l'avantage des milieux d'affaires ; solution de paresse dont le consommateur fait les frais et qui referme la France sur elle-même ; elle aboutit à diminuer la production ;
- soit moderniser les structures pour abaisser le prix de revient et trouver ainsi de nouveaux clients tant à l'intérieur qu'à l'extérieur : la production augmente.

C'est la première solution, malthusienne, qui est, de loin, la plus appliquée en France[2] malgré un timide effort pour la seconde (effort absent pour l'agriculture) ;

★ Le *maintien des cours* est la préoccupation majeure (c'est, on vient de le voir, un faux remède). Trois moyens :

- la *protection douanière :* on lui a largement fait appel, comme il a été dit ;
- le *recours à l'État :* celui-ci pourrait fixer les prix. Mais on s'y refuse au nom du libéralisme. Il pourrait empêcher le développe-

1. L. Chevalier : *Histoire du XXe siècle* (ouvrage cité).
2. Noter qu'aux États-Unis F. D. Roosevelt adopte un moyen terme : il maintient les cours, mais, par sa politique de grands travaux, il stimule la production.

ment de la concurrence : mais l'État s'y risque peu : en mars et avril 1936, deux lois interdisent la création de nouvelles usines de chaussures et réservent la réparation aux artisans. Dans la meunerie, la création de nouveaux moulins fut interdite. L'État pourrait enfin, à l'instar des codes auxquels Roosevelt oblige les industriels à souscrire, faire conclure des accords professionnels obligatoires. Ce projet, de 1935, ne sera pas discuté au Sénat, mais l'État a laissé se conclure spontanément ces accords : bel exemple d'un attachement de façade au libéralisme... permettant bien des facilités à certaines catégories ;

• l'*organisation des professions*, c'est-à-dire effort de concentration, mais *dans l'esprit du cartel*, c'est-à-dire du syndicat de défense. Globalement, c'est d'abord l'adhésion massive de chefs d'entreprise à la Confédération générale de la production française (créée en 1919; en août 1936, se modifiant, elle prendra le nouveau nom de « Confédération générale du patronat français ») ;

Selon les branches professionnelles, les accords sont plus ou moins faciles :

• les houillères, dès 1931, concluent un accord pour la répartition de leurs ventes par région ;

• la sidérurgie étant déjà assez organisée, il est facile, la même année, de créer pour l'acier le Comptoir sidérurgique qui fixe les prix et possède un comptoir de vente pour demi-produits, poutrelles, rails, fils. Le Comptoir est rattaché au Cartel international de l'acier (créé en 1926) qui, à partir de 1933, établit entre ses membres des contingents d'exportation, contrôlant ainsi 80 % des exportations mondiales d'acier. En France en 1935, c'est aussi la réorganisation du Comptoir des fontes ;

• dans l'industrie chimique divers accords sont conclus ;

• dans le textile, par contre, très divers dans ses productions, très morcelé dans ses entreprises, presque rien n'est fait.

★★ La *modernisation des structures*, remède essentiel, est malheureusement tout à fait insuffisante.

Un effort spontané est accompli dans quelques branches ; ainsi les houillères, au moins quand la société en a les moyens, cherchent à répandre l'abattage mécanique si bien que le rendement du mineur qui n'était que de 986 kg par jour passera à 1230 en 1938. Les sidérurgistes sacrifient les hauts fourneaux les plus vétustes : sur 155, 90 seulement restent en activité, mais leur rendement augmente de 10 %. Des progrès apparaissent aussi dans l'industrie chimique. Mais, faute de moyens financiers et d'esprit d'entreprise, le textile garde ses vieilles méthodes et son outillage de plus en plus désuet.

L'*effort de l'État*, qui pourrait être décisif, est infime. On l'a vite passé en revue ! En tant que « producteur », il se contente de créer réellement, en 1933, la Compagnie nationale du Rhône (à laquelle il participe) : décision qu'on attendait depuis douze ans... mais elle ne réalise à peu près rien (que l'on compare avec la Tennessee Valley Authority de Roosevelt !) L'État achève en 1933-1935 le barrage de Kembs, commencé en 1928. Et c'est tout.

En tant qu'animateur, l'État lance des plans :

• novembre 1929 : le plan Tardieu, antérieur à la crise, prévoit l'investissement de 5 milliards en faveur de l'agriculture, l'industrie et le commerce, les œuvres sociales et l'enseignement. Il n'est pas adopté par le Parlement ;

• décembre 1931 : le plan Laval accorde 3,5 milliards de crédits d'outillage. Il s'agit en fait de simples crédits supplémentaires consentis aux divers ministères responsables. Les sommes se diluent ou serviront à financer diverses subventions. Les caisses de crédit, départementales et communales, pour perfectionner l'outillage (également prévues par le plan), n'ont joué aucun rôle ;

• mai 1934 : le plan Marquet prévoit la distribution de 10,5 milliards en cinq ans. Ce n'est pas un plan, c'est simplement un programme de gros travaux dont les deux tiers sont à réaliser dans l'agglomération parisienne.

En dépit d'un effort spontané d'organisation ou de modernisation (plus facile dans l'industrie que dans l'agriculture, grâce à une concentration plus poussée), l'industrie n'a pas bénéficié d'un véritable plan de refonte de ses structures. Là aussi, le retard français s'aggrave. Là aussi, la carence de l'État est évidente.

Remèdes à la crise budgétaire, puis monétaire

Le budget, puis la monnaie sont les préoccupations essentielles des milieux gouvernementaux.

★ *Les conditions.*

Problème difficile quand les impôts rentrent mal et qu'on doit verser des allocations de chômage et des subventions aux producteurs ; problème essentiel aux yeux des possédants, des modérés, de la droite pour lesquels l'équilibre budgétaire est un axiome aussi indiscutable que la nécessité d'une monnaie forte. Les deux sont liés d'ailleurs : un budget trop longtemps déséquilibré conduit au remède de l'inflation, et celle-ci, tôt ou tard, à la dévaluation. Mais les moyens d'équilibrer sainement le budget sont de deux sortes.

Remède économique : prendre le mal à sa racine, c'est-à-dire relever l'économie pour que, la richesse revenant, les impôts rentrent mieux. Mais il faut de la patience : peut-être plusieurs années seront-elles nécessaires avant que cette politique ne porte ses fruits, années pendant lesquelles l'État pourra dépenser utilement plus qu'il ne gagne pour stimuler cette reprise : c'est la politique de Roosevelt, mais elle nécessite une vue large des choses et un gouvernement stable, durable. Elle peut rendre nécessaire une dévaluation, toujours douloureuse pour certaines catégories sociales : c'est ce que la droite redoute avant tout ; de 1935 à 1936, craignant de voir la gauche prendre le pouvoir et recourir à la dévaluation, les possédants se sont hâtés de convertir leurs billets en or et devises : la Banque de France en a perdu pour 15 milliards ! La dévaluation eût été un remède monétaire à la crise économique et indirectement donc un remède économique à la crise du budget. Mais cela est écarté.

Remède financier : le budget devient une fin en soi ; il faut l'équilibrer au risque de freiner la reprise économique. On peut alors recourir à :

• des économies : par exemple diminuer le nombre de fonctionnaires (ces « budgétivores ») : ceux-ci ne sont pas d'accord (ils contribuent à faire tomber le gouvernement en janvier 1933) ; ou encore diminuer la retraite des anciens combattants récemment instituée et coûteuse... mais on risque d'avoir beaucoup de monde contre soi ;

• une augmentation des impôts directs (la droite le refuse) ou indirects (la gauche ne saurait l'admettre) ;

• l'emprunt, mais il ne réussira que si la droite est au pouvoir (or les radicaux dominent de 1932 à 1935) et on ne peut en abuser sans obérer les budgets futurs.

Malgré toutes ses difficultés, c'est cependant au remède financier qu'on va recourir (1931-1934), mais avec si peu de succès que la monnaie se trouvera finalement menacée ; Laval, pour la sauver (1935), prendra des mesures de déflation telles qu'elles contribueront à amener au pouvoir ce Front populaire tant redouté (1936).

★★ *L'effort d'assainissement budgétaire.*

En 1931, Tardieu, lors de son troisième ministère, prend conscience du problème et proclame qu'aux dépenses doivent succéder maintenant les économies. De 1932 à 1934, les radicaux au pouvoir montrent leur incapacité à réaliser ce programme. *Herriot,* tout d'abord, lance un programme (juillet 1932) pour la réduction des dépenses publiques et l'augmentation de l'impôt sur le revenu tandis qu'il émet pour 2 milliards de bons du Trésor. En même temps, il accepte à la Conférence de Lausanne que les Réparations tombent à 3 milliards alors que les dettes de la France seraient maintenues. Question de principe sur laquelle Herriot met son point d'honneur à être renversé par la Chambre.

Quatre gouvernements lui succèdent au cours de 1933. Chacun tombe sur les mêmes questions d'augmentation des impôts ou de réduction des traitements des fonctionnaires. C'est l'époque des faillites, des scandales. Les possédants s'inquiètent : la Banque de France perd de l'or. Le régime devient l'objet du mépris. Et le ministère suivant (Daladier) s'en aperçoit lors de l'émeute du 6 février 1934.

Le ministère Doumergue qui lui succède, axé beaucoup plus à droite, décide des économies aux dépens des fonctionnaires et des pensionnés et lance plusieurs emprunts qui connaissent le succès. L'encaisse-or de la Banque de France remonte ; elle atteint 80 milliards fin 1934. Mais le ministère tombe sur le programme de réforme de la Constitution. Sous Flandin qui lui succède, la confiance disparaît... et l'or aussi.

★★★ *L'expérience déflationniste de Laval.*

La situation financière et monétaire est assez grave en juin 1935 quand Laval devient président du Conseil, pour que l'Assemblée lui accorde les pleins pouvoirs. Ce dessaisissement des prérogatives parlementaires permettra à Laval d'endosser l'impopularité des mesures que la majorité de centre droit sent nécessaires.

Aussi Laval agit-il par décrets-lois (= décrets ayant force de loi). La monnaie étant fortement menacée désormais, il pratique une brutale politique de déflation ; dans son esprit, elle permettra, une fois l'assainissement obtenu, de faire une dévaluation efficace pour l'économie. Voici ses décisions :

• réduction de 10 % de tous les salaires publics, les dettes publiques, les loyers ; encouragement aux employeurs pour appliquer la même baisse aux salaires privés, aux commerçants pour baisser semblablement leurs prix ;

• création d'impôts supplémentaires sur les très gros revenus et les fournisseurs de guerre ;

• commission d'enquête créée pour réviser les pensions et rechercher les abus et les économies possibles ;

Ces mesures draconiennes autant que la méthode des décrets-lois suscitent l'opposition unanime de leurs victimes, surtout les *salariés*. Ceux-ci d'ailleurs *font les frais de l'opération*... car les prix baissent très peu (le prix du blé baisse cependant). La politique de Laval permet du moins à l'État de faire 9 milliards d'économies. Une légère reprise économique apparaît. Mais la politique extérieure du gouvernement trop favorable à l'Italie fasciste qui attaque alors l'Éthiopie pousse les Anglais à agir contre le franc (la Banque de France perd 6 milliards d'or), cependant que la proximité des élections (mai 1936) n'est pas propice à la poursuite d'une politique impopulaire. Laval doit démissionner en janvier 1936. Son successeur, Sarraut, se contente d'expédier les affaires courantes.

★★★★ *Bilan au printemps 1936.*

Le *déficit budgétaire* est couvert par des emprunts à intérêt de plus en plus fort. La dette de l'État est passée de 270 milliards en 1930 à 335 milliards. Son service absorbe 40 % des dépenses ! Autant de stérilisé pour l'économie ! Les impôts, augmentés, ont un rendement décroissant.

Les capitaux ont fui à l'étranger ou se cachent *ou se stérilisent* par la thésaurisation, l'impôt, la souscription à des emprunts d'intérêt purement budgétaire, ce qui paralyse la vie économique.

La monnaie est menacée... alors que la France, seule, reste accrochée à l'or ! A gauche (et quelques personnes clairvoyantes), on songe à la dévaluation qui favoriserait les exportations et allégerait la dette de l'État. Stimulée par la politique de Laval et les menaces extérieures, cette gauche, regroupée dans le « Front populaire », est décidée à vaincre aux élections.

En conclusion, la crise en France a été s'aggravant pour les raisons suivantes :

• attachement irréfléchi (et d'ailleurs de pure forme) au libéralisme ;

• conception politique des problèmes et non économique (on songe au budget et non à l'économie, aux électeurs et non à la production) ;

• égoïsme des diverses catégories sociales et spécialement des possédants ;

• structure politique inadéquate pour un temps de crise ;

• esprit malthusien : expression tragique de « la crise de la France ».

Chapitre XII

LE FRONT POPULAIRE ET LA CRISE (1936-1939)

La situation est quasi dramatique, en juin 1936, quand le Front populaire prend le pouvoir. Alors commence, dans l'histoire de la France, une période originale : c'est la première fois que toute la gauche réunie a la charge de gouverner le pays. Son programme est ambitieux, axé sur le progrès social, la démocratie et la paix [1].

Mais les difficultés se révèlent bientôt supérieures à l'espoir qu'avait mis dans le Front populaire une assez large fraction de l'opinion. Après quelques réalisations incomplètes, ce sera vite la liquidation du mouvement et le retour à une politique plus conforme à la tradition. Finalement, sauf dans le domaine social, il restera assez peu de l'œuvre : le Français moyen aura repris le pouvoir.

I. ORIGINES ET CONDITIONS D'ACTION

Le Front populaire, c'est essentiellement l'entente des communistes avec les autres partis de gauche (socialistes, radicaux). Si cette entente est relativement facile à établir contre une certaine politique, elle est beaucoup plus difficile à maintenir pour réaliser une œuvre qui satisfasse toute la gauche, après son succès aux élections de 1936.

Origines du Front populaire

★ La *division des gauches jusqu'en 1934-1936* doit d'abord être rappelée.

Les *radicaux* sont des libéraux attachés aux grands principes de la démocratie (qui, pour eux, fait un avec la laïcité) mais aussi de la propriété et de la libre entreprise. Leur entente électorale avec les socialistes (Cartel des gauches en 1924, puis 1932) n'avait été qu'une tactique ; d'ailleurs, les socialistes, dans les deux cas, s'étaient refusés à participer au gouvernement. Et, dans les deux cas, les radicaux avaient fini par chercher sur leur droite l'appui qui leur était refusé sur leur gauche (1926, ministère Poincaré, 1934 et 1935 ministères Doumergue, Flandin, Laval).

Les *socialistes* se sont séparés des communistes depuis le congrès de Tours de 1920 [2] ; avec Blum, formant la S.F.I.O., ils restent fidèles à la deuxième Internationale. Pendant les années 1920, ils ont bien du mal à retrouver leurs effectifs. Du moins la S.F.I.O. compte-t-elle 130 000 adhérents en 1930 (au lieu de 30 000 fin 1920). Mais ceux-

1. G. Lefranc : *Histoire du Front Populaire* (1934-1938), Paris, Payot, 1965.
2. Voir le chapitre VII, paragraphe II.

ci diminuent ensuite, ils ne sont plus que 110 000 en 1933, 77 000 en janvier 1936. La raison ? Le parti est tiraillé entre sa droite et sa gauche : l'attrait de la participation au pouvoir détache de lui, à partir de 1933, les « néo-socialistes » qui rejoignent les « participationnistes », autour de Déat, Marquet, Renaudel. Ils fondent (1933) le Parti socialiste de France.

Sur la gauche, beaucoup de chômeurs et de mécontents, à partir de la même date, rejettent le socialisme modéré de la S.F.I.O. et sont attirés par l'extrémisme des communistes — ou parfois (plus rarement) par le petit *parti d'unité prolétarienne*. Celui-ci, depuis 1930, essaie un moyen terme entre le « réformisme » des socialistes et l'idéal révolutionnaire et les méthodes « antidémocratiques » des communistes.

Les *communistes* (S.F.I.C.) ont vu, depuis 1920, leurs effectifs varier en raison inverse de ceux des socialistes. Ils sont 130 000 en 1921, mais seulement 23 000 en 1933. Leur soumission absolue aux directives de Moscou, leurs méthodes d'action, leur désir d'unir syndicalisme et politique ont détaché d'eux la grande masse des ouvriers. Ils réclament le « front unique » avec les socialistes, mais sans vouloir renoncer à leurs caractères propres. Cependant, sous l'habile direction de Maurice Thorez, ils voient leurs adhérents passer au chiffre de 81 000 en janvier 1936.

Les *syndicalistes*, eux aussi, s'étaient divisés en 1922. La majorité avait suivi, avec Jouhaux, la C.G.T., fidèle à la tradition du syndicalisme français : indépendance des syndicats à l'égard des partis politiques. Mais la minorité avait fondé la C.G.T.U. d'obédience communiste. Le syndicalisme, divisé, n'avait guère attiré les ouvriers. Les deux syndicats ne rassemblent que 500 000 adhérents en 1922, 1 200 000 en 1926, mais un million seulement au début de 1936.

★★ L'*unité de la gauche* semble le seul moyen pour la renforcer et imposer une politique favorable aux « travailleurs ». Elle se réalise assez facilement entre 1934 et 1936 sous le nom de *Front populaire*.

Les *causes* sont au nombre de trois :

• la crise économique dure, entraînant chômage et misère. Au début de 1936 plus de 500 000 chômeurs sont recensés. Mais ils sont certainement plus nombreux, peut-être 800 000. Beaucoup de travailleurs ont un emploi réduit, un salaire diminué. La politique de Laval a contribué à cette diminution ;

• la crise politique a engendré la montée du péril fasciste. L'émeute du 6 février 1934, à cet égard, a été déterminante dans la formation du Front populaire ; les méthodes des « ligues » inquiètent la gauche, autant que la méthode autoritaire des « décrets-lois » ;

• les crises extérieures font planer la menace d'une guerre. Hitler commence sa politique de violation des traités, Mussolini s'empare de l'Éthiopie (1935-1936), l'Espagne (où le « Frente popular » triomphe aux élections de février 1936) est au bord de la guerre civile.

La *réalisation* s'opère de 1934 à 1936 :

• le 9 et surtout le 12 février 1934, grèves et grands défilés de travailleurs, en réponse au 6 février ;

• le 5 mars, création, par des intellectuels, d'un comité antifasciste » rassemblant radicaux, socialistes et communistes. Les intellectuels, en effet, tel Paul Langevin, ont joué un rôle actif dans la réalisation de l'unité de la gauche ;

- le 16 juillet 1934, fait capital, les socialistes acceptent l'offre d'entente du parti communiste « contre le fascisme et la guerre ». Il faut noter l'évolution de la tactique communiste : il n'y a plus de conditions précises à l'unité ; le seul but est de constituer un grand rassemblement populaire; faut-il chercher dans la nouvelle politique extérieure de l'U.R.S.S. le motif de nouvelles directives données au parti communiste français ? C'est probable. Au cours de l'année 1935 s'opèrent à la fois (par contrecoup de la politique de Laval) :
- le rapprochement avec les radicaux (l'animateur, chez ceux-ci, est Daladier) ;
- la tentative de gagner une fraction de l'opinion catholique (politique de « la main tendue ») ;
- de nombreuses manifestations d'unité dont la plus réussie est le défilé monstre de 300 000 personnes à la Bastille le 14 juillet 1935 ;
- en janvier 1936 est constitué définitivement le Front populaire ; les partis de gauche mettent en avant ce qui les rapproche ; le slogan, répété depuis longtemps déjà, c'est « la paix, le pain et la liberté », « contre les deux cents familles ». Le programme du Front populaire reste volontairement vague : lutte contre le fascisme, réduction des armements, « restauration de la capacité d'achat » des travailleurs, diminution de la durée du travail, etc. Chaque parti garde son autonomie, mais le parti communiste, comme les autres, se proclame défenseur de la petite propriété agricole, industrielle et commerciale. Il n'est donc plus seulement le porte-parole des prolétaires, mais aussi celui des classes moyennes, contre un seul ennemi désormais : les oligarchies ;
- en mars 1936, c'est la réunification syndicale : fusion de la C.G.T. de Jouhaux avec la C.G.T.U. de Frachon, entraînant en quelques mois un regain considérable du syndicalisme (un million d'adhérents en mars 1936, cinq millions en août).

Les conditions d'action

Les élections d'avril-mai 1936 assurent le triomphe du Front populaire. Certes, « les partis qui lui sont opposés ne perdent que 3 % des voix qu'ils avaient recueillies en 1932. Mais la stricte discipline dont les candidats font preuve au second tour... joue largement en sa faveur »[1]. En fait, les radicaux ont perdu 400 000 voix, les communistes, grands vainqueurs, ont presque doublé les leurs (1 500 000), mais les socialistes avec le même nombre (près de 2 millions) ont plus d'élus. Leur chef Léon Blum devient donc président du Conseil (c'est le premier ministère à direction socialiste). Dans quelles conditions va-t-il pouvoir gouverner ?

---

1. Jacques Chastenet : *Histoire de la Troisième République*, t. VI, Paris, Hachette, 1961.

Les conditions politiques sont difficiles.

D'un côté, côté peuple, c'est l'enthousiasme. « Juin 1936 », c'est la victoire populaire, c'est l'euphorie, l'illusion que tous les problèmes vont trouver leur solution et notamment que le patronat va devoir, définitivement, céder. Aussi, plus ou moins spontanément, pour mieux appuyer l'action du gouvernement, partout se déclenchent « des grèves sur le tas » avec occupation de l'usine. En juin, il y a 1 500 000 grévistes.

D'un autre côté, c'est la réalité du gouvernement. Les communistes, qui poussent activement à la grève, maintiennent leur refus de participer au pouvoir ; ils gardent ainsi, à son égard, leur liberté d'action quoiqu'ils promettent de soutenir Blum. Les radicaux acceptent, eux, des portefeuilles politiques ou techniques, les socialistes gardent la direction des finances et de l'économie. Mais, libéraux, les radicaux vont surveiller cette gestion. D'ailleurs, au Sénat, ils restent puissants ainsi que la droite.

La droite est d'abord désemparée, mais foncièrement hostile. Elle se déchaîne. Blum étant israélite, l'antisémitisme retrouve toute sa vigueur. Les ligues, les journaux extrémistes déclenchent une violente campagne d'accusations ou de calomnies, entraînant jusqu'au suicide du ministre de l'Intérieur, Roger Salengro. Le patronat, très inquiet, fait front. Prudents, les capitaux fuient : la Banque de France perd 11,5 milliards de francs d'or, entre avril et juin ; puis encore 4,5 jusqu'en septembre (encaisse ramenée de 66 à 50 milliards).

Les conditions économiques restent très mauvaises. La production ne dépasse guère les trois quarts de son niveau de 1929-1930, alors que la reprise s'affirme à l'étranger. La fermeté et la longueur des grèves ne peuvent, momentanément, qu'aggraver la situation. Le chômage se maintient. Il faudrait tout à la fois relever les prix agricoles pour les paysans et baisser les prix alimentaires pour les ouvriers.

La situation extérieure est grave : la guerre civile éclate en Espagne au mois de juillet. Elle oppose des tendances qui ne se retrouvent que trop en France. Que le Front populaire décide d'aider le « Frente popular » et c'est la guerre civile en France. Blum s'en rend compte. Il proclame donc la neutralité française, tandis que les communistes réclament l'intervention. Mais la France se contentera d'accueillir de nombreux réfugiés ou d'envoyer, sans caractère officiel, vivres, médicaments, vêtements aux « républicains » espagnols.

Le caractère de Blum enfin peut être à l'origine de certaines difficultés. Ancien maître des requêtes au Conseil d'État, c'est surtout un intellectuel. Très cultivé, éloquent, jouissant d'une autorité incontestée sur son parti, il apparaît finalement plus humain que révolutionnaire, plus conciliateur que dominateur et souvent plus hésitant que décidé. Il n'a sans doute pas été l'homme d'action, énergique et habile, que la situation requérait.

II. L'ŒUVRE DU FRONT POPULAIRE (1936-1937)

Le ministère Blum (juin 1936-juin 1937) procède à quelques réalisations rapides, mais, très vite, se heurte à de grandes difficultés : les réalisations cessent ; les dernières tentatives en 1937 échoueront.

Les réalisations

Poussé par l'élan populaire, Blum réalise dès le début de son gouvernement (été 1936) l'essentiel de son œuvre.

★ *Dans le domaine social: les accords Matignon* (8 juin 1936) accordent aux travailleurs, en quelques jours, beaucoup plus qu'ils n'ont obtenu depuis cinquante ans. C'est à l'hôtel Matignon (résidence du président du Conseil) que se rencontrent délégués syndicaux et délégués de la C.G.P.F. (Confédération générale de la production française) représentant le patronat. Ils mettent au point, sous l'égide du gouvernement et sous la pression d'une grève quasi générale, les décisions suivantes (adoptées aussitôt par la loi) :

- semaine de travail de quarante heures (au lieu de quarante-huit). Le samedi désormais sera chômé ;
- congés payés de quinze jours par an (c'est une innovation complète) ;
- augmentation des salaires, d'au moins 15 % pour les plus bas, de 7 % à 15 % pour les autres ;
- généralisation des conventions collectives, c'est-à-dire mise au point entre patrons et ouvriers de contrats de travail auxquels l'État donne ensuite sa garantie ; en cas de conflit, arbitrage possible ;
- création de délégués ouvriers pour assister les patrons notamment pour l'embauche ou le licenciement ;
- liberté totale du droit syndical.

A l'annonce de ces décisions, les ouvriers ont l'impression d'avoir remporté une victoire de haute lutte sur le patronat (ce qui n'était pas faux), mais ne reprennent pas tout de suite le travail. Quatre mille conventions collectives seront signées, gage de paix sociale. Quant aux patrons, furieux, ils désavouent leur confédération — pour la réorganiser et la renforcer sous le nom de Confédération générale du patronat français (août 1936).

★★ *Dans le domaine financier*, le ministre Vincent Auriol s'en prend (modérément d'ailleurs) aux capitalistes, soit par une réforme fiscale, soit surtout, en juillet 1936, par la réorganisation de la Banque de France. Celle-ci doit devenir la « Banque de la France », échapper à la tutelle des « deux cents familles ». Désormais, elle sera administrée par un « conseil général » de vingt conseillers nommés presque tous par l'État, représentant les intérêts économiques et sociaux collectifs (et non plus par un « conseil de régence » de quinze, élus par les 200 plus gros actionnaires de la Banque). Tous les actionnaires, désormais, ont, à égalité, droit de vote à l'assemblée générale.

Cette réforme, en fait, a surtout un but politique : diminuer l'influence des « deux cents familles », renforcer l'autorité de l'État sur la Banque (il pourra ainsi en obtenir plus facilement des avances). Mais il ne s'agit pas d'une véritable nationalisation : la banque reste privée quant à son capital (la nationalisation n'interviendra qu'en 1946).

★★★ *Dans le domaine économique*, le gouvernement compte surtout sur l'augmentation des salaires pour stimuler la demande et par là même relancer l'activité économique. Toutefois, il prend quelques décisions qui vont dans le sens d'un renforcement du rôle de l'État en matière économique :

- le 15 août : création de l'Office du blé, organisme chargé de constituer des stocks de blé, en centraliser le commerce, en fixer le prix. Le but est évidemment de stabiliser à un niveau convenable le cours de la trop abondante céréale.
- le 18 août, une loi établit un plan de grands travaux (on devine l'influence de la politique de Roosevelt pour lequel Blum éprouvait une grande admiration) ;
- quelques nationalisations sont réalisées : usines de fabrications de guerre, usines aéronautiques surtout.

★★★★ *Dans le domaine scolaire,* Jean Zay, qui devait rester à l'Éducation nationale jusqu'en 1939, commence une politique de démocratisation de l'instruction (prolongement de la scolarité jusqu'à 14 ans, bourses, essai d'unification des types d'enseignement, etc.).

★★★★★ *Vis-à-vis des problèmes coloniaux,* le gouvernement renonce à la répression contre les nationalistes et engage le dialogue pour parvenir à une évolution du régime colonial[1].

Les difficultés

★ *Elles sont politiques, mais surtout économiques et financières.*

Politiques, car non seulement les adversaires, passé les premiers moments de désarroi, redoublent de violence, mais aussi parce que les communistes prennent de plus en plus leurs distances vis-à-vis du gouvernement. Ils agissent plutôt par la masse populaire. Les radicaux, de leur côté, restent très réservés, mais usent de leur force parlementaire (le Sénat en premier lieu).

Les difficultés économiques sont les plus graves : les mesures sociales de juin se résumant finalement dans la formule « salaire plus élevé pour un travail moindre » ont entraîné la hausse des prix de revient des produits industriels. Tout naturellement, ceux-ci se sont répercutés sur le prix de vente. Par conséquent, les produits français, déjà trop chers, le sont un peu plus encore : les exportations reculent ! De son côté, l'Office du blé, ayant la chance de voir une récolte déficitaire, fait passer le prix du quintal de 114 à 140 F.

Les difficultés financières sont doubles : d'une part, le Trésor doit recourir aux avances de la Banque de France ; d'autre part, celle-ci continue à voir fondre ses réserves ; tous les possédants sont inquiets : ils se hâtent de convertir leurs billets en or ou devises, redoutant dévaluation et contrôle des changes. L'or fuit ou se cache. La monnaie est de plus en plus menacée.

★★ *La dévaluation devient nécessaire.*

Le Front populaire s'était engagé à ne pas dévaluer, afin de ne pas effaroucher les détenteurs de capitaux, ni, surtout, les petits épargnants. Le 16 juillet encore, Auriol proclamait : « Le danger de dévaluation est écarté. » Parole maladroite et imprudente ! Au fond, la dévaluation était dans la logique et parfaitement défendable :

1. On verra le détail de cette politique au chapitre suivant.

puisque Blum, à l'instar de Roosevelt, veut une reprise économique basée sur l'augmentation du pouvoir d'achat, puisque le franc est, depuis les dévaluations anglaises (1931) et américaine (1933) une devise beaucoup trop chère, il était normal et habile de dévaluer.

La maladresse a été triple : annoncer qu'on ne dévaluerait pas alors qu'on va être obligé de le faire ; dévaluer non à froid, mais acculé à la fuite devant la monnaie ; dévaluer finalement de façon insuffisante, c'est-à-dire se priver des fruits de la dévaluation !

En effet, les décisions se succèdent du 26 septembre au 1er octobre, dont voici le résultat :

• le franc correspondra désormais à un poids d'or compris entre 43 et 49 mg d'or à 900/1 000 au lieu des 65,5 du franc Poincaré. Ce qui correspond à une dévaluation d'environ un tiers. C'est « le franc élastique » puisque sa valeur est variable.

• le cours forcé est rétabli (même au delà de 215 000 F), c'est-à-dire qu'on ne pourra plus convertir ses billets automatiquement en or au-dessus de cette somme ;

• les transactions sur l'or devront être autorisées par la Banque de France ;

• un « Fonds de stabilisation des changes » est créé. Ce fonds (doté d'un capital important fourni par la Banque de France) a pour fonction de verser sur le marché des francs ou des devises selon les variations du cours, de façon à éviter justement l'excès de ces variations. Par exemple, si la livre monte trop par rapport au franc, il vend des livres, ce qui ramènera l'équilibre. Grâce à lui la valeur du franc restera comprise dans la fourchette 43-49 mg d'or. Voilà pourquoi le franc est élastique !

• la liberté du mouvement des capitaux : francs, livres, dollars (mais non de l'or) est assurée grâce à un accord tripartite signé avec Angleterre et États-Unis. Décision bizarre ! Mais il s'agit de rassurer les Français et, en acceptant la concurrence avec deux devises désormais solides, de montrer qu'on n'en a pas peur.

★★★ *La « pause » n'en devient pas moins inéluctable.*

La dévaluation n'apporte pas les avantages espérés. Si ! en deux mois, voici la production industrielle qui augmente de 10 % et les exportations qui reprennent. Le Fonds de stabilisation peut reverser 7 milliards à la Banque de France grâce à certains rapatriements de capitaux.

Mais, au cours de l'hiver, il est clair que c'en est fini : le Fonds doit à nouveau demander de l'or à la Banque, le Trésor est en difficulté, les exportations stagnent, l'industrie végète. Pourquoi ? C'est que les prix continuent de monter (28 % de septembre à janvier), résultat évident des augmentations de salaires accompagnées d'une diminution de travail (les charges du chef d'entreprise croissent de 28 %). D'autre part, la dévaluation a pour conséquence normale la hausse des prix à l'intérieur du pays. Il y a plus : dans un climat politique toujours très lourd (les bagarres de Clichy en mars font 5 morts et 300 blessés), les grèves sont encore fréquentes ; sur les chantiers, on ne travaille guère, tant la masse des ouvriers a l'esprit monté contre les capitalistes. Ainsi, à l'exposition de 1937, les chantiers sont paralysés par l'inactivité, les pavillons français ne seront pas achevés pour l'ouverture fixée au 1er mai. La droite exploite largement cette incurie contre le gouvernement. Et la masse elle-même, peu à peu, a perdu sa foi : à cause de l'augmentation des prix, le salaire réel a, relativement, diminué — à l'inverse de la période 1930-1935 ! Le chômage se maintient. Et le Trésor doit à nouveau avoir recours aux avances de la Banque de France.

Le gouvernement est au pied du mur. *Faut-il continuer dans la même voie ?*

• de juin à septembre, il a pratiqué une politique de confiance, antidéflationniste, comptant sur l'accroissement du pouvoir d'achat pour la reprise économique ;

• d'octobre à février, il a pratiqué une politique déjà inflationniste, comptant sur la dévaluation pour la reprise économique ;

• à partir de février, il va pratiquer une politique classique semi-déflationniste comptant sur l'augmentation des impôts et les économies pour rétablir l'équilibre financier : c'est à quoi se résigne Blum lorsque, le 13 février 1937, à la radio, il annonce la nécessité d'une « pause » (pause dans sa politique de progrès social).

Reniement ? En octobre, le gouvernement avait rendu obligatoire la déclaration des avoirs. Il ne cherchait donc pas la confiance des détenteurs de capitaux. Voici que, maintenant, c'est la pause : pause sociale, appel à la confiance des capitalistes. D'ailleurs, en mars, il rend la liberté au mouvement intérieur de l'or et il lance un emprunt à 4,5 % (qui rapporte 8 milliards). Décidément, les problèmes financiers, une fois de plus, prennent le pas sur les autres.

• mais, deux mois plus tard, à nouveau, les caisses sont vides. Des mesures énergiques s'imposent. Blum envisage un nouveau changement, mieux en rapport avec ses convictions socialistes : impôt sur le capital, contrôle des changes. Il n'est plus question de la confiance des capitalistes ! En juin, il demande dans ce but au Parlement « les pleins pouvoirs » pour régler le problème financier. La Chambre les accorde, mais le Sénat, où le radical Caillaux est tout-puissant, les refuse. Blum démissionne.

★★★★ *Blum a échoué. Pourquoi ?*

Il s'est heurté à l'hostilité innée et générale des détenteurs de capitaux et des maîtres de la production.

Il a diminué les heures de travail sans améliorer la productivité : ainsi la production a baissé et avec elle les bénéfices, les investissements, etc. Politique encore une fois malthusienne. Aucune réforme de structure n'a été faite. Or c'était là le mal profond. Et c'est ici la grande différence entre la politique de Roosevelt et celle de Blum : aux États-Unis, comme toujours, on améliorait les conditions de production, le marché était en expansion, on travaillait. En France, on appliquait strictement les 40 heures (qui étaient souvent de présence plus que de travail) sans rien changer aux méthodes. Dans ces conditions, les 40 heures ont été une catastrophe. Le souci social sinon idéologique qui les a fait adopter prouve combien la méconnaissance des faits économiques était grave.

Il a essayé un système socialiste (travail, salaire, etc.), dans un cadre capitaliste. Il n'a pas osé frapper le capital ; il n'a pas taxé les prix, laissant donc les patrons rattraper sur les prix de vente ce qu'ils avaient perdu sur les salaires. Il a fait appel à la confiance... de ses adversaires, il n'a pas fait la révolution.

III. LA FIN DU FRONT POPULAIRE (1937-1939)

On peut dire qu'avec la démission de Blum en juin 1937, après un an de gouvernement, les beaux temps du Front populaire sont achevés. Les tentatives qui suivront avec le ministère Chautemps et l'éphémère deuxième ministère Blum seront vaines, pour replâtrer l'édifice, et les réalisations bien modestes. La liquidation arrivera avec le ministère Daladier, axé sur le centre droit.

Les dernières tentatives

Pendant dix mois, le Front populaire essaie de se survivre, sans succès.

★ Le *ministère Chautemps (juin 1937-mars 1938)* est un gouvernement présidé par un radical, auquel Blum est associé comme vice-président. Georges Bonnet reçoit les Finances : c'est, lui aussi, un radical. Le ministère va tenter un compromis difficile, dans un esprit qui se réclame encore du Front populaire. Il obtient les pleins pouvoirs qui avaient été refusés à Blum. De son histoire, on retiendra trois faits principaux.

D'abord, une nouvelle dévaluation (juillet 1937). En effet, si le Trésor est momentanément soulagé par une nouvelle avance de 15 milliards octroyée par la Banque de France (mais le déficit budgétaire atteignait 21 milliards pour 1937), il est impossible de ne pas procéder, en même temps, à la dévaluation, ne serait-ce que pour faciliter les exportations. Elle s'opère d'une façon nouvelle : on supprime la limite inférieure des 43 mg d'or du « franc élastique » d'Auriol, sans préciser davantage la nouvelle valeur : c'est le « franc flottant » ou franc Bonnet, détaché de l'étalon-or. La livre grimpe à 132 F. Le « bloc-or », c'est-à-dire les pays qui, comme la France, avaient pour leur monnaie une référence à l'or, suit le mouvement : Suisse, Hollande (la Belgique l'avait déjà fait en 1935). Le nouveau franc ainsi dévalué est pratiquement ramené au rapport qu'il avait avec la livre et le dollar avant la crise de 1929 (1 livre = 124 F). Malheureusement, entre-temps, les prix anglais et américains baissaient, tandis que les prix français montaient. Si bien que, pour les exportations, le bénéfice est minime. D'ailleurs, sur le marché des changes (qui restera libre jusqu'à la guerre), le franc continue à perdre. Dès septembre, la livre vaut 150 F.

Deuxième fait : la création de la S.N.C.F. Depuis longtemps, on parlait de nationaliser les chemins de fer, par principe (pour la gauche, l'État doit contrôler cet important levier économique) et aussi pour assainir les finances des sociétés. Cependant, il ne s'agit pas d'une véritable nationalisation : la Société nationale des chemins de fer français est une société d'économie mixte dont l'État, associé aux sociétés privées, détient désormais 51 % des capitaux. Du moins va-t-on pouvoir maintenant plus facilement supprimer, dans un cadre national (et non selon l'esprit de « réseau ») les voies les plus déficitaires, c'est-à-dire apporter une solution au problème de la concurrence du rail et de la route.

Enfin les socialistes lâchent le ministère. Talonnés par les communistes mécontents d'une politique trop peu à gauche, ils le quittent en janvier. Deux mois plus tard, Chautemps qui ne peut se passer de leurs voix, démissionne.

★★ *Le deuxième ministère Blum (mars-avril 1938)* lui succède. Daladier est vice-président. Blum souhaitait un ministère de large union allant jusqu'aux modérés. Si Paul Reynaud se dit prêt à accepter, les autres *leaders* refusent. On en revient donc, une fois de plus, à un tête-à-tête socialistes-radicaux. Cependant, Blum ose établir un projet d'impôt sur le capital. Le Sénat le renverse. Le ministère a duré 26 jours. Le Front populaire a définitivement échoué.

La liquidation

Le gouvernement Daladier (avril 1938-mars 1940) prend la relève. Il s'appuie délibérément sur le centre : centre gauche (radical) en prenant Georges Bonnet aux Affaires étrangères et centre droit (modéré) avec Mandel aux Colonies et, à partir de novembre 1938, Reynaud aux Finances. C'en est donc fini du Front populaire, puisque les radicaux lâchent les socialistes. De fait, le nouveau ministère va souvent prendre le contre-pied des mesures de 1936-1937.

★ *En politique extérieure,* la méfiance à l'égard d'Hitler était évidente avant 1938. Méfiance qui n'entraînait d'ailleurs aucune fermeté puisque Chautemps avait laissé préparer l'Anschluss en mars 1938. Soumise totalement désormais à l'Angleterre, la politique française restera encore faible avec Daladier et Bonnet qui semblent accorder confiance aux promesses d'Hitler et capitulent ainsi devant ses exigences à Munich (septembre 1938). Ce ne sera qu'au printemps 1939 que le ministère se ressaisira (comme l'Angleterre), se résignant enfin en septembre 1939 à l'idée de la guerre inévitable. La politique d'armement aura repris alors activement (lourde charge pour le budget). Munich a divisé les socialistes : les uns avec Blum y sont hostiles, les autres, pacifistes avec Paul Faure, approuvent. Quant aux communistes, s'ils sont contre l'esprit de Munich, l'évolution de la politique de Staline à l'égard d'Hitler (pacte de non-agression en août 1939) rend ensuite leur position assez délicate. Bref, les deux grands partis qui se réclament de la classe ouvrière sont affaiblis par ces questions extérieures et cela ne peut que faciliter une politique contraire à celle du Front populaire.

★★ *En matière financière*[1] le gouvernement réussit un assainissement devenu urgent et un rétablissement sur des bases nouvelles.

L'*assainissement* s'impose. La grosse question est celle du Trésor public. Il dépend de plus en plus des avances de la Banque de France. Le plafond a été relevé par la loi à :

24 milliards en 1936
40 — en mars 1938
54 — en avril 1938

1. Étude claire et précise dans *Histoire du franc*, par A. Neurrisse, coll. « Que sais-je ? », Paris, P.U.F., 1967.

Jusqu'où ira-t-on ? En juin 1938, un décret-loi décide que la Banque de France pourra désormais acheter des effets publics à court terme (à la seule condition de ne pas acheter directement à l'État) : ceci permet donc facilement de renflouer le Trésor, sans porter visiblement atteinte à la solidité de la monnaie (puisqu'il n'y a plus à proprement parler d'avances). Une nouvelle dévaluation parachève ce travail d'assainissement. Elle a lieu en deux temps :

• le 5 mai 1938, Daladier met fin au « franc flottant » en fixant un cours limite au franc, cours exprimé, pour la première fois, non par rapport à l'or, mais par rapport à la livre. Ainsi donc une livre vaut 179 F.

• le 12 novembre 1938 (Reynaud aux Finances), la Banque de France réestime son encaisse sur cette nouvelle base. Si bien que la dévaluation est maintenant officialisée. Compte tenu du rapport de la livre avec l'or, on a ainsi 1 F = 27,5 mg d'or à 900/1000 soit 24,5 d'or fin.

Cette réévaluation du capital de la Banque donne 31,5 milliards de boni : ils sont utilisés à l'amortissement des avances faites à l'État. C'est-à-dire que celui-ci n'a plus besoin de rembourser cette somme; il ne doit plus que 20,5 milliards à la Banque (puisqu'il avait près de 54 milliards de dettes). On voit donc que cette dévaluation a eu pour cause essentielle les difficultés du Trésor et non le désir d'améliorer le niveau des exportations. Cependant, celles-ci vont largement en profiter; en effet, les prix français sont maintenant très compétitifs. En même temps, le gouvernement annonce que c'est la fin du système trop facile des avances de la Banque à l'État ; il promet une fois de plus qu'il n'y aura pas de contrôle des changes. Désormais, la confiance renaît : le franc Daladier-Reynaud est solide[1] !

TABLEAU RÉCAPITULATIF DES DÉVALUATIONS.

Date.	Nom du franc.	Poids d'or à 900 °/oo	Poids d'or fin.	Valeur de la livre.
		(en mg)	(en mg)	(en F)
7 avril 1803	Germinal	322,58	290,32	25,22
24 juin 1928	Poincaré	65,5	58,95	124
1er oct. 1936	Auriol (élastique)	43 à 49	38,7 à 44,1	105 (env.)
1er juill. 1937	Bonnet (flottant)			132
5 mai 1938	Daladier			179
12 nov. 1938	Reynaud	27,5	24,5	179

Le *rétablissement* financier se fait rapidement sur ces bases assainies. La raison profonde en est le retour à la confiance, la volonté de rigueur financière, le changement de politique.

1. Premier franc Reynaud ; il y en aura un second, dévalué de 15 % en février 1940. Ce premier franc Reynaud est appelé aussi bien franc Daladier.

Le Trésor est rétabli, géré avec rigueur par Paul Reynaud (diminution des dépenses) ; soulagé par l'augmentation des impôts, puis par le succès d'un emprunt à 5 % (mai 1939).

La balance des paiements se rétablit dès 1938 : en effet, les capitaux rentrent ; le mouvement ne fait que s'accélérer : de novembre 1938 à août 1939, 26 milliards prennent ou reprennent le chemin de la France. Car l'étranger, à nouveau, est attiré par la solidité de la monnaie, tandis que la livre s'affaiblit à la veille de la guerre.

La monnaie ne peut en effet que se renforcer dans ces conditions : la Banque de France récupère une bonne partie de ces capitaux, de cet or. (Le Fonds de stabilisation des changes lui reverse son excédent.) A la veille de la guerre, à eux deux, ils détiennent 2 846 t d'or, soit 10 % du stock mondial (27 % environ en 1932).

★★★ Le *problème économique* est, lui aussi, en train de se régler, quoique beaucoup moins bien. *Deux raisons expliquent le redressement :* d'une part « la remise au travail de la France » (comme on a dit), c'est-à-dire « l'assouplissement » de la semaine de 40 heures grâce à la possibilité de faire des heures supplémentaires. Ainsi, par exemple, le travail de nuit devient possible dans les usines de guerre (car il y a longtemps qu'en Allemagne on y travaille 24 heures sur 24). Noter que c'est par la procédure autoritaire des décrets-lois que le gouvernement agit. D'autre part, le développement d'une politique systématique d'armement ne peut que relancer tous les secteurs de la production. Le mauvais climat international aura contribué au relèvement économique de la France, comme de beaucoup d'autres pays !

Le redressement est d'ailleurs inégal selon les branches. En huit mois, l'industrie progresse de 10 %. Elle retrouve fin 1938 un niveau égal à environ 80 % de 1929. Pour l'agriculture, la situation reste plus malsaine. L'Office du blé a relevé le prix du blé de 140 F le quintal en 1936 à 180 en 1937, puis à 204 en 1938. Mais, cette dernière année, la récolte est excédentaire (98 millions de quintaux). Pour ne pas trop favoriser les gros producteurs, le prix à eux versé est dégressif (181,75 le quintal pour 100 q ; 157,35 pour 5 000 q). On décide par ailleurs la distillation obligatoire d'une partie de la récolte. L'État achète l'alcool 4,80 F le litre et le revend 1,85 aux consommateurs industriels ! Pour le vin, le problème reste le même (là aussi, distillation). Quant au commerce extérieur, il reprend, mais le renouveau des exportations est balancé par celui des importations (dû à la reprise industrielle) : les exportations ne couvrent que trois quarts des importations en 1938.

★★★★ L'*action politique* enfin prend un caractère nouveau.

D'une part, c'est la réappartition de l'autorité. Elle se manifeste par la procédure des décrets-lois, plus encore par l'énergie que met le gouvernement à rétablir l'ordre dans la rue, à briser les grèves, comme la grève générale du 30 novembre 1938 soutenue par les communistes, sinon par les socialistes. Cette action illustre, s'il en est besoin, la rupture du Front populaire. Aux colonies de même, on en revient à la répression, aux arrestations, à la manière forte.

D'autre part, le gouvernement prend conscience de l'urgence d'une solution au problème démographique : en mai 1938, il a étendu les allocations familiales aux chefs d'exploitation agricole, en juillet 1939 à toute la population active. En même temps, il institue le « code de la famille » et, le premier, il a créé un secrétariat général à la Famille et à la Population. On voit donc que le renouveau politique s'accompagne d'un renouveau dans l'ordre moral, car le soutien de la famille, même s'il a un but économique, ne peut pas n'être qu'économique, il y faut un nouvel état d'esprit.

Ainsi un changement s'est opéré en France. Il y a eu indiscutablement une réaction contre le laisser-aller des premières années de la crise. Cette réaction s'est manifestée d'abord par la marée du Front populaire, à volonté sociale avant tout ; ensuite par le rétablissement de la bourgeoisie moyenne (centre radical et, plus encore, modéré) axé sur la reprise financière politique, économique. Quelque chose a bougé en France ; une France nouvelle s'enfante à la fin des années 30. Enfantement bien difficile, bien tardif, trop tardif. Dira-t-on qu'il faudra la grande opération chirurgicale de la guerre, de la défaite, de la Résistance pour que l'enfant se soit assuré le droit à la vie ?

Chapitre XIII

LA CRISE COLONIALE

Tandis que la crise économique et politique même secoue la France, une crise non moins profonde affecte l'Empire colonial. A la différence de la précédente, celle-ci n'est pas prise très au sérieux. On croit toujours à la solidarité, sinon même à la pérennité de l' « Empire », ce qui retarde d'autant l'heure des solutions. Et, pourtant, c'est bien de crise qu'il faut parler : dans la plupart des territoires, l'équilibre interne (économique ou social) est rompu au profit d'une économie et d'une société coloniales ; à cette crise interne s'ajoute par voie de conséquence une crise externe : c'est-à-dire qu'est remise en cause la nature des liens entre la métropole et les colonies. Mais, en général, entre les opposants et la France s'instaure un dialogue de sourds. La divergence des idées qu'on se fait de l' « Empire » l'explique.

I. L'EMPIRE

Dans l'entre-deux-guerres, on parle couramment de l' « Empire » ; que représente-t-il pour la France et pour « les indigènes » ?

Le point de vue de la France

On peut dégager trois caractères de l' « impérialisme » français (« impérialisme d'organisation » et non plus « d'expansion », désormais) [1].

★ Le *renforcement des liens politiques :* l'administration centrale bureaucratique laisse un grand pouvoir aux administrateurs locaux. Les concessions des années 20 ont été infimes (voir chap. VII). L'Empire devient ainsi un cadre juridique pour une certaine forme de civilisation.

★★ La *resserrement des liens économiques* accompagne celui des liens politiques. Il doit permettre à la France et à son Empire de vivre (selon le vœu d'Albert Sarraut en 1923) dans une sorte d'autarcie. Il résulte d'abord de la mise en valeur progressive des colonies. Elle n'est pas rapide ni même très importante, mais, dans la mesure où elle existe, elle pousse les bénéficiaires — colons, sociétés capitalistes — à garder d'étroits contacts avec la métropole. Ainsi, en Indochine et au Maroc, les deux territoires les mieux exploités. Il résulte aussi de la nouvelle législation commerciale (1928) : les territoires d'Afrique noire et d'Océanie ainsi que les établissements de l'Inde appliquent désormais des tarifs douaniers plus lourds que ceux de la France sur les produits étrangers. Aussi la France y trouve-t-elle plus facilement un débouché. Il résulte enfin et surtout de la crise mondiale : l'Empire, en ces temps d'effondrement économique,

1. Comme dit H. Brunschwig (*Revue historique*, juil. 1965, Paris, P.U.F.).

doit plus que jamais absorber les produits français et fournir les matières premières. Toute idée d'évolution économique de l'Empire (notamment par l'industrialisation) est donc écartée.

Aussi l'Empire devient-il de plus en plus utile, économiquement, pour la France. Celle-ci y trouve maints produits alimentaires exotiques (grand développement du café, du cacao, des bananes, du riz), elle y trouve aussi les oléagineux dont la culture s'effondre chez elle et le vin qui vient concurrencer le sien. Elle s'approvisionne outre-mer en minerais non ferreux (Tunisie, Maroc, Tonkin), en caoutchouc (Indochine), un peu en coton (Soudan), en charbon même (Tonkin). *La France se replie économiquement sur son Empire, au moment où, politiquement, elle se refuse (sauf exceptions) à toute concession.* Aussi la part du commerce colonial dans l'ensemble du commerce français va-t-elle croissant :

1913	12 %
1929	16 %
1938	27 %

Mais il y a distorsion entre importations et exportations françaises. Les premières augmentent surtout après 1930. Pourquoi ? Parce que les produits bruts que vendent les colonies ont vu leur cours s'effondrer sous l'effet de la crise mondiale. Le profit est donc grand surtout pour la France. En revanche, la France continue à vendre des produits fabriqués dont le cours se maintient mieux, protégé d'ailleurs par l'absence de droits de douane entre France et colonies. Il y a toutefois nombre de produits que les colonies achètent encore à l'étranger, ce qui entraîne un déficit de leur balance. Et c'est la France qui doit le couvrir.

★★★ La *satisfaction de l'opinion à l'égard de l'Empire* n'a fait que s'accroître. La métropole reste mal renseignée à l'égard de ces pays lointains. Elle n'en voit que trois choses : la masse imposante et apparemment docile ; le courant d'échanges profitables pour les uns et les autres ; la possibilité de carrières brillantes et fructueuses pour administrateurs, militaires, hommes d'affaires.

On se persuade que la France, dans son Empire, est sincèrement, profondément aimée. Le vieil idéal assimilationniste fait parler de « la France des cinq continents », de « la France de cent millions d'habitants ». La France, dit-on, a toujours « fait passer la conquête des cœurs avant la conquête territoriale ». « La France a étendu la main non pour prendre, mais pour défendre. C'est pourquoi la conquête française ne laisse aucune amertume au cœur des populations indigènes » ; « la France colonisatrice, protectrice des faibles »... [1] Et maints témoignages concrets viennent illustrer ces affirmations.

Ainsi, dans une époque dure, au milieu des déboires intérieurs et extérieurs (à plus forte raison quand viendra la défaite de 1940), la France trouve-t-elle dans son Empire une compensation d'amour-propre. *En 1931, l'Exposition coloniale de Paris,* rassemblant côte à côte les hommes et les choses de ce vaste Empire, montre concrètement

1. Citations extraites de *La France des cinq parties du monde*, par A. de Montgon et A. Reval (Édit. Charles Lavauzelle, 1944), ouvrage destiné à la jeunesse.

aux visiteurs les richesses des colonies et les succès de la colonisation.

Toutefois, une fraction de l'opinion reste réticente : beaucoup, à gauche, dénoncent la misère des paysans indigènes, l'exploitation capitaliste, le profit des « gros colons ». Mais il semble qu'il y ait dans leur opinion autant d'idées *a priori* que dans celle de leurs adversaires politiques. En tout état de cause, il n'y a guère que les communistes pour admettre purement et simplement l'indépendance des territoires coloniaux. Les socialistes eux-mêmes pencheraient pour l'autonomie ou, mieux encore, pour l'assimilation civique. Et cela, en réponse même aux revendications de nombreux « indigènes ».

Le point de vue des « indigènes »

Pour eux, l'Empire n'est pas, en effet, un cadre à briser fatalement, mais plutôt à aménager. Car, si l'on peut dire, ils ne voient pas les choses d'en haut, mais d'en bas. Et, dès lors, deux problèmes apparaissent : celui du niveau de vie, celui de l'avenir des élites. Les deux s'ajouteront pour aggraver l'opposition contre la domination française.

★ *Le problème du niveau de vie.*

La grande masse des indigènes a un niveau de vie effroyablement bas. Il l'était déjà à l'arrivée des Français. Il s'est cependant *aggravé. Pour trois raisons :*

- la perte de terres cultivables au profit des colons ;
- l'accroissement de la fiscalité, résultat d'une administration plus perfectionnée et d'une volonté de mise en valeur sur des bases financières en partie locales ;
- la pression démographique. Celle-ci est un fait nouveau, non pas propre à l'Empire français, mais à l'ensemble de ce qu'on appelle aujourd'hui « les pays sous-développés ». En effet, au début du contact avec les Européens et pour des raisons diverses, la mortalité, dans ces pays, avait tendance à augmenter. Or, peu à peu, le courant se renverse, elle diminue sous l'effet de la paix intérieure, du développement économique (dans un premier temps), surtout d'une lutte efficace contre la maladie. Comme la natalité reste la même, c'est-à-dire très forte, l'excédent de population est sensible.

Voici donc des masses purement rurales, cantonnées dans des terres insuffisantes, très souvent endettées (l'usure reste tenace en Indochine), sans instruction et sans moyens financiers ; c'est-à-dire incapables de moderniser leurs méthodes agricoles. Pour elles, c'est la *misère.* Les vieilles cellules traditionnelles ayant souvent été rompues par la colonisation, le remède, c'est l'*exode* : exode vers la plantation, le domaine du colon, où, pour un salaire généralement dérisoire, on sera assuré de ne pas mourir de faim ; exode vers la ville où l'on s'engagera comme manœuvre pour toutes sortes de travaux pénibles et irréguliers ; exode vers la France, où, séparé des siens, mais assuré d'un emploi mieux rémunéré, on trouvera du travail dans les mines, la métallurgie, le bâtiment. Quant à espérer un emploi similaire dans son pays, c'est impossible puisque l'industrialisation est contraire à la pratique coloniale.

★★ *Le problème de l'avenir des élites.* Deux sortes d'élites apparaissent. D'abord les *élites traditionnelles*, c'est-à-dire les notables. S'ils se sont opposés à la France, ils ont été éliminés ; ceux qui restent se sont ralliés. La France a eu l'habileté de les laisser en place, de leur maintenir l'apparence de leurs prérogatives. Ce sont presque toujours de gros propriétaires, tels les « caïds » d'Afrique du Nord. Bénéficiaires de l'ordre ancien comme de l'ordre nouveau établi par la colonisation, ils sont presque toujours dociles. Toutefois, il y a des exceptions : ainsi, en Tunisie, le mouvement du « Vieux Destour », soutenu par ces notables, réclame davantage de pouvoir pour les cadres traditionnels du pays. Vont-ils s'entendre avec les nouvelles élites ?

Les *nouvelles élites*, ce sont celles qui se sont enrichies du commerce dans les villes et, plus encore, celles qui ont été formées par la pensée française, généralement dans les universités de la métropole. Ces hommes jeunes, parlant bien le français, sont tiraillés entre l'ancienne et la nouvelle patrie. Ils vivent une sorte de drame : sentimentalement attachés à leur pays d'origine, mais attirés matériellement ou intellectuellement par la France, par l'esprit positiviste et par la technique moderne, si éloignés de la tradition ancestrale ! Pleins d'ambition ou nourris d'idéologie, humiliés du sort fait à leurs compatriotes, ils se sentent capables de conduire leur peuple vers de nouvelles destinées.

Toutefois, ce n'est pas la révolte qui, de prime abord, les attire. Ils en voient la difficulté, ils en mesurent les dangers ou même, sincèrement, ils ne la souhaitent pas. Ce qu'ils désirent, c'est l'accès aux fonctions de responsabilité. Trop souvent, avec les mêmes titres que des Français, ils se voient écartés de celles-ci au profit de leurs rivaux. Leur avenir, en quelque sorte, est fermé, leur compétence ignorée, leur ambition déçue. Dès lors, s'ils ne peuvent s'intégrer au cadre existant, reste la solution du désespoir : la révolte avec un appui très vite assuré dans la masse, pourvu qu'on sache lui faire miroiter une vie meilleure.

★★★ *Le développement de l'opposition.*

L'opposition à la domination coloniale ne tient pas seulement à cette misère des masses ou à l'inquiétude des élites. Elle se nourrit à d'autres sources :

- le vaste mouvement d'idées favorisé par la guerre de 1914-1918, dont il a été déjà parlé[1]. Mouvement spontané ou non, plus ou moins organisé par la propagande qui révèle aux peuples colonisés toutes les virtualités de leur puissance — peut-être un jour de leur indépendance ;
- la crise mondiale, dont les répercussions ont été ressenties dans l'Empire sous forme de nouvelles difficultés économiques ou d'une emprise plus forte de la métropole.
- l'attitude incompréhensive de la France : par deux fois (au lendemain de la guerre, puis en 1936), elle a paru décidée à faire des concessions, puis en est revenue à la domination pure et simple, à la contrainte, à la réaction brutale.

1. Chapitre VII.

La politique coloniale française

Pendant cette période de vingt ans, elle apparaît peu cohérente. Plus exactement, elle est défensive, c'est-à-dire que la France ne prend pas d'initiatives, mais répond d'une façon ou d'une autre aux revendications venues de l'Empire.

★ Les *conditions d'action de la France* expliquent cette attitude. D'un côté, c'est l'opposition à toute évolution de l'Empire : se conjuguent dans cette opposition toute la droite, tous les « patriotes », tous les capitalistes et milieux d'affaires, la bureaucratie ministérielle (par routine autant que par conviction), l'armée et, sur place, les colons. Ces colons sont peu nombreux, mais puissants par leurs relations. Ils s'opposent avec intransigeance à toute évolution du système qui leur est favorable. De l'autre côté, quelques individus clairvoyants, tel Lyautey qui écrivait dès la fin de la guerre : « Le meilleur palliatif est de donner le plus tôt possible à l'élite marocaine les moyens d'évoluer dans sa norme en donnant à temps satisfaction à des aspirations inévitables... » ; la majorité de la gauche : mais celle-ci hésite entre les termes de l'évolution : indépendance, autonomie, citoyenneté française. Même lorsqu'elle a le pouvoir, elle est peu unie et doit toujours compter avec le Sénat, citadelle du conservatisme.

D'ailleurs que représentent ces « indigènes » réclamant des réformes ? Ne sont-ils pas eux-mêmes fractionnés en groupes hostiles, divisés par leurs rivalités de personnes ? On constate que la masse les suit rarement, on veut croire qu'ils ne représentent qu'eux-mêmes. On se persuade surtout qu'ils ne sont que des pions sur l'échiquier du complot communiste mondial. Une poignée de communistes que la prison calmera ! Le peuple, débarrassé d'eux, retrouvera sa quiétude et sa satisfaction. Car on se rend bien compte que masses et élites ne forment pas un bloc homogène, mais on ne voit pas (à Paris) ou on ne veut pas voir (sur place) qu'il est devenu un corps de manœuvre prêt à se rallier à de nouveaux guides.

★★ Les *mesures prises* varient selon les territoires. Elles se rattachent à trois domaines :

- *dans l'ordre humain ou humanitaire*, l'œuvre est réelle : la lutte contre la maladie est menée avec une compétence et une abnégation souvent remarquables. Faut-il rappeler les noms du Dr Jamot au Cameroun ou d'Albert Schweitzer au Gabon ? Œuvre aussi souvent personnelle ou religieuse qu'officielle. Par contre, en dépit de beaucoup de dévouements obscurs et malgré d'indéniables progrès, l'instruction ne touche que peu d'enfants.
- *dans l'ordre économique*, aucun plan d'ensemble, sauf pour aider les colons. En faveur des « indigènes », des programmes assez nombreux axés sur le développement agricole et, le plus souvent, sur l'irrigation.

Mais les réalisations sont restées modestes ; leur utilité est limitée ; le bénéfice en est parfois allé à ceux qui en avaient le moins besoin. De même, le crédit agricole, dont l'idée remonte à avant 1914, reste parcimonieux, peu efficace. L'industrialisation, la formation professionnelle sont absentes. En somme, l'effort économique prend plutôt une allure humanitaire. Il n'y a pas de volonté de mise en valeur générale. Il n'est pas question de préparer une quelconque indépendance économique, mais plutôt d'assurer à la France produits et débouchés dont elle a besoin.

Dans l'ordre politique se manifestent les plus grandes réticences. On a vu comment, après la guerre, quelques concessions ont été faites en Algérie, Tunisie, Indochine. Elles sont sans lendemain. Tout au plus accordent-elles des droits purement locaux (Algérie) ou réservés avec beaucoup de prudence à une poignée d'individus (Tunisie, Indochine). Mais, en Afrique noire, à Madagascar, en Océanie, le statut de l'indigénat gardera toute sa rigueur jusqu'en 1946.

Le Front populaire lui-même, en 1936, avance très prudemment dans la voie des réformes : il doit compter avec l'hostilité de la droite et du Sénat et avec la toute-puissance des colons. Du moins fait-il la première tentative importante : avec Moutet, ministre des Colonies, il prépare l' « assimilation » de 25 000 Algériens (c'est-à-dire l'octroi de la citoyenneté française sans renonciation à leur statut personnel), l'autonomie pour la Tunisie, l'indépendance pour la Syrie et le Liban ; il crée un haut comité méditerranéen, qui permettra d'élaborer une politique globale. Mais un an plus tard, tous ces projets ont disparu ou leur réalisation a été repoussée ; on revient à la politique plus facile et plus aveugle de la répression. Décidément, cette période de l'entre-deux-guerres, spécialement pendant les années 30, aura été celle des occasions perdues.

II. ÉVOLUTION PARTICULIÈRE A CHAQUE TERRITOIRE [1]

L'action de la France et, plus encore, la gravité des problèmes varient selon les territoires. L'Algérie reste l'objet d'une attention particulière, la Tunisie pose beaucoup plus de problèmes que le Maroc, bien mis en valeur et docile. La Syrie est une source de difficultés. L'Indochine, très exploitée, assure beaucoup plus de revenus et donne beaucoup plus de soucis que l'Afrique noire, Madagascar ou les vieilles colonies d'Amérique.

L'Algérie

Territoire à mettre à part, considéré comme le prolongement de la France, avec une proportion particulièrement forte de colons ou citoyens français : plus d'un million sur 7 200 000 habitants en 1939.

★ L'*œuvre de la France*, sans négliger totalement la masse musulmane, a profité surtout aux Français installés là-bas. Sur le plan politique, ceux-ci gardent toute leur puissance et les concessions accordées aux Musulmans par la loi de 1919 ne l'ont entamée en rien. Ils veillent d'ailleurs à en empêcher le développement.

1. Rappelons une fois pour toutes qu'au chapitre VII ont été exposées les mesures politiques prises par la France au lendemain de la guerre et les origines des divers mouvements d'opposition.

Dans le domaine social et économique, la sollicitude de la France apparaît partagée entre colons et indigènes. Mais les résultats diffèrent de l'une à l'autre catégorie.

Pour les indigènes, scolarisation, logement, irrigation, coopération ne progressent qu'avec une extrême lenteur. Pour les colons, bien pourvus de terres, on voit les profits d'une culture savante et spéculative dont l'écoulement est normalement assuré par des coopératives. Des zones semi-arides, comme le Sersou, sont encore conquises à la culture des céréales.

La plus belle réussite, c'est cependant la vigne, qui passe de 155 000 ha en 1914 à 400 000 ha en 1938 et de 7 à 18, 20 ou 22 millions d'hectolitres d'un vin souvent excellent. Nombre de Musulmans sont employés aux travaux du vignoble. Mais le vin ne sert qu'à la consommation des Français ou à l'exportation vers la France : il représente 50 à 60 % des exportations algériennes. Ce flot de vin pose le problème de la surproduction en France et amène le gouvernement à interdire l'accroissement du vignoble des deux côtés de la Méditerranée. Quelques autres cultures (primeurs), quelques produits miniers (phosphate, fer) — toujours pour l'exportation — contribuent à l'activité des ports.

★★ Les *problèmes de l'Algérie* sont cependant évidents.

Problème économique. La production vivrière tend à devenir insuffisante pour nourrir une population en expansion désormais rapide. La culture spéculative de la vigne, utile aux seuls colons, occupe trop de bonnes terres. Quant aux terrains de parcours, trop réduits, ils ne nourrissent plus que 4 à 6 millions de moutons au lieu de 10 millions en 1914. Pendant ce temps, il y a surproduction de vin et toute l'économie de l'Algérie finit par dépendre de lui. Il se pose aussi en Algérie un problème de prix de revient : les méthodes modernes des colons entraînent un coût très élevé que ne compense qu'à peine le bon marché de la main-d'œuvre. Le résultat, c'est d'abord la nécessité d'une aide de l'État pour l'écoulement des produits. C'est aussi la difficulté de survivre pour les petits colons : ils sont encore 94 % des viticulteurs, mais ne donnent déjà plus que 50 % de la récolte. Beaucoup vendent leurs terres. Quant aux indigènes, l'irrigation, coûteuse, ne peut que hausser également le prix de revient de leurs produits et il faudrait des travaux encore beaucoup plus considérables pour qu'elle soit convenable.

Les *problèmes sociaux* ne sont pas moins graves. On en distingue trois :

- d'abord, la coupure absolue entre deux sociétés, française et musulmane, à peu près imperméables l'une à l'autre.
- ensuite, le malaise des Français : menace de surproduction de vin, inquiétude devant la marée démographique des Musulmans. Aussi beaucoup de petits colons quittent la terre. Elle est rachetée par les « gros colons » (catégorie sociale de plus en plus importante) ou de grandes sociétés capitalistes (certaines ont jusqu'à 70 000 ha). Cependant, les difficultés des « indigènes » sont de loin les plus importantes. Ne disposant en général que de 4 à 5 ha de terres maigres, ne trouvant plus l'entraide de la vieille société patriarcale qui a été détruite, ils s'appauvrissent sous le poids de la pression démogra-

phique. Seul recours : l'émigration vers la ville ou, mieux encore, vers la France. 100 000 à 150 000 d'entre eux ont franchi la Méditerranée.

• Le *problème politique* est cependant celui qui inquiète le plus la métropole. L'opposition au système colonial s'amplifie. Il est vrai qu'elle se divise : à côté du mouvement de « l'Étoile nord-africaine » de Messali Hadj, créé non sans une certaine influence communiste en 1924, l'Association des Ulémas réformistes met l'accent sur la religion et prône le nationalisme. Au contraire, des hommes comme le pharmacien Fehrat-Abbas réclament ce qu'on appellera plus tard l'intégration, c'est-à-dire l'accession des Musulmans à la citoyenneté française avec tous les droits que cela comporte.

★★★ Le *refus des réformes par la France* paraît, après cela, d'autant plus surprenant. En 1936 pourtant le gouverneur d'Algérie, Violette, établit un projet très modéré pour donner satisfaction à ces élites qui, tel Fehrat-Abbas, aspirent à jouer un rôle dans une Algérie qui serait une sorte de province française. Le projet présenté, dit projet « Blum-Violette », prévoit d'octroyer la citoyenneté française aux plus évolués des Algériens, soit environ 25 000, sans qu'ils renoncent à leur statut personnel.

Ce projet n'a aucune suite : la violente protestation des colons et de la droite française le fait retirer. Puis, dès 1937 et avec la désagrégation du Front populaire, on en revient à une politique de répression (Messali en prison, dissolution des groupements ou partis), tandis que les opposants eux-mêmes multiplient leurs divisions. Leur faiblesse même prouve qu'il eût suffi de réformes modérées pour satisfaire un grand nombre d'Algériens. L'occasion ne devait plus se présenter.

La Tunisie

Le *problème italien* reste toujours le plus voyant pour l'opinion française : le rapprochement franco-italien, à l'époque de Laval, est sans suite et Mussolini réclame ouvertement la Tunisie. Toutefois, les Français finissent par y être les plus nombreux (1936 : 108 000 contre 94 000 Italiens).

Le *problème économique et social* est plus discret, mais plus profond. Certaines réussites ne sont pas niables : la culture de l'olivier profite autant aux Tunisiens qu'aux Français ; la scolarisation, l'état sanitaire des « indigènes » se sont améliorés. Mais ce sont les colons surtout qui vendent fruits, primeurs, vins à la métropole. C'est pour la France que sont favorables l'union douanière et le monopole de pavillon qui ont été établis en 1928. Enfin, tout comme en Algérie, on note l'essor des sociétés capitalistes : ce sont elles qui ont les concessions des mines, des chemins de fer, des ports, et qui tendent à regrouper toujours plus de terres ; quatre sociétés (dont l'Enfida) rassemblent plus de 150 000 ha, soit un cinquième des terres colonisées.

Cependant, un malaise existe : la crise a gagné durement la Tunisie à partir de 1933, les produits s'écoulent mal. Le déficit devient lourd. L'équipement reste très insuffisant : deux barrages seulement sont construits en 1939 (dans le bassin de la Medjerda). Dans les campagnes, surtout dans le Sud, règne une affreuse misère. Les colons s'inquiètent du mouvement nationaliste.

Le problème du nationalisme.

Le Destour n'a pas tardé à se scinder en deux tendances ; la scission est consommée avec la crise économique de 1933. Tandis que le « Vieux Destour » cherche à restaurer l'ancienne civilisation musulmane et est prêt maintenant, pour ce faire, à couper tout lien avec la France, le « Néo-Destour », conduit par le Dr Matéri, puis surtout par *Bourguiba*, se révèle beaucoup plus réaliste et dynamique. Il réclame, lui aussi, la souveraineté tunisienne, mais il la veut fondée sur une démocratie laïque et vouée au progrès ; aussi accepterait-il la collaboration économique et culturelle de la France. Des grèves, des meetings politiques, des violences accompagnent ces revendications. Successivement, la France y répond par la répression, puis des concessions à l'époque du Front populaire (presse plus libre, droit d'association, pourparlers en vue de l'autonomie entre Bourguiba et Viénot, sous-secrétaire d'État aux Colonies), enfin à nouveau la répression après la grande émeute du 9 avril 1938 qui fait vingt morts : les libertés sont à nouveau restreintes et Bourguiba va en prison.

Le Maroc

Il ne pose pas de si graves problèmes et la France éprouve pour lui en 1939 le même sentiment de fierté qu'elle ressentait pour la Tunisie en 1914. Un Maroc moderne est né, en effet, grâce à elle, plus précisément grâce à Lyautey. En dépit, ou à cause de cela, des problèmes apparaissent cependant peu à peu.

★ Le *développement* a été l'œuvre de Lyautey, d'une poignée de colons (150 000 à 200 000 Français en 1939), des grandes sociétés capitalistes.

De 1912 à 1925, *Lyautey* avait présidé aux destinées du Maroc, qu'il avait marqué de sa très forte personnalité. Il s'est efforcé de respecter la civilisation marocaine, dans sa religion, ses mœurs, son administration, sa structure sociale, son économie. S'appuyant sur les notables, il a gouverné sans difficulté. Mais, par ailleurs, il a plaqué sur le pays une administration et une économie modernes : agriculture à gros rendements sur les grands domaines des « terres de colonisation », mise en valeur des mines (surtout les phosphates, dont l'État chérifien, en 1920, s'est réservé l'exploitation : premier rang mondial en 1929), construction d'un beau réseau de communications, création du port de Casablanca, achevé par Schneider en 1932, fondation d'une somptueuse capitale : Rabat.

Tout cela fait du Maroc une *terre d'élection pour l'entreprise capitaliste*, spécialement française, bien que l'acte d'Algésiras empêche la France de mener la politique douanière qu'elle souhaiterait. Mais elle n'en domine pas moins la Banque chérifienne après l'absorption en 1918 des parts allemande, autrichienne et russe et le rachat de la part anglaise en 1931.

Cette banque émet le papier-monnaie mais est aussi une banque privée à l'activité importante. C'est en fait la Banque de Paris et des Pays-Bas qui en a le contrôle. Cette dernière contrôle aussi la Compagnie générale du Maroc et L'Omnium marocain (mines). Avec d'autres banques ou sociétés (Rothschild, Schneider...) elle

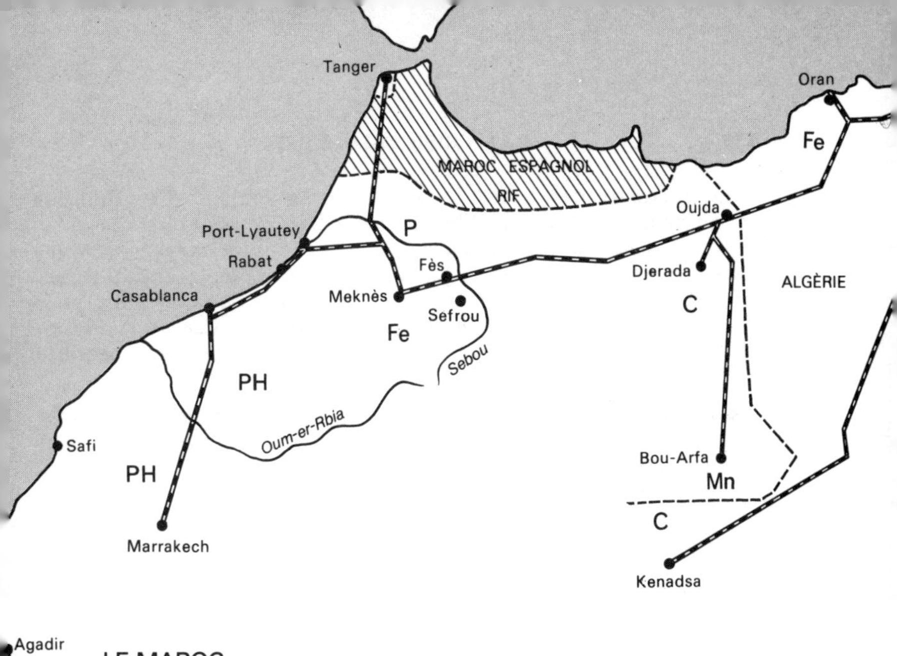

LE MAROC

(Echelle 1: 5 000 000)

(hachures)	Territoire étranger
(trait)	Chemin de fer
(points)	Arachide
(cercles)	Coton
C	Charbon
P	Pétrole
Fe	Fer
Mn	Manganèse
PH	Phosphate

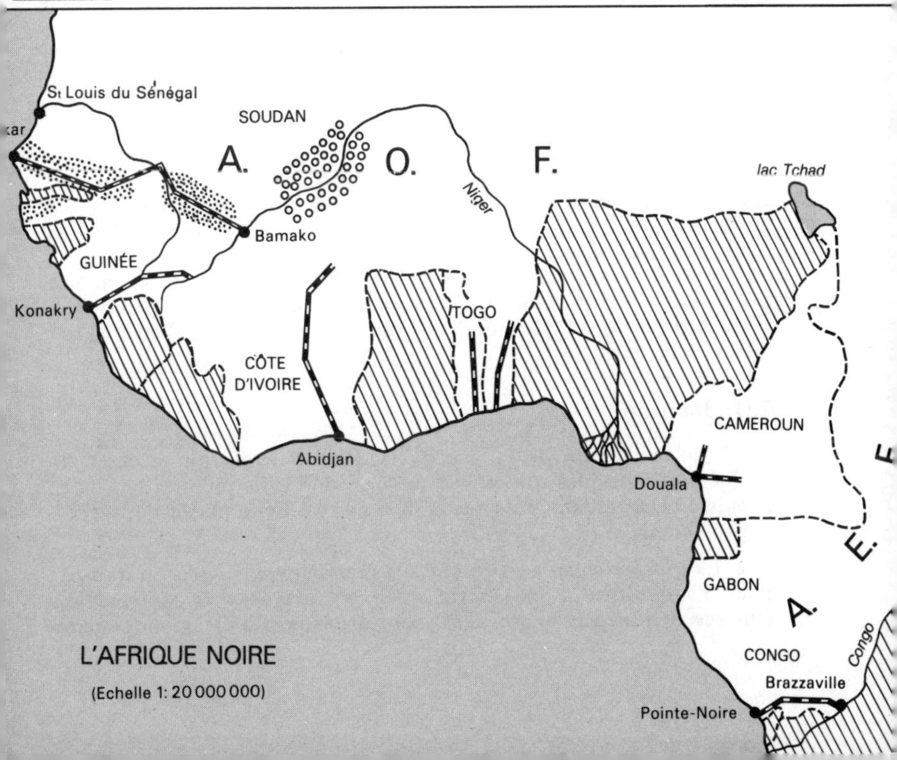

L'AFRIQUE NOIRE

(Echelle 1: 20 000 000)

tient un quart des terres possédées par la France. (Les Français en détiennent un million d'hectares sur cinq ou six cultivables.)

Les *résultats* sont les plus satisfaisants de l'Empire français : cultures riches, mines actives (phosphates, manganèse, etc.), centrales électriques, beau réseau de transports, commerce florissant fait pour 50 % avec la France. La dernière entreprise coloniale de la France est un vrai succès ; c'est le résultat d'une expérience ancienne alliée à des méthodes nouvelles.

★★ Les *problèmes* naissent justement de cet essor et de ces méthodes. *A leur origine*, on trouve d'abord l'œuvre de Lyautey. Respectant (par esthétisme autant que par habileté politique) le vieux Maroc, il a contribué à plaquer sur ce décor une économie moderne qui a accusé les insuffisances de l'économie, de la société, de l'administration traditionnelles. Ainsi le petit paysan prend-il conscience de son niveau de vie ; ainsi le caïd, sur lequel s'appuie l'administration française, n'obtient-il plus le respect de l'étudiant revenant de France ou du commerçant enrichi de Casablanca. Les citadins, dont le nombre croît rapidement, forment une société nouvelle très différente de l'ancienne.

Une deuxième source de difficultés tient au développement capitaliste du pays : le profit est jalousement réservé à une minorité de bénéficiaires, tandis que la masse du peuple n'en tire, tout au plus, qu'un avantage indirect. Il faut ensuite noter l'apparition des difficultés économiques liées à la crise mondiale et que le Maroc, à l'économie encore fragile, ressent dans les années 30 : ses produits s'écoulent plus difficilement. Enfin, l'emprise croissante de l'administration française ne laisse peu à peu au sultan (Mohammed V) qu'un rôle religieux ou honorifique. Si cette administration directe est bien acceptée dans le « bled » ou par les féodaux, respectueux de la supériorité militaire française, elle cause un malaise évident dans ces villes où intellectuels et bourgeois touchés par la crise souhaiteraient participer plus activement à la gestion de leurs propres affaires.

Les *manifestations* de l'opposition sont pourtant faibles jusqu'en 1939. Un parti communiste est apparu, très surveillé. Plus dangereux pour l'avenir, naît en 1934 un « Comité d'action marocaine ». Ses revendications sont encore très modérées : il veut seulement l'application loyale du protectorat au lieu de l'administration directe. Mais, dès 1937, il se scinde en deux tendances rivales. La France, en 1939, pense avoir le Maroc bien en main. Et elle en est fière, car elle trouve dans ce pays, outre la docilité des populations, l'image flatteuse d'un capitalisme dynamique et créateur qui lui a tellement fait défaut chez elle.

L'Indochine

Dès le lendemain de la guerre, la France avait pu mesurer les problèmes politiques que posait ce pays de vieille civilisation; mais, le calme étant revenu vers 1928-1930, on se félicite plutôt de la prospérité coloniale.

★ *La prospérité*, ici aussi, tient à la grande exploitation capitaliste ; pour l'agriculture : vastes rizières bien irriguées en Cochinchine (surface quadruplée en 50 ans, exportation possible) ; grandes plantations d'hévéas (Michelin). La consommation croissante de caoutchouc a fait monter les cours ; la récolte est passée de 300 t en 1915 à 10 000 t en 1929 et bientôt 70 000 t, « l'Entente internationale du caoutchouc » ayant donné son accord : la France va pouvoir couvrir ses besoins. La main-d'œuvre est fournie par des recruteurs empressés. Café, thé, canne prospèrent.

Les mines ne sont pas moins actives : charbon de Hongay et Dong-Trieu qui s'exporte jusqu'en France, étain, etc. Une grande industrie (fait exceptionnel aux colonies) fait vivre 100 000 ouvriers à Hanoï, Haiphong, Nam-Dinh : mécanique, filature et tissage, verrerie. Les transports se multiplient : 30 000 km de routes, achèvement du « Transindochinois » de Hanoï à Saigon. Ce dernier port assure, avec celui de Haiphong, totalement artificiel, l'essentiel d'un commerce dont plus de la moitié est dirigé vers la France. Mais celle-ci achète à l'Indochine beaucoup plus qu'elle ne peut lui vendre.

Quoi qu'il en soit, vers 1929, l'exploitation coloniale de l'Indochine est à son apogée et assure les meilleurs profits aux capitalistes qui lui ont fait confiance (sociétés ou banques, comme la « Banque de l'Indochine »).

★★ *La crise.*

La crise économique mondiale s'abat cependant sur l'Indochine en 1930, annoncée déjà par des difficultés apparues dès 1926. Elle se développe sous des formes sociales et politiques.

Économiquement, c'est la chute des exportations, entraînant l'effondrement des cours (jusqu'à 80 % pour le riz et le caoutchouc). La valeur du commerce extérieur tombe à 2 milliards en 1933 (7 en 1926). La chute est aggravée par une malencontreuse revalorisation de la piastre. La situation sociale s'aggrave aussitôt : l'endettement des petits paysans ne fait qu'augmenter ; le travail n'est plus assuré pour le misérable prolétariat agricole ou minier ; la fiscalité apparaît plus insupportable que jamais (l'impôt sur l'alcool obligeait à en consommer sept litres ou à en payer l'équivalent).

Le mécontentement prend un tour politique. En 1930-1931, le parti communiste et le parti national du Viet-Nam préparent l'insurrection. Le complot est déjoué à temps. Mais l'ordre public est menacé : des bandes de paysans vont détruire les rôles de l'impôt. Des centaines de riches Annamites sont assassinés (mais quelques Français seulement). Des révoltes éclatent dans les plantations Michelin en 1932 et des grèves paralysent les usines. L'influence communiste sur ce mouvement se devine principalement au fait que des sortes de *soviets* se constituent çà et là.

★★★ *La réaction française* est caractéristique.

Politiquement, c'est la très sévère répression du gouverneur Robin. Il procède à des milliers d'arrestations (Ho-Chi-Minh est arrêté à Hong-Kong) ; 1 800 condamnations sont prononcées, dont 13 à mort. Les salariés sont l'objet d'une étroite surveillance, les partis politiques de même. On envisage quelques réformes... qui ne viendront pas. En effet, le gouvernement se refuse à croire à la profondeur du mécontentement : il serait artificiellement créé par la propagande communiste. Quant à remédier aux abus les plus criants, ce serait se heurter à la double opposition des notables annamites et des capitalistes français.

Économiquement, on veut précisément sauver leurs intérêts menacés. Les planteurs de caoutchouc bénéficient de réduction d'impôts, de primes de production, et l'on taxe en France le caoutchouc étranger pour leur verser une subvention. Les riziculteurs reçoivent aussi une aide... mais celle-ci est attribuée aux propriétaires (touchés par la chute du cours du riz), non aux fermiers. Les relations commerciales sont resserrées entre France et Indochine (ainsi la France achète beaucoup plus de charbon.) Les milieux d'affaires, d'ailleurs, se regroupent en un « Conseil des intérêts français » tout-puissant auprès de l'administration.

La situation semble rétablie en 1939. Le petit paysan a repris son labeur ancestral, les « communistes » sont en prison. Les affaires retrouvent une certaine activité. Ce dont on s'inquiète surtout, c'est de la politique expansionniste du Japon qui vise « les mers du Sud ». Il est vrai que, par réaction, elle entraîne un certain regroupement de l'opinion indochinoise derrière le drapeau tricolore.

Les autres territoires

Ils posent des problèmes moins voyants ou jugés plus faciles à régler (par la contrainte généralement).

★ *Les États du Levant* (Syrie et Liban) ont apporté quelque profit à l'économie française. La France avait dû en 1920 renoncer à la région pétrolifère de Mossoul, mais avait obtenu 23,75 % du capital de l'Irak Petroleum Cy ; le patronat lyonnais s'approvisionnait là-bas en soie grège. Des banques comme la Société générale (par l'intermédiaire de la Banque française de Syrie) participaient à des concessions minières ou ferroviaires.

Mais les *difficultés politiques*, apparues dès 1919, continuent de plus belle. La France fait alterner concessions et rigueur. En 1936, sous le gouvernement de Blum, les « accords Viénot » envisagent l'indépendance pour 1939. Tandis que la droite française se récrie, les minorités nationales refusent de perdre l'autonomie dont elles bénéficiaient jusqu'alors. La situation ne sera pas réglée quand éclatera la guerre.

La Syrie a coûté cher à la France. Tout au plus lui a-t-elle permis de maintenir sa présence militaire, politique et morale en Orient.

★★ *L'Afrique noire et Madagascar.*

Ici au moins, c'est la *tranquillité !* C'est même la quasi-stagnation ! Seuls le Sénégal et la Guinée (en A.O.F.) et le nouveau mandat du Cameroun ont un développement assez marqué. L'A.E.F. commence tout juste à s'éveiller (Congo). Madagascar reste délaissé (bien que l'arrivée d'assez nombreux Réunionnais multiplie les plantations). Sur tous ces pays, la domination française est facile. L'absence de cadres modernes, la diversité raciale et linguistique, la faiblesse du peuplement empêchent la naissance de toute opposition organisée. Aussi bien on ne note aucune évolution politique.

Quelques réalisations intéressantes : dans le domaine social, lutte contre la maladie, freinée par un manque dramatique de médecins. Économiquement, le réseau ferré reste rudimentaire : la construction du « Congo-Océan » a rendu nécessaire la mobilisation de 20 000 à 30 000 Noirs selon le système de la corvée ; la mortalité a été énorme. Quelques ports, comme Dakar, sont bien équipés. Les mines sont peu exploitées (graphite à Madagascar).

Ces pays restent fondamentalement agricoles et repliés sur leurs traditions. La seule tentative novatrice : créer une « nouvelle Égypte » cotonnière dans la boucle du Niger, fut un échec : l'« Office du Niger » ne put trouver la main-d'œuvre nécessaire, bien qu'il fournît terres irriguées et logement... L'Afrique semble vivre encore au rythme d'un autre âge. Font exception l'essor de l'arachide au Sénégal et quelques plantations de café, banane, cacao, palmiers sur le golfe de Guinée. Mais ce sont là « *cultures de traite* », supposant le débouché protégé de la métropole.

★★★ Les *petits territoires dispersés* continuent à végéter dans la routine de leur exploitation. La France a ouvert des contingents d'importation pour le sucre antillais et réunionnais et amorcé un effort de diversification des cultures (bananes). Mais la crise mondiale a restreint les débouchés. Le niveau de vie stagne ou baisse (accroissement démographique).

La conclusion s'impose : si la France tire sans aucun doute profit de son Empire, celui-ci, en 1939, est déjà miné par les difficultés économiques, sociales, politiques.

Chapitre XIV

BILAN DE L'ÉCONOMIE EN 1939

La crise mondiale née en 1929 a tardivement, mais durablement, atteint la France.

En 1938-1939 la production n'a pas — et de loin — retrouvé son niveau de 1929, souvent même, dans de nombreux secteurs, celui de 1913-1914. La France n'est plus que la cinquième puissance économique du monde. Mais il y a sans doute plus grave que ce problème de production, de chiffres, de niveau d'activité. C'est la question de la structure même de cette économie. Malgré les modifications apportées par vingt-cinq ans d'histoire, l'évolution en est très inégale, très insuffisante. En 1939, tandis que les autres puissances sont sorties rajeunies de la crise, la France s'attarde toujours dans les mêmes problèmes.

I. LES DÉFAUTS DE STRUCTURE

On retrouve en 1939 tous les défauts relevés pour 1914. Même s'ils se sont atténués, l'écart s'est encore creusé, de ce point de vue, avec les pays évolués.

Le retard de la modernisation

C'est le fait le plus important. Amorcée dans une certaine mesure pendant les années 20, celle-ci a été brisée par la crise des années 30. Mais il faut en chercher d'autres raisons.

★ *Les causes :* l'*absence de politique économique* est une des plus graves. On n'appellera pas politique économique les mesures de circonstance prises à partir de 1932 dans un esprit protectionniste et malthusien — mesures qui ont eu justement pour résultat de maintenir artificiellement une structure périmée : le souci des électeurs ne l'a que trop emporté sur le souci de la production et, tout compte fait, des producteurs ; l'État a choisi de défendre le secteur retardataire, quitte à se désintéresser du secteur dynamique, ou même à le sacrifier.

Il faut encore incriminer, pour ce retard, deux faits importants :

• l'*absence d'un marché en expansion*, c'est-à-dire une démographie stagnante sinon déclinante ; on y remédie en se tournant de plus en plus vers l'Empire ;

• le *coût de l'énergie*, vieux problème français ! Soit que le charbon, peu abondant, difficile à extraire, rende nécessaires, toujours, de coûteuses importations ; soit que l'on tarde à se tourner vers l'électricité (production toujours faible : 20,4 milliards de kilowatts-heure et utilisation encore très modérée en dehors de l'éclairage) ; soit que l'on manque à peu près totalement de pétrole. La France importe 38 % de son énergie.

★★ *Ce retard de la modernisation est révélé par :*

• *l'importance excessive du secteur primaire* .

	1913	1931	1938
	—	—	—
Secteur I	42 %	37 %	37 %
— II	31 %	33 %	31 %
— III	27 %	30 %	32 %

Sa diminution est régulière, mais beaucoup trop lente. Aux États-Unis, il n'occupe plus en 1938 que 20 % de la main-d'œuvre. Le paysan français travaille beaucoup et produit peu : toute l'évolution économique est bloquée à partir de là. En moyenne, ce paysan nourrissait 4 personnes en 1914 ; en 1939, il en nourrit 5. Aux États-Unis, aux mêmes dates : 10 et 15.

• la *lenteur de la mécanisation :* dans l'agriculture, si faucheuses et batteuses sont très répandues, on ne compte encore que 35 000 tracteurs (Allemagne : 200 000; États-Unis : un million). Dans l'industrie, la machine est très courante, mais quelle machine ? En 1939, l'âge moyen des machines est de 5 ans aux États-Unis, en Allemagne, au Japon, mais de 25 ans en France. On n'y compte que 600 000 machines-outils. Quant aux transports, la voiture à cheval reste très courante et, sur les voies d'eau, le halage par les mulets est loin d'avoir disparu. Aussi l'énergie consommée en France est-elle, par habitant, de 2 t d'équivalent de charbon, contre 4 en Allemagne, 5 en Angleterre et 6 aux États-Unis (chiffres arrondis). En 1938, avec 87 millions de tonnes (équivalent de charbon), la France n'a d'ailleurs pas encore retrouvé le niveau de 1929 (100 millions).

• la *structure encore très souvent familiale de l'entreprise :* dans l'agriculture, elle est la règle quasi absolue ; dans l'industrie, malgré le déclin rapide de l'artisanat, elle est toujours fréquente ; surtout dans les industries traditionnelles : ainsi pour le textile 3,5 % seulement du capital sont étrangers aux familles patronales en 1938.

Dans le commerce, même situation.

★★★ *Conséquences* de cet état de choses.

C'est d'abord la *faible productivité* du travailleur français : des calculs portant sur diverses activités la montrent trois à quatre fois inférieure à celle de l'Américain. Ainsi, le temps passé à produire une voiture équivaut à 25 jours de travail aux États-Unis, 80 ou 90 en France. Et, pourtant, le progrès technique français, depuis 1929, s'est poursuivi au rythme de 2 % par an [1].

C'est ensuite le *prix trop élevé des produits français*, caractère vraiment permanent. La crise a fait momentanément tomber ces prix. Mais, dès 1936, ils se sont relevés sous le double effet des charges sociales accrues (pour l'industrie), de la politique de soutien des prix (pour l'agriculture : stockage, protectionnisme). Toutefois, les prix

---

1. A. Sauvy : *Histoire économique de la France entre les deux guerres*, ouvrage cité, t. II, p. 466.

industriels se sont relevés davantage si bien que, dès 1937, le paysan voit à nouveau l'évolution se faire à son détriment. Quoi qu'il en soit, le niveau moyen des prix français reste trop élevé — quelle que soit la conjoncture — indice d'un rendement insuffisant.

Le déséquilibre économique

C'est un autre défaut de la France de 1939.

Déséquilibre entre les grandes activités :

L'agriculture se retrouve avec des problèmes pires qu'en 1914 : production excédentaire, prix trop élevés pour permettre l'exportation, absence totale de solution (au contraire !), revenus décroissants. L'industrie, sans être dans une situation brillante, a du moins quelques succès à son actif, un écoulement assuré en 1938-1939, des revenus supérieurs, une structure moins mauvaise.

Déséquilibre entre les producteurs. Problème que l'on retrouve depuis 1914 : les uns modernes, intégrés au système capitaliste, disposant d'outillage, de main-d'œuvre, de connaissances... et d'appuis politiques, les autres végétant dans la médiocrité de leur petite entreprise, peinant de longues journées pour compenser leur faible productivité. Et, grâce au protectionnisme (renforcé par la crise), il est possible d'aligner les prix de tous sur les leurs — ce qui assure leur survie dans la gêne, gonfle les bénéfices des autres, satisfait l'opinion très attachée au petit producteur-propriétaire.

Déséquilibre entre les régions économiques, car la grande exploitation agricole moderne, la grande industrie capitaliste, les meilleurs moyens de transport sont définitivement concentrés dans le quart nord-est de la France et tout spécialement dans la région parisienne. Ailleurs, Centre et Sud-Ouest principalement, survit, ou meurt sans être remplacée la petite exploitation agricole digne du XVIIe ou du XVIIIe siècle, et l'industrie fuit ces régions moribondes.

Déséquilibre entre les productions : large priorité est toujours assurée aux biens de consommation sur les biens de production. Ainsi les cultures industrielles ne représentent plus que 1,50 % de la valeur des produits destinés à l'alimentation humaine ; on produit un véhicule utilitaire pour 9 de tourisme (3 en Angleterre, 4 en Allemagne, 6 aux États-Unis). Même si la première industrie est maintenant la métallurgie et non plus le textile, on estime qu'un million de Français produisent des biens de production contre 6 millions aux États-Unis (qui n'ont qu'une population un peu plus de trois fois supérieure), 2 % du revenu national y sont consacrés contre 5 % aux États-Unis, 10 % en U.R.S.S.[1].

1. Fourastié et Montet : *L'Économie française dans le monde* (ouvrage cité), 1946, p. 68, 69.

II. MAINTIEN ET DIFFICULTÉS DE L'AGRICULTURE

La France reste une grande puissance agricole. Mais l'agriculture n'assure que 23 % du revenu national à ceux qui s'y adonnent et qui sont 37 % de la main-d'œuvre.

Le maintien

Il est frappant, malgré certains faits qui pourraient faire croire le contraire : exode rural (d'ailleurs stoppé par la crise, mais qui a repris à partir de 1936), développement des friches (300 000 ha de plus en vingt ans), besoin d'ouvriers agricoles étrangers pour suppléer les Français, déclin presque total de certains produits (chanvre, oléagineux, élevage du ver à soie), recul continu de l'élevage du mouton (dix millions de têtes en 1938 contre seize en 1913).

Mais, par contre, les *deux produits fondamentaux, le blé et la vigne*, se maintiennent. Le blé donne, tout comme vers 1914, une récolte moyenne de 85 à 90 millions de quintaux (mais 98 en 1938) et la diminution des surfaces qui lui sont consacrées (4,7 millions d'hectares au lieu de 6) est compensée par l'accroissement du rendement (18 q à l'hectare au lieu de 13,5). Par contre, le problème face à une consommation en déclin est de trouver des débouchés. La vigne s'est non seulement maintenue, mais étendue (l'arrachage prévu depuis 1934 a été sans importance), et son rendement s'est accru aux dépens de la qualité très souvent. La récolte atteint (moyenne 1934-1938) : 62,5 millions d'hectolitres (48 vers 1914), auxquels viennent s'ajouter 15 à 22 millions d'hectolitres algériens. Là aussi, problème de débouché.

Plus intéressant, le *développement de produits dont la consommation s'accroît :* betterave, couvrant une consommation de sucre qui est passée de 14 à 23 kg par habitant et par an, mais concurrencée par le sucre de canne colonial — d'où, là encore, excédent difficile à écouler; pommes de terre, fruits et légumes continuent leur essor ; l'élevage de même : le cheptel bovin est passé de 14 à 15,6 millions de têtes, la production laitière de 100 à 133 millions d'hectolitres. Bien qu'inférieur encore en importance à la culture, l'élevage assure désormais 44,5 % du revenu paysan (au lieu d'un tiers).

Enfin, en dépit d'un coût élevé (et trop lentement bien sûr), la *machine* et l'*engrais chimique* ont progressé. Il y a, on l'a dit, 35 000 tracteurs en 1939 et beaucoup de faucheuses-lieuses ou de batteuses. Quant aux engrais chimiques, leur essor avait été favorisé par la mise en valeur des mines de potasse d'Alsace. Malheureusement, la chute des prix agricoles compromet vite leur progrès.

CONSOMMATION D'ENGRAIS CHIMIQUES.

Moyenne	1920-1924	641 000 t	par an
—	1925-1929	881 000 t	—
—	1930-1934	812 000 t	—
—	1935-1939	826 000 t	—

Ces chiffres illustrent les difficultés de l'agriculture française.

Les difficultés

Le *problème des débouchés* est le plus important, lié tout à la fois à la volonté autarcique de nombreux pays et plus encore au prix trop élevé des produits français. Blé, vin, sucre en sont les trois grandes victimes. On a vu l'inefficacité des mesures prises. Expression suprême du malthusianisme, les Français souhaitent de mauvaises récoltes — pour maintenir les cours. Les stocks, la distillation obligatoire, l'arrachage, la dénaturation trahissent l'intervention de l'État dans le domaine agricole (cela est nouveau par rapport à 1914), mais aussi son incapacité à pratiquer une politique saine : contrôle efficace, orientation intelligente (ainsi pourquoi avoir laissé se développer tellement le vignoble algérien ?), effort pour remodeler les structures. Un timide effort a été entrepris en vue de remembrer les exploitations trop morcelées (lois de 1918 et 1919) : mais, en 1939, le remembrement ne porte que sur 400 000 ha (surtout dans les régions où les dévastations de la guerre facilitaient le travail : Lorraine, Aisne, etc.), le trentième du chiffre souhaitable !

La *baisse du niveau de vie*, phénomène particulièrement grave pour le petit exploitant qui, avec ses 10 à 15 ha (cas le plus fréquent), vivotait déjà péniblement. L'abaissement des prix agricoles par rapport à ceux de l'industrie et des services en est la cause.

1 q de blé	vaut	1 000 kg de charbon	en 1914	mais	500	en 1938
1 hl de vin	—	2 paires de chaussures	—	—	1	—
1 veau	—	21 sacs de superphosphates	—	—	14	—

La toute petite exploitation achève donc son recul, tout comme diminue progressivement le nombre des métayers et des ouvriers agricoles : c'est l'exode rural. Atténué de 1931 à 1935, il reprend, attiré par les meilleures conditions de la vie ouvrière après 1936.

Les pouvoirs publics s'émeuvent finalement de la difficulté de vivre pour le trop petit exploitant. Pour éviter un morcellement excessif, les lois de 1938 et 1939 décident que le fils qui a travaillé avec son père héritera seul l'exploitation ; il devra dédommager les cohéritiers, mais déduire du dédommagement le salaire (non perçu) mérité par le travail qu'il a fourni à son père.

Le *manque de main-d'œuvre* se fait alors sentir. Fait paradoxal dans un pays où le secteur primaire occupe encore tant de monde. Il explique tout spécialement le recul de l'élevage des moutons (manque de bergers), tout comme les difficultés des très grosses exploitations. Celles-ci recourent à une main-d'œuvre étrangère à la région (beaucoup de Bretons en Ile-de-France, dans le Nord...) ou à la France (Italiens, Polonais, Espagnols).

Les défauts de la commercialisation des produits agricoles.

Celle-ci échappe en grande partie aux paysans et passe par de trop nombreux intermédiaires (d'où les prix élevés à la consommation). Le développement des coopératives est resté très limité. D'autre part, s'il est normal que la France achète des produits tropicaux (café, bananes, etc.), il est plus surprenant qu'elle en achète d'autres qu'elle produisait chez elle autrefois en tout ou en partie (vin, sucre, oléagineux surtout). Les sommes dépensées représentent les trois quarts de tout le déficit commercial français ! Fait curieux pour un pays qui n'arrive pas à écouler sa propre production !

III. STAGNATION DE L'INDUSTRIE

Première activité française, assurant 42 % du revenu national, l'industrie, en 1938-1939, est loin cependant d'avoir retrouvé son niveau de 1929 (elle est à 80 % environ). Elle a, de peu, rattrapé celui de 1913-1914. A cet égard, la France se distingue totalement des autres grands pays industriels.

INDICE DE LA PRODUCTION INDUSTRIELLE EN 1938.

	France.	*Angleterre.*	*Allemagne.*	*États-Unis.*
1929 = 100	80	127	130	80
1913 = 100	112	147	151	151

Cette stagnation de l'industrie explique que l'on dénombre encore 380 000 chômeurs. On peut donc dire que la crise continue, quel que soit le coup de fouet qu'ait pu donner la politique d'armement dans les années qui précèdent immédiatement la guerre. La France n'est plus que la cinquième puissance industrielle du monde (L'U.R.S.S. l'a à son tour surclassée).

Causes de la stagnation

L'industrie, plus que toute autre activité, est sensible à deux défauts majeurs de la France à l'époque : le manque d'énergie (dont la France doit importer 35 à 40 %), l'étroitesse du marché, bien peu propice au développement d'une production de masse à bas prix. Toutefois, il y a lieu de dénoncer deux autres causes de stagnation : l'État et le capitalisme avec les caractères particuliers qu'ils ont pris en France.

★ L'*État* ou bien est resté fidèle à un libéralisme dépassé et a refusé d'intervenir ; ou bien a soutenu, par facilité ou démagogie, la petite entreprise à prix de revient élevé contre la grande ; ou bien (en 1936) s'est montré généreux sur le plan social (les 40 heures), mais imprévoyant sur le plan économique — en tout état de cause, il n'a jamais eu de politique économique : il a laissé faire ou s'est laissé manœuvrer ou a pris des décisions maladroites.

★★ Le *capitalisme français* partage la responsabilité de la situation, que cette responsabilité soit directe ou indirecte. En effet — cas très fréquent — l'entreprise est trop petite et ne mérite pas ou à peine le nom de capitaliste : il n'y a en France qu'un petit nombre d'établissements employant plus de 500 ouvriers (et ce nombre a diminué depuis la crise).

NOMBRE D'ÉTABLISSEMENTS.

	500 à 1 000 salariés.	*Plus de 1 000 salariés.*
	—	—
1906	421	215
1931	713	421
1936	615	296

Ou bien, si l'entreprise est grosse, elle pratique le plus souvent une politique timorée, ses vues manquent d'envergure, elle est d'une prudence excessive (et quelque peu égoïste). Dans les deux cas, le résultat est le même : ou bien le capitalisme est absent, ou bien il n'est pas générateur de cet élan qui doit en être la qualité principale. Dans les deux cas encore, on retrouve les trois défauts suivants :

Premier défaut : le manque de capitaux. Parce qu'on veut garder la structure familiale de l'entreprise (cas le plus fréquent dans le textile) ; parce qu'on recourt trop peu aux mécanismes bancaires, parce que le capital se détourne de l'industrie (insuffisance du profit ; ainsi en 1935, le capital ne rapporte rien dans 40 % des industries chimiques, 59 % de la sidérurgie, 72 % du textile !) ; parce que la marge bénéficiaire est réduite (outillage trop peu moderne, etc.), parce qu'enfin l'État opère une ponction croissante sur les capitaux disponibles : l'impôt (25 %) et l'emprunt (15 %) absorbent 40 % du revenu national ! (15 % en 1911). Par contre, le manque de capitaux ne vient plus guère, comme en 1914, d'une évasion de ceux-ci vers l'étranger puisque l'investissement en dehors des frontières est trois à quatre fois moindre qu'avant la guerre.

Deuxième défaut : la routine des méthodes. L'outillage est ancien (25 ans d'âge en moyenne), peu spécialisé, souvent polyvalent ce qui donne l'illusion qu'il vieillit peu. Dans le textile, en 1939, 50 % des machines datent d'avant 1919, 5 % d'après 1935. Comment, pour cette industrie en pleine crise, renouveler son outillage puisque l'État n'y aide pas et qu'on se refuse à recourir aux banques ? Or c'est un million de salariés qui vivent du textile (2 millions avec les industries de transformation). Seules les houillères ont fait un effort d'outillage, si bien que le rendement y est passé de 986 kg/homme/jour en 1929 à 1220 en 1938. Et que dire de la recherche technique ? Elle est à peu près complètement sacrifiée. Quant à la standardisation qui seule permet d'abaisser le prix de revient, c'est une notion « américaine », mais qui n'a pas droit de cité en France. Ainsi, dans l'automobile, on compte 169 types de voitures, ce qui fait 4,2 types par producteur contre 2,3 aux U.S.A.

Troisième défaut : l'insuffisance de l'organisation. Dans chaque activité, on trouve une foule de petites entreprises dominées par quelques grosses. Pas d'entente entre elles, sinon tacite pour vendre cher. Mais elles rivalisent pour conquérir ou maintenir les marchés et les petites s'y épuisent. On a vu comment les essais d' « ententes », consécutifs à la crise avaient fort peu réussi, l'État, tout le premier, cherchant, au nom de la démocratie, à laisser survivre les petites dans leur indépendance. Seule la sidérurgie a une organisation assez solide. Ce qui n'empêche pas la survie de sociétés peu viables. Dans les charbonnages mêmes, on compte cent sociétés pour se partager

181 sièges d'exploitation. Onze d'entre elles donnent les deux tiers de la production. Ainsi le capitalisme français de 1939 a-t-il gardé, à la différence de celui des autres pays, son visage du XIXe siècle.

Inégalité du niveau de production

La production des industries est très variable vers 1938-1939. Beaucoup végètent (les plus anciennes), quelques-unes prospèrent relativement (les plus récentes). Toutes cependant ont eu leur élan brisé deux fois de suite ; en 1914-1918, en 1931-1935 ; une troisième fois arrivera en 1940-1945. Il faut bien se rappeler cela pour mesurer tout à la fois l'importance du retard et l'effort accompli depuis 1945 pour compenser 30 ans de difficultés. Quel retard a été pris sur les États-Unis qui n'ont eu de crise, eux, qu'en 1929 (très sérieuse, il est vrai), mais pour lesquels les guerres ont été un stimulant de premier ordre !

Quelques courbes simplifiées illustreront l'histoire de l'industrie française.

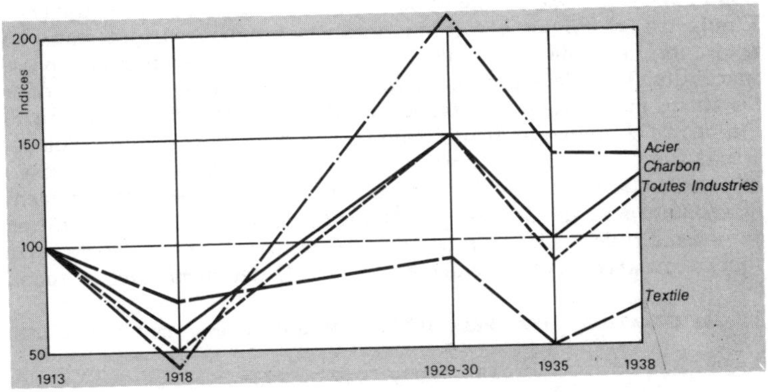

★ *Les industries anciennes ont été les plus atteintes par la crise.* Le charbon est passé de 55 millions de tonnes en 1930 à 47 en 1938 (40 en 1913), malgré un certain développement du bassin lorrain (qui donne 14 % du total) et un gros effort de modernisation dans le Nord. La France continue à importer le tiers de ses besoins. Le fer tombe de 55 à 35 millions de tonnes (22 en 1913, mais sans la Lorraine annexée). L'acier est à 6,2 millions de tonnes (9,7 en 1930 et 4,6 en 1913). Il est notable que la France vende toujours à l'état brut un tiers de son fer, un quart de son acier, la moitié de sa bauxite : les industries de transformation ne peuvent les absorber. Quelle perte pour la France !

Le textile est la branche qui a sans doute le plus souffert parce que très traditionnelle, dépourvue d'outillage, de capitaux ; parce que très orientée jusqu'alors vers l'exportation. Celle-ci est tombée à rien. Le marché colonial en est devenu d'autant plus précieux ; mais s'il absorbe les cotonnades à bon marché, que faire des peignés de laine de Roubaix, des soieries de Lyon ? La soie s'est effondrée sous le double effet de la fermeture des débouchés en ce temps de crise et de la concurrence sérieuse des textiles artificiels (rayonne). Mais déjà Lyon se lance dans cette nouvelle branche.

★★ *Les industries modernes sont en meilleure posture.*

L'électricité progresse, passant de 2 milliards de kilowatts-heure en 1913 à 16,7 en 1930 et 20,4 en 1938, dont la moitié est fournie par la houille blanche. La construction des barrages se poursuit, mais à un rythme qui reste modeste (Eguzon, Marèges, Kembs, etc.). L'industrie de l'aluminium en profite, passant aux mêmes dates de 13 000 à 29 000 puis 45 000 t mais là encore, rythme insuffisant (la France passant du troisième rang au cinquième rang, alors qu'elle vend sa bauxite à l'état brut).

L'industrie pétrolière est en plein essor, non pas grâce aux 50 à 100 000 t fournies par Pechelbronn et quelques rares autres gisements (il est vrai qu'on fonde de grands espoirs sur la région de Saint-Gaudens) mais grâce aux importations : les compagnies étrangères et la C.F.P. (Compagnie française des pétroles qui a de gros intérêts en Irak) approvisionnent les raffineries dont la capacité atteint 8 millions de tonnes. La Basse-Seine est le principal foyer de raffinage. L'industrie chimique a fait de notables progrès, surtout pour les colorants, la soude (Lorraine), l'acide sulfurique, les produits pharmaceutiques. Malgré une concentration un peu plus forte que dans les autres industries (la fusion Rhône-Poulenc s'est effectuée en 1928) l'industrie chimique française reste très en deçà de sa voisine d'outre-Rhin. Il en est de même pour une industrie typiquement française : la construction automobile. Très atteinte par la crise (effondrement et renflouement de Citroën par Michelin en 1932), très morcelée en firmes multiples, elle ne retrouve pas en 1938 son niveau de 1929 (quatrième avec 223 000 véhicules, au lieu de deuxième avec 254 000).

RÉCAPITULATION DES PRINCIPALES PRODUCTIONS INDUSTRIELLES.

	1913	*1929-1930*	*1938*	
Charbon	40	55	47	millions de tonnes
Électricité	2	16,7	20,4	milliards de kWh
Fer	22	55	35	millions de tonnes
Acier	4,6	9,7	6,2	— —
Automobiles	45 000	254 000	223 000	unités

La répartition géographique

La répartition géographique de l'industrie n'a guère été affectée par la crise. Toutefois, celle-ci a renforcé la tendance à la concentration amorcée depuis 1914. Si la Lorraine apparaît comme assez moderne, le Nord se partage entre le moderne et l'ancien (textile). La région parisienne rassemble les industries de transformation (automobile, aéronautique, confection, bâtiment, chimie, construction électrique, métiers d'art, etc.) d'une façon excessive pour l'équilibre national. On ne trouve plus guère à mentionner que l'importante région lyonnaise, la Basse-Seine, les foyers vétustes du Massif central (Saint-Étienne, le Creusot), en difficulté, puis c'est généralement (sauf quelques foyers isolés : Bordeaux, Nantes...) le vide ou l'irrémédiable déclin. En vingt-cinq ans, la concentration industrielle a été considérable. L'artisanat rural indépendant ne compte plus.

IV. PROBLÈMES DES TRANSPORTS ET DU COMMERCE

Ici encore, c'est le déclin !

Les transports

Ils se sont ressentis de la chute des affaires. Outre la création déjà citée de la S.N.C.F. en 1937, assurant à l'État le contrôle des chemins de fer, on notera les faits suivants :

Le problème de la coordination du rail et de la route.

L'extension du réseau routier et sa qualité ont favorisé l'essor des cars et des camions : rude concurrence pour le chemin de fer. Celui-ci a réagi dès avant 1937, organisant des services de cars pour son propre compte, imaginant les autorails (« michelines ») beaucoup plus rentables sur les petites lignes, obtenant le vote de lois (1933 à 1939) taxant les transports routiers ou limitant leur rayon d'action. Après 1937, on procède à la fermeture des lignes les plus déficitaires (4 500 km de voies supprimées fin 1938). Mais le problème n'est pas réglé : la concurrence demeure et, avec elle, le déficit de la S.N.C.F.

L'*abandon de la voie d'eau* continue. Si l'on a créé un système de remorquage électrique sur l'important canal de Saint-Quentin, on néglige l'amélioration sinon même l'entretien des canaux. Tant pis pour le prix de revient des produits pondéreux ! La majorité des canaux est tout juste accessible aux péniches de 280 tonnes et coupée d'innombrables écluses. Le Rhône attend sa mise en valeur. La batellerie ne se modernise pas.

Les *difficultés de la marine marchande* sont liées à la crise mondiale : faute de fret, il faut désarmer les navires. C'est cependant en 1932 qu'a été lancé *Normandie*, le plus luxueux et le plus rapide paquebot du monde. Mais l'État doit en 1934 renflouer la Compagnie générale transatlantique, il doit verser des primes à la construction navale, dispersée dans une foule de chantiers. Ceux-ci s'efforcent désormais de construire des navires spécialisés : bananiers, pétroliers, etc. Cependant, la flotte n'assure toujours qu'une part trop faible du commerce extérieur et, en 1938, avec 2,8 millions de tonneaux, elle n'est plus qu'au septième rang dans le monde.

1913	2,4	millions de tonneaux	4e rang
1929	3,4	— —	5e —
1938	2,8	— —	7e —

Le *développement de l'aviation commerciale* est remarquable. Jusqu'à la guerre de 1939, la France est dans les tout premiers rangs (autant pour la technique que pour le réseau qui s'étend de l'Amérique du

Sud à l'Extrême-Orient, en passant par l'Afrique). Mais beaucoup de lignes sont de pur prestige (Indochine par exemple). Les difficultés financières ont amené la formation de la société « Air France » en 1933 par regroupement de quatre sociétés et rachat des actions de l'Aéropostale. Cette nouvelle société anonyme (qui ne deviendra compagnie nationale qu'en 1948) écrase de sa puissance quelques rares autres sociétés. Son déficit est pris en charge par l'État. Noter que, s'il existe une ligne régulière vers l'Amérique du Sud, il n'y en a pas encore vers l'Amérique du Nord en 1939.

Les difficultés du commerce intérieur.

Elles ont suivi l'évolution de la crise.

La chute des affaires a été ressentie d'abord par les petits commerçants, un peu plus tard (surtout après 1936) par les grands magasins. Il y a d'ailleurs rivalité entre les deux. Le petit boutiquier n'offre qu'un choix limité de produits à prix élevé, car ses frais sont lourds.

Le *grand magasin* a connu un grand essor, soit sous sa forme désormais classique, soit sous celle, plus récente, des magasins à succursales multiples, offrant dans le pays entier les mêmes produits à des prix moyens (surtout magasins d'alimentation : Potin, Maggi, Hauser) soit sous la forme nouvelle (1930) des « Prisunics » ou « Monoprix ». Au début, ils vendent à des prix imbattables des produits qui ne dépassent jamais 10 F ; ensuite, ils ont amélioré la qualité et diversifié les prix. La concurrence est redoutable pour le petit boutiquier.

L'État a protégé le petit boutiquier. En 1936, une loi a interdit la création de nouveaux magasins à « prix unique ». Triomphe des structures anciennes et des prix élevés ! A cette date, on compte 2 340 000 commerçants contre 1 950 000 en 1906. Sur le plan de la technique commerciale, il s'agit d'une véritable régression.

La contraction du commerce extérieur

★ La *diminution du commerce extérieur* est le fait le plus notable. On a les indices suivants :

1913	100
1929	140
1938	52

Ces indices expriment la valeur des produits échangés. En volume l'indice de 1938 serait supérieur : il faut tenir compte en effet de l'augmentation des prix jusqu'en 1929, de leur diminution depuis cette date. On voit cependant que la crise de 1929 a été une catastrophe pour le commerce.

Le point le plus bas se place en 1935 (indice 47). La reprise amorcée un moment en 1936 ne dure pas longtemps (nouvelle chute en 1937), mais s'affirme en 1938, puis en 1939.

Le commerce français a été spécialement atteint par la crise parce que :

- les prix français sont restés longtemps supérieurs à ceux des autres pays ;
- la crise a duré plus longtemps en France qu'ailleurs ;

• la France exporte traditionnellement des produits de luxe, qui sont les premiers à subir la crise ;

• le *protectionnisme* a été renforcé : d'une part par le système du contingentement, très développé pour les produits agricoles, étendu peu à peu aux produits industriels (les entreprises doivent obtenir des licences d'importation) : ainsi le commerce prend-il une structure extrêmement rigide ; d'autre part, par le relèvement des droits de douane en 1937 et 1938, pour un but surtout fiscal d'ailleurs et en dépit des promesses faites par Blum en 1936 : avec ses droits élevés et ses contingents, le commerce français a pris le visage qu'il devait garder plus de trente ans, jusqu'à l'ouverture du Marché commun.

Au total, la France voit reculer sa place dans le commerce mondial.

Elle fait	11 %	du commerce	en 1880.
—	8 %	—	en 1913.
—	6 %	—	en 1929.
—	4 %	—	en 1938.

★★ La *contraction géographique* est le deuxième caractère frappant. Vers 1929, le commerce avait réussi à étendre sa zone d'action par rapport à 1914. Cela n'aura pas duré longtemps avec la crise. Ainsi, le marché américain se restreint considérablement. L'Europe reste le principal domaine, mais ce qui est frappant surtout, c'est *la place prise par le commerce colonial.* Celui-ci, vraie chasse gardée, reste le grand recours pour absorber les exportations ; toutefois, beaucoup moins qu'on pourrait le croire parce que les produits français n'y conviennent pas toujours (luxe, fer, etc.) et à cause des difficultés financières des mêmes colonies (chute du cours des produits bruts qu'elles ont à vendre).

Pourtant, les relations entre la France et l'Empire sont de plus en plus étroites et vitales pour la métropole. Depuis 1932, l'Algérie est le premier client de la France et son deuxième fournisseur. Les relations avec l'Empire sont passées par les pourcentages suivants :

	1913	*1929-1930*	*1938*
Importations venant des colonies	10 %	12 %	27 %
Exportations allant vers les colonies	14 %	20 %	27 %
Commerce total France-Empire	12 %	16 %	27 %

★★★ *La structure du commerce trahit les tares de l'économie française :*

	Importations.		Exportations.	
	1913	*1938*	*1913*	*1938*
Produits alimentaires	22 %	27 %	13 %	14 %
Matières premières, énergie	58 %	58 %	29 %	32 %
Produits manufacturés	20 %	15 %	58 %	55 %

Les produits alimentaires occupent, aux importations, une place croissante et excessive. Les produits exotiques y comptent certes pour un quart, mais le vin pour autant (Algérie), les céréales, même, pour un septième. On importe même des pommes de terre et des fruits ! Et cela dans un pays au sol riche où les agriculteurs sont dans la gêne !

Les matières premières sont très importantes à l'importation et c'est normal pour un pays industriel (produits textiles, minerais, etc.) et pauvre en énergie (charbon, pétrole) ; mais on notera que leur pourcentage a augmenté aux exportations (fer, bauxite, potasse), ce qui indique une industrie manufacturière insuffisante.

Les produits manufacturés, justement, ne se vendent pas assez. Certes, leur balance est largement bénéficiaire (à la différence des deux autres postes), mais, relativement, ils diminuent (chute des exportations de textiles : de moitié, d'articles de modes, de luxe). La France, fidèle aux produits de luxe qu'elle vend plus mal qu'autrefois, doit par contre importer des machines qu'elle ne produit pas suffisamment.

★★★★ *Le déficit de la balance commerciale reste tenace ; il s'aggrave.*

	En milliards de francs-or.	*En pourcentage.*
1913	1,5	18
1929	1,8	14
1938	1	23

Certes, 1938 marque un redressement sur 1937, année-record (44 % de déficit), mais ce déséquilibre est tout de même tragique. Seule excuse pour la France : l'importation d'énergie représente à elle seule 60 % du déficit en 1938.

Cas unique parmi tous les grands pays industriels.

La *balance des comptes* comble en partie ce déficit, soit par les services divers tels que les brevets, soit surtout par le tourisme qui, brisé par la crise, a repris peu à peu son importance.

La *balance des paiements* a connu à partir de 1930 une période très difficile due à la cessation du paiement des réparations par l'Allemagne, à la couverture du déficit du commerce par de l'or, à la fuite des capitaux (surtout pendant le Front populaire), au règlement du déficit commercial croissant de l'Empire colonial. Mais, à partir de 1938, la situation se redresse.

La France, en 1938-1939, n'en est pas moins dans une situation très fragile. Elle a tout au plus rétabli, pour ses finances, un équilibre relatif. Mais son économie ne s'est pas relevée du coup porté par la crise ; elle n'a pas amélioré ses structures. Bien mieux, le gouvernement a opté pour le maintien du secteur retardataire, brisant l'élan capitaliste rénovateur des années antérieures à la crise. Ce n'est, hélas ! qu'une des manifestations du déclin de la France.

BALANCES (milliards de francs-or. Chiffres arrondis).

	1913		1929		1938	
	Détail.	Total.	Détail.	Total.	Détail.	Total.
Balance commerciale.		— 1,5		— 1,8		— 1
Importations	8,4		11,8		4,5	
Exportations	6,9		10		3,5	
Balance des comptes.		— 0,5		0		— 0,5
Bal. commerciale ..	— 1,5		— 1,8		— 1	
Tourisme	0,6		1,7		0,3	
Autres services	0,4		0,1		0,2	
Balance des paiements.		1,7		2,2		0
Bal. des comptes...	— 0,5		0		— 0,5	
Revenu capitaux ..	2,2		1,1		0,7	
Paiements Empire .			— 0,2		— 0,2	
Réparations			1,3			

Chapitre XV

DÉCLIN OU MUTATION DE LA FRANCE?

La structure et le niveau de l'économie sont un aspect aisément perceptible du déclin de la France. Il en est d'autres, plus ou moins visibles, qui, à l'étude, sont encore plus éloquents parce qu'ils témoignent d'un véritable étiolement de la nation : l'amenuisement de la richesse, l'emprise stérilisante de l'État, plus encore la chute démographique. Le trouble de la société en est peut-être une autre preuve. Il est sans doute le signe, cependant, d'une évolution en profondeur. Celle-ci n'annonce-t-elle pas une mutation de toute la structure de la France ?

I. DÉCLIN DE LA RICHESSE

Qu'est devenue cette richesse, orgueil de la France de 1914 ? On peut se poser la question au triple point de vue du produit national, du capital, de la monnaie.

Le produit national

Il a diminué par deux fois : la guerre et la crise. Toutefois, l'essor des années 20 a été assez grand pour que la valeur de ce produit soit plus forte en 1938 qu'en 1913 ou 1914.

En effet, elle est estimée à :

43 milliards de francs-or en 1913
59 — — en 1929
49 — — en 1938

et, grâce au redressement continu à la veille de la Seconde Guerre mondiale, à 52 milliards pour 1939. On sait cependant que, dans le produit national, entre en compte la masse des salaires et traitements. Or, la multiplication des salariés et fonctionnaires a été sensible. Elle « gonfle » donc le « produit national » dans une production qui peut être quelque peu artificielle.

Le capital mobilier ou immobilier, par contre, s'est dégradé.

★ *Dégradation du capital.* Elle est due à deux faits :

• la *propriété foncière* rapporte beaucoup moins en 1939 qu'en 1914 (la richesse foncière représente à peu près le tiers de la fortune au lieu de la moitié vers 1914).

En effet, le gouvernement maintient anormalement bas le taux des loyers comme des fermages. Tandis que le prix de la construction (sous l'effet de la hausse des salaires) a été multiplié par dix depuis 1914 (plus que la moyenne des prix : environ 7), le taux des loyers n'est guère que quatre fois supérieur à l'avant-guerre ! Résultats :

le Français ne leur consacre plus que 10 % de son revenu, au lieu de 15 % avant 1914 ... mais on a presque cessé de construire : il a manqué environ 3 millions de maisons : le logement insalubre, source de maladies et de misère, est le lot de 15 % des Français. On n'a reconstruit que 2 % des maisons rurales. Cela, c'est un capital qui s'effrite. Et il en est de même pour la terre en ces temps de crise agricole.

• les *placements de capitaux dans les affaires ou dans les emprunts* d'État ne sont guère plus intéressants. Il y a eu, bien sûr, la crise qui a entraîné la chute de tout profit. Mais il y a eu également la perte d'une grande partie du portefeuille étranger soit à cause de la non-reconnaissance des dettes (exemple : les fameux emprunts russes), soit à cause du rapatriement occasionné par la guerre et l'après-guerre, soit parce que les dettes françaises ont été soldées à l'aide des avoirs à l'étranger. Finalement, l'investissement hors des frontières est trois à quatre fois plus faible qu'en 1914. Enfin, la dévaluation répétée de la monnaie, si elle a allégé la charge de l'État, a ruiné les rentiers dont les titres d'État formaient tout le capital. D'où le déclin de la fortune française. Cf. les chiffres suivants, en francs-or.

	1913	*1929*	*1938*	
Fortune nationale	300	260	240	milliards
Revenu national	36	50	42	—
Placements à l'étranger	45	19	13	—
Dépôts dans les Caisses d'Épargne	5,8	5	8,7	—

★★ *L'utilisation de la fortune.*

L'épargne, si importante en 1914, ne peut qu'être atteinte par les dévaluations. « L'esprit d'épargne », qualité suprême du Français moyen de la « belle époque », a été mis à rude épreuve, du moins sous la forme de la thésaurisation, trop liée à l'or. Les caisses d'épargne, cependant, ont continué à attirer les fonds disponibles, surtout de 1926 à 1935 : à cause du renforcement de la monnaie d'abord, puis de l'abaissement du prix de la vie pendant les débuts de la crise. Mais, à partir de 1936, les retraits sont plus nombreux que les dépôts : quand la monnaie se déprécie, quand elle est dévaluée, il est préférable d'utiliser son argent et d'ailleurs les économies sont plus difficiles : dans ces dernières années, c'est l'épargnant qui est encore perdant.

Les capitaux placés à l'étranger sont désormais peu importants, tombés à moins du tiers de leur niveau d'avant-guerre. La France cesse d'être rentière de l'univers ! Par contre, beaucoup de capitaux cherchent à se placer dans le pays. Les émissions privées et les titres d'État se sont fait concurrence. Les titres privés ont un rapport très diminué. Depuis 1932, l'État, pour couvrir son déficit budgétaire, draine les disponibilités. Mais il verse des intérêts en monnaie dévaluée. Sa dette intérieure, en août 1939, s'élève à 450 milliards (33 milliards en 1914), chiffre qui, exprimé en francs-or, serait comparable à celui de 1914.

★★★ Le *revenu national*, exprimé en francs-or, a peu augmenté. Sa chute, depuis le maximum de 1929, le ramène en 1938 au niveau de 1924. Toutefois, son partage entre les diverses catégories de Français est plus égal qu'en 1914 : les salariés sont bénéficiaires de l'évolution, à la différence des grosses fortunes et, plus encore, des rentiers. Globalement, le pouvoir d'achat des Français a augmenté (à la différence du pouvoir d'achat de la monnaie) sous l'effet conjugué de la hausse des salaires et de la multiplication (par huit) de la masse monétaire d'une part, de la hausse moins forte des prix (six à sept fois supérieurs) d'autre part.

La monnaie

★ La *dévaluation* par rapport à 1914 est le fait le plus frappant. Après les dévaluations successives de 1928, 1936, 1937 et 1938, le franc — cette monnaie apparemment inébranlable en 1914 — n'est guère qu'à un peu plus du douzième de sa valeur or (correspondant à 24,5 mg d'or fin au lieu de 290,32). Dans la pratique, cela s'est traduit par la disparition définitive des pièces d'or et la multiplication des billets de banque de valeur croissante : peu avant la guerre de 1939 apparaît le billet de 5 000 F. En août 1939, la monnaie fiduciaire en circulation représente 142 milliards (5,7 en 1913).

★★ La *solidité de cette monnaie* est-elle au moins maintenant assurée ? Apparemment, oui. En effet, la dernière dévaluation a été largement calculée. La politique de rigueur financière menée par le ministre Paul Reynaud vise à rééquilibrer le budget. La dette extérieure est infime, ne représentant plus que 2 % de la dette globale de l'État. Les capitaux, rassurés, ont repris le chemin de la France. L'encaisse de la Banque de France représente 97 milliards en 1939, soit quelque 8 milliards de francs-or : le double de 1914 ! Toutefois, les 2 846 tonnes d'or détenues par la Banque de France et le fonds de stabilisation des changes ne représentent plus que 10 % du stock mondial alors que la France en détenait 27 % en 1932.

II. L'EMPRISE DE L'ÉTAT

En vingt-cinq ans, le rôle de l'État s'est accru considérablement en France. Quelles en sont les causes et les caractères, les manifestations et les conséquences ?

Causes et caractères

Trois causes principales : une cause politique ou, plus exactement, militaire : conduire le pays qui est en guerre (1914-1918) ou le préparer en vue d'un conflit (1938-1939) ; une cause économique : la crise des années 30 a nécessité une intervention pour résorber les surplus, fixer la monnaie, résorber le chômage ; une cause sociale : assurer le progrès des catégories les plus défavorisées, c'est-à-dire surtout les ouvriers. Ces trois causes sont nouvelles, même la dernière dans la mesure où jamais, avant 1936, on n'avait accordé de mesures sociales aussi larges et aussi délibérées.

Les *caractères* de l'intervention étatique sont cependant un peu surprenants : il n'y a en effet aucune volonté de dirigisme durable, d'étatisation ; au contraire, ou bien les mesures prises sont considérées comme provisoires (la guerre, la crise), ou bien on cherche à les inscrire dans un cadre toujours libéral (l'expérience Blum). Mais le provisoire a été plus durable que prévu (la crise), ou a laissé des traces profondes (la guerre). En outre, par un penchant à la facilité sinon à la paresse et selon une tendance déjà bien perceptible avant 1914, on s'est habitué à l'action de l'État et on l'a même recherchée... pourvu que le libéralisme existât en apparence. Il en est résulté une grande incohérence et une action de l'État finalement plus paralysante que stimulante. Et cela à la grande différence de ce qui se passait dans les pays voisins.

Manifestations et conséquences

★ L'*intervention sociale* de l'État a été marquée par les lois réglementant le travail, organisant les assurances sociales, créant les allocations familiales. Un moment, en 1937, la C.G.T. avait même demandé que les patrons perdent le droit d'embaucher ou de renvoyer un salarié, ce droit étant réservé aux services du ministère du Travail. On se doute de l'opposition patronale au projet. De fait, la loi fut arrêtée au Sénat. Toutes les autres, cependant, restaient valables, pour le profit des intéressés. Pourtant, force est de constater que les lois de 1936, obérant lourdement le prix de la production sans que l'État se préoccupât d'organiser celle-ci ou de réglementer le marché, aboutirent à la hausse du coût de la vie et à la dégradation de la monnaie dans un climat nettement malthusien.

★★ *L'intervention économique.*

Le *dirigisme agricole* n'est pas plus heureux : pour résorber les excédents, l'État a réglementé la production et le commerce du blé (Office du blé), du vin, du sucre, de l'alcool (statut de l'alcool en 1939, confiant à l'État le monopole de l'alcool industriel). Le but est le soutien des prix et le maintien du niveau de vie des intéressés. Le résultat, c'est la fraude, la stérilisation du rendement, une énorme charge financière, totalement improductive, pour l'État.

La *pénétration dans le domaine industriel* a été moins sensible. Encore l'État exploite-t-il les mines de potasse d'Alsace et gère-t-il l'O.N.I.A. (Office national des industries de l'azote). Il participe pour environ dix milliards de francs en 1939, à des affaires privées (pétrole, électricité) et à la société d'économie mixte qu'est la Compagnie nationale du Rhône (... qui n'a à peu près rien fait en 1939). Il a nationalisé quelques usines de guerre. S'il établit un certain contrôle sur les sociétés qui bénéficient de son concours financier (depuis 1935), par contre sa tentative pour organiser des « ententes » entre industriels a échoué et l'industrie reste donc — en dépit des exceptions ci-dessus — fondamentalement libre.

L'*organisation des transports et du commerce* par l'État avait des racines plus anciennes. Il a continué à favoriser le petit boutiquier contre le grand magasin (loi de 1936) ; il a laissé se dégrader la voie d'eau, mais a fondé la S.N.C.F. en 1937, ce qui a été une bonne affaire pour les sociétés de chemins de fer en déficit ; il a créé Air-France en 1934, sans toutefois nationaliser cette société ; il a aidé de ses deniers et réorganisé la Compagnie générale transatlantique ; il a essayé avec un succès mitigé de coordonner le rail et la route. Enfin, il a contingenté le commerce et multiplié les obstacles douaniers.

Au total, sa politique lui a coûté très cher, a maintenu nombre de structures périmées, a retardé à l'excès l'heure de la vérité pour les prix.

★★★ L'*action financière* semble encore plus maladroite.

L'État n'a pas su démocratiser le crédit: Bien qu'il ait créé des banques populaires en 1917 (destinées à aider la petite entreprise), le Crédit agricole en 1920 (jamais bien développé), bien qu'il ait renforcé son contrôle sur la Banque de France (1936), il s'est refusé à toute nationalisation comme à toute injection de capitaux dans les secteurs qui en avaient le plus besoin (agriculture en particulier).

Il a maladroitement géré son Trésor (dilapidé dans les premières années de la crise) et fort inégalement protégé la monnaie : le Fonds de stabilisation des changes, créé en 1936, n'a pas été capable d'endiguer la fuite devant la monnaie et celle-ci ne s'est redressée qu'avec le retour d'un gouvernement franchement « libéral » en 1938. Il s'est d'ailleurs toujours refusé à tout contrôle des changes.

Plus grave apparaît la *ponction des ressources financières du pays* sans aucun profit économique pour celui-ci. Car l'État a multiplié l'importance des établissements parapublics (Crédit foncier, Crédit national, Caisse des dépôts... qui utilise les ressources des caisses d'épargne pour souscrire aux emprunts d'État). Il a multiplié en effet ses emprunts, surtout de 1914 à 1924, puis de 1932 à 1938, attirant à lui 60 milliards-or tandis que l'industrie n'en recevait que 49, absorbant ainsi 15 % du revenu national. Dans le même temps, une fiscalité croissante absorbait 25 % des ressources (contre 15 % en 1914). Ainsi c'est 40 % du revenu qui est drainé par l'État.

Et pour quoi faire ? En août 1939, la dette est de 450 milliards (dont 2 % seulement de dettes extérieures). Il faut l'honorer. Mais il faut surtout subvenir aux dépenses de l'administration et de la défense nationale. Toutes choses utiles, mais, économiquement, de rendement bien faible. Si bien que les dépenses productives, qui représentaient 33 % du budget de 1914, ne sont plus que 26 % de celui de 1939.

Le drainage des fonds par l'État stérilise l'économie.

En conclusion, l'État a pris, dans un cadre qui se voulait résolument libéral, une place immense. Mais son action incohérente, décidée sous la pression des circonstances, sans doctrine précise, a été et reste en 1939 paralysante pour le pays : la liberté et l'activité en ont été les victimes. La France n'a finalement ni l'équilibre que peut donner une organisation étatique ni le stimulant du vrai libéralisme. Mais la place que l'État a prise, n'est-elle pas celle que laissait vide le manque d'hommes ?

III. DÉCLIN DÉMOGRAPHIQUE [1]

Depuis plusieurs décennies, ce déclin est devenu un trait permanent, spécifique de la France. La guerre l'a aggravé, la crise des années 30 l'a renforcé. Masqué momentanément par l'afflux des étrangers,

1. L'étude de la démographie entre 1919 et 1939 ayant été faite au chapitre X, on se contente ici de dégager les traits les plus marquants, vers 1939.

dont le nombre a culminé en 1931 avec 2 900 000 individus, il éclate crûment après 1935 : non seulement le chiffre des étrangers a baissé (2 400 000 en 1938), mais désormais la mortalité (15,2 p. °/₀₀ en 1938) l'emporte sur la natalité (14,7).

Les jeunes sont de moins en moins nombreux (30 % de « moins de 20 ans », au lieu de 34 % trente ans plus tôt) ; la France « vieillit » (presque 10 % « de plus de 65 ans » contre un peu plus de 8 % en 1900). Cela contribue (avec le recul de l'âge du travail) à laisser stagner autour de 20 millions le nombre de personnes actives tandis que leur pourcentage dans la population totale passe de 53 % en 1911 à 48 % en 1938. Les générations ne sont plus remplacées : le taux de reproduction est tombé à 0,90. Or la nuptialité n'est plus que de 13 ‰ en 1938 (15 vers 1910). Que sera la France à la fin du XXe siècle : un pays de 29 à 30 millions d'habitants ?

Déjà la population, en chiffres absolus, a diminué dans 54 départements ; c'est la France du Sud et la France purement rurale, surtout, devenues véritablement moribondes. Encore l'exode rural a-t-il fortement ralenti après 1931 (500 000 départs seulement de 1931 à 1936), mais il a repris depuis 1936, pour le seul profit de Paris, d'un Paris hypertrophié dans un pays décharné. Cet exode est grave non par son importance (il n'y a encore que 52 % de citadins en France, contre 44 % en 1914), mais parce que, loin de résulter d'un surpeuplement, il ne fait qu'exprimer l'appauvrissement de nombreuses régions.

Comment la France, avec ses 41,9 millions d'habitants, ne pourrait-elle sembler dérisoire à une grande Allemagne qui en groupe maintenant 80 ? On le sent de plus en plus en France ; mais la prise de conscience qui se traduit par le début d'une politique familiale et l'institution d'un « Code de la famille » en juillet 1939 ne pourra porter ses fruits avant longtemps. Y aura-t-il même des fruits ? On peut se demander en 1939 si la sève de la France n'est pas tarie.

IV. ÉVOLUTION ET TROUBLE DE LA SOCIÉTÉ

La guerre de 1914 avait bouleversé la société et les rapports sociaux. Les transformations techniques et la crise ont précipité l'évolution. Si bien qu'en 1939 non seulement la structure de la société n'est plus la même, mais il existe un véritable trouble de cette société et de chaque catégorie en particulier[1].

Caractères d'ensemble

★ Les *progrès matériels* sont indéniables. Tout au plus peut-on noter leur irrégularité et constater que le niveau atteint en 1929 ne se retrouve pas en 1938. En effet, le revenu moyen du Français est de :

1. Deux ouvrages traitant de l'évolution de la société et de la civilisation françaises consacrent quelques chapitres concis mais riches d'idées à la période 1919-1939 : Georges Dupeux, *La Société française : 1789-1960*, Paris, A. Colin, 1964 ; G. Duby et R. Mandrou, *Histoire de la civilisation française*, 2 vol., Paris, Colin, 1958.

1 100 francs-or en 1913
1 525 — en 1929
1 260 — en 1938

Tout compte fait, le progrès, sur vingt ans, est faible et il est évident que les diverses catégories n'en ont pas profité également.

Dans la pratique, la croissance du revenu se traduit par une alimentation plus abondante (sucre : 23 kg par an et par personne au lieu de 14 ; vin 116 litres au lieu de 100, etc.) et plus diversifiée (fruits, viande, etc.) ; également par un vêtement plus soigné et par un confort plus répandu : eau, gaz, électricité équipent normalement les habitations urbaines (pas toutes cependant) ; la campagne, malgré les rapides progrès de l'électrification, reste cependant en retard. Plus aisé, le Français s'évade plus facilement grâce à la bicyclette (8,9 millions au lieu de 3,5) ou — mais c'est plus rare — à l'automobile (1 500 000 au lieu de 100 000).

L'*insuffisance du progrès* n'en est pas moins réelle : la différence est profonde selon les classes sociales, selon qu'il s'agit de villes ou de campagnes. Parmi les villes elles-mêmes, combien de petits bourgs somnolents, engourdis, semblant rescapés d'un autre âge ! Il faut enfin considérer que le progrès n'a guère libéré la main-d'œuvre des tâches les plus serviles ; que la femme continue à fournir un travail souvent excessif : un tiers de la main-d'œuvre totale est composée de femmes qui, à leur tâche professionnelle, doivent ajouter celles du foyer. Leur salaire est sensiblement plus faible que celui des hommes. Elles ont d'ailleurs un niveau d'instruction inférieur (et ne disposent toujours pas du droit de vote).

★★ Le *niveau d'instruction*, même chez les hommes, est *très insuffisant*. En 1936, l'âge moyen de fin de scolarité est de 14 ans 3 mois. 6 % seulement des jeunes gens de plus de vingt ans poursuivent leurs études. Insuffisance lourde de conséquences pour l'économie nationale ! Encore les études faites sont-elles beaucoup plus « classiques » que « techniques ». Depuis 1932, a été admis le principe de la gratuité de l'enseignement secondaire. Or cet enseignement garde ses *structures traditionnelles* ; il cherche surtout à former l' « honnête homme », non le « producteur ». L'effort de Jean Zay a poussé vers les lycées un plus grand nombre d'élèves auxquels les familles voulaient faire donner l'enseignement jusque là réservé à une petite portion de la bourgeoisie. Mais presque rien n'a été fait pour le technique ; quant aux problèmes d'ordre économique, ils sont totalement méconnus de la masse des Français.

L'accès au lycée étant lui-même très limité et la durée des études réduite, le principal moyen de « culture » pour le peuple est devenu... la radio. Le niveau des émissions en fait plutôt un moyen d'abêtissement. Le Front populaire a fait un effort d'éducation populaire, auquel reste attaché le nom de Léo Lagrange : Universités populaires, maisons de la culture, théâtre populaire et, dans un esprit semblable, organisation des loisirs. La durée a manqué pour qu'on puisse en apprécier les résultats.

L'instruction, insuffisante globalement et encore parcimonieusement répandue, a donc moins contribué à l'évolution sociale que la nouvelle distribution des revenus ou des activités.

★★★ *Évolution des activités et des revenus.* On notera :

• l'*évolution des secteurs d'activité :* les « migrations professionnelles » ont abouti (on l'a vu) à donner les pourcentages suivants en 1938.

Secteur	primaire	37 %
—	secondaire	31 %
—	tertiaire	32 %

Cela s'est traduit par un déplacement de la population vers les villes (52 % de citadins, contre 44 % en 1914, ce qui est d'ailleurs un chiffre encore faible).

• l'*évolution des activités au sein du secteur tertiaire :* ainsi le nombre des domestiques diminue tandis qu'augmente celui des professions libérales ou des fonctionnaires (682 000 en 1936 contre 500 000 en 1914) : surtout employés des postes et enseignants.

• l'*évolution de la distribution du revenu national :* en 1914, le revenu de l'agriculture équivalait à celui de l'industrie ; or, en 1938, il ne représente plus que 23 % du total contre 42 % pour l'industrie. Compte tenu de l'importance de la main-d'œuvre dans chacun des secteurs, on voit le niveau de vie de l'agriculteur prendre un grave retard.

• le *progrès du salaire* dans le revenu national contribue à expliquer cette évolution. En effet, après 1936, les salaires ont continué à monter (et ont rattrapé le coût de la vie), tandis que s'amenuisaient les profits de l'agriculture, de la propriété, du capital mobilier. Aussi la part du salaire dans le revenu national est-elle de :

40 % en 1914
50 % en 1939

On notera que, de son côté, la part des retraites et pensions est passée de 1 à 6 %.

★★★★ *Le malaise social.* Les perturbations internes de la société déterminent dans toutes les catégories un malaise qui n'est que trop visible en 1939. Une de ses manifestations en est la dénatalité croissante.

L'*incertitude* règne dans tous les groupes : les agriculteurs voient s'accumuler les stocks et diminuer le revenu, et les jeunes s'en vont. Ils s'interrogent sur leur avenir. Les ouvriers qu'avait soulevés l'enthousiasme de 1936 mesurent la faiblesse des résultats obtenus, constatent le ressaisissement du patronat, et, déçus, perdent la foi dans la noblesse même de leur cause. La bourgeoisie voit baisser la rente et monter le prix de la vie, sent s'ébranler les bases morales de la société et plus encore l'ordre établi à son profit.

La *division* est profonde entre classes sociales. Le monde rural se considère comme incompris et sacrifié. Il en vient à penser qu'il existe une « corporation paysanne » ayant ses problèmes propres et méritant un cadre juridique particulier. Et cette idée d'un paysan, citoyen différent des autres (ce qui est à l'opposé des principes de

1789) trouve une première application dans les lois de 1938 et 1939 sur le régime successoral particulier des paysans[1].

Ces lois visaient à éviter le morcellement de l'exploitation, mais n'en tranchaient pas moins avec le droit traditionnel. A côté de ce monde paysan qui s'isole, deux classes s'affrontent, séparées par un abîme d'incompréhension : une bourgeoisie inquiète qui a eu très peur en 1936 et qui, égoïstement, prend l'état d'esprit d'une caste (mépris pour les « congés payés », etc.) ; une classe ouvrière qui a pris conscience de sa force, qui se sent frustrée de sa victoire, qui n'ose plus en 1939 recourir à la violence, mais qui est moralement révoltée.

La *solidité* de la société française, si réelle encore en 1914, existe-t-elle toujours en 1939 ? Qu'est-ce qui peut unir les Français ? On ne voit guère d'unanimité (cela a été noté) que dans une fréquentation égale aux spectacles de cinéma : là, il semble que les foules communient dans un même intérêt, un même goût. C'est peu pour faire l'unité d'une nation ! Y a-t-il encore une nation française en 1939 ? L'histoire des premiers mois de la guerre permet de poser la question. Quelle différence avec 1914 !

Ce malaise traduit-il un déclin ou une évolution ? Tout le problème est là. C'est sûrement le déclin d'une certaine France, de la France de 1914 et du XIXe siècle. N'est-ce pas aussi le passage à une France fondée davantage sur l'industrie et les échanges ? Passage malaisé à cause de la force de la tradition, du hasard des crises, de la maladresse des gouvernements ? Malaise qui rejette les groupes sociaux les uns contre les autres.

Évolution interne des catégories sociales

★ Les *paysans* se distinguent donc des autres beaucoup plus qu'autrefois. Représentant encore plus du tiers des Français, ils ont un *niveau de vie inférieur* à la moyenne nationale, une instruction plus faible, un travail rude et peu mécanisé (35 000 tracteurs en 1939), un cadre de vie plus ou moins arriéré : dans des maisons vétustes où l'eau courante est beaucoup plus rare que l'électricité, la plupart mènent toujours l'existence ancestrale liée au rythme des saisons.

Cependant, la *mentalité* a évolué, poussée par le progrès technique, les problèmes de surproduction, la pénétration des idées à la campagne: le journal et la radio font participer le paysan aux luttes idéologiques. En 1936, nombre de paysans ont voté socialiste ou communiste. Parallèlement se poursuit la déchristianisation (sauf dans l'Est et l'Ouest et, d'une façon générale, beaucoup moins chez les femmes). Quant au respect porté au notable, il a disparu (sauf peut-être dans le Centre) ou n'est plus qu'une vaine apparence.

Si les paysans ont conscience de former un monde à part, mal compris des autres, pesant d'un poids trop faible dans l'État, il n'en est pas moins vrai que :

• ils restent encore des « individus » souvent isolés (différence avec la « masse ouvrière » et avec l'ensemble des bourgeois, citadins groupés) ;

---

1. Voir au chapitre précédent, paragraphe II, page 178.

• la *diversification* s'y accuse : les grands exploitants disposant d'outillage moderne, de bâtiments neufs, d'une main-d'œuvre nombreuse, pratiquant une culture largement spéculative, dirigeant à leur profit les syndicats agricoles, qu'ont-ils de commun avec ces gagne-petit de la terre peinant sur leurs 10 ou 15 ha du lever au coucher du soleil, avec femme et enfants ? L' « unité paysanne » a surtout été un mythe.

★★ *Les ouvriers*[1].

L'évolution des conditions de vie et de travail mérite un jugement nuancé.

Leur *niveau de vie* a plus augmenté que celui des autres catégories. La comparaison des dépenses d'un ménage ouvrier à Paris, en 1906 et en 1936-1937, révèle :

Salaires et dépenses × 10
Prix .... × 7

Le rapport reste à peu près le même jusqu'en 1939 (en dépit de l'augmentation des chiffres absolus). Plus aisé, l'ouvrier ne consacre plus à sa nourriture que 50 à 55 % de son revenu (au lieu de 60 à 65 %), mais 10 à 11 % à son vêtement (au lieu de 7 ou 8), 12 % au chauffage et à l'éclairage au lieu de 5 %, etc. On peut apprécier également l'évolution de sa nourriture : il y a progrès sensible pour la viande, les œufs, le lait, le fromage, le café, le chocolat.

Les *conditions de travail* se sont bien transformées pour la plupart. La semaine de 40 heures, depuis 1936, a remplacé celle de 60, puis de 48 (1919), mais le travail n'est plus le même. Maintenant, c'est la « chaîne », système techniquement remarquable, mais « déshumanisant » ; les ouvriers ne sont plus que « des bras sans cerveau », non plus ouvriers qualifiés, mais « ouvriers spécialisés », c'est-à-dire capables de travailler à la chaîne, à un poste variable, mais qui ne leur fera faire toujours qu'une parcelle de cette création qu'est la fabrication d'un objet fini. Ont-ils, à ce prix, gagné la sécurité de l'emploi ? Absolument pas ! Beaucoup moins en 1939 qu'en 1914 (il y a autour de 400 000 chômeurs de 1936 à 1939). Cela tient sans doute à la mauvaise conjoncture, mais aussi à ce genre même de travail : car le patron qui avait un bon ouvrier qualifié tenait à le garder, tandis que « l'ouvrier spécialisé » (O.S.) est interchangeable. Après 1936, les meneurs syndicalistes seront les premiers renvoyés.

Les *conditions morales* restent sensiblement plus mauvaises pour les ouvriers que pour les autres catégories. Car l'ouvrier, c'est, d'abord, un homme qui n'est pas son maître, qui doit toujours obéir et ne peut prendre d'initiative. Il est soumis à un horaire impérieux (il faut « pointer ») particulièrement matinal ; le cadre du travail, amélioré certes, est encore fort peu attirant ; le cadre de vie (les quartiers ouvriers, au milieu des usines) pas davantage. Plus que cela, c'est l'insécurité foncière de l'emploi qui fait de l'ouvrier un aigri, un révolté, parce qu'il a conscience que sa dignité est atteinte.

---

1. La situation matérielle et morale des ouvriers a fait l'objet d'études nombreuses. Voir G. Friedmann : *Problèmes humains du machinisme industriel*, Paris, Gallimard, 1946. Ou, du même, *Le Travail en miettes*, nouvelle édition, Paris, Gallimard, 1964.

La *mentalité* a profondément évolué. Ce qui domine, c'est le sentiment de l'exploitation. Pour l'ouvrier, le monde se divise en deux catégories : les exploiteurs et les travailleurs; parmi ceux-ci, les paysans ont un sort plus enviable que les « prolétaires ». Toutefois, ces ouvriers qui étaient fiers de leur état en 1914, qui rêvaient d'établir par la révolution une nouvelle société où ils auraient eu la place que leur réservait la noblesse du travail manuel, les voici maintenant démoralisés : le travail manuel, le travail bien fait, n'a plus aucun attrait pour ces hommes rivés à la « chaîne », destinés à rester toujours des exécutants. Ils ont perdu leur idéal et sont beaucoup moins révolutionnaires que leurs aînés : ils ne pensent plus que le travail puisse libérer ; au lieu de revendiquer pour les travailleurs l'égalité de situation dans un monde nouveau, ils réclament maintenant l'égalité de chances : c'est-à-dire, par l'instruction, la possibilité de sortir de leur état, d'accéder aux responsabilités supérieures. Bref, ils souhaitent s'intégrer à la société en y améliorant leur place, non la renverser.

A défaut d'un idéal du travail, quel idéal ont-ils ? La bourgeoisie dénonce facilement leur « matérialisme sordide ». De fait, tout sentiment religieux leur est devenu absolument étranger ; l'idéal patriotique est l'objet de leur moquerie. Pour beaucoup, l'idéal sportif le remplace. Mais il y a chez eux un sentiment supérieur, c'est « la conscience de classe » qui entraîne spontanément entraide, solidarité.

L'*organisation* a connu un essor extraordinaire en 1936, grâce à la réunification syndicale et au développement des partis socialiste et communiste. Dès 1937, le reflux est sensible, la fièvre est tombée. Malgré le dévouement des « militants » syndicaux ou politiques (on dit encore « militants » alors qu'aujourd'hui on dit plutôt « responsables »), les effectifs s'effondrent : en 1939, la C.G.T. n'a plus qu'un million d'adhérents, au lieu de 5 millions en août 1936. La grève de novembre 1938 a été brisée, le parti communiste est surveillé. Trop divisés depuis 1918, les ouvriers n'ont pas su mettre sur pied l'organisation qui aurait pu les défendre efficacement.

La *division du monde ouvrier* apparaît en effet de plus en plus (et quelles qu'en soient les apparences : par exemple, le port de la casquette qui est absolument généralisé). Sur le plan idéologique, la bataille ne cesse de faire rage entre socialistes et communistes et l'unité préservée du syndicalisme (depuis 1936) masque de grandes divergences de conception sur le rôle du parti et du syndicat. Mais ce qui est plus grave encore, c'est la division de la « classe ouvrière », beaucoup moins « une » qu'on affecte de la croire. Déjà les artisans, depuis longtemps, sont à mettre à part ; leur nombre n'a cessé de décroître ; toutefois, s'il y a de moins en moins de menuisiers, de charrons, de meuniers indépendants et encore moins de tisserands, on voit se développer la catégorie nouvelle des électriciens et des mécaniciens-garagistes. Beaucoup plus typiquement ouvrière, la catégorie des manœuvres et celle des ouvriers spécialisés, mais quelle rupture désormais entre ces deux dernières ! L'homme à tout faire, à moins de passer des épreuves difficiles, ne sera jamais « O.S. » ; pour lui, pas de possibilité de promotion. L'O.S., c'est un peu l'aristocratie ouvrière. Déjà les contremaîtres, les cadres s'en détachent et ne se sentent plus totalement des ouvriers. Le travail à la chaîne a brisé l' « équipe », ce chaud groupe humain où les aînés formaient les jeunes et les préparaient à leur succession.

A la vérité, sous les slogans toujours répétés, une grande mutation s'est opérée dans le monde du travail.

★★★ La *bourgeoisie*, elle aussi, a évolué :

Les *conditions d'existence* restent supérieures : la bourgeoisie est plus instruite et plus riche que la moyenne des Français. Liée au secteur tertiaire, elle met son point d'honneur à se distinguer des « manuels » ; bénéficiant de l'ordre établi, tenant les postes clés, relativement garantie pour la vie sur « ses vieux jours », elle n'éprouve ni sentiment de révolte ni impression d'abandon. Pourtant, elle n'est pas satisfaite.

Elle a perdu sa confiance et sa satisfaction d'elle-même. Surtout pour deux raisons : d'abord parce que depuis 1914 ont été peu à peu remis en cause les principes apparemment les plus sacrés sur lesquels s'étaient édifiées sa croissance et sa puissance : la patrie, le droit de propriété, la morale et l'épargne. Ensuite parce qu'elle voit diminuer son prestige et tout autant ses revenus : sa fortune est moindre, le profit nul ou faible depuis la crise : la rente de l'État a été sacrifiée lors des dévaluations : le rentier, catégorie si typique de 1914, n'existe plus.

La mentalité est trouble : faut-il rester fidèle aux vieux principes qui semblent être devenus si peu « payants » ? La réponse varie selon les individus. Pour beaucoup, on n'en garde que le décor, l'apparence. La foi, par exemple, n'accompagne pas toujours une pratique religieuse qui vous classe cependant dans la société. Mais beaucoup ont totalement rompu avec l'Église. L'esprit de profit, le matérialisme « le plus sordide » sont aussi répandus qu'ailleurs (et souvent davantage). On se targue volontiers de culture, mais on a une vie intellectuelle sans curiosité, on se refuse à ouvrir les yeux sur le monde moderne (d'où le fossé d'incompréhension qui sépare du monde ouvrier plus que du monde paysan). On veut conserver ce qu'on possède sans chercher à le mériter. La bourgeoisie, dira Blum, « n'a pu trouver en elle-même aucune réserve d'énergie, aucune ressource d'imagination, aucune capacité de renouvellement et de réfection... n'a su faire autre chose, reniant par là tous ses principes, qu'implorer en suppliant le secours de l'État ».

Égoïsme, mandarinat, oubli du sens des responsabilités. Finalement, défaillance de l'intelligence et du caractère. La catastrophe de 1940 allait révéler tragiquement les faiblesses des classes dirigeantes.

Des *catégories plus tranchées qu'autrefois* apparaissent cependant au sein de cette bourgeoisie. Le grand bourgeois d'affaires a sauvegardé et généralement accru sa fortune ; très inquiet en 1936, il s'est vite rasséréné et garde toute sa puissance. Les membres des professions libérales, plus nombreux qu'autrefois, peinent davantage pour un profit social moindre. Les petits patrons, très éprouvés par les mesures sociales de 1936, sont pleins d'aigreur et tournent volontiers leurs regards vers l' « ordre » qui règne de l'autre côté du Rhin ou des Alpes. Les « cadres moyens », les employés, les petits bourgeois, les fonctionnaires, tiraillés entre les idéologies, tantôt perdants, tantôt gagnants ont surtout soif d'une vie facile. Quant aux intellectuels, en nombre croissant, ils analysent sans indulgence les vices de leur époque comme de toutes les expériences et se cantonnent généralement dans un scepticisme très éloigné de l'action.

★★★★ *Qu'est devenue, dès lors, cette classe moyenne,* force de la France de 1914 ?

Désemparée, ruinée, divisée surtout ! Il y a désormais trop de catégories divergentes, trop d'écarts entre les groupes. Il y a surtout trop peu d'idéal, de conviction, de satisfaction.

Mais est-ce une disparition ou une mutation ? On sera frappé par le fait que, les classes traditionnelles ayant été bouleversées, il n'y a pas cependant en France de « déclassés » (comme ces Italiens ou ces Allemands qui ont assuré le recrutement du fascisme et de l'hitlérisme).

Non, la classe moyenne n'a pas disparu : elle se métamorphose, elle élargit ses assises, elle s'adapte à une économie et à un système social plus modernes. Elle se cherche elle-même... Tout comme la France d'alors. Les épreuves de la guerre les aideront, l'une et l'autre, à se retrouver !

Chapitre XVI

LA FRANCE DANS LA DEUXIÈME GUERRE MONDIALE

Lorsque la guerre commence pour la France, le 3 septembre 1939, le pays n'est pas prêt pour la soutenir. Le ressort moral, si puissant en 1914, n'existe pas ; l'« Union sacrée » est impossible ; le régime a depuis plusieurs années étalé au grand jour toutes ses faiblesses ; la population tend à décliner. Enfin, économiquement, la France n'est pas remise encore des secousses consécutives à la grande crise de 1929 qui l'a atteinte plus tardivement, mais plus durablement que les autres pays. Presque seule parmi les grandes puissances, elle n'a pas retrouvé le niveau de production antérieur à la crise.

Comme en 1914, « la guerre était dans l'air » longtemps avant d'éclater, mais, du côté français, la préparation avait été particulièrement tardive. Elle avait du moins facilité, grâce à la politique d'armement, la reprise économique à partir de 1938 et, par des lois votées en 1938 et 1939, donné au gouvernement tous les pouvoirs nécessaires à la conduite du pays en temps de guerre. Faute d'avoir su s'accorder antérieurement pour faciliter la reprise économique sous la direction de l'État, le Parlement se résignait donc maintenant à l'abandon des libertés dans une conjoncture rendue d'autant plus difficile !

Trop tard ! La défaite de 1940 est totale. Elle apparaît comme l'épilogue tragique, mais logique, du mal qui, depuis longtemps, rongeait la France. Elle entraîne la chute du régime, déconsidéré. Le maréchal Pétain, à Vichy, institue un « État français » sans indépendance, mais non sans autorité ; un nouveau système politique, social, économique est mis sur pied. Ce système serait-il définitif ? Ou, trouvant dans ses malheurs un regain d'énergie, la France, derrière le général de Gaulle, se lancerait-elle dans la voie d'un renouveau, à l'appel de la Résistance ?

I. LA GUERRE ET LA DÉFAITE

L'effondrement de 1940

Les *événements* ne se sont précipités qu'à partir de mai 1940. Jusque-là, fidèle à la conception défensive qui triomphait à l'état-major (cf. la ligne Maginot, les idées très respectées du maréchal Pétain...) la France s'endort dans la « drôle de guerre » : aucun fait militaire n'est à signaler. Puis, le 10 mai 1940, c'est la grande offensive allemande avec les divisions blindées en groupes autonomes qui pénètrent profondément dans le dispositif adverse. Le front français craque. L'armée allemande arrive à Dunkerque et à Paris.

Cette défaite, surprenante par sa rapidité, amène la fin de la Troisième République. Le 16 juin, Pétain succède, à la tête du ministère, à Reynaud qui aurait voulu poursuivre la lutte. Le 18, de Gaulle lance un appel de Londres pour la poursuite de la guerre, mais, le 21, Pétain signe l'armistice qui prendra effet le 25. Le 10 juillet, à Vichy, il se fait remettre tous les pouvoirs, y compris celui de modifier la Constitution, par les deux Assemblées qui s'y sont réunies. Le lendemain, il suspend le Parlement, prend le titre de « chef de l'État » . La Troisième République n'est plus.

Les *causes* de l'effondrement militaire et politique semblent surtout d'ordre moral[1]. L'armée avait plus de matériel qu'on ne l'a dit souvent, mais il était mal utilisé, mal mis en œuvre ; l'état-major était débordé ou passif ; trop d'officiers fuyaient leurs responsabilités ; trop de troupiers combattaient sans conviction ; chez les civils, on cherchait à échapper aux contraintes les plus justifiées ; le fameux « système D » triomphait. Ainsi éclatait au grand jour la vraie faiblesse de la France : l'impréparation ne reflétait que trop l'état de crise où elle se trouvait.

Bilan d'un an de guerre

Dans l'ordre immédiat, on peut trouver trois ordres de conséquences.

★ *Conséquences économiques et financières* tout d'abord. Comme pendant la guerre de 1914, le gouvernement, dès le mois de septembre 1939, est amené à prendre sous son contrôle commerce et finances, mais la production elle-même reste libre ; il y a fort peu de réquisitions, on ne rationne pas la population ; la vie économique n'est gênée que par le manque de main-d'œuvre (mobilisation). Cependant, des licences sont obligatoires à l'importation comme à l'exportation, mais ceci pour des raisons financières : le contrôle des changes. Les importations de matériel militaire sont nécessaires (notamment pour les avions) ; des commandes coûteuses sont passées aux États-Unis, au Canada, à l'Angleterre. Ce qui pose encore un problème financier : il faut prélever trente milliards sur les réserves d'or. Par contre, les exportations baissent.

Les mesures financières sont immédiates et assez sévères : contrôle des changes (septembre 1939) par l'intermédiaire d'un « Office des changes » qui achète ou vend les devises (mais il faut des licences pour en obtenir), rapatriement obligatoire des avoirs à l'étranger, blocage des dividendes au niveau de l'année, blocage des salaires.

Le but de ces mesures est d'éviter la fuite des capitaux, la montée des prix, la spéculation, la baisse de la monnaie. Leur succès est mitigé : une partie des capitaux reste en sûreté à l'étranger, mais surtout :

- les prix montent : 40 % environ en huit mois pour les prix de gros ; 20 % pour les prix agricoles ou de détail ;

- la monnaie se maintient difficilement. En effet, la Banque de France a dû multiplier les billets, augmenter ses avances à l'État ; elle a perdu une partie de son stock d'or (il en reste encore pour 80 milliards). L'État a lancé des emprunts, la balance commerciale est lourdement déficitaire : tous ces phénomènes sont inflationnistes.

1. Voir l'excellent petit ouvrage de Marc Bloch : *L'Étrange Défaite*, Paris, Albin Michel, 1957.

L'isolement du marché monétaire français n'empêche donc pas une certaine dépréciation du franc : elle est consacrée officiellement par la dévaluation de février 1940 : le franc perd 15 % de sa valeur ; c'est le franc Reynaud qui correspond à 21 mg d'or fin.

Ainsi donc, au moment où l'armistice est signé, l'économie française est atteinte, mais non ruinée et non soumise à une direction étroite ; les finances, par contre, et les prix posent des problèmes plus sérieux. La suite des événements allait peser infiniment plus que ces quelques mois de guerre.

★★ *Conséquences morales :* la défaite a surpris, mais, par un réflexe dont elle avait fait preuve souvent au cours de son histoire, la France y trouve le thème d'amères réflexions. On ne perçoit que trop les causes de l'effondrement. D'où deux attitudes : ou bien, avec discipline, résignation et un secret espoir, on fait confiance à Pétain dont on accepte les directives avec l'idée qu'il redonnera à la France, sinon la grandeur, du moins le renouveau qu'elle attend ; ou bien, et cette deuxième attitude, peu répandue au début, deviendra la principale et ralliera en 1944 à peu près tous les Français, on se raidit contre la fatalité, on cherche à s'organiser, on mesure la nécessité d'un effort dans tous les domaines, on fait front contre le nouveau gouvernement qui accepte la victoire allemande, bref on « résiste ». Ce mouvement de la « Résistance » donne un esprit nouveau qui rejaillira sur la politique et l'économie après 1945.

★★★ *Conséquences politiques :* c'est la division de la France, c'est l'occupation par les Allemands, c'est l'installation d'un régime d'un nouveau style (le régime de Vichy), c'est la remise en cause des principes de la démocratie avec tout ce que cela peut entraîner sur le plan économique et social. L'étude de ce régime de Vichy va le prouver.

II. LE RÉGIME DE VICHY

Né de la défaite de 1940, il ne peut se débarrasser de cette tare et il en mourra en 1944. Son autorité s'étend théoriquement à toute la France et à tout son Empire, sauf l'A.E.F. qui, tout de suite, rallie la « France libre » de de Gaulle, mais elle est effective surtout dans la « zone libre » (moitié sud de la France moins le littoral atlantique, c'est-à-dire de loin la moins riche et la moins peuplée). La moitié nord est zone d'occupation des troupes allemandes. Encore le Nord et le Pas-de-Calais sont-ils rattachés administrativement à la Belgique et l'Alsace-Lorraine pratiquement annexée à l'Allemagne. Le 11 novembre 1942, Hitler met fin à l'illusion d'indépendance de la « zone libre » en l'envahissant. Au même moment, l'Empire, sauf l'Indochine, échappe à Pétain qui devient de plus en plus un jouet dans les mains des Allemands. Le « régime de Vichy » présente donc des conditions très particulières. Il n'en a pas moins eu la prétention de fonder un « ordre nouveau ».

Les bases du régime

Ce sont des principes très différents de ceux de la troisième République, mais aussi des circonstances très particulières.

★ *Les principes nouveaux :* Pétain, son entourage (parmi lesquels beaucoup de maurrassiens), nombre de Français désorientés tiennent le régime de la troisième République pour responsable de la catastrophe de 1940. Il s'agit de tourner le dos à tout ce qui la caractérisait et de retrouver, dans une atmosphère d'*ordre moral*, le fonds solide et plein de ressources de la France, si malencontreusement corrompu dans les décennies précédentes.

L'*autorité* est le premier pilier du nouvel édifice ; la démocratie est condamnée ; plus d'assemblées élues. A la tête du pays, le Maréchal porte le titre de « chef de l'État », a tous les pouvoirs, même celui de nommer son successeur. Le mot « République » disparaît (c'est maintenant « l'État Français »). Si visible en matière politique ou administrative, l'autorité, tout naturellement, se retrouve dans l'organisation économique, sinon même dans la hiérarchie sociale.

La « *révolution nationale* » est le second pilier : c'est l'idéal qui doit présider aux transformations nécessaires. Il se résume dans la nouvelle devise de la France : « Travail, Famille, Patrie ». Il s'agit de restaurer les valeurs traditionnelles, dans un esprit facilement clérical (ce qui n'empêchera pas de nombreux prêtres de participer à la Résistance). Quoi d'étonnant à ce que le nouveau régime prône « le retour à la terre » ! On retrouve là tout un courant de l'histoire française du XIXe siècle, celui du légitimisme, de l'ordre moral, du conservatisme, celui qui fait du grand propriétaire foncier, du notable, soutenu par le curé, le centre et le moteur de la cellule rurale, cette cellule où se conservent les solides traditions françaises. La terre, cette terre « qui ne ment pas », qui tient et nourrit ses hommes, c'est toujours celle de Méline : n'a-t-il pas dit : « Je me console en pensant que cela finira peut-être par un retour à la terre, cette bonne mère nourricière qui a du travail pour tout le monde ? »

Faut-il s'étonner aussi que, se méfiant du monde ouvrier, le régime ait essayé de neutraliser ses revendications en restaurant un régime de corporation destiné à mettre fin à la lutte des classes et à laisser la direction de l'activité aux notables de la production ? Quoi qu'il en soit, les syndicats sont dissous le 9 novembre 1940. Beaucoup de syndicalistes iront grossir les rangs de la Résistance.

★★ Les *circonstances*, d'autre part, pèsent lourdement sur le régime et en particulier sur la vie économique du pays : il s'agit des exigences du vainqueur. Certaines ont une base « légale », elles ont été acceptées lors de l'armistice (entretien aux frais de la France des troupes d'occupation, livraisons diverses) ou lors d'accords particuliers (réglement de la balance commerciale entre les deux pays reporté à la fin de la guerre, ce qui était très défavorable pour la France qui livrait beaucoup plus qu'elle n'achetait) ; d'autres répondent tout simplement à la loi du plus fort : réquisitions de production, d'installations diverses et surtout de main-d'œuvre (S.T.O. en 1942 : Service du travail obligatoire, au profit des Allemands et dans leur pays). De même, retenant un grand nombre de prisonniers de guerre, les Allemands pesaient-ils lourdement sur le chiffre total des travailleurs.

La vie économique de la France de 1940 à 1944 a donc été profondément transformée dans son organisation comme dans son activité.

L'organisation économique

★ *Le principe, c'est le corporatisme.* Quelques mots d'explication sont nécessaires. La doctrine du corporatisme est ancienne. Elle s'inspire du système économique (en vigueur par exemple en France avant 1789) selon lequel chaque métier a son organisation propre, plus ou moins réglementée, groupant en son sein tant les employeurs que les employés.

Cette doctrine a eu des défenseurs depuis le XIXe siècle. Beaucoup y ont vu un moyen, parfois le seul moyen, d'empêcher la lutte des classes. Au système des syndicats ouvriers s'opposant avec violence aux syndicats ou aux ententes des patrons, on oppose alors celui de groupements par métier, par corporation, où se coudoient plus fraternellement les uns et les autres. Le monde ouvrier, dans sa grande majorité, a toujours été hostile à cette organisation destinée selon lui à maintenir les situations acquises, que seule l'entente de tous les ouvriers, quel que soit leur métier, pourrait briser[1]. Cependant, il y a eu et il y a toujours des représentants du monde du travail qui restent favorables au corporatisme qu'ils ont plutôt tendance à appeler « organisation professionnelle », pensant que la libre discussion entre employés et employeurs est souvent plus profitable que les conflits où chacun s'affronte. Les conventions collectives telles qu'elles ont existé en France depuis les « accords de Matignon » de 1936 s'inspirent exactement de cet idéal.

En fait, la discussion entre théoriciens a été viciée par l'abus que l'on a fait du mot « corporatisme ». Car il y a deux sortes de corporatisme qui mènent à des résultats opposés : le corporatisme du type classique, proche de celui que prônait l'Église, est le corporatisme d'association. L'autre est le corporatisme d'État, caractéristique de l'Italie fasciste : au lieu de mettre l'accent sur l'association des employeurs et des employés dans le cadre de la profession, on le met sur l'organisation de cette profession — organisation qui relève de l'État. Dès lors, toute liberté de discussion disparaît, s'il est vrai que le calme social est assuré.

Parti de la notion de corporatisme d'association qui doit amener l'harmonie dans chaque métier et donc dans toute la vie sociale, Pétain, soit nécessité (organisation de l'économie en temps de guerre), soit idéal (influence du fascisme), a pratiqué le corporatisme d'État. Les principes en ont été définis dans la Charte du travail d'octobre 1941 qui donnait une base légale et une doctrine à une organisation corporative mise sur pied dès la fin de 1940. Mais l'application pratique en fut difficile et se heurta à une résistance ou une passivité paralysantes. Si l'agriculture y fut assez bien soumise, on en resta plutôt au stade des projets pour l'industrie.

1. Entente qui, selon Karl Marx, doit même être internationale.

★★ *Organisation corporative de l'agriculture et de l'industrie.*

L'*agriculteur* appartient à des syndicats locaux corporatifs, qui sont coiffés par des unions régionales ou départementales et finalement par un Conseil corporatif national, qui dépend du ministre de l'Agriculture. L'adhésion au syndicat n'est pas obligatoire, mais celui-ci est tout-puissant, puisque ses décisions sont applicables à tous les agriculteurs, que c'est lui qui est maître du crédit agricole, qu'il fournit les produits nécessaires ou assure l'écoulement du surplus, qu'il fixe à chacun les livraisons obligatoires. C'est par son intermédiaire que l'État dirige la production et satisfait aux réquisitions de l'occupant.

L'*industrie* a une structure plus compliquée à cause de la diversité de sa production et de la complexité de son fonctionnement ; elle est aussi plus étatique de façon à faciliter le contrôle des travailleurs et la satisfaction des demandes de l'Allemagne. Les membres directeurs des divers organismes sont en général désignés par le gouvernement. Chaque grande industrie a son comité d'organisation, dépendant d'un comité économique interministériel qui dirige tout. Sur place, des comités locaux s'occupent de la main-d'œuvre (répartition, salaires) et de la production (matières premières). Cette question de matières premières est primordiale dans un temps de pénurie. C'est pourquoi, dans ce domaine, la répartition nationale incombait à un office spécial. Organisation très lourde, aggravée par les fraudes, les exigences du vainqueur, l'insuffisance globale de production.

La vie économique et financière

Dégageons-en les traits les plus marquants.

Le *déclin de l'activité économique* se conçoit aisément, du fait de la lourdeur du dirigisme et, beaucoup plus encore, du manque de main-d'œuvre (S.T.O., prisonniers de guerre). On a essayé d'y remédier en partie, dans l'agriculture, en ouvrant des « chantiers de jeunesse » et en créant le « service civique rural » pour les jeunes gens (cela remplaçait, pendant quelques semaines, le service militaire alors supprimé et était appelé à former le caractère). L'agriculture souffre aussi du manque d'engrais (baisse du rendement) ; l'industrie, des bombardements (destruction d'usines) ; l'une et l'autre, des prestations obligatoires aux Allemands.

La production de céréales, de betteraves, de pommes de terre, tombe d'un quart environ, le cheptel ne se reconstitue pas ; la vigne produit inégalement, mais le vignoble tend à s'étendre, chacun cherchant à produire son vin. De même, les jardins familiaux sont-ils soigneusement cultivés. La production industrielle est plus sérieusement touchée, peut-être diminue-t-elle de moitié ; le charbon résiste, mais on en manque faute d'importation ; l'électricité se maintient à peu près, mais ne suffit pas à une demande croissante ; par contre, le raffinage du pétrole cesse presque, le minerai de fer diminue de moitié, l'acier de presque autant et le reste à l'avenant.

En outre, la qualité des produits baisse considérablement, c'est le cas dans le textile. Quant au commerce, il s'effondre (en dehors de celui qui nous lie à l'Allemagne) ; les liaisons avec les colonies sont de plus en plus difficiles, finalement impossibles à partir de 1943. Toutes sortes de produits, nécessairement importés, sont désormais inconnus.

La *pénurie*, tout naturellement, s'installe, source de misère. Pénurie de matières premières qui entraîne le chômage, pénurie d'énergie, pénurie de moyens de chauffage, pénurie, plus grave encore, de produits alimentaires. Un rationnement est établi à partir de septembre 1940. Il devient de plus en plus sévère. Dans les villes, règne une quasi-disette.

La *montée des prix* est, dans ces conditions, inévitable. La faute n'en est pas aux salaires qui restent bloqués depuis le début de la guerre, mais à la rareté des produits et, trop souvent, à la spéculation. Certes, les prix officiels montent relativement peu, mais la plupart des produits ont deux prix : le prix officiel (pour le produit rationné) et le prix du « marché noir » (pour le produit qui se vend clandestinement en quantité à peu près illimitée !). Le Français se résigne à cette clandestinité ; beaucoup en font leur profit.

Les *difficultés financières* sont dues essentiellement aux lourds versements qu'exige l'Allemagne et à la désorganisation de toute l'activité économique. Le gouvernement cherche à y parer, tandis que le déficit s'accroît. Il augmente lourdement les impôts, crée un « prélèvement » sur les bénéfices (1941), lance des emprunts, contrôle les banques, contrôle le marché des valeurs (la Bourse, les émissions d'actions), exige en 1942 le dépôt des actions à la Caisse centrale de dépôts et virements de titres, contrôle la circulation monétaire en rendant le chèque obligatoire pour tout paiement supérieur à 3000 F.

Bref, dans une France qui s'étiole, se développe un dirigisme paralysant. N'est-il pas normal que la population qui, dans sa majorité, suivait Pétain en 1940, s'en détache peu à peu, tourne ses regards sur l'autre France, la « France libre » du général de Gaulle et la « Résistance» qui s'organise ?

III. LA RÉSISTANCE ET LA LIBÉRATION

Le *général de Gaulle* a mérité d'être surnommé le premier résistant de France, parce que c'est lui qui, avant tous les autres, s'est opposé à la défaite. Le 18 juin 1940, il lançait de Londres son célèbre appel, prenant position, par la même occasion, contre le gouvernement légal, devenant un général rebelle. Peu à peu, autour de lui, se forme le petit groupe de la « France libre » puis de la « France combattante » qui regroupe toute la Résistance intérieure.

La *Résistance intérieure* s'est progressivement organisée. Elle a une double origine : réponse à l'appel du général de Gaulle, mouvement spontané contre les mille brimades de l'occupation, dont une des moins supportées fut le S.T.O. qui poussa de nombreux jeunes à rejoindre la Résistance. D'abord anarchique, souvent presque individuelle, composée de multiples mouvements sans liens, elle s'organise à partir de 1943 : rôle de Jean Moulin et du C.N.R. (Conseil national de la résistance).

Elle se développe puissamment en 1943 et 1944. Les « partisans » sont animés d'une foi et d'un enthousiasme intenses. Leur ardeur, leur abnégation prouvent la permanence des vertus qui avaient fait merveille en 1914-1918 et qui semblaient éteintes dans les crises de l'entre-deux-guerres et de la débâcle de 1940.

La *Libération* de la France s'opère en 1944-1945. Après le débarquement allié en Afrique du Nord (novembre 1942), de Gaulle avait créé à Alger un « Comité français de libération nationale » (C.F.L.N.) avec de véritables ministres nommés « commissaires » et une Assemblée consultative provisoire. Ayant éliminé ensuite le général Giraud qui était soutenu par les Américains, il avait donné au Comité le nom de « Gouvernement provisoire de la République française ».

Tandis que la Résistance multiplie ses entreprises, et peu après le débarquement anglo-américain en Normandie (6 juin 1944), il fait enfin son entrée à Paris avec le gouvernement provisoire. Pétain, dès le 20 août, avait été emmené par les Allemands. La victoire demandera encore des mois de lutte et le territoire national ne sera entièrement libéré qu'au moment où la conjonction des armées anglo-américaine et soviétique assurera la victoire finale (8 mai 1945).

Tous ces événements auront, à l'évidence, de puissantes conséquences politiques pour l'avenir de la France. Les conséquences économiques ne sont pas moins graves, car les combats achèvent de délabrer ou de détruire une activité déjà paralysée. Les conséquences morales sont plus bénéfiques : la France avait lavé son honneur ; elle figurait au rang des puissances victorieuses. Mais elle était bien décidée aussi à profiter de ces bouleversements pour fonder son avenir sur des bases totalement différentes. Une ère nouvelle allait commencer...

CONCLUSION
(Période 1914-1945)

L'histoire de la France de 1914 à 1945 est essentiellement l'histoire d'une crise. C'est le passage pénible d'une France fondamentalement agricole à une France industrielle, d'une France traditionnelle à une France moderne, d'une France individualiste à une France organisée. Mais, si les caractéristiques du passé sont bien détruites en 1945, celles de l'avenir sont encore à peine esquissées ; le passage n'est pas achevé. Et la France marque un retard surprenant dans sa volonté d'adaptation. Ce retard peut se résumer dans une formule : le manque d'équipement, si l'on prend le mot « équipement » dans le sens le plus large. Manque d'équipement économique avec ce maintien d'activités périmées et cette absence d'organisation et d'efficacité. Manque d'équipement technique avec cet outillage si lentement renouvelé et ces rendements parfois dérisoires. Manque d'équipement mental avec cette ignorance incroyable des données économiques, ce défaut quasi total de bases scientifiques pour connaître les faits économiques ou mieux encore ce mépris qu'on affiche à leur égard. Manque d'équipement politique avec ces « partis affectifs » dont certains « ont trop tendance, dans leur idéalisme, à nier les lois économiques »[1] ou avec ce gouvernement qui fait de la « politique » au sens le plus étroit du terme dans un État sclérosé.

Pourquoi ce retard à s'adapter dans un monde qui, lui, a réagi ? On peut évoquer d'abord des causes anciennes. Une cause juridique telle que le Code civil qui, depuis Napoléon, veille jalousement aux structures individualistes de la société française, assurant tout à la fois la survie de la petite entreprise et les droits indestructibles d'une bourgeoisie possédante. Ou une cause purement naturelle : le manque de sources d'énergie et de matières premières, cas presque unique parmi les grandes puissances ; ou mieux encore une cause historique : vieux pays depuis trop longtemps mis en valeur, la France est soumise à l'inéluctable loi des rendements décroissants : pour certains[1], le manque de disponibilités marginales est la caractéristique fondamentale de l'économie française. D'autres invoquent une cause plus purement économique[3] : la France, en fait, n'aurait pas encore, avant 1939, accompli cette révolution industrielle qu'on date en général des environs de 1830 ; celle-ci tout au plus ne devait commencer que vers 1950. Il n'y aurait eu, avant cette dernière date, que des ébauches.

Justement interviennent ici d'autres causes de retard : des causes occasionnelles, conjoncturelles. Il est impossible de les nier. C'est d'abord la guerre de 1914 : elle est venue non seulement briser un élan très vivace, apparu depuis une dizaine d'années, mais, plus encore, elle a atteint le pays dans sa chair et, par l'effort surhumain qu'elle a exigé, elle a brisé le ressort de son courage. Puis c'est la crise de 1929, alors qu'un nouvel essor se manifestait à base de capitalisme plus

1. A. Sauvy : *Histoire économique de la France entre les deux guerres*, Paris, Fayard, 1965, t. I, p. 434.
2. Fourastié et Montet: *L'Économie française dans le monde*, Paris, P.U.F., 1946.
3. G. Dupeux : *La Société française, 1789-1960*, Paris, Colin, 1964.

entreprenant qu'à l'accoutumée ; elle a tout remis en cause, laissant la porte ouverte à l'intervention du gouvernement : intervention protectionniste, malthusienne, protectrice de structures périmées, attentive à maintenir la consommation fût-ce aux dépens des investissements. Le redressement amorcé vers 1938-1939 fut trop tardif et, en tout état de cause, brisé à son tour par la guerre et la défaite de 1940.

On en vient à rechercher les causes premières : pourquoi le Code civil, pourquoi le retard de la révolution industrielle, pourquoi la difficulté à surmonter guerre de 1914 ou crise de 1929 ? Pourquoi le manque de sources d'énergie n'a-t-il pas poussé à chercher du pétrole au Sahara comme on le fera vingt ans plus tard ? Pourquoi pas la volonté de vivre avec son temps ?

C'est se placer ici sur un terrain qui n'est plus celui de l'observation scientifique des faits. C'est entrer dans le domaine des hypothèses. C'est aussi tomber dans le dilemme de la primauté du spirituel ou du matériel.

D'un côté, on notera que l'économie française n'a pas été portée par le puissant courant d'un idéal, alors que celui-ci existait en Angleterre (où le patriotisme a engendré, en 1930, une union nationale qui a su prendre les mesures qui s'imposaient) ; aux États-Unis (où le culte de la production, passé le désarroi consécutif à la crise, a repris le dessus), en Allemagne (où le nationalisme était prêt à tous les sacrifices), en U.R.S.S. (où l'idéal socialiste fit naître le stakhanovisme) ; en France, au contraire et depuis longtemps, c'est un attachement irraisonné à la notion de liberté et de libéralisme (quitte à sacrifier la réalité pour le concept : le Français a-t-il obscurément conscience qu'il n'a pas achevé sa Révolution commencée en 1789 ?) ; c'est aussi un manque de dynamisme tant dans les milieux capitalistes, plus égoïstes[1] que prudents, que dans la masse du peuple ; d'où résulte un malthusianisme croissant.

D'un autre côté, on considérera les défauts naturels du pays (sources d'énergie, etc.) et plus encore l'étroitesse du marché national, frein à toute production de masse à bas prix. C'est poser le rôle du déclin démographique, évident au XXe siècle, mais dont les racines remontent, dans leur gravité, au milieu du XIXe. Cause du déclin de l'esprit d'entreprise et, partant, de l'économie ? Mais ce malthusianisme démographique, puis bientôt économique, n'est-il pas lui-même la manifestation d'un déclin ou d'une crise ? et pour quelle raison ?

On n'aura pas l'outrecuidance d'apporter une réponse péremptoire à un problème aussi vaste. On en aura constaté seulement les effets sur la France, entre 1914 et 1945.

---

1. C. Bettelheim : *Bilan de l'économie française 1919-1946*, Paris, P.U.F., 1946.

DEUXIÈME PÉRIODE : DE 1945 A 1968

PREMIÈRE PARTIE

BASES ET FORCES DE L'ÉVOLUTION

La France d'aujourd'hui est née en 1945. Non sans mal !

La France, vaincue en 1940, se range pourtant parmi les vainqueurs en 1945 et le passage rapide de la défaite à la victoire n'a pas été sans la rénover profondément, ou du moins sans lui en donner le désir. Mais à combien d'obstacles se heurte la mutation d'un pays qui, comme la France, a accumulé le retard !

Le moindre n'est pas le lourd ensemble de traditions dont la trame complexe caractérise les vieilles nations. Le passé pèse de tout son poids sur les forces d'évolution. C'est un frein permanent auquel échappent de bien rares pays neufs. La France aujourd'hui est le type de ces pays qui font effort pour se dégager d'un passé devenu étouffant, tout en cherchant à préserver la partie la plus précieuse du capital qu'il représente.

Les ruines accumulées par la guerre de 1939-1945 ont pu, en faisant table rase de beaucoup de choses, faciliter la modernisation et la refonte des structures, ouvrir un large champ à l'esprit et aux forces de progrès, mais elles ont, par leur ampleur, retardé le moment du vrai départ. Or le temps pressait : un puissant renouveau démographique — expression la plus visible du rajeunissement de la France — précipitait et précipite toujours les échéances. C'est pour lui et par lui que se remodèle le visage de la France.

Pour guider, stimuler une telle évolution, quelle que soit la puissance des pressions techniques ou économiques, l'État et les forces politiques ont un rôle majeur à tenir. Des choix déterminants pour l'avenir doivent être pris. Il n'est pas inutile de connaître le cadre politique pour apprécier l'œuvre qui prend forme.

Chapitre XVII

LE POIDS DE LA TRADITION ET LES FORCES DE RENOUVEAU

Tout pays a ses traditions. Mais celles-ci sont plus ou moins anciennes et tenaces et plus ou moins favorables au progrès économique. Le Japon, si traditionaliste avant le Meiji, a su se créer un secteur ultra-moderne. L'Allemagne préserve une tradition maintenant séculaire de développement méthodique. En Angleterre, la tradition est quelquefois paralysante ; aux États-Unis, elle se confond avec le progrès ; l'U.R.S.S., depuis cinquante ans, cherche la même chose. Mais la France ?

Très vieille nation et, qui plus est, rurale, la tradition l'a pétrie presque sans contrepoids jusqu'en 1914. La guerre d'alors, l'entre-deux-guerres, la crise de 1929 lui ont porté des coups sévères, créant, plus qu'un renouvellement, un profond désarroi. La Deuxième Guerre mondiale a poursuivi l'ébranlement de l'édifice ; l'extraordinaire bouleversement technique du milieu du siècle ne pouvait que le miner davantage. Est-il donc renversé ? Pas entièrement, mais déjà nombre de ses éléments ont servi à construire une France nouvelle. Et de puissantes forces de renouveau viennent sans cesse rajeunir le visage qu'elle cherche à se donner depuis 1945.

I. LA TRADITION PSYCHOLOGIQUE

La France est un vieux pays rural, souvent bourgeois, toujours individualiste.

Ces caractères dominants en 1914 sont encore très visibles en 1945 et n'ont pas disparu aujourd'hui même. Ils freinent l'évolution.

★ *En 1945, la moitié des Français vivent encore à la campagne.* Les statistiques donnent 48 % pour 1938, mais la guerre et le retour à la terre, stimulé par les difficultés de ravitaillement, ont dû augmenter ce pourcentage. Ce monde rural est le plus attaché aux traditions. Chacun connaît le tableau classique du petit paysan français jalousement attaché à son patrimoine, travaillant dur et gagnant peu, routinier faute d'instruction ; la vie rurale, c'est aussi le village et ses petits commerçants, ses artisans, ses petits fonctionnaires, parfois son aristocratie locale, tout un monde du XIXe siècle qui s'est survécu.

Trouvera-t-on une vie plus évoluée à la ville ? Sans doute. Mais au moment de la guerre la France n'a que 17 villes de plus de 100 000 habitants. Ce qui prédomine, c'est la petite ville de 5 à 10 000 âmes, domaine de la petite bourgeoisie. A la ville comme à la campagne, l'individualisme prévaut, la méfiance domine contre tout ce qui vient bouleverser les habitudes. Un cultivateur s'enrichit-il ? Il sera jalousé, critiqué, même s'il doit son aisance à un effort de productivité. A la ville, il en sera souvent de même à l'égard de l'industriel, du commerçant, du capitaliste. Celui-ci d'ailleurs agit presque toujours dans le secret, comme si gagner de l'argent était fatalement honteux.

Ce tableau ne serait-il pas celui de 1914 ? On le croirait. Il y a cependant du nouveau : en 1945 — heureusement — tout le monde n'a plus cette mentalité. Une fraction plus dynamique de la société a rompu avec cette tradition. Mais peu nombreuse encore : par deux fois les événements ont semblé lui donner tort. La crise de 1929, d'abord, a brisé un élan réel de modernisation : elle a abattu les capitalistes les plus audacieux ; elle a mis dans la gêne les paysans téméraires qui s'étaient endettés pour se mécaniser. La guerre de 1939 ensuite et surtout l'occupation ennemie, source de pénurie, ont fait paraître plus rentable le marché noir que la recherche de productivité ; bien des mauvaises habitudes de facilité sont nées à ce moment-là.

★★ *Vingt ans après* en est-il encore ainsi ? La facilité devait durer encore longtemps avec le phénomène de l'inflation dont le mécanisme n'a pu paraître enrayé qu'avec les rigueurs du plan de stabilisation (1963) et les contraintes d'une économie de concurrence (le Marché commun notamment).

Le monde rural ne groupe plus, vers 1965, que 35 % de la population, dont la moitié seulement est constituée d'agriculteurs. Ceux-ci seraient-ils encore des éléments traditionalistes ? Le fait que, deux fois moins nombreux en pourcentage, ils puissent produire nettement plus qu'à la veille de la guerre prouve le contraire. Cependant, la majeure partie d'entre eux est âgée (moyenne d'âge presque 55 ans !), elle a du mal à s'adapter aux formes nouvelles de production, et la structure de l'agriculture (petite exploitation, lenteur de l'organisation des circuits commerciaux) freine la modernisation.

La *psychologie des citadins*, sans conteste, a évolué beaucoup plus vite. Les petites villes se réveillent, s'agrandissent, s'animent, les grandes se multiplient (49 agglomérations de plus de 100 000 habitants au recensement de 1968). Les masses ouvrières, le grand nombre des « techniciens », le cadre nouveau des « grands ensembles » de logements contribuent à créer un esprit plus social, quelquefois plus conscient des nécessités économiques.

Mais cela est plus une tendance qu'une réalité généralisée. La formation scolaire, les idées reçues, le cadre du travail maintiennent très souvent un esprit « traditionaliste » hostile à l'évolution économique, ou hésitant devant les reconversions qu'elle impose. C'est ce qui peut expliquer par exemple le succès du mouvement poujadiste qui obtint 2 500 000 de voix aux élections de 1956 grâce aux petits commerçants, artisans, paysans désorientés par l'évolution économique. A tout le moins, par leur masse même, ces « inorganisés » (850 000 artisans par exemple en 1965) posent un problème de reclassement qui contribue à freiner l'évolution économique.

La primauté du politique sur l'économique

Les difficultés de la modernisation de la France tiennent en partie à ses traditions politiques. Depuis 1789, les Français font de la politique, beaucoup de politique. Imbattables sur le plan de la doctrine, de l'idéologie (combien, à toutes les époques, peut-on compter de tendances, partis, groupes aux nuances les plus subtiles !), ils éprouvent face aux réalités économiques une ignorance, une gêne ou un mépris qui sont franchement anachroniques au milieu du XXe siècle[1]. Et cela, à trois points de vue :

★ D'abord, ils ont l'*esprit beaucoup plus théorique que pratique.* Il en est ainsi déjà dans le domaine politique : les partis révolutionnaires par doctrine ne touchent pas aux structures fondamentales quand ils sont au pouvoir (exemple : Blum et le Front populaire en 1936). Ils restent d'ailleurs attachés à des théories anciennes, parfois romantiques. Les mythes abondent de la droite à la gauche... et viennent se heurter aux dures réalités de l'économie.

Si l'on regarde le domaine de celle-ci, même chose : les Français bâtiront volontiers des théories ; ou bien seront très forts dans la recherche fondamentale, ne réservant aux applications pratiques (vers 1964) que 60 % des fonds consacrés à la recherche scientifique, alors que les Américains en accordent 78 % et les Allemands, les Japonais encore davantage. Vieux courant psychologique, tenace : le Français a l'esprit d'abstraction, réalisera beaucoup par lui-même, individuellement ; mais aura du mal à organiser la production à grande échelle pour la collectivité.

★★ Ensuite le Français a gardé une *conception politique de la puissance* . Qu'importe l'exemple de l'Angleterre qui depuis le XVIIIe siècle a assis sa puissance sur l'économie, celui des États-Unis qui ont fait mieux encore ! La France elle, longtemps fidèle au thème du petit producteur « indépendant » (!), a cru installer sa puissance sur la victoire militaire de 1918, sur son armée ou sur un empire colonial, d'intérêt politique autant ou plus qu'économique. L'armée s'est effondrée en 1940, l'Empire dans les années suivantes bien qu'on essayât — militairement — de le sauvegarder. Le groupement de l'Europe, qui doit, pour l'opinion générale, donner à la France sa grande chance économique, est aussi pour certains un moyen de puissance politique.

★★★ Enfin, et c'est l'explication fondamentale, le *retard de la connaissance des faits et lois économiques* est extraordinaire en France[1].

Par suite sans doute d'une vieille tradition libérale pour laquelle la production est affaire de particuliers, l'État ne s'est doté qu'à une date tout à fait récente des *moyens matériels de la connaissance économique*[2]. Certes, la Statistique générale existait avant la guerre, mais c'est seulement en 1938 que fut créé l'Institut de conjoncture, en 1940 le Service de la démographie, en 1941 le Service national des statistiques, qui absorba les deux précédents avant de laisser lui-même la place en 1946 à l'I.N.S.E.E. (Institut national de la statistique et des études économiques) qui rassemble et publie les renseignements les plus divers et les plus utiles. Bientôt naquirent aussi le C.R.E.D.O.C. (Centre de recherche et de documentation sur la

---

1. A. Sauvy (ouvr. cité, t. I, p. 433) dit qu'après la guerre de 1914 la France est « ignorante... des réalités les plus élémentaires ». Est-ce vraiment changé aujourd'hui? Il ajoute d'ailleurs (t. II, p. 469) : « Pour les questions économiques, l'instruction générale est en retard de trois siècles sur d'autres secteurs, même en 1967. »

2. Voir H. Culmann, *Les Comptabilités nationales*, coll. « Que sais-je ? », Paris, P.U.F., 1965.

consommation) et divers instituts de sondage de l'opinion. On pouvait peu à peu mettre sur pied quelques organismes spécialisés dans la « comptabilité nationale » (dépenses, recettes, revenus, consommation, etc.) ainsi en 1952, la Commission des comptes et des budgets économiques de la nation dont les rapports annuels sont très précieux. On procède à des recensements par activités : ainsi pour l'agriculture et l'industrie en 1963, pour le commerce en 1967. Cette même année apparaissent des « observatoires économiques régionaux » pour rassembler une documentation d'intérêt régional. L'État peut désormais avoir une « politique économique » digne de ce nom, c'est-à-dire, s'il le veut, exercer des choix en fonction de critères économiques et non seulement politiques ou théoriques.

L'opinion, hélas ! ne suit ces progrès que de loin. Pour elle, à quelque époque que ce soit, le gouvernement au pouvoir est toujours responsable de toutes les difficultés économiques ; l'austérité, parfois nécessaire, est toujours critiquable. Rares sont ceux qui ont de l'économie une vue historique et globale. Ou bien on reste fidèle au vieux mythe du partage de la richesse alors qu'il n'y a d'enrichissement — M. Fourastié l'a montré [1] — que par accroissement de la richesse. Sans doute, dans les années 60, peut-on noter un progrès : certains partis politiques, certains syndicats, notamment agricoles, s'efforcent-ils de donner à leurs adhérents des connaissances économiques meilleures. Ils sont peu nombreux ! Pour la plupart des Français, le quotidien est le seul moyen d'instruction économique... On en tremble, bien qu'il y ait de bonnes exceptions. La télévision, puissant moyen d'information, ne se préoccupe pas du problème.

L'enseignement est en grande partie responsable de cette ignorance des faits et lois économiques. D'une part, la scolarité est trop courte : elle n'est devenue obligatoire jusqu'à 14 ans qu'à la veille de la Deuxième Guerre mondiale. Jusqu'à 16 ans, seulement en 1967. Le total des bacheliers ne représente encore que 3 % d'une classe d'âge en 1938, 8 % en 1958, 17 % en 1967. L'enseignement supérieur reste un privilège trop rare : 5 % des classes d'âge en sont diplômés en 1964 ; Formant 56 % de la population, ouvriers et paysans ne fournissent que 12,6 % du nombre des étudiants du Supérieur. D'autre part et surtout, l'enseignement dispensé est avant tout de culture générale ou « classique » spécialement dans le second degré. Le lycée classique garde un énorme prestige alors qu'il fut conçu au XIXe siècle pour former l' « honnête homme » de l'élite bourgeoise et qu'il s'adapte difficilement, en plein XXe siècle, aux exigences de méthodes et programmes renouvelés. Que de bacheliers ignorent absolument tout des plus simples mécanismes économiques ! Les effectifs scolaires se sont rapidement gonflés à partir des années 50. Mais l'enseignement technique garde la part du pauvre ; il n'a été réorganisé qu'autour de 1960 ; quant à la création de sections économiques dans les lycées classiques, elle ne remonte qu'à 1965. Quand on sait, en outre, la rapidité de l'évolution dans ces matières, on comprend l'urgente nécessité d'un recyclage permanent.

Ainsi donc la tradition française rurale, bourgeoise, individualiste, axée sur la politique, reste-t-elle largement prédominante en 1945.

1. Par exemple dans une série d'articles publiés dans *Le Figaro* en mai 1967.

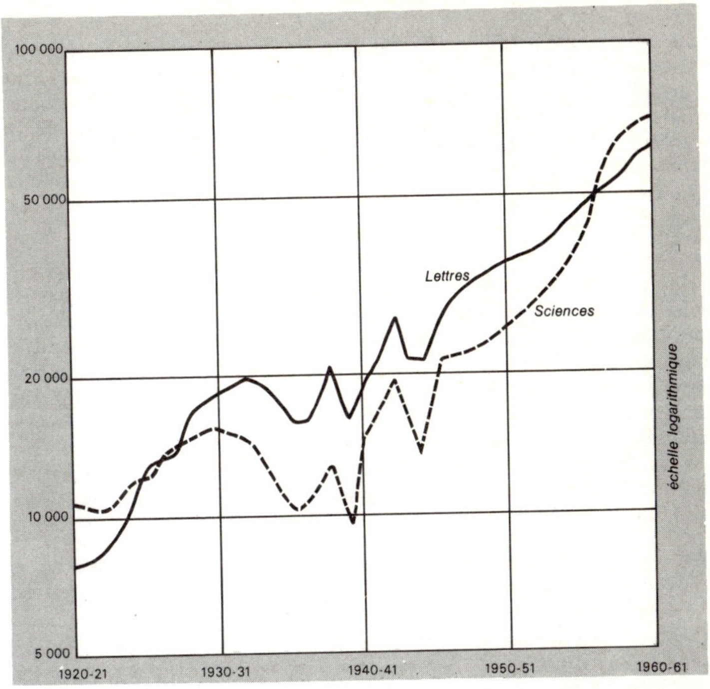

Si l'aspect rural s'estompe depuis cette date, les autres caractères restent puissants aujourd'hui et, sans conteste, freinent les adaptations nécessaires.

II. LA TRADITION ÉCONOMIQUE ET LA RUPTURE SOCIALE

Bien qu'une évolution indéniable se soit produite en France entre 1900 et 1945 (pour s'en tenir à ces dates), des caractères économiques anciens et durables n'ont cessé de se faire sentir et pèsent encore de tout leur poids au moment de la Deuxième Guerre mondiale.

Paradoxalement, la société apparaît, au contraire, comme bouleversée, en quête d'une nouvelle voie.

Ce n'est qu'après 1945 qu'une refonte économique et sociale apparaîtra possible. Elle sera présentée dans les chapitres suivants. Pour mieux en apprécier l'importance, on rappellera ici le point de départ. En voici les composantes au moment où la guerre prend fin[1] :

---

1. Tableau reprenant, sauf quelques ajoutés relatifs à la période de Vichy, celui qui a été dressé d'une façon plus complète pour la situation à la veille de la guerre.

Un libéralisme incohérent

On est attaché à la liberté dans tous les domaines. Elle est comme un slogan indiscutable. L'opinion fait difficilement le partage entre les grandes libertés publiques et les libertés économiques. Le citoyen est libre, le producteur doit l'être. On prend mal conscience de la complexité croissante de l'économie qui suppose une organisation. Et pourtant, deux guerres et la crise de 1929 ont porté dans le monde un coup mortel au libéralisme. Face à cette évolution profonde, où en est la France ?

★ *Sur le plan des principes*, jusqu'à la veille de la guerre, la liberté a triomphé. Même Blum et le Front populaire en 1936 y sont restés fidèles, à quelques exceptions près : il n'a pas été porté atteinte au capitalisme libéral. Quelques mesures de contrainte ont inévitablement été prises au début de la guerre ; contrôle du commerce et des changes, mais c'est peu de chose et l'esprit ne s'est pas modifié. C'est différent avec le régime de Vichy qui, par nécessité (la pénurie) et par doctrine (le corporatisme), organise un nouveau système économique où l'État joue un grand rôle. Les conditions de sa réalisation, son échec le condamnent irrémédiablement auprès de l'opinion lorsque la guerre prend fin.

★★ *Sur le plan pratique*, l'incohérence est grande, au terme de la troisième République. On n'attend de l'État que la protection. Mais l' « État-providence » est bien maladroit !

C'est en *matière sociale* que son intervention est la plus forte : depuis la fin du XIXe siècle et surtout en 1936, l'État a précisé les conditions de travail au profit des ouvriers (semaine de 40 heures, congés payés, etc., en 1936), mais il a été incapable d'enrayer la hausse des prix et de stimuler la productivité. Travail moins long, production plus faible, niveau de vie stagnant.

En matière économique : l'État respecte la libre entreprise : toutes les industries, toutes les mines, toute l'énergie sont aux mains des sociétés privées. Très rares sont les entreprises d'État : potasse de l'Alsace, O.N.I.A. (Office national des industries de l'azote) ; faibles, ses participations (C.F.P. : Compagnie française des pétroles). Il contrôle cependant Air-France et domine la S.N.C.F. Plus visibles, ses interventions pour assainir le marché du blé (Office du blé 1936, devenu O.N.I.C. : Office national inter-professionnel des céréales, sous Pétain), du sucre, du vin. Mais il a surtout cherché à limiter la production dans un esprit totalement malthusien et s'est soumis à une grosse charge financière.

En matière financière : l'impôt sur le revenu, qui existe depuis la guerre de 1914, a un caractère antilibéral, mais l'impôt indirect, toujours très lourd, a un caractère antisocial. Tandis que le budget s'élève, la fiscalité s'accroît, absorbant à la veille de la guerre 25 % du revenu national ; les emprunts dans les années précédentes en ont drainé 15 %. Ces 40 % du revenu de la France sont destinés à des charges improductives (sauf effet indirect) : administration, défense nationale, remboursement de dettes. Il n'y a pas eu de New Deal en France !

Ainsi l'État, fidèle à un libéralisme théorique, n'est intervenu par la force des choses que d'une façon maladroite ou stérilisante. La guerre finie, le libéralisme traditionnel apparaît dépassé, le corporatisme condamné. Il faudra que l'État intervienne : mais, pour faire admettre par tous cette intervention, il doit lui trouver des modalités acceptables. Cette recherche d'un équilibre entre un libéralisme de principe, toujours très cher au cœur des Français, et une intervention intelligente, génératrice de progrès, forme la trame de la politique économique de la France de 1945 à nos jours.

Un protectionnisme étouffant

Le danger du protectionnisme doit être rappelé. Quand des droits de douane élevés mettent la production nationale à l'abri de la concurrence étrangère, on peut vivre dans une quiétude trompeuse : les entreprises sont assurées de vendre, quels que soient les prix ; aucun besoin pour elles d'améliorer leur productivité. A long terme, l'économie d'un pays protectionniste est déphasée par rapport à l'économie mondiale.

★ *C'est le cas de la France depuis la fin du XIXe siècle :* 1881, 1892, 1911 ont marqué les principales étapes d'un protectionnisme toujours renforcé. Entre 1919 et 1929, l'étau s'est relâché du moins pour les produits agricoles. Mais la crise de 1929 l'a non seulement resserré (relèvement des droits en 1937 et 1938), mais encore doublé d'une série de mesures, telles que le contingentement, qui ont fait de la France un pays fortement barricadé.

La guerre n'arrangera évidemment pas les choses (licences d'importation et d'exportation dès 1939) et, provoquant aussi le contrôle des changes, placera l'économie et les finances dans une situation totalement artificielle. Le problème sera, la guerre finie, de les replacer dans une position normale et concurrentielle. Plus de vingt ans y seront nécessaires, tant ce protectionnisme trompeur avait permis d'accumuler les retards.

★★ *Les conséquences les plus visibles.*

Le *nombre excessif de petites entreprises*, peu viables, mais se maintenant sous le bouclier de prix élevés (qui leur permettait de vivoter) : c'est la petite exploitation agricole de 13 à 14 ha en moyenne, subdivisée en multiples parcelles, entraînant le sous-emploi et l'exode des ruraux ; c'est la petite entreprise industrielle, non seulement artisanale, mais même familiale. Sans capitaux dignes de ce nom, sans envergure. Même pour les charbonnages, une centaine de sociétés se conjuguent pour donner 47 millions de tonnes de houille (1938). Même chose dans le commerce où la loi protège le boutiquier contre le grand magasin (nouvelles lois en 1936), dans certains modes de transport (petit patron batelier sur une voie d'eau sacrifiée au chemin de fer, le seul qui ait été concentré : S.N.C.F.).

La *faible productivité* et le *prix de revient élevé* : pour un travail manuel encore considérable et particulièrement astreignant dans l'agriculture, le producteur français « rend » 3 à 4 fois moins que l'Américain[1]. Sauf dans de rares secteurs, comme certaines industries modernes ou quelques grandes exploitations agricoles, les prix en subissent le contrecoup... et finalement le consommateur. Quant à l'exportation, encore plus difficile depuis la crise mondiale, elle s'est effondrée pour donner en 1937 un déficit commercial de 44 % ! Le relèvement de 1938 (déficit 23 %) est compromis par l'arrivée de la guerre et, de toute façon, structurellement, le commerce français est déficitaire depuis des dizaines et des dizaines d'années.

La faiblesse du capitalisme et de son moteur : le profit. La France n'a pas une économie étatique ; mais a-t-elle une économie capitaliste ? Certes, on a dénoncé, en 1936, les « 200 familles », on peut citer de grandes et riches entreprises, des banques (qui toutes sont privées), mais c'est là l'exception : le capital est dilué, parfois réfugié à l'étranger (beaucoup moins qu'avant 1914) et rapporte peu : en 1935, le profit était nul dans 40 % des industries chimiques, 59 % de la sidérurgie, 72 % du textile. Le textile est en crise permanente depuis la guerre de 1914.

La fortune de la France, réduite depuis 1914, rapporte de moins en moins.

La nécessité d'étendre le domaine douanier de la France, afin de se rapprocher de l'autarcie. C'est une des fonctions assignées à l'Empire colonial. Non qu'on y investisse beaucoup. Mais on y cherche le maximum de matières premières et, par le jeu de l'union douanière, un débouché assuré.

Aussi l'Empire couvre-t-il à la veille de la guerre 27 % du commerce français. Comme, dans le même temps, on se refuse à y faire les réformes économiques et, plus encore, politiques qui s'imposent, on arrime en quelque sorte l'économie de la France à un point d'appui bientôt vacillant.

Une économie illusoire de « consommation »

Une économie de consommation doit produire en abondance et à bas prix ces biens non productifs qui font l'agrément de la vie. Elle ne peut être durable que si on ne lui sacrifie pas complètement l'investissement.

★ *La tradition en France est à la consommation. Pourquoi ?*

D'abord parce que la vie, pendant des siècles, y a été sans doute plus facile qu'ailleurs ; que, durant de longues périodes, les produits alimentaires y étaient bon marché. Peut-être, aussi, à cause du coût de l'énergie dont la France est pauvre depuis l'avènement du charbon (38 % de l'énergie sont importés à la veille de la guerre) : or la fabrication des biens d'équipement ou de production en nécessite beaucoup. On peut aussi invoquer l'habileté traditionnelle des Français à confectionner des objets de luxe ou de précision. Mais il y a eu aussi la guerre de 1914 qui a profondément troublé l'âme française, lui a donné, une fois le cauchemar terminé, la soif de vivre, dût-on manger le capi-

1. Noter que l'effet nocif du protectionnisme est compensé aux États-Unis par le goût de la productivité, l'appât d'un fort profit, un marché intérieur en expansion. Seule la crise de 1929 a mis un terme récent et provisoire à ces constantes américaines.

tal : goût du profit immédiat, esprit de facilité. Puis il y eut la crise des années 30 : pour la résorber, sacrifiant le reste, on s'est efforcé surtout de sauver la consommation.

★★ *Les résultats ?*

La *dénatalité*, qui va s'aggravant, est une cause et une conséquence. On ne fonde pas de famille quand on veut, immédiatement, profiter de la vie, quand on n'a pas confiance dans l'avenir. La population nationale entrant en stagnation, à quoi bon chercher les moyens d'accroître la production ?

Le décalage entre les types de produits industriels. Un million de Français seulement contribuent à fabriquer des biens de production ; 2 % du revenu national seulement leur sont consacrés, contre 5 % aux États-Unis et 10 % en U.R.S.S. [1]. Un seul véhicule utilitaire sera construit pour 9 de tourisme (6 aux États-Unis, 4 en Allemagne, 3 en Angleterre). Faute de fabriquer à bas prix de l'acier ou de l'aluminium, on se contentera de vendre du minerai de fer ou de la bauxite.

La faiblesse de l'investissement. Le patrimoine immobilier ne se renouvelle pas. Devant la chute du loyer, on ne construit plus d'immeubles d'habitation [2] ; la faiblesse du revenu agricole ou le taux trop bas des fermages interdisent de moderniser les bâtiments d'exploitation rurale. Même chose pour l'outillage. On ne compte que 35 000 tracteurs en France à la veille de la guerre pour 200 000 en Allemagne. Dans l'industrie textile, la moitié du matériel a plus de vingt ans d'âge.

Mais la vie facile ? Pas même ! Certes, en France, on mange à sa faim et on boit largement à sa soif, on dépense peu pour son loyer (10 % du revenu), on a une bicyclette et parfois une voiture (1 500 000 circulent à la veille de la guerre), mais finalement la plupart des produits sont chers parce qu'avec des biens d'équipement ou de production anciens on ne peut faire des produits de consommation à bon marché. C'est une illusion de le croire.

L'équilibre trompeur des secteurs d'activité

En 1938 (il est difficile d'apprécier la situation en 1945), on avait :

Secteur primaire	37 %	de la population
— secondaire	31 %	—
— tertiaire	32 %	—

soit un équilibre assez remarquable entre, en gros, l'agriculture, l'industrie et les services (commerce, transports, professions libérales, fonctionnariat, etc.). Et l'opinion mal renseignée s'en félicitait.

★ *L'illusion d'équilibre économique.* Ce prétendu équilibre qui aurait permis à la France d'être forte partout n'était en fait qu'une faiblesse généralisée. En effet :

• d'une part, beaucoup trop de main-d'œuvre est encore attachée, parfois littéralement enchaînée, à des *besognes primaires.*

1. Fourastié et Montet : *L'Économie française dans le monde* (ouvrage cité).
2. On estime à 3 millions le nombre de logements qu'il aurait fallu construire en plus pendant l'entre-deux-guerres.

C'est le signe d'une agriculture peu mécanisée, à faible rendement, donc pénible et de petit rapport.

• d'autre part, *la valeur économique de chaque secteur est très différente :*

L'agriculture n'assure plus que 23 % du revenu national tandis que l'industrie, malgré ses faiblesses, en procure 42 %. L'agriculture française est donc très atteinte ; la guerre qui rend sa primauté au problème alimentaire lui assurera une meilleure part du revenu du pays. Au sein même du tertiaire les fonctionnaires, économiquement peu productifs, voient leur nombre augmenter (682 000 en 1936). Et l'on compte 2 340 000 commerçants, nombre excessif pour répartir une production médiocre, et qui contribue à faire monter les prix.

• enfin, les chiffres moyens cachent une *très grande diversité* régionale : l'Ouest, le Centre et le Sud-Ouest, voués à une agriculture vieillotte, s'étiolent lentement. Les industrialiser, les instruire, les moderniser ne sera pas le moindre problème de l'après-guerre.

★★ *L'illusion d'équilibre social.* On a vu les différences entre les revenus des différents secteurs. Mais regardons maintenant à l'intérieur de ceux-ci.

Partout ce ne sont pas seulement des différences, mais des oppositions, des intérêts divergents.

Opposition entre citadins (52 %) et ruraux (48 %). Ceux-ci ont conscience de leur retard dans l'équipement, dans l'instruction, dans le revenu. Parmi eux, les paysans en sont venus, presque, à s'isoler moralement du reste de la nation et beaucoup ont accepté l'idéal corporatiste du régime de Vichy. Les difficultés du ravitaillement en ville pendant la guerre ne contribueront pas à combler le fossé d'incompréhension. Faire marcher le monde paysan du même pas que le reste des Français, voilà encore un des grands problèmes de l'après-guerre.

Opposition entre grands et petits chefs d'entreprise. Côte à côte, on trouve le grand exploitant agricole bien équipé du Bassin parisien (200 ou 300 ha) et le petit fermier breton. Tous deux vendent leur blé au même prix, mais le thème de l' « unité paysanne » profite surtout au premier qui vend beaucoup, à un prix maintenu élevé dans le but d'aider le second. Même contraste entre le grand industriel capitaliste qui recourt aux mécanismes du crédit et le petit chef d'entreprise fidèle au maigre capital familial, qui modernise peu et vend cher... pour le profit du rival qui vend presque au même prix. Même contraste encore entre grand et petit commerçant.

Opposition entre possédants et prolétaires. Les premiers sont mal remis des frayeurs que leur a inspirées le Front populaire en 1936 ; les autres sont déçus au spectacle de l'écroulement de leurs illusions : un capitalisme rétabli, un niveau de vie comparable depuis cette date. Un abîme d'incompréhension sépare les deux classes. Certes, la situation est moins explosive lors de la guerre que quelques années plus tôt. Mais faire perdre aux uns la notion des situations acquises, donner aux autres la possibilité d'être acteurs et bénéficiaires du progrès économique, quel beau programme encore pour l'après-guerre !

★★★ Le *désarroi*, la *crise morale*, voilà ce qui caractérise la France au moment de la guerre. La classe moyenne, stable et solide, sur laquelle s'ancrait la tradition, semble s'être évanouie. Les principes les plus respectés ont été balayés, ridiculisés depuis 1914 ; la paysannerie se divise et s'isole; la classe ouvrière a perdu ses illusions, mais non sa rancœur ; le grand capitalisme n'ose s'affirmer. La France se cherche.

De cette crise, la défaite de 1940 a été la tragique manifestation. Encore n'est-on pas au bout du compte. Quand prendront fin quatre années d'occupation, quand sonnera l'heure de la Libération, il faudra songer à remodeler le visage de la France. Mais au désarroi aura succédé une grande espérance.

III. LES FORCES DE RENOUVEAU

Elles ne cessent, depuis 1945, de se manifester dans l'ordre moral aussi bien qu'économique.

Le renouveau moral

★ *Les guerres*, surtout depuis la Révolution, ont profondément marqué la France, l'entraînant dans un sursaut et un effort de réflexion sur elle-même. Ainsi, après la guerre de 1870-1871, s'est-elle remise ardemment au travail, surmontant facilement et sans aucune réforme profonde son humiliante défaite ; en 1919, on la voit, au contraire, rechercher surtout le profit d'une victoire trop chèrement acquise et se refuser à jeter de nouvelles bases pour son économie ou sa société.

La Deuxième Guerre mondiale joue à son tour un rôle très important, mais en sens opposé à la première.

Avant la guerre de 1939, la France avait traversé une profonde crise morale. Toutefois, déjà, aussi bien le mouvement des ligues que, en sens contraire, la création du Front populaire traduisaient une volonté de renouveau. Un gouvernement plus traditionnel avait pu, à partir de 1938, amorcer une politique de redressement (aide à la famille, par exemple).

Pendant la guerre, même s'il n'y a pas lieu de négliger le climat nouveau que cherche à faire régner le gouvernement de Vichy et qui rappelle pour beaucoup le programme, à base morale, de la droite française, c'est surtout dans les souffrances de la défaite et plus encore de l'occupation que le peuple va retrouver son unité, réfléchir sur les causes de la catastrophe, aspirer à des jours meilleurs totalement dégagés des tares du passé.

★★ *L'esprit de la Résistance* incarne au mieux la mentalité nouvelle qui va imprégner pendant de longues années la population française. Les « résistants » sont des hommes animés par une grande force de caractère, individualistes dans la mesure où ils agissent en secret, contre les ordres du gouvernement officiel, opposés par la force des choses à toute contrainte, à toute autorité assise, à toute loi (ne sont-ils pas des « hors-la-loi », des « terroristes » ?).

Épris de liberté, ils ont un idéal profondément démocratique. D'ailleurs la victoire de 1945 sera saluée comme la victoire de la démocratie sur le fascisme, beaucoup plus que comme une victoire sur l'Allemagne par exemple. Idéal démocratique et même socialiste ou, au moins, socialisant. Et cela parce que non seulement, parmi les résistants, se trouvaient une majorité d'hommes de gauche, mais aussi parce que trop d'anciens cadres économiques et financiers de la nation s'étaient compromis dans la collaboration, trop d'anciens cadres politiques étaient tenus pour responsables de la défaite de 1940.

On attendait donc une refonte totale de la France, tout comme les révolutionnaires de 1789 désiraient abattre l'Ancien Régime pour en faire sortir un monde nouveau et meilleur. Et il y a en 1945 autant d'idéalisme qu'en 1789 ! Que les espoirs aient ensuite été déçus est indéniable... et inévitable dans la mesure où ils relevaient, pour beaucoup, de ce pur idéalisme.

Mais cette trame psychologique se retrouve assez bien *jusqu'à nos jours, spécialement sous la cinquième République*. Les tenants de ce régime considèrent son avènement en 1958 comme une revanche sur trop d'années d'incertitude ; ils le jugent capable, et lui seul, de régler les grands problèmes pendants et de donner à la France l'armature politique et économique indispensable au XXe siècle. Les opposants à ce même régime font effort pour bâtir un autre plan et une autre méthode de gouvernement et d'économie et leur enthousiasme n'est pas moindre pour dénoncer ce qu'ils jugent rétrograde et faire connaître les thèmes d'une « politique moderne ».

De cet élan psychologique global, visible depuis l'époque de la Résistance, est résulté en tout cas un phénomène capital : la *reprise de la natalité*, très nette au moins jusqu'en 1963. Vu son importance, la question sera reprise plus loin (chap. XIX).

Les contraintes techniques et économiques renforcent, sur un plan purement matériel, ce courant favorable au renouveau.

★ *La pression du progrès technique* a pu être pendant un certain temps ignorée ou méconnue. Il arrive un jour où cette attitude n'est plus possible, surtout si ce progrès technique prend une allure extraordinaire, ce qui est le cas depuis la Deuxième Guerre mondiale.

En France on ne s'en est rendu compte que peu à peu. Bien protégée, l'économie vivait à son rythme. Mais détruite par la guerre elle a dû se reconstruire. On a vu arriver des machines et des méthodes américaines. On a mesuré le retard.

Dans les années 50 et, plus encore, 60, les progrès techniques sont foudroyants. Ils affectent aussi bien les activités traditionnelles : agriculture, vieilles industries comme métallurgie ou textile, que des domaines nouveaux qui ouvrent des perspectives inconnues : chimie et surtout électronique, atome, espace.

Vivre avec son temps, c'est participer à l'effort de recherche, de réalisation, d'adaptation, et non pas seulement utiliser, sous forme de licences coûteuses, les inventions des autres. Prise dans les difficultés de la reconstruction, de la politique (la décolonisation), de la finance (l'inflation et le déficit), la France a quelque peu tardé à se lancer dans le mouvement. Mais enfin elle y est venue et y a tenu une place fort honorable. Son essor, le niveau de vie de ses habitants n'ont pu qu'en bénificier.

★★ *L'ouverture sur le monde* devient, de son côté, un élément caractéristique du XXe siècle. La vitesse pénètre la vie économique et, avec elle, de multiples contacts et échanges, une meilleure connaissance des voisins et de leurs réussites, la nécessité enfin d'abaisser les barrières protectrices ou protectionnistes, donc d'accepter la concurrence. Il est indispensable de se donner les armes qu'elle requiert.

Le développement du Marché commun apparaît comme la meilleure illustration de cette dimension nouvelle que doit prendre un pays moderne. Il a la particularité d'être en même temps une nécessité économique et un acte de foi. A ce processus engagé à partir de 1950, la France devait répondre par une adaptation constante de sa technique, de ses méthodes, de ses productions et, plus encore, de sa mentalité. Les échéances, libérant peu à peu les échanges, se sont accélérées : la majeure partie des produits agricoles circule sans entraves dans ce vaste marché, depuis juillet 1967 ; les produits industriels, depuis juillet 1968. Mais c'est toute l'économie qui doit après 1970 ne plus former peu à peu qu'un vaste ensemble intégré.

Ce calendrier astreignant rend urgente et irréversible la modernisation, la rénovation de l'économie française. Comme le rappelait nne campagne publicitaire, il ne s'agit plus de produire, mais de vendre ! Après tant de retard accumulé depuis longtemps, la France sera-t-elle sur la ligne de départ avec des chances égales à celles des autres grandes puissances ?

Il semble que l'élan soit pris. N'est-ce pas, comme en 1914-1918, un élan vital qui secoue la France depuis 1945 ? Il ne s'agit plus pour sauver la patrie de mourir avec abnégation, mais, plus prosaïquement, d'accepter de vivre avec son temps.

A l'heure de la Libération, en tout cas, personne ne le refusait. Et pourtant il fallait, au préalable, régler la dette du passé, c'est-à-dire payer d'abord le lourd prix de la guerre.

Chapitre XVIII

LE PRIX DE LA GUERRE

La France sort de la guerre victorieuse mais ruinée. Elle a été touchée dans sa population, sa production, ses finances, d'autant plus gravement qu'au poids de la guerre s'ajoutait le poids du passé : celui-ci avait légué des structures faibles, des divisions politiques et un grave problème colonial.

Tout compte fait, cependant, la situation n'était point désespérée. Non seulement on pourrait escompter l'aide des alliés (c'est-à-dire surtout des Américains) pour panser les plaies, mais, élément plus riche d'avenir, les pertes humaines étaient moins lourdes qu'en 1914-1918, la courbe de la natalité amorçait une nette reprise, enfin — on l'a vu — un véritable sursaut moral poussait ardemment la nation dans une volonté de renouveau.

I. CHUTE DÉMOGRAPHIQUE

En chiffres ronds, la France était peuplée de 42 millions d'habitants en 1938. En 1945, elle n'en a plus que 40. Ce dernier chiffre s'explique par :

- la *dénatalité* qui a continué au début de la guerre ;
- les *pertes directement dues à la guerre*, soit :

Militaires tués à l'ennemi	200 000
Prisonniers et déportés décédés................	240 000
Civils fusillés ou tués (bombardements, etc.)....	160 000
	600 000

Ces pertes sont sensiblement moins lourdes qu'en 1914-1918 (1 140 000 morts) parce qu'au total il y a eu peu de grandes opérations militaires sur le territoire français. Noter que les civils ont payé un plus lourd tribut que les militaires.

- les *pertes indirectement dues à la guerre*. Les chiffres, ici, sont très difficiles à préciser. Ils résultent généralement d'estimations. Mais il est certain que la mortalité a été très aggravée par les privations de toutes sortes, que la natalité (comme toujours pendant les guerres) a fatalement baissé, que de nombreux étrangers travailleurs en France ont quitté notre pays. Au total :

Surmortalité	300 à	500 000
Déficit des naissances................	230 à	500 000
Départs d'étrangers................	300	
— de Français	20	
	800 à	1 300 000

La guerre, directement ou indirectement, a donc coûté à la France entre 1 500 000 et 2 000 000 d'âmes. D'un point de vue plus strictement humain ou économique que démographique, il faut tenir compte aussi des *invalides*, militaires (blessés), civils (victimes des bombardements), déportés (terriblement atteints pour la plupart, quand ils ont eu la chance de survivre). Au total peut-être 800 000 invalides.

Il n'est pas sans intérêt de comparer ce bilan français à celui des autres États belligérants. L'U.R.S.S., qui a le plus souffert démographiquement de la guerre, a eu autour de 17 millions de tués (perte de 35 millions environ, si l'on tient compte des pertes indirectes). Les États-Unis ont eu 300 000 tués (territoire national invulnérable, puissance des moyens mécaniques), l'Angleterre 400 000, le Japon 2 millions, l'Allemagne 4 à 5 millions. Le chiffre français apparaît donc une sorte de moyenne par rapport aux autres. Il est cependant très lourd parce qu'il est celui d'un pays en pleine crise démographique, dès avant la guerre. Pourtant, encore une fois, la chute démographique est moins grave qu'en 1914-1918. Et, ce qui est plus important encore, la situation morale n'est pas du tout la même qu'après la Première Guerre : avant la fin des opérations apparaissent des signes de reprise de la natalité.

II. RUINE ÉCONOMIQUE

La France a été plus gravement atteinte sur le plan économique. Au moment de la Libération, l'activité est pratiquement arrêtée[1]. En sont responsables les tributs divers levés par l'Allemagne (contributions en espèces, prélèvements sur l'agriculture et l'industrie atteignant de 10 à 75 % selon la production), les difficultés du commerce (blocus), les destructions (bombardements, sabotages volontaires, combats), l'inactivité d'une partie de la population, soit à cause des réquisitions de main-d'œuvre au profit de l'Allemagne (S.T.O. : Service du travail obligatoire à partir de 1942), soit à cause de la passivité volontaire des travailleurs, dans les usines surtout, principalement en 1944.

La gravité de la situation provient moins des chiffres très bas de la production que de la destruction du capital de production. De longues années seraient nécessaires pour reconstituer celui-ci. Mais c'est un cercle vicieux bien connu : il faut fabriquer pour recréer ce capital de production... Mais c'est cette fabrication qui est précisément rendue difficile ou impossible faute du capital de production.

Les destructions et dommages

Les terres ont perdu une grande partie de leur potentiel de production, soit parce que détruites ou réquisitionnées (plus d'un million d'hectares), soit parce que privées pendant plusieurs années des engrais nécessaires. Pendant la campagne 1944-1945 la consommation d'engrais est à peine le onzième de celle des années d'avant-guerre... déjà faible.

1. Précisions éloquentes dans *L'Année politique 1945*, par A. Siegfried, J.-B. Duroselle et E. Bonnefous, Paris, P.U.F., 1946 et dans *Bilan de l'économie française 1919-1946*, par C. Bettelheim, Paris, P.U.F., 1946.

Pour l'industrie, il faut compter avec la destruction de nombreuses usines (moins cependant qu'on serait tenté de le croire, d'ailleurs n'en est-il pas de même dans la Ruhr ?), avec la destruction des stocks (souvent ceux qui restent sont de très mauvaise qualité), avec surtout la grande difficulté de l'approvisionnement en matières premières (problème des transports) et le mauvais rendement de la main-d'œuvre (suite des habitudes prises pendant l'occupation, faible résistance physique, absentéisme), avec des machines, enfin, dont l'âge moyen est de 25 ans.

Les *transports* sont le point névralgique de la situation. On sait le rôle primordial qu'ils jouent normalement dans les économies évoluées qui reposent sur la division du travail et les échanges. Or la France est ici cruellement atteinte parce que ce grand moyen économique que sont les transports est aussi un grand moyen stratégique. Aussi les bombardements et les sabotages ne les ont pas épargnés et ceux qui subsistent sont au bord de l'épuisement.

Les ponts ont sauté de Paris à la Manche, de Nevers à l'Atlantique (sauf un... oublié !), de Lyon à la Méditerranée. Chaque rivière est devenue un obstacle à la circulation.

Les routes sont en très mauvais état, 300 000 camions ont disparu sur 500 000.

La S.N.C.F. est une victime de choix, comme en témoigne cette comparaison entre 1939 et 1944 :

	1939	*1944*	
Ponts et viaducs	40 100	38 500	(les moins importants)
Locomotives à vapeur ..	17 000	3 000	
Wagons de marchandises.	439 000	200 000	(souvent avariés)
Wagons de voyageurs ...	36 000	13 500	
Grands triages	40	16	
Voies détruites		3 000 km	
Grandes gares détruites.		115	

La reconstitution des chemins de fer français sera une des priorités absolues.

Les voies navigables, précieuses pour les produits lourds, ne sont guère moins atteintes : plus de 3 000 péniches détruites ou inutilisables ; près de 300 écluses hors d'état ; plus de la moitié des voies d'eau obstruées, impropres au trafic.

Les ports ont été systématiquement détruits par les bombardements. La capacité totale est réduite à un tiers. Encore faut-il considérer que les ports les plus importants, les plus modernes, les plus utiles sont ceux qui ont le plus souffert : Marseille, Le Havre, Dunkerque etc. Les écluses, les grues, les docks flottants... sont détruits de 60 à 100 %.

Quant à la flotte, elle est diminuée de plus des deux tiers : environ 800 000 tonneaux (au lieu de 2 700 000). Et ses unités, vieillies pour la plupart, ne sont pas totalement et immédiatement à la disposition de la France, puisqu'elles ont été mises à la disposition du pool maritime interallié.

Les *immeubles*, enfin, ont subi des dégâts considérables. Près de 2 millions sur 10 millions ont été détruits (450 000) ou endommagés plus ou moins gravement. Ces chiffres dépassent de beaucoup ceux de 1914-1918. Ici encore, il faut rappeler qu'ils concernent un capital déjà insuffisant et vieilli en 1939. Le problème de la construction et du logement n'était pas près d'être résolu !

La production

★ *Ses conditions* ne résultent pas seulement des *destructions* ci-dessus énumérées, mais aussi du chiffre et du rendement de la *main-d'œuvre*. Celle-ci fait — pour longtemps — cruellement défaut. Aux 600 000 morts, dont la plupart étaient en âge d'exercer une activité, il faut ajouter les étrangers qui quittaient ou allaient quitter la France, deux millions de prisonniers, déportés ou victimes du S.T.O. qui se trouvaient en Allemagne, le million de combattants dans l'Armée ou la Résistance. Le rendement au travail de ceux qui restent se ressent directement de l'insuffisance de l'alimentation. La ration octroyée à chacun représente environ mille calories par jour, au lieu de 1 500 jugées nécessaires avant la guerre. Il est vrai qu'il faut compter aussi le ravitaillement personnel, plus ou moins occulte, dont disposent beaucoup de travailleurs. Mais il y a ici une différence fondamentale entre la ville où sévit la disette et la campagne, voire entre Paris et la province. Quoi qu'il en soit, les moyens de production ne fournissaient pas un chiffre normal de produits.

Il faut cependant, pour être exact dans l'appréciation des conditions, tenir compte d'un facteur non négligeable : *la possibilité latente de produire davantage, au grand jour*. Le système des réquisitions allemandes, de l'organisation pesante du régime économique de Vichy, une vieille tradition de méfiance et de secret, l'habileté ancienne à tromper le fisc, la débrouillardise innée des Français faisaient que, jusqu'à la Libération, ou bien on produisait moins qu'on ne pouvait, ou bien (et surtout !) on ne déclarait qu'une partie de sa production. Ce qui explique que le relèvement postérieur ait pu, quelquefois, paraître si remarquable ! Ce qui explique aussi la diversité déconcertante des statistiques qu'on n'interprétera qu'avec circonspection.

Au total, pour porter un jugement valable sur le niveau de la production et surtout sur les possibilités de remise en route, *on est amené à multiplier les nuances* :

- l'agriculture a moins souffert que l'industrie et celle-ci que les transports ;
- d'une région à l'autre, le niveau est parfois tout à fait différent ;
- les possibilités de remise en route existent, mais, suffisantes pour une économie de type ancien (économie de subsistance), elles sont tragiquement insuffisantes pour une économie basée sur l'industrie, le progrès social, la confrontation avec le reste du monde. Un puissant effort, une puissante organisation seront nécessaires, ce contre quoi, justement, l'occupation et les mille roueries qu'elle avait entraînées avaient trop souvent prédisposé les Français.

★★ Le *niveau de la production* n'en apparaît pas moins dramatique, le point le plus bas étant atteint à l'automne 1944.

L'*industrie* est pratiquement à 40 % de son niveau de 1938 (déjà inférieur, on le sait, à celui de 1929). La production énergétique qui conditionne les autres est la plus grave.

Le *charbon* est le point faible par excellence : l'exploitation désordonnée qui a été faite par les Allemands a épuisé l'outillage et pesé gravement sur le niveau de la qualité de la main-d'œuvre (240 000 travailleurs en 1938, 205 000 en novembre 1944). La production journalière tombe de 156 000 t en 1938 à 67 000 en septembre 1944 ; rendement 674 kg par homme et par jour au lieu de 1 220 ; 15 mois plus tard (décembre 1945), avec 148 000 t par jour et un rendement de 905 kg, on n'aura pas encore retrouvé le chiffre de 1938 et la production de l'année 1945 ne sera que de 35 millions de tonnes (47 en 1938).

Les *autres sources d'énergie* sont moins importantes dans la France d'alors, mais aussi durement atteintes : l'électricité tombe aux trois quarts, le gaz aux deux tiers, le raffinage du pétrole au cinquième de leur niveau d'avant-guerre.

Les *industries extractives* sont à 60 % (beaucoup moins pour le fer).

La *production d'acier* tombe de :

	500 000 t	mensuelles	en 1938
à	12 000 t	—	en septembre 1944
	58 000 t	—	en décembre 1944
	233 000 t	—	en décembre 1945

Toutes les autres industries connaissent des chutes parallèles, la chimie semblant battre les records avec 17 % de l'avant-guerre[1].

L'*agriculture* est certainement moins touchée, mais c'est pour elle que l'appréciation exacte est le plus difficile, une grande partie de la production échappant à tout contrôle. Les quelques chiffres suivants donneront un ordre de grandeur :

	1938	*1944*	
	—	—	
Blé	98	64,5	millions de quintaux
Pommes de terre	173	70	— —
Betteraves	80	54,5	— —
Vin	60,3	41	(1943) millions d'hectolitres
Bovins	15,6	15,8	millions de têtes
Porcs	7,3	3,6	— —
Ovins	9,8	7,9	— —
Chevaux	2,7	2,1	— —

Deux remarques s'imposent : l'une concerne spécialement le cheptel : si les bovins semblent avoir augmenté, il faut tenir compte du fait qu'on tuait les bêtes beaucoup plus jeunes et que, d'une façon générale, le poids et le rendement ont diminué. L'autre remarque est plus générale : une grande partie de la production était consommée sur place, échappant à la commercialisation (d'où la disette dans les villes).C'est ainsi que la quantité de lait commercialisé représentait 87 millions d'hectolitres en 1938, mais 50 millions seulement en 1943.

1. Nombreux chiffres dans les ouvrages déjà cités, ainsi que dans beaucoup d'autres, dont G. Pilliet : *Inventaire économique de la France (1946).*

Le *commerce intérieur* s'est effondré au moment de la Libération, conséquence trop logique de la chute de la production, de la destruction des moyens de transports, des combats qui se déroulent sur le sol national. Les magasins sont vides (parfois les arrière-boutiques ne le sont pas et le marché noir fleurit plus que jamais), les usines ne sont plus ravitaillées, les échanges interrégionaux sont devenus impossibles. A titre d'exemple, voici le nombre de wagons chargés chaque jour :

1938	41 000
août 1944	1 057
décembre 1944	7 308
— 1945	23 196

Le *commerce extérieur* est évidemment encore plus atteint. On en devine aisément les raisons. Importations et exportations avaient diminué de moitié de 1938 à 1941. Au plus fort des combats de la Libération, elles s'effondrent totalement, la priorité étant accordée aux besoins des armées. En 1945, il y aura bien peu de choses à exporter (et avec des moyens combien réduits encore !), mais beaucoup à importer (ravitaillement, biens d'équipement, matières premières) si bien que la balance commerciale sera lourdement déficitaire :

	Importations. — *(en milliards de francs)*	*Exportations.* — *(en milliards de francs)*
1938	46	31
1945	65	13

Finalement, si l'on affecte 1938 de l'indice 100, l'année 1945, pendant laquelle s'opère déjà un redressement, donne les indices suivants :

Production agricole	61
— industrielle	50
Importations	34
Exportations	10

Les moyens financiers seront-ils suffisants pour faire repartir l'économie ?

III. PROBLÈMES FINANCIERS

La situation est grave. Il est vrai qu'elle l'était déjà dans les années 30. Elle n'est cependant pas désespérée. Le pire a pu être évité grâce à deux facteurs : la sauvegarde du stock d'or, mis à l'abri au début des hostilités au delà des océans (Amérique, A.O.F.) ; le dirigisme économique qui a permis de freiner la montée des prix... officiels ; non ceux du « marché noir », il est vrai. C'est pourquoi il faut faire une distinction entre les finances publiques, gravement atteintes et les revenus privés, dramatiquement insuffisants pour une grande partie de la population.

Les finances publiques

Elles ont été obérées, durant toute la guerre, par le poids de l'occupation et par la mauvaise rentrée des impôts : la diminution des revenus, la consommation ralentie, la paralysie de la vie économique expliquent aisément la difficulté des rentrées fiscales, directes ou indirectes, malgré la création de nouvelles ressources. Le poids de l'occupation est pourtant le principal. Les sommes perdues au profit de l'Allemagne se décomposent en deux grands groupes : d'une part, un véritable tribut : les frais d'entretien des troupes d'occupation qui s'élevèrent au total à 632 milliards de francs 1940; d'autre part, les frais divers tels que réquisitions, frais de cantonnement, dettes non payées, etc., qu'on peut fixer approximativement à 450 milliards. En tout, c'est donc près de 1 100 milliards que la France a perdus au profit de l'Allemagne.

Le *déficit*, dans ces conditions, était inévitable. Comment, dans le budget, trouver des recettes équivalentes ? Le déficit atteint les deux tiers des dépenses.

	Recettes.	*Dépenses.*	*Déficit.*	
1943	135	450	315	milliards
1944	137	437	300	de francs

L'*emprunt* est un remède inévitable dans ces conditions. La France y avait eu déjà recours dans les épreuves passées et, à la veille de la guerre (août 1939), la dette pour cette raison s'élevait encore à 450 milliards. Le chiffre passe, en août 1944, à 1 527 milliards. Un bon tiers de cette somme consiste en emprunts à moyen ou à court terme (bons du Trésor) qui menacent dangereusement la solidité de la monnaie.

L'*augmentation de la circulation fiduciaire*, autre remède classique en période de difficultés financières, aboutit au même résultat.

La valeur des billets en circulation passe de 142 milliards, en août 1939, à 632 milliards en août 1944.

Certes, l'encaisse-or, dans le même temps, n'a pas diminué dans des proportions catastrophiques (puisqu'elle était à l'abri). Elle est passée de 97 milliards en 1939 à 80 milliards en septembre 1944. Mais, d'une part, elle a amorcé une baisse qui ira en s'amplifiant (75 milliards en avril 1945, 65 milliards en octobre) et, d'autre part, surtout, elle est sans rapport avec la multiplication des billets. Ainsi donc, *la situation est inflationniste*. La valeur officielle du franc ne correspond pas à sa valeur réelle. Officiellement, on s'en tient toujours au franc Reynaud, dont le cours, fixé le 27 février 1940, donne 1 F pour 21 mg d'or fin (soit seulement un peu plus d'un tiers du franc Poincaré). En fait, au marché parallèle des devises, le dollar vaut, en francs, cinq fois plus cher qu'au début de la guerre. Il y a donc dépréciation du franc, s'il n'y a pas encore dévaluation.

Prix, salaires et revenus

Si nous entrons dans le domaine des finances privées, la situation est diverse et complexe.

Les *prix* se sont assez bien maintenus officiellement, grâce à un contrôle sévère. De 1938 à la Libération, les prix de gros ont été multipliés par 2,5 environ. C'est assez peu, compte tenu des conditions de l'époque. Mais, dès 1945, ils sont à 3,5. Quant aux prix de détail, ils sont dans des proportions très variables avec les prix de gros; ils montent beaucoup en 1944 et, en 1945, sont quatre fois plus élevés qu'en 1938. Mais, à côté du marché officiel, il y a le « marché noir » et ses prix occultes. Et, au marché noir, selon les produits, les prix sont cinq, dix fois plus élevés ou davantage.

Les *salaires*, dans le même temps, augmentaient beaucoup plus lentement. En avril 1944 (sauf pour les mineurs, favorisés), ils étaient en retard d'un tiers environ sur la montée des prix officiels. Cela rendra nécessaire une brutale augmentation au moment de la Libération : en septembre 1944, le gouvernement les majore d'environ 50 %. Mais, en 1945, le salaire moyen à Paris n'a guère été multiplié que par 2,7 depuis 1938.

Les *revenus* autres que les salaires présentent une grande diversité. Modestes ou moyens chez beaucoup, devenus très insuffisants chez d'autres quand ils n'ont pu progresser au rythme des prix, ils ont en général sensiblement augmenté pour les paysans et surtout les commerçants et sont devenus scandaleux pour une minorité de spéculateurs ou de profiteurs du marché noir. L'opinion attache une grande importance à ceux-là. On parle de paysans qui ont des lessiveuses pleines de billets de banque, de commerçants ou de capitalistes qui ne savent où placer leur argent. Beaucoup de drames des lendemains de la Libération, de règlements de comptes à couleur politique (... profiteurs de la collaboration, argent gagné avec les Allemands) sont en germe dans cette situation. C'est que, pour juger de la situation réelle du « Français moyen », il n'est pas possible de ne pas tenir compte des prix du « marché noir », auquel chacun devait recourir pour se nourrir, s'habiller, se chauffer. Et alors le retard des salaires sur les prix n'était pas d'un tiers, mais de moitié ou davantage. La gêne, la misère étaient le lot de trop de Français à revenu fixe.

En conclusion, si les finances publiques étaient dans une situation grave, mais non encore catastrophique, la pression des revendications sociales pouvait amener la catastrophe au cas où la production ne se relèverait pas rapidement. La France risquait fort de céder aux tentations de l'inflation. Il ne fallait guère en effet, à ce moment-là, compter sur des profits extérieurs : l'Empire allait coûter plus qu'il ne rapporterait.

IV. ÉBRANLEMENT DE LA PUISSANCE COLONIALE

Les termes du problème

Avant 1914, la France s'enorgueillissait de son grand Empire colonial, par lequel elle avait repris confiance en elle-même, face à ses déceptions continentales de l'époque bismarckienne. La victoire de 1918, à laquelle avaient collaboré des troupes noires ou nord-africaines, avait renforcé sa fierté et l'Empire atteignit, dans l'entre-deux-guerres, ses plus grandes dimensions grâce au mandat confié à la France par la S.D.N. sur d'anciens territoires allemands (Cameroun, Togo) ou turcs (Syrie). L'Algérie, si proche et où vivaient près d'un million de citoyens français, lui était particulièrement chère ; l'Indochine, exploitée de la façon la plus capitaliste, lui était particulièrement profitable ; la mise en valeur du Maroc par Lyautey et ses successeurs flattait son amour-propre ; la docilité des Sénégalais et autres Noirs n'était pas sans l'émouvoir.

Ainsi, en 1939, l'Empire était devenu un élément fondamental de la grandeur française. Mieux, il était nécessaire à la France. Pour son *prestige* d'abord : face à de nouvelles et humiliantes difficultés continentales et en dépit de mouvements de révolte sévèrement matés et qui n'étaient — affirmait-on — que l'œuvre de la subversion communiste, elle y trouvait les traces à peu près intactes de sa puissance. Elle y trouvait aussi une part de sa richesse. Les difficultés économiques des années 30, la fermeture des marchés traditionnels l'avaient peu à peu amenée à renforcer les *courants commerciaux* vers l'Empire et elle était arrivée, à la veille de la guerre, à faire avec lui plus d'un quart de son commerce extérieur.

Par un véritable paradoxe, mais selon une ligne d'action qui est bien celle de la troisième République finissante, elle s'était cependant refusée à faire dans l'Empire les réformes les plus urgentes pour sauvegarder ce précieux capital et à y chercher le refuge qu'il aurait pu lui offrir aux sombres jours de la défaite de 1940.

Or, si, au début de la guerre, l'Empire n'a pas bougé et a même souvent affirmé sa loyauté, à la Libération, les conditions sont totalement différentes. Non seulement l'Empire coûte à la France beaucoup plus qu'il ne rapporte, non seulement la métropole doit ravitailler l'Afrique du Nord au bord de la famine, mais, d'une part, le mouvement pour l'indépendance atteint des proportions inconnues, insurmontables peut-être, d'autre part le gouvernement est animé à l'égard des colonies ou autres territoires d'un esprit nouveau : « l'esprit de Brazzaville », conciliant et favorable à une évolution de l'Empire. Cette prise de conscience du fait colonial se doublera-t-elle de réalisations assez rapides, de réformes assez profondes pour préserver, à défaut de la puissance politique, l'intérêt économique de la France dans son Empire ?

Causes du mouvement vers l'indépendance

Le désir de liberté atteint dans l'Empire une ampleur inconnue jusqu'ici. Les raisons ne manquent pas. On peut les grouper en raisons anciennes (ou permanentes) : ce sera le poids du passé, et en raisons nouvelles : ce sera le poids de la guerre et bientôt l'influence de l'O.N.U.

★ *Le poids du passé.*

L'*aspiration à la liberté* est ancienne. Elle est apparue surtout après la guerre de 1914-1918 (et les causes ressemblent déjà à celles qu'amènera la Deuxième Guerre mondiale). Mais, dans l'entre-deux-guerre, elle avait deux caractères qu'elle perdra peu à peu après 1945 :

• elle était d'abord limitée dans l'espace : le Maroc (après 1925), l'Afrique noire, Madagascar semblaient échapper au mouvement ; l'Algérie n'inquiétait pas outre-mesure. La Tunisie, l'Indochine, la Syrie posaient plus de problèmes.

• elle était ensuite limitée dans ses revendications : le plus souvent, les milieux « avancés » se contentaient de réclamer l'autonomie, c'est-à-dire le droit de s'administrer eux-mêmes dans un cadre qui resterait français. D'autres (en Algérie), nourris de notre civilisation, réclamaient la citoyenneté française qui apporterait l'égalité totale entre métropolitains et habitants de l'Outre-Mer, d'origine française ou indigènes (à l'époque, on ne disait pas « autochtones »). Il faut noter cependant que le désir d'indépendance totale apparut nettement dans les dernières années de l'avant-guerre, en partie sous l'effet d'un autre facteur :

Le *refus des réformes par la France* explique, sans aucun doute, au moins en grande partie, l'exacerbation des sentiments nationalistes.

En France, on ne croyait pas à la profondeur du mouvement de revendications ; on subissait par contre l'influence des intérêts privés. Les grandes sociétés capitalistes qui tiraient profit des territoires d'outre-mer, les colons qui tenaient le haut du pavé en Afrique du Nord n'étaient nullement disposés à renoncer à leurs prérogatives ou avantages. Par les relations qu'ils entretenaient à Paris, ils se chargèrent d'écarter toute menace d'évolution du système colonial. A vrai dire, une seule tentative sérieuse fut faite, en 1936, par le gouvernement socialiste de Blum. Ce fut un échec et, dès la chute de Blum, la politique de répression fut à nouveau appliquée, principalement en Tunisie.

Ainsi, avant la guerre, un profond malaise existait dans plusieurs territoires de l'Empire français. Il restait cependant encore limité à certains pays et ne touchait pas la masse de la population. Il semble, avec le recul historique, que quelques réformes eussent pu satisfaire assez facilement la plupart des revendications. Après la guerre, ce sera beaucoup plus difficile, car les problèmes, en l'espace de cinq ou six ans, se seront considérablement aggravés.

★★ *Le poids de la guerre.*

La Seconde Guerre mondiale a sonné le glas des empires coloniaux. Avant elle, l'impérialisme colonial était seulement en difficulté ; après elle, il devra se renier et faire place à la décolonisation. Les graves échecs subis par les puissances coloniales et les grands succès remportés par les pays anticolonialistes l'expliquent suffisamment.

Les *échecs des puissances coloniales et spécialement de la France* ne pouvaient pas ne pas atteindre durement leur prestige et remettre en cause leur influence dans le monde.

Comment, d'autre part, les rivalités entre Français, les uns se réclamant de la « France libre » de de Gaulle, les autres de Vichy, ou entre Français et étrangers, comment ces luttes qui faisaient des territoires d'outre-mer des enjeux essentiels de la guerre auraient-elles pu laisser indifférentes les populations de ces pays dont beaucoup, au surplus, combattaient dans les rangs des uns ou des autres ?

Les *succès des pays traditionnellement anticolonialistes* n'ont fait que renforcer le courant. Au milieu du XXe siècle, les nouvelles vont vite, la propagande aussi. Or, mise à part l'Allemagne, les pays dont les succès militaires ont été les plus remarquables au cours de la guerre ont été le Japon, les États-Unis, l'U.R.S.S., trois pays traditionnellement anticolonialistes. Les deux derniers, vainqueurs de la guerre, chercheront à faire prévaloir leur système.

Le Japon a occupé l'Indochine à partir de 1940. En 1945, il lui fait proclamer l'indépendance à l'égard de la France. Les États-Unis et l'U.R.S.S. ont un rôle beaucoup plus important et leur action, plus indirecte, s'étend au monde entier. Leur influence sur l'ébranlement des empires coloniaux tient à trois causes :

• *cause idéologique :* tradition anticoloniale de l'un comme de l'autre ;

• *cause économique :* au moins pour les Américains, soit qu'ils cherchent dans les territoires coloniaux de l'Europe des ressources dont ils ont besoin ou des débouchés, soit que — quelques années plus tard — ils usent de leur influence financière.

• *cause politique :* soutien au moins moral de l'U.R.S.S. à des communistes entraînant derrière eux les masses, au nom d'un nationalisme instinctif ; plus encore peut-être volonté, pour les deux États qui sont maintenant les « deux Grands », d'étendre leur zone d'influence dans toute cette partie du monde qui leur échappait avant la guerre, parce que dominée par l'Europe et qui est comme vacante, maintenant que l'Europe ruinée, vaincue, n'est plus assez forte pour y faire régner sa loi.

★★★ L'*influence de l'O.N.U*, créée en 1945, ne tarde pas à s'ajouter aux autres facteurs d'émancipation. Ce rôle se développera sans cesse. En effet, dès 1945, la Charte de San Francisco prévoit un contrôle régulier des « pays sous tutelle » (anciens mandats) et demande des informations périodiques fournies sur leurs colonies (appelées « territoires non autonomes ») par les États membres de l'O.N.U. Les principes mêmes de la Charte sont fondés sur « l'égalité des droits des peuples », ils évoquent leur « droit de disposer d'eux-mêmes ».

En outre, l'O.N.U. devient une tribune dont les échos font le tour du monde : là, États socialistes, groupe latino-américain, groupe arabo-asiatique (plus tard afro-asiatique) se déchaînent fréquemment contre les « puissances colonialistes ». L'O.N.U. considérera peu à peu que le devoir lui incombe de contrôler l'administration coloniale (tout comme celle des pays sous tutelle, ce qui a lieu fréquemment) et qu'elle est appelée à supplanter les « métropoles ».

Peu à peu se dégage « une théorie nouvelle de la souveraineté basée non plus sur les textes juridiques et sur les positions acquises, mais sur la primauté de la communauté internationale et de la valeur impérative de ses décisions »[1].

L'esprit nouveau : la conférence de Brazzaville (janv.-fév. 1944)

L'émancipation coloniale se comprendrait avec les seules raisons exposées ci-dessus. Toutefois, un autre facteur est intervenu du côté français : un état d'esprit nouveau à l'égard du fait colonial, l'esprit dit « de Brazzaville » qui est celui de la « France libre » du général de Gaulle pendant la guerre.

Les *causes* de cet esprit nouveau sont à la fois la conscience de l'ampleur des problèmes coloniaux au lendemain d'une guerre dont

1. H. Grimal : *La Décolonisation 1919-1963*, coll. « U », Paris, Colin, 1965.

on voyait approcher la fin, la volonté aussi de tenir compte de l'aide généreuse fournie par de nombreux territoires africains à la cause de la France libre, dès 1940. Il ne faut pas négliger non plus l'action du gouverneur d'A.E.F., Félix Éboué, qui, justement, avait été un des premiers à se rallier à de Gaulle et qui, dans son gouvernement général d'A.E.F., mettait en pratique de nouvelles méthodes d'administration, basées sur le respect des coutumes africaines, la décentralisation et l'éducation, le colon étant considéré comme un guide plutôt que comme un maître.

La *conférence de Brazzaville*, du 30 janvier au 8 février 1944, a pour but d'établir les principes nouveaux sur lesquels sera édifié le monde colonial français qui cessera d'être « l'Empire français ». Outre le général de Gaulle, elle réunit René Pleven (commissaire aux Colonies dans le « Comité français de libération nationale » installé à Alger) et les gouverneurs des colonies d'Afrique, dont Éboué, ainsi que les représentants de l'« Assemblée consultative provisoire » et de l'Afrique du Nord.

Voici les *principales décisions* qui ont été prises :

• dans l'ordre politique, on affirme qu'il faut s'acheminer vers la décentralisation, l'autonomie avec des assemblées locales, le suffrage universel (si possible) ; on décide la représentation de tous les pays d'Outre-Mer au Parlement à Paris, ce qui prouve qu'il n'est pas question d'indépendance, mais d'autonomie dans un cadre français.

• sur le plan social, le but déclaré est le développement des populations autochtones ; les compétences européennes restent nécessaires, mais il faut multiplier les places ouvertes aux indigènes ; il faut les instruire, les habituer aux responsabilités politiques. La notion de liberté du mariage et de la femme sera introduite ; l'enseignement (uniquement en français) sera développé systématiquement ; des écoles professionnelles seront ouvertes. Enfin, le travail sera libre (suppression du travail forcé) et sa rétribution augmentée. Développement des associations professionnelles. Multiplication des médecins, notamment autochtones.

• au point de vue économique, dans le but d'élever le niveau de vie, sont prévues l'industrialisation par étapes, l'amélioration de l'agriculture et la reconstitution des sols, la multiplication des moyens de transports, la libéralisation du régime douanier ;

• enfin, le domaine de l'administration française n'échappe pas aux réformes : elle sera plus moderne, plus efficace ; elle devra recruter du personnel indigène.

Les *caractères de ces décisions* se dégagent aisément :

• on table sur une évolution progressive ;

• on insiste sur les réformes d'ordre social ;

• on maintient strictement le cadre français tout en l'aménageant sensiblement ;

• on semble viser l'assimilation des autochtones plus que l'indépendance ;

• sur le plan économique, la France garderait ses avantages ; et l'Outre-Mer pourrait en tirer quelque profit.

Quel que soit le caractère encore limité ou vague de ce programme, il n'en est pas moins assez audacieux dans sa générosité ; c'était la première fois qu'un programme si complet était envisagé. Suffirait-il à endiguer le nationalisme ? L'intérêt de la France pourrait-il se concilier avec celui de ces peuples qui prenaient conscience d'eux-mêmes ?

Une partie difficile devait s'engager pour passer des principes aux réalisations. Une première étape allait être franchie dans le cadre de la Constitution de 1946 avec la création de l'Union française, forme renouvelée de l'Empire colonial, mais différente dans son esprit. Si le destin de celle-ci ne devait pas être brillant, c'est moins par l'insuffisance des principes de Brazzaville que par leur défaut d'application.

Les difficultés immédiates

Dès 1945, les problèmes sont apparus très vite dans leur complexité :

L'*Indochine*, en mars, poussée par le Japon, a proclamé son indépendance ; une « république du Viet-Nam » naît en août grâce au communiste Ho-Chi-Minh qui s'en fait élire président en mars 1946. L'attitude des alliés de la France dès le début a été douteuse. L'année 1946 est occupée à des discussions : la France, dont l'armée a repris pied en Indochine, accepte l'indépendance du Viet-Nam, du Laos, du Cambodge considérés comme « États associés » dans l'Union française ; elle voudrait cependant garder la Cochinchine où se trouvent ses principaux intérêts (plantations), contrôler les douanes, ne serait-ce que pour surveiller le trafic d'armes américaines qui, par Haïphong, parviennent à Ho-Chi-Minh. Mais celui-ci n'accepte qu'une indépendance totale et souhaite établir une démocratie socialiste.

Après l'échec des négociations de Fontainebleau (été 1946), la France bombarde Haïphong, Ho-Chi-Minh attaque les garnisons d'Hanoï : la guerre commence, qui devait, huit ans plus tard, mener à la perte de l'Indochine.

Dans les autres territoires, autres difficultés :

- la Syrie, agitée par les Anglais, subit quelques bombardements, puis est reconnue indépendante (1945) ;
- l'Algérie s'insurge le 8 mai 1945 ; la répression est rapide, mais le nationalisme gagne en profondeur : Messali Hadj réclame l'indépendance. Un statut proche de l'autonomie sera accordé en 1947 mais non réellement appliqué. Des lendemains difficiles se préparent...
- la même année 1947, la révolte de Madagascar est sévèrement réprimée.

Une conclusion s'impose : la France, dès 1945-1946, s'engage dans la voie de la répression et de la guerre. L'opinion, très mal informée, approuve dans sa majorité. L'évolution prévue à Brazzaville semble déjà dépassée. Une politique hardie et des concessions, sans doute, seraient nécessaires... Mais la politique coloniale a été l'un des grands échecs de la quatrième République et un gouffre pour ses finances. La République devait en mourir.

Chapitre XIX

LA PRESSION DE LA DÉMOGRAPHIE

En 1939, la France était « un pays de vieillards » ; chaque année, on y voyait « plus de cercueils que de berceaux ». Dix ans, vingt ans après et encore aujourd'hui, situation totalement différente. Certes, grâce au progrès général, les vieillards y restent encore nombreux en pourcentage et il n'est pas question de souhaiter la diminution de leur chiffre absolu ! Mais, à côté, voici une jeunesse nombreuse, dynamique, on pourrait presque dire envahissante, tant il est question maintenant et partout des « jeunes ». Tant mieux, et tant pis pour la catégorie des « actifs » coincée entre la masse étale des vieillards et la marée montante des jeunes que, l'une et l'autre, elle doit nourrir !

Le progrès démographique de la France est l'une des grandes forces de son évolution, de son progrès. Il est la preuve de sa vitalité retrouvée. Il joue un rôle très important dans le présent et l'avenir de son économie.

I. CAUSES DU PROGRÈS DÉMOGRAPHIQUE LA POLITIQUE NATALISTE

Population de la France :

1936 (recensement)	41,5	millions	d'habitants
1939 (estimation)	42	—	—
1945 (estimation)	40	—	—
1946 (recensement)	40,5	—	—
1950 (estimation)	41,7	—	—
1954 (recensement)	42,9	—	—
1958 (estimation)	44,6	—	—
1962 (recensement)	46,4	—	—
1965 (estimation)	48,7	—	—
1968 (recensement)	49,8	—	—

Les progrès de la population française

La France a gagné plus d'habitants en vingt ans (1945-1965) que de 1830 à 1945. Retirons de la comparaison les pertes dues aux trois guerres de 1870, 1914, 1939 ; tenons compte du retour des rapatriés d'Afrique du Nord (1 100 000 environ) surtout en 1962, il n'empêche que le fait demeure. Et qu'on ne croie pas que l'augmentation soit due à l'arrivée d'étrangers. Leur pourcentage dans l'ensemble de la population a diminué.

Que beaucoup se soient fait naturaliser n'y change rien (1 085 000 naturalisés en 1946 ; 1 360 000 en 1962). L'augmentation tient bel et bien au progrès de la natalité.

Quelles sont les causes de ce progrès ?

Les *facteurs psychologiques* jouent un rôle très important. On peut penser que le renouveau moral qui apparaît en France dans les épreuves de la guerre et de l'occupation n'est pas étranger, bien au contraire, à cette reprise de la natalité. Les premiers signes en apparaissent dès 1942. L'institution de la Sécurité sociale en 1945-1946, la disparition du chômage ont contribué à donner un sentiment de sécurité aux parents ou à ceux qui désiraient le devenir. Cela n'a pu que favoriser la natalité. Mais il y a plus :

Un esprit nouveau à l'égard de la famille. Loin d'être abandonné à son sort, quand il n'était pas brocardé, le père de famille est maintenant considéré, la mère de famille aidée de multiples façons. Ce climat nouveau s'accompagne d'une aide matérielle aux parents et aux enfants : l'État conscient de la valeur économique de la population entreprend une politique résolument nataliste.

Le *retour des rapatriés* d'Algérie et des autres pays d'Afrique du Nord augmente brusquement la population : 1 100 000 environ dont les deux tiers en 1962 : au cours de cette année-là, gain de 1 150 000 habitants au lieu du chiffre habituel de 500 000 environ.

La politique nataliste

L'action de l'État pour encourager la natalité a tardé à se manifester en France. Longtemps, on a refusé de considérer que l'économie tirait en grande partie sa puissance du niveau de la population. Le libéralisme ne s'opposait-il pas d'ailleurs à toute intervention ? Et l'on est arrivé ainsi à l'effondrement de la natalité française dans l'entre-deux-guerres. La gravité de la situation finit cependant, bien lentement, par attirer l'attention des pouvoirs publics. Avant la Deuxième Guerre mondiale, à la remorque très souvent des initiatives privées, l'État en vint à créer, puis à généraliser un système d'allocations familiales (proportionnelles au nombre d'enfants). En 1939, il promulguait un « Code de la famille ».

Le régime de Vichy, dont la devise était « Travail, famille, patrie » ne pouvait abandonner cette politique. Il la renforça, il créa l'allocation de salaire unique (pour encourager la femme à rester au foyer) tint compte des charges de famille dans le Code des impôts, fit passer en 1942 une loi sur les « Associations familiales ».

A la Libération, quel qu'ait pu être l'esprit dans lequel le régime de Vichy était intervenu en faveur de la famille, il ne pouvait être question de faire machine arrière. La politique nataliste était au premier plan du programme de rénovation de la France. D'abord, par souci de justice sociale, le niveau de vie des familles étant sensiblement plus bas que celui des autres catégories ; ensuite par souci économique : il était urgent de donner à la France la main-d'œuvre dont elle aurait besoin, de multiplier les consommateurs d'une richesse qu'on voulait accroître, de soulager d'une partie de leur charge financière écrasante les générations futures, bref d'assurer un « *optimum* » de peuplement. Le parti M.R.P. reprenait à son compte ces arguments qui s'alliaient, pour lui, à son idéal d'origine chrétienne. Il se présentait comme « le parti de la famille ». Sa puissance, au lendemain de la guerre, a contribué largement au renforcement et au développement de la politique nataliste.

Les *mesures* de soutien à la famille adoptées par la quatrième République sont les plus importantes qui aient été prises en Europe. On peut distinguer :

★ *Des mesures directes.*

L'allocation familiale, dont le taux est augmenté, dès octobre 1944, de 50 à 80 % et qui le sera encore par la suite.

L'allocation de salaire unique (qui est conservée malgré le besoin de main-d'œuvre).

L'allocation prénatale qui est créée en août 1946.

L'allocation de maternité (à la même date) qui, au lieu d'être seulement une prime à la première naissance, cherchait à favoriser les familles nombreuses ; elle était versée lorsqu'il y avait naissance dans les deux premières années du mariage et autant de fois qu'il y aurait naissance ensuite dans un intervalle maximum de trois ans. Il s'agissait de stimuler la fécondité des couples jeunes.

L'assurance-maternité qui, dans le cadre de la Sécurité sociale, est un ensemble d'avantages (remboursement des frais d'accouchement, indemnités journalières, primes d'allaitement) dont bénéficie la mère du nouveau-né.

En 1968, le taux de natalité ayant baissé depuis quatre ans, le Gouvernement relance quelques mesures d'aide à la famille. Cela pourra compenser l'assouplissement de la législation qui, comme la loi de 1920 notamment, réprimait les pratiques antinatalistes (décembre 1967 : loi autorisant « la pilule anticonceptionnelle »).

★★ *Des mesures indirectes :*

La Sécurité sociale (1945-1946), d'une façon générale, qui couvre, entre autres, les multiples maladies infantiles.

Le quotient familial, pour l'impôt sur le revenu (la femme compte, comme le chef de famille, pour une part dans le calcul de l'impôt, chaque enfant pour une demi-part).

De nombreuses dispositions favorables à l'enfance, notamment la multiplication des assistantes sociales, des dispensaires gratuits, la généralisation du contrôle médical scolaire, le développement des colonies de vacances, des crèches, des arbres de Noël, etc.).

La famille est désormais à l'honneur, l'enfant est protégé de mille façons ; le père de famille cesse d'être l' « aventurier des temps modernes ».

II. LE MOUVEMENT NATUREL DE LA POPULATION

Un nouveau régime démographique, caractérisé par une assez forte natalité, suite évidente de l'aide apportée à la famille, s'installe en France. Ce nouveau régime tient aussi, c'est évident, au progrès économique et scientifique, qui est plus particulièrement responsable de la baisse de la mortalité. Les conséquences de cette double évolution seront importantes.

Les nouvelles tendances démographiques

★ *La natalité se relève*, c'est le fait essentiel. L'augmentation est de l'ordre d'un tiers par rapport à l'avant-guerre. Jusqu'en 1949, on croit d'abord à un relèvement provisoire, sans avenir, simple compensation des naissances « remises » du fait de la guerre. Mais, malgré une diminution très légère à partir de cette date, le chiffre reste élevé et, depuis 1955, il augmente même pour atteindre en 1963 un chiffre absolu supérieur à celui de 1949.

Toutefois, le chiffre de 875 000 naissances, atteint en 1964, représente un maximum qui ne sera plus dépassé jusqu'à la fin de la période ; le taux de natalité tombe vite de plus de 18 ‰ à moins de 17 entre 1964 et 1967.

L'arrivée à l'âge adulte des générations nées au lendemain de la guerre laisse augurer pourtant un progrès du chiffre absolu, dans les années suivantes. Mais la baisse est jugée inquiétante [1].

TAUX DE NATALITÉ.

1938	14,6 ‰
1946	21,4 ‰
1953	18,8 ‰
1958	18,2 ‰
1964	18,1 ‰
1965	17,6 ‰
1967	16,8 ‰
1968	16,7 ‰

Ce chiffre annuel de naissances toujours supérieur à 800 000 (612 000 en 1938) est-il élevé ?

C'est celui de la France vers 1905. Sous le second Empire, il atteignait parfois le million et il en était de même à la veille de la Révolution ! Donc, on ne peut parler de « surnatalité ».

Pas davantage, il ne s'agit de la multiplication des familles très nombreuses, mais au contraire des familles moyennes :

Il y a diminution du nombre de familles de 0 et 1 enfant,
— maintien — — de 2 enfants,
— progrès — — de 3 et 4 enfants,
— diminution — — de plus de 4 enfants.

Depuis 1948, le nombre des familles de trois enfants a doublé. Sans la politique nataliste, ces familles n'auraient eu probablement qu'un ou deux enfants. Si bien qu'en moyenne il y a 2,4 enfants par famille au lieu de moins de 2 en 1938.

Cependant, le progrès varie selon les régions (la moitié nord de la France garde une natalité plus élevée) et les milieux socio-professionnels : fait nouveau, les milieux les plus malthusiens autrefois, c'est-à-dire ceux des régions industrielles urbaines, sont ceux où le progrès est le plus marqué ; les régions économiquement en retard progressent moins. Les milieux les plus favorisés par les avantages sociaux sont ceux où la reprise est la plus nette.

---

1. Cf. les articles de A. Sauvy dans *Le Monde*, en août 1967.

★★ *La mortalité diminue*, mais plus lentement. Le chiffre, qui était de 647 000 décès en 1938, se tient généralement en dessous de 550 000 ; compte tenu du progrès de la population, c'est le signe que le taux de mortalité continue de décroître.

	Taux de mortalité.		*Nombre de décès.*
	—		—
1938........	15,4 ‰	1962.........	538 000
1946........	13,2 ‰	1963.........	554 000
1958........	11,2 ‰	1964.........	516 000
1961........	10,8 ‰	1965.........	545 000
1964........	10,7 ‰	1966.........	525 000
1968........	11,0 ‰	1968.........	551 000

Ce qui est intéressant, c'est la très forte diminution de la mortalité infantile, signe d'un progrès médical et social important. Seules, les années de la guerre ont vu le chiffre se relever.

TAUX DE MORTALITÉ INFANTILE.

1938......................	70 ‰
1945......................	113 ‰
1946-1950	63,4 ‰
1958......................	31,6 ‰
1961......................	25,7 ‰
1964......................	23,4 ‰
1968	20,4 ‰

Bilan des nouvelles tendances démographiques

★ *Résultats favorables.*

L'allongement de l' « espérance de vie ».

	1933-1935	*1952-1956*	*1960-1964*	*1968*
	—	—	—	—
Hommes	55,3 ans	65 ans	67,5 ans	68 ans
Femmes	61,6 —	71,2 —	74,2 —	76 —

Allongement sensible ; on constate cependant que l'écart entre hommes et femmes ne se résorbe pas, au contraire. Comme l'on sait, l'espérance de vie augmente au fur et à mesure qu'on vieillit. Cela est particulièrement important à notre époque où la mortalité infantile se réduit. « Sous le second Empire, écrit M. Armengaud, une génération d'un million d'enfants se trouvait réduite à 650 000 à l'âge de 20 ans ; sur 800 000 enfants qui naissent de nos jours, il en survivra à vingt ans plus de 770 000. »

L'augmentation de la population. Le gain ressort nettement de la comparaison des courbes du taux de natalité et du taux de mortalité :

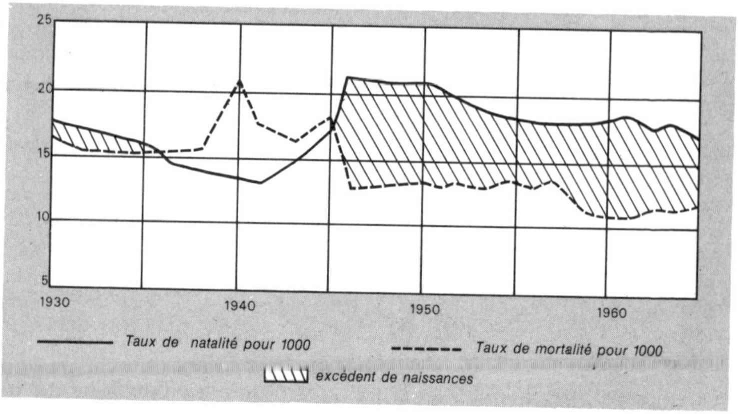

Presque insensible jusqu'en 1936, négatif ensuite, l'excédent des naissances sur les décès, à partir de 1946, assure à la France, chaque année, un gain d'environ 300 000 âmes, ce qui donne un taux d'accroissement de l'ordre de 0,65 %. Ceci est le gain naturel. Si l'on y ajoute l'immigration, on parvient vite à 400 000 ou 500 000 personnes de plus chaque année et le taux d'accroissement passe aux environs de 1 %. Ainsi s'explique que la population soit passée de 40 millions en 1945 à 44,5 en 1958 et (après l'afflux des rapatriés) à 50 millions vers le milieu de 1968.

Le progrès des taux de reproduction et de fécondité, qui sont si utiles à connaître pour envisager l'avenir du pays. Avant la guerre, on pouvait calculer qu'au rythme démographique du moment la France n'aurait plus que 37 millions d'habitants en 1970. C'est que le taux

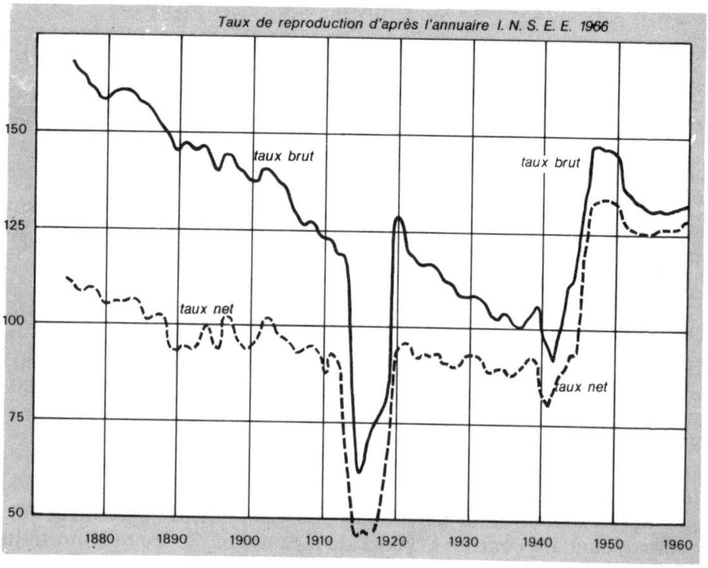

de reproduction était négatif. Bouleversement complet depuis la guerre : le taux net de reproduction (qui se distingue du taux brut par le fait qu'il tient compte des décès qui frapperont chaque nouvelle génération) est devenu largement positif depuis 1945, renversant un courant vieux d'un demi-siècle. S'il se rapproche du taux brut (lui aussi positif), c'est que la mortalité diminue, spécialement dans la partie jeune de la population.

On peut mesurer le progrès en considérant que

100 couples mariés en 1925 donnaient naissance à 198 enfants.
100 couples mariés entre 1945 et 1965 assuraient la naissance de 235 à 240 enfants.

L'avenir démographique et par conséquent économique de la France semble assuré.

★★ *Insuffisance des résultats concernant la mortalité.*

La mortalité infantile a décliné assez lentement. Du moins depuis 1961 se tient-elle autour ou au-dessous de 25 ‰, ce qui est honorable ; une amélioration est encore possible pourtant (pays nordiques et Hollande : 15 à 17 ‰).

La *mortalité des adultes* reste beaucoup trop forte : sa diminution est insuffisante. On l'explique par un progrès trop faible de l'hygiène, de la nutrition, de l'instruction, de l'équipement médical et hospitalier. Nul doute que des problèmes du logement n'y sont pas étrangers. On sait les lenteurs de la reconstruction des immeubles détruits par la guerre et de la rénovation de ceux qui dataient d'avant 1914. Les « mal logés » sont une proie particulière pour la mortalité.

La *mortalité des hommes*, cependant, l'emporte sur celle des femmes. A cela deux raisons : le travail reste pénible, car le progrès technique se généralise trop lentement ; l'alcoolisme, mal profond aux conséquences démographiques incalculables. Ce fléau touche surtout les hommes (en 1954, 15 000 décès dus directement à l'alcoolisme contre 14 000 à la tuberculose). Mais ses effets sont durables, atteignant dans leur corps, sinon dans leur esprit, les descendants de l'alcoolique pendant plusieurs générations. Ainsi, c'est l'ensemble de la population qui est, ou peut être atteint par ce fléau social : il contribue à retarder la baisse de la mortalité.

La *mortalité des moins riches et des moins instruits* reste sensiblement plus forte que celle des personnes favorisées par le sort. Certes, les contrastes s'atténuent, ils sont beaucoup moins criants qu'au XIXe siècle. Mais, tant qu'ils dureront, la France ne sera pas totalement une grande puissance moderne. Vers 1960[1], la mort frappait :

le mineur	entre 58 et 61 ans
le manœuvre	— 59 et 62 —
l'ouvrier	— 63 et 65 —
le commerçant........................	— 65 et 67 —
l'employé	— 68 et 70 —
le membre d'une profession libérale..	— 72 et 74 —

Travail plus pénible physiquement, dira-t-on ? Oui, mais « niveau

1. D'après A. Sauvy : *Les Limites de la vie humaine*, Paris, Hachette, 1961.

économique et niveau culturel sont étroitement liés... L'ignorance est plus meurtrière que la pauvreté » (A. Sauvy).

Le *contraste régional de la mortalité* s'atténue enfin trop lentement. Bien sûr, maintenant, on consulte le médecin à la campagne et surtout dans les familles ouvrières. Mais, dans le premier cas, le progrès est insuffisant : le retard sanitaire y reste sensible, l'hygiène alimentaire y est souvent moins grande. Conséquence : les régions les moins urbanisées, c'est-à-dire celles où l'industrie et les services sont les moins développés, ont une mortalité supérieure à la moyenne française. Ceci est particulièrement visible pour la mortalité infantile.

En 1959, elle atteint 22,2 ‰ dans la Seine, 31 ‰ dans le reste du territoire (Sauvy).

III. INFLUENCE DE LA DÉMOGRAPHIE SUR L'ÉCONOMIE NATIONALE

On sait les liens étroits qui unissent démographie et économie. Ils sont parfaitement visibles en France. Or la France, actuellement, paye encore le prix de son déclin démographique d'avant la guerre mais paye aussi lourdement pour le renouveau qui est apparu. Celui-ci n'est profitable que peu à peu. Jusqu'en 1968, on est perdant des deux côtés ! Considérons, en effet, le chiffre global et la structure de la population.

Chiffre global : l'optimum n'est pas atteint

Il serait profitable pour la France d'avoir 70 ou 80 millions d'habitants. Elle serait en mesure de les nourrir ; elle produirait davantage ; elle produirait certainement à meilleur marché (production de série plus facile). Elle exporterait donc plus facilement ; son esprit serait dynamique depuis beaucoup plus longtemps. Elle aurait plus de producteurs et de consommateurs pour des charges financières qui n'augmenteraient pas dans la même proportion : il est des dépenses d'administration qui restent à peu près constantes quel que soit le chiffre de la population. Et les contribuables seraient plus nombreux [1].

Ne refaisons pas l'histoire... Non seulement la France n'est pas surpeuplée, comme on le pensait du temps du chômage des années 30 ; mais elle n'a pas même son optimum.

Elle est sous-peuplée. Tant qu'il en sera ainsi, tant que la France formera une zone de « dépression démographique » en Europe, elle aura ses problèmes spécifiques. Il faut noter pourtant que la réalisation du Marché commun, ouvrant un marché de 180 millions d'individus, a été de ce point de vue une chance inespérée. Sur le plan du marché de consommation, cela compense le lourd héritage de la dénatalité d'avant 1945. Mais pour la production ? Non seulement il n'y a que 50 millions de Français, mais combien sont effectivement « producteurs ? » Il faut regarder la structure de la population.

---

1. Sur les conséquences du sous-peuplement, on peut consulter Louis Chevalier : *Démographie générale*, Paris, Dalloz, 1951.

Structure par âge : le problème de la main-d'œuvre

★ L'*étude de la pyramide des âges* révèle :

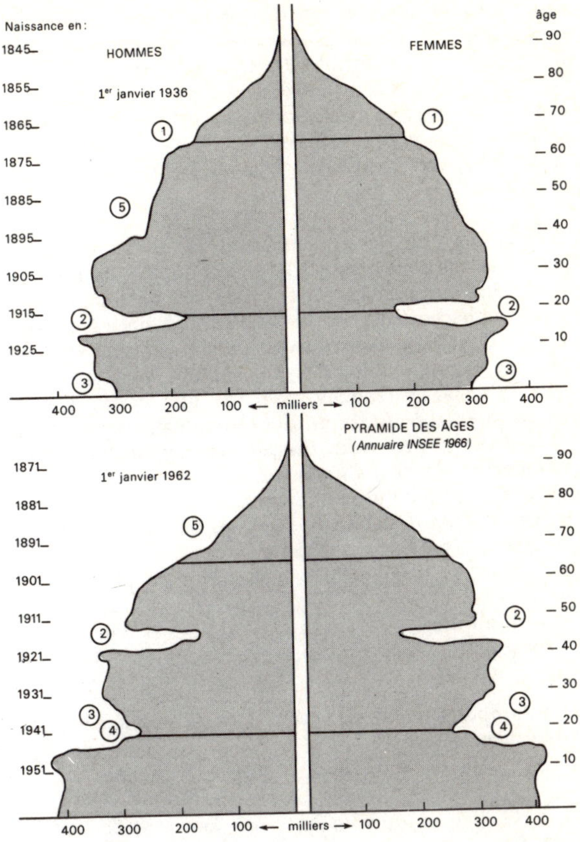

Les traces des grands accidents démographiques récents :

(1) le déficit des naissances en 1870-1871 (n'est plus visible en 1962) ;

(2) le déficit des naissances en 1914-1918 ;

(3) le déclin de la natalité vers 1935-1939 (arrivée des « classes creuses » de 1914-1918 à l'âge de la fécondité).

(4) le déficit des naissances en 1939-1945 ;

(5) les pertes militaires de 1914-1918 (hommes seulement) ; par contre celles de 1939-1945, sensiblement moins lourdes, se fondent, avec le déficit des naissances de 1914-1918 (= 2).

L'évolution depuis 1936 :

• plus de « vieux » (recul de la mortalité), surtout chez les femmes ;

• beaucoup plus de jeunes : large base de la pyramide de 1962.

Dans un cas comme dans l'autre, il s'agit d' « improductifs ». Ce sont deux catégories qui, en termes économiques, coûtent mais ne rapportent pas. C'est la jeunesse qui coûte le plus cher, car il faut non seulement la nourrir, mais l'instruire. Elle coûte aussi par l'aide financière que l'État consent à la famille.

Nous touchons ici du doigt une des causes des difficultés financières de la quatrième République, s'ajoutant à beaucoup d'autres. On voit l'effort scolaire qu'il aurait fallu très tôt entreprendre. La « vague démographique » atteint le primaire vers 1952, le secondaire vers 1957, le supérieur vers 1964. Le gros effort consenti par la cinquième République a été souvent jugé insuffisant.

Tout cela coûte fort cher. Qui va payer ? Une « population active » qui se contracte !

★★ L'*insuffisance de la « population active »*[1] économiquement parlant est le fait le plus grave. Elle s'explique par la guerre de 1914-1918, mais aussi par une natalité longtemps déclinante, dont l'effet apparaît particulièrement pour les générations nées à partir de 1914.

Si l'on s'en tient aux chiffres théoriques (« actifs » de 20 à 65 ans) le pourcentage est de l'ordre de 58 % (début de la période) à 54 % (1968). En fait, les personnes exerçant une activité représentent 41,3 % du total en 1962 (dont un tiers sont des femmes). *C'est sur elles que repose la charge de l'économie française* (renaissance, fonctionnement, développement) et son poids financier.

Ce qui est grave, c'est que le nombre absolu des « actifs » reste autour de 20 millions depuis le début du siècle jusqu'en 1962. Il stagne alors que les autres catégories progressent :

	De 1950 à 1960
0 à 20 ans	+ 18 %
20 à 65 —	+ 3,8 %
plus de 65 —	+ 11,5 %

Aussi, *la proportion de ces actifs dans la population totale a-t-elle tout naturellement baissé* :

	1954	*1959*	*1965*	*1968*
0 à 20 ans	30 %	32 %	34 %	33,8 %
20 à 65 —	58 %	56 %	54 %	53,6 %
plus de 65 —	12 %	12 %	12 %	12,6 %

Cette situation explique, à la fois, l'absence de chômage (le « plein-emploi »), mais aussi la tension du marché du travail : quand il y avait tant à reconstruire, au lendemain de la guerre et tant à développer ensuite, la rareté de la main-d'œuvre en a fait monter le prix. (C'est encore une des causes de l'inflation sous la quatrième République.)

Cette tendance semblait devoir durer, conjuguée avec le maintien de la natalité, la diminution de la mortalité, le progrès de la scolarisation qui retarde l'arrivée sur le marché du travail.

Mais, peu à peu, vers 1966-1968, la situation se modifie :

- les rapatriés sont rentrés en grand nombre vers 1962 ;
- le service militaire est moins long ;

1. Voir, entre autres, Maillet : *La Structure économique de la France*, coll. « Que sais-je ? », Paris, P.U.F., 1960.

• le travail féminin se développe ;

• les « classes nombreuses » arrivent à l'âge du travail ;

• d'autre part, le problème de la main-d'œuvre se déplace du plan quantitatif au plan qualitatif : on a besoin de moins de main-d'œuvre, mais plus qualifiée. Ce qui entraîne, à partir de 1966 environ, la menace du chômage pour certaines catégories, et la revendication d'une réduction de la journée de travail.

On craint aussi que le libre déplacement de tous les travailleurs dans le Marché commun prévu pour 1970 ne vienne compliquer le problème.

En tout cas la population active entre 1962 et 1968 est passée de 19,6 à 20,4 millions de personnes. Pourtant l'immigration a été et reste nécessaire.

★★★ Le *recours à l'immigration* a résolu tant bien que mal le problème de la main-d'œuvre, au moins pour les catégories peu spécialisées.

L'immigration en France est une tradition séculaire (contrairement à l'émigration toujours insignifiante). Depuis 1945, elle est d'autant plus utile que :

• beaucoup d'étrangers (Polonais par exemple) sont repartis pendant ou après la guerre ;

• la reconstruction « consomme » beaucoup de main-d'œuvre ;

• plus tard, la guerre d'Algérie absorbe jusqu'à 800 000 soldats.

• enfin les « classes creuses » ne fournissent pas assez de main-d'œuvre jusque vers 1966. Après cette date, les besoins déclinent. On les estime pourtant à 70 000 par an.

L'*organisation* est mise sur pied dès 1945 : tandis qu'on utilise au maximum les prisonniers de guerre allemands, on crée l'Office national de l'immigration. Celui-ci a d'abord cherché à attirer les étrangers par des avantages sociaux (bénéfice de la Sécurité sociale) ou financiers (droit d'emporter leur argent hors de France) ; il a ensuite négocié des accords d'immigration avec plusieurs pays : Italie, Espagne, Portugal, Maroc. Plus récemment, Algérie, Yougoslavie, Turquie, Sénégal, etc.

Les immigrants reçoivent une carte de travail.

Mais des problèmes se posent :

• problèmes sociaux, tels que le logement. Un « fonds d'action sociale » s'en occupe, d'abord pour les Algériens, puis pour tous (1964) ;

• formation professionnelle... souvent nulle à l'arrivée, donc coûteuse pour la France ;

• concurrence étrangère dans les années 60 (Allemagne, Belgique, etc.). La France cependant résiste assez bien grâce à un courant ancien en sa faveur, à son hospitalité souvent supérieure, à son climat et à sa langue mieux adaptés aux peuples méditerranéens et africains. Toutefois, les salaires sont bientôt plus élevés en Allemagne et deviennent très attirants... Ce problème de l'immigration devrait être réglé dans le cadre du Marché commun ;

• cas particulier de certains immigrants : les Algériens admis librement en tant que citoyens français (1958-1962) se résolvent mal ensuite au contrôle numérique ou sanitaire prévu par l'accord de 1964. Beaucoup viennent alors comme « touristes »... et demeurent.

Bien que très utiles, car ils acceptent les travaux les plus pénibles, ils n'en posent pas moins par leur masse (550 000 ou 600 000) un vrai problème. Quant aux Noirs, dont le nombre s'accroît depuis 1960, leur adaptation est difficile et ils coexistent mal avec les autres immigrants.

La durée de l'immigration est variable : généralement quelques années : ainsi les Portugais ou les Nord-Africains (qui parfois font venir leur famille... d'où nouveaux problèmes de logement, de scolarisation, etc.) ; parfois saisonnière : ainsi des Espagnols ou des Italiens qui viennent en Languedoc pour les vendanges ou en Camargue pour la riziculture. Quelquefois, l'immigrant, au contraire, s'installe et finira par se faire naturaliser : Italiens, Espagnols surtout. On compte environ 40 000 naturalisations par an. Au recensement de 1962, on dénombrait 1 360 000 naturalisés en plus des 1 815 000 étrangers et des 335 000 Algériens (pour une population totale de 46,5 millions).

Enfin, il faut mentionner les frontaliers, Belges par exemple, qui chaque matin viennent travailler en France pour rentrer le soir chez eux. Mais peu à peu apparaît un mouvement inverse : beacoup d'Alsaciens (12 000 en 1967) attirés par des salaires de 25 à 30 % supérieurs vont travailler chaque jour en Allemagne ou en Suisse.

Le *nombre des immigrants* est difficile à préciser. Les Algériens étant comptés à part, on trouve :

• de 1946 à 1954, officiellement 325 000 entrées..., en fait sans doute plus de 500 000, plus 450 000 naturalisés durant cette période.

• de 1954 à mars 1962 : 1 150 000, plus 300 000 naturalisés ; mais il faut mettre à part 500 000 rapatriés, auxquels s'ajouteront 600 000 autres de mars à septembre : ce ne sont pas des étrangers, mais leur arrivée sur le marché du travail a été très importante (soulagement de ce marché ; problème de reconversion ; poussée de la consommation et menace inflationniste : on y reviendra plus loin).

• en 1963, 1964, 1965 : 420 000 entrées.

On peut dresser le tableau suivant (en milliers, sans les Algériens).

Année.	Travailleurs permanents.				Saisonniers.
	Total.	Espagnols.	Italiens.	Portugais.	
1955	18,9	2,2	14,1	0,9	
1956	65,4	8,8	52,7	1,4	
1957	111,7	23,1	80,4	4,2	
1958	82,8	22,7	51,1	5,1	
1959	44,2	14,7	21,3	3,3	
1960	48,9	21,4	19,5	4	110
1961	78,9	39,6	23,8	6,7	96
1962	113	63,5	21,5	12,9	95
1963	115,5	57,8	13	24,8	101
1964	153,7	66,3	11,4	43,8	121
1965	152	49,9	18	47,2	132
1966	131	33	13	45	125
1967	108	23	11	35	114
1968	93	19	6	31	100

On notera l'évolution du pays d'origine.

Le nombre des étrangers installés en France tend cependant à diminuer en pourcentage :

1931	2 900 000 sur 41 000 000 = 7,3 %
1936	2 200 000 sur 41 500 000 = 5,8 %
1946	1 700 000 sur 40 000 000 = 4,1 %
1954	1 600 000 sur 42 500 000 = 3,6 %
1962	1 800 000 sur 46 500 000 = 3,5 %
1968	2 700 000 sur 49 800 000 = 5,4 %

Les conséquences de l'immigration.

Avantages : elle fournit la main-d'œuvre pour les travaux les plus pénibles (mines, sidérurgie, terrassement, certains travaux agricoles) ; elle repeuple certaines régions déshéritées (Alpes du Sud, Aquitaine) ; elle augmente la population par la naturalisation.

Inconvénients : elle donne une main-d'œuvre instable, trop mobile, elle risque d'aggraver les contrastes régionaux en s'entassant dans certaines régions plus accueillantes (Paris, Nord, Marseille, Lorraine). Elle coûte cher à la France : instruction professionnelle à rendement douteux (surtout si le départ intervient vite), perte notable de devises envoyées dans le pays d'origine.

Autres aspects de la structure de la population

Bien que leur influence soit très forte sur l'économie (ou réciproquement), on se contentera de les mentionner, car ils seront envisagés plus largement dans les autres chapitres :

La structure par secteur d'activité.

	1928	*1954*	*1962*	*1968*
Secteur primaire	37 %	28 %	20 %	16 %
— secondaire	31 %	36 %	39 %	39 %
— tertiaire	32 %	36 %	41 %	45 %

Quoique l'évolution soit favorable, la structure dénote une économie encore peu moderne ; trop de main-d'œuvre est employée dans des activités « serviles » : elle a donc un faible rendement, gagne peu, consomme peu. L'ensemble de l'économie s'en ressent : c'est le problème économique. Sous ces chiffres se cache de la même façon l'insuffisance de la qualification, de l'instruction, du niveau de vie : c'est le problème social.

La structure régionale.

Pour une densité de 90 habitants au kilomètre carré en 1968 les différences sont considérables d'une région à l'autre.

Le Nord et l'Est sont fortement peuplés par croît naturel, mais attirent pourtant les immigrants tandis que l'Ouest avec une natalité également forte nourrit l'émigration. Avec une natalité moyenne la région parisienne reçoit les immigrants de toute la France et de l'étranger. Le Sud-Est se tient dans la moyenne, mais le Sud-Ouest et le Centre, avec leur natalité plus faible et leur émigration, stagnent ou se dépeuplent. L'Ariège et plus encore la Creuse sont les plus menacés.

Au total, deux tiers de la population se trouvent dans la moitié est-nord-est de la France, attirés par une plus grande richesse : 72% du revenu national viennent de là (1955). La richesse attire la population ; celle-ci multiplie la richesse : quel rapport étroit entre économie et démographie ! Et quel beau programme de gouvernement que « l'aménagement du territoire » pour rétablir les équilibres nécessaires.

La population s'urbanise de plus en plus : en 1968, 49 agglomérations dépassent 100 000 habitants ; la population urbaine groupe 63 % des Français en 1962, 66 % en 1968 (c'était la moitié en 1945). Cela change les conditions de travail, de consommation, de mentalité, etc.

La politique et l'opinion devant le problème démographique

Le problème démographique de la France est en voie de solution ; il n'est pas encore résolu; il pèse encore lourdement sur les Français par la *charge financière qu'il entraîne*, le retard économique dont il est responsable.

L'*opinion*, cependant, n'en est pas suffisamment informée. La politique nataliste de la quatrième République a eu de violents contempteurs. L'idéal malthusien n'a pas totalement disparu. Peut-être même reprend-il vigueur : 45 % des Français trouveraient, en 1966, que la France a trop de naissances, alors que ce chiffre n'était que de 37 % en 1955 et encore 38 % en 1965[1]. L'aide aux familles est devenue plus médiocre : les allocations familiales ont augmenté moins vite que le coût de la vie ; leur caisse, excédentaire, a servi à combler le déficit de celle de la Sécurité sociale. On a calculé que, pendant l'effort d'austérité déflationniste qui a marqué les débuts de la cinquième République, seul le niveau de vie des familles avait baissé.

Inquiet d'une certaine diminution de la natalité depuis 1963, le *gouvernement* parle de relancer, en 1968, la politique familiale. C'est qu'il ne faut pas confondre le problème de la natalité sur le plan national et sur le plan personnel : que chaque famille puisse choisir librement le nombre de ses enfants est une chose, que la France ait besoin d'une population plus nombreuse en est une autre.

De toute façon, il est un fait qui semble acquis : la montée, la présence des jeunes. La politique en est renouvelée ; il s'agit moins aujourd'hui d'administrer que de préparer l'avenir de cette jeunesse : gouvernement et opposition se jettent des défis sur les meilleurs moyens d'y parvenir. On prévoit des emplois pour 1975, pour 1980 ou 1985[2]. Voilà le vrai renouveau politique : il faut maintenant stimuler, multiplier, moderniser la production. La France, désormais, regarde vers l'avenir. Le renouveau démographique n'en est-il pas la cause ? N'est-il pas le fait capital de l'histoire récente de la France ?

1. Article publié par les « Problèmes économiques » du 23 novembre 1967 (*La Documentation française*).
2. Cf. les *Réflexions pour 1985*, résumé des travaux du « Groupe 1985 » constitué par le Premier ministre (fin 1962), publication de *La Documentation française*.

Chapitre XX

LE CADRE POLITIQUE

Il ne s'agit pas ici d'étudier la vie politique avec ses luttes parlementaires ou autres, mais plutôt le régime tel qu'il sera armé pour entreprendre une action économique ou, mieux encore, de rechercher les forces qui entraînent ou limitent l'action, que ces forces soient celles du gouvernement au pouvoir ou qu'elles se situent en dehors de lui.

On doit donc prendre en considération les divers gouvernements, les partis dont l'idéologie ou l'influence ont pu varier, les syndicats, l'opinion. Cette dernière s'est toujours divisée en courants divers, non seulement sur le plan politique, mais aussi sur la question du cadre économique à donner au pays. Les réflexes purement politiques, on l'a déjà dit, ont souvent été les plus forts.

Un élément d'unité est apparu cependant : la volonté de renouveau et d'efficacité... Mais on s'est toujours partagé sur les moyens d'y parvenir et le gouvernement, plus ou moins fort, ayant ou n'ayant pas l'opinion avec lui, a eu une liberté d'action très variable. On peut ainsi distinguer trois phases :

— le gouvernement provisoire (1944-1945) ;
— la quatrième République (1946-1958) ;
— la cinquième République (depuis 1958).

I. LE GOUVERNEMENT PROVISOIRE (juin 1944-octobre 1945)

Ce gouvernement est né à Alger le 3 juin 1944, sous la présidence du général de Gaulle. Autour de lui, de véritables ministres portent le titre de « commissaires ». Plusieurs joueront un rôle important par la suite : Mendès France qui est aux Finances, Pleven aux Colonies, Jean Monnet en mission. Une Assemblée consultative, formée de notabilités nommées, joue le rôle d'une sorte de Parlement aux pouvoirs limités. Dès la Libération, le gouvernement provisoire s'installe à Paris.

Sa popularité facilite les choses ; la *volonté de renouveau* l'encourage à de grandes actions. Dans le domaine politique, on réclame d'abord le châtiment des traîtres, le retour à la liberté (par attachement traditionnel et par réaction contre l'occupation et le régime de Vichy). On exige aussi une refonte des structures politiques en vue d'établir une véritable démocratie, d'inspiration sociale, sinon socialiste.

Dans l'ordre économique, tous s'accordent à souhaiter une action profonde de l'État, soit par idéal, soit par nécessité. Lui seul est capable de supporter les charges écrasantes qui sont nées de la guerre ; les libéraux semblent avoir disparu, comme par enchantement. Dans l'ordre social enfin, on clame la nécessité d'un progrès rapide des travailleurs, une juste répartition du revenu national, un soutien particulier apporté aux familles.

Ce programme vaste et généreux est celui qui s'exprime, notamment, aux États généraux de la Résistance au cours de l'été 1945. Comme en 1789, il s'agit de balayer l'Ancien Régime et de faire naître une France nouvelle.

L'*action* du gouvernement provisoire répond en partie à cette attente. Elle a trois caractères principaux :

• *elle est importante* et même très importante, puisqu'il s'agit de tout remettre en ordre : administration, économie, ravitaillement, justice, et cela dans une atmosphère de guerre (les combats se poursuivent jusqu'en mai 1945), de passion, de désordre (nombreuses autorités de fait). C'est pendant cette période que sont prises, avec l'accord de l'opinion et du Conseil national de la Résistance, les *options principales*, notamment les nationalisations, la création de la Sécurité sociale. L'épuration s'est faite non sans bizarreries, mais a frappé plutôt les activités politiques que les faits de collaboration économique avec l'ennemi (malgré des exceptions comme Renault). La France donc gardera ses cadres économiques traditionnels.

• *elle est autoritaire*, à la fois par la force des choses et par le tempérament de de Gaulle. Ce sont, en effet, des « ordonnances » (et non des « lois » puisqu'il n'y a pas de Parlement) qui sont le moyen ordinaire de gouvernement. Par là même, beaucoup de difficultés (qui apparaîtront plus tard) sont aisément surmontées.

Mais cela est bien accepté, tant est grand le prestige du général de Gaulle. Les partis, qui se reconstituent, n'influent pas directement sur l'action gouvernementale.

• *elle est assez longue* (plus d'un an), car le président du gouvernement non seulement ne veut pas d'élections avant le retour des prisonniers et déportés, mais désire que le régime qui succédera — le régime définitif — soit différent de celui de la troisième République.

Enfin, en octobre 1945, le référendum (avec, désormais, le suffrage féminin) condamne (96 % des voix) la Constitution de 1875, accepte (66 % des voix) l'élection d'une Constituante à pouvoirs et durée limités — malgré l'opposition communiste sur ce point.

La Constituante élue confirme à l'unanimité le Général dans ses pouvoirs (novembre 1945). Le voilà donc encore chef du gouvernement. Mais il faut compter maintenant avec l'Assemblée élue. Les conditions ont changé.

II. LA IVe RÉPUBLIQUE (1946-1958)

Le régime redevenant parlementaire, les partis politiques qui dominent l'Assemblée vont retrouver un rôle essentiel. Leur action dominera toute l'histoire de la quatrième République, cachant parfois une œuvre économique non négligeable, mais évidemment désordonnée et moins ambitieuse qu'on ne l'avait espéré à la Libération.

Deux phases peuvent être distinguées : l'époque du tripartisme (1945-1947) et la suite (1947-1958) caractérisée par l'émiettement des partis.

Le Tripartisme (1945-1947)

★ *Les trois partis* sont les communistes, les socialistes et le M.R.P. Les autres ont comme disparu : la droite souvent « vichyste », parfois compromise dans la collaboration, est désemparée ; les radicaux, manifestant leur attachement à la troisième République, sont dépassés. Les trois partis, issus de la Résistance ou rénovés par elle, sont dynamiques et organisés.

Chacun est dirigé par un « état-major » puissant, chacun cherche et réussit, plus ou moins selon les régions, à s'implanter dans le pays, chacun revendique sa part dans les responsabilités du gouvernement. Mais chacun se méfie des deux autres, à peu près aussi puissants que lui-même.

Les *communistes*, avec leur chef Maurice Thorez, autorisé à rentrer d'U.R.S.S. fin 1944, forment le parti le mieux organisé. Forts de la victoire soviétique sur Hitler et de leur participation à la Résistance (ils s'intitulent fièrement le parti des 70 000 fusillés), ils se présentent comme les porte-parole de celle-ci, au sein de laquelle ils ont multiplié les groupements. Ils réclament une sévère épuration et de profondes réformes économiques ; mettant en cause tout le système capitaliste, ils veulent de grandes nationalisations ; ils se posent pourtant en défenseurs de la petite propriété paysanne. Mais, bien qu'ils soient le « premier parti de France », beaucoup leur reprochent de ne pas être entrés tout de suite dans la Résistance et ils ne tardent pas à susciter la méfiance, même chez les socialistes. Cette division de la gauche empêchant quelque nouveau Front populaire allait être, tout au long de la période, lourde de conséquences.

Les *socialistes*, avec leur chef Léon Blum, qui revient de déportation, sont en effet plus modérés[1]. Ils se souviennent des difficultés qu'ils ont éprouvées, du fait des communistes, en 1936.

D'accord pour de grandes réformes (nationalisations, etc.), ils constituent avec eux un comité d'entente en décembre 1944. Mais ils veulent cependant garder leurs distances vis-à-vis du parti frère : on le voit au congrès de 1945. Et, d'ailleurs, Léon Blum s'oriente, semble-t-il, vers un socialisme moins doctrinal que pratique et réformiste (cf. *A l'échelle humaine*, publié en 1945).

Parlant de « socialisme humaniste », il se rapprocherait volontiers des démocrates chrétiens. Mais le parti hésite à le suivre dans cette voie. Bref le socialisme français est en crise. Hésitant entre sa droite et sa gauche, il n'a pas su regrouper autour de lui les tenants de l'idéal travailliste issu de la Résistance.

Le *M.R.P.* (Mouvement républicain populaire), entraîné par Georges Bidault (président du C.N.R. : Conseil national de la Résistance), est l'héritier de la démocratie chrétienne, groupe de catholiques de gauche peu nombreux avant la guerre, mais grossi de tous ceux, généralement catholiques, qui se méfient des socialistes ou des communistes. Il se fait le défenseur de la famille, de la liberté de pensée, et réclame des réformes profondes dans tous les domaines, mais refuse

1. Voir les pages denses que leur consacre Jacques Droz dans *Le Socialisme démocratique, 1864-1960*, paru en 1966 dans la collection « U » (Armand Colin). Consulter aussi D. Ligou, *Histoire du socialisme en France, 1861-1961*, Paris, P.U.F., 1962.

l'étatisation. Si ses chefs sont généralement dans la tradition de la gauche, ses électeurs sont souvent des « droites » désemparés, et cela n'est pas sans freiner l'action du M.R.P. Raison de plus pour lui valoir la méfiance des socialistes et des communistes, déjà très prévenus contre ses attaches religieuses.

Ainsi, face aux plaies sanglantes laissées par la guerre, les Français réagissent vigoureusement. Tous sont d'accord pour repartir sur des bases nouvelles, dans un grand élan de fraternité. La bonne volonté est générale. C'est à l'épreuve que, l'enthousiasme tombant, les divisions freineront un élan si prometteur : le renouveau moral n'est pas aussi bon que la Résistance avait pu le laisser espérer.

★★ L'*histoire politique* se résume aux faits suivants :

• le *départ du général de Gaulle* (21 janvier 1946), après deux mois de mésentente avec l'Assemblée où s'installe peu à peu, comme il dira, « le système des partis » ; se sentant l'objet d'un contrôle qu'il juge excessif, il démissionne.

Conséquences : retour à une vie politique plus traditionnelle, aux compromis nombreux, rappelant la troisième République ; succession rapide des gouvernements (cinq dans les vingt-quatre mois qui suivent) ; demi-retraite de de Gaulle, dont l'ombre n'est pas sans peser lourdement sur le fonctionnement et l'avenir de la quatrième République.

• *établissement d'une Constitution caractérisée par la puissance du législatif.*

Le projet de Constitution présenté par la Constituante prévoyait une Assemblée unique ; il est rejeté par 53 % des Français au référendum de mai 1946. Une seconde Constituante est élue. On y voit réapparaître le centre et la droite.

Son projet, basé sur deux assemblées, obtient une très faible majorité tandis qu'un tiers des Français s'abstient de voter (octobre 1946).

Cette Constitution de 1946 (qui va être appliquée douze ans) rappelle celle de 1875 ; elle résulte d'un compromis entre les diverses tendances ; elle assure pour cette raison un grand pouvoir à l'Assemblée nationale ; celle-ci reflète scrupuleusement les divers courants politiques grâce au système électoral de la représentation proportionnelle. Les partis vont se multiplier : on a préféré la liberté à l'autorité, sinon à l'efficacité.

Deux nouveautés : la création d'un Conseil économique (mais dont le rôle sera faible) et d'une Assemblée de l'Union française (qui se révélera sans pouvoir).

• le *maintien de la gauche* aux élections de la première législature (1946-1951), avec près de 5 500 000 voix, sur 19 millions, pour les communistes. Mais, le centre gardant ses positions, ce sont les socialistes qui occupent toujours la place charnière, essentielle... tant que dure le tripartisme. Les difficultés de l'éphémère ministère Blum, socialiste homogène (décembre 1946-janvier 1947), montrent combien cet honneur est périlleux.

★★★ *Difficultés et rupture du tripartisme.*

Les multiples élections et référendums de 1945 et 1946 ont aggravé les tensions politiques. Le tripartisme est miné. Se sentant victimes d'un ostracisme de la part des autres partis, les communistes, par ailleurs, arrivent à l'heure du choix : vont-ils lutter contre les grèves qui se multiplient, vont-ils soutenir la guerre d'Indochine dans laquelle se lance la majorité ? Vont-ils, oui ou non, rester fidèles à leur doctrine, révolutionnaire ? Plus grave encore : 1947, c'est le début de la « guerre froide » entre U.R.S.S. et États-Unis : le traité de paix avec l'Allemagne se révèle impossible à cause des vues différentes des « deux Grands » ; voici, d'autre part, les États-Unis qui lancent leur « plan Marshall » destiné à aider financièrement le relèvement de l'Europe. L'U.R.S.S. ne va pas tarder à le refuser, entraînant tout son camp derrière elle. Les communistes français n'entendent pas, eux non plus, être « marshallisés », à la différence des autres partis français qui restent fidèles aux États-Unis.

En mai 1947, le président du Conseil Ramadier renvoie les ministres communistes qui ont manifesté leur opposition à la politique suivie.

C'est la fin du tripartisme ; ce sera bientôt la scission de la C.G.T. L'opposition communiste demeure un fait permanent de la quatrième République. Les conséquences en sont importantes : la gauche française, comme sous la Troisième, est à nouveau divisée. La politique sociale s'en trouvera freinée, les conflits sociaux s'aggravent ; le temps n'est plus où les ministres communistes encourageaient les travailleurs des mines au rendement ! Le « capitalisme », beaucoup plus discret depuis 1944, reprend toute son influence. L'ère des grandes réformes est définitivement terminée.

★★★★ L'*œuvre du tripartisme* n'aura pas été négligeable.

Dans le domaine économique et social, les différents gouvernements ont poursuivi l'œuvre de redressement amorcée avant eux. Ils ont poursuivi l'effort de refonte des structures en prononçant de nouvelles nationalisations, en achevant l'organisation de la Sécurité sociale, en mettant sur pied le plan Monnet (novembre 1946), en accentuant la politique nataliste. Mais cette œuvre apparaît comme un achèvement, plutôt que comme une création. Les discussions sont vives, les réalisations plus difficiles. Le programme de la Résistance et du C.N.R. n'est pas entièrement exécuté. Les habitudes anciennes sont revenues.

C'est que, dans le domaine politique, l'unité, ou du moins l'accord, a été impossible. Certes, non sans difficulté, un nouveau régime a été mis sur pied. Mais ce n'est pas celui dont on rêvait dans les maquis. Pas plus qu'il n'est celui que rêvait de Gaulle. Le tripartisme aura empêché la France, entraînée dans quelque Front populaire, de connaître le sort des pays de l'Est. Mais il aura marqué, par les compromis nécessaires entre les grands partis, le destin de la quatrième République.

Le fonctionnement du régime de 1947 à 1958

On n'examinera pas ici les péripéties politiques, nombreuses[1], mais surtout les conditions d'action de la quatrième République.

---

1. On peut en suivre le détail dans Jacques Fauvet : *La IVe République*, Paris, Fayard, 1959.

★ *Premier élément : force et affaiblissement des partis traditionnels.*

Les partis sont forts en ce sens qu'ils dominent l'Assemblée toute-puissante, que leurs comités élaborent, difficilement, les combinaisons ministérielles dont les composants sont trop nombreux pour être solides. S'ils sont en dehors du gouvernement, comme le parti communiste, ils font peser une menace constante sur celui-ci qui doit évidemment en tenir compte.

Ils s'affaiblissent cependant sur le plan de la doctrine.

L'*ancienne droite*, qui se regroupe plus ou moins dans le Centre national des indépendants, retrouve peu à peu son influence ; toujours fidèle au libéralisme, elle ne remet pas en cause les nationalisations, mais dénonce leur mauvaise gestion, le coût de la Sécurité sociale, le poids des impôts, soutient la fermeté ou la répression dans « l'Union française ». Elle ne renouvelle pas son idéologie, mais pénètre de plus en plus dans le gouvernement.

Le *M.R.P.*, affaibli par la résurrection de la droite, reste un mouvement jeune et réformiste dans sa doctrine, mais ses attaches religieuses le rendent toujours suspect à la gauche, malgré le renouveau qui apparaît dans l'Église ; son influence diminue régulièrement.

Franchement à gauche en théorie, mais libéraux, les *radicaux*, peu nombreux, sont très divisés et finalement conservateurs.

A l'extrême gauche, les communistes réclament de nouvelles nationalisations, de grandes réformes sociales, la fin des guerres coloniales. Mais, dominé par l'esprit et les méthodes staliniennes qui empêchent toute initiative d'évolution, le parti inquiète toujours autant les gauches non révolutionnaires et notamment les socialistes.

Les *socialistes* ont réaffirmé leur doctrine révolutionnaire en 1946, alors que Guy Mollet prenait la tête du parti, mais n'ont pas su l'adapter aux réalités nouvelles ; le parti n'attire guère les jeunes ; son recrutement se tarit (350 000 adhérents en 1946, 100 000 en 1960) ; il « s'embourgeoise », gagnant une clientèle de petits employés, de fonctionnaires ; mais les ouvriers s'en détachent, les intellectuels aussi. Tiraillé entre sa droite (le M.R.P., duquel l'éloigne son esprit résolument « laïque ») et sa gauche (les communistes), il prend peu à peu ses distances avec le gouvernement, essaie sans résultat de former un « Front républicain » en 1956 avec les radicaux. Bien que très « structuré » avec ses fédérations, son comité directeur, son secrétariat général, il se divise sur les grands problèmes : politique européenne, politique coloniale.

Ce déclin du parti socialiste est comparable au déclin du radicalisme à la fin de la troisième République et comme lui explique l'absence d'une grande action politique, économique, sociale. Et, pourtant, combien à l'époque se proclament « socialistes » ! Mais le parti traditionnel n'a pas su les accueillir.

★★ *Deuxième élément : le rôle des syndicats et des groupes de pression.*

Tandis que s'affaiblissent les partis qui devraient conduire la politique, une force d'action — et de contestation — plus réelle passe à d'autres groupements.

Les *milieux d'affaires*, les sociétés privées retrouvent peu à peu la direction de l'économie. Rassurés sur l'évolution politique de la France, ils peuvent même mettre « en veilleuse » certaines institutions récentes comme les « comités d'entreprise » créés en 1945.

En 1946, le patronat a mis sur pied le *C.N.P.F.* (Conseil national du patronat français) qui assure la liaison entre les diverses fédérations ou chambres patronales et s'en fait le porte-parole, face au gouvernement en particulier.

Les *syndicats*, de leur côté, se sont réorganisés, multiplient leurs adhérents, exercent une pression croissante sur le gouvernement et déclenchent des grèves très fréquentes. Ils sont parfois même débordés par « la base » qui ne comprend pas toujours les calculs de modération ou la stratégie des dirigeants : ainsi les grandes grèves spontanées de l'été 1953.

NOMBRE DE JOURNÉES DE TRAVAIL PERDUES, DU FAIT DE GRÈVES :

1946	374 000	1956	1 422 000
1947	23 361 000	1957	4 121 000
1948	11 918 000	1958	1 137 000
1949	7 229 000	1959	1 938 000
1950	11 710 000	1960	1 070 000
1951	3 294 000	1961	2 600 000
1952	1 752 000	1962	1 901 000
1953	9 722 000	1963	5 991 000
1954	1 440 000	1964	2 496 000
1955	3 078 000		

Mais le syndicalisme, lui aussi, est affaibli par ses divisions.

La *C.G.T.* (Confédération générale du travail) connaît une grande puissance au lendemain de la guerre. En 1947, elle a 5 500 000 adhérents, mais les événements de l'hiver (grandes grèves) et les choix politiques que doit faire la France à cette époque[1] amènent la scission en décembre. Tandis que les plus modérés la quittent — c'est la fin de l'unité née en 36 —, la C.G.T. passe aux mains de dirigeants généralement affiliés au parti communiste (Benoît Frachon). Elle se maintient dans une opposition constante au gouvernement et cherche à entraîner les autres syndicats dans l'unité d'action.

La *C.G.T.-F.O.* (Force ouvrière), née au début de 1948, résulte de cette scission. Elle garde à sa tête l'ancien animateur du syndicalisme français, Léon Jouhaux. Celui-ci, justement, ne pouvait continuer à diriger une C.G.T. « communisée » et, après beaucoup d'hésitations, il se résout à fonder ce nouveau syndicat. En fait, F.O. rassemble surtout des cadres moyens et des fonctionnaires, elle apparaît trop liée au parti socialiste ; elle en partage bientôt les faiblesses.

La C.F.T.C. (Confédération française des travailleurs chrétiens), née en 1919, apparaîtrait plutôt comme liée au M.R.P. ; son secrétaire général, Gaston Tessier, est un disciple des fondateurs de ce mouvement. Elle prend une grande importance, mais perd peu à peu son caractère « chrétien ». Elle accueille, en effet, de nombreux incroyants, ne tarde pas, malgré Tessier, à renoncer, dans ses statuts, à toute référence aux encycliques sociales des papes (contrairement à ses

1. Voir ci-dessus.

origines). L'évolution sera achevée quand, en 1964, elle décidera de changer de nom et de devenir la « Confédération française démocratique du travail » : C.F.D.T.

La *C.G.C.* (Confédération générale des cadres), née en octobre 1944, s'adresse, contrairement aux autres syndicats, non à la masse des travailleurs, mais à cette catégorie des « cadres » dont le rôle va croissant dans l'économie. D'où ses progrès réguliers. On peut en rapprocher l'organisation des *P.M.E.* (Petites et moyennes entreprises), née aussi en 1944.

La *F.N.S.E.A.* (Fédération nationale des syndicats d'exploitants agricoles), née en 1946, vise à représenter l'ensemble de cette catégorie. Elle est dominée par les grands exploitants. Si bien que le monde agricole est, de loin, le moins organisé, le moins défendu, en particulier pour les catégories qui en auraient le plus besoin. Mais un « Centre national des jeunes agriculteurs » va apparaître en 1956 pour regrouper tous les partisans d'une rénovation profonde de l'agriculture et du monde agricole. Le C.N.J.A. s'individualise au sein de la F.N.S.E.A.

★★★ *L'opposition au régime et les compromis politiques.*

La lassitude de l'opinion, la médiocrité des programmes politiques. la diversité des tendances, l'ampleur des problèmes, la difficulté de les résoudre ont favorisé le développement ou la naissance de partis qui remettent en cause le régime lui-même. Leur entente pour le renverser, ce qu'on a appelé la *conjonction des extrêmes*, va mettre celui-ci sur la défensive et obliger ses défenseurs à se regrouper sous le nom de « troisième force », quelle que soit leur méfiance les uns à l'égard des autres.

Partis d'opposition :

- le R.P.F. (Rassemblement du peuple français), créé en 1947 par de Gaulle ; il emporte 20 % des voix aux élections de 1951, insistant sur les faiblesses du « régime des partis » et la nécessité de profondes réformes. Mais de Gaulle, déçu, déclare se retirer de la vie politique en 1953.
- le « poujadisme » (14 % des voix aux élections de 1956) rassemble des éléments d'extrême droite et beaucoup d'autres, recrutés parmi les agriculteurs, artisans, petits commerçants dépassés par l'évolution économique moderne. A la différence du gaullisme qui était surtout un mouvement de contestation politique celui-ci est surtout de contestation économique.
- le communisme, à l'extrême gauche, obtient toujours autour de 25 % des suffrages.

La « troisième force » essaie de regrouper, des socialistes aux indépendants, les défenseurs du régime. Cartel de défense plus que mouvement cohérent, il oscille de la droite à la gauche et ne peut se maintenir que par l'*immobilisme* au milieu de multiples crises ministérielles (24 gouvernements de novembre 1945 à mai 1958). La gauche l'emporte aux élections de 1946, la droite à celles de 1951, ce qui permet un ministère Pinay en 1952, mais aussi bien un ministère Mendès France en 1954 ; la gauche revient en 1956 après la dissolution de 1955, mais le Front républicain se disloque dès les débuts du ministère Guy Mollet (socialiste). La politique se résumant aux compromis, aucun grand problème ne peut être réglé. Les partis, les syndicats, l'armée, les intérêts privés s'imposent de plus en plus.

★★★★ *Difficulté du règlement des problèmes.*

La quatrième République a vu se multiplier les problèmes. Les uns étaient nés de la guerre, les autres dérivent de l'action politique elle-même. Ces problèmes, dans l'ensemble, n'ont pas été bien réglés. Il serait injuste cependant de ne pas voir l'effort accompli et le côté positif de maints résultats.

Dans le domaine économique, c'est la mise en œuvre du Plan, puis la poursuite dans cette voie d' « économie concertée » qui devient si caractéristique des méthodes françaises. Du côté social, le progrès est certain, mais non dépourvu d'à-coups, et le climat reste lourd. Si, dans l'ordre extérieur, la France reste fidèle au camp occidental et si elle en tire une aide puissante au point de vue des finances et du redressement économique (plan Marshall), elle inaugure une politique audacieuse de « construction européenne » riche d'avenir.

Par contre, les problèmes financiers ne parviennent pas à être résolus, la monnaie s'effondre, le progrès économique lui-même souffre de nombreux désordres. Enfin, la question coloniale reste la plus épineuse. Si, dans certains territoires, on a su faire à temps les réformes qui s'imposaient (Afrique noire), dans d'autres, les tergiversations, les erreurs, une mauvaise appréciation des conditions ont conduit à de véritables drames : la coûteuse guerre d'Indochine (jusqu'en 1954), le pénible conflit algérien (1954-1962) qui entraîne indirectement la malheureuse expédition franco-britannique de Suez (1956).

★★★★★ *Chute de la quatrième République (1958).*

C'est précisément la question algérienne qui provoque la chute du régime. Une longue crise ministérielle (un mois) amène enfin au pouvoir Pierre Pflimlin (M.R.P.), énergique et qui passe pour vouloir régler le problème algérien.

A Alger, il n'en faut pas plus pour provoquer l'*insurrection du 13 mai 1958*, par laquelle les Français et l'armée instituent un Comité de salut public qui refuse bientôt tout contact avec le nouveau gouvernement Pflimlin. Le président de la République, Coty, l'opinion métropolitaine dans sa majorité, l'opinion algérienne enfin ne voient qu'un recours : l'appel au général de Gaulle qui s'est déclaré « prêt à assumer les pouvoirs de la République ». Pflimlin lui laisse la place ; l'Assemblée l'investit régulièrement comme président du Conseil.

Avec ce titre, il use largement des pouvoirs qui lui ont été confiés par l'Assemblée, le 3 juin. Il parvient, lors de son voyage en Algérie, à ramener celle-ci dans la légalité. Avec Pinay, il s'efforce de restaurer les finances. Il prépare (comme prévu le 3 juin) un projet de nouvelle Constitution qu'il soumet au référendum (28 septembre). Celle-ci, assurant un fort pouvoir exécutif, est approuvée par les quatre cinquièmes des voix. La cinquième République commence alors officiellement (5 octobre).

III. LA Ve RÉPUBLIQUE (DEPUIS 1958)

Par son programme, par le nouveau climat qu'elle a instauré, par l'œuvre qu'elle a entreprise, la cinquième République marquera un tournant dans l'histoire de la France.

Programme du nouveau régime

Règlement des problèmes pendants : les deux plus graves en 1958, l'Algérie, les finances. Mais surtout :

Restauration de l'État. On sait les sarcasmes de De Gaulle contre « le régime des partis ». Il s'agit désormais de séparer rigoureusement les pouvoirs exécutif et législatif pour éviter la « confusion des pouvoirs » et assurer la prééminence du premier. De Gaulle, élu président de la République en décembre 1958, réélu sept ans plus tard, s'en charge. La décision, obtenue par référendum en octobre 1962, de confier l'élection du président au suffrage universel, fait capital, lui en donne toute l'autorité.

Restauration de l'indépendance nationale : se dégager de la tutelle américaine tant sur le plan politique que militaire ou financier ; infléchir la construction de l'Europe dans un sens plus respectueux de cette indépendance ; contrebalancer l'influence de l'Ouest par un rapprochement avec l'Est, mener une politique de compréhension à l'égard des pays sous-développés afin de leur offrir une solution autre que l'américaine ou la soviétique.

Modernisation et refonte des structures de la France, partie du programme qui s'impose de plus en plus désormais, les autres étant réglées ou en cours de règlement. Ainsi pour l'armée, l'économie (à mettre « à la dimension de l'Europe »), la société (nouveaux rapports du capital et du travail, reclassement), l'enseignement (réforme), etc.

Le moyen pourra être trouvé dans une action décidée de l'État.

Le programme est discuté en tout ou en partie. Mais ce qui est indiscutable et très intéressant du point de vue envisagé ici, c'est la naissance d'un nouveau climat d'action et de réflexion.

Les moyens d'action

Les moyens dont dispose le gouvernement sont bien plus grands qu'autrefois.

Une *majorité stable* qui s'est confirmée aux élections de 1958, 1962, 1967, 1968. Majorité très large en 1962, beaucoup plus faible en 1967, mais qui a permis la poursuite d'une même politique ; très forte en 1968.

L'*autorité,* soit par la personnalité du président de la République, soit par la Constitution, soit par une interprétation souvent très large de celle-ci, soit par le recours à la procédure des ordonnances (au moment de l'affaire algérienne) ou des pouvoirs spéciaux, permettant de nouvelles ordonnances d'intérêt économique et social cette fois (1967). Cette autorité, contraire à toutes les habitudes depuis les temps de « l'Empire autoritaire », a permis de surmonter maints obstacles et de briser maintes féodalités. Elle a contribué à surmonter la crise de mai 68 qui semblait d'abord devoir l'emporter [1]. Au niveau des réalisations, elle s'est manifestée par l'intervention croissante de l'État, seul capable apparemment de régler les problèmes.

La *technocratie :* si les hommes politiques n'ont pas disparu du gouvernement, encore que le personnel ait été profondément renouvelé, nombreux sont, parmi les ministres ou conseillers, les technocrates, c'est-à-dire les spécialistes des questions économiques, techniques, financières qui agissent non en tenant compte de nécessités politiques (différence totale avec les compromis de la quatrième République) mais selon ce qu'ils jugent être les besoins de la croissance économique. Beaucoup sortent de l'E.N.A. (École nationale d'administration) créée en 1945..., par le général de Gaulle pour donner au pays les cadres supérieurs dont il a besoin.

Cette influence de la technocratie pose d'ailleurs le problème social : l'épanouissement de l'homme ne doit pas être sacrifié au développement de l'économie.

Le gouvernement ne semble pas indifférent à ce grand problème du milieu du XXe siècle. Mais son action n'en est pas moins jugée insuffisante par une partie de l'opinion.

Le renouveau des tendances

Il s'opère tant du côté des partisans que de celui des opposants au nouveau régime. On notera en effet que, selon une très vieille tradition politique française qui remonte au XVIIIe siècle, ce régime, comme les autres, est contesté.

★ La *refonte des partis* bouleverse les conditions politiques. Elle est rendue nécessaire par l'existence d'une majorité durable et relativement homogène.

Du côté de cette majorité gaulliste, l'idéologie se résume surtout à une volonté de renouveau et l'on fait confiance à de Gaulle pour y parvenir. Mais la doctrine n'est pas toujours approfondie et des courants sensiblement divers y apparaissent. Du moins une « gauche gaulliste » envisage-t-elle de résoudre le très vieux problème de la lutte des classes dans une optique nouvelle qui serait celle du partage de la plus-value entre le capital et le travail. Elle soutiendra l'idée de « participation » après la crise de mai 68.

La droite gaulliste, qui regroupe des indépendants autour de Giscard d'Estaing, reste fidèle au libéralisme, mais voit la nécessité d'une adaptation de ce grand principe aux temps actuels par une politique d'incitation de la part de l'État; une politique résolument européenne pourrait contribuer à l'essor économique. En outre, ce parti recourt à de nouvelles méthodes d'implantation politique et de propagande. La droite se métamorphose.

Du côté de l'opposition, un parti du centre démocrate est proche de cette conception, tout en étant encore plus systématiquement européen et en s'affirmant plus ou moins antigaulliste par idéal démocratique.

La renaissance de l'idée de Front populaire est la manifestation la plus intéressante du renouveau de la gauche.

---

1. Cette crise sera étudiée au chapitre XXXII (paragraphe III).

Toutefois, si le désir en est souvent proclamé, face au gaullisme jugé réactionnaire, sa réalisation se heurte à de nombreux obstacles :

• les différents partis non communistes veulent garder leur individualité et leur cadre (surtout le parti socialiste) même s'ils acceptent de se fédérer ;

• les rapports entre cette Fédération et le parti communiste sont rendus difficiles par les divergences graves de doctrine ;

• le problème des relations avec les libéraux du centre reste posé. Jusqu'en 68, ces opposants ne trouveront leur unité que dans la contestation du régime. Ils s'efforcent de parvenir à une doctrine positive.

Le grave problème de la gauche est d'élaborer, face aux structures et aux impératifs de l'économie moderne, une doctrine détachée des concepts marxistes du XIXe siècle, capable de susciter l'enthousiasme ou du moins l'adhésion des travailleurs. Le gaullisme, même si sur ce dernier point il n'a pas enregistré beaucoup de succès, semble avoir devancé la gauche sur cette route de l'adaptation aux données de son temps. C'est pourquoi on a pu parler à certains moments de « gaullisme » allemand, italien, etc.

★★ *Les efforts des syndicats et groupes de pression.*

Les syndicats mobilisent beaucoup plus les masses que ne le font les partis. Aussi n'ont-ils pas craint de descendre dans l'arène politique pour s'opposer au nouveau régime dès 1958 et plusieurs fois depuis cette date : ainsi en 1967, contre la demande de « pouvoirs spéciaux » et lors de la crise de mai 68. *Un rapprochement s'est opéré entre la C.G.T. et la C.F.D.T.*; cette « Confédération française démocratique du travail » est née, nous l'avons vu, en 1964, quand la C.F.T.C. décida de changer de nom pour supprimer toute référence au christianisme. Un accord d'unité d'action est conclu en janvier 1966 entre C.G.T. et C.F.D.T., alors que la décision de 1964 semblait d'abord avoir préparé un rapprochement avec F.O. Mais celle-ci a un style et un recrutement qui, finalement, l'éloignent de la C.F.D.T. Les grèves sont plus nombreuses après cet accord, mais le résultat douteux. On ne compte que 3 à 3 500 000 syndiqués en 68 (20 % des salariés ?).

La division syndicale s'aggrave d'ailleurs : une partie de la C.F.T.C. a refusé l'évolution voulue par la majorité et a entendu rester la C.F.T.C. (on parla à ce moment de « C.F.T.C. maintenue »).

La doctrine syndicale a du mal à se renouveler, tout comme celle des partis de gauche. Réduits à la défensive, les syndicats refusent souvent le dialogue que cherche à instituer le gouvernement et dont ils dénoncent l'inutilité ou le danger ; ils multiplient les grèves, arme suprême gardant sa popularité auprès des syndicalistes, mais de plus en plus coûteuse et dont l'efficacité s'émousse. Il leur reste à élaborer une doctrine plus positive et à présenter un front uni. S'ils demeurent l'un des bastions les plus solides de la résistance au pouvoir, cela les dispensera-t-il d'un effort de réflexion sur leur temps, leurs responsabilités, l'espoir qu'on met en eux ? La crise de mai 68 les montrera souvent débordés par leurs troupes.

Du côté de l'agriculture, l'influence du *Centre national des jeunes agriculteurs* s'accroît, insistant sur les nécessités d'une refonte des structures. La « jeunesse » du mouvement lui permet un grand dynamisme et lui assure une idéologie d'actualité.

Le C.N.P.F. reste, quant à lui, fidèle au libéralisme. Dans son manifeste de janvier 1965, il réclame « la libre création et le libre développement des entreprises dans le respect des lois économiques naturelles ». Il redoute les projets sociaux du gouvernement (sur l'intéressement des travailleurs par exemple) et ses interventions économiques. Mais, près de lui, le nouveau *Centre des jeunes patrons* (environ 4 000 adhérents au début de 1965) insiste plutôt sur la nécessité des réformes de structure (recherche scientifique, formation professionnelle, refonte des entreprises). L'important groupement des P.M.E. (Petites et moyennes entreprises) défend les intérêts de celles-ci menacées par l'évolution économique, plus favorable aux grosses sociétés. En 1967, naît une « Association de défense de l'entreprise privée » qui réclame la diminution des impôts pour permettre le maintien ou l'accroissement du profit.

★★★ La *prise de conscience de l'opinion* apparaît peu à peu. Celle-ci a pu paraître apathique dans les premiers temps de la cinquième République (on parlait de « dépolitisation ») ; en fait, elle réagit vigoureusement lors des grandes confrontations électorales et commence à s'intéresser aux grands problèmes, à deviner l'enjeu que représentent les grandes options du gouvernement. La puissance des moyens d'information (presse, radio, télévision), même si elle n'est pas toujours jugée impartiale, permet du moins de prendre conscience de la dimension des problèmes. La crise de mai 68, dans son développement, comme dans les réactions qu'elle a suscitées, a montré combien l'opinion était sensible aux grands problèmes.

L'œuvre du régime

Elle a vite été importante. Le problème de l'Algérie a été réglé par l'octroi de l'indépendance en 1962 ; les finances ont été non seulement assainies mais sont devenues un atout pour la position de la France dans le monde ; l'indépendance nationale a été hautement proclamée et démontrée (par exemple, retrait de l'OTAN ; politique extérieure désengagée), l'armée a été dotée d'une force de frappe nucléaire. D'autres problèmes demeurent « sur le tapis » : construction de l'Europe (encore la ténacité française a-t-elle obtenu en 1966 un précieux Marché commun agricole), refonte de la structure économique (activités, entreprises, aménagement régional) et sociale (enseignement, emploi, etc.), lutte contre l'influence des États-Unis dans le monde.

Deux problèmes pourtant se posent (à vrai dire, ce sont des problèmes éternels) : cette œuvre sera-t-elle l'œuvre d'un homme ou, avec et après lui, celle d'une génération ; autrement dit, est-ce un tournant durable qui a été pris ? D'autre part, quelle a été la valeur des choix qui ont été faits ? A chacun d'en juger.

En conclusion, on pourra noter l'importante évolution du cadre politique de la France. Après l'État protecteur des intérêts acquis d'avant 1914, plus ou moins paralysant dans l'entre-deux-guerres, porteur d'espoir à la Libération, stimulateur mais paralysé sous la quatrième République, le voici apparemment robuste et réorganisateur, de moins en moins politique mais de plus en plus technocratique. Il nous faut essayer maintenant de retrouver cette évolution dans l'œuvre accomplie.

DEUXIÈME PARTIE

L'ACTION DE L'ÉTAT

Au XXe siècle, l'État joue un rôle considérable et croissant. Les temps du libéralisme (XIXe siècle), où il se contentait d'assurer l'ordre intérieur et extérieur sont révolus. Cette vérité s'applique tout particulièrement à la France. Jusqu'en 1939, l'État n'y avait pris qu'une forme insidieuse. En 1945 tout le monde attend de lui de grandes, de profondes réformes. On vient de voir quelle était la situation alors, quelles forces l'ont bousculée, quel cadre va la guider.

Il s'agit maintenant de voir ce qui a été fait.

Il s'agit d'apprécier les *choix*. Ceux-ci ont pu varier parce que, d'une part, les situations évoluent et que, d'autre part, les hommes qui décident ne sont pas toujours les mêmes. On aurait pu, chaque fois qu'il fallait choisir, s'engager dans une autre voie. Il va être intéressant d'examiner les mobiles des choix effectués et d'en voir les résultats.

Les résultats. En effet, on cherchera ici à ne pas rester dans la pure théorie, dans l'abstraction économique ; on montrera la réalité mouvante... et on donnera des chiffres. En outre ce qui nous importe, c'est de comprendre la France d'aujourd'hui, telle qu'elle s'est faite récemment : les résultats d'aujourd'hui sont la suite des choix d'hier.

Chapitre XXI

LA POLITIQUE FINANCIÈRE

Il n'est pas de bonne action économique sans de bonnes finances. Le problème, on le sait, est très simple : il faut d'abord trouver des ressources, ensuite les utiliser au mieux. De quelles ressources dispose la France depuis la fin de la guerre ? Voilà la première question. On va voir que, ses ressources nationales étant insuffisantes, bien qu'artificiellement multipliées par l'inflation, la France va devoir mendier des crédits ou accepter des cadeaux (plan Marshall, par exemple). D'où une abondance relative qui posera tout naturellement la question de la solidité de la monnaie. Dans ce domaine comme dans celui de l'origine des ressources, la cinquième République s'oppose visiblement à la Quatrième. En sera-t-il de même (et ceci est la deuxième question) dans l'utilisation de la richesse accumulée ?

Ainsi donc seront étudiées successivement :

- les ressources propres (avec le problème de l'inflation) ;
- les ressources d'origine étrangère (emprunts, aide Marshall...) ;
- la monnaie ;
- l'utilisation de la richesse.

Dans un domaine souvent peu familier, ce plan cherche surtout à montrer l'évolution de chaque question en particulier. Il est bien entendu pourtant que chacune d'entre elles a une profonde influence sur les autres et qu'il serait plus orthodoxe de faire une étude purement chronologique où apparaîtraient mieux ces interférences. On ne manquera pas ici de les signaler au passage.

I. LES RESSOURCES INTÉRIEURES : L'INFLATION ET SON DESTIN

L'une des grandes faiblesses de la quatrième République fut l'inflation. Dès l'époque du gouvernement provisoire, elle s'engagea dans cette voie. En dépit d'efforts périodiques, elle ne parvint pas à en sortir. La cinquième République semble avoir surmonté au contraire ce redoutable péril. On sait que l'inflation consiste en une émission excessive de signes monétaires (notamment de monnaie fiduciaire, c'est-à-dire de billets de banque) par rapport à la richesse réelle du pays qui est garantie surtout par l'encaisse de la banque d'émission (or principalement), voire par la valeur de la production nationale.

Multiplier la monnaie fiduciaire, c'est donc se procurer des ressources artificielles, illusoires.

L'orientation initiale vers l'inflation

★ *A l'origine*, la situation est inflationniste, mais modérément encore. Deux causes immédiates :

• la *guerre :* elle a amené une augmentation de la circulation fiduciaire (multipliée par 4 en quatre ans) tandis que la production baissait, que l'encaisse-or diminuait légèrement et que les emprunts de l'État étaient multipliés par 3 ; elle a amené aussi une augmentation des prix du « marché noir ».

• la *majoration des salaires*, relativement faible jusqu'en 1944 (multipliés par 2) puis plus brutale (mais c'était nécessaire) le 16 septembre 1944 (environ 50 %), accompagnée en octobre d'un relèvement encore plus important des allocations familiales et de mesures spéciales en faveur des mineurs et des cheminots.

★★ *Les solutions possibles.*

Le but, très simple, c'est de rétablir l'équilibre entre la richesse réelle (et notamment la production) et la masse monétaire. Ce qui est moins simple, c'est de trouver le moyen adéquat.

Premier moyen : relever la production, tout de suite et beaucoup. C'est absolument impossible vers 1944-1945.

Deuxième moyen : diminuer la masse monétaire. Ici deux solutions :

Première solution : l'action autoritaire, un idéal de rigueur, préconisé par Mendès France, ministre de l'Économie nationale dans le gouvernement provisoire. Il s'inspire de l'action déjà menée avec succès en Corse et surtout en Belgique par le ministre Gutt. Il réclame une sévère politique de déflation :

• économies rigoureuses de l'État ;

• maintien strict des prix et des salaires (une fois faite l'augmentation de septembre 1944) ;

• impôt sur le capital (qui frapperait ainsi tout particulièrement les spéculateurs) ;

• échange des anciens billets de banque contre de nouveaux, accompagné de blocage (d'une partie des avoirs) et de retenues (sur les sommes trop considérables) ;

• octroi par le gouvernement de nombreuses subventions aux producteurs pour les aider à maintenir leurs prix.

La stagnation économique, cependant, sera inévitable, les difficultés sociales seront certaines : il faut les accepter momentanément pour rétablir la situation financière sur des bases saines. Le développement en sera facilité ultérieurement.

Seconde solution : l'appel à la confiance, un idéal de compromis, sinon de facilité, préconisé par le ministre des Finances Lepercq, puis (après sa mort en novembre 1944) par son successeur Pleven :

• diminution de la masse monétaire grâce à l'emprunt (qui est le type de l'appel à la confiance !) accessoirement à quelques confiscations. Il ne faudra pas trop diminuer la masse monétaire : la Belgique, qui y a largement recouru, a connu, de ce fait, de grosses difficultés ;

• relèvement modéré des salaires ;

• quelques subventions aux producteurs ;

Cette deuxième solution se targue de ne pas provoquer de ralentissement économique, de mécontentement social. La production redémarrant vite, les finances et la monnaie redeviendraient solides.

★★★ *La politique suivie : Pleven l'emporte.*

1re phase : en 1944, les positions divergentes se font jour peu à peu ; il en résulte une politique modérée, la tendance à la facilité semblant pourtant l'emporter :

- septembre : majoration des salaires (déjà citée) ;
- octobre : maintien du blocage des prix, sauf exceptions et grâce à quelques subventions (les entreprises le supporteront grâce à l'essor de la production) ; confiscation des profits illicites (par des comités départementaux) ;
- novembre : lancement d'un « emprunt de la Libération » à 3 %. C'est un succès : rentrée de 164 milliards.

— 73 en billets,
— 54 en chèques,
— 37 en bons du Trésor.

La circulation fiduciaire (642 milliards en avril) tombe à 572 fin décembre.

2e phase : en 1945, le choix pour la confiance. L'action de Pleven se caractérise par :

- la diminution des subventions ;
- le contrôle volontairement faible des prix et salaires. Ils montent. Mendès France en montre le danger. En désaccord avec cette politique, il démissionne le 5 avril, non sans écrire une lettre pathétique au général de Gaulle. Pleven ajoute ce portefeuille ministériel vacant au sien. Moment crucial ! De Gaulle a donc suivi Pleven. Chaque politique présentait des dangers [1] :

Avec Mendès France : stagnation économique, l'argent détourné des investissements se serait reporté sur la consommation, les prix auraient monté. On revenait à l'inflation, mais dans la stagnation économique.

Avec Pleven, l'inflation menace aussi, mais les investissements sont faciles et, la production augmentant vite, l'équilibre doit se rétablir.

Tel est le raisonnement qui, compte tenu des revendications des salariés, a emporté la conviction du gouvernement. A-t-il eu raison ? La suite de l'histoire semble dire que non. Mais que serait-il advenu dans l'autre hypothèse ? On ne refait pas l'histoire.

- la diminution limitée de la masse monétaire par :

1° un nouvel emprunt de 104 milliards à 3 %, au printemps ;

2° en juin, l'échange modéré des billets (50, 100, 500, 1 000, 5 000 F) et bons du Trésor, sans blocage ni retenue. Trois buts à cet échange de billets : faire perdre toute valeur aux billets emportés par l'ennemi, connaître la fortune de chacun pour préparer un impôt sur le capital, pousser les gros détenteurs, connus de cette façon, à prendre de nouveaux bons du Trésor ou bons de la Libération. Résultat : beaucoup de billets (à origine difficile à avouer) ne furent pas présentés à l'échange (peut-être pour vingt milliards), mais la renonciation à la retenue fit de cet échange *une grande opération manquée*, surtout que :

1. Étude très intéressante de ces faits et de beaucoup d'autres dans : M. Lévy : *Histoire économique et sociale de la France depuis 1848*, Paris, Les Cours de droit, 1952.

3° l'impôt modéré sur le capital (juillet) dit « impôt de solidarité nationale », progressif, mais payable en plusieurs termes et, pour les sociétés, par versement d'actions, ne touche que des sommes relativement limitées.

• le retour en fin d'année, devant le développement de l'inflation, au « blocage des prix et salaires » et à une politique de subventions (notamment aux agriculteurs) ; en somme, changement de politique.

3e phase, en 1946 : l'inflation se développe, c'est-à-dire la masse monétaire étant trop importante, la consommation croît plus vite que la production ; le producteur ou le commerçant peut, sans craindre la mévente, augmenter ses prix. Désormais, *la course est engagée entre les prix et les salaires*. Les salariés en effet demandent et obtiennent des augmentations ; donc leur consommation se maintient ou s'accroît... et les prix peuvent donc continuer à monter, etc.

Dans le gouvernement Gouin et avec le ministre André Philip aux Finances et à l'Économie, Mendès France joue, sans fonction officielle[1], le rôle de conseiller. Lui-même aménage son plan primitif (compromis, il est vrai, par les mesures de 1945). Il pousse surtout à l'équilibre du budget, très aléatoire (ainsi, il souhaite maintenant qu'on renonce aux subventions), et au maintien du rapport prix-salaires (chose bien difficile avec ce gouvernement socialiste talonné par les revendications de la C.G.T.).

Avec le gouvernement M.R.P. de Bidault (de Menthon à l'Économie nationale), beaucoup de subventions sont supprimées, ce qui entraîne une grave montée des prix, surtout agricoles... que suivent des hausses de salaires. La France est bien installée dans le cycle infernal. Le gouvernement se préoccupe plus de l'*équilibre du budget* (d'où la suppression des subventions) que du maintien de la monnaie.

★★★★ *Conclusion.*

La politique suivie a donc été inflationniste, puisque :

• les prix et les salaires ont énormément monté ;

• la richesse nationale s'est accrue beaucoup plus lentement (difficulté de la reconstruction de l'économie française)[2] ;

• le déficit de la balance des paiement s'est creusé : importations nécessaires, payées en or ou par le recours à l'emprunt auprès de l'étranger (qui grève l'avenir)[2]. La monnaie, dans ces conditions, ne pouvait être maintenue : on a dû dévaluer en décembre 1945[2].

Quelle est la valeur de cette politique qui se voulait de juste milieu ?

Première question : était-elle inévitable ? Certainement non, ce qui ne veut pas dire que la politique opposée eût fatalement réussi. Mais il faut admettre que la pénurie toujours grave des produits essentiels (le marché noir sévit plus que jamais) et le climat de l'époque (soif d'une vie meilleure après les terribles épreuves de la guerre, soif de liberté après les dures contraintes de l'occupation et de Vichy, développement depuis de longues années de l'esprit de « débrouillardise ») rendaient extrêmement difficile (peut-être pas impossible !) une autre politique.

---

1. Le parti radical n'a pas voulu qu'il participe au gouvernement.
2. On le verra plus loin.

Deuxième question : la politique choisie fut-elle profitable ? A l'essor économique, certainement oui (l'inflation favorise dans une bonne mesure la production) ; aux salariés, certainement non, car la *course salaires-prix* se fait toujours à leur désavantage ; à l'État non plus, car le budget, pour de longues années, reste déséquilibré ; la recherche de l'équilibre devient un des soucis majeurs des gouvernements successifs, tandis qu'on semble s'installer dans l'inflation : vice majeur de la quatrième République, que les tentatives déflationnistes, bien que répétées, ne parviendront pas à conjurer.

Échec des tentatives déflationnistes de la IVe République

Le gouvernement, au seuil de l'année 1947, alors que s'installe définitivement le régime, est parfaitement conscient de la nécessité de donner un coup de frein à l'inflation. Et il va inaugurer une série d'efforts, plus nombreux que couronnés de succès.

La déflation consiste à limiter la masse monétaire pour rétablir l'équilibre entre monnaie d'une part, stock d'or ou devises et production d'autre part ; par conséquent, elle cherche, momentanément au moins, à limiter le pouvoir d'achat. Elle a des avantages : renforcement de la monnaie, assainissement du marché ; elle a aussi des inconvénients : elle freine la production (puisqu'on achète moins et qu'on exporte plus difficilement dans la mesure où la monnaie garde ou reprend une valeur forte), elle entraîne une « pause sociale » : les salariés n'obtiennent pas d'augmentation. En bref, politique de longue haleine supposant la stabilité et le courage du gouvernement qui la pratique, mais qui, à long terme, doit être profitable à tous.

★ *L' « expérience Blum » (janvier 1947) et l'effort sur les prix.*

Blum (avec André Philip à l'Économie et aux Finances) ne reste que deux mois au pouvoir (décembre-janvier), mais, avec un courage méritoire, il est décidé à pratiquer cette déflation sans écouter les revendications sociales, politique qui prend presque le contre pied de celle qu'il suivait en 1936. Son moyen : la baisse autoritaire des prix : 5 % au 1er janvier, 5 % au 1er mars (son successeur, Ramadier, appliquera cette deuxième baisse). Hélas ! *cette politique est un échec*, pour quatre raisons :

- la maladresse du gouvernement qui décrète une baisse uniforme quels que soient les prix et qui choisit mal son moment (la pénurie d'énergie et de main-d'œuvre, pendant cet hiver 1946-1947, fait monter les prix) ;
- la pression des salariés, telle que le gouvernement est amené, le 31 mars, à fixer un « salaire minimum vital » ;
- la pression des producteurs qui spéculent à la hausse (constitution de stocks dans l'attente de jours meilleurs) ;
- un manque général de confiance : on ne croit pas au succès de l'entreprise, tant depuis 1914 on s'est habitué à la hausse des prix.

Il faut sans doute aller encore plus loin : la cause profonde (celle-là même qui avait fait échouer les mesures — opposées — de 1936) c'est qu'en régime libéral il est extrêmement difficile de faire réussir des mesures autoritaires.

Les conséquences de cet échec sont importantes : il encourage le scepticisme à l'égard des expériences postérieures. Il donne un argument aux salariés pour reprendre avec véhémence leurs revendications: l'année 1947 voit plusieurs grèves, surtout quand les communistes ont quitté le gouvernement (ainsi la grande grève de novembre 1947).

★★ *« L'expérience René Mayer » et la politique du retour à l'équilibre (1948)*

Un nouvel effort est nécessaire au moment où s'achève l'année 1947. Si l'on fait le bilan à ce moment, en effet, on constate que, depuis la Libération, les salaires sont multipliés, comme les prix industriels, par quatre, tandis que les prix agricoles le sont par six !

La tentative de Mayer consiste, d'une part à harmoniser les prix (présentant un grand déséquilibre entre eux, puisque l'inflation faisait monter surtout les prix à la consommation) ; d'autre part à pratiquer la rigueur financière dans la gestion des fonds de l'État et, si possible, des particuliers.

• *l'harmonisation des prix : relèvement pour les produits de base*, produits alimentaires, charbon, acier qui ne reçoivent plus de subvention, mais *freinage des prix à la consommation* grâce à la diminution de la masse monétaire (blocage des billets de 5 000 F et prélèvement de 50 milliards par un emprunt), une hausse modérée des salaires (... elle atteint pourtant 60 %), la limitation du crédit.

• *la rigueur financière :* l'État réduit et contrôle son budget, crée un nouvel impôt (la taxe proportionnelle), diminue ses investissements ; enfin le franc est encore dévalué (voir plus loin).

Le *résultat* de cette politique est positif, mais non sans ombres. Les prix baissent, un équilibre s'établit entre production et consommation. Le marché noir disparaît. Si bien que, vers 1949-1950, un climat normal s'établit avec des prix de plus en plus libres. Il faut toutefois remarquer que les circonstances y ont aidé : 1948-1949, c'est la récession aux États-Unis ; cela entraîne la baisse des prix des matières premières. Enfin, — et cela montre que le « mal inflationniste » subsiste en profondeur — ce relatif équilibre entraîne la stagnation de la production et parfois même un recul. Autrement dit, la déflation est récessionniste. Il en sera de même, hélas ! lors des autres tentatives.

★★★ *L' « expérience Pinay » et la politique de stabilisation* (1952).

Vers 1950, il semble qu'on soit sorti des difficultés de l'immédiat après-guerre et on pouvait espérer le retour à l'ordre financier et économique (d'autant plus que la monnaie a été ramenée en 1948-1949 à un niveau raisonnable). Il n'en est rien, car des contingences nouvelles apparaissent, ramenant la poussée inflationniste. L' « expérience Pinay » pour la conjurer restera une des plus célèbres.

Les origines (1950-1951) = la poussée inflationniste. Elle a deux causes :

• l'action du gouvernement, qui veut mettre fin à la récession de 1949-1950. Pour y parvenir, il libère les salaires, comme les prix.

• les événements extérieurs : non seulement la guerre d'Indochine prend une ampleur nouvelle, mais surtout la guerre de Corée éclate en juin 1950. Du coup, dans tous les pays, les stocks se reconstituent, la production s'accélère, déclenchant une très importante hausse des prix. La France, plus que tout autre, en est victime.

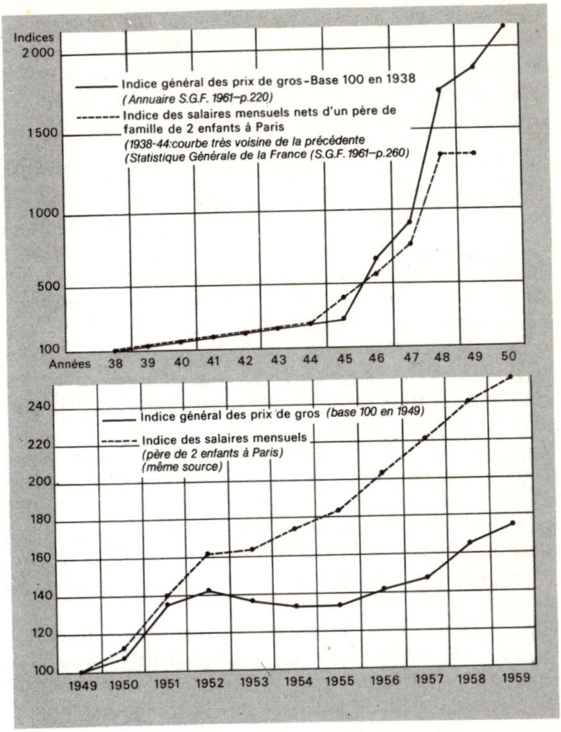

L'action de Pinay (1952). Les élections de 1951 ont porté au pouvoir le centre droit, dont un des chefs est Antoine Pinay. En mars 1952, chargé de former le gouvernement, il prend pour lui le ministère des Finances. Il restera au pouvoir jusqu'en décembre. Homme de droite, il inspire tout de suite confiance aux milieux possédants qui voient en lui « un nouveau Poincaré ». De fait, sa politique n'est pas sans rappeler celle de son illustre prédécesseur. Il prend trois mesures principales :

• la stabilisation des prix et des salaires. L'État donne l'exemple. La pause des salaires est accordée facilement par le patronat.

• la diminution de la masse monétaire par un emprunt à 3,5 % indexé sur l'or : il fournit 428 milliards ;

• l'équilibre du budget grâce à une diminution des investissements de l'État.

Les résultats 1953-1956. L'expérience Pinay est un succès certain. La stabilité est retrouvée en 1953 ; prix et salaires semblent avoir cessé leur course infernale. De 1951 à 1956, les prix n'ont monté en moyenne que de 2,7 % par an. En 1955, la balance commerciale est bénéficiaire (fait unique !). Cependant, on discute le mérite de Pinay et les effets de sa politique. On ne manque pas de souligner qu'il a bénéficié :

• de la confiance des possédants ;
• de la fin de la guerre de Corée (1952-1953) ;
• d'une aide américaine importante.

Et l'on constate un ralentissement général de l'économie (une fois de plus déflation ou stabilisation = stagnation), une difficulté d'augmenter les exportations, car Pinay n'a pas voulu dévaluer et les prix — stabilisés — sont à un niveau trop élevé (du fait que, depuis la dévaluation de 1949, la monnaie s'était dépréciée en 1950-1951).

★★★★ *Chaos financier à la fin de la quatrième République.*

Dès 1956, l'inflation redevient menaçante. L'emprunt Ramadier (à 5 %) indexé sur le cours moyen des valeurs à la Bourse de Paris, soustrait 320 milliards à la circulation monétaire. Mais le climat n'est plus à la stabilité. Les élections législatives de janvier ont ramené la gauche au pouvoir (ministère Guy Mollet). La pression sociale est vive. Les prix sont à la hausse ; le gouvernement revient aux subventions pour les freiner. En 1958, prix et salaires sont à peu près vingt-cinq fois plus élevés qu'en 1938, soit : 26 fois pour les salaires (compte tenu des prestations sociales), 23 fois pour les prix alimentaires 30 fois pour les prix industriels.

Le budget est de plus en plus déséquilibré à cause de la guerre d'Algérie qui, depuis 1954, prend le relais de celle d'Indochine. Les dépenses militaires sont trois fois et demie plus lourdes qu'en 1950 alors que prend fin l'aide américaine. Stimulés par les hausses, les investissements privés se multiplient, le crédit est facile.

Bref, c'est la prospérité dans la ruine de la monnaie. La France consomme plus qu'elle ne produit.

En 1957, la circulation fiduciaire est le double de celle de 1950. En août 1957, on dévalue de 20 % sans oser le dire (l'opération, couverte par un artifice, ne sera « légalisée » qu'en juin 1958).

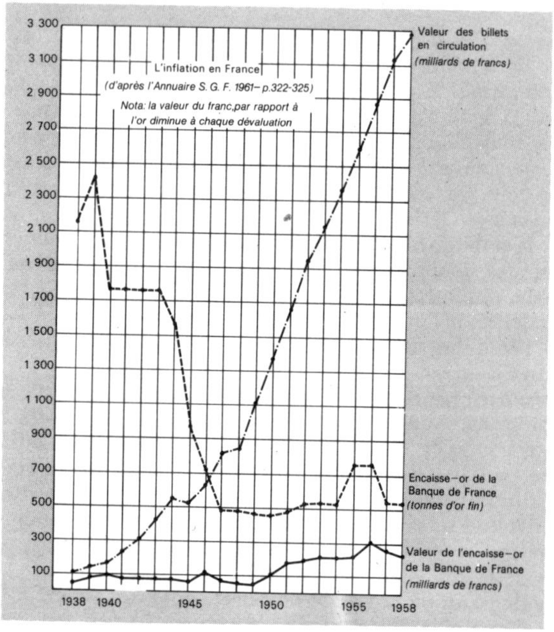

Au début de l'année 1958, le gouvernement, aux abois, doit emprunter plus de 500 millions de dollars aux États-Unis, au Fonds monétaire international, à l'Union européenne des paiements. Mais on lui pose des conditions humiliantes : réduire les dépenses publiques et le déficit budgétaire, libérer les échanges commerciaux. Et l'on sent chez les bailleurs de fonds l'hostilité à la cause profonde des difficultés financières, la guerre d'Algérie. Dans cette déroute financière, le régime s'effondre en mai 1958.

La Ve République et la stabilisation

★ *Le redressement de Gaulle-Pinay.*

De Gaulle, revenu au pouvoir, a recours, pour les finances, à l'homme dont le nom est devenu pour beaucoup symbole de stabilité : *Pinay*. Celui-ci gardera ce portefeuille jusqu'en janvier 1960. Tandis que, politiquement, l'État se réforme (cinquième République), financièrement il s'assainit.

La masse monétaire est diminuée par un emprunt à 3,5 % indexé sur le louis d'or, lancé le 17 juin 1958. Il remporte un grand succès : 320 milliards sont souscrits. La Banque de France peut acheter 140 tonnes d'or.

Les finances de l'État s'améliorent : l'impasse budgétaire (c'est-à-dire le déficit) est diminuée ; les impôts sont augmentés ; on en crée de nouveaux (taxes somptuaires, taxe civique).

Les prix sont comprimés par blocage ; le recours aux importations doit les faire baisser.

La libération des échanges (1959-1960) doit stimuler production et productivité par le jeu de la concurrence.

La dévaluation de décembre 1958, habilement calculée, doit stimuler les exportations (noter qu'en 1952 Pinay n'avait pas dévalué).

Toutes ces mesures, autoritaires, amènent comme lors des opérations précédentes, un net ralentissement de l'activité (1959), investissements et consommation diminuent. Mais, dès 1960, la reprise est visible.

★★ *Le plan de stabilisation de septembre 1963 (Giscard d'Estaing).*

Le développement économique reprend donc, mais, cette fois, l'équilibre semble se maintenir. La balance commerciale est à nouveau favorable ; les salaires montent. Les prix vont-ils donc, enfin, rester stables ? Hélas, non ! De 1958 à 1963, ils montent en moyenne de 4,4 % par an. Est-ce donc à nouveau l'inflation ?

Il y a une différence capitale avec les années précédentes, c'est la marge très largement bénéficiaire de la balance des paiements ; d'année en année, or et devises s'accumulent (les réserves atteindront la valeur de 6 milliards de dollars, 30 milliards de francs dans l'été 1966).

Mais *les prix montent !* et, bientôt, la balance commerciale redevient déficitaire. *Les causes ?* Ce n'est plus la guerre (paix en Algérie 1962) mais :

- l'excédent de la balance des paiements (résultat, pour une part, du système monétaire international : on y reviendra plus loin).

• le maintien de l' « impasse budgétaire » (on n'y renonce pour la première fois que pour le budget de 1965) qui facilite les dépenses croissantes de l'État.

• l'insuffisance de la main-d'œuvre qui fait hausser rapidement les salaires.

• certainement aussi une raison psychologique : la vieille résignation à la hausse qui favorise la spéculation (celle-ci particulièrement marquée dans les valeurs foncières et la construction). Le gouvernement s'était montré assez souple jusque là pour la hausse des revenus.

• l'emballement de l'économie aux deuxième et troisième trimestres 1963 (après le ralentissement dû à un hiver très rude et à la grève des mineurs en mars) : l'économie repart trop vite, stimulée par l'afflux des capitaux, notamment ceux des rapatriés d'Afrique du Nord.

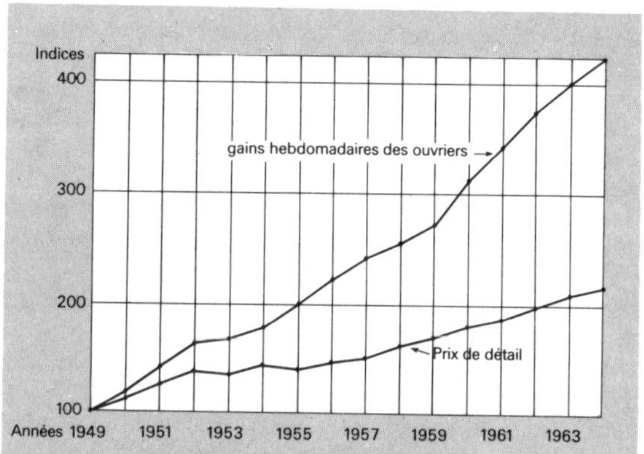

Prix et salaires *(base 100 en 1949)*

(Annuaire rétrospectif INSEE 1966)

La situation est inquiétante. On risque de retomber dans le climat de facilité de 1956-1957. Poussé par le général de Gaulle, le ministre des Finances, Giscard d'Estaing, lance en septembre 1963 un « plan de stabilisation » modéré, destiné à être atténué ou renforcé selon les nécessités, sans durée précisée. En voici *le contenu* :

• les prix sont bloqués ;

• le crédit est freiné (ainsi pour les achats à tempérament) ;

• l'excédent de la balance des paiements est restreint par le remboursement anticipé de certaines dettes extérieures ;

• les droits de douane sont abaissés (chose facile avec la réalisation progressive du Marché commun) ;

• le budget est équilibré ;

• le marché du travail est assoupli (création d'un Fonds national de l'emploi ; prochaine réduction du service militaire) ;

• la poussée des salaires est freinée par la mise sur pied d'une « politique des revenus ». L'État cherche à en contrôler la progression [1].

1. Voir le chapitre XXII *La politique économique*, paragraphe III.

Le plan de stabilisation *porte peu à peu ses fruits* : freinage de la hausse des prix et, dans une moindre mesure, de celle des salaires. Mais il y a des points noirs :

• la balance commerciale ne retrouve son équilibre qu'en 1965.

• l'investissement décroît : grave problème qui risque de poser une fois de plus le dilemme : ou inflation et activité, ou déflation et stagnation économique. C'est l'avenir qui est en jeu si l'investissement est insuffisant.

Cette considération, jointe à la pression sociale, amène à faire juger le plan de stabilisation trop rigoureux. Dès mars 1965, il est assoupli par Giscard qui imagine les « *contrats de stabilité* » : telle industrie pourra relever tels prix si elle en abaisse d'autres.

★★★ *L'action de Michel Debré (1966-68).*

La reprise économique est sensible en 1965, après le ralentissement de 1964, mais Debré, devenu ministre des Finances en 1966, veut une reprise plus nette. *En février, il amorce une politique plus souple* dont l'idée est de maintenir la stabilité globale des prix tout en stimulant la reprise par des mesures d'opportunité :

• il crée les *contrats de programme* par lesquels une entreprise justifie ses prix auprès de l'État en les accompagnant d'un programme d'investissement et de production. L'État accepte si ce programme suit les perspectives du Plan. Il peut ainsi à la fois favoriser l'investissement, assouplir les prix, veiller à la bonne marche de l'économie. C'est de l'économie concertée [1] ;

• il diminue les impôts des entreprises qui investissent ;

• il prépare l'accession des salariés aux profits de l'entreprise.

En somme, il conserve l'esprit du plan de stabilisation (arrêter la course des prix). Mais : 1° il en assouplit l'usage ; 2° il l'oriente vers une action économique (investissements) autant que financière ; 3° il en profite pour développer les pouvoirs économiques de l'État. On ne saurait mieux prouver que politique financière et politique économique sont tout un. Peu à peu, en 1967, les prix redeviennent plus libres. Leur progression reste modérée (inférieure à 3 %, comme en 1965 et 1966), mais ils sont cependant peu compétitifs sur les marchés extérieurs. Les exportations sont particulièrement difficiles vers l'Allemagne qui lutte alors contre des tendances inflationnistes.

Aussi après un an de stagnation industrielle, Debré en vient-il en janvier 68 à des mesures de "*relance économique*" : abaissement de 5 % de l'impôt sur le revenu, nouvelles exonérations en faveur des investissements, relèvement des allocations familiales, etc. Le manque à gagner de l'État doit favoriser la reprise. L'équilibre budgétaire n'est plus une fin en soi.

La crise de mai 68 [2], les mesures sociales qu'elle engendre, viennent évidemment bouleverser toutes les conditions financières, notamment l'équilibre prix-salaires.

---

1. Voir le chapitre XXII, *La politique économique*, paragraphe III.
2. Voir au chapitre XXXII, paragraphe III.

En conclusion, l'inflation a été le grand mal de la quatrième République. Elle a été une des causes de sa chute en 1958. Les tentatives déflationnistes n'avaient jamais pu éviter l'écueil de la récession économique. Les salariés, périodiquement, en étaient les victimes (blocage des salaires ou montée excessive des prix). La cinquième République, grâce à une continuité politique assurée, sembla avoir réussi à trouver une autre voie. En 1965, 66, 67, les prix n'ont pas augmenté de 3 % par an alors que la croissance des salaires est de l'ordre de 6 %. Mais les petits salaires montent moins vite et le problème de l'emploi est posé tandis que l'activité économique est plus difficile et la concurrence plus rude avec la réalisation du Marché commun.

Vers 1968 cette concurrence rend plus que jamais nécessaire la fin de l'inflation. Mais deux obstacles sont à surmonter : la pression sociale qui pousse à de nouvelles hausses de salaires, les conditions monétaires dans le monde, trop favorables elles aussi à l'inflation. La politique financière est difficile...

II. LES RESSOURCES EXTÉRIEURES : DE LA MENDICITÉ A L'INDÉPENDANCE

Multiplier les signes monétaires, recourir à l'inflation, est un procédé illusoire pour se procurer la richesse. Il est une autre possibilité : c'est d'emprunter au dehors des moyens de paiements plus solides...

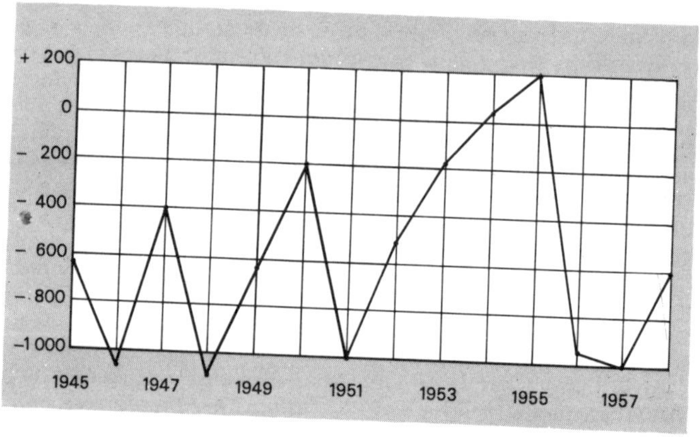

Balance des paiements de la zone franc (millions de francs) (Annuaire rétrospectif I.N.S.E.E., 1961).

tels que des dollars. Ce fut encore une habitude de la quatrième République. Au début, avec les nécessités de la reconstruction, le remboursement des premières dettes, ce recours pouvait paraître normal. Il devenait plus grave ensuite, d'autant plus qu'il n'empêchait pas l'inflation et qu'il était dû pour beaucoup aux coûteuses et maladroites guerres coloniales. Sans doute la France n'était pas seule à solliciter les États-Unis (... qui, en 1945, détiennent les trois quarts de l'or mondial et possèdent la plus solide des monnaies), mais elle resta particulièrement fidèle à ce système de mendicité.

L'étude de la balance des paiements (c'est-à-dire du bilan des sommes entrées ou sorties de France grâce au commerce, aux services ou aux mouvements de capitaux) montre clairement la nécessité des emprunts. Seules les années 1953-1955 après le ministère Pinay font exception.

Sous la cinquième République, changement complet : la balance des paiements est largement bénéficiaire... ce qui permet une grande liberté de manœuvre.

Les emprunts

★ *Les accords de prêt-bail (1945).*

La loi américaine de « *lend and lease* » ou prêt-bail, votée en 1941, prévoyait que le président (Roosevelt) pouvait commander, acheter, livrer tous matériels ou produits nécessaires à la guerre à tous pays dont la défense présentait un intérêt vital pour les États-Unis ; le règlement financier se ferait après la guerre. C'est l'Angleterre qui en a le plus profité.

De Gaulle avait déjà obtenu, en 1943, livraison d'équipement militaire pour un milliard de dollars. Toutefois, ce n'est que le 28 février 1945 qu'un accord en bonne et due forme est signé à Washington par Jean Monnet, commissaire français en mission aux États-Unis. L'accord franco-américain de prêt-bail prévoit que les U.S.A. fourniront du matériel pour une valeur de 2 milliards et demi de dollars, soit 1 600 millions en produits de première nécessité et 900 en biens d'équipement. La France s'engage à intensifier son effort de guerre ; le coût en sera déduit de sa dette, étalée sur trente ans.

Ainsi, chacun des deux partenaires trouve son avantage : la France reçoit à crédit le matériel dont elle a impérieusement besoin ; les U.S.A. auront l'appui du matériel français pour la guerre. Il est prévu qu'ils peuvent suspendre les livraisons à leur guise.

★★ *Les tirages sur le F.M.I. (Fonds monétaire international)* [1]

La France, qui fait partie du Fonds depuis 1945, sut, au moment opportun, faire *plusieurs tirages* (280 millions de dollars en 1946, 125 en 1947), lui fournissant les précieux dollars dont elle avait besoin. Le bénéfice du plan Marshall et les mauvais rapports avec le F.M.I. [2] font ensuite cesser les tirages; d'ailleurs, beaucoup de remboursements furent possibles entre 1951 et 1955 ; les tirages recommencèrent à partir de 1956. De tous les pays, c'est l'Angleterre qui en a le plus usé (notamment en 1956, 1961, 1964, 1965, 1966). En janvier 1958, la France obtient encore 131 millions de dollars. Elle n'y aura plus recours ensuite, sauf dans les jours qui suivront la crise de mai 68.

---

1. Voir plus loin ce qui concerne le F.M.I. (paragraphe III).
2. Voir plus loin, paragraphe III.

★★★ L'*aide des Américains* a pris (outre le prêt-bail) des formes diverses et successives.

La *restitution d'une part de l'or pris par les Allemands* à la France et qui était tombé entre les mains américaines, soit 92 tonnes.

La *diminution et le report du remboursement du prêt-bail* : en effet, assez brutalement, le 22 août 1945, quelques jours après la fin de la guerre, le président Truman annonçait la fin du prêt-bail. La France (qui d'ailleurs n'avait pas encore reçu tout le matériel prévu par l'accord de février) devait donc songer au remboursement. Un voyage de Blum aux États-Unis, au printemps 1946, aboutit :

- à la renonciation, par les U.S.A., à une partie de leur créance (1 930 millions de dollars) ;
- à l'ouverture d'un crédit, pour payer le reste, par l'Export Bank (agence gouvernementale des États-Unis), soit 650 millions de dollars, à 3 %, remboursables après 1952.

Le *non-règlement du déficit commercial* de la France aux États-Unis, ceux-ci le prenant (pendant quelque temps !) à leur charge, comme pour les autres pays.

L'*octroi de crédits divers*, sans plan d'ensemble, pour financer le développement économique français, la réalisation du plan, puis le réarmement entrepris par la France lors de la guerre de Corée (1950-1951) et de la guerre d'Indochine.

Ceci explique les multiples missions accomplies aux États-Unis par Blum, Monnet, Mayer, Pinay. Ainsi, fin 1947, est octroyée une « aide intérimaire » (autorisée par la loi américaine) par la Reconstruction Finance Corporation ; elle est suivie d'une aide d'urgence de la Federal Reserve Bank. L'aide Marshall arrivant sur ces entrefaites (on le verra plus loin), les crédits concernent de plus en plus les besoins militaires. On estime que, jusqu'en 1954, les Américains ont supporté 40 % du coût total de la *guerre d'Indochine*.

Leur aide s'élève à 1 535 millions de dollars, soit 825 au titre de l'aide économique, 709 au titre de l'aide militaire.

Ces crédits cependant prennent fin (1955) au moment où viennent de s'achever les combats (1954). L'aide américaine devient négligeable alors que la guerre d'Algérie va entraîner la France dans des dépenses encore plus considérables. La fin d'une aide, à laquelle on s'était trop habitué, explique la chute de la monnaie à partir de 1956, puisque seule l'inflation permet de couvrir les dépenses. Au début de 1958, Jean Monnet, au cours d'un nouveau voyage aux U.S.A., obtient difficilement 274 millions de dollars (par report de dettes ou prêts pour certains achats).

Des *commandes d'ordre militaire* : les commandes *off shore* sont une aide déguisée des États-Unis. Depuis la création de l'O.T.A.N. (1949) qui allie l'Europe occidentale à l'Amérique, les États-Unis commandent du matériel militaire à divers pays (au lieu de le fabriquer eux-mêmes). Ce matériel est ensuite acheté pour le compte de l'O.T.A.N. par les États-Unis. La France, stratégiquement très utile à l'O.T.A.N., a bénéficié aussi, économiquement, de la construction de nombreuses bases ; beaucoup de Français y trouvaient, par la suite, un travail très lucratif (ce qui posera le problème du reclassement quand ces bases, en 1966, quitteront la France sortie de l'O.T.A.N.).

Le *plan Marshall* aura été, malgré tout, l'aide la plus marquante.

★★★★ L'*aide d'autres pays ou organismes*, utile, n'a eu qu'une importance beaucoup moindre cependant. En 1945, l'Angleterre a octroyé un milliard de dollars à très faible intérêt. Au moment du règlement du prêt-bail, la France a trouvé quelque aide auprès du Canada et de la Nouvelle-Zélande et du F.M.I. (on l'a vu). Elle avait obtenu aussi des crédits de la B.I.R.D. (Banque internationale pour la reconstruction et le développement). Enfin, après le plan Marshall, l'Union européenne de paiements (U.E.P.) a consenti plusieurs crédits échelonnés jusqu'à la fin de la quatrième République (250 millions de dollars accordés au début 1958).

Le plan Marshall (1947/1948-1952)

Par son caractère, son ampleur, par ses résultats pratiques comme par ses conséquences lointaines, le plan Marshall mérite une étude particulière.

★ *Origines et caractères.*

Le plan doit son nom au secrétaire d'État américain qui remplace Byrnes en 1947, quand commence la « guerre froide ». L'Europe, ruinée par la guerre, est loin de s'être relevée; bien mieux, une crise semble proche. Il est clair que l'aide américaine, dont elle a bénéficié jusque là sans plan d'ensemble, a été insuffisante, que la misère la menace et, avec elle, pensent les Américains, le communisme. Aussi, le plan proposé par Marshall vise-t-il *trois buts* :

- but financier : élever et surtout organiser l'aide distribuée à l'Europe pour éviter les prêts multiples et anarchiques (qui n'empêchaient pas les U.S.A. de prendre à leur compte le déficit commercial de leurs partenaires) ;
- but économique : financer les achats de l'Europe; autant de dollars lui seront donnés, autant d'achats pourront s'effectuer aux États-Unis. Le profit économique se répandra des deux côtés de l'Atlantique.
- but politique : au moment où commence la « guerre froide », les États-Unis doivent s'assurer des atouts en Europe ; la relever, par ailleurs, l'empêchera de sombrer dans le communisme.

Les bénéficiaires du plan ? Marshall le propose à toute l'Europe en juin 1947 et toute l'Europe accepte d'abord, y compris l'U.R.S.S. ; mais quand, en juillet, des conférences sont organisées pour mettre le système au point, Staline renonce au bénéfice du plan, entraînant dans son refus tous ses « satellites » de l'Europe Orientale : il y voyait une opération politique plus qu'économique. Ce refus le contraindra à créer un organisme de remplacement : le C.A.E.M. (ou C.O.M.E.C.O.N.), Conseil d'aide économique mutuelle, propre à l'Europe de l'Est, mais qui sera loin d'apporter une aide aussi substantielle. Finalement, dix-sept États, c'est-à-dire l'Europe Occidentale, moins l'Espagne et la Suisse, acceptent le plan.

On peut trouver à ce Plan trois *caractères* principaux :

- il est temporaire, devant durer du 2 avril 1948 au 30 juin 1952 ;

• il est généreux : l'aide s'élève à 12 milliards de dollars; 90 % sont donnés en pure perte (au moins apparemment) ; 10 % seulement seront remboursés avec un intérêt de 2,5 % en trente-cinq ans à partir de juin 1952 [1] (en fait, exigibles à partir de 1956) ;

• il est sous contrôle américain (même si l'Europe y trouve un profit pour l'ébauche de son organisation) : l'étude de son fonctionnement va le prouver.

★★ *Le fonctionnement.*

Le mécanisme :

• le Congrès américain vote les crédits pour l'E.R.P. (European Recovery Program) qui a la charge du plan ;

• les dix-sept États bénéficiaires, groupés au sein de l'O.E.C.E. (Organisation européenne de coopération économique) créée à cet effet, répartissent entre eux les crédits ;

• les gouvernements, avec ces crédits, achètent les marchandises qu'ils désirent où ils le désirent (les U.S.A. sont, évidemment, le principal fournisseur) ;

• les utilisateurs de ces marchandises les achètent à leur gouvernement dans leur monnaie nationale, des francs donc pour les Français ;

• les francs sont versés au « Fonds de contrepartie de l'aide américaine », dont les sommes représentent la « contre-valeur » du plan Marshall ;

• la « contre-valeur » du plan Marshall est utilisée par les pouvoirs publics pour l'équipement du pays (ainsi, en France, le Fonds de modernisation et d'équipement en reçoit une bonne part), la résorption de la dette publique; la France en utilisera aussi une partie pour la mise en valeur de l'Union Française.

Le *rôle de l'O.E.C.E.* [2] est notable dans ce système. Groupant les dix-sept pays bénéficiaires du plan Marshall, elle représente, dès sa création (1948), la première grande ébauche d'union de l'Europe Occidentale. Ainsi, les États-Unis ont-ils puissamment contribué à faire naître un sentiment d'unité européenne en habituant des pays, divers malgré tout, à travailler ensemble.

Il ne faut pas cependant méconnaître la place, indirecte, qu'y tiennent les États-Unis et l'influence qu'ils y gardent ;

• ils imposent la méthode de travail : multiples comités, par produit et par ordre de besoins, non sans un certain contrôle américain ;

• ils obligent chaque membre à faire l'inventaire aussi précis que possible de ses ressources et de ses besoins (afin qu'ils puissent aider à bon escient), puis à dresser un programme d'action. Pour la France, celui-ci existait, c'était le plan de modernisation et d'équipement (plan Monnet) ;

• l'O.E.C.E. propose une répartition de l'aide ; les États-Unis l'étudient... et l'acceptent. Elle doit donc être acceptable.

---

1. La France en achèvera le remboursement en 1962.

2. Rappelons que, depuis 1961, elle s'appelle O.C.D.E. : Organisation de coopération et de développement économique, et qu'elle groupe, outre les dix-sept, l'Espagne, les U.S.A., le Canada, le Japon, la Finlande.

★★★ Les *conséquences* du plan sont nombreuses et durables.

Pour l'ensemble de l'Occident, le plan a été bénéfique. Le relèvement européen a été instantané. Pour les États-Unis, il a dû contribuer à freiner la récession de 1949. Pour la construction européenne, il a eu des effets immédiats et prometteurs : le commerce intra-européen a augmenté, les contingentements ont été diminués. L'Europe a senti la nécessité de s'organiser : création du Conseil de l'Europe (1949), de l'Union européenne des paiements (U.E.P.) [1] en 1950 ; bientôt de la C.E.C.A. (idée lancée par Robert Schuman dès 1950).

Pour le monde considéré dans son ensemble, l'effet fut moins bénéfique : le plan Marshall, en effet, a renforcé la coupure en deux blocs. La guerre froide en a été stimulée. Il faut rapprocher le plan Marshall (1948-1952) de la création de l'O.T.A.N. (1949) et du pacte de Varsovie (1951).

Pour la France, en particulier, le plan fut précieux. Les versements qu'elle obtint furent tout de suite très importants ; ils diminuèrent progressivement ensuite. C'est environ 2 milliards et demi de dollars, soit 876 milliards de francs, qui viennent relancer son économie. Elle peut ainsi financer ses importations. En 1948, l'aide américaine lui fournit 75 % de ses besoins en dollars ; en 1951 (1er semestre) encore 50 %. Elle peut aussi financer ses investissements par la contrepartie des fonds Marshall. Celle-ci représente [2] dans les investissements de l'État :

79 % en 1949
42 % en 1950
16 % en 1951

Les fonds Marshall auront donc été les *fonds de démarrage pour la réalisation du plan Monnet* (dont le terme fut, pour cette raison, repoussé de 1950 à 1952). En montrer tous les effets serait parler ici de cette réalisation, c'est-à-dire du progrès économique français à cette époque [3].

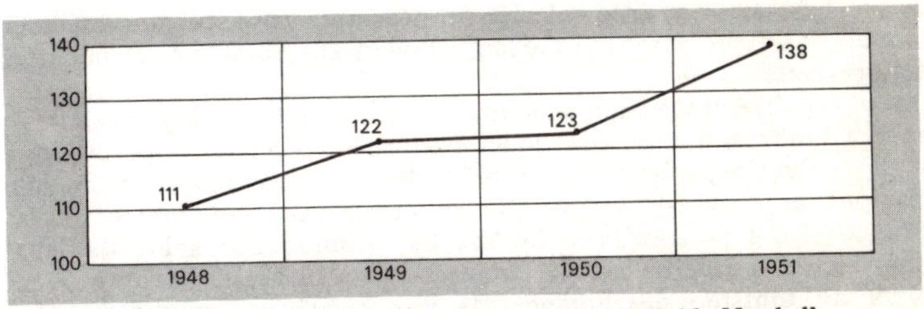

Progrès de la production française au temps de l'aide Marshall (indice 100 en 1938).

---

1. L'U.E.P. facilite les paiements intereuropéens par un règlement multilatéral ou par l'ouverture de crédits. Elle sera supprimée en décembre 1958 quand sera décidée la libre convertibilité des monnaies. L'A.M.E. (Accord monétaire européen) lui succédera pour poursuivre la politique des crédits. Voir chapitre XXIV, paragr. III.

2. Chiffres fournis par le numéro spécial de *Rapports France-États-Unis*, avril 1952 nº 61.

3. Cela sera fait plus loin : chapitre XXII, paragraphe II.

Répartition des 2 500 millions de dollars d'aide Marshall entre les secteurs économiques :

Matières premières et produits demi-finis	729,2
Machines, véhicules	530
Combustibles	589,6
Produits alimentaires, engrais	253,1
Fret	325,2
Assistance technique	15,4
Divers	53,5

Fn terminant, *il faut noter pourtant* :

• que la guerre de Corée a eu, en 1950-1951, un effet stimulateur sur l'économie (après la pause de 1949-1950) ;

• qu'elle a eu un effet inflationniste : elle est venue briser l'effort déflationniste entrepris par R. Mayer, en 1948, qui, conjugué avec l'aide Marshall aurait pu contribuer à remettre la France dans la voie de l'orthodoxie financière.

L'indépendance financière

La cinquième République a mis son point d'honneur à rendre à la France son indépendance financière. Pour de Gaulle, c'est une condition évidente de l'indépendance tout court. Il est vrai que les derniers emprunts de la quatrième République avaient poussé les États-Unis, comme le F.M.I., à poser à la France, nous l'avons vu, certaines conditions telles que réduction des dépenses publiques et du déficit budgétaire, libération des échanges, restriction au crédit (dont devait souffrir la politique du logement), sans compter certaines pressions peu compatibles avec une réelle indépendance politique. La situation s'est trouvée retournée en quelques années.

★ *Causes de la nouvelle situation :*

• fin des coûteuses guerres coloniales ;

• dévaluation bien calculée de décembre 1958, permettant une montée des exportations : excédent souvent appréciable de la balance commerciale ;

• politique de rigueur financière qui maintient prix et salaires, enraye l'inflation, a pu contribuer parfois à limiter les importations.

• développement très rapide des investissements étrangers (surtout américains), attirés par la croissance économique de la France et les perspectives du Marché commun : le solde de leur mouvement à long ou à court terme laisse à la France, d'après une étude du ministère des Finances de mars 1967[1], une recette de :

1,69	milliard	de francs	en 1962
1,61	—	—	en 1963
2,30	—	—	en 1964
2,07	—	—	en 1965
1,58	—	—	en 1966

1. Publiée par les *Problèmes économiques*, n° 1044 (« La Documentation française »).

(On notera toutefois la diminution en fin de période et on saura que, dans le même temps, les investissements français à l'étranger tendent à augmenter.)

★★ *Le résultat est une balance des paiements excédentaire*, un accroissement des réserves, une monnaie solide.

BALANCE DES PAIEMENTS DE LA ZONE FRANC
(avant déduction des remboursements anticipés)
(millions de francs)

	1963	*1964*	*1965*	*1966*
(1) Balance commerciale....	+ 874	— 439	+ 1 917	— 239
(2) Services et prestations gratuites	+ 1 647	+ 869	+ 643	+ 401
(3) Balance des comptes (= 1 + 2)	+ 2 521	+ 430	+ 2 560	+ 162
(4) Opérations en capital...	+ 1 460	+ 1 916	+ 988	— 156
(5) Balance des paiements de la France (= 3 + 4) ...	+ 3 981	+ 2 346	+ 3 548	+ 6
(6) Cessions nettes de devises par les pays d'outre-mer .	+ 651	+ 1 289	+ 1 328	+ 1 247
(7) Ajustements	— 16	+ 296	+ 754	+ 787
(8) Solde global pour la zone franc (= 5 + 6 + 7) ...	+ 4 616	+ 3 931	+ 5 630	+ 2 040

★★★ *La France peut rembourser ses dettes*, souvent même par anticipation (depuis 1961) :

• de 1959 à 1961, elle rembourse les États européens envers lesquels elle était débitrice depuis la liquidation de l'U.E.P., et se libère de certains engagements envers le F.M.I.

• depuis 1961, elle rembourse par anticipation (sauf en 1964) États-Unis, Canada, B.I.R.D., Export-Import Bank.

Ainsi la dette extérieure de la France est passée de près de 3 100 millions de dollars (soit 15 milliards de francs) fin 1958, à environ 380 millions de dollars (soit 1,9 milliard de francs) fin 1966. La France est un des pays les moins endettés du monde, elle peut maintenant consentir des crédits aux autres[1].

III. LA MONNAIE : DE LA DÉPRÉCIATION A LA SOLIDITÉ

Rappelons d'abord les notions fondamentales.

Pour qu'une monnaie soit solide, il faut que la quantité qui en est émise soit en rapport avec les biens ou les services offerts par le pays émetteur et ses réserves en or ou devises.

1. Voir plus loin : l'utilisation de la richesse (§ IV).

Si la masse monétaire augmente plus vite que les biens (inflation), les prix montent sous l'effet de la demande et, par conséquent, pour une même valeur nominale de la monnaie (1 000 francs par exemple), on achète moins de choses : il y a donc diminution du « *pouvoir d'achat de la monnaie* ». Si, pendant ce temps, les monnaies étrangères (le dollar par exemple) ont gardé leur pouvoir d'achat, il est évident qu'au change on demandera davantage de francs contre un dollar.

Ainsi sur le plan national ou international, il y aura eu *dépréciation* de la monnaie. C'est ce qui s'est passé sous la quatrième République dont l'émission de papier-monnaie est passée de 572 milliards de francs en décembre 1944 à 3 295 en 1957 (soit multiplication par 6) tandis que, dans le même temps, sa production totale n'était multipliée qu'environ par 3 ou 4 et que l'encaisse-or de la Banque de France passait au tiers (de 1 578 t à 511). Pour éviter l'aggravation du phénomène et la *fuite devant la monnaie* faible qu'était le franc, les changes étaient sévèrement réglementés.

La dépréciation de la monnaie rend inévitable, si elle dure, la *dévaluation*, c'est-à-dire l'abaissement de la valeur officielle de la monnaie par rapport à l'or ou aux monnaies fortes, le dollar par exemple. C'est en quelque sorte le rétablissement de la vérité et c'est une mesure officielle : contrairement à la dépréciation qui se fait toute seule, la dévaluation se décide. Il en coûte à l'amour-propre national de dévaluer, mais cela évite la fuite devant la monnaie et, pour le commerce extérieur, c'est une bonne affaire : tant qu'il n'y a pas dévaluation, le cours officiel de la monnaie, trop élevé, rend le prix de la marchandise d'autant plus fort : elle ne peut s'exporter ; mais qu'on dévalue par exemple de 50 %, cela revient à baisser théoriquement de 50 % le prix du même produit à l'exportation. (Inversement, on importe avantageusement avec une monnaie surévaluée et non pas avec une monnaie dévaluée.) C'est pourquoi la dévaluation n'est pas toujours une nécessité ; elle peut être une habileté pour trouver de nouveaux débouchés. La quatrième République cependant a agi par nécessité avant tout, bien que le moment choisi pour la dévaluation fût souvent en rapport avec le problème des importations ou des exportations.

La cinquième République, ici encore, a pu, une fois l'ordre monétaire rétabli, renverser le courant. Mais, pour comprendre le problème dans son ensemble, il faut voir, d'abord, comment fonctionne le système monétaire mondial.

Le système monétaire mondial depuis 1945

Il repose essentiellement sur le F.M.I. et le rôle particulier joué par certaines monnaies, dites « monnaies de réserve ».

★ *Les accords de Bretton Woods (27 décembre 1945) et le F.M.I.* [1].
Dans cette ville du New Hampshire, en juillet 1944, se réunissent des représentants de quarante États, ennemis de l'Allemagne et du Japon. La France y figure en la personne de Mendès France. Le but

1. Résumé de l'histoire du F.M.I. et de ses activités dans le numéro de juin 1964 de *Finances et développement*, publication du F.M.I., reproduit dans *Problèmes économiques*, nº 874 (« La Documentation française »).

des délégués est de mettre sur pied un système monétaire international capable d'éviter les errements de l'avant-guerre, c'est-à-dire les surenchères de dévaluation (dans un but commercial) et les taux de change multiples qui avaient tant gêné le commerce mondial.

Au terme de trois semaines de réunions, on se met d'accord sur un certain nombre de principes. Mais il faudra attendre le 27 décembre 1945 pour leur entrée en vigueur effective, c'est-à-dire le moment où vingt-quatre membres, représentant 65 % du capital du Fonds, auront approuvé ses statuts. Par la suite, tous les pays y accéderont progressivement, sauf ceux du bloc soviétique, si bien qu'en 1964 le F.M.I. comptait cent deux membres.

Les accords créent le F.M.I. et la B.I.R.D. (Banque internationale pour la reconstruction et le développement). Les membres du F.M.I. s'engagent à *maintenir la parité, c'est-à-dire un taux de change fixe* pour leur monnaie (et non variable selon les pays) ; ils ne le remanieront pas de plus de 10 % sans l'avis du F.M.I. Ils s'engagent à appliquer le système de la *liberté en matière de paiements internationaux*. Le fonds, qui siège à Washington, est alimenté par les membres, qui y versent leur quote-part, variable selon la richesse du pays ; un quart en or et trois quarts dans leur propre monnaie. Les quotes-parts anglaise et américaine représentent au total près de 40 % des fonds du F.M.I.

Le Fonds a pour but de faciliter l'expansion commerciale et la prospérité, en fournissant des conseillers et surtout en accordant des crédits au pays en difficulté qui pourrait être tenté pour y remédier de freiner son commerce ; en même temps, le Fonds soutient ainsi la monnaie de ce pays.

Ce dernier, en effet, peut effectuer un « tirage » sur le Fonds, c'est-à-dire échanger une certaine quantité de sa propre monnaie contre la devise étrangère qu'il désire (dollar par exemple) et que détient le Fonds. Le montant du tirage est fonction de la quote-part du tireur et des avoirs du Fonds dans sa monnaie (il ne faut pas qu'il y en ait trop par rapport à une autre devise, très recherchée). Le remboursement doit se faire dans un délai de trois à cinq ans. Le pays emprunteur récupère alors sa propre monnaie livrée au moment de l'emprunt, moins une commission assurée au F.M.I. (En 1958, 91 % des devises empruntées avaient été des dollars.)

La B.I.R.D. a pour but, parallèlement, d'accorder des prêts à long terme aux États qui en font la demande en vue de développer leur équipement. Une partie seulement de son capital est souscrite : 2 % en or, 18 % en monnaie nationale.

La *France* a donc participé tout de suite au F.M.I. et à la B.I.R.D. Sa quote-part fut de 450 millions de dollars au F.M.I. (sur 7,7 milliards en 1947) et de 460 à la B.I.R.D. (sur 9 100).

Par là, *le franc rentrait dans le circuit international.*

La France, pas plus que les autres pays, ne pouvait dévaluer sans l'autorisation du F.M.I. C'est pourquoi, comme on le verra, elle dévalue le 26 décembre 1945, à sa guise, la veille du début officiel du F.M.I. (27 décembre). C'est pourquoi aussi les mesures qu'elle devait prendre en 1948 (taux de change multiple) lui valurent le blâme du F.M.I. et l'interdiction de faire des tirages, tant que durerait cette situation (en fait, jusqu'en 1954). C'est pourquoi enfin, retrouvant sa puissance financière sous la cinquième République, elle aspire à jouer un rôle plus important au F.M.I.

Fin 1966, sa quote-part n'est que de 985 millions de dollars sur 20,2 milliards que détient le Fonds, tandis que les Anglo-Saxons gardent leur prépondérance.

★★ *Les monnaies de réserve.* On appelle ainsi la livre et surtout le dollar. Après la guerre de 1914, l'or se révélant insuffisant pour garantir les abondantes émissions de papier-monnaie des divers pays et le commerce ayant besoin de sommes grandissantes, la *conférence de Gênes (1922) établit le Gold Exchange Standard* (à titre provisoire... mais cela dure encore). Cela veut dire que les deux monnaies fortes pouvaient, tout comme l'or, servir à garantir le papier-monnaie, autrement dit ces deux devises allaient grossir les « encaisses » des banques centrales (banques d'émission).

Ainsi, les émissions de dollars et de livres favorisent le commerce mondial. Mais elles donnent aux États-Unis et à l'Angleterre une grande responsabilité, car les autres pays utiliseront les deux devises fortes pour garantir leur propre monnaie. Les Anglo-Saxons doivent toutefois être prudents dans leurs émissions, car, en temps de libre convertibilité externe des monnaies, on peut toujours leur demander de l'or à la place de leurs billets de banque.

En 1945, les réserves des banques centrales comprennent (moyenne mondiale) : 69 % d'or, 29,5 % de livres et 1,5 % de dollars.

Le dollar sort très renforcé de la guerre à la fois par sa couverture-or (les Etats-Unis détiennent les deux tiers de l'or mondial) et par la puissante production américaine. Par contre, l'Angleterre est ruinée et, en 1947, elle se résigne à mettre fin à la libre convertibilité externe de la livre[1]. Dès lors le dollar, convertible et stable depuis 1934, devient la monnaie fondamentale, l'étalon mondial. Toute valeur s'exprime en dollars ; tous les pays cherchent à se procurer des dollars ; presque toutes les monnaies sont garanties en partie par lui, puisqu'en 1965 les réserves sont constituées (moyenne mondiale) par : 60 % d'or, 10 % de livres, 20 % de dollars, 2 % d'autres monnaies et 8 % de dépôts aux quotes-parts du F.M.I.

Dépréciation et dévaluations du franc de 1945 à 1958

★ *Dévaluation de décembre 1945*[2].

A la Libération, le franc officiel est toujours le « franc Reynaud » défini en février 1940, comme correspondant à 21 mg d'or fin. Malgré la dépréciation très sensible (ainsi le dollar au « marché parallèle », c'est-à-dire au change non officiel, est coté 223 F au lieu de 43,80, cours officiel), on ne se hâte pas de dévaluer. En cette époque de grave pénurie, il s'agit en effet de rendre impossibles les exportations et, au contraire, de faciliter les importations.

Toutefois, la dévaluation est, tôt ou tard, inévitable : le papier-

---

1. Rappelons que la France avait limité en 1936 le mouvement de l'or et des capitaux et établi un strict contrôle des changes au début de la guerre (Office des changes, 1939).

2. Pour l'ensemble des questions monétaires, voir précisions et détails techniques dans *Histoire du franc*, de A. Neurisse (coll. « Que sais-je ? »), Paris, P.U.F., 1967. Consulter aussi : R. Sédillot, *Du franc Bonaparte au franc de Gaulle*, Paris, Calmann-Lévy, 1959.

monnaie reste trop abondant (on se rappelle la politique de Pleven). La France a dû payer les importations en or. (Le stock tombe de 1578 à 968 t soit 3,5 % du stock mondial au lieu de 27,4 % en 1932 !) Elle doit se hâter avant de signer les accords de Bretton Woods.

C'est chose faite le 26 décembre. Le ministre des Finances, Pleven, fait donner au franc une valeur correspondant à 7,46 mg d'or fin, ce qui fait 119 F pour un dollar et 480 pour une livre. La dévaluation, de l'ordre des deux tiers, est relativement faible (et, en fait, au « marché parallèle » le dollar cote à ce moment-là 213). Mais on pense ainsi freiner encore les exportations.

★★ *Les dévaluations de 1948-1949.*

La « flambée des prix » en 1946 et 1947 rend nécessaire, on l'a vu, un sérieux coup de barre en 1948. René Mayer va dévaluer une nouvelle fois. Il le fait pour trois raisons principales : d'une part, rétablir la vérité entre prix, salaires, monnaie ; d'autre part, profiter du choc psychologique occasionné par la diminution de la masse monétaire (blocage des billets de 5 000 F, emprunt, restriction du budget) pour tenter de fixer un franc stable ; enfin, faciliter les exportations, maintenant que la reconstruction a pris bonne tournure.

La *dévaluation du 26 janvier 1948* est de 80 %, ce qui donne 214 F pour un dollar (chiffre encore bien inférieur au cours du marché parallèle : 310 environ). Elle s'accompagne d'une libéralisation du commerce et du marché de l'or et des diverses monnaies, selon le système suivant[1] :

- le dollar a en fait plusieurs cours : un cours officiel (1 dollar = 214 F), un cours libre (1 dollar = 310 F environ) résultant de l'offre et de la demande, un cours moyen, entre les deux autres (1 dollar = autour de 264 F) qui va être utilisé par l'Office des changes pour les transactions commerciales. Celles-ci doivent profiter d'une certaine libération du commerce.
- le marché libre de l'or et des devises fortes est rétabli progressivement.

Ce système s'orientait donc vers la liberté totale, mais il était peu orthodoxe et entraîna les protestations du F.M.I. qui n'acceptait pas la multiplicité des cours de change. Il entraîna une certaine remontée du franc. La liberté des transactions rendait nécessaire cependant un taux exact de la monnaie.

Aussi un nouveau cours moyen fut-il fixé pour le dollar (on parle de « franc Queuille ») ; puis une nouvelle rectification eut lieu en avril 1949 (franc Petsche). Cela ne suffisait pas.

La *dévaluation du 20 septembre 1949* met un point, qu'on espère final, à ce rétablissement de la vérité. A ce moment-là, l'Angleterre s'est résignée à dévaluer la livre. La chute de cette monnaie clé entraîne la dévaluation de toutes les monnaies européennes, dont le franc, sur la base nouvelle de 350 F pour un dollar et 980 F pour une livre. Ce cours réaliste, qui rendait possible la liberté du marché intérieur des devises, devait rester en vigueur jusqu'en 1957 et même en 1958.

---

1. Étude claire et détaillée, page 105 et suivantes, dans l'ouvrage de De Lattre, *Les Finances extérieures de la France, 1945-1958*, Paris, P.U.F., 1959.

★★★ *La dévaluation de 1957-1958.*

La montée des prix, en rapport avec la guerre de Corée (1950-1951), fait peser une menace sur la monnaie. Par contre, le vigoureux effort de déflation de Pinay en 1952, accompagné d'un équilibre de la balance commerciale et même d'un excédent de la balance des paiements, lui redonne une valeur sûre.

A partir de 1956, cependant, la monnaie est à nouveau très sérieusement menacée : le déficit budgétaire, la montée des prix, l'accroissement de la circulation fiduciaire font attendre d'un jour à l'autre une dévaluation devenue inévitable. On y parvient en deux étapes :

• en août 1957, sans dévaluer officiellement, le gouvernement Gaillard décide que l'Office des changes donnera une prime de 20 % aux exportateurs (ainsi qu'aux touristes étrangers) et lèvera au contraire une taxe de 20 % sur les importateurs. C'était reconnaître implicitement une dévaluation de 20 %,

• *en juin 1958*, cette dévaluation est consacrée officiellement, sur la base de 420 F pour un dollar et 1 176 pour une livre.

★★★★ *La dévaluation de décembre 1958.*

Le cours précédemment établi était en fait trop élevé ; la situation financière héritée de la quatrième République était fort peu brillante au début de la cinquième. Une autre dévaluation semble nécessaire. Deux causes importantes y poussent, d'autre part, le ministre Pinay, dans le gouvernement de Gaulle. L'Europe Occidentale s'apprête (comme prévu dès 1955) à réaliser la libre convertibilité externe des monnaies : il importe d'avoir un cours normalement calculé[1] ; par ailleurs, il s'agit d'augmenter sensiblement les exportations puisqu'on décide au même moment de libérer le commerce de presque tout contrôle ; le Marché commun, d'ailleurs, va entrer en vigueur.

La dévaluation de décembre 1958 est la seule de toute la série à avoir été volontaire et fixée très largement de façon à pousser les producteurs à exporter. Habilement calculée, elle fait tomber la valeur du franc de 17,55 % ce qui donne :

493 F pour 1 dollar
1 375 F — 1 livre

et fait du franc, dit « franc de Gaulle » ou « franc Pinay » l'équivalent de 1,80 mg d'or fin.

Chute notable depuis la Deuxième et surtout la Première Guerre mondiale. Ce franc vaut :

11,67 fois moins que celui de 1940 (franc Reynaud)
32,75 — — — 1928 (franc Poincaré)
161,29 — — — 1803-1914 (franc Germinal).

Cette perte, peu satisfaisante pour l'orgueil national (encore qu'on trouve mieux dans le monde !), explique la décision qui a été prise, pour des raisons purement psychologiques et sans qu'il y ait le moindre changement de valeur réelle, de multiplier par 100 la valeur nominale de la monnaie (et donc de diviser les prix par 100).

Au 1er janvier 1960, 1 nouveau franc (NF) = 100 anciens francs.

---

1. La France établit effectivement la convertibilité externe pour les non-résidents : les étrangers ont le droit désormais d'y échanger leurs francs, de quelque origine soient-ils, contre toute monnaie de leur choix.

Au 1er janvier 1963, 1 NF = 1 F, c'est-à-dire qu'abandonnant l'expression provisoire de « nouveau franc » on revient au mot simple, le franc.

donc un franc = 180 mg d'or fin (au lieu de 290 en 1914),
un dollar = 4,93 F (au lieu de 5,15 en 1914).
une livre = 13,75 F (au lieu de 24,80 en 1914).
une livre = 11,84 F après la dévaluation anglaise de 1967.

Le tableau ci-dessous résume les étapes de la dévaluation du franc.

Date de la dévaluation.	Nom du franc.	Poids correspondant d'or fin (mg)	Nombre de francs	
			pour 1 livre	pour 1 dollar
Juin 1928	Poincaré	58,95	124,21	25,33
....	....	....	....	....
Févr. 1940	Reynaud	21	176,40	43,80
Déc. 1945	Pleven	7,46	480	119,11
Janv. 1948	Mayer		864	214,40
Sept. 1949	(dévaluation européenne)	2,53	980	360
Août 1957 / Juin 1958	Gaillard	2,11	1 176	420
Déc. 1958	de Gaulle	1,80	1 375	493,70
Janv. 1960	Nouv. franc	180	13,75	4,93
Janv. 1963	Franc	180	13,75	4,93

Le franc solide et agressif

★ *Conditions nouvelles des années 60.* La France a été pauvre, le franc a été faible : il y avait une politique de la pauvreté et de la faiblesse monétaire. Mais bientôt la France est riche et le franc est

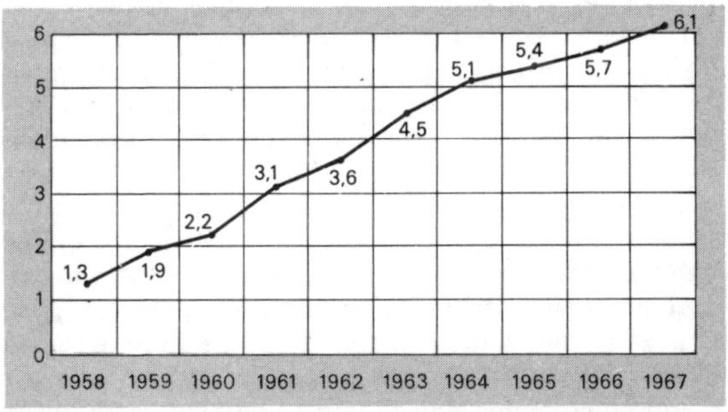

Réserves de la France en or et devises (en milliards de dollars), chiffres arrondis, en fin d'année.

solide. Il est dans la nature des choses que la politique ait changé. Mais le problème dépend non seulement des conditions proprement françaises, mais aussi des conditions mondiales ; celles-ci tendent à renforcer la position de la France.

Pour la France, c'est la fin de l'inflation, le règlement des dettes, devenues presque nulles; c'est, grâce à l'excédent de la balance des paiements, l'accumulation des réserves.

Les réserves ont atteint fin juillet 1966 l'équivalent de presque 6 milliards de dollars (= 29,460 milliards de francs). A cette date 86 % des réserves étant en or, la France détient 4 585 t d'or fin (soit 237 m^3) ; l'accroissement avait été de 60 t environ par mois. « Les caisses sont pleines ! » avait dit de Gaulle. « Le franc est inébranlable. » La France a le deuxième stock d'or du monde [1], près de 15 % alors que les États-Unis, dont les réserves sont tombées à 13,3 milliards de dollars, en détiennent le tiers au lieu des trois quarts en 1945. Après une légère diminution des réserves dans la seconde moitié de 1966, l'essor reprend en 1967 et se maintient globalement jusqu'à la crise de mai 68.

Belle arme pour la France pour contrebattre l'hégémonie américaine, reposant pour beaucoup sur le dollar.

Pour le reste du monde aussi, les conditions ont changé, et cela encourage la France dans son attitude :

- le commerce mondial a augmenté de 350 % de 1945 à 1965 ;
- les réserves mondiales n'ont augmenté que de 50 %. Elles représentaient 90 % du montant des importations en 1945 ; elles n'en représentent plus que 40 % vingt ans plus tard (noter que, dans des conditions différentes, elles n'en représentaient que 37 % en 1914) [2].

Pour la France, situation tout autre : les réserves représentaient 27 % des importations en 1950, mais 55 % en 1965.

Comment, d'autre part, assurer l'essor des pays sous-développés si la masse monétaire, déjà très mal répartie, est en outre insuffisante ?

Ainsi, une réforme du système monétaire paraît nécessaire, tant pour la France que pour les pays mal pourvus. La France va prendre la tête de la croisade contre ce système... qui repose surtout sur le dollar.

★★ *Les critiques de la France à l'égard du système monétaire mondial.*

La France critique l'organisation du F.M.I. où les Anglo-Saxons détiennent près de 40 % des fonds... qui deviennent environ 65 % avec leur clientèle (Commonwealth, Amérique latine, etc.). Ceux-ci donc y font la loi. Les crédits consentis aux divers autres membres sont insuffisants. L'univers manque de moyens monétaires... à moins d'emprunter aux États-Unis. Mais c'est là qu'est le danger.

Le dollar a une position exorbitante en effet. Considéré comme monnaie de réserve, il est très recherché. Mais les États-Unis en profitent pour en émettre beaucoup trop. La couverture-or de ces dollars n'est plus guère que de 25 % en 1968 au lieu de 47 % début 1958. Ayant des dollars (de valeur douteuse), les autres pays impriment des billets, le crédit devient trop facile. Inflation partie des États-Unis, inflation exportée. Les Américains de 1958 à 68 ont pu ainsi investir 25 milliards de dollars à l'étranger, dont le rapport est au moins de 10 %. Cet enrichissement leur permet toujours de nouveaux investissements qui « colonisent » peu à peu l'économie des autres pays. Il entretient leur prédominance économique et finalement politique, tandis que les pays européens, submergés d' « eurodollars » (= dollars circu-

---

1. Du monde non communiste. On ignore les chiffres soviétiques.
2. Article d'A. Cédet dans *Économie et humanisme*, reproduit dans les *Problèmes économiques* du 1er juin 1967 *(La Documentation française)*.

lant en Europe) connaissent les effets réels de l'inflation. Jusqu'en 1968, les États-Unis échappent à celle-ci et réussissent par leur influence politique à préserver la puissance du dollar... malgré l'action de la France.

★★★ *L'action de la France*[1].

La France convertit ses dollars en or, dans l'espoir que les États-Unis seront plus prudents dans leur émission : les Américains ont vu ainsi fondre leur or contre les billets que leur présentait la France. D'autres pays, plus timidement, s'y essaient. Si tous le faisaient... il n'y aurait plus d'or aux États-Unis.

La France réclame une réforme du F.M.I. Elle anime le « Club des Dix » (pays les plus riches, en majorité européens) qui fait entendre sa voix au F.M.I. contre les Anglo-Saxons (qui en font évidemment partie) ; elle entraîne tant bien que mal les partenaires du Marché commun ; elle a l'oreille des pays sous-développés avides de nouveaux moyens monétaires. Mais elle hésite elle-même sur la réforme à adopter :

• en 1964 : elle réclamait (pour remplacer le dollar comme unité de réserves) des « unités de réserve collective » (C.R.U.), sorte de monnaie supplémentaire garantie par les Dix.

• en 1965 : elle réclamait par la voix de de Gaulle (inspiré par M. Rueff) le retour pur et simple à l'or dont on doublerait la valeur pour garantir suffisamment de liquidités (monnaie de papier).

• en 1967 : elle accepte l'idée, d'abord refusée, de crédits octroyés par le F.M.I. mais à la condition que :

1° ils soient limités et d'usage contrôlé ;

2° que les Six du Marché commun aient un pouvoir déterminant au F.M.I. avec possibilité de bloquer les décisions, tout comme les Américains jusqu'alors.

C'est la position que les Six ont défendue à la conférence de Rio en septembre... malgré l'opposition des Américains qui craignent la nécessité d'un relèvement des quotes-parts exigibles en partie en or et veulent garder leur influence exclusive. S'ils donnent satisfaction aux Six sur le second point, ils ne se résignent guère au premier (mars 68).

La France veut faire du franc une grande monnaie internationale.

Dans ce but, elle libéralise complètement ses changes :

• fin 1958, comme les autres pays européens, elle a rétabli la libre convertibilité des francs contre les devises étrangères, mais uniquement en faveur des non-résidents (étrangers) ;

• fin 1961 : cette faveur est étendue aux résidents. Ainsi se trouve réalisé, seize ans plus tard, le vœu de Bretton Woods. Les autres pays font de même.

• début 1967 : elle supprime les quelques entraves qui pouvaient subsister concernant le mouvement des devises, de l'or, les emprunts. Seuls les investissements de l'étranger restent soumis à déclaration.

Tandis que le mouvement des capitaux doit être complètement libre dans le Marché commun en 1970, le gouvernement s'efforce de regrouper les banques, de ranimer la Bourse, pour *rendre à Paris son rôle de grande place financière mondiale*. La finance est décidément l'arme de la puissance... quand on a une monnaie solide !

---

1. Pour replacer cette action de la France dans le cadre général de la crise du système monétaire mondial, voir le chapitre XXXI paragr. II.

IV. LA MOBILISATION DE LA RICHESSE

Que le franc soit faible ou solide, il constitue l'expression d'une masse monétaire ou d'une créance qu'il importe maintenant d'apprécier. Les disponibilités monétaires n'ont cessé de croître. Croissance malsaine en temps d'inflation, normale en temps d'enrichissement réel. Un enquête, effectuée par l'I.F.O.P. en 1965, révèle la structure de cette richesse financière :

Argent liquide	165	milliards
dont billets de banque	60	—
comptes courants des banques	82	—
— — des organismes publics	23	—
Argent placé = épargne liquide	111	—
dont Caisses d'épargne	55	—
bons du Trésor	29	—
Crédit agricole	8	—
banques	19	—

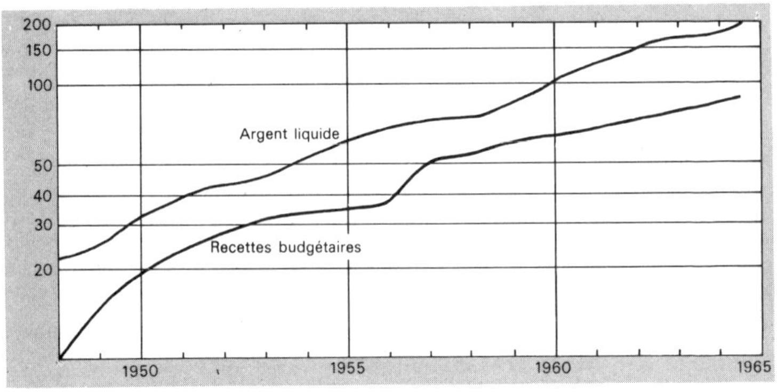

Masse monétaire et budget (échelle logarithmique)
(d'après les Annuaires de l'I.N.S.E.E. 1965 et 1966)
en milliards de francs courants exprimés en « nouveaux francs ».

Qu'a-t-on fait de ces disponibilités ? Et d'abord quelle a été l'action de l'État en la matière ?

Le budget

Le budget, dont les recettes drainent une très importante partie de la masse monétaire et dont les dépenses s'orientent vers des secteurs déterminés, joue un rôle économique considérable.

★ *Le déséquilibre budgétaire a fait place à un équilibre plus ou moins rigoureux* entre les recettes et les dépenses. Sous la quatrième République, le déséquilibre constant s'explique par les charges de la reconstruction, le faible rendement des impôts en temps d'inflation, les intérêts à servir, le poids de certaines dépenses (les guerres d'Indochine et d'Algérie). René Mayer fit un effort d'assainissement, Pinay aussi. Mais le déficit s'alourdit à nouveau, même s'il est présenté sous le nom d'« impasse ». La cinquième République redresse sensiblement la situation, insuffisamment encore puisque le déficit est sensible en 1963, mais après 1964 met son point d'honneur à présenter des budgets équilibrés. Avec Michel Debré (1966), elle retrouve les vertus d'une « impasse » modérée.

C'est, en effet, une nécessité, car ***un budget en fort déficit a, tout naturellement, un effet inflationniste*** (trouver des moyens de paiement artificiels quand on dépense plus qu'on ne gagne ou mettre en circulation une trop grande masse monétaire). Inversement, l'équilibre rigoureux peut conduire à une charge fiscale qui paralyse l'économie, surtout si le budget est en croissance rapide.

★★ La *croissance de ce budget* qui draine environ un quart du P.N.B. est importante : pour s'assurer des ressources, l'État tire à lui une grande partie du revenu national qui pourrait peut-être s'investir ailleurs. Elle s'explique pour beaucoup par la dépréciation du franc qui fait dépenser plus en valeur nominale pour acquérir un objet de valeur réelle constante. Elle s'explique aussi par l'enrichissement non moins réel du pays : cela permet à l'État de manier davantage de fonds. Elle s'explique enfin par l'extension croissante du rôle de l'État qui ne se contente plus d'administrer, mais aussi intervient directement en matière économique et sociale. De 1958 à 1965, les dépenses budgétaires ont augmenté de 8 % par an ; 7 % de 66 à 68.

★★★ La *répartition des dépenses* illustre ce rôle de l'État. Une grande part est consacrée, au lendemain de la guerre, à la reconstruction et à l'équipement : à peu près un sixième du total ; l'État exécute des investissements (ils triplent de 1953 à 1963), dans d'autres cas

Classement par grandes catégories de fonctions.	Proportion relative dans chaque budget.		Proportion relative par rapport aux ressources nationales (P.N.B.).		Soit, en milliards de francs.
	1937	1967	1937	1967	1967
Services généraux du pays	11 %	13 %	2 %	3,2 %	17
Dette publique	26 %	5 %	4,7 %	1,2 %	6
Éducation et culture	6 %	21 %	1,2 %	4,9 %	27
Action sociale	16 %	21 %	2,9 %	5,2 %	28
Défense nationale	31 %	20 %	5,6 %	4,8 %	26
Action économique	10 %	20 %	1,8 %	4,9 %	26
	100 %	100 %	18,2 %	24,2 %	130

Ce que sont les dépenses du budget de l'État
(d'après le service d'informations du ministère des Finances, 1968).

il prête son concours à ces investissements (participation multipliée par 3,5) ; dans le même temps, les dépenses budgétaires ne sont multipliées que par 2,5. On voit ainsi le souci croissant de l'État pour l'investissement ; on devine combien un effort accru ou décru de sa part, d'une année à l'autre, peut avoir d'influence sur l'économie générale.

Le budget de l'Éducation nationale représente 7 % du total en 1950, 10 % en 1957, 16 % en 1964, 17 % en 1967. La masse budgétaire ayant beaucoup augmenté entre-temps, les sommes consacrées à l'É.N. ont presque triplé entre les deux premières dates et nettement plus que triplé entre les deux dernières. C'est un autre investissement... Les dépenses militaires, aux mêmes dates 17 %, 26 %, 21 %, 20 %. L'aide de l'État à la recherche, infime au début, représente 4,8 % du budget 1966. Le soutien aux marchés agricoles décuple de 1958 à 1969.

★★★★ La *dette publique* peut avoir un grave effet sur le budget quand elle oblige l'État à se procurer les moyens nécessaires pour l'honorer. Cette dette publique s'est trouvée augmentée plusieurs fois par les emprunts lancés depuis 1945 : emprunts Pleven, Mayer, Pinay, Ramadier, Pinay encore. Mais son service n'est pour l'État qu'une charge modeste, grâce aux dévaluations et bien que certains de ces emprunts aient été gagés sur l'or ou sur des valeurs stables : 5 milliards en 1964 pour un budget de 90. La dette extérieure, on le sait, est devenue négligeable. Au total, le service de la dette publique ne représente plus que 5 % des dépenses budgétaires en 1967.

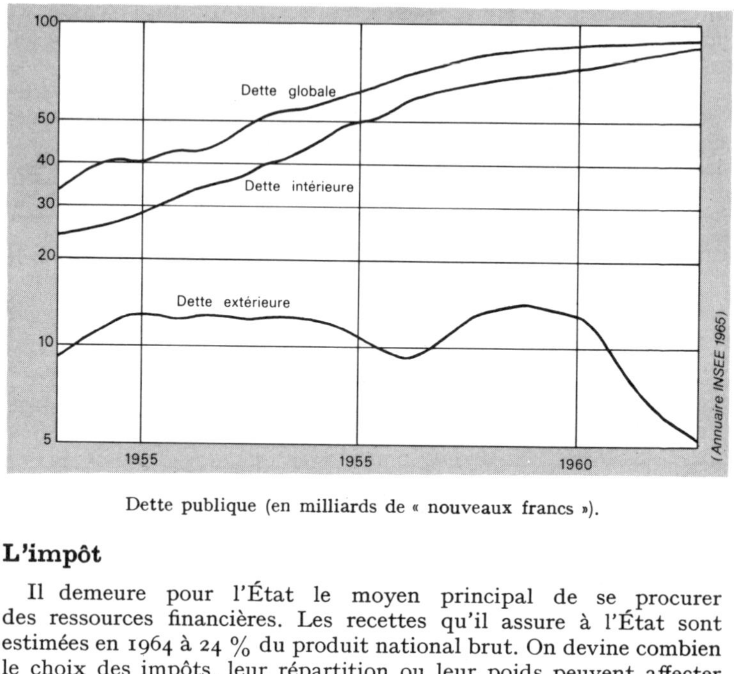

Dette publique (en milliards de « nouveaux francs »).

L'impôt

Il demeure pour l'État le moyen principal de se procurer des ressources financières. Les recettes qu'il assure à l'État sont estimées en 1964 à 24 % du produit national brut. On devine combien le choix des impôts, leur répartition ou leur poids peuvent affecter la vie économique et sociale.

★ Le *système fiscal* français est *lourd, complexe* parce que les difficultés financières de l'État depuis 1914 ont amené la création de nouveaux impôts ou taxes sans conception d'ensemble, tantôt provisoires (ainsi l'impôt de solidarité nationale, progressif sur le capital, en 1945), tantôt définitifs... mais qui ont pu changer de nom et de mode de calcul.

Un *effort de remise en ordre* s'impose ; il a été déjà entrepris en 1948, dans le sens d'un alourdissement des charges des sociétés, en 1959, par une simplification de l'impôt sur le revenu (déjà amorcée en 1948), en 1966, par la décision d'étendre la T.V.A. à partir de 1968 à des catégories qui lui échappaient jusqu'alors. Il reste encore beaucoup à faire.

Les *impôts directs* (levés nominalement) consistent essentiellement en un impôt sur le revenu, progressif[1], pesant sur toutes les « personnes physiques » et un impôt sur les bénéfices des sociétés qui atteint 50 % ; ces dernières sont soumises à d'autres versements dont le plus important est une contribution sur les salaires proportionnelle aux salaires qu'elles distribuent.

Les *impôts indirects* sont très nombreux : droits de timbre, d'enregistrement, droits sur l'alcool, etc. ; les plus intéressants sont les taxes qui frappent le chiffre d'affaires ; la principale est la T.V.A. (taxe à la valeur ajoutée) calculée d'après le prix de vente du produit[2]. Payable d'abord par les « producteurs », mais non tous les artisans, la T.V.A. est étendue, à compter du 1er janvier 1968, à tous les artisans, aux prestations de services, au commerce de détail. C'est là une mesure de simplification, à l'heure où la France a fait admettre le système de la T.V.A. pour le Marché commun (1970). Remplaçant la taxe locale pour le commerce de détail, la T.V.A. doit se montrer plus efficace.

★★ *L'importance de chaque type d'impôt.*

Les impôts indirects rapportent le plus : 53 % du total en 1958, 58 % en 1966 : proportion la plus forte du Marché commun (44 % en Allemagne, 51 % en Belgique) après celle de l'Italie (65 %). Ces impôts passent pour être plus injustes parce que perçus sans liste nominative. Toutefois, ce reproche s'atténue si l'on considère que, parmi les impôts indirects, *les taxes sur le chiffre d'affaires, tout comme les contributions directes, croissent* plus vite que les autres ressources.

	1950	*1957*	*1964*
Total des recettes (milliards de francs)	2 076 455	4 985 200	94 735,34
dont taxes sur le chiffre d'affaires	588 387	1 375 651	32 178,59
contributions directes	554 765	1 353 201	31 218,98
dont impôt sur le revenu	111 086	328 564	9 696,62
— — les sociétés	153 765	392 942	6 729,62

1. C'est-à-dire dont le taux est d'autant plus fort que le revenu augmente.
2. Déduction faite de la taxe qu'a déjà dû verser un producteur « en amont » pour éviter que la taxe ne frappe « en cascade ». Le but de cette taxe est de frapper tout accroissement de valeur pris par un produit du fait du travail dont il a été l'objet : c'est la « valeur ajoutée ».

(pour l'impôt sur le revenu, il s'agit de ce qu'on appelle « surtaxe progressive » jusqu'en 1959 et « impôt sur le revenu des personnes physiques » depuis lors).

Le revenu est frappé plus lourdement que la fortune. En 1964, l'impôt frappant les revenus représente 38 % des impôts contre 4 % à ceux qui frappent la fortune (en Allemagne 48 et 8, en Italie 24 et 10, en Belgique 42 et 6).

Les revenus des salariés sont plus atteints que ceux des autres catégories pour lesquelles la fraude fiscale est plus facile. En 1964, leurs rémunérations représentent 64 % du revenu national, mais ils paient 67 % de l'impôt sur le revenu (celui-ci représente globalement 15 % des recettes fiscales de l'État).

Le *poids de l'impôt sur les sociétés* est discuté : les uns trouvant son accroissement insuffisant ou déclarant qu'il est trop facilement répercuté sur le prix du produit vendu au consommateur, les autres démontrant que non seulement les prix sont souvent bloqués (ainsi le plan de stabilisation) mais qu'en comptant les charges sociales très lourdes, les sociétés supportent près des deux tiers des impôts directs pour ne pas parler des autres. Où trouver ensuite le moyen de distribuer des dividendes ou d'investir ? En somme personne n'est satisfait de ses impôts. Et la fraude fiscale est considérable en France.

★★★ La *pression fiscale* en est souvent tenue pour responsable. De fait, elle s'accroît pour trois raisons différentes :

• l'État a découvert, depuis la guerre, de multiples sources de revenus à taxer (nombreuses taxes créées sans cohérence) ;

• l'enrichissement général ;

• le maintien de barèmes d'impôts frappant des valeurs nominales de revenus, sans tenir compte de la dépréciation monétaire et de la montée plus apparente que réelle des salaires ou autres revenus.

D'où il résulte que :

• l'État manie des sommes croissantes et a des « plus-values » fiscales fort intéressantes pour lui. D'où la nécessité plus rigoureuse d'avoir un budget aussi proche que possible de l'équilibre.

• les impôts de chacun augmentent.

• le nombre des contribuables augmente aussi : 55 % des Français paient l'impôt sur le revenu en 1964, contre 23 % en 1950.

En conclusion, le système fiscal français doit être révisé et amélioré dans le sens d'une plus grande simplicité et d'une plus grande justice. Il pourra alors jouer son rôle normal de puissant levier économique.

L'épargne, l'investissement, les banques

Ayant payé ses impôts et acheté les biens de consommation dont il a besoin, le Français dispose d'une épargne qu'il peut thésauriser (il le fait beaucoup moins qu'avant 1914, habitué qu'il est à la diminution du pouvoir d'achat de la monnaie) ou qu'il a intérêt à investir. Dans ce cas, les banques sont un intermédiaire très couramment utilisé.

★ L'*épargne* est encouragée par la stabilité de la monnaie et des prix. Le nombre des épargnants a augmenté. En 1965, se déclarent épargnants :

66 % des « cadres »,
48 % des ouvriers,
46 % des Parisiens,
45 % des ruraux.

De 1959 à 1965, le revenu brut global a augmenté de 77 %, la consommation de 70 %, l'épargne de 110 %. 52 % des Français ont « des économies ». Où vont-elles ?

La majeure partie se place prudemment : comptes courants bancaires ou postaux qui ne rapportent rien ; caisses d'épargne surtout : pour 25 500 000 livrets en 1952, on en compte 30 millions en 1966 (dont les deux cinquièmes pour la Caisse nationale d'épargne). La masse des dépôts s'y accroît, mais la moyenne de dépôt (1 073 F) n'est que la moitié du dépôt anglais ou allemand, un peu plus du quart de l'américain. 7 % des Français souscrivent aux bons du Trésor ou du Crédit agricole.

7 % *seulement placent leur épargne dans les valeurs mobilières* (actions, obligations). Chiffre à comparer à celui des 35 % d'Americains. Ainsi l'épargne ne s'oriente-t-elle pas assez vers « les affaires » : habitude ? Crainte d'un profit aléatoire ? Ignorance des mécanismes financiers ?

Certes, l'argent des caisses d'épargne, du Crédit agricole, etc. n'est pas perdu pour l'économie nationale, puisqu'il y est injecté par le canal des instituts financiers spécialisés, telle la Caisse des dépôts et consignations, mais le gouvernement se préoccupe de plus en plus de *mobiliser l'épargne au profit de l'investissement.* Ainsi a été créée « l'épargne-logement » en 1965 ; ainsi, en 1967, diverses actions sur le taux d'intérêt poussent l'épargnant à déplacer son épargne de l'épargne liquide à l'investissement à moyen ou à long terme.

★★ *L'investissement* est le placement qui, à long terme, est le plus intéressant pour l'économie nationale, surtout si on considère le cas précis de l' « investissement productif ». En France, il est trop souvent sacrifié à la « consommation ». Par rapport au P.N.B. (produit national brut), on trouve, en 1963, l'utilisation suivante des ressources [1].

Consommation	65,4 %
Dépenses non militaires du gouvernement	8,9 %
— militaires	4,6 %
Investissements	20,9 %
Solde des échanges extérieurs	0,2 %

Il y a eu progrès depuis l'avant-guerre, mais insuffisant :

	Investissement. — (en milliards de francs)	*Ressources.* — (en milliards de francs)
1938	0,53	4,42
1950	15,94	100,74
1957	40,34	210,52
1964	90,74	437,41

1. D'après les « statistiques générales de l'O.C.D.E. », janvier 1965.

Toujours inférieur à 20 % jusqu'à 1957, il atteint de justesse ou dépasse à peine ce chiffre depuis 1958 (Allemagne : de 21 à 24, puis de 24 à 26 %). Encore l'investissement en « équipements » ne représente-t-il que 8,5 % du P.N.B. (moyenne 1960-1965) contre 12,5 en Allemagne.

L'État intervient de plus en plus dans l'investissement : ou bien il investit lui-même dans les entreprises nationalisées qui ont d'énormes besoins en la matière (charbonnage, E.D.F. par exemple, qui investit pour 4,8 milliards en 1967 !) ; ou bien il lance depuis 1965 des « emprunts d'équipement » dont le montant est affecté aux grands secteurs de l'économie ; il accorde depuis 1966 des privilèges fiscaux pour stimuler l'investissement [déduction fiscale de 10 % ; système de l' « avoir fiscal » qui, proportionnel aux dividendes perçus, est déduit du calcul du revenu ; réforme bancaire pour orienter l'épargne dans le même sens (voir plus loin), création des S.I.C.A.V. en 1964] [1].

L'État oriente lui-même ses ressources propres vers l'*octroi de crédits à l'étranger* (vente à crédit ou prêt d'argent, ou don pur et simple). Le but peut être purement économique (conquérir ou garder un marché) ou politique (étendre ou sauvegarder l'influence française). Aussi le crédit est-il variable (intérêt de 3 à 6 %). Les principaux bénéficiaires sont les pays d'expression française, mais, depuis 1962, on s'oriente résolument vers d'autres États : Inde, Turquie, Iran, Grèce, Espagne, Mexique, etc.

L'*investissement français à l'étranger* est estimé à la somme cumulée de quarante milliards en 1965 [2]. Son rapport est souvent supérieur à celui qu'on peut obtenir en France.

Dans les années 60, peut-être pour cette raison, il augmente beaucoup, comme en témoignent les chiffres du solde net (c'est-à-dire après déduction des désinvestissements) de l'investissement direct :

1962	0,52	milliard	de francs
1963	0,62	—	—
1964	1,13	—	—
1965	1,45	—	—
1966	1,30	—	—

Égal, en 1962, à moins d'un tiers de l'investissement étranger en France (1,69 milliard), il s'en rapproche en 1966 (1,58) et le dépassera en 68. Il s'oriente vers les pays du Marché commun, l'Angleterre ou les autres pays d'Europe, mais assez peu vers les États-Unis (89 millions en 1962, 55 en 1966), alors que, dans l'investissement étranger en France, ce dernier pays vient toujours largement en tête.

★★★ Les *banques* jouent un rôle primordial dans le maniement de l'argent. Il importe :

---

1. Sociétés d'investissement à capital variable : elles recherchent les petits capitaux qui, prenant les actions de la S.I.C.A.V., fournissent à celle-ci le capital nécessaire pour acheter des titres divers. Le risque est atténué pour les petits porteurs dont les dividendes sont la moyenne des dividendes rapportés à la S.I.C.A.V. par ces titres divers.

2. Pour l'investissement étranger en France, voir au chapitre XXIV, paragraphe II.

• que la richesse dont elles disposent ne cause pas d'inquiétude à l'État : celui-ci, pour cette raison, a nationalisé les quatre plus grosses banques de dépôts (voir le chapitre suivant) ;

• que l'argent amassé soit utilisé au mieux pour l'économie nationale.

Une *importante réforme bancaire* décidée en 1965 est appliquée par Debré depuis 1966 :

• atténuation des différences entre banques de dépôts et banques d'affaires, afin que les premières disposent plus librement des dépôts en faveur du financement à moyen ou à long terme.

• gestion plus souple des fonds : il existe désormais un système de « réserves obligatoires » gelant à la Banque de France une partie des dépôts recueillis par les banques ; le taux de réserve, fixé par les autorités monétaires, est variable : c'est un moyen de prévenir l'inflation. Ce système remplace celui du « coefficient de trésorerie », c'est-à-dire les 30 à 35 % de leurs fonds que les banques devaient garder en réserve ; cela permettait à l'État d'imposer aux banques l'achat de bons du Trésor selon un certain pourcentage de leurs dépôts, appelé « plancher » (jusqu'à 25 %).

• établissement d'une meilleure concurrence entre les banques, les caisses d'épargne, les établissements parapublics ; ainsi l'épargne sera mieux dirigée vers les premières, plus actives dans la vie économique.

• regroupement encouragé pour faire des banques françaises des éléments moteurs de l'économie dans le Marché commun, alors que les capitaux doivent y circuler librement en 1970. Le Crédit lyonnais, première banque française de dépôts, n'est que la deuxième du Marché commun fin 1966... et la quatorzième du monde. On cherche à regrouper les grandes banques de dépôts nationalisées en une seule et les banques privées en deux vastes ensembles axés l'un autour de la Banque de Paris, Compagnie bancaire, Worms, C.I.C., l'autre autour de Suez, Union des mines, Banque de l'Union parisienne.

Depuis un siècle, c'est-à-dire *depuis le second Empire, jamais de si vastes efforts n'ont été accomplis* dans le domaine bancaire. C'est à ce prix (avec peut-être un peu plus de liberté accordée aux investissements étrangers ou aux porteurs étrangers de titres français) que, sur une monnaie enfin solide, Paris pourra espérer retrouver son rôle de grande place financière européenne, sinon mondiale, et échapper à la tutelle de New York ou de Londres. Si le but ainsi recherché n'est pas dépourvu d'arrière-pensées politiques, nul doute, cependant, que l'économie française y trouvera son profit.

Car, finalement, là est le *but de toute politique financière*. Avant 1914, les finances étaient solides et l'économie quelque peu languissante. Pendant cinquante ans ensuite, le désordre financier s'accompagna du désordre économique, non sans de vigoureuses offensives et quelques beaux succès, mais inégaux et souvent compromis. Dans un climat meilleur, il s'agit maintenant d'harmoniser la puissance financière et le progrès économique.

Chapitre XXII

LA POLITIQUE ÉCONOMIQUE

Au nom du libéralisme, l'État, partout, jusqu'en 1914, se gardait bien d'intervenir dans les mécanismes économiques. La révolution bolchevik de 1917 comme la crise de 1929 ont mis fin à cette situation. L'intervention de l'État est maintenant partout visible. Elle peut avoir un caractère politique (volonté de donner à l'État le contrôle de l'appareil productif et l'orientation de la production) ou un caractère purement économique, sinon technique : l'État se contente alors d'aider plus ou moins indirectement la bonne marche de l'économie.

Ces deux caractères se retrouvent en France depuis 1945. Le premier cependant n'a jamais été très marqué et va en s'atténuant au profit du second. Après les nationalisations on en est venu à la planification ; celle-ci s'est faite de plus en plus souple pour laisser s'épanouir une action plus purement structurelle ou conjoncturelle, dans un cadre à la fois dirigiste et libéral.

I. LES NATIONALISATIONS

Elles sont l'une des plus importantes parmi les réformes de structure entreprises par la quatrième République. On y a même vu à l'époque quelque chose de révolutionnaire. Depuis lors on s'y est bien habitué. Cependant aucune nouvelle nationalisation n'est intervenue depuis 1946 : ni idéologiquement, ni sur le plan purement économique, cela n'est apparu nécessaire.

Origines et conditions de réalisation

Peu de précédents en France, vers 1944-1945, ce qui explique à la fois les discussions qui ont accompagné les nationalisations et aussi la volonté de les réaliser en ces heures de la Libération où l'on voulait faire du neuf.

★ *Origines.*

Bien que, avant la guerre, socialistes, communistes et, dès 1919 la C.G.T., réclament la nationalisation des plus grandes entreprises, en 1936, le Front populaire au pouvoir avance très prudemment dans cette voie : il étend son influence sur la Banque de France et les chemins de fer (S.N.C.F.), il nationalise certaines usines de guerre et de construction aéronautique. C'est peu. La S.N.C.F. n'est qu'une « société nationale » où les capitaux de l'État voisinent avec ceux des particuliers. Quant à la Banque de France, elle ne subissait pas de modification profonde.

Après la guerre, l'idée de nationalisation (concept souvent confus chez ses partisans) est partout dans l'air. Les nationalisations sont maintenant inévitables, pour trois causes :

• *causes idéologiques :* la volonté de renouveau, l'idéalisme généreux ou même socialisant de l'« esprit de la Résistance ». Ainsi, le C.N.R. inscrit-il dans son programme « le retour à la nation de tous les grands moyens de production monopolisés... notamment les grandes banques ». De Gaulle, dans son discours du 12 septembre 1944, demande « que les grandes sources de la richesse commune soient exploitées et dirigées, non point pour le profit de quelques-uns, mais pour l'avantage de tous ». Tous les partis (de gauche), la C.G.T., sont d'accord.

• *causes politiques :* parmi ces « détenteurs de monopoles », plusieurs ont plus ou moins « collaboré » avec l'ennemi ; il faut les en punir en confisquant leurs biens. Mais le M.R.P. réclame pourtant l'indemnisation des anciens propriétaires et veut que les nouveaux dirigeants qui seront donnés aux entreprises gardent une grande initiative, en dehors de l'État.

• *causes économiques et financières :* seul, l'État semble capable d'assumer la charge écrasante du relèvement et de la modernisation de l'économie (c'est ce que dit Pleven dans son discours du 4 juillet 1945), en particulier pour les houillères et l'électricité. Par ailleurs, l'État doit pouvoir recourir, pour couvrir ces dépenses, à la masse des capitaux détenus par les Banques. André Philip exprimera un autre souhait : que l'ensemble de la nation soit maîtresse de ses destinées économiques (avril 1946) : « Une nation ne peut avoir en main la direction de toute sa politique économique que dans la mesure où, par les nationalisations, elle a vraiment à sa disposition, à la fois les moyens de transport, les moyens d'énergie, la banque et les compagnies d'assurances ».

★★ *La notion de nationalisation*[1].

Reste à savoir ce que seront, au juste, ces nationalisations dont on attend beaucoup. Les discussions sont vives. A l'extrême gauche, on accepterait l'étatisation ; dans le monde ouvrier et chez certains socialistes, on préférerait la socialisation ; la nationalisation, moyen terme, rallie cependant la majorité des suffrages et les milieux libéraux s'y résignent mieux qu'aux deux autres solutions.

L'*étatisation* consisterait à remettre les entreprises à l'État, qui les gérerait directement. Dès lors, les entreprises n'ont aucune autonomie financière ; directeurs et employés sont de véritables fonctionnaires. Le prix de vente des produits est fixé par l'État, leur commercialisation relève de l'État, c'est le système soviétique (avant les réformes Libermann).

La *socialisation* (terme vague qui a plusieurs acceptions, dont celle-ci) serait très différente : les entreprises sont remises aux travailleurs ; ceux-ci les gèrent à leur guise ; ils en sont les vrais propriétaires. C'est, en résumé, le principe de « la mine aux mineurs ».

La *nationalisation, stricto sensu*, est la mise à la disposition de la nation de telle entreprise, la nation en devenant propriétaire ; la nation, mais non l'État. Et d'abord, la nation, telle qu'elle est, c'est-à-

1. On peut consulter sur cette notion, et d'ailleurs sur l'ensemble de la question l'excellent article « Nationalisation » de J. Rivero dans le *Grand Larousse Encyclopédique*.

dire qu'il n'est pas question de révolution sociale. Ensuite, la gestion ne relève pas directement, mais seulement indirectement, de l'État ; celui-ci y participera, la contrôlera, mais c'est la nation surtout qui l'assurera par un organisme qualifié, où les usagers seront spécialement représentés. De ce fait, l'entreprise nationalisée doit avoir l'autonomie financière, la personnalité civile, être libre de fixer les prix de ses produits, d'assurer librement leur commercialisation ; elle est soumise, comme n'importe quelle entreprise, aux lois de la concurrence.

★★★ *Méthode de réalisation.*

Ce qui est frappant dans la réalisation des nationalisations en France, c'est l'*esprit pratique avec lequel elles ont été faites*, sans souci de se rattacher à une définition juridique précise. Ainsi, elles acceptent dans une certaine mesure l'idée de « socialisation » puisque le personnel de l'entreprise a toujours une représentation importante dans le Conseil d'administration (à côté des usagers et de l'État) ; de même, le rôle de l'État est finalement (et surtout deviendra, pour des raisons financières en particulier) prépondérant (il agit comme représentant de la nation) ; même caractère pragmatique pour la question de l'indemnisation des anciens propriétaires de l'entreprise. En général, l'indemnisation est accordée. Il y a cependant des cas de confiscation pure et simple. Enfin, il faut noter que le caractère assez politique de l'opération, en ses débuts, s'est par la suite atténué. Si, dans les premières années, la désignation des membres des conseils d'administration s'accompagnait de luttes violentes entre les partis, peu à peu les techniciens ont pris le pas... et les entreprises s'en sont d'autant mieux portées. Cette mainmise « technique » s'est renforcée de plus en plus au point de retirer aujourd'hui aux entreprises nationalisées tout ce qu'elles pouvaient contenir d'idéalisme.

Dans la réalisation, *deux phases sont à distinguer*[1] :

• d'abord, en 1944-1945, à l'époque du gouvernement provisoire, le gouvernement agit beaucoup plus que l'Assemblée consultative. L'Assemblée réclame certaines nationalisations, mais ne se livre jamais à une discussion approfondie (cf. Jules Moch, le 27 décembre 1944) ; le gouvernement, lui, agit rapidement par ordonnances. D'ailleurs, ces premières nationalisations, décrétées dans l'hiver 1944-1945, sont surtout des mesures de circonstance : Houillères du Nord et du Pas-de-Calais (charbon très nécessaire) ; Renault (accusé de collaboration) ; puis mesures complémentaires : Gnome et Rhône, Air-France (printemps 1945).

• ensuite, dès l'hiver 1945-1946, et pendant l'année 1946, maintenant que l'Assemblée constituante est élue, c'est la loi qui réalise les nationalisations ; mais les délibérations sont longues, les désaccords apparaissent entre les partis, l'esprit de rénovation s'émousse. Cependant, l'œuvre est poursuivie ; elle est même plus systématique : c'est la nationalisation du crédit, des assurances, de l'énergie (sauf le pétrole).

1. Le détail de chaque nationalisation, replacé dans son contexte politique, peut être étudié dans *L'Année politique*, 1944, 1945, 1946 (ouvrage cité).

Les premières nationalisations (1944-1945)

Elles sont donc des mesures de circonstance, décidées par ordonnances.

Houillères du Nord et du Pas-de-Calais (13 décembre 1944). Dès le 27 septembre, avait été constitué un « groupement national » des Houillères du Nord et du Pas-de-Calais. Quinze jours plus tard, la nationalisation intervient, pour des causes économiques, souligne l'ordonnance. Il est urgent de remettre en état et de stimuler la production.

Les Houillères reçoivent l'autonomie financière, la personnalité civile ; elles sont placées sous l'autorité du ministre chargé des Mines. Tous les biens, toutes les installations (y compris cokeries, centrales, chemins de fer, ports fluviaux...) leur sont transférés. Une indemnisation est allouée aux propriétaires et concessionnaires. A la tête des Houillères, est placé un président-directeur général nommé par le gouvernement, assisté d'un comité consultatif représentant le personnel, les utilisateurs, les anciennes sociétés, le gouvernement.

Renault est accusé d'avoir collaboré avec les Allemands. Dès le 4 octobre 1944, ses usines sont mises sous séquestre ; le 15 novembre, la confiscation est décidée ; l'ordonnance, pourtant, ne paraît que le 16 janvier 1945. Louis Renault, mis en jugement, meurt dans des conditions mystérieuses, peu avant son procès. Ses propriétés, usines de construction automobile, sont transférées à l'État sans indemnisation. Celui-ci, d'autre part, devient principal actionnaire de toutes les entreprises filiales ; l'entreprise devient la Régie nationale des usines Renault (R.N.U.R.) avec la participation ouvrière. La R.N.U.R. a l'autonomie financière, la personnalité civile, mais elle dépend du ministre de la Production industrielle. La direction est assurée par un président-directeur général, nommé par le gouvernement, assisté d'un conseil d'administration (représentant l'État, les usagers, le personnel) et, par ailleurs, d'un comité d'entreprise de onze délégués élus du personnel[1].

Les usines Berliet (construction de camions), un moment nationalisées, ont été dénationalisées ensuite.

Gnome et Rhône, société spécialisée dans la construction de moteurs d'avion, est nationalisée le 29 mai 1945. Les causes n'en sont pas précisées ; il s'agit, en fait, de collaboration. Les actionnaires sont expropriés, avec indemnisation, au profit de l'État. Mais aucun changement n'intervient dans l'organisation de l'entreprise. Seul, le nom est modifié ; elle devient la S.N.E.C.M.A. (Société nationale d'études et de construction de matériel aéronautique).

Les transports aériens sont nationalisés le 26 juin 1945, avec effet rétroactif au 1er septembre 1944 (date à laquelle l'État avait pris la direction de ces entreprises). Cela signifie le transfert à l'État des actions des sociétés « Air France », « Air Bleu », « Air France Transatlantique ». Mais l'État pourra céder une part des actions à certaines collectivités : 30 % des actions d'Air France (qui, en 1946, avait

1. On verra plus loin la compétence des Comités d'entreprise (chap. XXIII, parag. III).

absorbé « Air Bleu ») sont rétrocédées et Air France, en 1948, devient une société nationale. L'État tient bientôt 98,55 % de son capital.

Deux cas particuliers sont à signaler :

La *marine marchande* passe, le 18 décembre 1944, sous la direction et le contrôle de l'État (ce n'est donc pas une vraie nationalisation). Un comité de quatorze membres, nommés, assure et dirige l'exploitation des lignes de navigation. Une loi du 28 juillet 1948 réorganisera la marine marchande, placée sous un Conseil supérieur de la marine marchande.

Le *B.R.P.* (Bureau de recherches du pétrole), créé le 12 octobre 1945, est un établissement public, chargé d'établir un programme national de recherches et « d'en assurer la mise en œuvre dans le seul intérêt de la nation » ; il accorde une aide financière aux entreprises exécutant des programmes approuvés ; il oriente leur action. Son rôle sera important dans la prospection du pétrole en France, mais c'est encore un exemple du rôle important de l'État dans l'activité économique sans véritable nationalisation.

Nationalisation du crédit, des assurances, de l'énergie (1945-1946)

A la différence des mesures précédentes, ces opérations de nationalisation sont le fait de la loi et elles procèdent d'un esprit plus systématique. Les principes cependant en restent les mêmes.

★ *La nationalisation du crédit* (2 décembre 1945) est acquise après beaucoup de réclamations et de discussions ; encore n'est-elle pas complète. Les grands partis, le C.N.R. l'avaient inscrite à leur programme ; le gouvernement s'y rallia. Les raisons invoquées sont le désir de supprimer un monopole de fait dans un secteur particulièrement important pour l'économie nationale et aussi, Pleven le souligne, la volonté de dégager l'État de toute emprise des grands intérêts privés. Le texte, remanié sur plusieurs points par l'Assemblée, est finalement voté le 2 décembre.

Trois décisions sont prises. La première seule est véritablement une mesure de nationalisation.

Nationalisation au 1er janvier 1946 de la Banque de France et des quatre grandes banques de dépôts (Crédit lyonnais, Société générale, Comptoir national d'escompte, B.N.C.I.). Pour la Banque de France, l'État devient le seul actionnaire ; les anciens actionnaires sont indemnisés par des obligations. Le Conseil général de la Banque groupe autour du gouverneur et des deux sous-gouverneurs (nommés par l'État), quatre membres de droit (directeur de la Caisse des dépôts, etc.), deux censeurs et sept membres nommés par le ministre des Finances. Le personnel y délègue un représentant élu, mais on voit combien la tutelle de l'État est forte.

Quant aux quatre grandes banques de dépôts, c'est, de même, l'État qui en devient le seul actionnaire. Les anciens actionnaires sont indemnisés. On notera que les autres banques de dépôts, moins importantes, n'ont pas été nationalisées et que, d'autre part, on cantonne les quatre grandes dans leur rôle de dépôt en leur interdisant de posséder plus de 10 % du capital des entreprises. C'est que la fonction d'investissement dans les entreprises est plus spécialement réservée aux banques d'affaires. (La réforme de 1966 autorise la possession de 20 % du capital. D'autre part, en 1966, le Comptoir national d'escompte et la B.N.C.I. ont fusionné pour devenir la Banque Nationale de Paris : B.N.P.)

Contrôle, mais non nationalisation, des banques d'affaires (exemple la Banque de Paris et des Pays-Bas). En effet, celles-ci restent privées, mais leur liberté d'action est limitée par l'installation auprès d'elles de « commissaires du gouvernement » (1946). Les discussions furent très vives à l'Assemblée au sujet de ces banques : socialistes et communistes réclamaient la nationalisation, voyant en elles le support fondamental du capitalisme (cette réclamation continue aujourd'hui alors que le gouvernement, au contraire, souhaite leur regroupement).

Direction et contrôle du crédit par un *Conseil national du crédit.* Cet organisme donne son avis sur tout ce qui concerne les problèmes du crédit. Ses avis font autorité, si bien que les banques même privées ne sont pas totalement libres. Ce conseil, consultatif, assiste le ministre qui voit s'il y a lieu de faciliter ou de restreindre le crédit selon la conjoncture.

On conserva aussi la *Commission de contrôle des banques* instituée en 1941, dont le rôle est de contrôler l'activité bancaire, par exemple en veillant à la proportion des réserves par rapport aux dépôts.

La nationalisation de la Banque d'Algérie est prononcée en avril 1946, le privilège de cette banque étant venu alors à expiration.

★★ *La nationalisation des assurances* (25 avril 1946) n'est pas plus totale que celle des banques. Le motif de la nationalisation n'est pas la sécurité des assurés : elle existe, étant donné les très grosses réserves des compagnies d'assurances ; mais c'est justement l'ampleur de ces réserves entre des mains privées qui inquiète l'État. Celui-ci, garant de la nation, doit les contrôler.

La réalisation est cependant difficile à cause du caractère international des assurances. Le projet gouvernemental, œuvre d'André Philip (ministre des Finances), tarde à venir à cause des conceptions divergentes des partis comme des assurés. Les communistes voudraient la nationalisation de toutes les assurances, les autres partis non. Par contre, beaucoup aimeraient voir les assurances se transformer en mutuelles.

Finalement, le projet Philip est voté assez facilement : trente-quatre sociétés d'assurances sont nationalisées. Elles forment à ce moment-là onze groupes (huit en 1963). Elles rassemblent alors plus de 60 % du capital détenu par toutes les compagnies et chacune détient plus d'un milliard de francs. Les sociétés nationalisées gardent leurs intérêts à l'étranger. Les actionnaires (à ne pas confondre avec les assurés !...) seront indemnisés. Chaque société a un conseil d'administration représentant l'État, le personnel, les assurés, les techniciens. Il est créé un Conseil national des assurances.

Quant aux sociétés non nationalisées, il est prévu qu'elles pourront, ultérieurement, être transformées en mutuelles. Elles doivent par ailleurs verser une partie des primes qu'elles reçoivent à une « Caisse centrale de réassurances ». (Rappelons que la prime d'assurance est la somme versée chaque année par l'assuré à sa compagnie d'assurance.) On voit donc qu'à l'instar des banques non nationalisées elles ne sont pas totalement libres. On le conçoit si l'on sait qu'en 1968 leur chiffre d'affaires global représente encore 61 % du total de l'assurance. Par contre, à cette même date, trente des sociétés nationalisées sont rassemblées en trois groupes puissants (décision de janvier 1968).

★★★ *La nationalisation des sources d'énergie : électricité et gaz* (8 avril 1946), *charbonnages* (17 mai 1946).

L'*électricité* et le *gaz* font l'objet de très longues discussions qui retardent la réalisation de plusieurs mois (malgré les promesses de Pleven en juillet 1945 qui la voyait possible pour la fin de l'année). C'est que le problème est très complexe et que les mésententes sont profondes à l'Assemblée : la droite (avec Laniel) se contenterait d'une direction confiée à un conseil national ; le centre veut la nationalisation effective de la production et du transport ; les communistes, avec le ministre Marcel Paul, veulent y ajouter celle de la distribution. Les questions les plus ardues sont celles des petites régies locales qui distribuaient le courant ou le gaz ; de la propriété des usines à gaz de petite capacité, ou des centrales électriques liées à la sidérurgie ou aux usines d'aluminium. Il semblait impossible de tout nationaliser : jusqu'où irait-on ? Gaz et électricité, qui rivalisent dans certains domaines, seraient-ils séparés, associés, fusionnés ? Les discussions sont interminables. Finalement :

— Électricité et Gaz formeront deux services distincts : Électricité de France (E.D.F.) et Gaz de France (G.D.F.) placés sous l'autorité du ministre de l'Industrie.

— Sont exclues de la nationalisation :

• pour le gaz, les petites usines d'une capacité inférieure à 6 millions de mètres cubes par an, les cokeries des houillères nationales, la distribution du gaz en bouteilles, la production et le transport du gaz naturel. Mais G.D.F. assure la distribution du gaz naturel aux particuliers ;

• pour l'électricité, la Compagnie nationale du Rhône, les centrales des houillères nationales et de la S.N.C.F. Celles de l'électro-métallurgie (aluminium, etc.) sont nationalisées, non celles de la sidérurgie (mais l'excédent de courant dont elles disposeraient serait livré à E.D.F.).

— E.D.F. et G.D.F. auront chacun deux sortes de services : un service national qui assurera production et transport ; des services régionaux pour la distribution (ceux de l'E.D.F. ont été organisés en 1950, ceux de G.D.F.... attendent).

— Dans le domaine financier, les deux établissements jouissent de l'autonomie. Ils pourront lancer des emprunts par l'intermédiaire d'une caisse qui, en 1948, prend le nom de Caisse nationale de l'énergie lorsque son service est étendu aux charbonnages. Les bénéfices réalisés faciliteront par ailleurs les investissements urgents qui s'imposent.

— Les conseils d'administration seront tripartis (représentants de l'État, des usagers, du personnel) mais, en 1953, on y ajoute des techniciens dont le rôle devient prédominant. Le directeur général de chaque entreprise est nommé par le gouvernement.

— Les anciens actionnaires sont indemnisés.

Dans la pratique, on constate qu'E.D.F. a été plus vite et mieux organisée que G.D.F. ; que certains services des deux établissements ont fusionné et que c'est E.D.F. qui en a pris la direction. Il faut noter aussi que, selon les communes, le régime de l'un ou l'autre est très variable, car ils ont succédé à des sociétés locales très diverses et ils en ont repris les cahiers des charges. En conclusion, une nationalisation qui a soulevé de nombreuses discussions et dont la réalisation a supposé maints accommodements. Les résultats sont cependant tout à fait positifs (satisfaction d'une demande très rapidement croissante).

Les *charbonnages* sont la troisième grande source d'énergie nationalisée. La mesure était inévitable. Déjà ç'avait été le sort des houillères du Nord et du Pas-de-Calais (13 décembre 1944). Presque toutes les autres mines étaient placées sous séquestre. La nécessité urgente d'augmenter la production par une modernisation profonde et coûteuse commandait la nationalisation. C'est ce que montra Marcel Paul dans son projet, qui fut adopté presque sans retouches par l'Assemblée.

La loi du 17 mars 1946 décide donc la nationalisation de toutes les mines de combustibles minéraux, à l'exception de quelques tout petits gisements (représentant 1 % environ de la production) et de deux mines de lignite de l'E.D.F. Les propriétés à l'étranger des anciennes compagnies minières sont exclues de la nationalisation. L'ensemble de la gestion est assurée par l'entreprise publique dite Charbonnages de France. Les bassins sont exploités sous sa direction par neuf « houillères de bassin » (Nord-Pas-de-Calais, Lorraine, Loire, Auvergne, Blanzy, Cévennes, Aquitaine, Provence, Dauphiné). Ces dix entreprises ont la personnalité civile et l'autonomie financière. Elles peuvent lancer des emprunts (par l'intermédiaire de la Caisse nationale de l'énergie). Chacune a un conseil d'administration représentant l'État, le personnel, les usagers. Les anciens actionnaires sont indemnisés.

Conséquences des nationalisations

La France, par ces différentes nationalisations, a donc tenté une expérience de système quasi socialiste sans que l'opinion, dans sa grande majorité, ait protesté. Un nouveau cadre était donné à une fraction importante de l'activité économique, cadre qu'on peut toujours agrandir puisque le principe de la nationalisation figure dans le préambule de la Constitution de 1946, repris en 1958. Toutefois, rien de nouveau n'apparaîtra avant 1982. La raison n'en est pas dans l'échec de l'œuvre. Il est évident qu'elle a réussi en dépit de certains défauts. Mais, passées les années difficiles de la reconstruction, la nécessité de nouvelles nationalisations n'apparaissait plus, tandis que les milieux d'affaires et les tenants de l'économie libérale retrouvaient leur puissance.

★ *Résultats et caractères variables selon les branches.*

Les *sources d'énergie nationalisées* ont eu des débuts difficiles, jusque vers 1949. Une partie des difficultés provient des luttes politiques qui ont accompagné la mise en place des nouveaux organismes ; mais les difficultés matérielles sont la cause principale : remise en état des charbonnages avec une main-d'œuvre insuffisante, construction de grandes centrales électriques, modernisation de la production gazière. Mais un puissant effort de concentration et de rationalisation a été entrepris ; de nombreux emprunts ont fourni les capitaux nécessaires ; les techniciens ont pris une place prépondérante dans les conseils ; très vite la production a augmenté et la France s'est trouvée à l'avant-garde de la technique aussi bien pour les centrales hydrauliques que pour le rendement charbonnier dans le bassin lorrain, le mieux équipé. Les pays étrangers recourent à nos ingénieurs pour leurs réalisations. Le point noir, c'est le déficit permanent des charbonnages. Il s'explique par des charges sociales particulièrement lourdes et par la nécessité de conserver, même dans des conditions peu rentables, un approvisionnement minimum en charbon national. On y remédie par la création d'usines carbochimiques (Mazingarbe, Carling, etc.) annexées aux houillères et vendant des produits de valeur. Cela a incité au regroupement, au 1er janvier 1968, de toutes les activités chimiques des charbonnages dans la S.C.C. (Société chimique des charbonnages). Cette « intégration » doit être très profitable sur le plan financier.

Renault est devenu la première marque française d'automobiles et le premier exportateur. La modernisation de ses usines a été remarquable (Flins). L'entreprise s'est illustrée également par ses initiatives en matière sociale : en 1955, les « accords Renault », par lesquels les ouvriers renonçaient à la grève pendant deux ans (sauf cas grave) contre une augmentation de leurs salaires et de leurs congés, ont été un modèle de convention collective. En 1963, Renault a inauguré la quatrième semaine de congés payés. Par là, Renault oblige pratiquement les autres entreprises à faire de même ; la Régie est devenue une sorte d'entreprise témoin. Cependant le rôle que joue l'État (par l'intermédiaire d'un directeur général aux pouvoirs croissants) fait que cet honneur peut être une charge très lourde. Et certains ont regretté que l'État se trouve enferré dans les problèmes sociaux ou propres à l'automobile du fait de cette nationalisation.

Le *secteur du crédit* est celui qui a été le moins transformé par les nationalisations. Chaque grande banque a gardé ses traditions. Le secteur bancaire libre n'a qu'une liberté relative. En fait, plus que les établissements de crédit, c'est tout le crédit que contrôle le gouvernement par l'intermédiaire du Conseil national du crédit et par la tutelle qu'il exerce sur un très grand nombre de caisses, de fonds, d'établissements spécialisés par secteurs (Crédit foncier, Caisse des dépôts et consignations, Fonds de développement économique et social, Crédit national, Crédit agricole, etc.). Il ne semble pas cependant que le crédit ait été toujours bien utilisé, ni bien réparti.

Les *transports*, en partie seulement nationalisés, n'ont pas subi de transformations profondes. Toutefois, leur modernisation, tant pour les chemins de fer que pour la flotte aérienne ou maritime, a été remarquable. Ils sont au service de l'économie nationale.

★★ Le *bilan global* est positif. Œuvre nécessaire, les nationalisations sont restées modérées. Cela ne les a pas empêchées d'être un facteur de progrès général et aussi d'entraîner, en sens inverse, un certain nombre d'inconvénients.

Facteur de progrès, elles l'ont été sur le plan économique et social. Dans l'économie, elles ont facilité la concentration et, par là, la productivité. Celle-ci se serait produite de toute façon, dira-t-on ? Peut-être, mais plus lentement et au profit de puissances privées que l'État n'aurait pu tolérer sans doute. Elles ont permis à l'État de réaliser plus facilement ses investissements et le Plan, dont tous les producteurs bénéficient. En maintenant une menace sur les secteurs libres, les nationalisations ont poussé ceux-ci dans la voie du progrès. Dans le domaine social, l'État se devait de donner l'exemple pour l'amélioration des conditions de travail et du salaire. Les entreprises privées ne pouvaient que suivre.

Les *défauts*[1] ont été maintes fois dénoncés cependant : politisation des industries nationalisées (on y offrait des places à ses amis politiques au début) ; fonctionnarisation enlevant l'esprit d'initiative ; perte de la notion de rentabilité puisque l'État vient combler le déficit ; par conséquent charge financière très lourde pour l'État.

Et puis, y a-t-il vraiment amélioration de la condition du travailleur plus que dans le secteur privé ? Les illusions des premiers temps n'ont-elles pas été déçues, qui prévoyaient la transformation de leur condition sociale ? Sont-ils devenus associés ? ou restés salariés ? Il n'apparaît pas que leur mentalité ait beaucoup changé. Le bouc émissaire de leurs revendications n'est plus « le patron », mais « l'État-patron ». Et c'est souvent le « secteur nationalisé » qui entraîne les autres dans la grève.

La *puissance économique de l'État*, en tout cas, se trouve singulièrement accrue par les nationalisations. Si l'on ajoute son rôle dans les diverses sociétés nationales (construction aéronautique par exemple) ou sociétés d'économie mixte, si l'on tient compte de ses multiples participations, c'est bien cet accroissement de la puissance de l'État qui apparaît la conséquence la plus importante.

★★★ *Le développement d'un « secteur public » semble peu à peu supplanter la formule de la nationalisation.* L'État cherche à devenir le partenaire de sociétés privées dans des branches précises de la production. Le cas le plus visible est celui du pétrole qui a échappé à la nationalisation en 1945 parce que le raffinage en était dominé par les Anglo-Saxons. Or l'État est devenu puissant dans ce domaine : dès avant la guerre, il contrôlait 35 % des capitaux de la Compagnie française des pétroles » (C.F.P.). En 1945, il a créé le B.R.P. (Bureau de recherche du pétrole), établissement public qui encourage la

---

1. Ils sont mis en lumière dans Chardonnet : *L'Économie française : Étude géographique d'une décadence et des possibilités de redressement*, 2 vol., Paris, Dalloz, 1958.

recherche. Comme l'État participait par ailleurs à diverses petites sociétés, il les regroupa en 1960 dans l'U.G.P. (Union générale des pétroles). Fin 1965, cette U.G.P. et tous les organismes pétroliers de l'État (dont le B.R.P.) sont rassemblés dans l'E.R.A.P. (Entreprise de recherches et d'activités pétrolières), puissant groupe d'État dont le rôle peut maintenant contrebalancer celui des sociétés anglo-saxonnes : dans le raffinage et la distribution du carburant (essence marque Elf, 1967) ; dans la production même à l'étranger, où E.R.A.P. offre des conditions intéressantes aux États lui octroyant des concessions (on en reparlera plus loin).

Quant à l'énergie nucléaire, elle est, depuis 1945, sous l'emprise du C.E.A. (Commissariat à l'énergie atomique). Celui-ci collabore avec les entreprises privées pour la construction des centrales. Mais les centrales ne relèvent que de lui-même ou de l'E.D.F.

II. LA PLANIFICATION (ET LE MOUVEMENT ÉCONOMIQUE)

On a vu dans quelle situation pitoyable se trouvait l'économie française au moment de la Libération. Comment reconstruire le pays dans les délais les plus rapides alors que faisaient défaut moyens de transport, énergie, main-d'œuvre ? Ne fallait-il pas par ailleurs profiter d'un tel bouleversement pour remodeler les bases mêmes de l'économie ? C'est à ce souci, déjà, qu'ont répondu les nationalisations. Prenant conscience des difficultés de la « reconstruction », l'État ira plus loin, en se lançant dans la planification. Un premier plan, le plan Monnet, apparaît en 1947.

Malgré ses résultats inégaux, il est certain que le plan Monnet a atteint le but fixé. La reconstruction, sauf pour certains secteurs, était achevée vers 1950-1952. C'est pourquoi on a conservé jusqu'à nos jours le système des plans. Tout en améliorant ses méthodes et en développant ses objectifs, on en est venu à repenser cette planification française pour mieux l'adapter à une économie en évolution rapide, l'économie d'abondance remplaçant l'économie de pénurie.

Conditions initiales : La reconstruction de 1944 à 1946

★ *Lente reprise de l'économie.*

Dès la libération, priorité est accordée à la remise en état des ports et des chemins de fer en même temps qu'au développement de la production charbonnière. Mais l'insuffisance de la main-d'œuvre limite les possibilités.

Particulièrement remarquable est l'effort de déminage, de déblaiement, de reconstruction des voies ferrées, ponts et viaducs ou, au moins, d'édifications d'ouvrages provisoires. Dès 1945, la S.N.C.F. peut assurer un trafic supérieur de 20 % à celui de 1938 avec un matériel et un personnel moins nombreux qu'à la veille de la guerre.

Le charbon, source d'énergie fondamentale, passe à 35 millions de tonnes en 1945, 47 en 1946. Chiffre bien insuffisant : il faut avoir recours aux importations, d'origine américaine pour la moitié. Mais l'électricité fait non moins défaut (à peine 23 milliards de kilowatts-heure). Le gaz est rare, le pétrole évidemment importé à presque 100 %. En 1946, le raffinage ne s'élève qu'à 2 800 000 tonnes.

Les industries de transformation sont encore plus en retard. Comment subvenir aux besoins en acier alors que la production de coke reste tout à fait insuffisante ? Comment remettre en route mécanique, textile, chimie quand on manque d'énergie pour faire marcher les usines, de ports pour débarquer les matières premières ? Que dire de l'industrie du bâtiment ? On a, pendant cette période, beaucoup plus déblayé les ruines que reconstruit à neuf : pour de nombreux Français le baraquement « provisoire », un garage, une cave sont des abris qu'on se dispute. Pour ajouter aux malheurs des temps, les récoltes sont mauvaises à cause de l'épuisement des sols et des intempéries.

Un goulot d'étranglement particulièrement grave a été la *main-d'œuvre,* spécialement pour les mines. Son insuffisance s'explique d'abord par la diminution de la population française (du fait de la guerre), par l'arrivée à l'âge d'homme des « classes creuses » de l'entre-deux-guerres ; mais aussi par le départ fréquent des étrangers : ils ne sont plus que 1 740 000 en 1945 ; ainsi presque la moitié des Italiens présents en 1931 sont repartis. Les Polonais commencent à rentrer chez eux, le mouvement s'aggravera à partir de 1946 quand leur gouvernement les rappellera. L'immigration espagnole et belge est tarie. Il faut aussi tenir compte du rendement moindre de la main-d'œuvre restante : résultat de la sous-alimentation, parfois aussi du mauvais esprit qui s'est développé pendant la guerre. Ainsi dans les mines, l'absentéisme est pratique courante : il y a environ 30 % de manquants chaque jour !

★★ *Les moyens utilisés.*

A vrai dire, on fait feu de tout bois.

Pour la main-d'œuvre, on cherche à *attirer les immigrants* : par un statut fort libéral accordé aux étrangers (2 novembre 1945), ils bénéficient des allocations familiales au même titre que les Français ; on facilite l'envoi de leur épargne dans leur pays d'origine. Quelques semaines plus tard, est créé l'Office national de l'immigration qui remplace les organisations privées, devenues insuffisantes. En même temps, on essaie d'attirer les « personnes déplacées », c'est-à-dire ces apatrides que les bouleversements de frontières en Europe centrale condamnent à rester dans des camps.

Mais, surtout, *on a recours aux prisonniers de guerre allemands.* Ils étaient près de 500 000. Beaucoup sont employés aux travaux agricoles et dans les mines où ils sont d'ailleurs payés.

En dépit de toutes ces mesures, le manque de main-d'œuvre reste grave : Pleven, en 1947, l'estime à un million de personnes. On voit quelle pression cela peut représenter sur les salaires.

L'*effort est stimulé* à la fois par l'enthousiasme de la Libération, mais aussi par le gouvernement, notamment les ministres communistes qui, en 1946, occupant des postes économiques, lancent des appels à la production.

Les *importations* sont multipliées pour fournir les produits de première nécessité : charbon, pétrole, coke par exemple. Les États-Unis sont le grand fournisseur. En 1945, les importations sont égales à quatre fois les exportations.

Le *sacrifice de la monnaie* est finalement le moyen fondamental : on épuise les réserves d'or pour procéder aux achats nécessaires ; on multiplie la monnaie fiduciaire pour pouvoir augmenter les salaires. On renonce complètement à l'équilibre commercial. On a vu comment Pleven préférait stimuler la production, au risque de développer l'inflation, plutôt que de suivre le plan plus austère de Mendès France qui songeait, dans un premier temps, a assurer surtout la monnaie.

On ébauche des plans dans le cadre de chaque ministère, de chaque service. Dès novembre 1944, on crée un ministère de l'Économie nationale, qui doit prendre une vue d'ensemble des problèmes. En 1946, une « direction des programmes économiques » de ce ministère est créée : sa tâche est à la fois de faire des prévisions budgétaires et de répartir matières premières, main-d'œuvre, crédits entre les industries. Pour l'année 1946, on dresse un « Plan d'équipement ».

Ainsi, peu à peu, à l'action désordonnée des débuts se substitue une organisation tandis que, fin 1946, l'économie a retrouvé, tant bien que mal, ses bases essentielles. Mais déjà le « Plan de modernisation et d'équipement », dit plan Monnet, est prêt.

Le plan Monnet : Organisation, prévisions

★ *Origines.*

On a quelque mal à trouver des origines au plan Monnet ! Avant 1939, seule l'*U.R.S.S.* avait, véritablement, un plan. Ce plan, on ne l'ignore pas, s'inscrit dans un cadre socialiste, collectiviste. On savait combien sa réalisation, assez remarquable en ce qui concerne l'industrie, avait suscité de difficultés à l'agriculture. L'ensemble de l'opinion libérale, dans le reste du monde, réprouvait ce plan étatique, autoritaire et qui retirait toute initiative aux producteurs.

En France, le gouvernement avait plusieurs fois encouragé l'économie ; il avait même essayé, à certains moments, de la réglementer (qu'on se rappelle Colbert), mais il n'y avait pas eu de plan. Dans l'entre-deux-guerres, on s'était souvent tourné vers l'État pour résoudre certaines difficultés, mais rien de plus. Quelques tentatives avaient cependant porté le nom de « plans », mais ceux-ci étaient plutôt des programmes d'utilisation des ressources que des plans de développement.

A la Libération, l'esprit est nouveau : il faut un plan, un plan d'ensemble, pour le bénéfice de tous. Deux raisons sont invoquées : l'immensité des ruines : on n'en viendra à bout que par une organisation d'ensemble (raison économique, technique) ; la nécessité de refondre les structures de la France, de donner à l'État les moyens de contrôler l'évolution d'ensemble au lieu de laisser les intérêts particuliers s'en charger (raison morale ou politique, idéal socialiste).

On a vu comment, dès l'année 1946, un plan d'équipement, issu du ministère de l'Économie nationale, avait permis d'organiser la reconstruction. En fait, on travaillait dès lors à un plan beaucoup plus vaste. En effet, le 21 décembre 1945, le gouvernement avait décidé de créer un « *commissariat général au Plan* » et, le 3 janvier 1946, celui-ci recevait son premier titulaire, Jean Monnet. Tout au long de l'année, il travailla à ce plan (plan Monnet) et, en novembre

1946, il put le présenter, sous le nom de *Plan de modernisation et d'équipement*.

Ce plan est quelque chose de tout à fait nouveau :

- il s'étend sur quatre ans : les années 1947, 1948, 1949 et 1950, chaque année ayant son programme annuel, partie du tout ;
- il embrasse l'ensemble de la production française ;
- il poursuit simultanément deux buts : produire, moderniser.

★★ *Organisation et mise en route.*

L'*organisation* de la planification française est fixée le 3 janvier 1946. Le commissariat au Plan, placé sous l'autorité du président du Conseil, doit préparer un projet de plan de quatre ans et le soumettre au « Conseil du Plan » (lui aussi rattaché à la présidence du Conseil). Ce Conseil comprend la plupart des ministres plus de douze à quatorze personnes choisies pour leur compétence. Il doit adopter le Plan et tout d'abord ses grandes lignes. Mais qui va entrer dans le détail, voir ce qu'il est possible de réaliser ? Ce sont les « *commissions de modernisation et d'équipement* », organisme le plus original de la planification française.

Ces commissions ont pour tâche d'aider le commissariat. Elles sont composées de fonctionnaires, de représentants du patronat ou des syndicats, de techniciens. En tout, 30 à 50 personnes bénévoles, choisies pour leur compétence (et non pour défendre quelque intérêt particulier). Ce sont elles qui, dans le détail, préparent le Plan. Par elles, ce sont toutes les catégories sociales et économiques qui sont associées au Plan et à son effort de développement. Par leur intermédiaire, toutes les catégories de producteurs s'habituent à travailler ensemble (avec le temps, ces commissions devaient se multiplier : il y en avait vingt-huit pour le quatrième plan, trente et une pour le cinquième).

La mise en route du système est marquée, du 16 au 19 mars 1946, par la première réunion du Conseil du Plan. Jean Monnet présente l'alternative : modernisation ou décadence. Si on veut moderniser, c'est 1 200 milliards de francs qui sont nécessaires pour réparer les destructions et reconstruire. Le but : dépasser de 25 % en 1950 la production record de 1929.

Cinq conditions sont nécessaires : obtenir tout de suite du charbon (plus tard, on pourra imposer à l'Allemagne des livraisons de 20 millions de tonnes par an), améliorer les transports, encourager l'immigration de façon à faire augmenter de 2 millions le chiffre de la main-d'œuvre, baisser le coût de la production (afin de pouvoir exporter, ce qui compensera les importations nécessaires), obtenir une aide financière étrangère (la présentation d'un plan rendra, à cet égard, les étrangers plus obligeants).

On voit que Monnet est conscient de l'incapacité de la France à réaliser son plan sans l'aide des étrangers : main-d'œuvre, charbon, capitaux ne peuvent être trouvés qu'au delà des frontières. L'Allemagne, en tant que vaincue, les États-Unis en tant que puissance la plus riche sont spécialement mis à contribution. Déjà Blum était parti à Washington solliciter l'aide financière. Dès que le Conseil du Plan eut accepté les objectifs proposés par Monnet, celui-ci se hâta de l'y rejoindre.

En novembre, les commissions ayant fait leur travail, le Plan est prêt. Peu après, il est définitivement adopté par le gouvernement.

★★★ *Le contenu du Plan.*

Prévu pour quatre ans, le Plan va en fait être prolongé jusqu'en 1952, de façon que sa fin corresponde à celle du plan Marshall, survenu sur ces entrefaites. Décision utile, car le Plan, très ambitieux, n'était pas réalisé en 1950 malgré l'aide des crédits Marshall.

Le but, en effet, est de rattraper en 1948 le niveau de production de 1929 et de le dépasser de 25 % en 1950.

Les *objectifs* mettent l'accent sur six secteurs prioritaires :

- le charbon, qui doit passer de 47 à 65 millions de tonnes ;
- l'électricité, qui doit passer de 23 à 37 milliards de kilowatts-heure ;
- l'acier doit passer de 4 à 10 millions de tonnes ;
- le ciment ;
- les tracteurs ;
- les transports.

On y ajoutera peu après les carburants et les engrais azotés.

Le production de toutes les autres branches doit monter aussi, dans des proportions presque comparables.

Les exportations doivent atteindre un niveau double de celui de 1938, c'est-à-dire supérieur à 1929.

Pour la main-d'œuvre, on s'en tiendra aux quarante heures légales, mais huit heures supplémentaires sont nécessaires. On aura recours à l'immigration, mais aussi au travail des femmes et des improductifs (... qui cesseront donc de l'être). L'accroissement prévu de la productivité contribuera à réduire le déficit en la matière.

Les méthodes d'exécution. Toute la nation doit être associée à l'exécution du Plan. Mais celle-ci variera selon les secteurs :

— dans le secteur public, notamment les entreprises nationalisées, le Plan est rigoureusement exécutoire ; son adoption par le gouvernement vaut ordre d'exécution.

— dans le secteur privé, le plan est un cadre où l'on essaiera d'intégrer la production, pour l'intérêt bien compris de tous. Des accords pourront même être passés par les plus grosses entreprises avec le gouvernement. Celui-ci aidera à la réalisation par le crédit, l'ouverture de marchés étendus sur plusieurs années, une politique à long terme des prix agricoles.

Le financement. L'investissement nécessaire est finalement de 2 250 milliards de francs. Un quart environ ira aux six secteurs de base ; un sixième à l'agriculture ; les autres activités, le logement, etc. se partageront le reste. La somme globale est énorme. Elle représente environ 25 % du revenu national.

Comment se la procurer ? On compte sur l'épargne, sur l'autofinancement des entreprises. Mais ce ne sera évidemment pas suffisant. On sait que les entreprises, par exemple, préfèrent constituer des stocks, seule valeur sûre en ce temps d'inflation. Aussi l'État doit-il fournir un effort particulier. En 1948 est créé le « Fonds de modernisation et d'équipement » (devenu par la suite Fonds de développement économique et social : F.D.E.S.) qui répartira les crédits de l'État. Il va sans dire que le secteur public sera favorisé. Le secteur privé en bénéficiera cependant par l'intermédiaire de caisses, telles que le Crédit foncier, le Crédit national, le Crédit agricole, etc.

Mais où l'État trouvera-t-il, à son tour, les fonds nécessaires ? On compte beaucoup, comme on l'a vu, sur l'aide américaine. Et de fait, celle-ci est généreuse ; elle s'organise à partir de 1948 dans le cadre du plan Marshall. On lance, par ailleurs, des emprunts. Et puis, il y a le bénéfice de l'inflation qui multiplie la masse monétaire : tous les investisseurs y trouvent leur profit, l'État le premier.

Réalisation du plan Monnet. La reconstruction de 1947 à 1950-1952

★ *Les étapes.*

Le Plan ne se réalise pas avec la belle régularité qu'on avait escomptée. Trois étapes sont à distinguer.

— *En 1947 :* démarrage difficile dans un climat inflationniste ;
— *En 1948-1949 :* le redressement est sensible.

Si l'on donne l'indice	100	à la production	de 1938,
on a	—	111	—	de 1948,
et	—	122	—	de 1949.

C'est, peut-on dire, la fin de la pénurie. L'électricité, l'acier, les tracteurs, les transports, les récoltes (favorisées par le climat) sont parmi les meilleures réussites. Les exportations augmentent de 50 % et arrivent à couvrir, comme en 1938, les deux tiers des importations. Par contre, le charbon stagne encore en 1948, mais progresse en 1949.

Le succès de ces deux années est dû :

• aux mesures financières : la politique de rigueur financière de R. Mayer, accompagnée des dévaluations de 1948-1949 qui favorisent l'exportation ; l'aide généreuse de l'État (Fonds de modernisation et d'équipement) qui fournit environ deux tiers de l'investissement.

• à l'aide Marshall, particulièrement importante ces deux années-là.

• à plusieurs chances : de bonnes récoltes, une bonne hydraulicité, la baisse des prix de nombreux produits d'importation, due à la récession américaine. Mais celle-ci est contagieuse : fin 1949, l'économie française ralentit à son tour.

— *De 1950 à 1952 et même 1953 :* le progrès se maintient, s'étale. L'année 50 n'est pas bonne : il y a presque stagnation (indice 123). En 1951, par contre, les événements de Corée donnent un coup de fouet, mais dans un climat très malsain : c'est à nouveau l'inflation. Quitte à ralentir l'expansion, il faut procéder aux mesures de déflation pour sauver la monnaie (Pinay 1952). Si bien que, la guerre de Corée étant par ailleurs terminée, le niveau de production reste encore étale.

★★ *Les résultats d'ensemble.*

Globalement, compte tenu de la prolongation du Plan, *les résultats sont positifs*. La production de 1952-1953 a atteint, parfois dépassé le niveau de 1929. Le commerce est en expansion : dès 1951, Monnet affirme que la France exporte deux fois plus qu'avant la guerre. Le revenu national (indice 100 en 1938) donne en :

1929	— 119
1938	— 100
1945	— 54
1946	— 83
1947	— 90
1950	— 118
1952	— 129

La *modernisation*, difficile à exprimer par des chiffres, est sans doute ce qu'il y a de plus important : elle est profonde, tant pour le matériel que pour les méthodes. De magnifiques réalisations ont vu le jour : des centrales sur le Rhône : Génissiat, Donzère, des trains de laminage, l'équipement de la Lorraine sidérurgique ou charbonnière (Monnet a systématiquement porté son effort sur la Lorraine), de grandes concentrations s'opèrent parmi les sociétés sidérurgiques (création d'Usinor en 1948, de Sidélor en 1950). La France se lance dans une politique de raffinage de pétrole, de modernisation de ses chemins de fer, de sa flotte. On vient de découvrir le gisement de Lacq.

Quelques chiffres importants :

	1929	*1938*	*1948*	*1950*	*1952*	
Charbon	53,8	46,5	45,1	52,5	55	millions de tonnes
Acier	10,3	6,2	7,3	8,7	10,9	— —
Électricité	14,5	20,4	28,4	33,4	40,7	milliards de kWh

Mais le Plan a-t-il été réalisé ? En voici les résultats[1] :

	Pourcentage de réalisation en 1952	*Pourcentage d'augmentation sur 1946*
Énergie :		
Charbon	96 %	+ 16,5 %
Électricité (total)	95 %	+ 77 %
— hydraulique	100 %	+ 98 %
Carburants	105 %	+ 668 %
Industrie :		
Acier	87 %	+ 148 %
Ciment	101 %	+ 153 %
Tracteurs	85 %	+ 1 230 %
Engrais azotés	127 %	
Toutes productions	98 %	+ 84 %
Production agricole	72 %	+ 23 %

Ainsi, les résultats sont-ils inégaux. A peu près partout, progrès. Mais pas toujours aussi important que prévu.

★★★ *Les points faibles.*

Des erreurs de prévision ont été commises. On a été quelquefois un peu pessimiste, par exemple pour le ciment, ou même l'hydro-électri-

1. D'après le nº 2846 de *Notes et études documentaires* : « La Planification française » (« La Documentation française »).

cité : mais on a été aussi, et c'est plus grave, très optimiste pour certains secteurs clés.

Le commerce reste déficitaire, bien qu'en 1950 l'équilibre ait été presque atteint.

Le charbon est le point... noir, par excellence. On est loin, en 1952, des 65 millions de tonnes prévues pour 1950 : 69 même étaient envisagées pour 1952. Dès 1948, conscient de l'écart, on avait ramené l'objectif à 60. Il fallut se contenter de 55 (atteints dès 1951). On avait sous-estimé les défauts des mines françaises (profondeur, faible épaisseur) et l'insuffisance de la main-d'œuvre.

La main-d'œuvre : on comptait sur un million d'immigrants, on en eut 270 000. Par ailleurs, il fallut se résigner à laisser partir les prisonniers allemands (au rythme de 20 000 par mois, jusqu'à la fin 1948). 100 000 acceptèrent de rester, volontairement, bien payés, mais c'est surtout l'agriculture qui en bénéficia. Des accords passés avec l'Italie en mars 1947 et en février 1948 ne donnèrent pas le résultat escompté (car on voulut limiter la sortie des capitaux épargnés). Les « personnes déplacées » furent 3 000 et non les 50 000 prévues. On se tourna vers les Nord-Africains, l'Europe, qui se reconstruisait elle aussi, n'étant plus aussi généreuse.

Les secteurs non prioritaires sont devenus des « goulots d'étranglement ». Certes, on ne pouvait tout développer à la fois. Un choix était nécessaire. On ne peut dire que celui qui fut fait ait été mauvais. Mais les secteurs prioritaires en sont venus, selon une règle bien connue, à souffrir de l'insuffisant développement des autres. Particulièrement touchés ont été : le textile (très sacrifié par le Plan), l'agriculture qui reste sous-équipée et de structure périmée, le logement dont le problème demeure aussi grave (question de main-d'œuvre en partie). La métallurgie, elle-même, malgré ses progrès, est insuffisante.

Le *déséquilibre régional* devient préoccupant. Le contraste se creuse entre des zones en voie de développement rapide, principalement Paris, qui concentre toutes sortes d'activités (... mais n'a pas de logements) ou la Lorraine (volontairement « suréquipée » pour son fer et son charbon dont l'essor est remarquable) et les zones déprimées ; l'une des plus typiques est le Nord où les difficultés, spécialement du textile, sont grandes ; de même, d'une façon générale, toutes les régions rurales prennent un grand retard ; elles se dépeuplent, car la population est attirée par les hauts salaires versés par l'industrie.

Le *climat inflationniste*, qu'on n'a pu éviter malgré l'effort de 1948, compromet finalement les résultats. Il favorise la production de biens de consommation immédiate aux dépens des autres, desquels dépend l'avenir. Et, si l'on remédie à l'inflation, c'est la stagnation, voire la récession qui menace. Les bases de l'expansion sont donc malsaines.

On peut s'interroger sur les causes profondes de ces faiblesses. On les voit principalement dans l'effort insuffisant du gouvernement pour juguler l'inflation, dans l'ampleur de la tâche à accomplir pour rattraper le retard accumulé, dans l'expérience insuffisante des Français en matière de planification. Ce dernier point était excusable et les autres plans tireraient la leçon des points faibles du plan Monnet.

Les plans depuis 1953 ; prévisions et réalisations

L'année 1953 échappa à la planification, ce qui prouve que celle-ci n'avait d'abord été considérée que comme un moyen provisoire de reconstruction ; mais, dès 1954, un nouveau plan est en vigueur et, depuis lors, le système a été conservé, tout en s'améliorant. Il n'a cessé de prendre une importance croissante.

★ *Le deuxième Plan (1954-1957).* On l'appelle parfois plan Hirsch, du nom du successeur de Jean Monnet.

Son but : augmentation de la production de 20 %, soit 4,8 % par an.

Ses caractères :

• il est plus complet que le premier, s'étendant à la plupart des activités productives afin de parvenir à une « expansion générale et équilibrée ». On s'occupe ainsi de l'agriculture, du logement, des industries de transformation.

• il s'intéresse non seulement à la quantité, mais aussi à la qualité et au prix de revient. On crée d'ailleurs un commissariat à la Productivité qui finira, en 1959, par être regroupé avec le commissariat au Plan. On prépare des moyens à longue échéance favorables à cette productivité (formation de la main-d'œuvre, organisation des marchés, etc.).

Ses résultats favorables : le succès est global puisque les indices prévus pour 1957 (base 100 en 1954) sont dépassés.

	Indice prévu.	*Indice atteint.*
	—	—
Toute production	120	130
Production industrielle	130	145
— agricole	120	117

Pour certains produits, le progrès est considérable :

Industrie chimique	+ 84 %
Construction électrique	+ 90 %
— automobile	+ 75 %

Ses résultats dangereux : en fait, le progrès a été inégal et, en 1957, il y a *rupture de l'équilibre économique et financier.* En effet :

• les biens de consommation se sont développés beaucoup plus vite que les biens d'équipement. Dans ce dernier domaine, les objectifs ont rarement été atteints. Ainsi :

Acier	14,1	millions de tonnes au lieu de 14 prévus
Charbon	59,1	— — — 61 —
Hydroélectricité	24,9	milliards de kilowatts-heure au lieu de 29,2 prévus (sur un total de 57,7)
Gaz	3,6	milliards de mètres cubes au lieu de 3,8 prévus
Carburants	25	millions de tonnes au lieu de 30 prévus
Machines-outils	+ 20 %	au lieu de + 40 % prévus.

• l'agriculture marque un retard préoccupant ;

• la balance commerciale, à peu près équilibrée au début du Plan, accuse un déficit croissant : presque un milliard de dollars en 1957.

• l'inflation seule a permis le développement global. Mais, précisément, les larges augmentations de salaires consenties ont stimulé la demande de biens de consommation aux dépens des autres et favorisé le marché intérieur plutôt que l'exportation. On a vu comment le franc était menacé ; dès 1957, une dévaluation camouflée a dû être effectuée ; l'effort déflationniste amorcé à la fin de l'année n'empêche pas l'économie d'avoir des bases malsaines quand débute, en 1958, le troisième Plan.

★★ *Le troisième Plan, 1958-1961.*

Son but : augmentation de la production de 21 %, soit 4,9 % par an. Chiffre plus élevé que pour le plan précédent. Mais on compte sur un investissement égal à 20 % du produit national brut. Ce qui n'avait pas encore été atteint.

Il met l'accent sur :

• la nécessité d'équilibrer les structures financières par la stabilité monétaire et le rétablissement des paiements extérieurs (diminution des importations, progrès des exportations.)

• l'ouverture sur le monde, stimulant pour l'accroissement de la productivité : les échanges seront libéralisés (notamment avec le Marché commun qui va commencer à fonctionner), les relations seront spécialement développées avec les pays francophones d'Afrique (début de la « Communauté »).

• la nécessité de préparer le plein emploi pour la jeunesse nombreuse qui va parvenir à l'âge du travail.

Sa réalisation est bouleversée par les conséquences de la dévaluation de décembre 1958. Dévaluation opportune, qui rend faciles les exportations et décourage les importations. Mais la volonté du gouvernement de bloquer les prix a un effet récessionniste, de même que l'emprunt qui diminue la masse monétaire en circulation. Certes, ce sont là de saines conditions d'un développement futur, mais le résultat immédiat a été l'impossibilité de suivre le rythme prévu par le Plan.

C'est pourquoi un « Plan intérimaire » est mis sur pied pour 1960 et 1961, de façon à essayer de rattraper le retard de la réalisation en 1958 et 1959 : 5,5 % de progrès annuel sont prévus pour ces deux années, tandis que l'État encourage les investissements privés, tout en freinant la consommation. Ce Plan intérimaire est un succès.

Et, finalement, le progrès, année par année, se présente ainsi :

1958	+ 2,5 %
1959	+ 2,2 %
1960	+ 6 %
1961	+ 5,5 %

soit un progrès total de 16,5 % au lieu de 21 % prévus initialement.

Les *résultats* sont cependant en partie favorables, bien que des insuffisances se maintiennent toujours.

Sont favorables : l'équilibre et même l'excédent de la balance commerciale, les importations n'ayant augmenté que d'un tiers mais les exportations des trois quarts; le rétablissement des finances publiques (la balance des paiements devient bénéficiaire grâce à l'essor des exportations et à l'attrait qu'exerce la France pour les investissements étrangers) ; le développement de certains produits essentiels :

l'acier	passe de	14,1 à 17,6	millions de tonnes,
l'électricité	—	57,7 à 76,6	milliards de kilowatts-heure
les carburants	—	25 à 34	millions de tonnes,
mais le charbon	—	59,1 à 55,2	— —

A l'exception de ce dernier produit (surproduction mondiale à partir de 1958), on constate le progrès des biens de production et d'équipement (contraste avec les résultats du Plan précédent). D'une façon générale, l'industrie continue sa croissance : en 1962, sa production atteindra le double de celle de 1952.

Sont inquiétants :

• le ralentissement du rythme de l'expansion (le rétablissement a été plus monétaire qu'économique), de la consommation (qui croît de 8 % au lieu de 24 % précédemment, car les prix ont assez vite remonté), de l'investissement.

• la distorsion du profit selon les catégories sociales : pour les salariés, il est faible ; pour les familles, très faible ou nul.

• la distorsion entre les secteurs (l'agriculture aggrave son retard) et entre les régions (difficultés des régions rurales).

• la montée des prix (+ 18 %) plus rapide que celle de la production (+ 16,5 %).

★★★ *Le quatrième Plan (1962-1965)*, œuvre du nouveau commissaire Pierre Massé, s'efforce sur des bases redevenues saines (bien que les prix aient monté et que le déséquilibre budgétaire soit considéré comme un facteur inflationniste) de corriger les faiblesses qui sont apparues. Le but est ambitieux : progrès de 24 %, soit 5,5 % par an.

Les *bases* du Plan sont : le progrès technique, la montée de la jeunesse, l'ouverture de l'économie française sur le monde tandis que les nouveaux rapports établis avec les colonies, devenues indépendantes, font perdre à la France des marchés privilégiés.

Les objectifs se résument dans la formule « priorité à l'expansion » : il faut créer un million d'emplois nouveaux (mais on ne diminuera pas la durée du travail) ; il faut un développement économique, social (le quatrième Plan se veut social), culturel, scolaire, militaire, régional. Bien que le progrès de la production agricole ne doive être que de 4,5 % par an, un effort sera fait en faveur de l'agriculture qui doit se moderniser, réformer ses structures, développer ses débouchés extérieurs. L'action régionale devient une préoccupation majeure. Ainsi les bienfaits de l'expansion doivent-ils corriger les déséquilibres.

La *réalisation* du Plan est un peu bouleversée par l'afflux des rapatriés d'Afrique du Nord en 1962. Mais leur absorption dans l'activité nationale se fait finalement dans de bonnes conditions. Par contre, leur arrivée contribue à développer les tendances inflationnistes : les prix montent rapidement, la balance commerciale se dégrade. Un coup de frein est nécessaire : c'est le plan de stabilisation de septembre 1963. Son effet sur la production ne se fait pas sentir immédiatement. Celle-ci avait monté de 6,8 % en 1962, elle monte encore de 5,5 % en 1963, de 5,7 % en 1964. Mais, à la fin de cette année, il est certain que le rythme s'abaisse et 1965 ne donne que plus 4,1 %. Toutefois la reprise économique est sensible à partir du printemps et l'accroissement commercial aura été considérable.

Finalement les prévisions d'accroissement annuel moyen sont assez bien réalisées, parfois dépassées :

	Prévisions. — (par an)	*Réalisations.* — (par an)
Production intérieure brute	+ 5,5 %	+ 5,5 %
Importations	+ 5,3 %	+ 10,9 %
Exportations	+ 4,7 %	+ 6,8 %
Consommation	+ 5,2 %	+ 5,7 %
Investissement total	+ 6,8 %	+ 8,1 %
— productif	+ 6,4 %	+ 5,8 %
Logements	+ 5 %	+ 12,4 %

Il y a donc beaucoup de résultats favorables. Ainsi la construction de logements a enfin démarré, stimulée par une véritable spéculation (d'où hausse des prix... et mévente des appartements à partir de 1966).

Mais causent des inquiétudes :

- la production agricole et spécialement animale ;
- l'investissement (... phénomène dangereux pour l'avenir) ;
- certains produits de base (à cause de la concurrence) :

Fer	59,5	millions de tonnes	au lieu de	73	prévus
Acier	19,6	—	—	22	—

★★★★ *Le cinquième Plan (1966-1970)*, mis en route par Pierre Massé, puis François Ortoli (auquel succède Pierre Montjoie en 1967) se distingue assez nettement des précédents par :

• *sa durée :* cinq ans au lieu de quatre ;

• *sa procédure de préparation :* grandes options présentées aux assemblées, mise au point par les organismes régionaux (Coder, etc.), vote définitif par le Parlement qui en fait une loi... ce qui oblige ensuite le gouvernement à veiller à son application.

• *le cadre où il s'insère :* dans le temps, il se situe dans la perspective 1985 ; dans l'espace, il est régionalisé pour satisfaire à l'aménagement du territoire (qui, depuis 1962, est la préoccupation essentielle); dans sa prévision, il envisage des variantes possibles.

• *les buts qu'il se propose :* non seulement il est un programme de production en volume (comme les plans précédents), mais il établit une *programmation en valeur :* il ambitionne l'équité sociale et l'équilibre économique ; il veut éviter l'aggravation sociale comme la « surchauffe » économique et l'inflation ; des « indicateurs d'alerte » dits encore « clignotants » (niveau des prix, équilibre des échanges, situation de l'emploi, production industrielle) doivent fonctionner pour entraîner, s'ils persistent plusieurs mois, une correction de la tendance par intervention gouvernementale.

• *les choix délibérés auxquels il s'est arrêté :*

• croissance globale moyenne : 5 % par an, soit 27,5 % en cinq ans ;

• expansion de l'investissement productif (mêmes chiffres) ;

• ralentissement du progrès de la consommation privée (+ 24 à 25 %) ;

• progrès du logement (+ 35 %) et des équipements collectifs (+ 55 %) : équipement agricole, urbain, scolaire, sanitaire, routier, etc.

• croissance du revenu agricole par tête supérieure de 2 % à celle du salaire.

L'année 1966 a assez bien répondu à ces prévisions. Mais, en 1967, la production ne croît que d'environ 4,2 %, la consommation privée 3,8 %. L'industrie piétine jusqu'à l'automne. Par contre agriculture et services se sont développés et l'investissement a continué la reprise amorcée en 1966. Des mesures de relance sont prises au début de 1968 mais les grèves de mai-juin en bouleversent les premiers résultats favorables.

Évolution et caractère de la planification française

★ *L'évolution* apparaît clairement à l'étude des cinq Plans successifs; elle est due certes au changement complet des conditions économiques (de la pénurie à l'abondance), mais aussi aux facteurs suivants :

• *bases beaucoup plus solides pour l'établissement des plans.* On a déjà évoqué la création de la Commission des comptes et des budgets économiques de la nation (1952), le rôle de l'I.N.S.E.E. (Institut national de statistiques et d'études économiques), de l'I.N.E.D. (Études démographiques), du C.R.E.D.O.C. (Centre de recherche et de documentation sur la consommation), etc. En 1959, le « Comité Rueff-Armand » reçoit mission de rechercher les obstacles de fait ou de droit à l'expansion. Très précieux aussi les recensements sur l'agriculture et l'industrie (1963) ou le commerce (1967). A partir de cette même année, l'I.N.S.E.E. publie la situation mensuelle des prix, des échanges, de l'emploi, de la production industrielle, la situation semestrielle de la production, la situation annuelle des investissements productifs. Ce sont les fameux « clignotants ».

• *difficultés accrues de prévision, cependant,* parce que les besoins à satisfaire sont moins élémentaires qu'au temps du plan Monnet; parce que le progrès technique est foudroyant... alors que le Plan, pour ne pas faire fausse route, doit avoir des horizons lointains; parce que l'ouverture des frontières et singulièrement le Marché commun livrent totalement la France au jeu d'une concurrence qu'elle a de moins en moins pouvoir de réglementer.

• *préoccupations de plus en plus vastes et généreuses du Plan.* Dans le premier plan, il y avait six options prioritaires. Les deuxième, troisième et même quatrième plans ont étendu la prévision à toute l'économie. Il y avait là une pente qui pouvait mener à une planification plus précise et détaillée qu'efficace. Le cinquième plan marque un changement d'orientation. Il met l'accent, à nouveau, sur quelques points fondamentaux, à savoir l'investissement, le logement, les équipements collectifs, l'aménagement du territoire. Par là même, finalement, il est pourtant très ambitieux, car il a un point de vue social encore plus accusé que le quatrième (... tout en freinant le progrès de la consommation privée, ce qui l'a fait accuser par la gauche d'être un plan de régression sociale) ;

• *insertion du Plan dans un vaste ensemble de recherche d'équilibre* plus que d'expansion à tout prix. Ceci depuis le cinquième plan. En font foi :

1° l'accent mis sur la régionalisation du Plan : les C.O.D.E.R. (Commissions de développement économique régional) préparent des tranches régionales du Plan, dites « tranches opératoires », dans le but de réaliser le petit plan particulier qu'elles ont contribué à établir pour le développement de leur région. Au centre, un « Comité de régionalisation du Plan » (réorganisé en 1965, après création en 1961) coordonne leur action. Ainsi doit être réalisé l'équilibre national.

2° le rôle des « clignotants », sorte de sonnette d'alarme qui incite le gouvernement à accélérer ou freiner le mouvement — dût le Plan ne pas être réalisé en « volume » — mais le but essentiel est désormais la « qualité » de l'expansion. Il s'agit d'équilibre économique et financier. Plus qu'un programme, le Plan est devenu une prévision dans le cadre de laquelle peuvent et doivent intervenir les pouvoirs publics. Cela a également été très critiqué par la gauche qui a parlé de « caricature de Plan ». Ce qui prouve que la politique économique est un choix.

★★ Les *caractères du Plan et de la planification française* sont donc bien visibles.

Le *Plan* s'est toujours voulu réaliste (et non dogmatique comme en U.R.S.S.). On prend comme objectif « le taux de croissance le plus élevé qui apparaisse compatible sans imprudence avec les équilibres fondamentaux de l'économie », a dit Pierre Massé. Il est « indicatif » et non impératif comme en U.R.S.S., c'est dire qu'il engage à être suivi, parce qu'il vise à l'intérêt bien compris de tous (représentés, pour sa préparation, par les Commissions de modernisation). C'est ce côté indicatif qui en a fait un modèle envié à l'étranger parce qu'évitant les excès de la rigidité soviétique ou du « laisser-faire » libéral. Située à mi-chemin des deux systèmes, l'économie française a été qualifiée de « concertée » ou encore de « contractuelle », le concert ou le contrat s'établissant entre l'État et les producteurs.

La *planification* s'est toujours montrée empirique : « le Plan français a été une création continue », perfectionnant ses méthodes ; elle a toujours été légère, souple, assez efficace ; elle est démocratique : les intéressés sont consultés, la publicité des travaux est assurée, les assemblées en délibèrent et le Plan est désormais présenté à leur vote.

La planification française a été incontestablement une réussite. Mais elle a dû évoluer selon la conception même que l'on se faisait du Plan et, finalement, de toute la politique économique dont elle n'est qu'un des éléments.

III. L'ÉTAT ET L'ÉCONOMIE ÉVOLUTION DU DIRIGISME

Nationalisations et planification ne suffisent pas à épuiser le sujet du rôle de l'État dans l'économie française. Celui-ci est multiple et omniprésent, soit que l'État soit considéré comme un producteur direct, soit qu'il joue le rôle d'un incitateur. C'est ce deuxième aspect qui fait parler de dirigisme. Quelle en est l'importance ? Quelle en a été l'évolution ?

L'État et la production

L'État participe directement à la production ou aux services de première nécessité ; il guide d'autre part les secteurs de pointe.

★ Les *activités de première nécessité* sont passées pour une bonne part sous la coupe de l'État. Qu'on évoque l'*énergie* (charbon, électricité, gaz nationalisés ; groupe pétrolier E.R.A.P. ; rôle du C.E.A. pour l'énergie nucléaire). Voici encore les voitures Renault ; dans les transports, les sociétés d'économie mixte (capitaux d'État + capitaux privés) que sont la S.N.C.F., les sociétés de construction aéronautique (Nord-Aviation, Sud-Aviation), Air France, la Compagnie générale transatlantique et les Messageries maritimes, la Compagnie de navigation du Rhin ; les établissements aussi divers que la R.A.T.P. (Régie autonome des transports parisiens), l'Aéroport de Paris, les ports autonomes ou les mines de potasse d'Alsace et l'O.N.I.A. (Office national des industries de l'azote), regroupés dans l'Entreprise minière et chimique, en 1967. Ajoutons encore les banques et les compagnies d'assurances nationalisées. En 1965, l'État était présent dans 416 entreprises. Au total, environ un million de travailleurs, soit à peu près 5 % de la population active, mais ces entreprises absorbent quelque 20 % de l'investissement brut national. On ne compte pas ici les fonctionnaires, qui dépassent le million.

★★ Les *secteurs de pointe* requièrent l'attention particulière de l'État. Lui seul peut en effet stimuler ces productions extrêmement coûteuses et d'une rentabilité très lointaine, mais d'une importance considérable pour l'avenir. Ainsi :

- la recherche et la construction nucléaire : C.E.A. ;
- les études spatiales (Centre national des études spatiales : C.N.E.S.) ;
- l'exploitation des océans (C.N.E.X.O. : Centre national d'exploitation des océans créé en 1966) ;
- les calculatrices électroniques. En 1966, a été créé un « Institut de recherche d'informatique et d'automatique » (I.R.I.A.) et mis sur pied le *Plan Calcul.* Il s'agit de ne pas laisser le marché français des ordinateurs à la discrétion des grandes firmes américaines (I.B.M., Bull-General Electric). Le Plan prévoit (1967) la construction d'ordinateurs moyens par un groupe privé : la C.I.I. (Compagnie internationale pour l'informatique) appelé encore C2 I, auquel l'État accorde des crédits et une garantie pour les emprunts qu'il lancera. L'investissement prévu est d'un milliard de francs. La fabrication des gros ordinateurs sera envisagée éventuellement après 1972. La gestion des entreprises peut être bouleversée par l'informatique. L'État se devait de préparer cet avenir proche.

L'ancien dirigisme (IVe République)

Le mot « dirigisme » a été très à la mode après 1945, pour désigner les multiples interventions de l'État dans le fonctionnement de l'économie. On mettait dans ce mot une nuance généralement péjorative. Les formes en ont été très diverses ; beaucoup se sont maintenues jusqu'à nos jours en évoluant plus ou moins, d'autres ont disparu :

• la planification (on en a vu plus haut l'évolution) ;

• l'action sur les salaires et les prix : contrôle rigoureux jusqu'en 1950 ; atténué par la suite, rétabli par moment : 1958, 1963 (plan de stabilisation)[1] ; les prix agricoles jusqu'à la réalisation définitive du Marché commun (1er juillet 1967) sont du ressort de l'État.

• la politique sociale et familiale : création de la Sécurité sociale[2], des allocations familiales qui, l'une et l'autre, pèsent lourdement sur l'employeur : il s'agit d'une politique de « transfert social » qui existe toujours.

• l'action financière de l'État, par l'impôt, le budget, l'investissement, l'orientation de l'épargne : le rôle en a été croissant pour guider l'économie. Nombreux ont été les investissements les plus utiles (énergie, transports, etc.) ;

• de multiples contrôles (de la production, du commerce) accompagnés de tracasseries ou paperasseries, mais assortis de subventions : tout cela, sans avoir disparu, a surtout caractérisé la quatrième République.

• par contre, la liberté de la richesse et de la consommation... une fois terminé le rationnement (en 1949-1950). Cette liberté fut une des causes de l'inflation. Elle continue à en faire planer le danger. Mais l'attachement qu'on lui manifeste est synonyme du maintien de la France dans le camp libéral. Elle ne semble pas près d'en sortir. En somme, le dirigisme a été longtemps plus qu'une volonté, une nécessité liée à la pénurie. Il garda ces caractères même quand revint l'abondance. Il visait surtout au contrôle des prix ou des autres effets de la structure économique. Il était plus contraignant qu'efficace.

Avec la cinquième République, le dirigisme, lié à l'abondance, change de nature. Il s'attaque aux structures et à la conjoncture visant surtout la productivité et l'équilibre.

Le dirigisme pour la productivité

La productivité, c'est-à-dire le rendement du travailleur et, par conséquent, ce qu'il coûte à l'entreprise, est devenue un élément fondamental de l'économie moderne. La productivité est d'autant moins forte que l'ouvrier est moins qualifié, que le matériel mis à sa disposition est médiocre. Cela coûtera cher à l'entreprise, surtout si la main-d'œuvre est rare. L'entreprise, tout naturellement, augmentera ses prix de vente pour conserver un bénéfice suffisant. Cela est facteur d'inflation : *phénomène de l'inflation par les coûts.* Nul doute que ce phénomène ait joué un grand rôle en France depuis 1945. Même de 1958 à 1965, c'est une constante de l'économie française qui explique la tendance des prix à monter et justifie pourtant les plaintes des entreprises sur la modicité de leur marge bénéficiaire (car elles ne sont pas toujours maîtresses d'augmenter leurs prix). C'est là le résultat d'une productivité insuffisante. Il n'est que de comparer France et États-Unis :

---

1. Voir le chapitre XXI, paragraphe I
2. Voir le chapitre XXIII, paragraphe I.

Changements annuels du coût de production entre 1958 et 1965 :

	France.	*U. S. A.*
	—	—
Charge salariale par unité produite	+ 2,5 %	— 0,8 %
Prix des produits finis	+ 2,9 %	+ 0,4 %
Indices des marges bénéficiaires	+ 0,4 %	+ 1,2 %

Le gouvernement français, voulant stopper l'inflation, s'est donné tout naturellement pour but de stimuler la productivité (l'exportation à son tour en sera facilitée). C'est un des buts de son « dirigisme » ; les moyens d'y parvenir ne manquent pas :

★ *L'investissement est stimulé.* L'aide que l'État lui apporte prend une forme directe (par exemple, dans les entreprises nationalisées) et indirecte (primes, avantage fiscaux, crédits). Si l'on additionne les deux, on s'aperçoit que près de 50 % de l'investissement total sont encore dépendants de l'État ou bénéficient de conditions avantageuses de sa part ! (C'était 65 % au lendemain de la guerre.) D'où le grand nombre de « fonds » ou de caisses : Fonds de développement économique et social (F.D.E.S.) qui aide surtout à la réalisation du Plan, Fonds d'aménagement du territoire, Crédit national, Crédit foncier, Crédit agricole, Caisse des dépôts, Caisse des autoroutes, etc.

Toutefois, l'aide a évolué :

• *L'investissement direct de l'État diminue,* passant
de 22,6 % du total de l'investissement français en 1958
à 20 % — — — en 1965.

• l'affectation s'oriente vers les équipements collectifs (28 % des fonds en 1960 ; 35 % en 1964).

• *L'État encourage l'épargne à se mobiliser au profit de l'investissement :* on a vu [1], dans ce but, la réforme bancaire (1966), la création des S.I.C.A.V. (1964), les allégements fiscaux (1966), l'assouplissement du crédit (1967). Dans le même sens, il lance désormais des « emprunts d'équipement » (1 milliard en 1965, puis 1,5 en 1966 et 1,25 en 1967). Les fonds qu'il collecte sont ensuite remis pour la plupart au F.D.E.S. qui les redistribue entre les grands secteurs de l'économie, l'E.D.F. étant le principal bénéficiaire.

L'État cherche donc à limiter sa charge d'investissement, préférant lui servir de canal. Il y a là une « libéralisation » qui oppose assez bien la cinquième à la quatrième République.

★★ *La concentration des entreprises et la modernisation technique sont encouragées.* Trop d'entreprises françaises sont de taille insuffisante pour dégager des marges leur permettant d'investir et de baisser leurs prix. Tant dans le domaine agricole qu'industriel ou commercial, l'État pousse à une profonde refonte des structures [2]. Fusions, ententes, accords se multiplient, ce qui permet une compression de main-d'œuvre, d'où une meilleure productivité. L'État les encourage par des allégements fiscaux (1967). De multiples lois agricoles (1960, 1962, 1964, 1967) concourent aux mêmes buts.

---

1. Chapitre XXI, paragraphe IV.
2. On le verra à propos de ces grandes activités aux chapitres XXV, XXVI, XXVII.

L'État accorde son soutien de préférence aux grosses sociétés (ainsi aux chantiers navals dont il a stimulé la concentration), à condition qu'elles utilisent son aide à bon escient. A preuve, l'accord (premier de son genre) conclu en juillet 1966 avec les plus grosses sociétés sidérurgiques, incapables de faire à elles seules l'investissement qui s'impose de toute urgence :

• l'État accorde un crédit de 2,7 milliards en cinq ans (sur 4,5 nécessaires) ;

• la sidérurgie établit un plan de développement (25 millions de tonnes en 1970) :

1° elle rationalisera ses installations (donc procédera à des fermetures ou à des modernisations) ;

2° elle aidera au reclassement de la main-d'œuvre licenciée ;

3° elle participera aux entreprises non sidérurgiques qui s'installeront près du bassin sidérurgique.

L'aide de l'État est partagée, selon les accords signés, avec chaque entreprise.

On voit quelle est la puissance indirecte de l'État sur celles-ci. Mais il s'agit de n'aider que les entreprises viables. En effet :

★★★ *La concurrence est développée :* la cinquième République a délibérément opté pour l'ouverture sur le monde afin de faire perdre à l'économie française cette protection et ce caractère artificiel qu'elle avait pris sous la troisième République et que la pénurie l'avait contrainte à garder sous la quatrième. On y reviendra plus loin[1].

★★★★ *Une politique de l'emploi et de la formation professionnelle est mise sur pied.* Vu le coût de la main-d'œuvre dans les composants du prix de revient, il s'agit d'en améliorer la qualité et la mobilité. Certaines régions connaissent le chômage, d'autres la tension sur le marché du travail : il y a en effet des activités devenues inutiles et d'autres qui sont en plein essor ; il faut « adapter la structure de l'emploi à la structure de la consommation » (Fourastié). Problème non seulement économique, mais aussi social, humain. Aussi on en reparlera au chapitre de la politique sociale[2].

★★★★★ *La recherche est aidée par l'État.* C'est urgent !

Le retard était grand. Pourquoi ? Manque de chercheurs, d'ingénieurs, trop petite taille ou tout simplement routine des entreprises (elles ne consacrent que 2,5 à 3 % de leur chiffre d'affaires à la « recherche »;... mais 8 à 15 % dans l'électronique) ; la guerre ou plutôt la défaite qui a empêché la France de participer aux recherches d'utilité militaire : celles-ci, en effet, comme c'est prouvé aux États-Unis, jouent le rôle d'un puissant catalyseur.

Le *résultat*, c'est qu'il y avait en 1958, 10 000 chercheurs techniques en France pour 400 000 aux États-Unis (en 1964 : 33 000 pour 425 000), c'est encore le déficit croissant de la balance des licences de fabrication, surtout envers les U.S.A.

---

1. Chapitre XXIV, spécialement aux paragraphes II et III.
2. Chapitre XXIII, paragraphe II.

Le déficit global atteint :

187	millions de	francs	en 1958
335	—	—	en 1962
500	—	—	en 1966

Même si le Français invente (il dépose ou vend alors un brevet et notre balance des brevets est positive), il ne cherche pas toujours à exploiter son invention, ou se contente de recherche fondamentale ou théorique. Celle-ci représente 25 % des sommes dépensées (5 % en Allemagne).

Or une vente de brevet est une aliénation sans suite, alors qu'il pourrait être quelquefois plus profitable de garder le brevet et de l'exploiter. Une cession de licence, au contraire, a pour objet le dossier de fabrication, les mises au point, tout ce qu'il est convenu d'appeler le « *know-how* », le savoir-faire qui donne lieu à redevances et souvent à une assistance technique[1]. Le déficit de la France, ici, est grave.

L'effort actuel consiste d'une part à stimuler l'utilisation des découvertes ou inventions françaises (dans ce but a été créée, en 1966, l'A.N.V.A.R. : Agence nationale de valorisation de la recherche), d'autre part à augmenter l'importance de la recherche. Les progrès sont assez sensibles : la France investit en 1966 près de 2 % de son P.N.B. dans la recherche, venant en second dans le Marché commun après les Pays-Bas (2,3 %) mais, en Angleterre, c'est 2,8 et aux États-Unis 3 %. La somme totale qui y est consacrée est quinze à vingt fois moindre qu'aux États-Unis. L'État qui lui réserve 4,8 % de son budget en 1966 assure 60 % de la recherche (U.S.A. : 70 %). Il accorde des subventions, remboursables seulement en cas de succès ! Mais seules les très grosses entreprises sont capables de les faire fructifier. Il est vrai que vingt sociétés, à elles seules, rassemblent 45 % des chercheurs !

En conclusion, l'effort de l'État pour accroître la productivité est sans doute « dirigiste », mais il semble difficile à notre époque qu'il en soit autrement quel que soit l'effort personnel des entreprises (cf. même les États-Unis). Les résultats d'ensemble sont d'ailleurs positifs puisque, à en croire une enquête de l'O.C.D.E., l'accroissement de la productivité en France depuis quelques années serait le plus rapide du monde après celui des U.S.A. Il est vrai qu'il y avait fort à faire !

Le dirigisme pour l'équilibre

En ce qui concerne la productivité, l'État a surtout une action d'incitation. Mais, pour assurer l'équilibre global de l'économie, son rôle est irremplaçable et c'est là, essentiellement, qu'on voit le dirigisme de la cinquième République.

★ *La politique régionale poursuit ce but :* pas d'équilibre harmonieux si certaines régions ne marchent pas au même rythme que les autres. Des aides, des primes adéquates, des reconversions d'activités, de nouvelles structures urbaines, etc. cherchent à combler l'écart. On y reviendra[2].

---

1. Article de *Géographie et industrie* nº 46, juin 1967 (publication du C.N.P.F.).
2. Voir le chapitre XXVIII, paragraphe II.

★★*La planification vise à un développement harmonieux* de toutes les branches. Devenue souple (comme on l'a vu[1]), visant surtout depuis le cinquième plan au maintien des équilibres fondamentaux, en particulier dans le domaine des prix, elle autorise l'État à intervenir constamment pour assurer la réalisation du Plan.

★★★ *L'action conjoncturelle est l'aspect le plus frappant* du dirigisme moderne. Quel gouvernement ne la pratique pas ? Naguère, l'économie (comme les finances) marchait par à-coups. Progrès rapide joint à l'inflation, puis sévère déflation entraînant la récession. Voilà ce qu'il s'agit d'éviter désormais. Inaugurée par Giscard d'Estaing, poursuivie par Debré, la nouvelle politique consiste à agir sur l'évolution *par fines touches plutôt que par coups de boutoir*.

On agit sur la conjoncture par de menues actions soit de freinage, soit de relance au moment opportun, avant que la tendance mauvaise qu'on décèle n'ait eu le temps de se développer. D'où l'importance des « clignotants » (niveau des prix, du commerce, de l'emploi, de la production industrielle) qui supposent un excellent outillage de la connaissance économique (rôle de l'I.N.S.E.E.).

Les mesures à prendre sont assez classiques : action sur le crédit, la fiscalité, le niveau des investissements, la politique douanière (mais avec le Marché commun ?), pression sur les salaires dans un sens ou dans l'autre, contrôle ferme ou lâche des prix, actions régionales localisées, etc. Cela n'est pas nouveau, mais plus systématique, plus rapide, plus envahissant qu'autrefois.

★★★★ *La politique des revenus couronne tout naturellement l'édifice.* La masse des revenus doit correspondre à la masse des biens disponibles. Depuis 1963, l'État cherche à diriger l'évolution des revenus en rapport avec l'évolution économique, les besoins futurs, le progrès social. Trop souvent, la montée anarchique des salaires avait été source d'inflation. Ils doivent progresser harmonieusement, au rythme de l'expansion.

Dans la pratique, le gouvernement ne peut que « conseiller » les entreprises privées dans leur politique salariale, mais il applique désormais rigoureusement sa « politique des revenus » dans les secteurs qu'il contrôle (entreprises nationalisées). Depuis 1965, selon la *procédure Toutée*, on constate chaque année la masse salariale (rôle de la « commission Grégoire » où sont représentés le gouvernement et les syndicats), puis le gouvernement fixe l'augmentation à venir (tout seul... ce qui est critiqué par les syndicats) ; enfin cette augmentation de la masse salariale est répartie entre chaque catégorie de travailleurs par discussion et accord au sein de l'entreprise. Ainsi, au stade des premières discussions, on a une confrontation entre les travailleurs et l'État, représentant la nation qui se transforme. Le stade de l'entreprise est dépassé !

On devine la *double opposition que rencontre cette politique :*

• les salariés lui reprochent d'accorder, unilatéralement, des augmentations « dérisoires » et de figer les rapports sociaux.

1. Ci-dessus le paragraphe II.

• les libéraux dénoncent cette nouvelle extension du dirigisme qui ruine autonomie et initiative de l'entreprise sans parler des charges inopportunes que risque d'apporter toute augmentation de salaires.

On retrouve là les deux reproches adressés respectivement au régime de la cinquième République : pour les uns, elle est au service du capitalisme ; pour les autres, elle fait preuve d'un autoritarisme excessif. De fait, il semble exact qu'elle cherche une voie entre ces deux pôles.

En conclusion, on voit que le dirigisme a beaucoup évolué : malthusien avant 1939, souvent maladroit et tracassier après 1945 (en dépit de réussites économiques indéniables... mais non financières ou structurelles), il se veut aujourd'hui plus souple, plus « scientifique » aussi. Il a choisi une forme, discutable certes puisqu'il s'agit d'un choix politique, assez spécifiquement française : dans un cadre de plus en plus libéral, l'action de l'État est de plus en plus précise, multiple, universelle. Le dirigisme est moins voyant, mais il imprègne désormais toute la vie économique. Une des meilleures illustrations en est la promulgation, de juillet à septembre 1967, de nombreuses « ordonnances » concernant tant le domaine économique (agriculture, industrie, aménagement du territoire) que le domaine social (emploi, Sécurité sociale, intéressement des travailleurs) [1]... car l'action de l'État n'est pas moins forte dans ce domaine social.

1. Le contenu de ces ordonnances sera vu au cours des chapitres suivants pour chacun de ces points particuliers.

Chapitre XXIII

LA POLITIQUE SOCIALE

Ce qu'on attend de la politique économique, c'est d'abord qu'elle permette la satisfaction des besoins. Mais, au XXe siècle, on est plus exigeant : elle doit assurer le progrès social ; davantage encore : elle doit parvenir à effacer les inégalités entre les classes. Programme ambitieux qui déborde le simple cadre de la politique économique : c'est bel et bien d'une politique sociale qu'il s'agit, c'est-à-dire d'une action de l'État sur la société pour en modifier la structure.

Jamais en France la politique sociale n'a été plus active que depuis 1945. Les grandes actions datent de la quatrième République : création de la Sécurité sociale, mesures diverses de progrès et de promotion. La cinquième apporte à cela des compléments, mais aussi des éléments nouveaux, qu'il s'agisse de décisions d'opportunité (concernant le plein emploi, par exemple) ou de décisions délibérées (intéressement des travailleurs).

I. LA SÉCURITÉ SOCIALE

En 1945-1946, l'État prend en main les divers systèmes d'assurances et, sous le nom de «Sécurité sociale», les étend, au moins théoriquement, à toute la population. Cette extension, cette réorganisation par l'État ne sont cependant pas le fait le plus important. Ce qui compte surtout, c'est la *nouveauté de la conception* de Sécurité sociale. Elle s'inspire directement du « plan Beveridge », présenté en 1942 par cet économiste anglais. Il s'agit de donner aux bénéficiaires du nouveau régime une sécurité et non plus seulement une assurance : la sécurité d'une vie décente hors de la misère ; cette sécurité doit être la même pour tous : l'idée d'égalisation sociale préside donc à cette institution. L'État devient le garant de ce nouveau système qui doit permettre la disparition d'un prolétariat soumis aux fluctuations des circonstances économiques et à ses maigres possibilités d'organisation propre. L'effet de ces dispositions ne sera pas seulement d'ordre humanitaire ou social, mais aussi économique.

Origines de la Sécurité sociale

★ *Le système d'assurances sociales jusqu'en 1945.*

Un rappel sommaire des conditions antérieures fera mieux comprendre l'importance de l'innovation. Il existait alors des «assurances» mais non une « sécurité sociale ». Elles s'étaient créées sans plan d'ensemble, elles avaient une organisation complexe, elles répondaient à une conception étroite de l'assurance.

Création anarchique des assurances.

L'idée d'assurance est très ancienne. Sa réalisation pratique remonte essentiellement au XIXe siècle, époque d'un capitalisme dur aux faibles.

Successivement, pour parer aux risques de l'existence et surtout du travail, sont apparues :

• l'organisation par les intéressés de « sociétés de secours mutuel » ;

• l'intervention de l'État qui met peu à peu sur pied un système d'assurances.

En France la réalisation en avait été lente[1] :

— en 1898, loi sur les accidents du travail (le patron tenu pour responsable) ;

— en 1910, l'assurance vieillesse-invalidité était votée, mais, jusqu'à la guerre, fonctionna très mal ;

— en 1930, mise au point de l'assurance maladie et maternité ;

— de 1918 à 1939, s'établissait peu à peu un système d'allocations familiales ;

— en 1941, le bénéfice de l'assurance était étendu aux vieux travailleurs qui n'avaient pas cotisé aux assurances sociales.

Donc, création lente, sans cohérence et dont le bénéfice, principalement, ne s'étendait qu'aux salariés.

Organisation anarchique des assurances.

Beaucoup de mutuelles, totalement privées, non seulement survivaient, mais continuaient à se créer, non obligatoires par principe, vivant de la cotisation des mutualistes ; à côté, les « assurances sociales » reposaient sur des cotisations versées par l'employé, l'employeur et l'État, d'après un barème très variable selon l'assurance et le régime auquel elle se rattachait : industrie, agriculture, fonctionnaires, etc. La garantie accordée était également très diverse. Enfin, les caisses qui géraient les fonds étaient multiples, spécialisées par types d'assurance... et souvent peu solides.

Conception étroite de l'assurance.

Ou bien celle-ci était un acte libre et facultatif (société de secours mutuel) ; ou bien elle était une obligation pour ceux qui relevaient d'une profession bénéficiant des assurances. Elle était considérée, en ce cas, comme liée au contrat de travail (n'intéressant que les salariés), comme une sorte d'épargne forcée (l'assuré, de la classe la moins favorisée, cotise pour se prémunir contre les risques). Mais, et ce sont là les deux points importants, l'État ne se reconnaît aucun devoir d'assistance envers la société et, d'autre part, l'État ne cherche pas à modifier la structure en faveur des moins riches.

C'est sur ces deux points que le nouveau système de la « Sécurité sociale » amène les transformations les plus importantes.

★★ *Création de la Sécurité sociale.*

La mise en place du système s'est faite assez rapidement (1945-1946), mais a nécessité plusieurs textes :

• quelques ordonnances de 1944 et 1945 relèvent les cotisations ou certaines allocations ;

• l'ordonnance du 4 octobre 1945 est capitale : elle remanie l'ensemble du système de cotisations et d'allocations ; elle rattache toutes les assurances à un organisme unique : la *Sécurité sociale* (mais cela ne concerne encore que les anciens bénéficiaires des assu-

1. Se reporter aux pages 24, 88, 129 et 130.

rances). Une conception s'impose : la gestion par les intéressés eux-mêmes (des élections de responsables seront organisées) :

• l'ordonnance du 19 octobre 1945 assujettit tous les salariés à la Sécurité sociale (au 1-7-46) y compris, donc, ceux qui n'étaient pas encore assurés ;

• la loi du 22 mai 1946 (Croizat, ministre du Travail) rend l'assurance obligatoire pour tous les Français, salariés ou non. Le calcul de leurs cotisations devra être fait par rapport à leur revenu professionnel ;

• puis, il faut attendre de longues années pour voir paraître les nécessaires textes d'application de cette dernière loi ; ils sont adoptés surtout entre 1960 et 1967 ;

• en août 1967, une ordonnance améliore l'administration de la S.S., assainit ses finances, en achève la généralisation à toute la population.

L'organisation

Elle est précisée surtout par l'ordonnance du 4 octobre 1945 (Parodi, ministre du Travail) ; elle sera complétée par les autres textes.

★ *Le principe : un seul organisme, la Sécurité sociale* (S.S.) gère :

• les assurances sociales (vieillesse, maladie, maternité, décès) ;

• les accidents du travail : bien que le principe de la responsabilité du patron demeure, ces assurances sont donc étendues à l'échelon national ;

• les allocations familiales : en fait, devant l'opposition pour leur intégration dans la S.S., le gouvernement y renonce pour l'immédiat (mais le versement des cotisations sera cependant effectué aux caisses d'assurances sociales, bien que la gestion soit séparée).

Noter que les allocations-chômage sont indépendantes, restant à la charge de l'État ; elles sont variables d'une région à l'autre.

★★ *Création de caisses uniques* (par fusion de toutes les caisses d'État ou privées) gérant tous les risques couverts par l'assurance :

• dans le département : une « caisse primaire » de S.S. (avec des succursales locales) effectue les versements de courte durée pour maladie, maternité, décès, accidents du travail sans gravité.

• dans la région : une « caisse régionale » de S.S. effectue les versements de longue durée : invalidité-vieillesse et accidents du travail entraînant une incapacité permanente.

Les caisses régionales assurent également la compensation des charges des caisses primaires :

• au sommet, une « Caisse nationale » de S.S. assure la compensation entre les caisses régionales.

• dans chaque circonscription de caisse de S.S., il y a une *caisse d'allocations familiales*. L'allocation familiale, calculée d'après le salaire de base, est proportionnelle au nombre d'enfants, mais non au niveau du salaire ou du revenu (ce qui ne fut admis qu'après d'assez nombreuses discussions).

★★★ *La gestion des caisses est aux mains des assurés eux-mêmes.* Ils élisent leurs représentants au scrutin secret ; cela fut décidé en juillet 1946, contre le projet déposé qui confiait la gestion aux syndicats de travailleurs. Mais ce projet avait suscité l'opposition des cadres et de certains partis, notamment le M.R.P.

Les caisses d'allocations familiales, de leur côté, ont à leur tête un conseil élu représentant les salariés, les travailleurs indépendants, les employeurs. Ceux-ci perdent donc la direction de ces caisses que, dans le passé, ils avaient été les premiers à créer.

★★★★ La *répartition des charges (cotisations)* les rend particulièrement lourdes pour les employeurs :

• pour les assurances sociales (maladie, vieillesse, maternité, décès), l'employé paie une cotisation égale à 6 % de son salaire (mais un plafond sera institué) ; le patron une cotisation égale à 10 % du salaire qu'il verse ;

• pour les accidents du travail et les allocations familiales, les cotisations sont entièrement à la charge de l'employeur.

Le versement des cotisations à la caisse est fait en un versement unique par l'employeur, qui paie ainsi sa part et celle de l'employé (qu'il a retenue sur le salaire versé).

★★★★★ l'*application du système* est prévue pour le 1er juillet 1946, avec les exceptions suivantes : accidents du travail et maladies professionnelles pour le 1er janvier 1947 ; les salariés à fort traitement (120 000 francs par an) ne sont pas immédiatement assujettis aux assurances ; des cas particuliers prévus pour certaines professions (agriculteurs, etc.) et certains régimes spéciaux, à préciser, seront institués.

★★★★★★ *Les mesures complémentaires de fin 1945 et 1946.*

Un statut est donné à la mutualité (19 octobre 1945). Celle-ci garde son caractère privé, mais l'État s'intéresse aux institutions d'entraide (complétant la Sécurité sociale), propres à chaque profession. Un nouveau nom est imposé : « Société mutualiste » et non plus « Société de secours mutuel ». Dans chaque département, est créé un Comité de coordination de la mutualité. Dans le cadre de l'État, est institué un Fonds national de solidarité et d'action mutualiste destiné à aider à la propagande en faveur de la Mutualité et à faire des versements, exceptionnels, aux caisses mutuelles.

Le calcul des allocations est amélioré.

• pour l'assurance-maladie, est créée (19 octobre 1945) une assurance « longue maladie » portée à trois ans (au lieu de six mois).

• pour l'assurance-vieillesse, le calcul de l'allocation (19 octobre 1945) doit prémunir l'assuré contre l'inflation.

• pour les allocations familiales, on décide (20 mai 1946) leur relèvement automatique, en rapport avec le salaire minimum du manœuvre (et non plus selon un calcul lent et compliqué).

Une aide aux « économiquement faibles », petits rentiers victimes de l'inflation, est décidée par la loi du 11 septembre 1946. Ils recevront une allocation (...bien modeste) et bénéficieront d'exonérations fiscales et de bonifications de rentes.

★★★★★★ L'*ordonnance d'août 1967* a surtout pour but d'assainir la situation financière de la S.S. Elle décide donc la hausse des cotisations et la baisse des prestations. En outre, elle modifie l'administration : d'une part, trois caisses distinctes sont organisées : Maladie, Vieillesse, Allocations familiales ; d'autre part, aux conseils d'administration, dont les responsabilités augmentent, les employeurs auront la moitié des sièges, l'autre moitié restant aux syndicats représentant les salariés. Enfin, l'ordonnance prévoit la généralisation de la S.S. à tous ceux qui n'en bénéficiaient pas encore et le relèvement des allocations-vieillesse.

Importance de la Sécurité sociale

Œuvre considérable, la création de la Sécurité sociale a suscité en son temps bien des oppositions. Celles-ci, ainsi que la lourdeur de la charge financière, expliquent les limites finalement apportées à la réalisation. Malgré tout, la portée de la S.S. reste très grande.

★ *Les limites et les lenteurs* apportés à l'œuvre sont assez sensibles :

Limites organiques :

• il n'y a pas un, mais des régimes de S.S. On distingue, en effet, un régime général (auquel on relie, malgré sa spécificité, le régime agricole) et des régimes spéciaux (pour les mineurs, les employés de l'E.D.F., des collectivités locales, etc.). Encore faut-il ajouter un régime particulier pour l'assurance-vieillesse des non-salariés (des professions non agricoles) ;

• les allocations familiales gardent leur autonomie ;

Lenteur de la réalisation.

Ainsi s'est réalisée lentement l'assurance des salariés à forte rémunération et la généralisation de l'assurance-vieillesse : prévue par la loi du 22 mai 1946, celle-ci n'a été effective, après versement d'allocations temporaires, qu'en 1949. Et, de l'avis unanime, elle reste faible, sinon dérisoire, entraînant « la misère des vieux » .

Quant aux non-salariés, en dépit de la même loi, ils ont tardé à être tous soumis à la S.S. (sauf pour l'assurance-vieillesse). Les agriculteurs n'en bénéficient tous que depuis 1960, les professions médicales que depuis 1962 (encore faut-il que les médecins aient accepté les « conventions » et, de toute façon, avant 1965, ils n'ont pas tous les avantages de l'assurance-maladie) ; les artistes depuis 1964 ; pour les artisans et les commerçants, décision prise par la loi du 12 juillet 1966, à appliquer en 1967 sinon en 1968. Dans l'été 1967, 98 % des Français bénéficient théoriquement de la S.S. Pour les autres, l'extension est décidée.

★★ *Les obstacles à la réalisation* expliquent cette difficile application ; ce sont :

l'opposition à la S.S., au début de son existence. Elle n'est pas venue seulement de la droite libérale hostile à l'aspect social, sinon socialisant de la S.S., ni même de nombreux patrons réticents pour payer leur quote-part ; elle a trois autres sources :

• l'idéal mutualiste : beaucoup préfèrent leur mutuelle et son autonomie avec sa conception fraternelle. Vieux courant de la pensée sociale française ! La fonctionnarisation, l'étatisation des assurances, leur anonymat en quelque sorte, ils n'en veulent pas !

• l'idéal syndical, particulièrement exprimé en 1945, par Gaston Tessier, secrétaire général de la Confédération des travailleurs chrétiens. Outre la fonctionnarisation de l'assurance, il reproche à la nouvelle organisation de gérer les risques, mais non de chercher à les diminuer. Autrement dit, la condition du travailleur ne se trouvera pas améliorée.

• l'intérêt des « cadres » : ayant, avant la création de la S.S., des caisses particulières, avantageuses, ils redoutent, quand elles seront noyées dans la S.S., de perdre leurs avantages ; ou bien, étant obligés de verser de fortes cotisations (dont le montant se trouvera réparti au bénéfice de tous les assurés), il leur sera plus difficile d'alimenter leur caisse mutuelle particulière.

les difficultés d'organisation. Rassembler en un tout cohérent des centaines d'organismes divers, créer de toutes pièces une organisation gérant des fonds considérables, trouver le personnel compétent, les bâtiments nécessaires (alors que sévissait une terrible crise du logement) ne furent pas une petite affaire. Et la machine ne marcha pas sans grincement. La pagaïe de la S.S. devint un thème favori des humoristes ou des journalistes !

les difficultés financières, enfin :

• gestion maladroite et dispendieuse, disaient ou disent encore les opposants ;

• coût écrasant de la prise en charge des non-salariés, qui n'avaient pas encore de caisse, des « vieux » dont beaucoup n'avaient jamais cotisé. C'est pourquoi, ceux-ci n'eurent leur assurance bien assise qu'en 1949 et que beaucoup, parmi les premiers, ont attendu longtemps (il est vrai que Croizat avait dit que l'application serait progressive puisqu'elle concernait quinze millions de personnes) ;

• taux des honoraires médicaux, jugé trop élevé et qui est monté d'abord plus vite que les salaires, donc que les cotisations. L'établissement de « conventions » entre les caisses et les médecins, prévu dès 1945, se réalisa très lentement, si bien que la S.S. ne remboursa pas à 80 %, comme prévu avant 1967, les assurés s'adressant à des médecins « non conventionnés ». On brandit parfois contre la médecine la menace de la fonctionnarisation ou de la nationalisation, comme en Allemagne ou en Angleterre.

• la croissance très rapide des dépenses de la S.S. à cause du recours de plus en plus fréquent au médecin, du coût croissant des médicaments ou des soins, de l' « inflation » des prescriptions médicales.

Le résultat est un déficit énorme. Les excédents des Caisses d'allocations familiales servent, bizarrement, à le combler. Mais c'est l'État surtout qui y contribue ; il s'en lasse et, en 1967, décide par ses ordonnances que les médecins limiteront les prescriptions, que les cotisations seront relevées, que les remboursements seront diminués. Cette « législation anti-sociale » est vivement attaquée par la gauche.

★★★ La *portée de la S.S.* n'en reste pas moins considérable :

• *sur le plan politique,* comme tant d'autres créations depuis 1945, elle a contribué à renforcer le pouvoir de l'État ;

• *sur le plan social,* les résultats sont importants : la misère totale a, peut-on dire, disparu ; le niveau sanitaire de la population, de son côté, a très sensiblement progressé ; l'appel au médecin, la surveillance médicale des enfants ne sont plus cause de gêne et, de ce fait, sont devenus de plus en plus courants et normaux. Les vieillards restent cependant la catégorie la moins favorisée.

L'essentiel n'est pas tant dans le progrès social que dans la conception de ce progrès : l'idée d'un prolétariat désarmé devant la fatalité ou un système économique sans entrailles est désormais écartée. Bien mieux, les plus riches contribuent au progrès des plus pauvres, puisque le bénéfice de la S.S. est le même pour tous, alors que les cotisations sont proportionnelles au revenu. Il y a là un *transfert social* de première importance.

• *sur le plan économique*, conséquences non moins primordiales :

• le niveau de la consommation augmente du fait du progrès social, bénéfice qui rejaillit sur l'ensemble de la nation ;

• les possibilités d'intervention de l'État sont accrues : une simple modification du taux de l'assurance peut changer le cours de l'évolution économique (interférence de la politique sociale et de la politique économique) ;

• le prix de revient des produits... augmente sensiblement. C'est la critique mise en avant par les entreprises, dont les charges sociales sont considérables : sécurité sociale, allocations familiales, congés payés. Tandis que, dans certains États (Angleterre par exemple), ces charges, pour une bonne part, relèvent de l'État et, par conséquent, sont supportées par l'impôt, en France, elles pèsent avant tout sur l'entreprise. Cela augmente le prix des produits français, ce qui n'est pas sans danger à l'heure de la libéralisation des échanges. (Toutefois, compte tenu des autres charges sociales de l'État, donc alimentées par l'impôt, la France passe pour être la première au monde en ce qui concerne les transferts sociaux.) Voici, par exemple, en chiffres arrondis la part respective de l'État, des employeurs et des employés, dans le financement de la Sécurité sociale (allocations familiales exclues) pour les six pays du Marché commun, en 1964[1] :

	État.	*Employeurs.*	*Employés.*
Allemagne	18 %	40 %	42 %
France	7 %	69 %	24 %
Italie	7 %	77 %	16 %
Pays-Bas	7 %	40 %	53 %
Belgique	26 %	40 %	34 %
Luxembourg	20 %	40 %	40 %

En somme, le grand problème de la Sécurité sociale est celui de son coût : c'est un problème financier, économique. Mais la S.S. est considérée comme une de ces conquêtes sociales sur lesquelles on ne revient pas.

---

1. Chiffres cités dans *Problèmes économiques* du 25 août 1964 (« La Documentation française »).

II. LE PLEIN EMPLOI

La Constitution de 1946 proclamait dans son préambule le « droit à l'emploi » ; elle prévoyait que l'économie française devrait se développer selon un plan ayant pour objet le plein emploi des hommes et des ressources. En ce qui concerne seulement les hommes, on voit donc que le but n'est pas seulement de réduire le chômage, même cyclique, mais bel et bien de le supprimer en maintenant le plus haut niveau possible d'emploi. Est-ce possible ? Le programme a-t-il été réalisé ?

Théorie du plein emploi

Depuis longtemps, les hommes se sont penchés sur le problème de l'emploi, ou plus exactement du chômage. Les théories, à ce sujet, ont cependant évolué ; jamais tant de recherches n'ont eu lieu que depuis la grande crise de 1929 qui fit du chômage une plaie universelle.

★ L'*inconvénient du chômage* semble évident. D'abord sur le plan social, puisqu'il est générateur de misère, mais aussi sur le plan économique et politique :

• il entraîne la stagnation de la production, faute d'un nombre suffisant de consommateurs (exemple classique : cette crise de 1929) ;

• il stérilise le progrès technique : la main-d'œuvre étant surabondante, on ne cherche pas à accroître la productivité.

• il aggrave les contrastes sociaux : le chômeur, diminué, s'abaissant à accepter n'importe quel travail.

• il mène à la guerre économique : un pays où sévit le chômage cherche à accroître sa production en exportant, même à très bas prix ; par contre, il se ferme à toute importation.

• il mène à la politique d'armement (pour utiliser les chômeurs) et finalement à la guerre.

Voilà les conséquences redoutables du chômage[1], du moins telles qu'on peut les déduire de l'étude de la période 1929-1939.

★★ *Théories traditionnelles sur le chômage.*

Deux théories diamétralement opposées s'affrontent :

• *d'après les marxistes,* le chômage résulte de la nature du *système capitaliste.* La richesse se concentrant progressivement entre les mains de quelques-uns, la masse des travailleurs s'appauvrit non moins progressivement. Plus pauvres, ils achètent moins. Achetant moins, ils entraînent la chute de la production. Celle-ci les met au chômage. Le plein emploi est impossible dans le cadre de la société capitaliste.

• *d'après les libéraux,* dits encore « classiques » comme Adam Smith, Stuart Mill, Edgeworth, le chômage ne peut être que cyclique. Il est inévitable de temps à autre : c'est un chômage « de frottement » provisoire. En effet, l'emploi répondant à la loi de l'offre et de la demande, le chômage complet, définitif ou « structurel » est impossible, car il y a nécessairement égalité entre l'offre globale de produits et

1. Cf. cahier nº 11 de *La Nef*, décembre 1955.

la demande globale. L'équilibre se rétablira tout seul en vertu des *lois naturelles.*

Il faut donc se garder d'intervenir contre le chômage. Verser des allocations de chômage est le pire des moyens, cela fausse les lois économiques, retarde le rétablissement de l'équilibre, entraîne vraiment un « chômage structurel », artificiel.

En résumé, pour eux le chômage est inévitable, provisoire et pas mauvais en soi.

★★★ *Théorie de Keynes.*

Ce grand économiste anglais (mort en 1946) a complètement bouleversé les théories traditionnelles. Comme tous les contemporains de la grande crise de 1929, il a été frappé par l'ampleur de la catastrophe, a cherché à en expliquer les causes, a essayé de trouver des remèdes, ou plus exactement les moyens d'en éviter le retour. Il expose ses idées dans son grand ouvrage *Théorie générale de l'emploi, de l'intérêt et de la monnaie* en 1936.

Pour lui, comme pour Marx si l'on veut, le chômage résulte d'une demande insuffisante qui entraîne finalement le sous-emploi. Mais il se sépare vite de Marx : le plein emploi est parfaitement possible ; il suffit qu'on développe ce qu'il appelle la « propension à consommer » : *la monnaie et l'État* sont à la base de ce développement.

La monnaie joue, dans la théorie de Keynes, un rôle capital. Contrairement aux libéraux qui ne voient en elle qu'un moyen d'échange, Keynes lui attribue le premier rôle dans les mécanismes économiques : c'est elle le stimulant, c'est d'elle que dépend l'activité et finalement l'emploi.

Quant à l'État, il ne doit pas seulement, contrairement encore à la théorie libérale, veiller au respect des lois naturelles, il doit intervenir directement dans le jeu économique par sa politique monétaire ; son intervention n'est pas du tout redoutable, elle est nécessaire.

Démontons le mécanisme du raisonnement de Keynes[1]. A la base, cette idée : l'offre globale et la demande globale de produits ne sont pas nécessairement égales ; elles tendent seulement à s'ajuster. En fait, c'est la demande globale qui détermine le volume de l'offre. L'État se doit donc d'intervenir pour que la monnaie stimule la demande. Comment le peut-il ?

Le rôle de la monnaie : il y a chômage quand la production diminue. Cette diminution de la production résulte :

• soit d'une consommation qui faiblit (pas assez de monnaie ; trop de pauvres) ;

• soit d'un investissement qui baisse. Pourquoi ? Parce qu'il peut être plus intéressant de thésauriser ou de prêter à un taux très élevé.

Ce double phénomène se produit :

• si la monnaie est très rare ou très mal répartie ;

• si le revenu est très augmenté. En effet, les progrès de la consommation chez le riche sont beaucoup plus lents que chez le moins riche qui a beaucoup de besoins à satisfaire. En somme, *la consommation tend fatalement à diminuer, relativement, quand le*

---

1. On peut en trouver un exposé clair dans l'article de Jean Marchal « La politique de plein emploi » publié dans *Le Droit social* (avril 1946, pages 153 à 162).

revenu augmente. Dès lors, l'investissement rapporte de moins en moins. On préfère thésauriser. Et le chômage menace. Ce qu'il faut donc, c'est non seulement multiplier la monnaie, mais accroître les moyens financiers de ceux qui ont beaucoup de besoins à satisfaire, c'est stimuler ces besoins, bref accroître ce que Keynes appelle la *propension à consommer.* Il faut donc intervenir. C'est là le rôle de l'État.

Le rôle de l'État : il est essentiellement d'ordre monétaire ; car il ne s'agit pas de porter atteinte aux grandes libertés. L'État intervient par :

• la politique monétaire : il augmente la circulation pour faire baisser le taux de l'intérêt (c'est donc une action antidéflationniste) ;

• la politique budgétaire (idée développée surtout par Beveridge) : l'État doit augmenter la consommation publique et l'investissement public.

• la politique structurelle : augmenter la propension à consommer par la baisse des prix (au besoin grâce à des subventions), la réduction de la journée de travail (le développement des loisirs pousse à la consommation).

Au total, l'État détourne les capitaux de la thésaurisation génératrice de chômage et, pour assurer le plein emploi, encourage les investissements et favorise la consommation par des procédés surtout monétaires. Mais le succès ne sera assuré qu'à certaines conditions.

Les conditions de succès :

• dans le cadre national : la lutte contre l'inflation. Celle-ci est en effet le grand danger : l'État risque de multiplier volontairement ses dépenses, les ouvriers d'exiger des hausses de salaires, auxquelles les patrons répondront par la hausse des prix. L'État doit donc veiller rigoureusement sur les prix, les régler au besoin ;

• dans le cadre international : l'entente, l'adoption d'une politique commune de plein emploi pour éviter la chute du commerce, la mauvaise répartition internationale de la monnaie. Il faut donc une volonté de coopération, il faut que l'État renonce à une part de sa souveraineté.

En conclusion, l'intervention de l'État est une nécessité ; elle porte sur la monnaie, les prix, le temps de travail, le développement économique, la répartition des revenus. Ce n'est plus le pur libéralisme. Ce n'est pas non plus l'étatisme. La monnaie a une fonction économique primordiale. Elle est à la base de toute la vie, de toute l'évolution économique.

Les idées de Keynes, par leur nouveauté, par leur profondeur, par les horizons qu'elles ouvraient, ont rénové toute la pensée économique contemporaine. Après l'ère d'Adam Smith, après l'ère de Marx, l'ère de Keynes.

L'effort de plein emploi jusque vers 1965

Le gouvernement, pour des raisons tant doctrinales que sociales (éviter le chômage et la misère) et économiques (relever la production) est décidé à réaliser, coûte que coûte, le plein emploi. A vrai dire, ce désir a supplanté pendant longtemps celui de défendre la monnaie.

★ L'*action gouvernementale* a été très facilitée par l'ampleur de la reconstruction ou du développement et aussi par le chiffre de main-d'œuvre disponible, non seulement faible, mais insuffisant :

• le travail a été largement assuré ; les 40 heures sont même devenues 48. Bien mieux, il a fallu recourir à une politique d'immigration [1] tant les besoins étaient grands.

• les salaires ont été augmentés, ne serait-ce que par le biais des heures supplémentaires, mais aussi par une série de décisions délibérées, ou grâce à la tension continue sur le marché du travail. La propension à la consommation était assurée.

• la masse monétaire a été augmentée... très largement. Dès 1945, la France a suivi la voie d'une monnaie abondante. Et l'on a continué ensuite sur la même lancée.

• la politique budgétaire a été tournée en grande partie vers l'investissement.

★★ Les *résultats* ont-ils été satisfaisants ? Pas entièrement. Le but économique du plein emploi a été atteint : la production se développe ; le but social pas complètement : pas de chômage, mais progrès social limité. On constate en effet que la consommation a augmenté non par réduction de la journée de travail (entraînant loisirs et consommation), mais grâce aux heures supplémentaires et aux facilités de l'inflation. D'autre part, le plein emploi ne s'est pas accompagné fatalement d'un progrès de qualification : pour un salaire faible, beaucoup travaillaient durement à des tâches inférieures ; la productivité n'a pas augmenté autant qu'il eût été souhaitable. Le plein emploi doit en effet entraîner le « mieux-être ». C'est pourquoi A. Sauvy réclame plutôt que le plein emploi ce qu'il appelle la « pleine population »[2], entendant par là un système où la population est employée au mieux.

En somme, il y a eu volonté de plein emploi. Mais sa réalisation, qui n'a pas apporté aussi vite que souhaité le progrès désirable, est sans doute moins le résultat d'une volonté délibérée que la conséquence d'une population active insuffisante et des facilités de l'inflation.

Nouvel aspect du plein emploi dans l'industrie

Le plan de stabilisation de 1963[3], dont l'effet est très sensible vers 1965, doit, par les structures nouvelles qu'il fait naître et par la conjoncture où il se place, changer les termes du problème du plein emploi. Il pousse le gouvernement à prendre des mesures d'un esprit nouveau.

★ *Causes de changement.* En 1962, l'arrivée sur le marché du travail d'un million de rapatriés n'a pas accru le chômage, mais a stimulé les processus inflationnistes. Au contraire, depuis 1965, le chômage devient préoccupant : on dénombre 300 000 chômeurs en 1967 et ce nombre ne doit guère diminuer pendant la durée du cinquième plan

---

1. Pour le temps de travail, voir ci-dessous, paragraphe III ; pour l'immigration se reporter au chapitre XIX, paragraphe III.
2. Article paru dans *Population*, avril-juin 1946, pages 271-72.
3. Voir le chapitre XXI, paragraphe I.

d'après les prévisions. On constate qu'en Allemagne le chiffre atteint 600 000. Pourquoi ?

L'inflation ne peut plus être acceptée, à cause de l'ouverture des frontières à la concurrence. La création artificielle de monnaie n'est plus le remède providentiel pour répondre à toutes les demandes d'emplois.

Cette concurrence plus vive met à mal les entreprises dépassées par le progrès.

La recherche de productivité entraîne :

• des licenciements (souvent liés au processus de fusion ou de concentration d'entreprises) ; les « cadres » sont parfois les plus touchés ;

• le besoin de main-d'œuvre beaucoup *plus spécialisée* ;

• la refonte des structures régionales : la main-d'œuvre doit se répartir selon les besoins régionaux actuels et non selon des implantations d'ordre historique : la main-d'œuvre doit être *mobile*.

Au fond *à une nouvelle structure économique doit correspondre une nouvelle structure de l'emploi*. Il faut s'adapter à « l'ère industrielle ». La société doit devenir « industrielle ». L'industrie actuelle est une « industrie de capitaux » et non plus une « industrie de main-d'œuvre ».

★★ *Les manifestations du changement sont visibles surtout dans certaines industries* de caractère traditionnel :

• la construction navale, où la main-d'œuvre est passée de 38 000 en 1960 à 28 000 au début de 1966 ;

• les mines de fer lorrain où l'on peut comparer évolution du rendement et nombre des mineurs.

	1963	*1970*
	—	—
Rendement par homme et par jour ...	13,5	24 t
Nombre de mineurs	17 000	8 500

• les charbonnages qui employaient 250 000 personnes en 1929, 200 000 en 1960, 150 000 en 1965 et 119 000 en 1970 ;

• d'autres encore : sidérurgie, industries textiles, etc.

Les changements sont manifestes aussi *dans certaines régions*. Celles-là mêmes où sont implantées ces industries traditionnelles : le Nord, la Lorraine sidérurgique, la région nantaise, les bassins charbonniers du Massif central. Là, le chômage est fréquent, toujours menaçant ; là, les conflits sociaux sont graves.

★★★ Les *mesures prises* sont en effet limitées, pour régler ce problème ; trop tardives, très souvent. Que de licenciements massifs brutaux n'ont pu être empêchés !

Elles n'ont guère concerné la durée du travail : on pouvait être tenté de suivre les demandes syndicales d'abaisser le temps de travail. Pente dangereuse, de type malthusien, risquant de condamner la productivité. Il fallait éviter de retomber dans les errements des années 30. Toutefois le gouvernement cédera lors de la crise de mai 68, tout en réclamant une productivité accrue.

Elles visent à développer la qualification : prolongation de la scolarité, mais surtout : loi sur l'apprentissage, loi du 3 décembre 1966 sur la formation professionnelle et la promotion sociale (reconversion), organisation de « recyclage » accéléré.

Elles visent aussi à assurer la mobilité de l'emploi :

• mises à la retraite anticipée (parfois dès l'âge de 50 ans avec indemnisation) ;

• allocations de reconversion (juillet 1967) ;

• reclassement des travailleurs licenciés dans des activités ou des régions voisines. Cette mesure s'intègre dans l'action régionale ou est l'un des éléments de l'accord conclu entre l'État et les grands secteurs économiques, comme la sidérurgie (on l'a vu) ;

• meilleure information des intéressés grâce d'une part à une « Bourse de l'emploi » (1966-1967) qui met en communication les offres et les demandes d'emploi; d'autre part, à l'« Agence nationale de l'emploi » : cet organe, créé par l'ordonnance de juillet 1967 et dont la mise en place s'étendra jusqu'à 1972, doit faciliter les démarches administratives des demandeurs d'emploi ou candidats à l'aide publique.

Elles cherchent enfin à aider au mieux les chômeurs : l'ordonnance de juillet 1967 prévoit une indemnité obligatoire de licenciement tandis que l'allocation de chômage est augmentée et surtout généralisée dans tout le territoire avec l'aide des employeurs.

La plupart de ces mesures, comme on peut le voir, ont été l'objet de l'ordonnance de juillet 1967 sur l'emploi, ce qui prouve combien le problème est alors d'actualité... et pour longtemps, semble-t-il.

★★★★ L'*avenir du problème de l'emploi* reste préoccupant. Il prend une forme de plus en plus régionale[1], liée au retard accumulé par certains foyers trop peu développés ou trop tard convertis. Il est lié au grand problème de l'instruction et de la formation professionnelle. On prévoit pour 1975-1980 le pourcentage suivant de main-d'œuvre selon la qualification :

25 % seulement ayant le niveau de fin d'études obligatoires ;
40 % d'ouvriers plus ou moins qualifiés ;
35 % de diplômés de l'enseignement secondaire ou supérieur.

L'augmentation de main-d'œuvre qualifiée atteindra, entre 1962 et 1970 :

50 % pour les carrières scientifiques et techniques (+ 35 % de 1954 à 1962) ;
60 % pour les techniciens et agents techniques (+ 50 % de 1954 à 1962) ;
40 % pour la santé et les services sociaux ;
33 % pour la direction administrative ;
30 % pour l'enseignement.

En outre, il y a glissement d'un secteur d'activité à l'autre.

	1962	*Prévision 1970*	*Prévision 1975-1980*
Secteur primaire	20 %	15 %	10 %
— secondaire	39 %	40 %	40 %
— tertiaire	41 %	45 %	50 %

1. On y reviendra au chapitre XXVIII, paragraphe II.

Il faut préparer cette mutation d'emploi ! La politique de l'emploi doit être d'abord une prévision (difficile !), ensuite une réalisation. C'est un problème économique autant que social. La reconversion est inéluctable et nécessaire pour le progrès commun. Mais elle doit s'accompagner de mesures pratiques pour les intéressés, surtout à l'heure du libre mouvement de la main-d'œuvre dans le Marché commun (1970). Avec le problème de l'investissement, celui de l'emploi est le plus grave que la France, vers 1968, ait à résoudre. Ils sont liés.

Le plein emploi dans l'agriculture

Autre grave problème, longtemps méconnu ! Il y a « sous-emploi » c'est-à-dire semi-chômage (d'ou faible revenu, faible niveau de vie).

Causes :

- trop d'exploitations et d'exploitants pour les possibilités actuelles de productivité par homme ;
- sous-qualification généralisée de la population agricole ;
- âge moyen très élevé (55 ans) des chefs d'exploitation, maintenant sous leur coupe une main-d'œuvre familiale plus dynamique parce que plus jeune, mais soumise à un rôle d'appoint et ne pouvant fournir tout le travail dont elle est capable.

Les remèdes :

- l'exode rural qui atteint presque uniquement les jeunes, avides d'un meilleur rendement de leur travail. Mais il est anarchique et livre aux activités secondaires ou tertiaires une main-d'œuvre sans qualification. Cela ne peut que compliquer le problème.
- des *mesures prises* depuis 1960 : développement de l'enseignement agricole et de la formation professionnelle (loi de 1960), encouragement des vieux agriculteurs à prendre leur retraite : loi de 1962 qui entre autres solutions prévoit le versement d'indemnités par une Caisse spéciale : la F.A.S.A.S.A. (Fonds d'aide sociale pour l'amélioration des structures agricoles), mesures de toutes sortes pour rendre plus rentable l'activité agricole [1].

L'*avenir* s'annonce difficile. On compte surtout sur l'*exode rural*, qui réduira à 10 % le nombre des agriculteurs dans l'ensemble de la main-d'œuvre. Mais il faut organiser cette mutation professionnelle afin qu'elle se réalise sans dommages pour les intéressés et pour ceux qui les accueilleront. C'est surtout un problème d'instruction, de formation. Problème, encore une fois, bien difficile ! Mais loin de vouloir l'ignorer comme dans l'entre-deux-guerres, on l'attaque !

III. LE PROGRÈS SOCIAL

Depuis la Libération, personne ne discute la nécessité du progrès social. On discute cependant sur ses modalités et sur l'intérêt que l'État lui porte.

---

1. Ces mesures seront étudiées en détail au chapitre XXV, spécialement paragraphe II.

L'action d'ensemble de l'État

La quatrième République, surtout à ses débuts, s'est voulue résolument sociale ; la cinquième l'affirme également ; l'action de la quatrième a porté surtout sur les grandes réalisations, celle de la cinquième vise plutôt l'efficacité dans un certain rapport avec le cadre économique.

★ *Mesures générales :*

• la *Sécurité sociale* (1945-1946) est la création la plus importante, justement par cette « sécurité » qu'elle doit donner à tous.

• l'*aide aux catégories jugées les plus dignes d'intérêt :* les « vieux » (retraite ; création d'un Fonds de vieillesse), les « économiquement faibles » (1946 : allocations, exonérations ; plus tard parfois distributions à tarifs réduits) ; l'enfance, les familles (politique d'aide dans le cadre de l'action nataliste). Quel que soit le niveau de l'aide accordée dans tous ces domaines, souvent jugée très insuffisante, il y a eu volonté d'action. Ce n'était pas le cas avant 1945.

• le *développement de l'instruction* et de la formation professionnelle.

★★ *Mesures en faveur des salariés.* On a cherché à améliorer leur condition, spécialement pour les plus humbles d'entre eux : l'éventail des salaires s'est fermé, ce qui est favorable aux petits salaires, non aux plus importants.

Mais la création essentielle est celle d'un salaire minimum, chose nouvelle et urgente. Dès septembre 1944, le gouvernement a procédé à un important relèvement des salaires pour rattraper l'écart qui se creusait avec les prix. Début d'une politique durable ! Jusqu'en 1950, l'État a fixé, de façon autoritaire, les salaires et aussi les prix. Sans beaucoup de succès, car les prix avaient mille façons de monter (on l'a vu) tandis que les salaires, victimes de l'inflation, se révélaient périodiquement insuffisants.

La C.G.T., notamment, réclame, le 30 décembre 1946, l'institution d'un salaire minimum. Le gouvernement se rallie à ce point de vue et, le 31 mars 1947, est fixé un *salaire minimum vital* (qui est alors de 7 000 F par mois, pour 48 heures de travail hebdomadaire).

Les autres salaires sont fixés par référence à celui-ci. Mais, s'apercevant que le prix de la vie varie sensiblement d'une région à l'autre, on crée bientôt des « zones de salaire », ce qui a soulevé les plaintes des zones les plus défavorisées. Le nombre de ces zones diminuera progressivement, ainsi que l'écart entre leurs salaires, qui atteignait jusqu'à 25 %. Elles seront supprimées en juin 68.

En février 1950, l'État décide de renoncer à la fixation autoritaire des salaires (on revient au système des conventions collectives : voir plus bas) ; le salaire minimum reste cependant établi, mais prend le nom nouveau de S.M.I.G. (Salaire minimum interprofessionnel garanti) ; pour le salaire agricole, c'est le S.M.A.G. Il est fixé, à partir de 1952 par rapport à l'indice des 213 articles, c'est-à-dire par rapport au prix qu'atteignent 213 articles de consommation courante. Depuis 1953, quand l'indice augmente de 2 % dans un intervalle de deux mois, le relèvement du S.M.I.G. est automatique. Ceci est très important pour les salariés, mais inquiète les gouvernements : l'État-patron doit alors augmenter ses employés ou fonctionnaires et il redoute cette hausse de salaires dans une période déjà inflationniste. Si bien que les gouvernements ont cherché à tourner la difficulté : par exemple, en 1957, alors que la hausse allait être constatée, Guy Mollet a changé l'indice de référence : ce ne sont plus les prix des 213 articles, mais ceux de 179... soigneusement choisis et concernant les prix de détail.

En 1966, on passe à la base de 259 articles « au prix de la consommation des familles ». Cette base semble meilleure. Elle est cependant discutée par beaucoup. A vrai dire, il n'est pas de référence parfaite.

La cinquième République a conservé le système du S.M.I.G., mais essaie de mettre sur pied une politique nouvelle : la « politique des revenus », c'est-à-dire qu'elle cherche à contrôler la régularité de la progression des salaires, pour supprimer un facteur inflationniste. Ainsi est-il décidé par exemple, depuis 1962, une *augmentation automatique des salaires de 1 %* par trimestre pour que l'ensemble de la population profite de l'expansion économique. (La procédure Toutée s'applique en outre au secteur de l'État : voir chap. XXII § III).

Au total, l'*augmentation du pouvoir d'achat du salarié* est sensible : il double entre 1949 et 1966 pour l'ouvrier célibataire. Par contre (avant la déduction de l'impôt sur le revenu), il ne croît que de 65 % à Paris pour le père de deux enfants, de 46 % pour le père de cinq enfants, de 35 % pour le petit fonctionnaire célibataire. Quant à l'écart entre salaires masculins et féminins, il se creuse, passant de 6,8 % en 1956 à 10,1 % en 1966.

L'État et les groupes professionnels

★ *Principe de la liberté professionnelle.*

Le régime de Vichy avait essayé d'instituer un système corporatiste : chaque profession s'organisait elle-même dans le cadre de comités d'organisation, d'ailleurs très liés à l'État. Celui-ci avait porté une attention particulière à la « corporation paysanne ».

Le gouvernement provisoire, en octobre 1944, désireux de ne pas bouleverser une économie déjà bien malade, maintient provisoirement cette organisation agricole, tout en plaçant des hauts fonctionnaires à la tête de chaque organisme. Une tentative est même faite, dans un sens voisin, en février 1945, par Lacoste, ministre de la Production industrielle : il crée des « offices professionnels », entièrement contrôlés et dirigés par l'État (ce qui s'éloigne sensiblement du pur corporatisme), mais où siègent des représentants des syndicats. Un an plus tard (avril 1946), ces « offices » étaient dissous, bien que leur rôle ait été plus économique que social. Par contre, ce qui subsiste, c'est la *Confédération générale de l'agriculture*, née en 1945, à l'instigation du gouvernement, pour conserver l'unité agricole née du corporatisme. Cette confédération regroupe tous les organismes relatifs au monde agricole : groupements d'exploitants, de salariés, mutuelles, etc. Mais cette unité reste assez factice, et les statuts de la confédération, révisés en 1954, accordent une large autonomie aux fédérations affiliées. Son rôle est faible.

A partir de 1945-1946, les professions restent donc totalement libres et non organisées. Les intérêts privés y reprennent le dessus, le jeu de la concurrence retrouve ses droits et ses effets au sein de chacune d'elles, comme dans les rapports entre les catégories sociales.

★★ *Rôle des syndicats et des groupes socio-professionnels.*

Le *développement des syndicats*, dans ces conditions, est logique. Dissous en 1940, ceux-ci s'étaient reconstitués dans la clandestinité, notamment la C.G.T. et la C.F.T.C. La diversité, sinon l'émiettement des syndicats, a cependant compromis en partie leur action[1]. Mais l'État leur a laissé toute leur liberté. La cinquième République a seulement rendu obligatoire un préavis de cinq jours pour les grèves décidées à leur appel dans les services publics (1963).

La cinquième République cherche à développer l' « *action concertée* » *avec les syndicats*. Dans le cadre de sa « politique des revenus », comme on l'a vu[2], elle les associe à la « procédure Toutée » qui constate l'évolution des salaires, mais qui ne permet pas aux syndicats de discuter l'augmentation consentie. Ils se montrent d'ailleurs très méfiants envers toute tentative pour les embrigader dans un système où ils auraient une responsabilité politique. Ils veulent garder intact leur pouvoir de contestation et être officialisés dans l'entreprise.

Quant aux groupes socio-professionnels, ils sont appelés à jouer un rôle grandissant *dans* « *l'aménagement du territoire* ». Ainsi constituent-ils 50 % des membres des C.O.D.E.R. qui participent à cet aménagement. Là aussi on retrouve une volonté d'économie concertée.

★★★ *L'État s'intéresse spécialement à certains groupes professionnels.*

Les *paysans* avaient été quelque peu oubliés par la quatrième République dont l'action avait profité surtout aux ouvriers. La cinquième multiplie les initiatives favorables à leur égard : enseignement agricole (1960), Sécurité sociale (1960), nombreuses lois pour refondre les structures agricoles (1960, 1962, etc.), politique très ferme à l'égard du Marché commun agricole, destiné à améliorer sensiblement leurs revenus ; loi sur les calamités agricoles (1964) permettant indemnisation.

La quatrième République avait amélioré la condition du fermier (loi sur le fermage 1946) et cherché à garantir *les revenus paysans* en indexant les prix agricoles sur les autres (1957). Voyant là un facteur d'inflation, la cinquième République supprima cette mesure en 1959, consentit un relèvement de certains prix agricoles et décida en 1960 l'établissement de « la parité » entre l'agriculture et les autres activités grâce à une action profonde sur les structures (loi d'orientation 1960, etc.)[3]. Le cinquième Plan prévoit que le revenu agricole doit croître de 2 % de plus que les salaires. Verra-t-on le monde paysan connaître la même aisance que les autres catégories ? C'est un pari difficile à tenir. Aucun pays n'y est parvenu.

Les *cadres*, depuis les années 60, semblent dignes d'intérêt. Mais, sauf un certain effort pour leur emploi (très souvent menacé), ces *prolétaires des temps modernes* n'ont pas beaucoup attiré l'attention du gouvernement. A part l'emploi, se pose désormais pour eux le problème d'une mortalité inquiétante, au moins pour les cadres supérieurs (maladies nerveuses et cardiaques).

1. On a déjà vu l'idéologie et l'action de ces syndicats au chapitre XX, paragraphes II et III.
2. Chapitre XXII, paragraphe III.
3. Voir le chapitre XXV.

Les *ouvriers*, par contre, *ont vu leur situation s'améliorer*, bien qu'il reste encore beaucoup à faire en leur faveur.

La politique ouvrière

Elle a été typique sous la quatrième République (problème ouvrier voyant, partis de gauche au pouvoir). Il en est résulté un retard de la situation paysanne qu'a essayé de combler la cinquième République. Celle-ci, toutefois, porte son attention sur les questions ouvrières, mais sous un angle nouveau. Si bien qu'au total, depuis 1945, on peut trouver trois aspects à la politique ouvrière.

★ *Législation du travail.*

Salaire augmenté sensiblement et garanti contre l'inflation par l'institution du S.M.I.G. (1947-1950) ou la participation aux fruits de l'expansion depuis 1962 (on vient de le voir) : les ouvriers en ont été les principaux bénéficiaires.

Durée du travail. En février 1946, la semaine de 40 heures (décidée en 1936) redevient légale. En fait, on ne peut, en ce temps de pénurie de main-d'œuvre et de produits, diminuer la durée du travail ; mais on voit là un moyen de trouver une base solide au calcul des heures supplémentaires. Il est décidé en conséquence que celles-ci seront payées 25 % de plus jusqu'à 48 heures par semaine et 50 % au-delà de 48 heures. Cette décision emporte pratiquement l'unanimité. Les ouvriers y trouvent la possibilité d'une très sensible augmentation : ils demandent aux patrons de ne pas diminuer leur horaire (c'est l'opposé de l'idéal malthusien de 1936) ; les patrons l'acceptent, car, grâce à l'inflation, les prix de leurs produits augmentent plus vite que les salaires qu'ils versent. Le gouvernement (c'est pourtant Blum, comme en 1936) déclare : « Les 40 heures sont la semaine légale, les 48 heures la semaine normale. »

Par la suite, la reconstruction se faisant, le temps de travail tend à diminuer pour se stabiliser autour de 45 heures. Mais, vers 1964, on voit les syndicats réclamer le retour pur et simple aux 40 heures... au tarif de 45 heures. C'est que, avec le ralentissement économique consécutif au plan de stabilisation, la tension sur le marché du travail a diminué. Le gouvernement se contente, en 1966, d'abaisser de 60 à 54 heures le maximum moyen de travail hebdomadaire. Mais lors de la crise de mai 68 il faudra promettre le retour progressif aux 40 heures.

Congés. Depuis 1936, le régime normal est de quinze jours de congés payés par an. En 1956, le gouvernement Mollet les porte à trois semaines. En 1963, la Régie Renault accorde quatre semaines à ses ouvriers, ce qui amène très vite la généralisation de cette mesure, qui n'est pourtant pas légalisée avant 1968. Il faut tenir compte aussi des dix jours fériés légaux qui viennent s'ajouter à ce chiffre. Le 1er mai est l'un des plus importants pour les ouvriers ; le chômage y est absolu. C'est la fête des travailleurs.

Conditions de travail : les conventions collectives. C'est encore à l'année 1936 qu'il faut se référer pour trouver l'organisation légale des « conventions collectives ». Il s'agit d'accords entre employeurs et employés pour fixer les conditions du travail. Les conventions peuvent être nationales ou régionales. Elles peuvent être, selon une certaine procédure, étendues à toute une branche de l'activité considérée. La décision est entérinée par la Commission supérieure des conventions collectives où se rencontrent délégués patronaux, délégués ouvriers et représentants des associations familiales. L'État est garant de l'accord signé. En cas de contestation, de conflit sur son application, une Cour supérieure d'arbitrage rend sa sentence. Créée en 1938, disparue pendant la guerre, elle est rétablie en 1950.

C'est que, dès décembre 1946, le gouvernement a décidé le retour au principe des conventions collectives. Retour théorique puisque l'État s'empressait d'ajouter qu'il gardait, provisoirement, le droit de fixer les salaires. Mais, on l'a vu, en 1950, les salaires redeviennent libres. Aussi, avec la loi du 11 février 1950, le gouvernement encourage la conclusion de conventions collectives, qui sont un gage de paix sociale. Un exemple important apparaît en 1955 avec la conclusion d'une telle convention chez Renault : il est prévu une augmentation de salaires de 4 % par an pendant les deux années à venir, l'octroi de trois semaines de congés payés (ce qui n'était pas encore légal), plus dix jours fériés ; moyennant quoi, les syndicats s'engageaient à n'user de la grève qu'en dernier recours, tous autres moyens ayant été épuisés.

Droit au travail. C'est un droit qui est reconnu par la Constitution. C'est pourquoi l'État se doit de verser des allocations aux chômeurs. Par ailleurs, l'État s'engage délibérément dans une politique de « plein emploi », facile pendant une vingtaine d'années, plus difficile ensuite, on l'a vu.

★★ *La protection du travailleur.* Elle est assurée de plusieurs façons :

• les *inspecteurs du travail,* dont l'institution remonte à la fin du XIXe siècle, prennent une grande importance. Ils sont multipliés et leur puissance augmente. Ils contrôlent partout les conditions de travail, veillent à l'application de la législation sociale. Le recours à l'inspection du travail est très fréquent de la part des syndicats. Il devient très difficile de renvoyer un ouvrier. Il y a eu quelque excès dans ce domaine.

• les *délégués du personnel* (création d'avril 1946) sont des représentants élus du personnel de l'entreprise quand celui-ci dépasse le chiffre de 10. Leur rôle est d'être les interprètes du personnel auprès de la direction et de faire éventuellement appel à l'Inspection du Travail. Dans les entreprises de moins de 50 employés, ils jouent le rôle des comités d'entreprise (voir ci-dessous).

• la *liberté et la puissance des syndicats,* très actifs, mais dont l'action est limitée par leurs rivalités.

• l'*importance du droit de grève,* dont il a été très largement usé. Il est vrai qu'il est inscrit dans la Constitution. La grève devient le moyen courant, normal de revendiquer ; elle est souvent déclenchée avant toute autre tentative de discussion : grèves partielles, grèves perlées, grèves du zèle, grèves générales, spécialement paralysantes pour toute l'activité du pays (novembre 1947, mai-juin 68), se multiplient. La grève prend très souvent un caractère politique.

★★★ *Promotion du travailleur.*

C'est ici une idée nouvelle, au moins au stade gouvernemental. Entendons par là que l'État ne se contente pas d'assurer au mieux les conditions du travail ouvrier, mais qu'il va essayer, en outre, d'accroître le revenu du travailleur plus vite que celui des autres catégories et surtout de le faire participer davantage à la gestion des entreprises. En un mot, au prolétaire dépendant doit succéder un homme plus instruit, plus aisé, plus maître de son travail et de sa destinée et participant même à la vie de l'entreprise. C'est toute la dignité du travailleur qui est en jeu, sinon les bases même du système capitaliste.

- la *Sécurité sociale* est un premier moyen, matériel surtout puisque, on l'a vu, elle consiste en un transfert social au profit des catégories les plus défavorisées.
- l'*enseignement professionnel* doit permettre au travailleur de s'élever dans l'échelle sociale. Il est systématiquement encouragé (loi de 1960).
- la *création des comités d'entreprise* a été, en son temps, la tentative la plus intéressante, bien qu'elle n'ait pas donné tous les résultats escomptés. Créés en février 1945, ces comités d'entreprise ont vu leurs pouvoirs étendus en mai 1946. Dans toute entreprise de plus de cent (puis de cinquante) ouvriers, est institué un comité groupant cinq à huit délégués élus du personnel autour du directeur. Sa fonction est double, technique et sociale. Le plan technique est le principal : le comité cherche les moyens d'améliorer la productivité, les conditions de travail, il exerce un contrôle financier ; sur le plan social (secondaire), il s'occupe des œuvres sociales de l'entreprise.

Le but de ces comités est essentiellement d'associer les ouvriers à la gestion de l'entreprise. Par là, la loi espère diminuer la toute-puissance du patron, susciter une élite ouvrière, augmenter le rendement de l'ensemble des travailleurs. Les revendications proprement sociales (bien qu'admises par la loi de mai 1946) ne sont qu'un des buts secondaires des comités d'entreprise.

Le résultat ne répondit pas à l'espoir. Les querelles syndicales, l'inexpérience ou l'indifférence ouvrières et surtout l'opposition patronale réduisirent progressivement le rôle de ces comités qui, se développant, auraient pu bouleverser l'ordre économique et social de la France. En 1966, on cherche à rendre aux comités l'importance qu'on leur avait prévue en augmentant leurs attributions et leur compétence.

- La *représentation des travailleurs* dans les conseils d'administration des entreprises nationalisées répond au même souci. Leur rôle n'y est pas négligeable, mais il a diminué dans la mesure où l'emportait peu à peu l'influence des techniciens.
- L'*intéressement des travailleurs aux profits de l'entreprise* est une idée de la cinquième République qui reprend sous cette forme en 1967 l'idée plus ancienne d'association « capital-travail ». Le but est d'empêcher que ce profit qui est dû en partie au travail fourni par les ouvriers ne bénéficie qu'au capital (ou à l'entreprise). Si le but est atteint, si les travailleurs perçoivent une partie de ce profit, tout le thème de la lutte des classes disparaît, puisqu'on ne pourra plus parler, comme Karl Marx, d'aliénation du travail des ouvriers.

La difficulté est de trouver le moyen pratique d'y parvenir. Car il ne faut pas non plus gêner le pouvoir de décision du chef de l'entreprise ni retirer à celle-ci, en multipliant les profits distribués, ses possibilités d'investissement par autofinancement. Déjà en 1959, une ordonnance accorde des faveurs fiscales aux entreprises qui lient le montant des salaires au progrès de la productivité ; ce progrès bénéficie donc aussi au travailleur. Mais l'ordonnance d'août 1967 va plus loin ; elle envisage un système de conventions entre travailleurs et entreprise : ainsi les modalités pourront varier de l'une à l'autre :

L'intéressement, facultatif dans les petites entreprises, est obligatoire dans toutes celles qui emploient plus de cent salariés (soit au total près de cinq millions de salariés). Calculé sur le bénéfice fiscal de l'entreprise, il sera hiérarchisé et plafonné. Il pourra consister soit en distribution d'actions, soit en octroi d'obligations, soit en titres de S.I.C.A.V. Les entreprises pratiquant l'intéressement bénéficient d'avantages fiscaux.

On voit que la politique sociale peut aller très loin. Elle mène à un pouvoir toujours plus étendu de l'État. Dans aucun autre pays non « socialiste » on n'a vu depuis 1945 le gouvernement aller aussi avant dans la voie de la limitation du capitalisme. La France en éprouve quelque fierté.

Cependant tous les intéressés n'en tombent pas d'accord et c'est justement la question de la promotion du travailleur, de sa participation à la gestion de l'entreprise qui seront l'un des grands thèmes des grèves de mai-juin 68.

Chapitre XXIV

LA POLITIQUE EXTÉRIEURE

La politique extérieure a une influence directe sur la vie économique d'un pays. Que la France ait choisi les guerres coloniales ou la décolonisation, qu'elle se soit fermée ou au contraire ouverte aux échanges et à la concurrence de l'Europe et du reste du monde, on mesure combien ces choix ont pu être déterminants pour ses finances, sa production, son commerce. C'est sous cet angle que sera ici étudiée la politique extérieure. Les questions diplomatiques seront laissées de côté, encore qu'il ne soit pas indifférent de savoir que résolument liée au « camp occidental » d'abord (adhésion à l'O.T.A.N. en 1949), elle s'en affranchit non moins résolument sous la cinquième République (sortie de l'O.T.A.N. 1966), ce qui lui ouvre des horizons nouveaux non seulement politiques, mais aussi économiques, vers l'Est.

I. DES GUERRES COLONIALES A LA COOPÉRATION

Le plus grave problème qui se soit posé à la France a d'abord été celui des nouveaux rapports à établir avec ce qui avait été son Empire : une évolution était en cours[1] depuis la conférence de Brazzaville (1944) ; mais l'on cherchait plus à sauvegarder la puissance coloniale qu'à décoloniser vraiment. Cette *mésentente initiale avec les peuples d'outre-mer* sur l'esprit à donner à cette évolution a été tragique : la France, presque toujours sur la défensive, se lance dans des guerres sans espoir, puis fait des concessions qui sont autant d'aveux de faiblesse. Un changement important apparaît avec la cinquième République qui, n'ayant plus d'Empire colonial, passe avec les anciens colonisés des « accords de coopération » d'esprit nouveau.

Ce qu'il faut savoir, en effet, c'est *ce qu'on recherche* dans ses liens avec les pays d'outre-mer :

• prestige, puissance politique ? Mais sous quelle forme ? Celle de la domination, de l'association, de la coopération ? On est passé depuis 1945 par ces trois étapes : jusqu'à présent la dernière seule a bien réussi.

• le profit économique ? Celui-ci peut être recherché égoïstement pour la métropole (c'était la forme ancienne de la colonisation) ou partagé avec ses partenaires : investissements, rapports commerciaux, etc. Si l'on y parvient, la coopération est fructueuse pour les uns et les autres.

Il s'agit de voir la démarche de la France dans cette voie et les problèmes qui en sont issus.

---

1. Pour tous les précédents de la décolonisation, se reporter au chapitre XVIII, paragraphe IV. Pour ses aspects juridiques ou politiques : H. Grimal, *La Décolonisation, 1919-1963* (coll. « U »), Paris, Colin, 1965.

Échec de l'Union française : les guerres d'Indochine et d'Algérie

L'Union française est un médiocre reflet de l'esprit de Brazzaville ; la guerre d'Indochine, puis celle de l'Algérie l'ont condamnée à l'échec.

★ *L'Union française (1946-1958).*

Créée par la constitution de 1946, c'est une sorte de fédération groupant les pays d'Outre-Mer et la France.

La France y avait un rôle directeur ; à elle, incombait la défense commune. On laissait une porte ouverte sur l'avenir en admettant qu'il puisse y avoir des « États associés » ayant des liens particuliers avec la France (ceci pour accueillir les trois États d'Indochine : Viet-Nam, Cambodge et Laos, dont on venait de reconnaître l'indépendance) ; d'autres pourraient accéder également à l'« association ».

Une Assemblée de l'Union française était instituée, composée pour moitié de représentants de la France, pour moitié de représentants des pays d'Outre-Mer, et purement consultative.

Les pays d'Outre-Mer étaient de plusieurs types :

- « territoires d'Outre-Mer » : anciennes colonies d'Afrique noire (A.O.F. et A.E.F.), Madagascar, territoires d'Océanie ou de l'océan Indien : leur statut n'a guère évolué depuis l'avant-guerre ;
- « territoires associés » : pays sous tutelle (au nom de l'O.N.U.) : Togo et Cameroun ; en fait, situation très voisine des précédents ;
- « États associés » : Viet-Nam, Cambodge, Laos (ils recevront ce titre en 1949) ; l'association est restée pratiquement vide de sens ;
- « États protégés » : anciens protectorats (Maroc et Tunisie) ; leur statut n'a jamais été nettement défini ;
- à part, quatre « départements d'Outre-Mer » : Guadeloupe, Martinique, Guyane et Réunion, considérés comme un prolongement de la France (leurs habitants sont citoyens français), et l'Algérie toujours divisée en trois départements, mais sous l'autorité d'un gouverneur relevant du ministère de l'Intérieur et dont les habitants musulmans ne sont pas citoyens français (sauf les 50 000 environ qui ont bénéficié de l'ordonnance de mars 1944).

Le *fonctionnement* du système fut toujours médiocre, d'abord parce que l'Assemblée, installée dans son « exil doré » de Versailles, n'avait pas de pouvoir réel, ensuite parce que les révoltes et les guerres (Indochine, Algérie surtout) en troublèrent constamment l'application. Enfin, si beaucoup de Français freinaient l'évolution, les ex-colonisés la trouvèrent tout de suite insuffisante. Un à un, les territoires vont secouer la tutelle de la France et l'Union française va se disloquer.

L'*aide économique et financière* apportée par la France aux pays d'Outre-Mer fut cependant importante. La loi du 30 avril 1946 instituait un plan de mise en valeur en dix ans. Par l'impôt, les Français devaient participer aux investissements nécessaires. Ceux-ci seraient effectués par le F.I.D.E.S. (Fonds d'investissement et de développement économique et social) créé à cet effet. Les résultats ont été discutés : inefficacité, insuffisance, faveurs aux sociétés capitalistes, méconnaissance des obstacles locaux (infrastructure trop faible, opposition des populations, etc.) sont des reproches couramment adressés au F.I.D.E.S. Les dépenses ont cependant été considérables

(700 milliards d'anciens francs de 1945 à 1960, d'après M. Bonnefous) et les résultats tangibles ne manquent pas (santé, instruction, équipement portuaire par exemple).

★★ *La guerre d'Indochine (1946-1954).*

C'est l'épisode le plus grave de l'échec de l'Union française (avant la guerre d'Algérie). On en a vu les origines et comment, à la tête du Viet-Minh communiste, Ho-Chi-Minh et son général Giap s'engagent dans des opérations contre la France.

Les *conditions de la guerre* sont très mauvaises pour elle : le Viet-Minh pratique non seulement une guerre de type classique, mais surtout une guérilla particulièrement dangereuse dans les montagnes ou les rizières du Tonkin ; il excelle à « pourrir » la situation. Son armement, ses méthodes de combat vont se renforçant quand Mao Tsé-toung, ayant triomphé en Chine (1949), l'assure de toute son aide à travers une frontière difficile que la France ne peut contrôler.

La France, elle, doit livrer bataille à des milliers de kilomètres de chez elle ; elle tarde (1950) à recevoir l'aide américaine en matériel ; les crédits qu'elle sollicite sont l'objet de discussions serrées. Son opinion publique est partagée sur l'utilité d'une guerre coûteuse (on fera un large recours aux troupes de l'Union française). Les Vietnamiens, malgré le retour de l'empereur « fantoche » Bao-Daï en 1948 et la reconnaissance du statut d'État associé, ne sont pas sûrs.

Les *événements militaires* se divisent en trois phases : jusqu'en 1950, c'est le pourrissement de la situation. De 1950 à 1952, l'envoi en Indochine de De Lattre de Tassigny permet un redressement de la situation ; en 1953 et 1954, la guerre s'étend, se fait plus âpre (les Français ont 230 000 hommes au combat). Le Viet-Minh met toutes ses forces (100 000 hommes) contre le camp retranché de Dien-Bien-Phu et il l'emporte (mai 1954). La guerre est perdue pour la France. Mendès France négocie.

Les *accords de Genève* amènent la fin des hostilités (juillet 1954). La France évacuera Hanoï (1955) et Saigon (1956). Le Viet-Nam est « provisoirement » partagé en deux selon le 17ᵉ parallèle. Mais le « Sud-Viet-Nam », bien qu'échappant au Viet-Minh, chasse Bao-Daï et devient une république, sous la présidence de Ngo Dinh Diem, soutenu par les Américains. Tout comme le Laos et le Cambodge proclamés neutres et le « Nord-Viet-Nam », il quitte l'Union française.

Ruineuse pour la France, coûteuse en hommes (100 000 morts), la guerre d'Indochine a profondément marqué l'opinion française et mondiale ; elle a contribué à l'affaiblissement de la quatrième République.

★★★ *La décolonisation dans les autres territoires.*

Les Établissements français de l'Inde (cinq comptoirs français depuis plus de deux cents ans, dont Pondichéry, Karikal, etc.) sont cédés en 1954 à l'Inde qui était devenue indépendante depuis 1947.

Au *Maroc*, le parti de l'« Istiqlal », avec Allal-al-Fassi, s'était organisé en 1943 et un « Parti démocratique de l'indépendance » voyait le jour en 1946. Encouragé, le sultan Mohammed V réclame l'indépendance en 1947. La France répond en envoyant des résidents énergiques : le général Juin (1947-1951) qui maintient l'ordre établi, puis le général Guillaume (1951-1954). Celui-ci obtient l'exil de Mohammed V à Madagascar. Déposé, le sultan est remplacé par Arafa. Partout éclatent soulèvements, troubles. La France, en 1955, se résigne à rappeler Mohammed devenu seul « interlocuteur valable ». Il obtient l'autonomie, puis, en mars 1956, l'indépendance du Maroc. Un grand nombre de Français, colons, commerçants, quittent le pays, où le désordre règne un certain temps.

En Tunisie, le parti du Néo-Destour réclame pour le pays (en ruine) des réformes profondes. Son chef Bourguiba est soutenu par l'opinion arabe (création de la « Ligue arabe »). Effectivement, la France fait des concessions (ministère, etc.) progressivement (1947-1951). Mais le Néo-Destour veut l'indépendance ; l'arrestation de Bourguiba (1952) déclenche une vague de soulèvements, assassinats. Mendès France promet alors (discours de Carthage 1954) « l'autonomie interne » : elle est réalisée en 1955. Jugée insuffisante par les extrémistes (Salah Ben Youssef), elle est, un an plus tard, transformée en indépendance (1956). Bourguiba prend le pouvoir et proclame la république en 1957.

L'*Afrique noire et Madagascar* sont les seuls territoires où la décolonisation s'est opérée avec succès. Ils se sont acheminés progressivement et sans heurts vers l'indépendance. Envoyant des députés à l'Assemblée de Versailles, mais aussi au Parlement à Paris, ils trouvèrent une élite qui a su, peu à peu, prendre les rênes du gouvernement. Dans chacun d'entre eux siégeait une Assemblée élue. La « loi-cadre » de 1956, proposée par G. Defferre, établit le suffrage universel et, instituant un véritable gouvernement local, instaure en fait l'autonomie (bien que le gouverneur reste français). Avec de Gaulle en 1958 l'indépendance interne (le gouverneur disparaît), en 1960, l'indépendance totale, dans le nouveau cadre de la « Communauté », seront successivement accordées.

★★★★ L'*Algérie* pose des problèmes beaucoup plus graves parce que la France est très attachée à ce territoire qui semble la prolonger au sud et où vivent plus d'un million de Français. Ceux-ci sont les plus ardents à freiner une évolution que beaucoup ne jugent pas nécessaire. Pourtant, *un statut particulier a été accordé en 1947* : une Assemblée algérienne est mise sur pied, élue moitié par les Français, moitié par les Musulmans. Mais ses pouvoirs sont limités et le statut n'est pas loyalement appliqué.

L'insurrection éclate le 1er novembre 1954 et s'étend rapidement, favorisée à l'extérieur par la « conférence de Bandoung » (avril 1955), l'aide du Maroc et de la Tunisie, le soutien de la « Ligue arabe » et du colonel Nasser (dont le prestige croît avec la malheureuse expédition franco-anglaise sur Suez 1956). Peu à peu, le F.L.N. (Front de libération nationale) contraint la France à un effort militaire considérable (400 000 hommes) et coûteux (un milliard d'anciens francs par jour). Le gouvernement hésite devant les concessions nécessaires, que repoussent toujours obstinément les Français d'Algérie.

Le *13 mai 1958*, craignant une initiative gouvernementale dans la voie du compromis, ils s'insurgent et, avec l'armée devenue toute-puissante, réclament le pouvoir pour de Gaulle. Désemparé, le Parlement, à Paris, investit le général (1er juin).

Le problème colonial, faute d'avoir été réglé, allait entraîner la chute de la quatrième République.

Échec de la Communauté. Fin de la guerre d'Algérie

★ *La politique coloniale de De Gaulle* tranche nettement avec celle du régime précédent. Sans idées *a priori*, sans position nettement définie à l'avance, elle s'explique :

• par sa conviction que la colonisation est périmée ;

• par sa volonté de rendre à la France sa grandeur : celle-ci est menacée par la politique coloniale suivie jusqu'ici (dépenses excessives, paralysie dans les autres domaines de l'action extérieure, condamnation des guerres coloniales par l'opinion mondiale) ; elle peut se retrouver par l'établissement de nouveaux liens avec les pays d'Outre-Mer. Donc, l'Union française doit être dépassée, la guerre d'Algérie doit prendre fin, d'une façon ou d'une autre.

Par le référendum de 1958, il fait accepter par les territoires encore français d'entrer dans une « Communauté française » (1958). Seule, la Guinée refuse ; elle devient immédiatement indépendante. Les autres territoires africains reçoivent l'« indépendance interne » ; entendons qu'ils s'administrent seuls, la France restant maîtresse de la politique extérieure. Cette « Communauté première forme » laisse vite la place à une « *Communauté* » seconde forme (1960), sans l'adjectif « française ». Tous les territoires :

• reçoivent immédiatement leur indépendance totale (ils se hâtent d'entrer à l'O.N.U., symbole de l'indépendance effective) ;

• doivent négocier leur entrée dans cette Communauté, qui, à la manière du Commonwealth, rassemblera France et pays d'Outre-Mer, unis par des liens d'amitié volontairement établis.

Seuls, Madagascar, le Sénégal et les quatre pays de l'ex-A.E.F. (Congo, Gabon, Centrafrique, Tchad) adhèrent effectivement. Les autres territoires se contentent de prendre leur indépendance. Ils n'accepteront de liens avec la France que par le biais d'accords de coopération qui sont signés peu après (1961) (voir plus loin).

La « Communauté » n'a jamais eu d'existence réelle. Le « Sénat » prévu a cessé de fonctionner en 1961. Tellement le prestige de l'indépendance totale était grand (surtout tant que faisait rage la guerre d'Algérie). Et tellement, pour de Gaulle, le but essentiel était de préserver l'amitié africaine et les liens économiques !

Finalement, la France ne conserve en propre que ses départements d'Outre-Mer (D.O.M.) : Martinique, Guadeloupe, Guyane, Réunion, et ses territoires d'Outre-Mer (T.O.M.) du Pacifique (Nouvelle-Calédonie, Tahiti, etc.) et de l'océan Indien (Comores, Somalie, etc.). Quelques problèmes se poseront avec les Antilles où des partis autonomistes apparaissent ; en 1967 l'autonomie est accordée à la « Côte française des Afars et des Issas » (ancienne côte des Somalis). Quant à l'Algérie, elle avait entre-temps trouvé une indépendance totale.

★★ *Poursuite et fin de la guerre d'Algérie (1958-1962).*

De Gaulle, dès le 4 juin 1958, vient à Alger, parle de l'« Algérie française », mais évite le mot d'« intégration », devenu le slogan des Européens. Il lance un appel à la réconciliation. Mais le F.L.N. y répond en créant le G.P.R.A. (Gouvernement provisoire de la République algérienne) : c'est donc un refus. Tandis que la citoyenneté française est accordée aux Algériens, de Gaulle, au cours d'un second voyage, lance le « plan de Constantine » (octobre 1958) en vue d'un effort économique et social sans précédent en Algérie (beaucoup d'argent y sera dépensé) et il offre « la paix des braves »... sans succès. Un grand effort militaire est déployé (800 000 hommes).

Faisant un pas de plus, le 16 septembre 1959, de Gaulle parle du *droit à l'« autodétermination »* pour les Algériens. Cette idée sépare définitivement la masse des Français d'Algérie de celui qu'ils ont appelé au pouvoir (24 janvier 1960 « semaine des barricades »). En juin 1960, de Gaulle parle d'une « Algérie algérienne liée à la France ». Dès lors, le G.P.R.A. essaie de négocier, mais la première tentative, à Melun, est un échec.

Désormais, trois tendances apparaissent : les extrémistes du G.P.R.A. qui songent à une aide chinoise pour poursuivre la guerre ; les modérés du G.P.R.A. d'un côté et de Gaulle de l'autre, qui souhaitent négocier et aboutir, et sentent la population algérienne de leur côté ; la masse des Français d'Algérie qui s'y refuse absolument. Le 21 avril 1961, éclate le *putsch d'Alger* : quatre généraux, dont Salan, prennent le pouvoir, assurés de l'appui des Français d'Algérie. Le coup de force échoue, mais, avec l'O.A.S., le terrorisme s'installe en Algérie et plusieurs attentats sont montés contre de Gaulle.

Cependant, à partir de mai 1961, des négociations commençaient à Évian. Négociations difficiles : on s'opposait surtout sur la question du Sahara devenu depuis deux ans grand producteur de pétrole (le G.P.R.A. le revendique entièrement) ; sur l'organisation d'un référendum en Algérie ; sur les rapports à établir entre les Français d'Algérie et les Algériens.

Les *accords d'Évian du 18 mars 1962* permettent enfin le cessez-le-feu et l'entente sur les points suivants :

- l'Algérie devenait indépendante (Sahara compris) si le référendum l'acceptait.
- un exécutif provisoire, nommé par la France, assurait la transition et organiserait le référendum.
- les Français d'Algérie voyaient leurs droits, leurs biens et leurs intérêts garantis (sauf indemnisation) ; ils gardaient pour trois ans leur nationalité ; ils auraient une représentation propre.
- la France conserverait 80 000 hommes en Algérie pendant trois ans, des bases dans le Sahara (cinq ans) et la base navale de Mers-el-Kébir (quinze ans).
- la France coopérerait financièrement et techniquement avec l'Algérie.
- un organisme franco-algérien s'occuperait de la mise en valeur du sous-sol.

Tandis qu'en masse les Français d'Algérie se rapatrient en France, le référendum approuve l'indépendance à 99,7 % en Algérie, à 90,7 % en France. Quelle évolution dans la mentalité coloniale des Français ! Il est vrai (mais combien le savaient ?) que de nouveaux liens de « coopération » s'établissaient avec ce qui avait été « l'Empire ».

La coopération et l'aide au monde sous-développé

La décolonisation s'est accompagnée de l'établissement de liens nouveaux entre la France et son ancien domaine colonial, mais sur la base de la « coopération ». L'idée est que la France, pays riche, apporte à ces pays pauvres l'appui de ses capitaux, de sa technique, de sa compétence.

★ *Évolution du système de coopération.*

Les premiers accords de coopération ont été signés en 1960 avec les territoires d'Afrique qui devenaient indépendants (Sénégal, Madagascar, etc.). Une double évolution est apparue depuis lors :

• d'une part, les accords ont tendance à *ne plus se cantonner dans l'ancien domaine colonial*, mais à devenir une aide à tous les pays sous-développés. D'ailleurs la France participe aux organismes mondiaux qui s'occupent de ce problème (B.I.R.D. ; C.A.D. : Comité d'aide au développement qui relève de l'O.E.C.E., etc.). Mais cette aide multilatérale ne représente en 1965 que 7 % du total (en progrès pourtant : 2 % en 1964). L'aide bilatérale reste très prédominante.

Cette évolution récente n'empêche qu'en 1965 l'aide française se répartit comme suit :

États africains et malgache	46 %	89 % d'aide bilatérale à l'ancien domaine colonial.
Algérie	32 %	
Maroc et Tunisie	7 %	
Cambodge, Laos, Viet-Nam	4 %	
Autres pays hors de la zone franc	4 %	
Aide multilatérale	7 %	

• d'autre part, les accords tendent à remplacer les dons purs d'argent plus ou moins bien utilisés, ou les investissements maladroits (comme faisait souvent le F.I.D.E.S. avant de n'être plus chargé que des T.O.M., 1959), par *une aide beaucoup plus étudiée*, dispensée par diverses caisses dont la plus importante est le F.A.C. (Fonds d'aide et de coopération) né en 1959.

★★ *Organisation de la coopération.* On peut distinguer :

• *des accords généraux de coopération* (Afrique francophone, y compris l'ancien Congo belge, mais aussi Mexique, Argentine, Grèce, Sierra-Leone, etc.) : la France fournit des techniciens, des cadres administratifs ou militaires, des enseignants ; parfois aussi de l'argent (don ou crédit variable), des bourses d'études ; parfois, elle consent des « crédits fournisseurs » (destinés à acheter des produits français) ; parfois, elle a des accords de défense mutuelle (avec l'ancienne « Communauté »).

• *des accords spécifiques*, limités à une opération déterminée : par exemple au Maroc, pour la télévision, le coton, l'agronomie ; en Iran pour l'irrigation, etc.

• *de simples programmes* prévoyant des stages, des échanges d'experts, etc.

★★★ *Importance et intérêt.*

La France est la deuxième du monde pour l'ampleur de son aide au « tiers monde » après les États-Unis, mais la première relativement à sa richesse. Il est très difficile de calculer exactement le montant de cette aide, tant les modes de calcul sont divers. (Faut-il compter les dépenses militaires qui, on le sait, ont un bénéfice économique ? Faut-il inclure l'aide aux D.O.M. et T.O.M. ? Faut-il inclure les investissements purement privés ? Etc. D'où la variété des chiffres mis en avant.)

On note en tout cas la *baisse de l'aide publique depuis 1962, année record* avec près de 5 milliards de francs (D.O.M. et T.O.M. inclus, mais sans dépenses militaires ni fonds privés). Le chiffre reste encore voisin de 4 milliards, mais sa valeur relative diminue par rapport au P.N.B. Aide totale (fonds privés inclus) par rapport au P.N.B.

1958	2,17 %
1959	2,33 %
1960	2,15 %
1961	2,16 %
1962	1,96 %
1963	1,56 %
1964	1,47 %
1965	1,31 %
1966	1,22 %
1967	1,16 %

L'importance de cette aide a été souvent critiquée (d'où la diminution depuis 1962 et une répartition plus stricte).

En fait :

• *pour le monde sous-développé, elle reste peu de chose, mais précieuse*. Ainsi l'Algérie a reçu 3 300 millions de 1962 à 1966 et 10 000 « coopérants » (dont deux tiers d'enseignants) s'y trouvent à cette dernière date. Mais il n'y a plus que 3 000 « techniciens » au lieu de 8 000 en 1962-1963. 75 % des fonds sont absorbés par la « formation » (enseignement, utile pour l'avenir, mais non rentable immédiatement); 20 % vont au soutien ; 5 % seulement au développement.

• *pour la France*, les dépenses sont peu rentables tout de suite, mais assurent des débouchés économiques, préservent des liens anciens, permettent le rayonnement de la culture, parfois des bases militaires et, en tout cas, la conscience de ne pas trop céder à l'égoïsme des riches ou à l'utilitarisme. C'est surtout cela qui est critiqué ainsi que la façon dont sont utilisés les fonds.

Bilan de la décolonisation

Par le biais de la coopération, la France a gardé des liens étroits, avec son ancien domaine colonial et en a même tissé de nouveaux avec d'autres pays. Mais cette reconversion a-t-elle préservé les avantages que la colonisation lui avait apportés ? La France y a-t-elle perdu ou gagné ?

★ *Ce que la France a perdu.*

En Indochine les pertes ont été sévères et les investissements réalisés ont parfois été placés sous séquestre. Ailleurs :

Les hommes installés Outre-Mer sont rentrés en France ; plus de 1 300 000 ont quitté l'Afrique du Nord. Ces rapatriés ont eu sur l'économie française un effet bénéfique (main-d'œuvre, consommation, capitaux), mais un peu inquiétant (tendance inflationniste). Toutefois, deux remarques s'imposent : les Français n'ont guère quitté l'Afrique noire : ils y sont parfois plus nombreux qu'avant (à titre individuel ou comme « coopérants »). Quand il y a eu départ, le détriment s'est porté beaucoup plus sur les pays quittés, dépourvus désormais de leurs anciens cadres économiques. L'Algérie le voit après la non-réalisation de l'accord d'Évian sur ce point particulier.

Les terres et les biens immobiliers ont été souvent une perte sèche pour la France (encore que le Pacifique ou la Guyane aient profité de l'abandon en 1967 des installations nucléaires ou spatiales d'Hammaguir au Sahara). Le problème des terres est le principal :

— en Algérie, le gouvernement a nationalisé les plus grands domaines ;

— la Tunisie a confisqué en 1964 les « terres de colonisation », ce qui a amené la suspension de l'accord financier ;

— le Maroc agit prudemment : sur 900 000 ha (soit un cinquième des terres cultivables), 250 000 ha, terres de colonisation qui avaient été attribuées par le gouvernement français, sont revenus, contre dédommagement, à l'État marocain (1963) ; 300 000 ont été rachetés à l'amiable ; il en reste encore autant que le Maroc voudrait récupérer pour y établir une exploitation par coopératives. Des discussions sont en cours pour cette « décolonisation agraire », mais sans violence. Les terres récupérées, une fois les Français partis, rapportent d'ailleurs beaucoup moins.

Les liens préférentiels ont disparu : dans les transports maritimes, grosse perte pour l'armement français, surtout sur la ligne Marseille-Alger (autrefois monopole de pavillon). Il a fallu réduire des deux tiers, entre 1961 et 1967, la flotte desservant l'Algérie. De même, Air France doit compter désormais avec « Air Afrique » formé en commun par les États noirs.

Pour les débouchés commerciaux, la France affronte maintenant une concurrence accrue, bien qu'elle garde toujours le premier rang dans le commerce de ces États indépendants, nous le verrons. Mais cette perte de privilège se retourne plus encore contre ces États : l'arachide du Sénégal et plus encore la banane de Guinée ou le vin d'Algérie n'entreront pas en France sans contrepartie.

Leur association au Marché commun leur permet une compensation pour le commerce, de même que pour l'investissement : celui-ci ajoute son action à celle de la France : rôle du F.E.D.O.M. (Fonds européen de développement pour les pays d'Outre-Mer) et de la Banque européenne d'investissement. Le Marché commun assure dans une certaine mesure la relève de la France.

C'est pour l'Algérie que la situation a le plus changé : la France y écoulait ses marchandises à un cours supérieur au cours mondial (sucre par exemple), mais elle achetait environ 14 millions d'hectolitres de vin algérien. Désormais, le sucre se vend presque au cours mondial, mais la France, mettant fin à sa surproduction de vin, n'achète plus que 7 à 8 millions d'hectolitres — chiffre non garanti d'une année à l'autre. Il doit encore diminuer après la décision, en septembre 1967, d'interdire le coupage, ce à quoi, justement, servaient surtout les vins algériens. Aussi, l'Algérie, premier partenaire commercial de la France en 1958, est devenue le 4e en 1962, le 8e en 1966. Encore la France y achète-t-elle du pétrole au-dessus du cours mondial pour sauvegarder les intérêts de ses sociétés, diversifier son approvisionnement, obtenir des contreparties (sucre, etc.), amorcer une grande politique dont il sera reparlé plus loin.

Finalement, à cause du pétrole, le commerce franco-algérien est déficitaire pour la France, mais l'Algérie fait encore les trois quarts de ses échanges avec elle et elle a beaucoup plus besoin de la France (qu'on songe au débouché qu'elle représente pour ses chômeurs, en plus du vin, du pétrole, ou de l'aide de coopération un peu plus forte que celle de tous les autres pays) que la France n'a besoin de l'Algérie, au moins économiquement. Cela prouve que la France n'a pas tout perdu.

★★ *Ce que la France a sauvegardé.*

Son approvisionnement en produits divers : non seulement le pétrole, mais aussi le gaz en Algérie, le pétrole du Gabon, le fer de Mauritanie, l'uranium de Madagascar, Gabon, Niger (accord en 1967), ce qui permet de maintenir l'activité et les *profits des sociétés françaises* ou franco-étrangères qui les exploitent.

Son commerce global avec l'Outre-Mer : il se maintient, mais son rôle pour la France n'est plus le même. En effet :

- longtemps bénéficiaire jusqu'à 30 % pour la France, il a été déficitaire pour la première fois en 1962, puis s'est plus ou moins rééquilibré selon les années : + 4 % en 1965 ; 3 % en 1966 par exemple (le déficit est plus fréquent) ;
- il s'est maintenu en chiffres absolus (15 à 16 milliards de francs au total dans les années 60) ;
- il a notablement diminué en pourcentage puisque, dans le même temps (de 1958 à 1965), le commerce français doublait. Aussi représente-t-il dans le commerce total :

27 % en 1938
32 % en 1958
25 % en 1960
14 % en 1966

La France, n'ayant plus la « chasse gardée » qu'était son Empire (il a absorbé jusqu'à 42 % des exportations en 1952 !), doit à tout prix trouver d'autres débouchés. Mais enfin les liens commerciaux sont maintenus avec l'Afrique francophone (par ordre d'importance : Algérie, Maroc, Côte-d'Ivoire, Sénégal...).

Son système monétaire : la zone franc s'est maintenue aussi, à l'exception des États d'Indochine et de la Guinée qui n'en font pas partie. Cela ne peut que favoriser les échanges internes et maintenir des liens utiles à tous.

Des bases militaires en Afrique noire et à Madagascar, grâce à des accords particuliers avec les États intéressés. Par contre, elle évacue volontairement Mers-el-Kébir en 1968 bien qu'elle eût pu y rester jusqu'en 1977.

★★★ *Ce que la France a gagné* n'est pas facile à mesurer exactement, car il s'agit surtout d'effets indirects de la décolonisation.

Sur le plan économique, il est certain qu'elle s'est débarrassée d'un fardeau militaire et financier (l'effort qu'elle consent maintenant est volontaire) qui, en son temps, a conduit le pays à l'inflation, à la crise politique, à la dépendance de l'étranger. Elle a dû aussi s'habituer à affronter la concurrence, à rénover en ce sens son économie puisque l'« Empire » n'était plus là pour agrandir ce cercle fermé où se complaisait la France, ni pour absorber à n'importe quel prix les produits de la métropole.

Sur le plan politique, le prestige de la France est remonté aussi haut qu'il était bas au temps des guerres coloniales. Et il est haut surtout auprès des peuples décolonisés. La France a retrouvé dans le monde entier une liberté d'action impossible quand elle était paralysée par ses problèmes coloniaux. Ainsi a-t-elle pu participer plus activement à la construction de l'Europe... selon les idées qu'elle s'en fait depuis la cinquième République.

En conclusion, *mal commencée, la décolonisation française semble s'être assez bien achevée :* ses effets seront à longue échéance. Très vite, s'il est indéniable que certains Français en ont beaucoup souffert (on pense évidemment aux rapatriés), la France finalement s'en est fort bien remise. Et, de ce grand « Empire » dont on était si fier jusqu'en 1939, beaucoup de Français n'ont plus guère la nostalgie aujourd'hui. Les peuples décolonisés non plus... et, cependant, pour eux, les problèmes sont beaucoup plus graves que pour la France.

II. L'OUVERTURE SUR LE MONDE

La France a vécu longtemps repliée sur son hexagone agrandi aux dimensions de son Empire. Elle a maintenant ouvert ses fenêtres à l'air du large.

Sur le plan financier

★ *La libre convertibilité du franc* revient à accepter la concurrence avec les autres monnaies. Rappelons-en les étapes :

• en 1945, en signant les accords de Bretton-Woods, la France s'engage à en respecter le principe ;

• fin 1958, après une longue attente justifiée par la faiblesse de la monnaie et entrecoupée de mesures d'esprit opposé, elle établit la libre convertibilité pour les non-résidents (étrangers) : ce qui est possible grâce à une dévaluation bien calculée (la dernière). Application au 1er janvier 1959.

• fin de 1961 : libre convertibilité étendue aux résidents ;

• début de 1967 : suppression des dernières entraves (formalités diverses). Le franc, très sûr de lui, est même devenu agressif ! On veut faire de Paris une grande place de change.

★★ *Le problème des investissements étrangers en France* s'en trouve posé plus nettement qu'avant. L'argent circulant librement, va-t-on les laisser se développer sans contrôle ? *On en sait les conséquences avantageuses :* apport de devises, de techniques modernes, création d'emplois, nouveaux produits de valeur à exporter tandis que diminueront certaines importations coûteuses : car il s'agit souvent de fabriquer des produits très spécifiques.

Mais on en voit les inconvénients : « colonisation » de certains secteurs essentiels (électronique par exemple) ou de certaines sociétés (car, s'il y a prise de participation, c'est presque toujours sous la forme majoritaire), concurrence insupportable pour d'autres sociétés françaises, achat nécessaire de matériels et de licences étrangères, fuite des bénéfices vers l'étranger, bouleversement possible des prévisions économiques ou des conditions locales.

Tout dépend de l'importance et de la qualité de ces investissements. En 1965, on les estime à la somme cumulée de 25 milliards de francs (contre 40 d'investissements français à l'étranger). Depuis 1960, environ 1,5 à 2 milliards s'investissent chaque année (maximum en 1964 : 2,3 milliards). Le quart environ provient des États-Unis (ou de leurs filiales déjà installées), mais ce quart devient moitié si l'on compte les participations américaines aux sociétés anglaises, allemandes, suisses, etc., qui investissent en France. Cela ne fait guère que 4 % des investissements réalisés en France de 1959 à 1965. C'est donc peu. Il n'y a pas « colonisation » globale.

Ce qui est grave, c'est plutôt la « colonisation » de certains secteurs :

• 30 % de l'industrie alimentaire (par les États-Unis) ;

• 70 % de l'industrie du machinisme agricole (par les U.S.) ;

• 25 % des produits détergents par l'Amérique + 35 % par les Anglo-Hollandais ;

• 33 % du caoutchouc comme du pétrole (chiffre de 1962) ;

• et pratiquement 100 % pour l'électronique en 1966 (I.B.M. et Bull), etc.

L'attitude du gouvernement a varié à l'égard de ces investissements :

• de 1953 à 1963, il y eut liberté (exemple la Libby's dans le Languedoc : conserves) ;

• de 1963 à 1966, il y eut hésitation : c'était l'époque du contrôle américain sur Simca (1963), sur Bull. La France voulait freiner ; mais le Marché commun s'opposait à une action concertée ; dès lors le risque était de voir l'investissement se faire au-dehors... d'où le produit viendrait ensuite librement menacer le marché français. L'échange des dollars contre de l'or était un moyen de pression sur les États-Unis pour qu'ils limitent eux-mêmes leurs investissements en France ;

• à partir de 1967, Debré, voyant venir l'échéance de 1970, où les capitaux circuleront librement dans le Marché commun, est décidé à les accepter en les sélectionnant, mais avec l'idée

1° que les sociétés françaises participent aux recherches que pourraient faire les filiales américaines ;

2° que l'État aidera les activités les plus menacées par les nouvelles implantations.

Cette décision d'accepter le risque des investissements étrangers est conforme à la volonté d'ouvrir la France à la concurrence... qui s'accélère avec l'abaissement des barrières douanières.

Sur le plan des échanges

★ La *libéralisation* du commerce s'est peu à peu imposée.

Il fallait *renoncer à l'esprit protectionniste* et ouvrir les frontières. Ce ne fut pas sans mal : dès 1944, la France avait dénoncé ses traités de commerce et les avait remplacés par des accords bilatéraux prévoyant l'équilibre des échanges. Tout un système de contingentement et de taxes avait été institué. Ces taxes étaient un moyen pour subventionner l'exportation. Des licences étaient nécessaires à l'importation : les devises obtenues devaient être remises à l'Office des changes.

A partir de 1948-1949, le commerce commença à se libérer quelque peu à l'égard de l'O.E.C.E. En 1950, il était libéré à 50 % environ. Mais, le développement excessif des importations compromettant la balance des paiements, on en revint au contrôle strict en 1952-1953. Puis le contrôle fut relâché. Mais, l'inflation revenant, on rétablit un contrôle en juin 1957 (licences d'importation). Grâce à la dévaluation de décembre 1958, on put enfin libérer très sérieusement le commerce : d'abord, *au 1er janvier 1959*, 50 % des importations de la zone dollar furent libérés et 90 % de celles de l'O.E.C.E. tandis que, vis-à-vis du Marché commun, on procédait à une baisse de 10 % des tarifs et à une augmentation de 20 % des contingents. Puis, au 1er janvier 1960, on supprima la plupart des contingentements, cependant que les taxes s'abaissaient encore en 1961. Celles-ci, régulièrement diminuées, disparaissent enfin dans le *Marché commun*, en juillet 1968, pour les produits industriels, tandis que la liberté s'échelonne dès juillet 1967 selon les produits agricoles. (Noter que, pendant le plan de stabilisation, il n'y eut pas de contrainte sur le commerce.) Avec les pays de l'Est, la libération des échanges a été portée de 15 à 70 % en 1966.

La France, dans le cadre du Marché commun, a accepté les discussions du *Kennedy Round* qui, de 1964 à 1967, se sont efforcées d'aboutir à un abaissement généralisé de tous les droits de douane du monde. Rude confrontation en vue rendant plus urgent que jamais l'effort de productivité ! La France s'est décidément engagée dans la voie de la compétition internationale.

★★ Le *développement du commerce*, et en particulier des exportations (doublement de 1958 à 1965), prouve le dynamisme français. On a vu que les courants commerciaux se dégageaient quelque peu des pays francophones. Au contraire, l'essor est considérable vers l'Allemagne (premier client et fournisseur) et les autres pays du *Marché commun*. La France s'efforce aussi de pénétrer dans le *monde socialiste* qui offre un marché immense. Une chambre de commerce franco-soviétique a été instituée dans ce but.

Sur le plan technique

La France, dès les années 50, s'impose dans le monde. Elle n'y redoute pas la concurrence étrangère.

★ *La technique ou les techniciens français* sont recherchés pour certains grands *travaux publics* : routes, barrages, irrigation, aménagement urbain, métro de Montréal et de Mexico.

Le *matériel* électrique, nucléaire, pétrolier s'exporte, couronné parfois de records mondiaux (équipement du réseau électrique canadien à 765 000 volts, etc.).

Pour le pétrole, la France a une action extérieure particulièrement hardie et neuve : l'État (groupe pétrolier E.R.A.P.) négocie lui-même des accords de recherche et d'exploitation avec les pays étrangers laissant à ceux-ci des conditions beaucoup plus avantageuses que ne le faisaient jusqu'à présent les sociétés anglo-saxonnes (par exemple l'État accordant la concession dispose librement d'une partie de la production). Les accords avec l'Algérie en 1965, avec l'Iran en 1966, avec l'Irak en 1968 sont les premiers à appliquer ce système. C'est la technique E.R.A.P. au service du monde sous-développé... et de l'indépendance française.

★★ Les *accords de coopération* passés avec les *pays pauvres* sont un moyen d'expansion technique pour la France. Mais la France les multiplie avec les pays de haut niveau technique : ainsi l'U.R.S.S. avec laquelle la collaboration est prévue dans de nombreux domaines, dont l'Espace ; ainsi l'*Angleterre* où la coopération est active pour la construction aéronautique (avion supersonique « Concorde »). Mais cette confrontation acceptée et recherchée avec le monde n'est nulle part plus forte que dans le Marché commun.

III. LA CONSTRUCTION DE L'EUROPE

Tout en prenant ses distances à l'égard de ses anciennes colonies et en s'ouvrant davantage sur le monde, la France a plus particulièrement mené une politique européenne, non sans à-coups. La réalisation du Marché commun a pour elle de très importantes conséquences.

Causes initiales de la politique européenne de la France

Causes purement matérielles lorsque naissent les premiers organismes européens, mais très vite teintées d'idéal à partir de 1950.

★ *La France a participé aux divers organismes européens :*

• *économiques et financiers :* l'O.E.C.E. (Organisation européenne de coopération économique, 1948) instituée, comme on l'a vu, pour répartir entre ses membres les crédits Marshall ; l'U.E.P. (Union européenne des paiements, 1950) pour faciliter les paiements intereuropéens (règlements multilatéraux) et le crédit. L'U.E.P. est devenue A.M.E. (Accord monétaire européen) en 1959 quand la libre convertibilité des monnaies a été réalisée et l'O.E.C.E. est devenue, en 1961, l'O.C.D.E. (Organisation de coopération et de développement économique) débordant les frontières de l'Europe.

• *politiques :* en 1949, le Conseil de l'Europe (à Strasbourg) qui, groupant quinze États, s'est efforcé de parvenir à une union de l'Europe ; en 1954, l'U.E.O. (Union de l'Europe Occidentale) groupant l'Angleterre, l'Allemagne, l'Italie, le Benelux et la France, dans un but militaire, économique et culturel, qui n'a eu qu'une portée minime.

Mais ces organismes, utiles, avaient besoin d'être dépassés.

★★ *Vers 1950, la France envisage une union plus étroite et plus complète.*

Idéologiquement, les Français comme beaucoup d'Européens sentent, après les affres de la guerre, de l'occupation, des destructions, de la reconstruction, combien leurs problèmes sont les mêmes, leur patrimoine semblable, leurs espoirs similaires. Une « conscience européenne » naît face aux civilisations américaine ou soviétique qui imprègnent peu à peu le vieux continent.

Économiquement, alors que la pénurie n'a pas disparu mais que l'essor est en vue, comment ne pas envisager la possibilité d'un vaste marché de 150 à 200 millions de consommateurs ! De combien baisserait le prix de revient si l'on pouvait produire en série pour une telle masse d'hommes ! Et ne résoudrait-on pas, si l'on s'unissait avec l'Allemagne, le vieux problème du déficit charbonnier de la France, alors que notre voisine nous achèterait du fer contre son coke ! Nécessaire association de la Lorraine et de la Ruhr !

Politiquement, cette union avec l'Allemagne pouvait sembler une gageure alors que la guerre n'avait pris fin que cinq ans plus tôt. Mais les plus audacieux voyaient là, au contraire, le moyen de sceller à tout jamais l'entente entre les deux peuples. D'ailleurs, l'Allemagne retrouvait déjà sa puissance économique : il fallait empêcher la renaissance de ses « cartels », fauteurs de guerre. Les États-Unis, de leur côté, encourageaient ce regroupement européen qui, assurant la prospérité, ferait reculer le danger communiste et leur permettrait sans doute de garder leur influence sur l'Europe Occidentale.

Rôle essentiel de la France dans la construction européenne

C'est un Français, Robert Schuman, qui eut le mérite, le premier, de lancer l'idée de la construction européenne (Conférence de presse du 9 mai 1950). Dans son esprit, l'union économique devait déboucher sur l'union politique, et tous les pays étaient invités à y participer. A la suite de cet appel, se réalise d'abord la *C.E.C.A.* (Communauté européenne du charbon et de l'acier) par le traité de Paris 1951, ratification en 1952, entrée en vigueur en 1953 : charbon, fer, ferraille, acier circulent librement. Un organe supranational en assure le fonctionnement. C'est pourquoi l'Angleterre a refusé d'y participer, laissant donc se former une « Europe des Six » (France, Allemagne, Italie, Benelux).

La France fait échouer le projet de C.E.D. (Communauté européenne de défense) en 1954, qui prévoyait une fusion des armées.

La France met des conditions à la création du Marché commun : Elle veut en effet que ses territoires d'Outre-Mer y soient associés et que le Marché commun s'étende aux produits agricoles. Ayant obtenu un accord de principe, elle signe avec les autres pays le traité de Rome (1957) qui crée la C.E.E. (Communauté économique européenne) et l'Euratom, dont l'application commence au 1er janvier 1959. La C.E.E. sera non seulement une zone de libre-échange, mais aussi une union douanière et enfin une union économique.

La France insiste pour la réalisation effective du Marché commun agricole : il lui faut beaucoup de fermeté pour vaincre les réticences de l'Allemagne. Trois ans de suite, au cours de l'hiver, d'âpres discussions lui permettent de faire triompher son point de vue : les grandes règles sont admises par les accords de Bruxelles de janvier 1962 ; les décisions pratiques en décembre 1963 et surtout en décembre 1964 (prix unique des céréales avancé au 1er janvier 1967, etc.).

La France fait écarter l'Angleterre par la déclaration du général de Gaulle du 14 janvier 1963. Tandis que les autres partenaires étaient prêts à faire de grosses concessions aux Anglais pour faciliter leur entrée « en Europe », de Gaulle s'y oppose pour des raisons de principe (respect des textes) et surtout des raisons pratiques : assurer les chances de l'agriculture française contre les produits du Commonwealth et plus encore éviter une mainmise anglo-saxonne sur l'Europe par l'entrée de l'Angleterre. Il en résulte un « refroidissement » entre les membres du Marché commun.

La France « bloque » le Marché commun en juin 1965, parce que :

- elle juge que celui-ci ne respecte pas ses promesses en matière agricole (au sujet de la part financière de chaque pays dans l'aide à l'agriculture communautaire) ;
- elle refuse tout moyen détourné d'établir un contrôle politique communautaire (par le « Parlement » européen de Strasbourg).

Elle ne reprend le dialogue qu'après avoir obtenu gain de cause (janvier 1966).

La France repousse une seconde fois l'Angleterre (décembre 1967) pour les mêmes raisons qu'en 1963, avec de nouveaux arguments s'appuyant sur la situation financière de ce pays. Il en résulte un nouveau « refroidissement » avec les autres partenaires.

Résultats du Marché commun pour la France

★ *Les bienfaits du Marché commun* ont été vite ressentis. Comme les autres pays, la France a abaissé régulièrement ses contingents (vite éliminés) et ses droits de douane à l'égard de ses cinq partenaires : ils disparaissent en juillet 1968, et dès juillet 1967 pour les principaux produits agricoles. En 1970, tous les produits, les capitaux et même les hommes de la Communauté y circuleront (ou s'y installeront) librement. Très vite, la concurrence stimule l'économie, favorise la concentration, accroît la productivité. Le commerce communautaire est venu prendre le relais d'un commerce d'Outre-Mer dépourvu de privilèges. Il atteint presque 42 % du commerce français en 1966, l'Allemagne s'adjugeant presque la moitié du total (près de 20 % contre 14 % à toute la zone franc). Strasbourg est devenue le premier port exportateur français, devant Marseille. C'est un symbole. Financièrement enfin, le Marché commun ne peut que maintenir la France loin de toute tentation inflationniste.

★★ *Les problèmes économiques ne s'en posent pas moins.*

Dans le domaine agricole, tous les espoirs semblaient permis puisque la France détient presque la moitié de la production et surtout du potentiel communautaire. Son blé, son sucre, son vin, ses produits laitiers, un jour sa viande pourraient s'écouler chez ses partenaires. Ses subventions à l'agriculture ou aux exportations agricoles devraient être prises en charge par la Communauté.

Mais on s'aperçoit vite que :

1° elles seront plus parcimonieuses alors que la France perdra une partie de sa liberté d'action ;

2° les autres pays, spécialement l'Allemagne, ont mis à profit les années de préparation pour rendre leur production beaucoup plus puissante et concurrentielle ;

3° l'agriculture française a un énorme retard dans la voie de l'*organisation* qui seule lui permettra de conquérir des marchés effectivement immenses. Il faut faire vite en ce sens si l'on veut que le grand espoir qu'a soulevé le Marché commun dans le monde agricole ne devienne une amère désillusion.

Dans le domaine industriel, le mariage Ruhr-Lorraine n'a pas eu lieu, le fer français étant de moins en moins intéressant; la canalisation de la Moselle elle-même (1963) est venue trop tard puisque la sidérurgie se porte maintenant « sur l'eau ». Plus grave : la concentration de la sidérurgie allemande écrase celle de la France et jusqu'à ce jour a gardé un caractère purement national (... comme dans les autres pays). Dans nombre d'autres industries, il en est de même : la France a un degré de *concentration* très inférieur à celui de ses partenaires (sauf exceptions dues souvent au coup de fouet du Marché commun), une *productivité* plus faible et, ce qui est grave pour l'avenir, un investissement moindre. Rudes perspectives qui ont poussé la France à être plus exigeante dans le domaine agricole où elle se croit mieux placée.

Dans le domaine des transports, la France souffre de l'insuffisance notoire de *sa voie d'eau,* sans commune mesure avec l'Allemagne, la Belgique et surtout la Hollande. Certes dans un esprit de compétition elle a fait effort pour moderniser son réseau du Nord, développer les *ports* de Dunkerque comme de Marseille, du Havre ou de Strasbourg. Mais il reste à relier ces grands pôles entre eux, sinon le Marché commun se fera au seul bénéfice des régions de la mer du Nord.

Dans le domaine de l'équilibre économique, elle voit ainsi se poser le *problème régional :* la Lorraine a d'abord bénéficié du Marché commun (avant d'en être ensuite un peu la victime), mais le Nord avec son insuffisant bassin charbonnier ? et les petits foyers du Massif central mal placés ? et tout l'Ouest de la France, excentrique ? L'Alsace semble mieux située, son grand canal attire les industries, mais, faute de liaison vers le sud, son économie et sa main-d'œuvre « basculent » vers l'Allemagne.

Il faut penser aussi au *problème de la main-d'œuvre* : libre de circuler ne sera-t-elle pas attirée surtout vers l'Allemagne qui offre de plus hauts salaires ? Et la *planification,* combien devient-elle hasardeuse dès lors que la France n'est plus totalement libre d'agir sur son économie !

★★★ Les *problèmes politiques* trouvent là une de leurs origines. L'union économique si elle doit être un jour totale, c'est-à-dire avec harmonisation de la fiscalité, du droit, de la monnaie, etc., rend inévitable l'union politique. Comment s'y préparer ? Et la France le souhaite-t-elle ? Est-ce souhaitable pour l'Europe, pour cette « petite Europe » à six ?

Si bien que *ce problème de l'unité débouche tout naturellement sur celui des limites de cette Europe.* On pense à l'Angleterre, aux Scandinaves, à l'Espagne, à l'Europe orientale... jusqu'à l'Oural. Que de nouveaux problèmes en perspective, non seulement politiques, mais économiques, si la France était plus directement affrontée à ce domaine immense ! Mais l'air du large est si vivifiant pour la France...

Ainsi, l'attitude de la France à l'égard du Marché commun a évolué : elle y voyait d'abord un idéal de réconciliation franco-allemande et un moyen de favoriser son industrie ; elle a pensé ensuite trouver en lui le remède à ses problèmes agricoles; tandis qu'elle le considère comme un précieux aiguillon de productivité, il semble qu'elle ait voulu en faire après cela un instrument de sa politique extérieure.

TROISIÈME PARTIE

LA MUTATION DE LA FRANCE

On a vu le cadre de l'évolution ; on a vu l'action entreprise par l'État ; il faut maintenant regarder les Français dans leur activité économique et leur comportement social.

Ce qui frappe à cet égard, c'est la mutation profonde qui secoue la France depuis 1945. Une véritable révolution structurelle s'accomplit depuis la fin de la guerre, dans tous les domaines. Il s'agit donc de bien autre chose que d'un développement. On devine tous les problèmes que peut entraîner ce bouleversement.

Il est des problèmes propres à chaque activité (agriculture, industrie, etc.). Il en est d'autres qui affectent l'ensemble de l'équilibre économique et finalement le territoire même de la France. C'est sous tous ces aspects que va donc être envisagée cette mutation qui engendre l'avenir des Français.

Chapitre XXV

L'AGRICULTURE

De toutes les mutations que connaît la France, celle qui affecte l'agriculture est sans doute la plus importante et en même temps la plus urgente.

I. LES DONNÉES DU PROBLÈME AGRICOLE

Le problème agricole est très ancien, mais l'opinion n'en a pris conscience et les pouvoirs publics ne s'en sont préoccupés qu'à une date récente. Il s'agit en un mot de faire de cette très vieille activité qu'est l'agriculture une activité moderne. En dépit d'une évolution amorcée dans les années 20, puis surtout dans les années 50 et 60 de ce siècle, et bien que des solutions commencent à apparaître, les données du problème sont toujours les mêmes.

Le problème des hommes

★ *Le paysan français a un revenu et un niveau de vie très insuffisants.* Pendant des siècles, il a été laissé à lui-même et à ses problèmes. Il n'empêche que, dans un pays globalement peu développé, il avait à la fin du second Empire un revenu souvent supérieur à la moyenne nationale et un niveau de vie comparable à celui des autres Français.

Son revenu, depuis lors, s'abaisse relativement, passant à 80 % de la moyenne française en 1913, 60 % en 1930, 50 % en 1950 ; il remonte à 55 % en 1962[1]. En 1963, le revenu est estimé à 12 500 F. Et les prix agricoles croissent moins vite que ceux des services !

Le niveau de vie ou, si l'on veut, le « standing », est notoirement inférieur à celui des citadins : maison et bâtiments d'exploitation vétustes : en 1964, 80 % dataient d'avant 1914, un tiers d'avant 1850 ; l'eau courante à la même date n'existait que pour 60 % d'entre eux (3 à 4 % avaient en outre un système individuel à moteur). Pour les autres, c'était le recours au puits. Par contre, l'électricité en desservait 99 % (très gros effort d'électrification depuis 1930 environ). Si l'automobile s'est beaucoup répandue, c'est depuis quelques années seulement : en 1960, l'ensemble de tous les ruraux (paysans et divers autres villageois), soit 40 à 45 % des Français, ne se partageait que 15 % du parc automobile, mais 38 % de leurs voitures avaient plus de quatorze ans d'âge !

Dans ces conditions, comment empêcher le départ des ruraux et spécialement des jeunes ?

★★ L'*exode rural* est un phénomène plus que centenaire, mais son accélération a été extraordinaire depuis la guerre et surtout

---

1. Précisons une fois pour toutes que, dans le domaine de l'agriculture, les statistiques s'entourent d'une grande marge d'approximation.

après 1950 (fin de la « reconstruction »). Depuis cette date, il atteint en moyenne 160 000 personnes par an. Dans l'espace qui sépare les recensements de 1954 et de 1962, 1 300 000 sont parties, le quart de l'effectif ! Entre 1962 et 68, départ de 21 %. De 1954 à 68, au total la perte annuelle est de 3,8 %. La main-d'œuvre agricole comprend 5 138 000 personnes en 1954, 3 871 000 en 1962, 3 048 000 en 1968. Aussi le pourcentage des agriculteurs dans la population active tombe-t-il en 1939 à 37 %, en 1954 à 28 %, en 1962 à 20 %, en 1968 à 15 %.

Les jeunes surtout s'en vont : entre 1954 et 1962, 40 % des jeunes sont partis ! Faut-il s'étonner que les chefs d'exploitation, très souvent, soient âgés ? En 1963, la moyenne d'âge est 53 ans ; 19 % ont plus de 65 ans. C'est sur ces paysans trop âgés que repose la charge de moderniser l'agriculture !

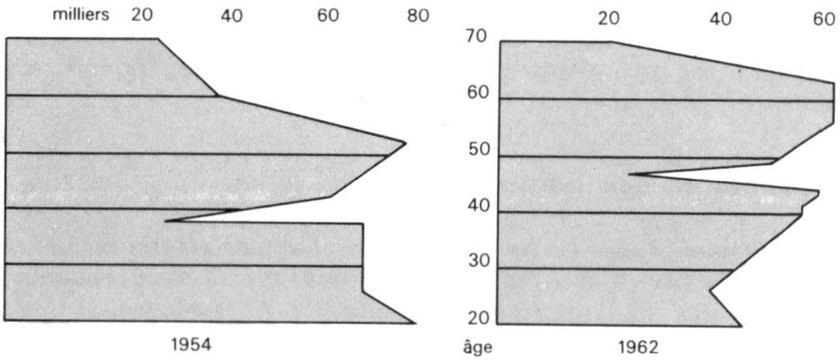

Pyramide des âges de la population agricole masculine active.

Parallèlement, la catégorie des ouvriers agricoles tend à disparaître. Encore 1 174 000 en 1954, ils ne sont plus que 600 000 en 1968.

★★★ *Les causes de cette situation* sont à rechercher dans :

• la *structure de l'exploitation*, trop petite : 13 à 15 ha en moyenne après la guerre, 17 ha en 1963 ; morcelée (15 à 20 parcelles en moyenne); trop chargée d'hommes. En 1963, l'exploitation de 17 ha est mise en valeur par deux personnes « actives » et sa production est estimée à 24 000 F.

• la *formation professionnelle* tout à fait insuffisante. En 1950 :
84 % ont quitté l'école (primaire) à 14 ans,
31 % ont le certificat d'études (1954),
12 % ont suivi un enseignement technique,
3 % ont un diplôme de cet enseignement technique.

En 1966, 3 % seulement suivent un enseignement agricole post-scolaire. Vers la même date (en 1964), on compte en France une école professionnelle pour 10 000 exploitations supérieures à 5 ha, en Hollande une pour 400.

• le *rendement*, en moyenne bien médiocre pour un pays aussi riche que la France. Celui du blé ne rattrape le niveau allemand que les toutes dernières années, mais le rendement des vaches laitières, en 1965, n'est encore que 70 % de celui des allemandes. Et pourtant, le rendement agricole français a augmenté de 2,5 % par an entre 1950 et 1962, de 4 % de 1959 à 1965.

Le résultat, c'est qu'avec un nombre d'agriculteurs comparable à celui des États-Unis notre production n'est que le tiers de la leur. Faible *productivité* du paysan français ! Il se consolera en pensant qu'il nourrissait 5 personnes en 1938, mais 12 en 1967.

• *L'écart entre les prix* agricoles d'une part, ceux de l'industrie et des services d'autre part. Les premiers augmentent peu, le marché étant rapidement saturé ; les autres croissent vite face aux besoins multipliés, notamment chez les paysans : pour ceux-ci les achats sont plus coûteux, les ventes moins rentables ou plus difficiles.

Le problème de l'écoulement

★ Le *niveau des prix* le conditionne. Les prix agricoles français sont à la fois *trop élevés* pour les consommateurs et d'éventuels clients étrangers *et insuffisants* pour rémunérer comme il se doit le dur labeur des paysans.

En effet, ces prix sont en rapport avec la *faiblesse du rendement* : beaucoup de travail, mais faible revenu. Encore les autorités fixent-elles, à la production ou à la consommation, les prix des céréales et du pain, du lait et de la viande, du sucre et du vin ! Tous les produits primordiaux. Ces prix assurent au moins un certain minimum de revenu aux paysans de faible productivité. Augmenter ces prix grèverait dangereusement le budget de la consommation — et profiterait surtout aux « gros agriculteurs » qui ont beaucoup à vendre.

D'autre part, l'inorganisation du monde agricole (1 900 000 exploitations en 1963, indépendantes, sinon individualistes pour la plupart) a favorisé la *multiplication des intermédiaires* : le résultat pratique a été d'augmenter le prix à la consommation, mais non pas à la production. C'est le cas bien connu des agriculteurs de Saint-Pol-de-Léon auxquels on achetait leurs artichauts 1 ou 2 centimes pièce... pour les revendre 1 F à Paris.

★★ Les *débouchés extérieurs* en sont d'autant plus limités. Ils sont faibles à cause du prix agricole français beaucoup plus élevé que le cours du marché mondial (pour le blé souvent 50 % au-dessus) ; ce cours mondial est d'ailleurs purement artificiel, car il résulte de la *course aux subventions* que tous les États (dont la France) accordent à leurs exportations agricoles ; il ne s'en heurte pas moins à des barrières douanières très élevées depuis les années 30.

On voit, après un tiers de siècle de ce chaos commercial, quel espoir peut représenter l'abaissement des droits de douane prévu par le Kennedy Round (1967). Mais la concurrence des pays neufs restera similaire. Reste alors le *Marché commun* avec sa barrière protectionniste faible, mais efficace, contre les pays tiers, avec aussi ses « restitutions », c'est-à-dire ses subventions à l'exportation dont bénéficieront surtout, en fait, les produits français. On a déjà dit[1] que ce n'est pas là une panacée du fait de la concurrence des autres agriculteurs du Marché commun (car les produits français n'y sont pas forcément les moins chers) et de la mauvaise organisation des Français ; c'est tout

1. Chapitre XXIV, paragraphe III.

de même un recours très précieux, à condition de le mériter. Baisser les prix à la production et multiplier celle-ci tout en multipliant les débouchés et les revenus de l'agriculteur, c'est le but qui fait un peu figure de quadrature du cercle. Mais le problème tient surtout aux disparités de l'agriculture française qui ont tendance à s'aggraver depuis la guerre.

Le problème des disparités agricoles

Il n'y a pas une, mais des agricultures françaises. Là, sans doute, se trouve le fond du problème.

★ *Au niveau de l'exploitation.* C'est un peu comme dans l'industrie où l'entreprise artisanale côtoie la grande société capitaliste. Mais, dans l'agriculture, c'est l'artisan qui prédomine très largement. Comment trouver une même politique valable pour tous ces types d'exploitation, tels que les souligne la première grande enquête sérieuse sur l'agriculture (faite par l'I.N.S.E.E. en 1963)[1] ?

	Nombre		Surface		Revenu		Main-d'œuvre.
	en chiffres	%	en ha	%	en francs	%	
Exploitations de complément[2] ...	403 000	21,2	4	5	2 000	3,7	4,6 %
0 à 20 ha.....	844 000	44,5	10,2	26,6	7 700	32,4	39,6 %
20 à 50 ha.....	380 000	20	30,2	35,6	16 900	31,2	28,3 %
50 à 100 ha.....	83 000	4,3	66,3	16,9	29 610	10,3	8,2 %
Plus de 100 ha .	23 000	1,2	160,9	11,5	48 000	4,8	3,7 %
Exploitations spécialisées[3]	167 000	8,8	8,4	4,4	25 100	17,6	15,6 %
	1 900 000 au total		16,9 en moyenne		12 500 en moyenne		

Si l'on admet que la petite exploitation (sauf si elle est spécialisée) a en général un moins bon rendement que la grande, on voit que, par son grand nombre, elle est responsable du haut prix des produits agricoles à la production, mais aussi à la consommation, car elle suppose davantage d'intermédiaires.

★★ *Au niveau des régions*, les différences ne sont pas moins criantes, tenant à la fois aux conditions naturelles, au type d'exploitation, à son équipement ou au chiffre de sa main-d'œuvre : ainsi, en 1964, 21 % de la valeur de la production étaient donnés par treize dépar-

1. Analysée par M. Chombart de Lauwe dans un article de *Projet* reproduit dans *Problèmes économiques* n° 991 du 29 décembre 1966 (« La Documentation française »).
2. L'exploitation de complément occupe moins de 75 % du temps de travail et assure moins de 50 % du revenu.
3. L'exploitation est dite spécialisée si la spécialité couvre plus de 50 % de la surface, mais sauf spéculation animale.

tements de la région parisienne et du Nord (soit 15 % des terres et 11 % de la main-d'œuvre). Mais, pour obtenir une valeur comparable de la production dans le Centre ou le Sud-Ouest, il fallait compter vingt-quatre départements, soit 30 % des terres et autant pour la main-d'œuvre : ce qui revient à dire que les travailleurs de ces régions avaient *une productivité à peu près trois fois moindre* que ceux du Nord.

Est-il bien étonnant, dès lors, que le revenu agricole oscille de l'indice 267 dans la région économique de Picardie à l'indice 60 dans celle du Limousin, pour une moyenne nationale de 100 (chiffre de 1962) ?

L'exode rural lui aussi, et c'est normal, a été variable. Entre 1954 et 1962, il a dépassé 2 000 hommes par an dans le Finistère (où l'exploitation est petite et la mécanisation rapide), mais a été inférieur à 500 en Champagne peu peuplée, mais en plein essor agricole : c'est une des régions où il y a le plus de jeunes dans l'agriculture (il est vrai qu'il y en a aussi beaucoup dans la Manche ou la Vendée pour une raison inverse : peu d'idée de modernisation).

En gros, *les contrastes régionaux se sont aggravés depuis la guerre*. Les zones les plus critiques sont le Centre (pauvre, chefs d'exploitations âgés), le Sud-Ouest (morcellement donnant une exploitation moyenne de 11 ha seulement, polyculture, exode très fort), l'Ouest enfin et singulièrement la Bretagne : sol ingrat, surpeuplement malgré l'exode, petite exploitation, écoulement des produits très mal assuré.

Pour en terminer avec ces problèmes de l'agriculture française, il faut souligner la conclusion à laquelle on arrive quand on cherche les remèdes à leur appliquer : c'est *qu'on ne peut tout résoudre par une seule solution*. Une seule solution ne peut à la fois élever le niveau de vie paysan, sauver les régions en difficulté, développer l'économie agricole de la France, voire faire prospérer l'économie française dans son ensemble. On en arrive vite au dilemme : faire du social, maintenir la petite exploitation, même peu rentable, même dans les régions pauvres, ou faire de l'économique (grandes exploitations ; faveurs aux régions les plus riches). L'alternative apparaît nettement en 1968.

II. ÉVOLUTION DES STRUCTURES

Les problèmes sont anciens, mais se précipitent. Cependant, trop lentement sans doute, les structures qui sont à l'origine de ces problèmes se modifient soit sous l'action du gouvernement, soit sous l'action des intéressés qui agissent préventivement ou sous la pression des événements. Ces deux actions ont concouru à peu près aux mêmes résultats : accroissement du revenu, productivité, débouchés, etc.

La politique agricole du gouvernement : évolution depuis trente ans

★ *De 1931 à 1944, politique de circonstance :*

• *de 1931 et surtout 1934-1936 jusqu'en 1940 : politique malthusienne* consistant à limiter la production, sans action sur les structures et dans le seul but de maintenir les cours, ce qui condamnait l'exportation. Toutefois, création de l'Office du blé en 1936, premier essai d'organisation réelle. C'était l'époque de la crise.

• *de 1940 à 1944 : action corporatiste* du gouvernement de Vichy dans un but surtout idéologique, plus de problème d'écoulement puisqu'il y a réquisition et pénurie. Le revenu s'améliore grâce aux prix occultes. Mais les paysans forment comme une catégorie sociale à part. Le système corporatiste laisse chaque exploitant à son échelon d'origine.

★★ *De 1945 à 1958 action peu nette mais plutôt sociale.* Peu nette, car on voit se dégrader le revenu paysan avec la fin de la pénurie alimentaire, tandis que les salaires de l'industrie s'élèvent ; cependant les prix agricoles deviennent de plus en plus factices avec le système des *subventions*, tantôt augmentées, tantôt diminuées. L'effort social s'est vu d'abord avec la loi de 1946 sur le fermage qui favorise le maintien dans les lieux du fermier d'origine ; puis on semble s'attaquer au problème des *structures :*

• 1953 et suivantes : création de sociétés spécialisées pour l'écoulement des produits : S.I.B.E.V. pour la viande en 1953, Interlait en 1955...

• 1953 création de la Compagnie d'aménagement du Bas-Rhône-Languedoc ; puis d'autres similaires.

• 1954 loi sur le remembrement.

L'aspect social retrouve ses droits avec :

• en 1953 la fixation d'un « quantum » de vin dont le prix est garanti aux agriculteurs.

• en 1957, l'indexation des prix agricoles sur les trois indices des prix industriels, des produits non alimentaires et des salaires agricoles.

C'est la première tentative réelle pour assurer un revenu décent aux paysans. On voit cependant les *défauts de cette politique* de la quatrième République :

• elle est peu cohérente, en rapport avec le problème permanent de l'inflation ;

• elle fait de la production et des prix agricoles quelque chose d'artificiel, entouré de protection. Pourquoi ? Parce que :

• elle ne s'attaque pas assez aux déficiences structurelles ; du moins, c'est sous la quatrième République que l'agriculture a commencé sa profonde mutation.

★★★ *Depuis 1958, action structurelle caractéristique* à but économique et social.

Dès 1959, est supprimée l'indexation des prix agricoles dont le caractère inflationniste est dénoncé. Cependant, pour augmenter le revenu paysan, on cherche désormais à améliorer les structures : c'est la première fois dans les annales agricoles de la France.

De grandes lois agricoles :

• en 1960, la « loi d'orientation » dite loi Debré se donne comme but d'établir la « parité » entre l'agriculture et les autres activités. Elle crée dans ce but des organismes appropriés : S.A.F.E.R. (Société d'aménagement foncier et d'établissement rural), F.O.R.M.A. (Fonds d'orientation et de régularisation des Marchés agricoles).

• 1960, également, loi sur l'enseignement agricole et la formation professionnelle. Puis, sous l'impulsion du dynamique ministre de l'Agriculture Pisani (1962-1965) :

• 1962, loi complémentaire dite loi Pisani donnant droit de préemption des terres aux S.A.F.E.R., créant le F.A.S.A.S.A. (Fonds d'action sociale pour l'aménagement des structures agricoles), organisant les « groupements de producteurs », qui veillent sur la qualité, les prix, la commercialisation ;

• 1964, lois sur l'économie contractuelle (contrats d'« intégration » entre producteurs et usines de transformation), sur les coopératives et les Sociétés d'intérêt collectif agricole (S.I.C.A.), sur les calamités agricoles (indemnités prévues) ;

• diverses lois concernant des produits particuliers : la vigne et le vin en 1964 (système du quantum supprimé et remplacé par un encouragement à la qualité condamnant la surproduction des vins médiocres) ; le sucre 1964 (nouvelle organisation du marché) ; la viande 1965 (loi sur les abattoirs), etc. ;

• septembre 1967, plusieurs ordonnances renforcent les pouvoirs des groupements de producteurs et des S.A.F.E.R., établissent un nouveau statut des coopératives, différencient l'aide aux agriculteurs selon les régions (création de « zones de rénovation rurale »).

Une action résolument favorable à l'agriculture :

• action régionale : création en 1960 des « zones spéciales d'action rurale » bénéficiant d'une prime forfaitaire de 10 % des investissements (Bretagne et Massif central) ; multiplication des sociétés spécialisées (pour l'aménagement des Landes 1959 ; pour le canal de Provence 1960, etc.) ; création de « zones de rénovation rurale » (1967), c'est-à-dire Bretagne, Limousin et Auvergne où l'aide de l'État sera plus importante qu'ailleurs en ce qui concerne les investissements publics, la formation professionnelle, la création d'emplois, les retraites aux vieux agriculteurs ou l'installation des jeunes. Toutes ces mesures s'ajoutent à celles qui sont prises dans le cadre de la politique d'aménagement du territoire[1].

• action sur les prix : encouragement aux « sociétés d'intervention » qui se multiplient pour stocker et revendre au moment opportun (ainsi, pour les oléagineux, les volailles) ; effort pour assurer aux produits agricoles des prix tels que le revenu paysan augmente plus vite que le revenu moyen des Français (ce qui est également décidé par le cinquième plan) ;

• action sur l'écoulement, non seulement par le F.O.R.M.A. qui le subventionne, mais surtout par la ténacité déployée de 1962 à 1966 dans les « marathons agricoles » de Bruxelles pour la réalisation effective du Marché commun.

Les résultats de cette politique ? On pourrait les croire immenses, tant a été vaste cette action qui, encore une fois, n'a pas sa pareille dans notre histoire. Il s'agit en fait pour l'agriculteur de sortir de son artisanat, d'entrer dans la société industrielle, de se grouper, s'associer, s'organiser, de changer sa mentalité, sa vie, bref, de n'être plus un « paysan », mais un entrepreneur d'agriculture.

---

1. Voir chapitre XXVIII, paragraphe II.

On a vu combien on est encore loin du but ! Le revenu agricole croît ou stagne selon les années, bien que le soutien aux marchés ait décuplé de 1958 à 69. Aussi une nouvelle politique se dessine : aider « socialement » les petits exploitants qui ne vendraient rien ; diminuer le soutien « économique » du secteur compétitif.

Il faut noter cependant que toute action suppose une intervention constante des pouvoirs publics. Or elle n'est plus aussi facile dans le cadre de la politique communautaire. Le relais sera-t-il suffisamment assuré par les organismes de Bruxelles qui doivent distribuer les « restitutions » à l'exportation, financer la modernisation des structures (ce sera le double rôle du F.E.O.G.A.), mais aussi fixer les prix agricoles et déterminer toute la politique agricole et même économique ? Grave, très grave question qui se pose à partir du 1er juillet 1967, date de sa définitive et réelle entrée en vigueur.

Les transformations

★ *La mentalité et les connaissances : du paysan à l'agriculteur.*

Les transformations ne résultent pas seulement de l'action gouvernementale, mais aussi de l'effort quotidien des paysans. Leurs initiatives s'inscrivent souvent dans la même ligne que celle des pouvoirs publics. Elles sont, certes, inégalement répandues ; mais comment ne pas voir une sorte de symbole dans les *manifestations paysannes* qui mobilisent maintenant des milliers d'agriculteurs, depuis les premiers barrages de routes par les tracteurs bretons, dans l'été 1961 ? Le monde paysan bouge ; il a pris conscience de l'urgence des transformations ; il y participe. Il n'est absolument plus en marge de la vie économique, sociale ou politique. Rappelons encore à ce propos le rôle du C.N.J.A. (Centre national des jeunes agriculteurs) qui met l'accent sur la nécessité des réformes de structures.

Évoquons de même ce « groupe La Fayette », groupement de coopératives qui oriente la production de céréales de ses membres en fonction des marchés étrangers : prise de conscience du problème primordial des débouchés !

L'enseignement agricole lui-même, quel que soit son immense retard, connaît une faveur rapide : le nombre des élèves passe de 14 000 à 33 000 entre 1961 et 1964. Pour stimuler la vulgarisation agricole, outre l'effort du F.N.V.P.A. (Fonds national de vulgarisation et de progrès agricole 1960), un décret de 1966 charge les organismes professionnels de s'en occuper eux-mêmes. Ainsi pourront se répandre plus vite *les connaissances* agronomiques que cherche à perfectionner l'I.N.R.A. (Institut national de la recherche agronomique) dont le nombre des chercheurs a doublé de 1957 à 1964.

Mentalité d'homme d'affaires, connaissances de spécialiste : s'il parvient à les acquérir, le vieux paysan français sera devenu un agriculteur moderne.

★★ La *modernisation des méthodes* a marché plus vite que celle des mentalités.

Progrès de la mécanisation.

Le développement du tracteur en est le symbole (la France en a le quatrième parc du monde : 1 100 000 fin 1966).

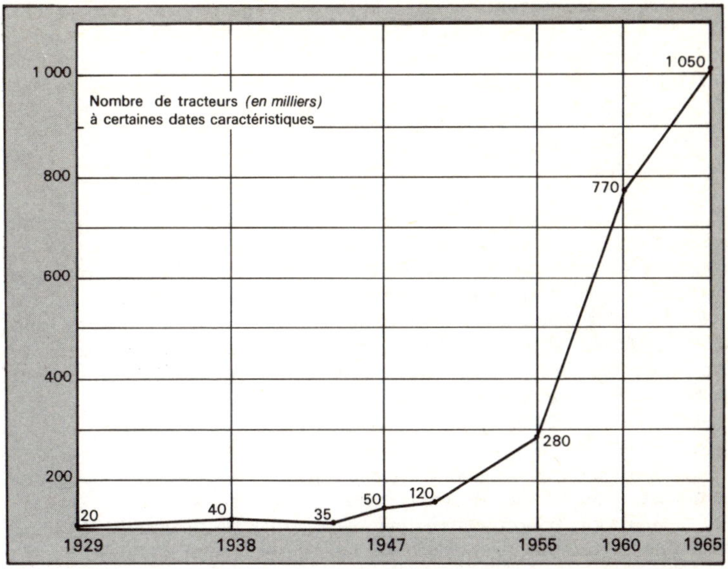

Nombre de tracteurs (en milliers) à certaines dates caractéristiques.

L'augmentation semble ralentir ; en fait, elle se traduit par une plus grande puissance, puisque en 1956 les tracteurs, pour plus de la moitié, étaient inférieurs à 25 CV, alors qu'en 1965 plus de la moitié dépassent 35.

Autant que le tracteur progressent :

	1938	*1960*	*1965*
les moissonneuses-batteuses	260	50 000	110 000
les motoculteurs	6 000	118 000	204 000
les machines à traire	—	124 000	185 000

et, dans les années 60, de multiples instruments de plus en plus spécialisés dans chaque opération agricole.

Le progrès de la machine a eu des *avantages* énormes : gain de terres (en 1955 : encore un sixième des terres réservé à la nourriture des animaux de travail), travail moins pénible, gain de temps, c'est-à-dire accroissement de la productivité : cinq à six heures suffisent pour labourer un ha, au lieu de 30 ; huit heures au lieu de 50 pour moissonner et battre.

Des *problèmes* ne s'en posent pas moins : le coût du matériel qui entraîne l'endettement (d'où la nécessité ensuite de trouver les débouchés) ; les C.U.M.A. (Coopératives d'utilisation de matériel agricole), au nombre de 1 500 en 1966, permettent cependant de s'associer pour bénéficier des machines les moins continuellement utiles. Problème surtout de la dimension des pièces de terre, car le remembrement n'a pas marché au même rythme que la mécanisation ; problème enfin du sous-emploi des hommes, car, pour un tracteur et deux hommes, l'exploitation idéale, d'après certains, devrait avoir 28 ha (elle n'en a en fait que 20 en 1964) : on comprend l'exode rural !

Consommation croissante d'engrais.

La consommation nationale est passée par les chiffres suivants :

28 kg par hectare	en 1938, soit	870 000 t	au total
53 kg —	en 1955, —	1 470 000 t	—
103 kg —	en 1965, —	3 150 000 t	—

(Allemagne 178, Belgique 225 par ha). Intéressante est l'utilisation croissante des engrais composés : 35 % du total en 1938, 53 % en 1965. Malheureusement, à la différence du tracteur assez bien répandu partout, les *inégalités régionales* restent criantes pour les engrais. En 1965, huit départements consommaient plus de 200 kg à l'hectare (premier la Marne avec 240) alors que vingt autres se contentaient de moins de 50 (dernier : la Lozère avec 9 kg). Ces chiffres concernent la S.A.U. (surface agricole utile).

Des soins appropriés pour tirer le meilleur parti des terres :

• assolements mieux étudiés ;

• amendements (calcaire, etc.) plus faciles quand on a une meilleure connaissance de l'agronomie ;

• drainage soit particulier, soit collectif : grands travaux exécutés en Camargue (culture du riz), dans le marais Vernier près de l'estuaire de la Seine, dans l'Ouest : travaux en cours dans la baie de l'Aiguillon au sud de la Vendée ou dans les marais de la Vilaine près de Redon ; en Corse (plaine orientale) ;

• irrigation, particulièrement dans le Midi, avec les grands travaux de la vallée du Rhône et de la Durance, de la Provence intérieure, du bas Languedoc, de la Gascogne, le tout avec le concours de l'État ;

• reboisement dans les zones non cultivables ;

• travaux divers d'aménagement (entrepris parfois par les S.A.F.E.R.) : chemins, etc.

Le *résultat* de ces nouvelles méthodes, c'est d'abord un progrès très sensible du *rendement* des terres ; prenons le seul exemple du blé : un hectare donne 15 à 20 q dans les années d'avant la guerre, 30 à 35 vers 1965. Il y a là un grand profit pour l'agriculteur (sa production a été multipliée par 5 en un siècle). Mais, en contrepartie, ses besoins financiers augmentent ; le *crédit* devient nécessaire. On a dit déjà le rôle des C.U.M.A. ; les S.A.F.E.R. jouent aussi un certain rôle, des sociétés d'investissement foncier contribuent de leur côté à l'achat de matériel comme au maintien et au développement d'exploitations ne disposant pas de ressources suffisantes. Mais le « crédit agricole » a été et reste insuffisant, malgré l'organisme portant ce nom et destiné à le faciliter.

★★★ *Le regroupement des exploitations s'est opéré trop lentement.* Il est cependant une nécessité à l'heure de la modernisation des techniques.

Le remembrement est très insuffisant.

Encouragé depuis 1918, il n'avait porté que sur 400 000 ha en 1939 : on n'en voyait guère la nécessité et les conditions administratives étaient trop pesantes. La loi de 1941 le stimule ; celle de 1954 rend le remembrement possible sur la demande d'un seul groupe de propriétaires de la commune (et non plus de la majorité comme autrefois) ; l'État couvre 80 % des frais, accorde des dispenses d'impôt ; mais les formalités restent gênantes et l'opinion paysanne fréquemment hostile, surtout dans les pays qui en auraient le plus besoin (Ouest, Centre, Sud-Ouest) : en général, les pays de bocage.

Les résultats sont lents ; qu'on en juge ; au total :

	Remembrement terminé. — (en millions d'hectares)	*Remembrement en cours.* — (en millions d'hectares)
1956	2	0,8
1960	3	1,7
1966	5,1	2,1

Or on estime qu'il y a urgence pour 14 millions d'hectares (sur 35 de S.A.U.).

En 1965, rien encore n'a été fait dans dix départements. Par contre, assez bonne situation dans le Bassin parisien et l'Est.

L'agrandissement de l'exploitation est très lent. Toutefois on note :

	En nombre		*En surface*	
	1955	*1963*	*1955*	*1963*
Exploitation de 0 à 10 ha...	56 %	47 %	15 %	12 %
— de 10 à 50 ha...	40 %	47 %	60 %	60 %
— plus de 50 ha...	4 %	6 %	25 %	28 %

C'est la très petite exploitation qui tend à disparaître (sauf cultures spécialisées : vigne, primeurs, fruits...) ; la moyenne se maintient.

Les S.A.F.E.R. et le F.A.S.A.S.A. ont une action encore limitée.

Les S.A.F.E.R. (Sociétés d'aménagement foncier et d'équipement rural), créées en 1960 :

- achètent les terres mises en vente (avec droit de préemption depuis 1962) ;
- les aménagent, les restructurent ;
- les revendent sans bénéfice dans les cinq ans.

Au 1er janvier 1967, existaient vingt-neuf S.A.F.E.R. couvrant à peu près tout le territoire ; depuis leur création, elles avaient acquis 170 000 ha et en avaient rétrocédé 83 000 (agrandissement d'exploitations voisines ou installation de nouveaux exploitants). Avec des fonds qui ont décuplé de 1962 à 1967, leur puissance grandit. L'ordonnance de septembre 1967 prévoit la création de « sociétés foncières agricoles » qui pourront céder des exploitations en location-vente. Le F.A.S.A. S.A. (Fonds d'action sociale pour l'aménagement des structures agricoles), créé en 1962, verse des indemnités viagères de départ (I.V.D.) aux vieux agriculteurs qui consentent à abandonner leurs terres. Au début de 1967, plus de 72 000 en avaient bénéficié, libérant 1 336 000 ha. Cela avait permis de « restructurer » 5 000 entreprises agricoles. L'ordonnance de septembre 1967 accorde le droit à l'I.V.D. à partir de 60 ans dans les « zones de rénovation rurale » ; elle l'étend à de nouvelles catégories. S.A.F.E.R. et F.A.S.A.S.A. présentent un double avantage : remembrement et agrandissement de l'exploitation d'une part, rajeunissement des exploitants agricoles d'autre part. Noter que le F.A.S.A.S.A. favorise également par son aide financière les migrations rurales, les conversions d'exploitation, la formation ou la mutation professionnelles.

★★★★ L'*organisation des agriculteurs* est une véritable révolution dont les progrès sont parfois assez rapides. Elle concerne à la fois la production et la recherche de débouchés.

L'*association pour la production* s'est développée depuis la guerre, car on a senti le besoin de mettre en commun capitaux, connaissances, matériel pour en tirer plus de profits : en 1944 est né le premier *C.E.T.A.* (Centre d'études techniques agricoles), il y en a, vingt ans plus tard, près de mille : les membres (15 à 20) étudient leurs problèmes ensemble, chacun coopérant dans le domaine où il est le plus spécialisé ; on peut se passer ainsi des services de fonctionnaires agricoles ou d'ingénieurs dont les vues sont parfois trop théoriques.

L'*agriculture de groupe* est souvent plus directement coopérative : on peut s'entraider pour certaines activités (exemple un chantier d'ensilage), on peut échanger des journées de travail (exemple la « Banque du travail » d'Isigny). On peut apporter des capitaux et accepter de réaliser des travaux en commun ; on constitue alors, selon la loi de 1962, un *G.A.E.C.* (Groupement agricole d'exploitation en commun) ne devant rassembler que de deux à neuf personnes. Le G.A.E.C. reçoit un crédit à 3 %, des subventions ; le but est souvent de construire ou moderniser les bâtiments d'élevage. 500 environ existent en 1967, particulièrement répandus dans l'Ouest.

De ces formes nouvelles d'association, on peut rapprocher les *C.U.M.A.* (Coopératives d'utilisation du matériel agricole).

Les *syndicats* ou *groupements* sont à mettre à part ; leur emprise sur les adhérents tend à croître : ainsi le G.N.I.B.C. (Groupement national interprofessionnel de la betterave et de la canne à sucre) respecte l'individualité du producteur, mais le contraint à une discipline de production et d'écoulement que cautionne le gouvernement (selon l'accord de 1964).

Les *coopératives* s'occupent généralement de fournir à leurs adhérents ce qui est nécessaire à l'exploitation (engrais, semences, etc.), mais aussi de l'écoulement de la production. Leur développement, très lent autrefois, s'est accéléré sous la pression des événements. En 1966, on en comptait 3 250 pour le lait, 1 151 pour le vin, 800 pour les céréales, 400 pour les fruits et légumes, etc. Elles arrivaient alors à contrôler environ 30 % de la production. Beaucoup se regroupent dans les organismes très puissants, telle par exemple « l'Union nationale des coopératives laitières ». C'est encore trop peu pour un pays de petites exploitations, désarmées devant le problème de l'écoulement. Il est vrai que la coopérative favorise la survie anormale des moins valables d'entre elles. Beaucoup, d'autre part, manquent de moyens financiers. C'est à ces défauts qu'essaie de remédier l'ordonnance de septembre 1967 qui établit un nouveau statut de la coopération, dans l'espoir de pousser les coopératives à transformer elles-mêmes les produits agricoles et de les intégrer dans les circuits commerciaux. A côté de la coopérative existe aussi la S.I.C.A. (Société d'intérêt collectif agricole) dont 20 % du capital pourront être à des « non-agriculteurs » et la S.I.M.A. (Société d'intérêt mixte agricole) où les agriculteurs pourront ne détenir que 30 % du capital.

L'*association pour l'écoulement des produits* a commencé à s'organiser cependant. Mais quel retard dans ce domaine ! Ont répondu à ce but non seulement les coopératives, mais aussi les S.I.C.A. et les groupements de producteurs. Les *S.I.C.A.* réorganisées en 1961, 64, 67, s'occupent des activités complémentaires de l'agriculture ; elles procèdent souvent au stockage des produits et se chargent de leur commercialisation. Les *groupements de producteurs* (organisés par la loi complémentaire de 1962) orientent la commercialisation, imposent à leurs membres des normes qui les obligent à moderniser leurs méthodes et à améliorer leurs produits. Ils étaient 346 à la fin de 1965, groupant 46 500 adhérents. Beaucoup de groupements concernent la production des poulets et des fruits et légumes. Ils se rassemblent dans des « comités économiques régionaux » ou « nationaux » : douze existent en 1966 dont six concernent les poulets, mais aucun encore pour la viande bovine. Les pouvoirs des groupements de producteurs se sont accrus en 1967, pour répondre au rôle qu'on attend d'eux dans le Marché commun agricole.

On a déjà évoqué le rôle de groupes particuliers tels que le groupe La Fayette ou le groupe Mac-Mahon qui déterminent pour leurs membres le niveau de production en fonction des marchés escomptés. Plus particulier encore est le *contrat d'intégration* qui, en vertu de la loi sur l'économie contractuelle (1964), lie le producteur à l'usine qui transformera la production, cas encore très fréquent pour les poulets.

★★★★★ *Industrialisation, commercialisation* apparaissent comme la méthode inéluctable de la production. Cela suppose de grandes unités de production, bien outillées, des hommes instruits et rompus aux mécanismes économiques (bancaires, par exemple) ; un lien étroit entre la culture et l'industrie agricoles ; de grands équipements collectifs : silos, abattoirs, etc. ; des organismes d'information, des moyens de publicité : ainsi la S.O.P.E.X.A. (Société pour l'expansion des ventes des produits agricoles, 1961), soutenue par l'État et liée aux professionnels, s'efforce de faire connaître les produits français à l'étranger... ce qui suppose encore une excellente qualité, des marques suivies, etc.

Le débouché étranger reste primordial, surtout à l'heure du Marché commun. En 1962, est née la *S.O.D.E.F.I.C.A.* (Société de financement et de développement de l'économie agricole) dont les fonds, provenant des organisations agricoles (60 %), de l'État et des banques, agissent dans ce but, par le moyen des grandes sociétés spécialisées : Uniriz, Uniconserves, Univiande, Uniprolait, Univolailles, etc.

Le *F.O.R.M.A.* (Fonds d'orientation et de régularisation des marchés agricoles) est le plus important. Depuis sa création en 1960, il remplace divers fonds spécialisés apparus après 1953 (pour le lait, la viande, etc.). Il s'occupe de tous les produits, sauf les céréales (réservées, jusqu'en 1967, à l'O.N.I.C. = Office national interprofessionnel des céréales), le sucre (réservé au G.N.I.B.C.), le tabac et l'alcool (monopoles d'État). Son but est :

• d'équilibrer le marché, donc de régulariser les cours par un système de stockage, d'importations et de subventions : il subventionne aussi l'exportation (35 à 40 % de ses dépenses entre 1962 et 1964) ;

• d'orienter la production par un système de primes (exemple pour les oléagineux, la laine), afin d'augmenter l'auto-approvisionnement de la France. Mais cette seconde activité doit disparaître avec les règlements européens. Aussi le F.O.R.M.A. la détourne-t-il vers l'aide aux « groupements de producteurs » : c'est une forme d'investissement.

Le rôle du F.O.R.M.A., de même que celui de l'O.N.I.C. apparaît incompatible avec le Marché commun agricole, du moins sous leur forme ancienne. D'après le décret du 7 mars 1967, le F.O.R.M.A. continue, bien que le F.E.O.G.A. [1] joue le même rôle que lui, mais il se cantonnera dans l'exécution des décisions gouvernementales prises dans le cadre du traité du Marché commun agricole.

Le terme de l'évolution de l'agriculture française

Il n'est pas atteint ; mais on voit combien de transformations sont apparues dans les années 60. La multiplicité des décisions, des organismes (... et encore tous n'ont pas été nommés) dont certains font double emploi prouve à la fois l'importance de la mutation en cours et son extrême urgence. Mais, l'évolution s'accélérant, les frontières douanières s'abaissant (Marché commun surtout), on se trouve placé dans un court délai, devant des choix cruciaux :

★ *La taille de l'exploitation. La petite exploitation semble condamnée.* Sauf le cas très fréquent en France de spécialisation poussée (vignes, fruits, légumes...). *Mais la moyenne ?* Les 20 à 50 ha qui étaient le rêve de tant de paysans français ! Beaucoup disparaissent, mais elles se maintiennent en pourcentage par absorption des plus petites. Économiquement, il n'est pas sûr que la moyenne exploitation soit périmée : souvent elle obtient un meilleur rendement que la grande, exploitée par une main-d'œuvre salariée.

Socialement, on n'ose la condamner. Le ministre de l'Agriculture Edgar Faure l'a déclarée viable et souhaitable (1967). Quant à *la grande exploitation*, ses progrès risquent d'être limités par les prix de la terre : peu de paysans peuvent acheter 100 ou 200 ha ! Aussi l'on voit beaucoup de jeunes agriculteurs qui, désormais, préfèrent louer ces exploitations acquises ou formées préalablement par des sociétés d'investissement foncier. Sociétés par actions dont le but est précisément cette opération. Mais on voit alors apparaître un deuxième problème :

★★ *La forme de la concentration.* La concentration se fera-t-elle au profit de l'agriculteur ou de l'étranger à la profession ? Sera-t-elle horizontale ou verticale (intégration) ?

L'agriculteur peut rarement acquérir par lui-même une très grande exploitation. Le peut-il qu'il risque d'en être empêché par la loi (1962) qui veut éviter la disparition de trop de moyennes exploitations (interdiction du cumul). Quant au capitaliste qui cherche à placer ses capitaux de la même façon, il tombe sous le coup de la même loi. (Les surfaces tolérées varient selon les départements.)

---

1. Fonds européen d'orientation et de garantie agricoles destiné à financer la modernisation des structures et l'exportation (versement de subventions dites « restitutions »).

La concentration peut prendre une autre forme, horizontale : la coopération, l'association. Est-ce l'idéal ? Certes, cela préserve la petite ou la moyenne exploitation, mais risque trop de laisser survivre des entreprises normalement non viables. Toutefois, la coopérative semble meilleure quand elle débouche sur la transformation des produits agricoles : ainsi, une coopérative d'élevage qui a son abattoir (système encouragé par les lois de 1965-1966) : c'est déjà de l'*intégration*. L'intégration peut aussi être réalisée par accord entre un ou plusieurs producteurs et une industrie transformatrice exploitée de façon purement capitaliste. C'est le système américain. En France même, la grande usine de conserves de la Libby's, près de Nîmes, achète ainsi, par contrat, les récoltes de tomates... avant même qu'elles ne soient mûres. Belle garantie pour le producteur, mais il n'est plus un homme libre. Une partie du profit de son travail lui échappe, ce qui n'arriverait pas avec une coopérative ayant sa propre usine.

On retrouve cela en Bretagne avec les poulets achetés par contrat aux fermiers bretons. On s'en réjouit d'abord. Vient ensuite le jour de la colère (1965) : lorsque l'usine de traitement des poulets décide de faire elle-même l'élevage. S'il y a intégration, l'agriculteur désire la faire lui-même, à son profit. Le gouvernement l'y encourage en 1968.

★★★ La *nationalité* du sous-traitant ou même de l'exploitant se pose enfin. Pour l'industrie alimentaire, on a vu déjà la puissance des intérêts étrangers, spécialement américains. Mais, avec le Marché commun, le risque de « colonisation » est évident, même pour l'exploitation agricole. Bien que le prix de la terre n'ait cessé de monter en France depuis la guerre, il reste le plus bas du Marché commun. Or la liberté d'installation est prévue dans le traité de Rome. Dès 1963, les terres en friche depuis deux ans pouvaient être acquises par un Hollandais, un Allemand, etc., ce qui s'est passé effectivement en Lorraine. La France ayant une densité deux à trois fois moindre que ses partenaires et son exploitation agricole (tout insuffisante qu'elle soit) étant presque le double en surface, on voit le risque. D'autant plus que l'achat de terres pourrait se faire par des sociétés capitalistes étrangères (troubles en Charente, lors d'une tentative de ce genre en 1967). Un remède est l'achat préventif par une S.A.F.E.R.

La mutation des structures agricoles pose donc autant de problèmes qu'elle en résout. On a parlé d'une révolution agricole des XVIIIe et XIXe siècles avec l'apparition de l'assolement et la culture intensive, d'une deuxième révolution agricole avec l'engrais chimique et la mécanisation ; mais cette révolution doit s'achever avec la transformation du paysan en homme d'affaires s'il veut prendre de vitesse la mainmise du grand capitaliste international sur l'agriculture.

III. ÉVOLUTION DE LA PRODUCTION ET DU COMMERCE AGRICOLES

Cette évolution est visible à la fois dans la place respective tenue par chaque produit et dans les caractéristiques propres à chacun d'entre eux. La production a beaucoup augmenté dans les années 50; le commerce, par voie de conséquence, dans les années 60.

Évolution de la production

Elle s'explique par les nouvelles conditions du marché (élévation du niveau de vie, diversification de l'alimentation ; apparition de nouveaux débouchés extérieurs) et par les méthodes plus modernes de production. La part relative de chaque produit dans le revenu agricole a beaucoup évolué depuis 1938 :

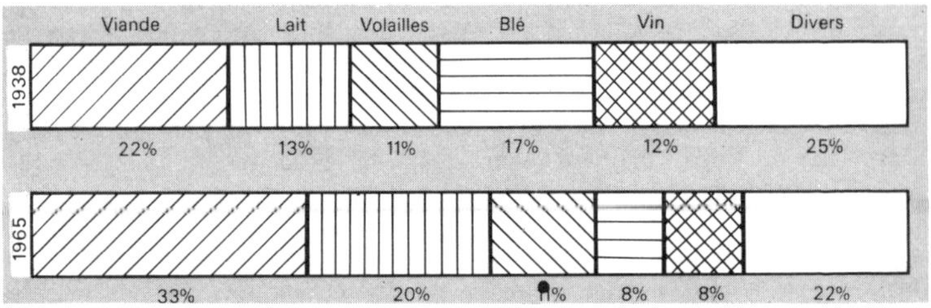

★ L'*élevage* est devenu la grande ressource du paysan français, lui assurant, vers 1965, 64 % de ses ressources contre 46 % avant la guerre. Ses méthodes ont dû se transformer : la sélection des races a progressé, bien trop lentement encore malgré l'apparition de l'insémination artificielle ; l'hygiène et surtout l'alimentation du bétail sont beaucoup plus étudiées (aliments concentrés). Les herbages soigneusement entretenus remplacent les prés ; la stabulation est infiniment plus fréquente que la transhumance ou les déplacements montagnards ; la spécialisation des races, des régions, des éleveurs est devenue une nécessité. Reste à généraliser tout cela... On en est encore loin.

L'importance des divers élevages a beaucoup changé :

	1938	*1946*	*1955*	*1965*
Chevaux	2 700 000	2 400 000	2 200 000	1 160 000
Bovins	15 600 000	14 900 000	17 300 000	20 000 000
Ovins	9 900 000	7 400 000	8 000 000	8 800 000
Porcs	7 200 000	5 700 000	7 600 000	9 000 000

Il faut considérer que chaque bête est d'un bien meilleur rapport. Le déclin du mouton est stoppé. L'élevage des volailles (pour la viande ou les œufs), souvent très industrialisé, a pris une grande importance dans certaines régions (Bretagne). La production de viande est freinée par le blocage des prix (années 60), l'insuffisance des abattoirs (réforme en cours), le trop grand nombre d'intermédiaires. Le lait progresse.

★★ Les *céréales* ont perdu leur prééminence. Et pourtant, globalement, il y a essor, sauf pour les céréales pauvres.

	1938	*1946*	*1955*	*1965*
Blé (millions de quintaux)	81	67	103	143
Orge — —	11	11	27	73
Maïs — —	5	2	11	34
Riz — —	—	0,02	0,8	1

On notera (malgré la perte de 500 000 ha entre 1940 et 1960) l'essor du blé avec l'espoir d'exportations (encouragé par un prix avantageux dans les années 60) ; celui de l'orge (97 millions de quintaux en 1967), en rapport également avec l'exportation mais aussi l'élevage français ; celui du maïs pour l'élevage aussi (grâce au « maïs hybride » cultivable dans la moitié nord du pays), du riz enfin grâce au bel aménagement de la Camargue. Tous ces produits ont bénéficié de l'organisation du marché par l'O.N.I.C. C'est devenu impossible à partir de juillet 1967 à cause du Marché commun agricole. Désormais, les agriculteurs peuvent vendre directement leur récolte à des acheteurs agréés.

★★★ *Les autres produits* se maintiennent ou progressent, dépendant pour beaucoup des débouchés. La vigne assure toujours une récolte de 60 à 65 millions d'hectolitres. Le problème de la surproduction du vin semble enfin devoir être résolu avec :

• l'accent mis sur la qualité depuis les décrets de 1953, les nouvelles mesures de 1963 visant à éliminer les « petits vins », la nouvelle organisation de 1964 : seuls les vins convenables seront commercialisés ;

• la réduction des achats à l'Algérie qui depuis 1962 sont tombés de 15 millions d'hectolitres à 7 ou 8. L'interdiction du coupage (1967) doit accélérer la réduction (prévision : 3 à 4) ;

• la reconversion du Languedoc grâce à l'irrigation (en cours depuis 1955-1958).

La betterave, bien que la production de sucre ait largement doublé depuis la guerre, stagne faute de débouchés extérieurs (cours mondial totalement factice, non rémunérateur). On mise sur le Marché commun. Pour les fruits et légumes, le retard dans le domaine de la qualité et des circuits de commercialisation a jusqu'ici empêché la France de prendre la place qui devrait être la sienne. Les oléagineux sont subventionnés (cela continuera avec le Marché commun) puisqu'on n'est plus tenu d'absorber la production d'Outre-Mer.

Le commerce des produits agricoles

Si paradoxal que cela puisse paraître pour un pays dont les excédents agricoles croissants appellent de larges débouchés, la *France a un gros déficit* dans son commerce agricole. Il est dû en grande partie aux produits tropicaux (28 % des importations agricoles en 1966). Mais, même là, il est compressible et, effectivement, se comprime (achats plus faibles d'oléagineux et de sucre de canne). Pour les autres produits importés, l'avenir est également meilleur : moins de vins de coupage d'Algérie, sans doute un jour moins de laine et surtout pas de viande ! A partir de 1968 le commerce agricole sera bénéficiaire.

L'exportation a progressé lentement d'abord, plus vite ensuite. En 1945, signant l'accord sur le marché du blé, la France obtient d'être classée parmi les pays exportateurs. Mais, pour les autres produits, sauf les vins fins, l'exportation se heurte au niveau trop élevé de ses prix, à l'élaboration insuffisante de ses produits, à l'inorganisation des courants d'échanges. Un effort est fait pourtant à partir de 1952, afin d'obtenir les devises que la fin de l'aide Marshall risque de tarir.

En 1960, la création du F.O.R.M.A. destiné à subventionner les exportations répond à un besoin urgent, car la production a beaucoup augmenté depuis quinze ans. L'espèce de *dumping* auquel il se livre (... tout comme les autres pays) n'a pu cependant créer de véritables courants commerciaux. (Que sert d'ailleurs de vendre à la Chine, en 1964, du blé à 25 F le quintal, 10 de moins que le cours mondial, quand il en coûte 53 en France ?)

Le Marché commun doit assurer ces courants indispensables... Si la France est capable de créer sa réputation, de s'adapter à ce marché, de s'organiser dans ce but ; encore faut-il rappeler que le transport par fer est plus coûteux que par mer et que la plupart des silos allemands sont à Hambourg, non à Kehl ! Du moins de 1960 à 1966, les exportations agricoles vers le Marché commun ont triplé et, à cette dernière date, il en absorbe à peu près la moitié. On notera toutefois que, pour le blé, entre 1958 et 1964, l'Allemagne a diminué ses importations d'un quart à l'égard de ses partenaires, mais d'un sixième seulement à l'égard des autres pays. Si bien que la France qui triplait ses exportations de blé vers ces derniers ne pouvait que les doubler dans la Communauté. Mais, à partir du 1er juillet 1967, grâce à elle, la situation va pouvoir changer.

Structure des exportations agricoles :

- les céréales passent de 12 à 27 % du total (entre 1958 et 1966) : blé, orge, espoir pour le maïs ;
- le vin est le deuxième produit (16 %) ;
- les produits laitiers le troisième (13 %), extension très rapide (lait en poudre, fromage, beurre) ; difficultés d'écoulement ;
- les fruits et légumes piétinent ou déclinent (9 %) ;
- la viande de bœuf a progressé, mais il reste beaucoup à faire (7 %) ;
- le sucre a perdu du terrain (passe de 13 à 5 % du total) ; mais pourra le reprendre avec le Marché commun ;
- si l'élevage est la première production (64 % du revenu), il ne représente que 22 % de l'exportation.

La mutation agricole de la France est loin d'être achevée...

Chapitre XXVI

L'INDUSTRIE

L'industrie était avant la guerre et est restée de loin la première activité de la France. Ses progrès ont été plus rapides et plus continus que ceux de l'agriculture parce qu'elle est depuis plus longtemps intégrée au grand courant mondial de modernisation et de confrontation entre les divers pays. Elle n'en a pas moins, elle aussi, des problèmes; ils concernent sa structure, son approvisionnement en énergie et les plus anciennes de ses fabrications. Il s'agit de voir comment ont évolué ces problèmes et quelles solutions on a essayé de leur apporter depuis la guerre.

I. LA STRUCTURE ET SON ÉVOLUTION

L'ancienneté de l'industrie française comme la protection douanière dont elle bénéficiait expliquent les défauts de structure. Dès lors que les barrières tombent, il est urgent d'adapter l'industrie à la compétition internationale.

Outillage et technique

Au lendemain de la guerre, on l'a déjà vu, les destructions étaient immenses, elles allaient faciliter le renouvellement du matériel comme des techniques.

★ L'*outillage*, détruit à environ 15 %, ne s'est pourtant *pas reconstitué ou modernisé aussi vite que souhaité parce que :*

• la standardisation a été insuffisante ;

• l'industrie des machines-outils était en retard : qualitativement, elle fournissait des machines trop peu spécialisées ; quantitativement, elle produisait trop peu et trop cher, bien que sa production ait doublé de 1938 à 1954. Résultat : en 1958, un tiers des machines-outils sont importées; en 1963 encore presque un quart ;

• les entreprises trop petites ne peuvent ni acheter ni souvent utiliser un outillage à grand rendement (exemple le textile) ;

• l'investissement a été trop lent.

Cependant, des facteurs favorables sont apparus :

• le Plan, notamment le premier, dit « de modernisation et d'équipement », qui équipe puissamment les secteurs prioritaires tels que charbon, pétrole, sidérurgie ;

• les faveurs de la fiscalité (encore en 1966 avec la déduction de 10 % pour les investissements) et du crédit pour l'outillage (Caisse particulière de crédit dite C.R.E.D.I.M.O.) ;

• la rareté et la cherté de la main-d'œuvre : mieux vaut une machine ;

• l'accélération de la concurrence internationale et, par voie de conséquence, de la concentration des entreprises.

★★ Des *procédés nouveaux* sont apparus. Il serait vain de vouloir en faire un catalogue complet. Au hasard, citons :

• la *moindre consommation d'énergie* ; par exemple, pour faire une tonne d'aluminium, il faut 30 000 kWh en 1939, mais 14 000 en 1960 ;

• l'*automatisme des opérations :* ainsi, dans l'industrie de grande série qu'est l'automobile, quand Renault s'installa à Flins, l'estampage des tôles nécessita six fois moins d'ouvriers : les tôles arrivaient automatiquement sous six presses successives. Mais qu'est cela à côté de la généralisation rapide de l'automation ? non seulement les opérations mais aussi le contrôle et les corrections nécessaires sont télécommandées et réalisées par procédés électroniques ;

• la *complexification des machines :* toujours dans l'industrie automobile, les machines à souder, dites machines multipoints, font avec neuf hommes le travail qui autrefois en demandait deux cents.

• l'*augmentation de puissance :* la centrale de Donzère paraissait monstrueuse en 1954 avec ses 2 milliards de kilowatts-heure ; celle de Blénod-lès-Pont-à-Mousson en donnera 8 en 1970, plus que toute l'énergie du Rhin français !

• de *multiples techniques* absolument nouvelles, telle l'utilisation de la force marémotrice sur la Rance (1966), ou bouleversant les vieilles industries : laminage continu dans les années 50 ou insufflage d'oxygène dans les années 60 : ceci pour la sidérurgie ; dans le textile, procédés nucléaires pour contrôler l'épaisseur des fils, améliorer la teinture, etc.

Encore une fois, tout cela n'est qu'une part infime du progrès technique.

★★★ La *recherche scientifique* apparaît donc comme de première nécessité pour l'industrie — beaucoup plus que pour les autres activités. On a vu[1] le retard de la France dans ce domaine, l'effort entrepris depuis 1958-1960, le rôle important de l'État qui, avec 4,8 % de son budget en 1966, assure presque les deux tiers de la recherche.

★★★★ Les *résultats* ont été essentiellement :

• une *meilleure utilisation des richesses nationales :* houille blanche (technique nouvelle du barrage en terre compactée pour l'eau de la Durance, à Serre-Ponçon), fer lorrain (procédé de l'enrichissement), gaz de Lacq (alliage nouveau résistant à ce gaz sulfureux), etc. Tout cela possible seulement grâce à de nouveaux procédés d'exploitation ;

• un *abaissement des coûts, donc des prix :* ainsi, en vingt-cinq ans, le prix de l'aluminium est divisé par trois ; le prix des voitures en francs courants augmente infiniment moins que leur puissance, leur vitesse, leur confort, etc.

---

1. Chapitre XXII, paragraphe III.

Ainsi naît une industrie de masse, de grande consommation.

• *une très faible augmentation du chiffre de la main-d'œuvre* (ce qui pose même parfois un problème de l'emploi). Par rapport à la population active, le secteur secondaire représente :

31 % en 1938
36 % en 1954
39 % en 1962
39 % en 1968

• *donc un très grand progrès de la productivité*, progrès d'ailleurs sans régularité, par à-coups, selon les inventions faites ou les investissements réalisés. Ainsi, dans l'automobile, le progrès a été de 31 % de 1956 à 1960, mais n'est plus que de 26 % de 1960 à 1965.

Pourtant, calculé en moyenne, ce progrès, de 1950 à 1960, a été annuellement de 3,9 %, moins que l'Allemagne (5,2 %) ou l'Italie (4,3 %), mais bien plus que l'Angleterre (2 %) ou les États-Unis (2,1 %). De 1960 à 1966, il a été de 5 % (Allemagne, 6,5 %). Cela ne veut pas dire qu'il n'y ait encore fort à faire, mais, par exemple, on peut indiquer que le rendement du mineur de charbon est passé de 1 229 kg à 2 000 (de 1938 à 1963), que la main-d'œuvre des raffineries de pétrole augmentait en tout de 10 % de 1954 à 1964 alors que le raffinage doublait, qu'une centrale thermique donne aujourd'hui 1 kWh avec 400 g de poussier au lieu de 1 kg de charbon autrefois, que, dans l'industrie lainière, la productivité a augmenté de 71 % de 1952 à 1962, que, dans tel gisement de bauxite, un homme extrayait 2 t par jour en 1948 et 8 t en 1960.

Que d'exemples à citer ! Certes, la France n'est pas seule dans ce cas, mais elle participe au progrès plus vite que beaucoup d'autres, alors que, depuis un demi-siècle au moins, elle était en perte de vitesse.

Les capitaux. L'investissement

Ils ont pris une importance nouvelle avec le bouleversement des techniques. Qu'on sache, par exemple, que, pour produire « 100 », l'E.D.F. doit investir « 550 à 600 », la sidérurgie 350, les cimenteries 300, mais les industries mécaniques 30[1].

On conçoit que l'*État* ait considéré comme de son rôle de subvenir lui-même à cet investissement en nationalisant la plupart des sources d'énergie ou en aidant les entreprises privées et au premier rang la sidérurgie. On a vu ce rôle de l'État[2]. On en a vu aussi les limites :

• globalement, son effort diminue puisque son action directe ou indirecte est passée des deux tiers à moins de la moitié de l'investissement total ;

• cette intervention se porte surtout sur les secteurs de base, singulièrement l'Énergie.

L'investissement privé doit donc absolument se développer. C'est une question de survie à l'heure de la concurrence, en particulier dans le Marché commun. On sait[3] son insuffisance, la lenteur de son

1. Article de *Géographie et industrie*, février 1964 (publication du C.N.P.F.).
2. Voir chapitre XXII, paragraphe III.
3. Chapitre XXI, paragraphe IV.

progrès (puisqu'il ne dépasse que de peu l'équivalent de 20 % du P.N.B. depuis 1958, y compris la part de l'État qui tend à décliner).

Faute d'effort ou de marge suffisante, l'autofinancement des entreprises a diminué : sa part dans l'investissement est passée de 83 % en 1954 à 60 % en 1966.

L'épargne privée, les banques (à défaut des prêts de l'État) doivent apporter le complément. On a vu[1] l'effort récent pour mobiliser les unes et les autres au profit de cet investissement, dont la très grande part va à l'industrie. On a vu aussi la pénétration du capital étranger[2] avec ses avantages mais aussi les risques qu'elle entraîne.

Quatre fois ce qu'il était en 1939, l'investissement global doit augmenter encore beaucoup plus. Mais il est lié à la structure de l'entreprise elle-même et aux hommes qu'elle emploie.

Les hommes

La *main-d'œuvre ouvrière* reste la plus nombreuse. Bien que la spécialisation augmente, vers 1960 on pouvait diviser le personnel de l'industrie en trois parties à peu près égales : un tiers de manœuvres, un tiers d'ouvriers spécialisés, un tiers de techniciens. Donc encore beaucoup trop de manœuvres. On retrouve là le problème, maintes fois évoqué, des lacunes de l'enseignement professionnel, technique ou général. Il y a eu progrès de la condition matérielle de l'ouvrier, bien peu de sa condition professionnelle[3].

Les *cadres* sont d'autant moins nombreux qu'il y a plus d'ouvriers. On note leur importance dans les industries les plus modernes : ainsi la chimie où ingénieurs, chercheurs, techniciens représentent presque la moitié de l'effectif total, peu nombreux à vrai dire (250 000 personnes en 1964). Mais le manque d'ingénieurs est grave : environ 25 % ! On n'en formait, dans l'enseignement, que 3 000 par an en 1958, il n'y en a encore que 6 000 à 8 000 en 1965.

Il est vrai qu'en France ce titre est donné plus difficilement qu'à l'étranger.

Le *monde dirigeant de l'industrie*, capitaliste essentiellement, a gardé toute sa puissance bien que sa liberté d'action ait diminué à mesure que croissait l'emprise de l'État. Mais tous les *chefs d'entreprise* ne sont pas vraiment « capitalistes » (qu'on songe aux artisans, par exemple). Trop longtemps routiniers, surtout dans certains secteurs (textile, par exemple), ils ont tout de même fait preuve depuis les années 1950 d'une mentalité beaucoup plus dynamique : la concurrence du Marché commun est une dure contrainte, profitable à coup sûr.

Mais moderniser l'outillage ne suffit pas : il faut en venir — et on y vient effectivement comme le prouve le problème récent de l'emploi — *à une modernisation de la gestion de l'entreprise*. Des enquêtes ont révélé que, dans certains cas, les frais généraux sont en France trois fois ce qu'ils sont aux États-Unis (pour un coût semblable de matière plus salaires) ; que le personnel hors production (direction, vente, technique, administration...) pouvait l'être quatre

1. Chapitre XXI, paragraphe IV.
2. Chapitre XXIV, paragraphe II.
3. Voir notamment chapitre XXIII, paragraphe III.

fois. C'est aux chefs d'entreprise, c'est aux cadres de direction qu'il appartient de comprimer de tels frais non rentables : si l'ouvrier ne fait pas toujours le maximum d'efforts, il peut en être de même pour les éléments directeurs. La structure mentale doit continuer à évoluer !

Structure de l'entreprise

Il est connu que la taille des entreprises françaises n'est plus adaptée à la grande industrie moderne. Un mouvement de concentration — encore insuffisant — est cependant amorcé, d'où la coexistence de types très divers.

★ *Causes de la petite taille des entreprises :*

• raison historique : l'ancienneté même du système de la petite entreprise, bien adaptée à certaines productions traditionnelles (luxe, précision, divers biens de consommation).

• raison psychologique : attachement à la notion de liberté, d'indépendance, méconnaissance des nécessités économiques.

• raison financière : la petite entreprise a des « frais sociaux » moins lourds que la grosse. Pour celle-ci, ils représentent facilement 50 % de la masse salariale ; dans les houillères, le chiffre dépasse 90 %.

• raison politique, héritée de l'avant-guerre, reprise après la Libération : l'État, par esprit anticapitaliste, a frappé de lourds impôts les sociétés ; sa politique protectionniste rendait artificiellement viables de petites entreprises mal armées pour la concurrence. Cette double action de l'État a disparu plus ou moins avec la cinquième République.

• enfin, l'habileté même de la grande entreprise a consisté à laisser vivoter la petite, aux prix élevés, de façon à pouvoir elle-même vendre plus cher (c'est possible avec le protectionnisme).

★★ *Causes du mouvement de concentration.*

Le mouvement de concentration est continu depuis 1945. Il répond à des causes profondes, inéluctables, avec les conditions économiques du XXe siècle.

La pure recherche de contrôle du marché est devenue bien rare. Tout au plus peut-on citer dans ce cas la mainmise de l'État sur certaines sources d'énergie, mais on voit que, de sa part, le but est désintéressé.

Plus fréquemment, la concentration est une action défensive ou préventive : s'associer pour mieux résister à la concurrence. Si l'on refuse en temps voulu cette concentration ou fusion, on risque de la subir plus tard dans de pires conditions. Une fois de plus, rappelons ici le rôle déterminant du Marché commun.

Finalement, la raison principale de la concentration est technique. De puissants moyens sont devenus nécessaires :

• pour la fabrication : il faut parfois traiter des masses énormes (exemple : carbo- ou pétrochimie) ; le matériel est toujours plus coûteux, il existe une taille « optima » : pour la sidérurgie, on parlait d'une capacité d'un million de tonnes vers 1950, deux vers 1960, quatre ou six vers 1965 !

• pour la recherche : les laboratoires sont coûteux, mais l'efficacité croît souvent avec leurs moyens financiers.

• pour l'exploitation : les frais généraux diminuent en cas de fusions d'entreprises, on peut supprimer des services jusqu'alors concurrents.

• pour l'écoulement des produits : l'organisation commerciale est plus facile, la fourniture des pièces de rechange aussi, etc.

Toutes ces raisons sont assez brusquement apparues en France dans les années 50, puis surtout 60. Mais, à cause du protectionnisme durable, la France les a découvertes plus tard que ses concurrents. On s'aperçoit que le bénéfice de l'entreprise a un rapport avec son chiffre d'affaires (C.A.).

Ainsi, en 1964, les dix premières sociétés allemandes dépassent leurs rivales françaises :

Pour le C.A. de	70 %,	pour le bénéfice de	300 %	dans	la chimie.
—	—	300 %,	—	—	1 000 %	—	la sidérurgie.
—	—	60 %,	—	—	1 600 %	—	l'automobile
—	—	200 %,	—	—	400 %	—	la construct. électrique.
—	—	200 %,	—	—	600 %	—	la construct. mécanique.

Quel aiguillon que cet appât d'un bénéfice supérieur qui permet non seulement profit, mais aussi investissement plus facile !

On conçoit que le gouvernement encourage la concentration [1].

★★★ *Les formes de la concentration.*

Rôle « fédérateur » d'un groupe industriel ou financier (banque, holding) bien qu'en apparence le nom, l'autonomie de l'entreprise soient préservés. Ainsi le groupe Schneider domine plusieurs sociétés sidérurgiques qui ne portent pas son nom, la S.F.A.C., la S.M.S., la S.M.N. et un très grand nombre d'autres sociétés dans d'autres branches industrielles (mécaniques, électriques, atomiques, etc.).

Association : deux ou plusieurs entreprises mettent en commun leur expérience, leurs réseaux commerciaux..., elles peuvent se céder mutuellement des licences, créer des filiales communes. Exemple : en 1964, Peugeot et Citroën décident de grouper leurs achats et de faire une filiale commune pour fabriquer certaines pièces, en 1966 Peugeot et Renault décident d'associer leurs services commerciaux à l'étranger. Ou encore en 1948 de Wendel, Sidelor et U.C.P.M.I. fondaient en commun la S.O.L.L.A.C. pour le laminage de leurs produits sidérurgiques; en 1962, les trois principales sociétés transformant l'aluminium fondaient Rhénalu filiale commune, à Neufbrisach, pour le laminage de ce métal.

Fusion, absorption, contrôle ou participation minoritaire sont les cas les plus voyants. Citroën a ainsi dominé Panhard progressivement à partir de 1955 ; Usinor absorbe Lorraine-Escaut en 1966. Fréquemment ces absorptions facilitent l'*intégration* : la société contrôlée ou

1. Voir chapitre XXII, paragraphe III.

fusionnée traitera les produits de l'autre : ainsi, pour l'aluminium, Péchiney s'entend en 1966-1967 avec Tréfimétaux qui transforme les métaux non ferreux et est cofondateur de Rhénalu (un autre cofondateur, Cegedur, était déjà filiale de Péchiney). Cette intégration est parfois occulte ; il existe beaucoup d'*ententes* clandestines pour se réserver certains marchés, se consentir certains rabais, etc. On arrive à la notion de cartel. Dans le Marché commun, la France n'est pas la plus forte dans ce domaine. La réglementation communautaire devra s'occuper de cela d'une façon toujours plus précise.

Les *groupements d'intérêt économique*, système intermédiaire entre la société et l'association, permettent à plusieurs petites entreprises de se grouper pour une certaine activité ou une opération particulière. Ces G.I.E. sont institués en 1967.

Deux importants cas particuliers de concentration :

• la nationalisation de secteurs entiers (charbonnages, etc.) aboutit à une meilleure gestion technique. On n'y reviendra pas.

• la concentration au profit de sociétés étrangères, dont on a déjà souligné les avantages et les inconvénients[1]. Si les Américains en ont été les principaux bénéficiaires (General Electric avec Bull, Chrysler avec Simca en 1963, etc.), l'Allemagne ou les autres pays du Marché commun pourraient dans un proche avenir en prendre le relais. La concentration des entreprises françaises est urgente, si elles veulent rester françaises.

★★★★ *Les étapes et l'accélération de la concentration.* Dans le temps, on peut distinguer quelques étapes, assez approximativement :

• vers 1945 : c'est l'État qui agit par ses nationalisations. Principal objet de la concentration : l'énergie ;

• vers 1950 : premier gros effort dans la sidérurgie : Sollac en 1948, Sidelor organisé en 1950, de Wendel réorganisé en 1952. La C.E.C.A. va commencer ;

• à partir de 1955 : métallurgie de transformation : chantiers navals (chantiers de l'Atlantique 1955, etc.), construction aéronautique (Sud-Aviation 1957) ; amorce d'un mouvement touchant toutes les industries de transformation mécanique, textile, etc. ; c'est l'époque de la prise de conscience : se concentrer ou disparaître.

• vers 1960, ce mouvement se précipite ; stimulé par l'abaissement des droits de douane (Marché commun et autres pays) et les capitaux américains.

• à partir de 1965, la concentration est partout à l'ordre du jour. L'ordonnance d'août 1967 l'encourage par des incitations fiscales, l'assouplissement du crédit, des mesures de réorganisation boursière. L'échéance du Marché commun au 1er juillet 1968 rendait urgentes ces décisions. Les fusions, ententes, etc., sont journalières ; elles touchent toutes les branches, des plus lourdes (sidérurgie) aux plus légères (horlogerie). Le Marché commun est devenu une réalité ; l'ère de la vraie concurrence est commencée. Les plus grosses entreprises elles-mêmes, vers 68, vont devoir se concentrer.

Ainsi, le mouvement a atteint peu à peu tous les secteurs et il va s'accélérant : pour ne parler que des fusions, on en compte 1 000 de

1. Voir au chapitre XXIV, paragraphe II.

1950 à 1960, mais 800 de 1960 à 1965. Rien qu'entre 1954 et 1962, ont disparu par concentration :

33 % des entreprises de construction électrique ;
35 % des entreprises de textile ;
38 % des entreprises du cuir.

En 1962, on comptait encore 771 396 entreprises industrielles, malgré l'accélération de la concentration.

★★★★★ *Le niveau de l'entreprise industrielle française augmente, mais reste faible.* Voici quelques chiffres qui le prouvent[1] :

Nombre d'entreprises de plus de 1 000 salariés.	1936 : 296 1952 : 332 1958 : 506 1962 : 561

A cette dernière date, les salariés se répartissent :

pour un tiers dans les entreprises de plus de 1 000 salariés
— — — — — 50 à 999 salariés
— — — — de moins de 50 salariés

Nombre d'entreprises ayant un chiffre d'affaires (C.A.) :

supérieur à 10 millions de francs	1 304 en 1950 = 37 %	du C.A.	total
	6 085 en 1961 = 58 %	—	—
	8 074 en 1965 = 53 %	—	—
supérieur à 100 millions de francs	513 en 1965 = 32 %	—	—
supérieur à 500 millions de francs	86 en 1965 = 18 %	—	—

Aux deux extrêmes, il est intéressant d'insister sur l'artisanat d'une part, la très grande entreprise de l'autre.

L'artisanat reste très important, malgré son déclin : on comptait plus d'un million d'entreprises artisanales de toutes sortes[2] en 1948, encore 850 000 en 1965 ; la moitié n'occupant aucun personnel, l'autre moitié faisant vivre 800 000 salariés ou aides familiaux. Son importance est donc considérable. En 1959, on estimait son C.A. à 45 milliards de francs, donc supérieur à celui de l'industrie automobile. Un quart travaille dans le bâtiment, un sixième dans les métaux, autant dans l'alimentation, etc. L'artisanat, extrêmement divers dans ses activités, est demeuré puissant en France. Souvent irremplaçable, parfois condamné par l'évolution, il pose un grave problème économique et social, à l'heure de la concentration.

---

1. Statistiques très diverses selon les sources. Pour avoir une vue d'ensemble, on peut recourir entre autres à M. Jeanneney : *Force et faiblesse de l'économie française*, 2e édition, Paris, Colin, 1959 ; de même à P. Maillet : *La Structure économique de la France* (coll. « Que sais-je ?), Paris, P.U.F., 1960.
2. C'est-à-dire, selon la division traditionnelle : artisanat de production, de prestation de services, d'art, rural.

La très grosse entreprise reste trop rare, mais son rôle est considérable dans l'économie nationale :

- pour l'emploi de la main-d'œuvre : 5 % des entreprises font vivre 67 % des salariés ;
- pour la production : 0,10 % des entreprises donnent 42 % ;
- pour le commerce extérieur, en 1963 : 4 500 entreprises réalisent les trois quarts des exportations, 100 la moitié, 30 le quart.

On voit l'intérêt économique des très grosses entreprises. Ce sont elles surtout qui manquent à la France, vers 1968.

★★★★★ *Bilan de la concentration.*

La concentration est variable selon les branches :

Forte dans l'énergie (souvent l'État seul), l'aluminium (2 sociétés) l'automobile (5 sociétés produisent presque tout), l'aéronautique, le caoutchouc, les métaux non ferreux, la construction navale (13 sociétés en 1938, mais 6 en 1966) ;

Moyenne et inégale, dans la sidérurgie (120 sociétés en 1950, mais 80 en 1965 : c'est encore beaucoup trop), l'industrie chimique (en 1964 : 2 500 entreprises, il en faut 60 pour faire la moitié du C.A. total !), la construction électrique, le verre, le ciment, la sucrerie. Dans cette catégorie, coexistent quelques très grosses sociétés à côté de dizaines ou de centaines d'autres, mais la tendance est au renforcement des très grosses sociétés. Ainsi, dans la sidérurgie, la concentration Usinor-Lorraine-Escaut en 1966 et Wendel-Sidelor, fin 1967 ;

Faible dans le textile (sauf textiles chimiques), le cuir, le bois, le bâtiment, les industries alimentaires, etc., c'est-à-dire dans les industries les plus anciennes et répondant aux besoins de consommation immédiats.

La concentration reste très faible à côté de celle des autres pays :

En 1962, sur 185 entreprises mondiales réalisant un C.A. de plus de 500 millions de dollars : 114 sont américaines, 17 sont anglaises, 17 sont allemandes, 11 sont françaises. La première entreprise française n'est que la 50e du monde !

Si, laissant de côté États-Unis et U.R.S.S. qui sont à une autre échelle, on se cantonne à l'Europe, la situation n'est guère meilleure : en 1963, la première entreprise française, l'E.D.F., est la 11e d'Europe (C.A. 1,3 milliards de dollars alors que Shell est première avec 9,2), Saint-Gobain la 12e, Renault la 26e, etc. Quel danger à l'heure du Marché commun !

La concentration est indispensable, mais pose de graves problèmes lorsqu'elle se réalise : problèmes financiers pour l'entreprise (une charge accrue précède un bénéfice attendu) ; problèmes d'emploi (compression de personnel, chômage) ; problèmes de concurrence pour les entreprises rivales : ainsi la concentration se répercute en cascade ; problèmes régionaux, par le jeu des facteurs précédents.

II. LE PROBLÈME DE L'ÉNERGIE

On sait le rôle fondamental de l'énergie dans la vie moderne. On sait aussi que c'est une constante de l'histoire économique de la France que sa déficience globale en sources d'énergie : du second Empire à la Seconde Guerre mondiale, c'est au moins le tiers de ses besoins qu'elle devait importer (38 % en 1938). Très lourd handicap qui tend plutôt à s'aggraver, tandis que se compliquent les données du problème sous l'effet de la mutation de l'énergie.

La mutation des données énergétiques dans le monde

La consommation d'énergie croît de plus en plus vite dans les pays techniquement évolués à cause du progrès de l'industrie, des transports et de la motorisation, et même de l'éclairage. Ainsi, en France, la consommation d'électricité double tous les 9 ou 10 ans depuis la guerre. Cela impose une mise en œuvre des moyens nationaux (qui seront de plus en plus coûteux), un investissement à longue échéance, donc peu rentable d'abord, éventuellement des importations croissantes, qui entraînent lourde charge financière et dépendance à l'égard de l'étranger.

Ce besoin d'énergie s'est fait sentir d'abord au lendemain de la guerre dans tous les pays : la pénurie semblait en vue dans un proche avenir. Cette crainte, qui ne s'est pas réalisée alors, reparaît vers 1965, pour un avenir qu'on fixe vers 1975-1985, si l'on ne prend pas en temps voulu les mesures qui s'imposent. Par contre, entre ces deux moments, c'est-à-dire vers 1958-1960, le problème a semblé s'atténuer. Pourquoi ?

La *plus grande abondance de l'énergie* est apparue avec, d'une part, le progrès de la technique : le rendement s'est amélioré dans les mines de charbon, les puits de pétrole, les centrales électriques, etc., entraînant surproduction de charbon en 1958 et effondrement de son cours ; d'autre part, des découvertes ont eu lieu : immenses gisements de pétrole (Moyen-Orient, Sahara algérien ou libyen, Second Bakou, Canada, etc.), de gaz (mêmes pays plus, récemment, la mer du Nord et ses abords ; négligeons Lacq !) ; enfin l'énergie nucléaire a été peu à peu maîtrisée, son coût s'est abaissé pour se rapprocher de celui de l'énergie classique vers 1966-1967.

La diversification des sources d'énergie a donc été rapide. L'ère du charbon, qui durait encore en 1945, a fait place à celle de l'électricité et du pétrole qui triomphe progressivement dans les années 50 et surtout 60 : la surproduction charbonnière de 1958 en est le témoignage éloquent. Mais voici qu'après ces ères d'« énergie classique » apparaît celle de l'énergie nucléaire que l'on fixe pour le dernier quart du siècle.

La rapidité de cette mutation, tandis que la consommation croît à un rythme vertigineux, oblige à des choix extrêmement difficiles. Il faut prévoir vingt ans à l'avance, alors que les investissements en jeu se chiffrent par milliards de francs ! Ces choix, qui ne sont pas les mêmes selon qu'un pays est riche ou pauvre en énergie naturelle, qu'ont-ils été pour la France ?

Les choix énergétiques de la France

★ *La France a d'abord misé sur le charbon*, parce que c'était l'énergie classique (il assurait 87 % de l'énergie totale en 1938) et parce qu'elle en a, bien que trop peu ; enfin parce qu'elle s'est fait des illusions sur le rapport entre ses possibilités d'extraction et la croissance de sa consommation. Dans ce but, les houillères sont l'objet des premières

Consommation réelle d'énergie primaire.
Mtec (millions de tonnes d'équivalent de charbon).

nationalisations ; le charbon est la grande priorité du plan Monnet (1947) qui prévoit 65 millions de tonnes pour 1950, puis 69 pour 1952 au lieu de 46,5 en 1938[1].

Ce choix charbonnier fut ensuite abandonné parce que :

• *il était irréalisable pour les mines françaises ;* on ne s'en aperçut que lentement (le second plan prévoit 61 millions de tonnes mais on n'arrive qu'à 59 en 1957) ; le gros effort de productivité ne suffit pas. On arrivera péniblement aux 60 millions de tonnes en 1958, et 1959, puis ce sera la baisse, en effet ;

1. Voir le paragraphe sur le Plan : chapitre XXII, paragraphe II.

• *la crise de surproduction charbonnière mondiale en 1958* fait baisser le prix de l'énergie à un point tel que le charbon français n'est absolument plus rentable. Aussi un plan charbonnier est établi pour ramener la production à 48 millions de tonnes en 1970 : il s'agit en effet de maintenir un minimum d'approvisionnement national. Dès 1966, la production n'est donc plus que de 54 millions de tonnes. On ferme les mines les moins viables (Massif central, Pas-de-Calais), d'où le problème du réemploi de cette main-d'œuvre, trop rare au temps du premier Plan et formée à grands frais (185 000 mineurs en 1959, 152 000 en 1965).

★★ *L'électricité et les hydrocarbures sont ensuite l'espoir de la France.*

C'est dans les années 50 que l'effort est le plus marquant pour ces sources d'énergie. On entreprend systématiquement la mise en œuvre des ressources nationales (équipement hydro-électrique des fleuves, gaz de Lacq, etc.) et de ce qu'on considère comme le prolongement de la France : le Sahara (voir paragraphe suivant) ; on dote la France de centrales thermiques atteignant jusqu'à deux milliards de kilowatts-heure autour de Paris et à Carling en Lorraine ; les raffineries de pétrole se multiplient en nombre et accroissent leur puissance.

Dans les années 60, l'effort continue de plus belle : les ports pétroliers s'agrandissent (aménagement de Fos), les grands oléoducs apparaissent (le « Sud-Européen » : Marseille-Strasbourg-Karlsruhe en 1963) ; les centrales thermiques passent à 4 milliards de kilowatts-heure, d'autres sont prévues à 6 ou 8 milliards.

Les dernières centrales hydro-électriques se construisent (la Durance, le Mont-Cenis), coûteuses. On multiplie l'importation de pétrole, de gaz.

La part du charbon dans l'énergie consommée s'est effondrée :

1938	87 %
1950	74 %
1960	54 %
1965	40,5 %

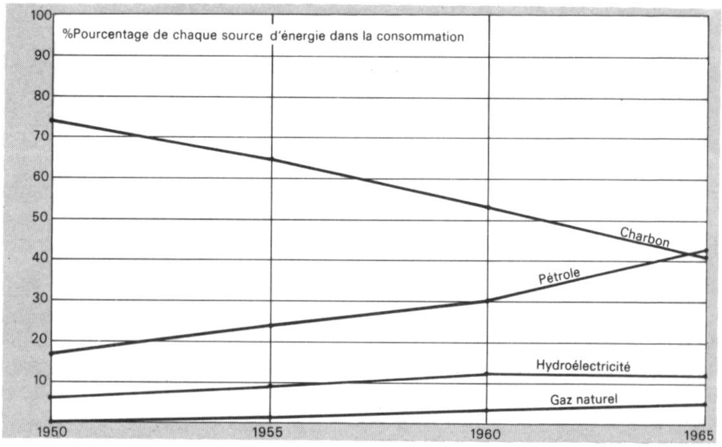

Pourcentage de chaque source d'énergie dans la consommation.

★★★ *L'énergie nucléaire reste le recours suprême :* en effet, comment répondre autrement à une consommation d'électricité qui a été de :

20	milliards de kilowatts-heure	en 1938
29	— —	en 1950
65	— —	en 1960
109	— —	en 1966

et qui doit être de :

150	milliards de kilowatts-heure	en 1970
200	— —	en 1975
400	— —	en 1985

Seule l'énergie nucléaire peut l'assurer. La première centrale destinée à produire de l'électricité est apparue à *Chinon (Avoine) en 1962* (mais Marcoule, à usage militaire, en a donné dès 1958 et même 1956 avec sa première pile). A partir de 1965, un vaste programme prévoit l'entrée en service d'*une centrale nucléaire chaque année,* de puissance minima 500 000 kW (la centrale E.D.F. 1 à Avoine, n'en faisait que 60 000), l'énergie nucléaire devant assurer : 6 milliards de kilowatts-heure en 1967, 11 à 13 milliards de kilowatts-heure en 1971.

La puissance installée devra tripler de 1970 à 1975 (passant de 2 à 6 millions de kilowatts), quintupler de 1975 à 1985 (30 millions de kilowatts) ! On voit, outre les problèmes d'investissement, l'effort technique qui est requis. Et les prévisions sont toujours douteuses.

Les moyens d'approvisionnement

Pour obtenir le maximum d'énergie au meilleur coût, la France a recouru simultanément ou successivement à trois moyens :

★ *Le perfectionnement technique.*

Pour le charbon, il s'agit d'accroître le rendement ; la mécanisation a été systématique tant pour l'extraction que pour le transport ou

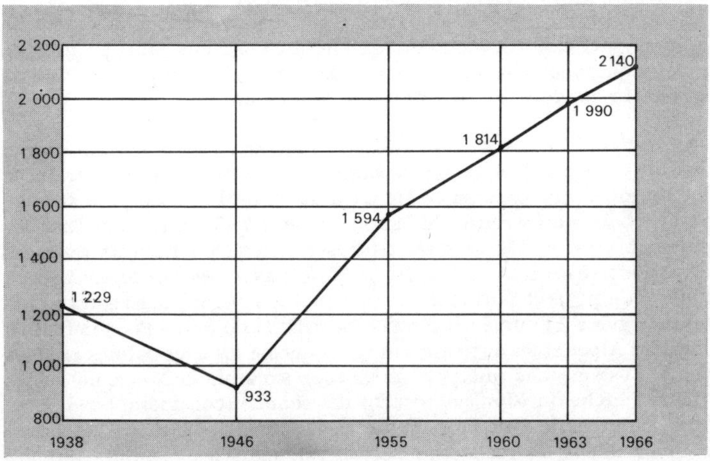

Rendement du mineur de fond (en kilos de charbon par jour).

les premiers traitements de surface. On a fermé les puits les moins rentables, poussé le gisement lorrain où les conditions sont meilleures, si bien que le rendement du mineur français a plus que doublé de 1946 à 1966 (le mineur lorrain bat le record d'Europe avec 2 580 kg par jour en 1960 et 3 450 en 1966).

Pour l'électricité thermique, les centrales sont de plus en plus puissantes, leur consommation de charbon diminue (ce qui aggrave la crise charbonnière), elles deviennent mixtes pouvant fonctionner aussi au pétrole ou au gaz ; les hydrocentrales françaises ont une solide réputation, qu'il s'agisse de celles de basse chute qu'on multiplie sur les grands fleuves transformés en escaliers (première grande réalisation, Donzère avec 2 milliards de kilowatts-heure en 1954) ou celles de haute chute dont les conduites forcées drainent les eaux lointaines derrière un très haut barrage (Tignes, en 1952, atteint 180 m) avant de les précipiter vers une usine située beaucoup plus bas (1 200 m de chute à Roselend-La Bathie, en 1960).

Pour le pétrole, la France a mis au point une technique pétrolière propre (avec notamment le turboforage) ; elle a pu parvenir à utiliser un matériel français à 100 %. Elle est devenue exportatrice de matériel et de techniciens.

Dans le domaine des énergies d'avenir, la France se situe à l'avant-garde. Elle est seule au monde à avoir réalisé une usine marémotrice (sur la Rance, 1966) ; elle est à l'avant-garde pour les recherches sur l'exploitation de l'énergie solaire. Quant à l'énergie nucléaire, la France fournit maintenant matériel et techniciens formés par elle aux pays étrangers (accord avec l'Espagne, 1964). La France a mis au point pour ses centrales une « filière française » (= filière graphite-gaz avec uranium naturel = 238), système économique, évitant le recours à l'uranium enrichi = 235, vendu par l'Amérique. Mais une deuxième génération de centrales est prévue pour 1975 (modérateur : l'eau lourde au lieu du graphite ; meilleur rendement) ; déjà, cependant, on prépare la troisième génération : celle des « surgénérateurs » à neutrons rapides qui, produisant plus de plutonium qu'ils n'en consomment, semblent être la solution de l'avenir.

Si la politique nucléaire militaire est discutée par une partie de l'opinion, nul doute cependant qu'elle ait contribué aux progrès de la technique nucléaire tout court (achèvement, en 1967, de l'usine de Pierrelatte qui transforme l'uranium 238 en uranium 235).

★★ *La mise en œuvre des ressources nationales* a été systématique. Ainsi, *pour le charbon,* on a puissamment équipé le bassin lorrain, le plus rentable : sa part passe de 23 à 29 % de la production totale ; son charbon a été rendu cokéfiable. *Pour l'hydro-électricité,* tous les fleuves, toutes les réserves sont utilisées : le Rhin français avec ses dérivations et ses huit centrales ; le Rhône avec ses douze, de Lyon à la mer (équipement polyvalent : électricité, navigation, irrigation) ; la Durance grâce à l'immense réservoir artificiel de Serre-Ponçon (1961), toutes les Alpes et les autres montagnes, même les plus calmes rivières avec le système des microcentrales (par exemple la Mayenne).

La recherche du *pétrole* a absorbé des sommes considérables. L'État y participe par le B.R.P. et l'aide qu'il accorde aux R.E.P. (sociétés de financement de recherche pétrolière), mais les résultats ont été décevants malgré la découverte de Parentis en 1954, des petits gisements du Bassin parisien en 1958. Le gaz de Lacq (1951) a soulevé beaucoup d'espoir, on a voulu en faire bénéficier surtout le Sud-Ouest et l'Ouest pauvres en énergie. Mais les réserves sont assez limitées ; il est vrai qu'on en découvre d'autres (Saint-Faust, 1966). Quant au *Sahara*, il a porté à son tour tous les espoirs de la France après les grandes découvertes de 1956 (pétrole et gaz). On n'y a pas ménagé les investissements (10 milliards de 1955 à 1964). Mais, après les accords d'Évian de 1962, il fallait renoncer à le considérer comme français. Tout au plus pouvait-on sauvegarder l'essentiel des intérêts des sociétés exploitantes.

La chance voulut que la France fût assez riche en *uranium*. On a exploré méthodiquement les réserves, que l'on complète par celles d'Outre-Mer (Madagascar, Gabon, bientôt Niger).

★★★ *La diversification de l'approvisionnement étranger* doit permettre à la fois d'assurer à la France tous ses besoins et de préserver son indépendance pour un secteur aussi important que l'énergie (pendant la crise de Suez en 1956, il avait fallu, comme pendant la guerre, revenir au rationnement de l'essence).

Dans ce but, le nombre des fournisseurs de la France augmente progressivement. Pour le *charbon*, le Marché commun n'est pas toujours intéressant ; malgré les mesures de protection prises contre le charbon à coke américain (1967), celui-ci est encore le plus avantageux. Le mariage Lorraine-Ruhr n'est pas encore pour demain ! La France ne dédaigne pas non plus d'acheter du charbon aux pays de l'Est (U.R.S.S., Pologne), voire à l'Afrique du Sud. Les échanges concernant l'*électricité* se font avec tous nos voisins y compris l'Angleterre ; la balance commerciale est devenue déficitaire en 1966 ; cela s'aggravera quand la centrale nucléaire de Catalogne sera entrée en service. Une partie de l'*uranium*, le quart environ, vient de l'Afrique francophone.

C'est pour le gaz et le pétrole que l'approvisionnement pose le plus de problèmes. Pour le *gaz*, la France a conclu un accord avec l'Algérie : depuis 1964, le gaz d'Hassi R'Mel est transporté liquéfié jusqu'au Havre. L'achat porte sur 500 millions de mètres cubes par an, soit plus de 7 % de la consommation en 1965. Un nouvel accord (1967) prévoit la livraison de 1,5 milliard de mètres cubes à partir de 1971 et 3,5 à partir de 1975. Les Pays-Bas, de leur côté, par l'accord de cette même année 1965 doivent, à partir de 1967, livrer par gazoduc 5 milliards de mètres cubes pendant vingt ans, au profit du Nord, de l'Est et de Paris. Pour le *pétrole*, la France a pu préserver ses intérêts au Sahara, quitte à augmenter les « royalties » et à payer ce pétrole au-dessus du cours mondial (accord de 1965). Mais, dans le même temps, elle garde et étend ses intérêts au Moyen-Orient, accroît son approvisionnement en U.R.S.S., en Libye, au Nigeria, au Gabon et continue à acheter un peu au Venezuela, d'où l'évolution de l'origine du pétrole consommé :

	1959	*1965*
France	5 %	3 %
Reste de la zone franc	5 %	33 %
Moyen-Orient	85 %	48 %
Reste du monde	5 %	16 %

Un nouvel équilibre s'établit, renforcé, face aux grands trusts anglo-saxons, par la naissance d'un puissant groupe pétrolier d'État (réorganisé sous le nom d'E.R.A.P. fin 1965) et une politique pétrolière originale et hardie pour la recherche et l'exploitation à l'étranger [1].

La France deviendrait-elle donc, enfin, plus indépendante pour son énergie ? Non, la *couverture des besoins par la production nationale* est appelée à décroître. Voici en Mtec (= millions de tonnes d'équivalent de charbon), les prévisions pour 1970, 1980 et 1985 [2] :

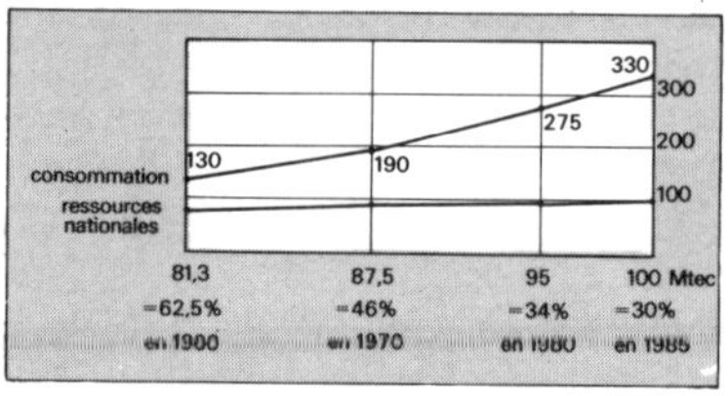

On conçoit, pour la France comme pour ses partenaires, quelle urgence il y a à établir dans le Marché commun une politique communautaire de l'énergie. Avec son avance nucléaire, la France, fait nouveau dans son histoire, n'y aurait pas une mauvaise place.

III. ÉVOLUTION DES GRANDES PRODUCTIONS INDUSTRIELLES

Il s'est agi de faire passer la France de la vieille association fer-charbon à la gamme diverse, et plus coûteuse de matière grise que de matière première, des industries modernes : chimie (notamment pétrochimie), industries électriques et électroniques, aluminium, industrie nucléaire, spatiale, etc.

On n'en donnera ici qu'un rapide aperçu.

Difficultés des industries traditionnelles

Ces difficultés tiennent à la dispersion excessive de vieilles entreprises, au coût élevé des modernisations nécessaires, à la concurrence que de nouveaux producteurs, mieux outillés, font peser sur les vieilles industries européennes. A part le charbon, qui en est une des victimes, il faut mentionner surtout :

★ La *sidérurgie* : la production d'acier n'a pas atteint, depuis 1945, les chiffres successivement prévus (la France est tombée au sixième rang mondial) ; on s'est contenté de :

6,2	millions	de tonnes	en 1938
8,7	—	—	en 1950
12,6	—	—	en 1955
17,3	—	—	en 1960
19,8	—	—	en 1964
19,7	—	—	en 1967

1. Voir au chapitre XXIV, paragraphe II.
2. Prévisions vite dépassées : dès 1965, la couverture n'est plus que 51 %.

Toutefois, la France a pu maintenir sa place de troisième exportateur de fonte et d'acier (près d'un sixième de la production est exporté en 1965).

La C.E.C.A. a d'abord permis d'abaisser le prix du coke, mais les problèmes sont apparus : déclin relatif de l'utilisation de l'acier, nouveaux producteurs vendant à des prix imbattables, mise en valeur de grands gisements de fer d'Outre-Mer rendant intenable la position de la Lorraine liée à un minerai pauvre, manquant de transports à bon marché (malgré la canalisation de la Moselle en 1963). Enfin le gouvernement a maintenu trop bas le prix de l'acier, limitant ainsi les bénéfices et donc les investissements.

Pour surmonter les difficultés, on a eu recours à un déplacement des usines vers la mer (Usinor à Dunkerque, 1962) tandis que se fermaient celles du Massif central ou d'ailleurs ; à la concentration des entreprises (voir ci-dessus) ; à la modernisation des méthodes, à l'aide de l'État : contrat de 1966[1]. Mais le gros handicap de la France reste que sa sidérurgie demeure liée au fer pauvre de Lorraine : bon exemple des difficultés de mutation que rencontre une vieille industrie.

★★ Le *textile* est encore plus ancien. Les difficultés qu'il a rencontrées viennent, quant à lui, de son excessive dispersion financière. Contrairement à la sidérurgie, il n'a jamais été bien aidé par l'État, en tout cas pas avant 1955 ; il a dû subir les changements du goût de la mode (essor des nouveaux textiles), la concurrence des pays à main-d'œuvre peu payée ; il a tardé à faire les adaptations nécessaires, gardant difficilement sa place dans le monde (du deuxième au septième rang selon les textiles).

Toutefois, *les résultats positifs ne manquent pas :* regroupements d'entreprises, mécanisation systématique, compression de main-d'œuvre, réalisation de tissus aux qualités nouvelles ont porté leurs fruits dans les années 60. Bien que le coton ait été le plus atteint (sa consommation équivaut à moins de la moitié de tous les textiles, depuis 1962), il a pu retrouver un niveau honorable d'exportation ; la laine maintient les siennes dans les belles qualités, tout comme la soie et le lin. Les textiles chimiques ont connu un réel essor, lié à leur nouveauté et au caractère moderne de leur production.

Bien que la crise du textile continue à faire peser une menace sur le Nord et l'Est, trop liés au coton, il semble que le plus dur ait été passé pour cette industrie.

★★★ La *construction navale* (quatrième ou cinquième rang mondial) est à peu près dans la même situation ; victime d'une structure ancienne (trop de chantiers de construction à faibles possibilités) et d'une implacable concurrence (essor spectaculaire du Japon), elle a été l'industrie des licenciements massifs ou, au moins, du demi-chômage. En 1951, l'État, désireux de reconstituer la flotte française, lui accordait des crédits mais, en 1960, il se résolvait à *sélectionner cette aide* au seul profit des chantiers les plus viables. Il a fallu donc reconvertir certains chantiers (Basse-Seine, Port-de-Bouc) et procéder à de difficiles reclassements de main-d'œuvre, tandis que s'opéraient des

1. Voir le chapitre XXII, paragraphe III.

absorptions ou *fusions de sociétés*; la plus puissante demeure les Chantiers de l'Atlantique à Saint-Nazaire (fusion réalisée en 1955). Il ne reste que six sociétés en 1966, date à laquelle l'horizon s'éclaircit pour la construction navale ; les commandes ont repris, dont beaucoup viennent de l'étranger. De nouvelles fusions s'opèrent.

★★★★ *Les industries alimentaires, du bâtiment, et mécaniques* sont restées les plus importantes par leur chiffre d'affaires. Leurs caractères n'ont pas beaucoup changé : elles sont avant tout des industries dispersées géographiquement et financièrement. Ce dernier point est devenu grave : les entreprises françaises ne font pas le poids devant leurs rivales étrangères. Ainsi s'explique qu'une grande partie des industries agricoles et alimentaires soient passées sous le contrôle de grosses sociétés américaines ou anglaises ; ce retard explique aussi que la France vende trop de produits agricoles bruts ; pour les paysans l'intégration de l'agriculture et des industries dérivées permettrait de bien meilleurs revenus si elle était réalisée par les coopératives. La restructuration est amorcée pourtant vers 1968 dans cette industrie qui fait vivre directement 400 000 personnes.

Le bâtiment occupe de son côté 10 % des actifs, dont près d'un tiers sont des étrangers. La rationalisation des méthodes est sensible, qu'il s'agisse de la préfabrication, de la construction des « grands ensembles » ou de certaines réalisations des travaux publics. L'inégalité est restée extrême entre les entreprises ; la plupart sont purement artisanales. Il en est un peu de même pour les industries mécaniques. Aussi à côté de secteurs solides comme l'horlogerie ou tels appareillages, la France n'a qu'une industrie très insuffisante des machines-outils, des machines agricoles et de certains gros matériels : la dépendance à l'égard de l'étranger est grande.

Essor des industries modernes

★ L'*industrie chimique*, qui a tant tardé à prendre son essor en France, est maintenant une de ses plus belles réussites. Par son chiffre d'affaires, elle égale le textile en 1967, n'étant plus dépassée que par la métallurgie (sixième pour la production, elle a le quatrième rang mondial pour les exportations). Les progrès les plus remarquables ont concerné la *chimie organique*, qui dépasse la vieille chimie minérale en 1961 ; cela n'a été possible que par de grandes réalisations carbochimiques (comme Carling et Mazingarbe) ou pétroléochimiques (étang de Berre, Basse-Seine, complexe de Lacq et d'autres en développement à Strasbourg, à Feyzin, etc.).

Industrie moderne par ses productions, par l'importance de ses investissements, l'industrie chimique française souffre cependant d'une *insuffisante concentration*. Elle ne peut consacrer que 4 à 5 % de son chiffre d'affaires à la recherche. Ses plus grosses sociétés (Péchiney-Saint-Gobain, Rhône-Poulenc, Ugine-Kuhlmann), malgré de récentes associations, sont loin d'atteindre le niveau de leurs concurrentes européennes et américaines. Un effort dans la concentration rejaillirait, par ses effets bénéfiques, sur toute la France, car cette industrie est présente à peu près partout, l'Ouest et le Centre étant pourtant les plus dépourvus.

★★ Les *industries métallurgiques modernes* ont vigoureusement progressé. Celle de l'*aluminium*, dont la production passe de 45 000 t en 1941 à 364 000 en 1966, est l'une des plus concentrées (deux sociétés seulement, Péchiney et Ugine), des plus productives (on a évoqué déjà les progrès du rendement), des plus dynamiques : investissements en France et à l'étranger (du Cameroun aux États-Unis par la Guinée, de l'Espagne à la Grèce et à l'Australie) ; exportation passant de 30 % en 1938 et 27 % en 1950 à 40 % à partir de 1961.

La *construction automobile* a donné à la France (tout comme l'aluminium) le quatrième rang mondial. La production est multipliée par 9 de 1938 à 1966 (de 227 000 voitures à plus de 2 millions). Modernisant son matériel, acceptant courageusement la décentralisation géographique (l'installation de Citroën à Rennes en 1961 a été imitée au profit d'autres villes de l'Ouest), conquérant les marchés extérieurs (un sixième de voitures exportées en 1954, mais plus d'un tiers en 1966), concentrant ses firmes, cette industrie n'en a pas moins une taille insuffisante comparée aux Allemands et surtout aux Américains dont les filiales s'implantent en Europe. La concurrence, avec le Marché commun, risque d'être redoutable dans les prochaines années.

Pour la *construction aéronautique*, la France tient aussi le quatrième rang et même le troisième pour l'exportation. L'essor a été vigoureux ; la concentration des entreprises facilitée par la participation de l'État aux plus grosses d'entre elles (Sud-Aviation, Nord-Aviation) ; l'implantation a triomphé dans le Sud-Ouest (surtout Toulouse). Techniquement, de belles réussites (Caravelle, Mirage, etc.) ont assuré le renom de cette industrie qui doit cependant désormais envisager la coopération avec d'autres pays tant les investissements nécessaires sont énormes (projet Concorde avec les Anglais ; projet Airbus avec Anglais et Allemands).

★★★ Les *industries électriques* sont très diverses, ce qui explique le très grand nombre d'entreprises ; elles font appel à un personnel qualifié et demandent de gros investissements. La France (cinquième rang mondial) s'y est acquis une solide réputation tant pour l'équipement des centrales que pour ses locomotives électriques (record du monde). Elle s'enorgueillit de son procédé S.E.C.A.M. de télévision en couleur. C'est une industrie largement exportatrice (exportations égales à 20 % du chiffre d'affaires en 1965).

Un effort particulier est réalisé dans l'*électronique*, où la recherche absorbe parfois 10 à 15 et même, pour certaines entreprises, 20 % du chiffre d'affaires. Complètement dominée dans le domaine des ordinateurs par l'industrie ou les filiales américaines (I.B.M. et Bull-General Electric), la France cherche à développer la production des ordinateurs moyens dont la demande sera considérable dans un avenir très proche ; l'État participe à cet effort avec le « Plan Calcul »[1].

On ne peut guère encore parler d'*industrie spatiale*, du moins la France est au nombre de ses candidats, ayant été la troisième au monde à pouvoir lancer un satellite. Plus encore que les transformations des vieilles industries, cette conquête de l'espace symbolise, au-delà des mutations, le dynamisme de la science et de la technique françaises — sans lesquelles il n'est pas d'industrie moderne.

1. Voir au chapitre XXII, paragraphe III.

Chapitre XXVII

LES SERVICES

Les services qui regroupent toutes les activités de relations sont nécessaires au fonctionnement de l'économie. Plus l'économie est évoluée, c'est-à-dire plus on s'éloigne de l'économie de subsistance pour parvenir à une économie d'échanges, basée sur la spécialisation des producteurs, plus les services sont développés. La main-d'œuvre qu'ils occupent ne cesse donc de croître et devient la principale dans l'activité nationale.

En France, c'est au cours des années 30 que les services ont pris cette première place. Ils la gardent depuis lors, sauf les bouleversements de la guerre et de l'après-guerre. Ils représentent :

en 1938	3[illegible] %	de la main d'œuvre
— 1954	36 %	—
— 1962	41 %	—
— 1968	45 %	—

On se contentera de voir ici les plus importants de ces services, en recherchant surtout s'ils se sont adaptés à une économie évoluée et s'ils ont facilité cette évolution.

I. LES TRANSPORTS[1]

Ils occupent environ 5 % de la main-d'œuvre. Leur rôle économique est considérable. La France, ayant une économie de plus en plus moderne, a eu besoin de transports non seulement plus développés, mais aussi mieux coordonnés, afin de les rendre aussi rentables que possible.

Le développement des transports

Pour répondre à ce qu'on en attend, le développement doit être à la fois quantitatif (= davantage de kilomètres de transports) et qualitatif (plus grande rapidité). De cela dépendra *le coût des transports dans le coût global d'un produit.* Bien qu'il soit très mal connu (on l'estime par exemple à peu près à 6 % pour les produits agricoles du producteur au consommateur), les économistes y portent un intérêt croissant.

Le développement a été si différent selon les moyens de transport qu'on est obligé de les passer en revue successivement.

★ Les *chemins de fer*, premier moyen de transport, ont vu diminuer leur longueur de 44 000 à 36 000 km pour des raisons de rentabilité (on y reviendra plus loin), mais leur qualité a été encore améliorée : la vitesse a sans cesse augmenté, surtout grâce à la traction électrique ou diesel.

---

1. On trouvera maintes indications utiles, commodément rassemblées à l'article « Transport » (trois pages) du *Grand Larousse encyclopédique*.

	Traction électrique.	Diesel.	Total.
	—	—	—
1954 : 4 300 km	42 % du trafic		
1962 : 7 550 km	63 % —	8 %	71 %
1966 : 8 583 km	72,5 % —	15 %	87,5 %
Prévision pour 1972........	80 % —	20 %	100 %

En 1972, la locomotive à vapeur aura disparu.

Une bonne partie des voies électrifiées le sont en courant industriel alternatif 25 000 V. : la première grande réalisation de ce genre a été la voie Valenciennes-Thionville, la plus chargée de France avec ses trains de minerai, de charbon ou de coke. On doit évoquer aussi la réalisation de nouvelles et immenses gares de triage (autour de Paris, de Marseille, à Woippy près de Metz, etc.).

Le chemin de fer est resté l'outil primordial même pour les produits lourds... Ce n'est pourtant pas le plus économique !

Trafic assez constant des années 60 :

Chemin de fer	59 %
Route	30 %
Voie d'eau	11 %

★★ La *voie d'eau* a gardé un retard que tout le monde connaît maintenant. Le réseau est le plus long d'Europe bien qu'étant passé de 9 600 à 7 600 km entre 1938 et 1964 (déclassement de certains canaux). Mais que vaut-il ? L'effort a cependant porté sur :

• l'*amélioration du réseau :* peu de créations de voies nouvelles si ce n'est le canal du Nord enfin réalisé (1958-1965) pour péniches de 700 t, le grand canal d'Alsace suivi de quatre dérivations du Rhin avec équipement hydro-électrique (1946-1968) pour péniches de 1 500 t; l'ouverture de la Moselle à la navigation vers l'Allemagne (1958-1963), puis, plus lentement, vers le sud jusqu'à Frouard (1963-1968) pour désenclaver la Lorraine.

On a surtout aménagé d'anciennes voies : canal de la Marne au Rhin pour que, sur toute sa longueur, il admette au moins les péniches de 350 t (la réalisation tarde). Plus rentables, les travaux sur les canaux du Nord, c'est-à-dire de Dunkerque à Valenciennes pour 1 350 t (1959-1967), ceux de la Seine (approfondissement à 3,20 m jusqu'à Montereau) et de l'Oise (pour convois poussés jusqu'à 1 600 t); du Rhône enfin avec ses magnifiques aménagements hydro-électriques (Donzère, Montélimar, etc.) depuis 1950, plus des améliorations apportées à la Saône (1 600 t en convoi poussé de Lyon jusqu'à Saint-Symphorien, près du confluent du Doubs). Mais il y a retard.

• l'*amélioration de la batellerie.* Peu à peu l'automoteur s'est imposé : 80 % du trafic en 1964 ; mais, à cette date, plus de mille chalands étaient encore en bois, certains datant du XIXe siècle. L'approfondissement des voies d'eau permet d'augmenter le gabarit pour parvenir au gabarit « rhénan » dit encore « européen » de 1 350-1 500 t. Alors on peut diminuer le nombre des bateaux (la France passe de plus de 10 400 à 9 600 de 1954 à 1964) et améliorer le trafic (dans le même temps, il augmente de 40 %).

Plus révolutionnaire, la technique du poussage est imaginée par les Français en 1957 ; mais, par la dimension des convois, elle n'est facile que sur le Rhin et la Seine. Finalement, les voies d'eau qui acceptent les grands chalands de 1 350 t ou les convois poussés (minimum 1 600 t) ne représentaient en 1964 que 1 600 km, soit 21 % du réseau navigable, mais 62 % du trafic. Il va sans dire que les mariniers doivent s'adapter à ces nouveaux modes de transport. Ce n'est pas facile, car la moitié des patrons bateliers n'ont qu'une péniche : système qui ne répond plus au marché des transports fluviaux.

• l'*amélioration des ports* a bénéficié seulement aux plus importants des 668 ports fluviaux. A Paris, on a aménagé l'avant-port de Gennevilliers en 1958 ; à Strasbourg, nouveaux bassins, pétroliers ou autres, avec grande zone industrielle. Rouen se maintient au troisième rang.

Les *résultats de cette « redécouverte de la voie d'eau »* par la France ne sont pas négligeables : le trafic a doublé de 1954 (47 millions de tonnes) à 1966 (93 millions). Mais les travaux qui restent nécessaires sont d'un coût extrême. Ils semblent urgents cependant : il s'agit de relier entre elles les grandes voies : Seine-Moselle ; Moselle et Rhin au Rhône. Déjà l'on parle de la Garonne et même de la Loire ! La Lorraine et l'Alsace, à l'heure du Marché commun, réclament la priorité : mais laquelle relier la première au Rhône ? D'ailleurs, Le Havre préfère la liaison Moselle-Seine. Il faudra choisir... et investir.

★★★ La *route*, très dense (600 000 km), ne pose qu'un problème de qualité, elle a tardé à s'adapter à un trafic intense et rapide. Avec un tragique retard sur la construction automobile, le « Plan directeur » de 1960 prévoit la construction de 200 km d'*autoroutes* par an, plus 50 à 60 d'autoroutes urbaines (Lyon, boulevard périphérique de Paris, etc.). C'est le double qu'il faudrait et l'on s'est décidé à accélérer la réalisation. On arrive à 1 000 km d'*autoroutes* construites au début de 1967. Pour couvrir la dépense, l'État s'en remet à des sociétés concessionnaires qui ont recours au péage.

★★★★ L'*avion* est devenu depuis la guerre un moyen de transport banal au profit des voyageurs, 45 fois plus nombreux de 1939 à 1965, de la poste et des marchandises (cent fois plus). Pour les lignes intérieures de plus en plus fréquentées (notamment par les hommes d'affaires, ou par certains « vacanciers »), a été créée la société « Air Inter » qui a commencé en 1960 avec 16 000 passagers transportés, pour arriver à 1 100 000 en 1966. Les lignes extérieures sont le domaine d'Air France qui, avec environ 300 000 km, dessert le plus long réseau du monde. Une compagnie privée, l'U.T.A. (Union des transports aériens), organisée en 1964, dessert les pays de l'ancienne Communauté avec un trafic qui a été perturbé par l'octroi de l'indépendance (création d'Air Afrique par les États africains).

L'essor du trafic a nécessité de *puissants investissements* : pour construire une flotte aérienne (le moyen-courrier Caravelle, par Sud-Aviation, ne dispense pas, cependant, de recourir au long-courrier Boeing) et des aéroports : beaucoup en province (Marignane, etc.), mais surtout à Paris : Orly, aménagé à partir de 1949, pris en charge par l'Aéroport de Paris, organisme d'État, vite au bord de la saturation, sera doublé à partir de 1974 par Roissy-en-France qui, au nord de la capitale, pourra remplacer le Bourget.

★★★★★ La *flotte de haute mer* et les *ports maritimes* ne se sont pas moins transformés.

La *flotte a été reconvertie* pour être non pas seulement plus rapide mais surtout mieux adaptée aux besoins. La flotte des pétroliers, qui couvre tous les besoins de la France, est parvenue à presque la moitié du total (49 % en 1967) ; elle s'oriente vers le gigantisme (pétroliers de plus de 200 000 t) ; les paquebots en déclin (concurrence de l'avion, chute des lignes africaines) tombent alors à moins de 10 % du total, mais retrouvent une nouvelle jeunesse avec leur aménagement en vue des croisières ou la transformation en « cars-ferries ».

Les cargos (42 % en 1967) grossissent et se spécialisent : principalement gros minéraliers, méthaniers, etc. Apparaissent les « porte-conteneurs » vers lesquels s'oriente, en 1967, la Compagnie générale transatlantique.

La flotte française semble être sortie d'une longue crise. Certes, avec ses 5 100 000 tonneaux (1967), elle n'est plus que la dixième du monde (sixième en 1939) et ne représente que moins de 3 % du tonnage mondial (où abondent les pavillons de complaisance). Il lui avait fallu se reconstituer après la guerre (800 000 tx en 1945, puis 2 700 000 en 1950), rajeunir ses bateaux, surmonter la concurrence. Cela explique la lenteur de son essor depuis cette date (3 900 000 de tonneaux en 1958, enfin 5 millions en 1966). Elle a du moins conquis de nouveaux marchés, passé des contrats, récemment, avec des importateurs étrangers. Il lui reste à retrouver son rang sur les lignes intra-européennes... et pour le commerce français dont elle n'assure que moins de la moitié ! (51 % en 1950, 62 % en 1960 ; moins de 45 % en 1965 ; amélioration passagère, puis 42 % en 1968).

Les *ports*, réaménagés après les destructions de la guerre, ont dû sans cesse s'adapter à trois faits nouveaux :

La *croissance du trafic pétrolier :* tous ont multiplié bassins, appontements ou avant-ports spécialisés : Donges pour Nantes ; le Verdon pour Bordeaux, en 1966 ; Lavera, en 1952, pour Marseille ; insuffisant pour les « super-tankers », il s'adjoint Fos (travaux pour qu'en 1967 puissent aborder les pétroliers de 180 000 t ; autres travaux jusqu'en 1985). Le Havre, en 1967, reçoit son premier pétrolier de 200 000 t.

La *grosseur croissante des navires* a conduit à de vastes aménagements de Marseille, du Havre, de Dunkerque (grande écluse).

L'*industrialisation des ports* a nécessité la création de vastes aires industrielles « au bord de l'eau » (Usinor à Dunkerque, projets sidérurgiques du Havre, de Fos, de Nantes). De cela, il résulte que l'État a pris en charge la gestion et l'aménagement des ports en créant des « ports autonomes » : Marseille, Dunkerque, Rouen, Le Havre, Nantes, Bordeaux, plus Strasbourg et Paris. La France se décide, à l'heure du Marché commun, à concurrencer l'essor de Rotterdam, d'Anvers ou de Gênes, au profit de Dunkerque, Le Havre, Marseille. D'où l'urgence des liaisons intérieures qui font la qualité des deux premiers rivaux.

L'atout de la France, c'est qu'à l'heure des bateaux géants (on envisage 500 000 t et davantage !) le nombre de ports accessibles sera très limité. En Europe, il n'y aura que Rotterdam, Le Havre, mais surtout Fos et Brest, qui ont la chance d'avoir en outre d'immenses espaces disponibles. Des études sont menées à Brest pour voir s'il y a lieu d'en faire le port pétrolier... de toute l'Europe !

★★★★★★ Les *oléoducs* et *gazoducs* dans ces conditions deviennent fondamentaux. La France les multiplie désormais : de la Basse-Seine à Paris dès 1953 (plusieurs fois dédoublé), réseau de gaz de Lacq et des cokeries lorraines avec aménagement de réservoirs (11 000 km de gazoduc en 1965 au lieu de 2 300 en 1947) ; oléoduc sud-européen 1963 ; puis beaucoup d'autres construits ou envisagés. Rationalisation des transports qui est loin d'être généralisée.

La coordination des transports

Elle consiste justement à rationaliser la répartition des trafics entre les divers moyens de transports, au mieux de leurs caractères propres, à éviter les concurrences ruineuses, à supprimer s'il le faut des moyens excédentaires.

★ *Origines du problème de la coordination.*

Les moyens de transport et leurs réseaux se sont constitués d'une façon anarchique ; notamment, au XIXe siècle, les chemins de fer ont « tué » la voie d'eau ; au XXe siècle, la concurrence des transports routiers a aggravé le déficit des chemins de fer ; après 1945, l'avion a porté un rude coup au paquebot. La « guerre des tarifs » a été préjudiciable à tous.

Les conditions du marché des transports sont très particulières : il est commode d'avoir un « fret de retour » : c'est pourquoi il existe des bureaux d'affrètement pour la voie d'eau et même, en certains cas, pour les routiers ; les amortissements sont souvent très longs (exemple : un canal). Mais, si la S.N.C.F. doit amortir tous ses frais, y compris la voie, les transports routiers ne construisent ni n'entretiennent la route ; ainsi l'inégalité de la concurrence est flagrante entre les modes de transport ; elle l'est aussi entre les transporteurs : la S.N.C.F. est la première entreprise de France, pour la main-d'œuvre employée, mais tel petit routier avec son unique camion a pour rival le gros transporteur qui en a cinquante ou cent, le petit marinier de même a la grosse société (il n'y a eu d'entente que pour la flotte rhénane, qui forme la C.N.F.R. : Communauté de navigation française sur le Rhin).

La *difficulté de tarification* du service « transport » est considérable. Tarif au poids ? à la distance ? *ad valorem* ? Au prix du marché ? Les discussions sur ce sujet prouvent qu'on ne sait pas encore exactement ce que représentent les transports en tant que facteur économique. Or cela varie beaucoup selon les modes de transport et les produits transportés.

Enfin récemment se pose le problème de la coordination dans le Marché commun : chaque pays a ses règles particulières, la France étant dans ce domaine le pays le moins libéral.

★★ *La S.N.C.F. est la principale intéressée par la coordination.* Le gros problème est, pour elle, celui de son déficit. Ainsi, de 1956 à 1960, il a atteint 725 milliards d'anciens francs, l'équivalent du traitement des fonctionnaires pendant un an ! Ce déficit tient apparemment à quatre causes :

- *cause technique : lourdeur des investissements* (électrification, etc.) et des charges inhérentes à un matériel dont le temps d'utilisation est très inégal (heures ou périodes de pointe) ;
- *cause économique : perte de fret* à cause de l'évolution : moindre consommation de charbon, développement des oléoducs, matériaux

plus légers qu'autrefois ; essor de l'automobile et goût pour le transport individuel.

• *servitudes d'un service public :* il faut rouler même à vide, maintenir certaines lignes non rentables, accorder des tarifs réduits (service banlieue, familles nombreuses, etc.). Cette prise en charge ne devrait-elle pas être affectée à un certain budget de l'État plutôt qu'à celui de la S.N.C.F. ?

• *concurrence des autres moyens de transport.* La voie d'eau, éliminée au XIXe siècle, retrouve une certaine importance, s'adapte au transport de produits emballés, abaisse ses tarifs grâce à la technique du poussage. L'avion lui-même, avec son service postal quotidien, ses tarifs spéciaux sur les lignes intérieures, est un concurrent non négligeable. La route surtout est dangereuse avec ses voitures de tourisme et ses camions ou cars qui pénètrent partout, font le porte-à-porte, ont une grande souplesse d'horaire, d'itinéraire, de tarif.

★★★ Les *mesures de coordination* ont eu pour but surtout de réduire le déficit des chemins de fer ; elles se traduisent par un dirigisme certain.

La « *coordination du rail et de la route* » remonte aux mesures de 1934 codifiées en 1949. Elles ont eu un résultat favorable pour le chemin de fer (d'autant plus que la S.N.C.F. ne se dispensait pas, dans le même temps, d'un gros effort de productivité). Quatre idées :

• supprimer les petites lignes (encore fin 1966 : suppression du « réseau breton » à voie étroite, sauf la ligne Guingamp-Carhaix à élargir) : les dessertes locales sont abandonnées aux cars et camions (cars S.N.C.F. souvent).

• adopter un matériel mieux approprié (autorail, « cadres » ou conteneurs, « wagons-kangourous » chargeant les camions, trains « autos-couchettes », etc.) et plus souple (ramassage ou livraison des colis à domicile).

• réglementer les transports routiers : depuis 1934, au-dessus de 6 t, ils doivent obtenir des licences, depuis 1949 se cantonner à trois types de « zones d'action » et se soumettre à une tarification rigoureuse. Ces mesures impopulaires sont un peu assouplies, mais en 68 on y ajoute la taxe à l'essieu.

• aménager les tarifs de la S.N.C.F. : depuis 1962, le tarif n'est plus uniforme, mais selon une saine loi économique, adapté au coût : ainsi bon marché sur les grandes lignes facilement amorties et où sévit la concurrence, plus élevé sur les autres.

Résultats de ces mesures ? Plaintes des routiers, plaintes des régions à fort tarif (... dès 1962, on a fait des mesures de faveur pour la Bretagne, les Hautes-Alpes et le sud du Massif central... Mais c'est jugé insuffisant)... et déficit persistant de la S.N.C.F. qui garde les servitudes déjà dites.

La *coordination des autres moyens de transports* n'a pas été faite. La voie d'eau n'est qu'une menace assez lointaine pour le chemin de fer ; la plus grande rapidité des trains (« Mistral », « Capitole », etc.) et les « autos-couchettes » freinent la concurrence de l'avion. Quant à la menace que celui-ci fait peser sur les transports maritimes, elle a été en partie tournée par la prise de participation majoritaire de certains grands armateurs (Messageries maritimes, Chargeurs réunis, etc.) dans les sociétés d'affrètement aérien.

★★★★ *L'avenir de la coordination* est difficile à prévoir. Il tient :

• *d'une part, à la politique européenne des transports* qui tarde à se réaliser. Pour s'y adapter, le cinquième Plan a prévu une certaine libéralisation pour les transports routiers et fluviaux : il y aurait contingentement communautaire, assouplissement des tarifs et du système d'affrètement ; pour les chemins de fer : rapprochement des tarifs et du prix de revient effectif du transport (= plus grande souplesse). La souplesse, en effet, caractérise le système des partenaires de la France.

• *d'autre part, à la notion de tarif dans les transports :* il faut arriver à considérer le transport comme une marchandise, c'est-à-dire déterminer tous les composants de son prix de revient. Les tarifs correspondront mieux alors à leur véritable fonction économique.

II. LES ÉCHANGES

Comment la France a-t-elle pu, par ses échanges, satisfaire à ses besoins et à son enrichissement ?

Le commerce intérieur

Il reste très mal organisé, anarchique. Il a beaucoup contribué par là au développement des phénomènes inflationnistes, car il a connu un essor considérable tant pour le gros que pour le détail.

Le trop grand nombre d'intermédiaires pose le *problème des circuits de distribution*. On a déjà cité l'exemple des artichauts bretons ; celui de la viande est également connu : de l'éleveur au consommateur, on compte communément quatre intermédiaires (marchand de bestiaux, commissionnaire, chevillard ou boucher en gros, boucher détaillant). Aussi l'éleveur gagne trop peu et le consommateur paie trop cher. L'État s'est vu contraint de taxer de nombreux prix de produits alimentaires soit à la production (lait, blé, vin), soit à la consommation (viande).

De gros centres locaux semblent être une solution : ainsi les gros abattoirs publics encouragés par le plan de 1962, le décret de 1964, la loi de 1965 : le système se rapprocherait de celui des « marchés d'intérêt national » créés en 1959 dans le même but en ce qui concerne les autres produits alimentaires. Par là se trouverait diminué le rôle excessif que jouent les Halles de Paris qui redistribuaient dans une grande partie de la France (leur décentralisation dans la banlieue, à Rungis, en 1969, ne réglera qu'une partie du problème).

Le *commerce de détail* est encore beaucoup plus artisanal. Comme toujours le nombre des commerçants avait crû anormalement dans les années de pénurie, favorisant la hausse du prix de la vie. Depuis 1960 environ se sont multipliés cependant les magasins à succursales multiples, les « libres services », les « supermarchés » : c'est une rationalisation inéluctable, mais les bas prix qu'ils peuvent se permettre amènent des milliers de petits commerçants à fermer boutique : en 1966, 3 000 épiciers ont disparu, tandis que naissaient cent « commerces multiples ». Les commerces de l'électricité-radio, de l'automobile, etc., continuent par contre à se multiplier.

La *technique commerciale* s'est perfectionnée non seulement avec le « libre service » très apprécié des dames, mais aussi avec la vente à crédit (réglementée pourtant par les pouvoirs publics en période inflationniste) et avec la publicité, domaine dans lequel la France est restée très en retard : en 1961, elle n'y consacrait que 0,90 % de son revenu national, contre 1,9 en Allemagne, 2,1 en Angleterre et 2,75 aux États-Unis. Toutefois, les dépenses publicitaires ont été multipliées par 5 de 1954 à 1967. A cette dernière date, elles représentent 1 % du revenu national... Mais aux États-Unis elles sont à 3 %.

Soit pression des faits économiques, soit nouveau climat politique, dans le domaine du commerce intérieur, l'époque de la cinquième République correspond à une nouvelle tendance. Il en est de même pour le commerce extérieur.

Le commerce extérieur

Il a été affecté par de profonds changements.

★ *Ouverture progressive sur le monde.* Deux faits à considérer de ce point de vue :

• la *libéralisation succédant à un protectionnisme paralysant* : nous en avons déjà parlé [1]. On insistera encore sur l'ouverture des frontières dans le Marché commun au 1er juillet 1967 pour environ la moitié des produits agricoles, au 1er juillet 1968 pour les produits industriels. La fin ou la limitation du protectionnisme est un fait considérable de notre époque.

• la *diversification des courants d'échanges :* diminution du commerce avec les pays de l'ancienne Communauté (ils ne font plus, en 1966, que 14 % du commerce français, au lieu de 27 % en 1938) [2] ; le rôle croissant du Marché commun de 35 % (1958) à 42 % du commerce en 1966, dont près de la moitié avec l'Allemagne, notre premier partenaire ; accès à de nouveaux courants, notamment les pays de l'Est dont la part reste cependant encore faible (3,5 % environ en 1966). Diminution relative avec les États-Unis (10 % à la même date), commerce d'ailleurs toujours très déficitaire bien que ce pays ne soit plus l'inévitable dispensateur de biens, comme vers 1945-1950. La diversification des courants (accès à la Chine...) doit s'intensifier : ainsi, la France ne fait encore que 3 % de son commerce avec l'Amérique latine (1966).

★★ *Croissance du commerce.*

Globalement, le commerce français représente en :

1938	4,1 %	du commerce mondial
1956	4,6 %	— —
1963	5,2 %	— —
1967	5,5 %	— —

La France est restée le quatrième pays « commerçant » du monde (mais l'U.R.S.S. s'en rapproche et surtout le Japon).

La part du P.N.B. commercialisée dépasse désormais 10 %« (Alle-

1. Chapitre XXIV, paragraphe II.
2. Voir le chapitre XXIV, paragraphe I.

magne, 16 % ; États-Unis, 4 %). Le commerce total dépasse 100 milliards depuis 1965. En valeur, il a doublé en sept ans (1958-1965), plus que triplé en dix ans (1956-1966 : de 32 à 112 milliards). Par là même il devient plus sensible à la conjoncture mondiale.

Le progrès a été irrégulier, incohérent : pendant les phases d'expansion les importations ont augmenté trop vite, menaçant la balance commerciale ; maints coups de frein ont été donnés, accompagnés parfois de dévaluation, ce qui stimulait les exportations. Avec la stabilité monétaire et le Marché commun, la régularité s'impose.

Le *redressement des exportations* est le fait le plus notable : grand changement depuis les années 30 !

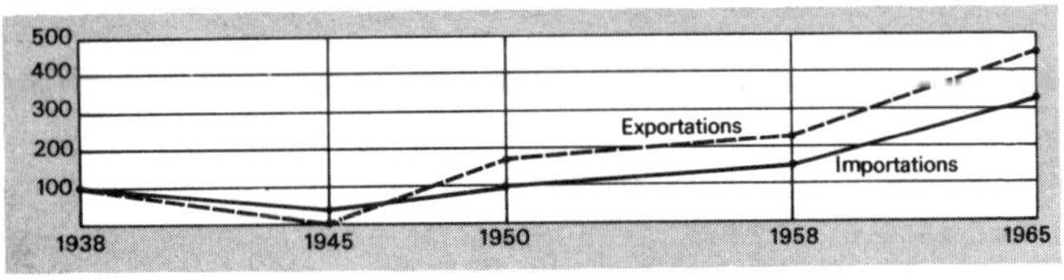

Indices du commerce extérieur (1938 = 100).

Maintenir un haut niveau d'exportation est indispensable. Cela suppose un gros effort de productivité.

★★★ *La balance commerciale a été très fréquemment déficitaire.* Elle l'était déjà de 23 % en 1938. Compromise par la « reconstruction » jusqu'en 1950, elle n'a été équilibrée ou bénéficiaire qu'en 1950, 1955, 1959, 1960, 1961, 1962, 1965[1]. Elle traduit l'irrégularité de l'économie comme des finances publiques.

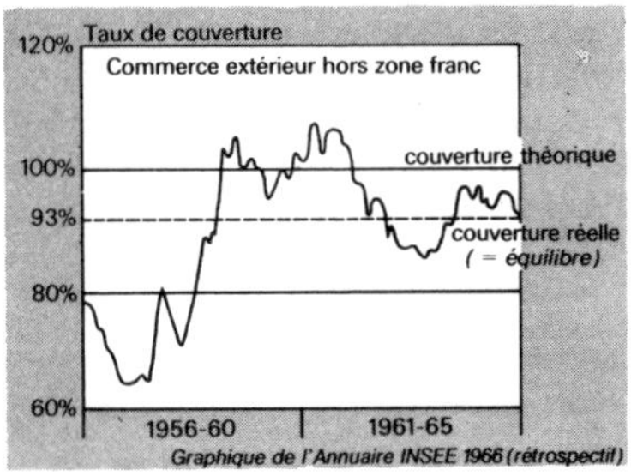

Commerce extérieur hors zone franc.

Elle est en grande partie responsable du long déficit de la balance des paiements, qu'on ne pouvait corriger que par des emprunts

1. L'équilibre est atteint quand la couverture apparente est de 93 % à cause des calculs des services douaniers qui comptent les importations en C.A.F. et les exportations à l'inverse en F.O.B. (Dans ce dernier cas le prix de la marchandise entre seul en ligne de compte; elle est « free on board »; tandis qu'un tarif C.A.F. inclut le coût de la marchandise, son assurance, le fret.)

extérieurs. Un tournant semble amorcé depuis 1958. Il n'est pas aussi vigoureux qu'on le souhaitait.

La balance est variable selon la direction du commerce :

• avec le Marché commun, ainsi qu'avec la zone franc, il y a plus ou moins équilibre ; mais la marge bénéficiaire décroît et laisse place, à l'occasion, au déficit (ainsi avec l'Algérie à cause du pétrole) ;

• avec les États-Unis, il y a toujours lourd déficit (la couverture passe de 53 % en 1958 à 42 % en 1966), dû surtout à l'achat de biens d'équipement.

• avec les autres pays, il y a tendance à l'excédent, ainsi avec l'A.E.L.E., l'Espagne, etc., mais certains fournisseurs de pétrole ne sont que de très médiocres clients (Moyen-Orient).

★★★★ La *structure des échanges* a évolué sensiblement, trahissant les atouts ou les faiblesses de l'économie française.

	Importations.			Exportations.		
	1938	1958	1965	1938	1958	1965
Énergie	20 %	27 %	14 %	2 %	7 %	4 %
Produits bruts	38 %	24 %	16 %	30 %	10 %	8 %
— manufacturés	15 %	39 %	58 %	54 %	72 %	72 %
— alimentaires	27 %	10 %	12 %	14 %	11 %	16 %

On constate que l'énergie ne tient plus une place aussi catastrophique dans nos échanges ; qu'il en est de même pour les produits alimentaires[1], que le déclin des produits bruts à l'exportation trahit la difficulté de certaines ventes (minerai de fer, par exemple), mais aussi un effort pour vendre davantage de produits élaborés ; cela entraîne pourtant un gros déficit de ce poste des produits bruts.

Ce qui est grave, c'est l'accroissement inévitable mais excessif des importations de produits manufacturés, coûteux, alors que leur exportation piétine en pourcentage. C'est peut-être parce que s'accroît celui des produits agricoles (Marché commun et autres pays). Mais c'est aussi faute d'une compétitivité suffisante. Et, pourtant, l'État aide l'exportation par un système de détaxation fiscale. Un nouvel effort s'impose.

III. AUTRES SERVICES

Les services, on l'a dit, sont de plus en plus utiles à la vie économique ; ils sont aussi de plus en plus nombreux. Il faudrait ici évoquer la fonction publique dont l'importance augmente (moins cependant aujourd'hui qu'au lendemain de la guerre, mais il y a plus d'un million de fonctionnaires contre 680 000 en 1936), l'Éducation natio-

1. Pour le détail du commerce agricole, se reporter au chapitre XXV, paragraphe III.

nale dont l'action est déterminante pour l'avenir du pays, la santé publique et la construction des hôpitaux, etc. A défaut d'une étude complète, on se cantonnera dans quelques secteurs.

Le tourisme

Il est une des manifestations de cette *civilisation des loisirs* vers laquelle tend l'humanité : le but n'est plus d'organiser sa vie en fonction d'un travail qui l'occuperait sans cesse, mais, celui-ci étant réduit à quelques heures par jour et à quelques jours par semaine, à organiser cette vie en fonction de loisirs auxquels est réservée la majorité du temps : le tourisme en devient un élément essentiel.

L'*utilité du tourisme* est d'abord sociale (les bénéficiaires trouvent la détente que la vie moderne ne prodigue guère) ; elle est aussi économique : augmentation de la « consommation », activité hôtelière, regain de vie pour certaines régions, etc. Elle est enfin financière : si les touristes sont étrangers, ils apportent des devises dont la masse contribue beaucoup à équilibrer la balance des comptes : en 1950, trois millions de touristes étrangers ont procuré cent milliards de recettes : quelle manne en ces temps de déficit ! Les revenus du premier trimestre dépassaient les recettes d'exportation aux États-Unis.

Possibilités et résultats du tourisme en France ne concordent guère. Peu de pays ont le potentiel touristique de la France (géographie, histoire, arts, folklore, gastronomie, etc.). Mais on a tardé à avoir une « politique touristique » ; l'hôtellerie est restée très en retard (sauf pour les prix) ; l'Italie ou l'Espagne ont capté des touristes qui ne restaient que trois ou quatre jours en France, le temps de la traverser. Avec les années 60, le phénomène s'aggrave : l'allocation de devises aux Français allant à l'étranger se libère progressivement ; par millions les Français en profitent si bien que la balance du tourisme est à la limite de l'équilibre alors que le poste, autrefois, était très bénéficiaire. Il y a même déficit de 1965 à 1968.

L'*action* du gouvernement *en faveur du tourisme* a les deux aspects suivants :

• par des décrets de 1965-1966 : réglementation plus stricte des hôtels, restaurants, camps de camping, etc. pour leur donner une qualité plus grande, plus homogène tout en maintenant des prix raisonnables. D'ailleurs spontanément dans les années 60 avec l'aide du puissant « crédit hôtelier », l'hôtellerie a fait un gros effort dans le même sens.

• l'équipement touristique de régions entières : l'aménagement de la côte languedocienne (à partir de 1964) qui, avec six grandes stations (deux terminées en 1967), soulagera la Côte d'Azur désormais saturée, le littoral aquitain (décision en mai 1967) ; effort tardif pour la Corse (cars-ferries, chaînes d'hôtels), devancée par la Sardaigne. En 1967, 21 millions de Français ont pris des vacances, dont 3 millions à l'étranger. Douze millions d'étrangers visitaient la France (qui vient ainsi au troisième rang après l'Italie et l'Espagne).

Le logement

Se loger est un besoin élémentaire que beaucoup de Français, vers 1944-1945, ne pouvaient même pas satisfaire ; se loger dignement est resté l'apanage d'un nombre insuffisant de Français : 27 % s'estimeraient encore mal logés en 1967, d'après l'enquête d'un institut de sondage.

Le problème du logement a de nombreuses causes :

• l'insuffisance de la construction dans l'entre-deux-guerres ;

• les destructions de 1939-1945 ;

• l'urbanisation (maisons vides à la campagne ; manque de logements en ville). En 1965, 65 % des Français sont citadins. Il y a eu (dit le ministre en 1967) 7 millions de citadins en plus de 1900 à 1954 et 7 500 000 de 1954 à 1967 ! accélération plus forte que chez les voisins.

• la modicité excessive des loyers qui détourne les capitaux de cet investissement qu'est la construction locative ; du moins les loyers ont-ils doublé de 1960 à 1966.

• les défauts de la politique du logement : aide tardive et insuffisante de l'État (souvent par le canal du Crédit foncier) ; « logements sociaux » médiocres (H.L.M.), tandis que se développait, vers 1963-1965, la spéculation foncière au profit des sociétés privées construisant cher et vendant encore plus cher, ce qui rend difficile l'accession à la propriété, rêve de tous les Français ; la création de « l'épargne-logement » en 1965 doit aider à renverser la tendance ; des mesures de « relance » du logement sont prises en février 1968.

• le refus des Français de consacrer au logement la somme qui doit lui revenir. Bien qu'il y ait amélioration, la différence est nette avec l'étranger.

DÉPENSE des MÉNAGES (en milliards de francs, arrondis).

	Total.	*Alimentation.*	*Logement.*
1949	57,2	25,3	1,6
1958	151,4	57,7	7,3
1965	284,2	93,8	18

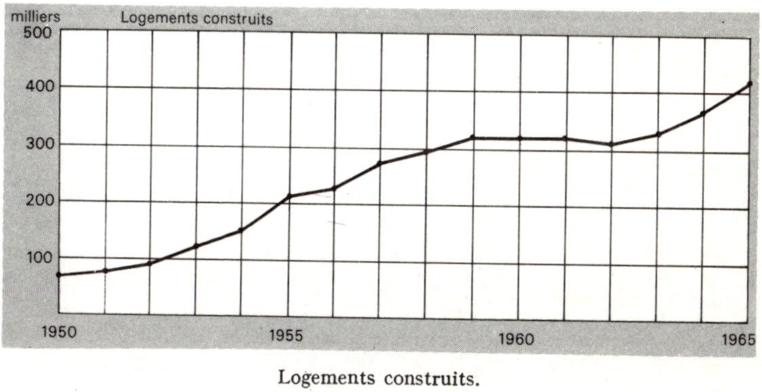

Logements construits.

Il aurait fallu, il faudrait 500 000 logements nouveaux par an.

L'industrie du bâtiment (la deuxième par son chiffre d'affaires) s'est suffisamment rationalisée désormais pour les fournir.

Les conséquences du problème du logement ? Outre les souffrances individuelles, ce sont les pertes de temps et d'argent en transport, les bidonvilles, réservés surtout à la main-d'œuvre étrangère ; la défiguration des banlieues où, sans plan suffisant, se sont édifiées les « cités-dortoirs » et où sévissent les mornes horizons des « grands ensembles ». La loi d'orientation foncière et d'urbanisme votée en 1967 doit contribuer à améliorer cela.

L'équipement

Il concerne aussi bien la collectivité que les particuliers. *Les équipements collectifs :* ensembles routiers, sportifs, hospitaliers, etc., sont devenus si importants dans la vie nationale qu'a été créé en 1966 un « ministère de l'Équipement ». On a vu que le cinquième Plan insistait sur les investissements collectifs.

Mais *l'équipement particulier* s'est développé beaucoup plus vite, favorisé par la hausse du niveau de vie, sinon, pendant longtemps, par l'inflation. Exemple frappant de ce contraste : le développement rapide de la voiture particulière et le retard du réseau d'autoroutes. A défaut du téléphone — équipement collectif dont s'est accumulé le retard — le pourcentage des Français qui ont bénéficié des éléments du confort est le suivant

	1955	*1960*	*1965*
Réfrigérateur	12 %	28 %	57 %
Aspirateur	17 %	30 %	44 %
Machine à laver	9 %	15 %	39 %
Automobile	22 %	32 %	47 %
Radio	73 %	84 %	86 %
Télévision	4 %	16 %	45 %

Reste à savoir si toutes les régions et toutes les catégories sociales en ont également bénéficié.

Chapitre XXVIII

LES DÉSÉQUILIBRES ET L'ESSOR

Dans la mesure où existe l'essor de la France, les individus, les groupes ou les régions qui n'en bénéficient pas autant que les autres posent un problème dont la gravité augmente. C'est surtout sur le plan régional que ce problème est apparu.

La solution en est recherchée dans « l'aménagement du territoire ».

Quoi qu'il en soit, la mutation de la France, considérée globalement, s'est faite dans le sens d'un indiscutable essor. La modification des structures s'est accompagnée d'un développement considérable de la production et de la richesse. Une économie nouvelle et, plus encore, une société nouvelle sont en gestation.

I. LES DÉSÉQUILIBRES

Progrès économique et progrès social sont certains, mais ils n'ont pu effacer, ils ont au contraire parfois renforcé les déséquilibres.

Le déséquilibre humain et économique

★ *Déséquilibre humain.*

Sur le plan social, s'opposent ceux qui s'adaptent aux nouvelles structures économiques ou qui en tirent profit et les autres qui semblent les victimes de l'évolution. On va y revenir.

Sur le plan démographique s'opposent, dans de vastes ensembles régionaux, les familles prolifiques qu'on trouve surtout dans l'Ouest, l'Est et le Nord à celles qui ne le sont pas (le taux de natalité peut varier de 15 à 23 pour 1 000) ; de même les milieux où l'on meurt encore jeune (mineurs, manœuvres vers 60 ans en 1960) et ceux où l'aisance donne de meilleurs moyens de vivre vieux. Cela se répercute aussi sur le plan régional.

Il en est encore de même pour les foyers d'émigration, où resteront surtout les vieux, et les foyers d'immigration, de population plus jeune et donc plus dynamique. Donc diversité démographique non négligeable.

★★ *Déséquilibre économique.*

Du point de vue technique, on a vu s'opposer la petite entreprise souvent (non toujours) mal outillée, qu'elle soit agricole, industrielle où commerciale, et la grande mieux adaptée à la grande production à bas prix.

Du point de vue de l'activité, s'opposent surtout — en attendant le terme de l'évolution qui se laisse prévoir — l'agriculture et l'industrie. La première reste, dans sa mutation, très en retard sur la seconde. En 1966, on estime sa productivité égale à 38 % seulement de celle des autres activités. Pour un travail souvent plus pénible, cela ne peut qu'assurer un revenu moindre au paysan français. Il est possible que le jeu du Marché commun qui vient bouleverser les conditions d'écoulement et de concurrence modifie assez sensiblement le rapport agriculture-industrie en France.

Le déséquilibre régional

Si l'on admet ce qui précède, on comprendra que les régions vouées à la petite agriculture ou aux industries anciennes forment des zones gravement atteintes dans une France prospère pour son ensemble. Ce déséquilibre régional qui s'est accéléré depuis la guerre est devenu le plus grave de ceux dont souffre la France, car la région qui meurt voit partir tous les éléments qui auraient pu contribuer à son rétablissement. De ce déséquilibre on retiendra trois aspects.

★ *Disparité de peuplement.* Les régions agricoles ont, comme il est normal, une densité bien moindre que les régions industrielles ou même touristiques telle la Côte d'Azur. Mais alors que la Bretagne, la Normandie, la plaine d'Alsace, la Picardie ou le Languedoc gardent au minimum 50 ou 60 habitants au kilomètre carré, le Centre, les Alpes du Sud, la Corse et la majeure partie de l'Aquitaine tombent fréquemment à 20, sinon à 10. Certes, l'exode rural est l'indice d'une volonté de mieux vivre et donc une preuve de dynamisme.

Mais ces régions, ayant perdu leurs éléments dynamiques, leurs jeunes, leurs cadres, sont condamnées à se scléroser. Les échanges s'y feront plus rares, les transports s'en écarteront, les industriels les fuiront, la vie intellectuelle y sera nulle ; pour les villages aux maisons abandonnées, pour les petits bourgs endormis, ce sera la mort lente. Tendance qui paraît irréversible, à moins d'une action énergique de la part des pouvoirs publics... et encore !

Notamment, deux grands ensembles régionaux souffrent de cette situation : l'Aquitaine et le Centre. L'Ouest beaucoup moins, car, ayant une forte population, il a un capital précieux qu'on pourra valoriser sur place en y implantant d'autres activités. L'*Aquitaine*, par contre, a connu longtemps l'émigration et la dénatalité. Ses terrains souvent pauvres, sa polyculture, ses exploitations trop petites et morcelées l'ont condamnée. Elle a pourtant deux chances qui commencent à faire sentir leurs effets : l'axe riche et actif de la Garonne avec ses deux métropoles, une industrialisation non négligeable soit dans ces villes de Bordeaux et Toulouse, soit au pied des Pyrénées (électricité, construction aéronautique, gaz de Lacq). Le gaz de Lacq ranime la région, attire les industries (la plus grosse usine d'aluminium de France est à Noguères, à côté de Lacq), réactive le port de Bayonne (soufre).

Pour le *Centre*, la situation est infiniment plus grave : dénatalité fréquente, émigration, sol pauvre et climat rude, petite culture de technique ancienne, vieilles industries liées à de médiocres bassins charbonniers, difficultés des communications. On ne voit guère, hélas ! ce qui pourrait maintenir ou attirer la population dans ce vaste ensemble régional qui est le plus dépourvu de toute la France.

★★ *Disparité de richesse : les deux France.* Si l'on trace une ligne Le Havre-Marseille, on coupe la France en deux parties égales.

• *à l'est-nord-est, c'est la France riche.* On trouve là les deux tiers de la population, les trois quarts de la richesse, tous les grands foyers industriels, presque toutes les plus grosses entreprises industrielles[1] ou agricoles, la capitale et son énorme agglomération, tous les centres d'immigration. Là, sont les foyers de concentration économique. Le Marché commun, par sa position géographique, risque de renforcer les avantages de la France riche.

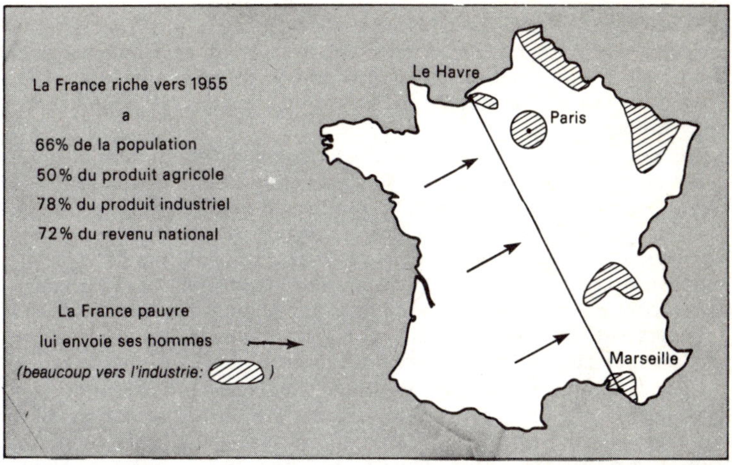

• *à l'ouest-sud-ouest, c'est la France pauvre,* celle qui ne peut nourrir tous ses habitants, qui semble vouée à une agriculture vieillotte, celle où le niveau d'instruction est sensiblement plus bas, celle où les salaires sont plus faibles, où l'automobile a fait longtemps figure de luxe. Ces différents critères frappent surtout, en 1963, treize départements : Ariège, Gers (le plus rural de France) et Dordogne dans le Sud-Ouest ; Aveyron, Lozère, Ardèche, Corrèze et Creuse dans le Centre, Deux-Sèvres, Vendée, Morbihan, Côtes-du-Nord et Manche dans l'Ouest. Les autres ont quelques conditions plus favorables — quatre seulement pourraient, selon ces critères, se rattacher à la « France riche » : Calvados, Loire-Atlantique, Gironde et Haute-Garonne. Ce sont les seuls où il y ait, autour d'une grande ville, une industrie digne de ce nom, des services nombreux, des facultés.

★★★ « *Paris et le désert français* ».

Expression devenue célèbre[2] qui exprime, au-delà du phénomène des deux France, un phénomène peut-être encore plus grave : l'existence d'une capitale qui absorbe toute la vitalité du pays ; « Paris, tête monstrueuse d'un corps exsangue », dit M. Pleven.

---

1. En 1963, sur les 1 414 entreprises occupant plus de 500 salariés, 405 sont dans le département de la Seine, 257 dans le Nord, de 30 à 60 dans chacun des départements de l'Est.
2. Grâce au livre de M. Gravier, qui, portant ce titre, a paru en 1947 (Paris, Flammarion).

Paris avait un million d'habitants en 1840. Avec son énorme agglomération, c'est 5 millions qu'il concentre à la veille de la guerre, 8 à 9 qu'il rassemble vers 1965, plus du sixième de la population totale. Pendant les cinquante années qui ont précédé cette guerre, Paris à lui seul a absorbé tout l'excédent, faible il est vrai, de population française ; le reste du pays stagnait. Depuis la guerre, 150 000 à 200 000 personnes, chaque année, viennent s'ajouter au « monstre » par excédent de natalité et immigration.

Ce ne sont pas seulement les hommes, c'est toute l'activité qui vient se concentrer à Paris. Au milieu de ce siècle, Paris, en France, est le seul vrai centre financier et intellectuel, le seul vrai centre de communications ; toutes les sociétés un peu importantes y ont leur siège. Plus grave encore : toutes les industries de transformation cherchent à s'y installer.

Les conséquences ? Pour Paris, c'est l'implantation désordonnée de maisons et d'usines, ce sont les véritables migrations journalières des travailleurs (elles représentent 3 millions d'heures perdues chaque jour, en 1954), l'engorgement des transports (la surface des routes n'a augmenté que de 10 % de 1920 à 1954, la population de 100 %), les logements surchargés (30 % des familles y sont mal logées à la même date contre 23 % pour le reste de la France), ainsi que les 80 lycées... qui devraient être 130, les conditions malsaines de vie (1,4 m² d'espace vert par personne à Paris contre 8 à Londres, 50 à Washington, etc.).

Pour la province, c'est un véritable étiolement : tout ce qui est dynamisme, intelligence, activité, « monte » à Paris ; ne parlons plus des régions pauvres, vidées, suréquipées avec leurs maisons vides, leurs écoles fermées, leur densité routière parfois extraordinaire. Mais les grandes villes elles-mêmes, incapables de retenir les hommes, perdent peu à peu les éléments nécessaires pour être de véritables capitales régionales. A part Lyon, peut-être Lille et Bordeaux, il n'y a plus qu'une grande ville en France : Paris.

Pourquoi cet extraordinaire appel ? On a évoqué à juste titre l'excessive centralisation révolutionnaire et napoléonienne (toutes les grandes administrations, les grandes écoles, etc., à Paris), le tracé des chemins de fer (qui, depuis Louis-Philippe, dépend de l'État, chargé des expropriations), l'attrait séculaire de la grande ville, la responsabilité des premières grandes usines automobiles après 1914 (Renault, Citroën, etc.) qui, directement ou non, rassemblent des dizaines ou centaines de milliers de personnes.

La raison profonde est sans doute ailleurs : c'est la stagnation démographique de la France pendant des lustres, au moment où l'activité économique moderne exigeait capitaux, transports, services, main-d'œuvre. Seul, Paris pouvait offrir tout à la fois. Par un jeu de boule de neige, le phénomène ne pouvait que s'aggraver.

Le gonflement de Paris a été une sorte de nécessité, peut-être un réflexe de survie, pour éviter que l'infime excédent démographique ne se dilue, sans intérêt pour quiconque, dans une France sous-peuplée.

C'est pourquoi, à l'heure de la reprise démographique, il devient possible et souhaitable — mais seulement alors — sinon de renverser la tendance, du moins de l'orienter autrement : c'est là le sens de cet « aménagement du territoire » qui est devenu l'une des plus impérieuses nécessités nationales.

II. L'AMÉNAGEMENT DU TERRITOIRE

Les origines et l'évolution

★ *Le but* est d'équilibrer le développement de toutes les régions et de faire rattraper à certaines d'entre elles le retard qu'elles ont pris. Il faut noter que tous les pays, aujourd'hui, pratiquent plus ou moins l'aménagement du territoire (cf. le Mezzogiorno en Italie, par exemple). C'est une nécessité sociale : la promotion doit être la même pour tous ; économique : le développement global souffre à la longue du retard d'une partie du pays ; politique même, pour éviter un mécontentement qui peut prendre des formes presque révolutionnaires (émeutes en Bretagne après 1960).

La nécessité en est apparue progressivement : déjà la crise des années 30 avait frappé plus durement Paris, hypertrophié, que le reste du pays ; le partage de la France à l'époque de la guerre montra la faiblesse économique de la « zone libre » ; la reprise de la natalité posa ensuite des problèmes locaux d'un type nouveau. Conjuguée avec l'exode rural, elle amena le problème de l'emploi : il fallait, sur place, procurer du travail à tous ceux qui le désiraient. Le progrès technique, permettant désormais l'implantation industrielle loin des matières premières ou des sources d'énergie, allait faciliter l'action de décentralisation, tandis que le Marché commun faisait basculer la France encore davantage vers l'est et rendait plus urgentes les mesures en faveur de l'ouest.

★★ *L'évolution dans le temps.*

On peut distinguer plusieurs phases.

• *dès l'époque du Plan Monnet,* c'est déjà une annonce d'action régionale que ces grands travaux sur le Rhône, le Rhin, cet équipement puissant donné à la Lorraine, etc.

• *la vraie politique d'aménagement commence vers 1950-1955 :* elle suit certaines impulsions locales et privées, dont la plus ancienne a été, en 1943, la création d'un Comité pour l'aménagement de la région de Reims. Voici donc apparaître en 1950 la « direction de l'Aménagement du territoire » avec le « Fonds de l'aménagement du territoire ». En 1955, la base territoriale de l'action apparaît avec la création de circonscriptions d'action régionale dites encore « régions de programme » : après quelques remaniements et en comptant la région parisienne, elles quadrillent la France en vingt et une « régions économiques » comme on dit plus couramment. Des S.D.R. privées (Sociétés de développement régional), créées à partir de 1955, y mènent une action financière.

• *de 1955 à 1963-1964, la politique se développe,* parfois stimulée par les « comités d'expansion » privés qui se constituent en 1961. Des mesures sont prises pour décongestionner Paris (c'est ce qui préoccupe le plus au début) et pour faire revivre les provinces menacées. Les premiers résultats apparaissent.

• *en 1963-1964, une réorganisation du système* est entreprise afin d'harmoniser la planification et l'action régionale qui se chevauchaient quelque peu. Sur place, sont instituées les vingt C.O.D.E.R.

(Commissions de développement économique régional) ; au centre, l'ancienne « direction de l'A. du T. » est reléguée au rang de « direction de l'Aménagement foncier et de l'urbanisme » tandis que le « délégué à l'A. du T. » (créé en 1950) devient un personnage important sous les ordres direct du Premier ministre (1963). En 1966, enfin est créé un « ministère du Plan et de l'A. du T. ». Dans le même temps, on modère le coup de frein donné au développement de Paris, tandis qu'on met l'accent, pour la province, sur le développement de grandes « métropoles d'équilibre ». En août 1967, une ordonnance stimule l'A. du T.

Le décongestionnement de Paris

Deux sortes de mesures ont été prises en ce qui concerne la capitale :

★ *Mesures de limitation.*

Pour les entreprises privées, on décide en 1955, d'interdire la création à Paris de nouvelles usines de plus de 50 ouvriers ou de plus de 500 m^2 de plancher ; de même est interdite toute extension supérieure à 10 % pour les usines existantes. A partir de 1960, un système de taxes ou de primes encourage les usines à émigrer vers la province. En 1967, on limite même la reprise des locaux existants.

Pour l'administration, on décide à partir de 1958 de décentraliser des organismes d'État : services administratifs, grandes écoles, etc.

Pour la population on s'efforcera de la limiter en s'inspirant des directives du « P.A.D.O.G. » : ces directives concernent aussi l'aménagement de Paris.

★★ *Mesures d'aménagement :* elles voient le jour en 1960, dans le P.A.D.O.G. (Plan d'aménagement et d'organisation générale de la région parisienne). Sa réalisation est confiée au « *district de Paris* » créé en 1961 et placé sous la direction d'un délégué général (M. Delouvrier). Le district rassemble Paris et les communes limitrophes afin que les mesures soient cohérentes pour tout le complexe parisien.

Le plan prévoit la rénovation de plusieurs quartiers de Paris (dans le centre surtout), de plusieurs communes de banlieue ; la création de quatre nouveaux grands centres (tels que « la Défense » à l'ouest de Paris, Vélizy-Villacoublay, etc.) et de neuf sous-centres (on s'inspire de l'exemple londonien), le déplacement des Halles à Rungis dans la banlieue sud, un important équipement scolaire, culturel, hospitalier, sportif, de grands moyens de transport : métro régional express Est-Ouest, puis Nord-Sud (pour 1980), boulevard périphérique, nombreuses autoroutes de dégagement ; la construction de milliers d'immeubles par petits groupes ou par « grands ensembles ». Enfin, on évoque la possibilité d'un « Paris-parallèle » sorte de Paris jumeau édifié près d'Orléans et joint au vieux Paris par de multiples axes de transports rapides... Idée toujours controversée.

Tous les travaux sont en cours de réalisation, ce qui donne à Paris une allure de chantier qu'on n'avait pas vue depuis le temps d'Haussmann. Mais ce plan lui-même a été retouché. D'une part, on a activé la décentralisation en remodelant la carte des départements en 1964 : au lieu de trois (Seine, Seine-et-Oise et Seine-et-Marne), il y en a huit désormais. D'autre part, en 1965, le « *schéma directeur* » admet le chiffre de 12 à 16 millions d'habitants pour l'an 2000 et agit en conséquence pour organiser la « région urbaine ». Paris doit être la plus grande ville et le plus grand pôle d'attraction de l'Europe, à l'heure où celle-ci se construit. L'aménagement semble l'emporter sur la limitation.

La politique régionale

Après la nouvelle tendance concernant Paris et la remise en ordre des organismes d'aménagement du territoire, la politique concernant la province a un programme précis, une organisation solide, des moyens financiers nombreux.

★ *Le programme.* Pour freiner le déclin, garder la population et assurer l'épanouissement de la région, on a recours à plusieurs moyens : *création d'une infrastructure* : transports (amélioration du réseau routier, électrification du chemin de fer, etc.) ; construction de logements modernes ; aménagement foncier ; création de Z.U.P. (Zone d'urbanisation prioritaire) dont la prise en charge est assurée par des « sociétés d'équipement » locales ; édification de « zones industrielles » (avec parfois tous les équipements et même des usines offertes en location-vente). Activation du remembrement agricole ; développement intellectuel : si possible création d'universités nouvelles (sept ont été créées depuis 1945). Cette nouvelle infrastructure doit permettre de maintenir les hommes, de donner à la région des conditions semblables à celles des voisines.

La *reconversion* est souvent nécessaire : reconversion industrielle pour les régions dont l'activité principale est menacée par l'évolution ; ainsi un gros effort porte sur la Lorraine (naissance d'industries de transformation à côté du fer et de la sidérurgie), les régions charbonnières (Nord, bassins du Massif central), les foyers de construction navale (usines d'automobiles à Nantes, à la Rochelle), les zones à prédominance textile (sud des Vosges : industries mécaniques). Cette reconversion est difficile et coûteuse : il faut déplacer les travailleurs ou les instruire ou leur verser souvent une retraite anticipée ! L'ordonnance d'août 1967 met l'accent sur les trois ensembles charbonniers : Nord, Lorraine, Loire et Alès. Pour chacune de ces régions, on nomme un commissaire à la conversion industrielle et on institue des bureaux d'industrialisation.

Reconversion agricole : depuis 1960, la Bretagne et le Massif central sont dits « zones spéciales d'action rurale » et, à ce titre, bénéficient d'une prime forfaitaire de 10 % des investissements. Par ailleurs, des sociétés d'équipement, dont l'action est coordonnée par la S.C.E.T. (Société centrale pour l'équipement du territoire), ont été constituées sous forme mixte (État + collectivités locales + organismes professionnels). La plus ancienne est la compagnie du Bas-Rhône-Languedoc (1953) qui reconvertit le vignoble languedocien grâce à l'irrigation, l'introduction de nouvelles cultures, le regroupement des exploitations; une certaine industrialisation est prévue.

De même, sociétés pour les landes de Gascogne, les coteaux de Gascogne, le canal de Provence, la mise en valeur de la Corse, les marais de l'Ouest, les friches et taillis pauvres de l'Est.

La reconversion consiste surtout en une diversification des ressources ; le plus souvent, il s'agit d'industrialiser une région restée purement rurale. C'est un des buts qu'on poursuit dans les trois « zones de rénovation rurale » (Bretagne, Limousin, Auvergne, plus quelques départements marginaux), instituées en septembre 1967. A la tête de chacune, un « commissaire à l'action rurale et à la reconversion »[1].

Le *développement de huit « métropoles d'équilibre »* doit contrebalancer l'influence excessive de Paris. Il doit s'agir de capitales régionales destinées à atteindre le million d'habitants, capables d'offrir dans l'ordre économique, financier, intellectuel, tout ce qu'on ne pouvait jusqu'à présent trouver qu'à Paris. En même temps, cette limitation à huit villes permet d'éviter l'éparpillement des efforts et des investissements (ce qu'on n'avait pas fait au début). Les huit bénéficiaires sont : Lille, Metz-Nancy (associées), Strasbourg, Lyon (une certaine association prévue avec Grenoble), Marseille, Toulouse, Bordeaux, Nantes.

★★ L'*organisation*, après divers changements, s'est harmonisée avec la planification (réformes de 1963-1964).

Organismes régionaux.

Les vingt régions économiques (21 avec celle de Paris) sont le cadre de l'action locale (création en 1955). Depuis 1964, on y trouve :

• les conférences interdépartementales rassemblant, sous l'un d'entre eux, les préfets des départements de cette région.

• les C.O.D.E.R. (Commission de développement économique régional) assemblées délibérantes formées pour moitié par des représentants élus des catégories socio-professionnelles, pour un quart par des représentants élus des collectivités locales, pour un quart par des personnalités nommées par le Premier ministre.

• les comités d'expansion (depuis 1961), avec membres de droit ou non, sont des organes consultatifs représentant surtout les collectivités locales ; ils ont un rôle d'animation, mais sont en déclin depuis la création des C.O.D.E.R.

Le rôle de ces organismes est double :

• établissement d'un plan de développement et d'aménagement régional (à long terme). De celui-ci, étudié à Paris par le « comité de régionalisation du Plan », on tiendra compte pour faire le grand Plan (national).

• établissement de « tranches opératoires », c'est-à-dire des opérations régionales à réaliser dans le cadre quinquennal du grand Plan national : action à court terme.

Organismes nationaux.

Ils font interférer planification et A. du T., la première subordonnant plutôt le second, bien que l'A. du T. soit devenu un des buts essentiels de la planification :

• le « délégué à l'Aménagement du territoire et à l'action régionale » responsable de la réalisation de l'A. du T. veille à la bonne répartition de l'aide à l'expansion régionale ; en outre, il participe à l'élaboration du Plan et en suit la réalisation.

• le commissaire général au Plan tient compte des études de l'A.T. pour faire le Plan.

• la C.N.A.T. (Commission nationale de l'A. du T., 1964) procède à ces études.

---

1. Pour l'aspect plus proprement agricole de la question, se reporter au chapitre XXV, paragraphe II.

• le « comité de régionalisation du Plan » (nouveau nom, 1965, du Comité national des plans régionaux créé en 1961) étudie les plans régionaux des vingt régions et s'efforce de les harmoniser.

★★★ *Les moyens financiers.* On se doute de leur importance. Sans eux, l'A. du T. ne serait qu'un vœu pieux. Si l'on met à part l'autofinancement ou les moyens de crédit classique auxquels il est toujours possible de recourir, on peut distinguer des moyens de crédit appropriés d'une part, des subventions ou primes d'autre part.

Les moyens de crédit appropriés à l'A. du T. proviennent :

• de l'État ; il agit par le F.D.E.S. (Fonds de développement économique et social), nouveau nom, en 1955, du fonds de modernisation et d'équipement, né en 1948), dont les moyens puissants sont mis au service du Plan ; ses crédits vont aux grandes activités : charbonnages, E.D.F., sidérurgie, etc., dans un but à la fois sectoriel et régional. Les entreprises nationales sont les principales bénéficiaires (environ les deux tiers). L'État agit aussi par le F.I.A.T. (Fonds d'intervention pour l'A. du T., 1964) qui, lui, accorde des fonds aux collectivités locales pour ce qui concerne l'infrastructure urbaine, rurale, en moyens de communications, etc.

• des établissements de crédit à long terme : Crédit national, Crédit agricole, Crédit hôtelier, etc.

• de sociétés d'économie mixte (fonds publics et fonds privés), les « sociétés d'équipement », au nombre d'une centaine en 1965, dépendant de la S.C.E.T. (Société centrale pour l'équipement du territoire), elle-même filiale de la Caisse des dépôts ou d'une filiale de la Banque de Paris et des Pays-Bas : la Société auxiliaire de construction immobilière.

• des S.D.R. (Sociétés de développement régional, 1955) organes privés et locaux qui font crédit ou prennent des participations, dans les entreprises s'installant dans les régions déprimées. Résultats assez décevants.

• les collectivités locales accordent des facilités de paiement, offrent des usines en location-vente dans les zones industrielles, etc.

Les *subventions ou aides diverses* ont un avantage pratique plus immédiat et permettent d'agir sur des points précis surtout en faveur de l'industrialisation. A partir de 1954 (ministère Mendès France) ont été attribués avantages ou primes soit à des régions déprimées, soit à des entreprises qui acceptaient de s'y installer. (Les primes couvrent une partie des frais.) L'ensemble a été réorganisé en 1964. On trouve donc :

• des primes de développement et d'adaptation industriels variables selon la zone où vient s'implanter une industrie : en 1964, dans l'Ouest, la prime atteint 12 % (parfois 20, dans certains secteurs critiques : Brest, Lorient, Nantes, Cherbourg, ainsi qu'à La Rochelle, Limoges, Bordeaux et Toulouse) ; dans tout le Sud-Ouest et une partie du Centre : 10 %. Ailleurs, cela est variable ; des « primes d'adaptation » sont réservées à certains secteurs locaux : Vosges du Sud, nord de la Lorraine, partie du Pas-de-Calais, Saint-Étienne, le Creusot, etc. Le centre du Bassin parisien n'a droit à rien, pas même aux exonérations fiscales qui accompagnent très souvent les primes. Grâce à cette aide, des milliers d'emplois ont pu être sauvegardés ou créés. L'ensemble des primes est revalorisé de 20 à 25% en 1967.

• des primes d'orientation agricole et des subventions au développement des coopératives : l'aide consentie atteint jusqu'à 20 % des investissements : moyens de stockage, transformation ou commercialisation des produits agricoles, etc. Création (septembre 1967) de « zones de rénovation rurale » à avantages spéciaux.

• le « centime du Sud-Ouest » et le « centime breton » : diminution d'un centime du prix du mètre cube de gaz et du kilowatt-heure d'électricité dans ces régions.

• indemnité pour frais de déménagement pour entreprises se décentralisant.

• aide à la formation professionnelle pour personnel nouveau.

• aide à la décentralisation des entreprises tertiaires au profit de quinze villes, dont les métropoles d'équilibre (août 1967).

Les résultats

Toutes ces mesures, tous ces moyens mis en œuvre ont abouti à des résultats encourageants.

★ *Pour l'industrie*, la décentralisation a commencé par quelques grosses opérations : Citroën crée une usine à Rennes, Motobécane à Saint-Quentin, Gillette quitte complètement Paris et va à Annecy, etc. D'autres plus modestes vont se multipliant d'année en année : 72 opérations de décentralisation en 1955, 140 en 1957, 289 en 1961. Depuis cette date, ralentissement. Mais, de 1955 à 1968, on comptait 2 500 opérations amenant la création de 400 000 emplois.

ÉVOLUTION DES PERMIS DE CONSTRUIRE INDUSTRIELS :

	1954	*1961*	*1966*
Région parisienne	33 %	13 %	8 %
Province	67 %	87 %	92 %

Deux tiers des opérations ont concerné les industries mécaniques, électriques ou de précision : automobile à Rennes (Citroën), Cléon près Rouen (Renault), La Rochelle (Simca), etc., construction électrique dans l'Ouest (Chartres, Évreux, Caen, Lannion, etc.) ou ailleurs (Bull à Saint-Quentin, C.S.F. à Dijon, etc.).

Les *régions bénéficiaires* n'ont pas été aussi nombreuses qu'on l'aurait voulu : les entreprises sont venues surtout dans un rayon de 200 km autour de Paris : Champagne, Picardie, Loire moyenne, Ouest proche. C'est pourquoi, depuis 1964, des primes plus importantes concernent la Bretagne ; on voudrait y attirer industries mécaniques et électriques qui conviennent à une main-d'œuvre nombreuse et laborieuse dans un pays dépourvu de grands moyens énergétiques.

Plus difficile peut-être apparaît la réadaptation : mineurs de fer lorrains, mineurs de charbon du Centre, etc. Parfois, il y a des réussites : la fermeture de l'usine sidérurgique du Boucau près Bayonne (1965) s'est accompagnée d'un reclassement immédiat de la main-d'œuvre dans l'aéronautique, l'industrie du bois ou des engrais.

★★ *Pour l'agriculture,* les résultats les plus spectaculaires ont concerné les grands travaux d'aménagement, principalement le *Languedoc* dont la reconversion est en bonne voie : fin 1966, 42 000 ha étaient irrigués, 112 exploitations nouvelles étaient créées représentant 3 000 ha, l'élevage démarrait (1 000 bovins, 15 000 ovins), 56 000 t de fruits et légumes étaient commercialisées ; trois grosses conserveries fonctionnaient : Vauvert (à la Libby's), Saint-Gilles et Nîmes. Le revenu agricole brut du Gard avait plus que doublé en dix ans, le vin n'en représentant plus que 47 % au lieu de 64 % [1].

D'assez belles réalisations ont été faites dans les *Landes,* dont les rapatriés ont bénéficié souvent (maïs, élevage), mais la société d'aménagement a eu des difficultés avec eux. L'irrigation de la Provence a commencé ; des progrès sont visibles en Corse, etc. Enfin un peu partout, çà et là, s'édifient les *bâtiments des coopératives,* des centres de stockage. Tout cela, plus dilué, attire moins l'attention. C'est peut-être pourtant le plus efficace pour retenir les hommes, améliorer leurs conditions de travail et de vie.

★★★ *Pour les services administratifs ou universitaires ou hautement spécialisés,* résultats sensibles. Outre les sept nouvelles universités (Reims, Nantes, Orléans, Rouen, Amiens, Nice, Limoges), de nombreuses écoles ou centres d'études ont été installés en province : Aviation civile à Toulouse, Télécommunications à Lannion ; trois instituts nationaux des sciences appliquées à Lyon, Lille et Toulouse (dans le but de « fabriquer » 2 000 ingénieurs par an). Bordeaux et Rennes auront un centre de fabrications et d'études militaires, Toulouse aussi, plus un centre d'études spatiales, une école d'aviation civile et une importante fabrique d'ordinateurs pour la C.2I. ; Grenoble regroupe d'importants laboratoires d'études nucléaires, etc. Plusieurs services ministériels ont été envoyés à Nantes, à Toulon, etc.

Ainsi, l'État a donné l'exemple. En gros, on voit se dessiner un Sud-Est voué au nucléaire, un Sud-Ouest à l'aéronautique et à l'espace, un Ouest voué à l'électronique. Sans la nouvelle orientation régionale et les mesures prises depuis 1955, tout cela se serait certainement implanté à Paris.

★★★★ *Résultats d'ensemble.*

Globalement, *le mouvement est amorcé,* l'aménagement du territoire est entré dans les faits. En dix ou douze ans, les progrès de la province sont plus rapides que ceux de la région parisienne, le niveau de vie y augmente plus vite.

Les résultats sont cependant inégaux. Paris n'apparaît nullement décongestionné et sa « congestion » s'étend même à une banlieue de plus en plus vaste. Si l'ouest du Bassin parisien, le Sud-Est et certaines parties du Sud-Ouest peuvent se féliciter de l'aménagement du territoire, la Bretagne, à cause de sa très forte population, pose un problème toujours presque aussi grave. Le Limousin, l'Auvergne, une partie de l'Aquitaine (Gers, Lot, etc.) voient leur retard s'aggraver. Des foyers locaux de reconversion (Saint-Étienne, Béthune, mines de

1. Article de *Connaissance de l'agriculture,* février 1967, publication de la F.N.S.E.A.

fer...) posent des problèmes aigus. L'Alsace elle-même manque d'emplois (beaucoup d'Alsaciens vont travailler en Allemagne).

Les obstacles restent nombreux, en effet : obstacles techniques (beaucoup d'études préalables font défaut), financiers (crédits insuffisants, difficiles à obtenir), administratifs : lourdeur, efficacité douteuse, chevauchement de compétences, dirigisme excessif (rôle exact des C.O.D.E.R. ?), humains (problèmes souvent douloureux de départ et de réinstallation dans des régions plus ou moins éloignées), psychologiques enfin : les Parisiens croient déchoir en allant vivre en province ; les provinciaux n'aiment pas toujours voir venir les Parisiens, ni adopter des méthodes nouvelles, bouleverser les salaires, sortir de leur routine.

On a cependant pris conscience de tout cela ; on a commencé à réagir. Le mouvement est lancé. Il doit absolument se poursuivre. Ainsi tous les Français pourront participer à l'essor indéniable qu'a connu la France depuis 1945.

III. L'ESSOR DE LA FRANCE

Cet essor est évident pour qui sait ouvrir les yeux. Il apparaît aussi bien dans la croissance économique que dans la naissance d'une nouvelle structure sociale.

La croissance économique

Rapide, elle s'est fait sentir tout au long de la période qui commence en 1945. Elle n'a été coupée d'aucune perturbation profonde, comme par exemple l'essor de l'entre-deux-guerres brutalement stoppé par la grande crise mondiale de 1929 ; toutefois, le progrès a été inégal.

★ *L'importance du progrès.*

La production a retrouvé en 1947-1948 son niveau de 1938, en 1952-1953 son niveau de 1929. Pour les années 60, son rythme est au doublement dans une période de 14 à 16 ans.

La *productivité* a augmenté d'environ 3,5 % par an, de 1949 à 1965, ce qui donne un accroissement total de 65 %.

Le *P.N.B.* (produit national brut = l'ensemble des biens et des services privés et publics) est évalué aux chiffres suivants, en francs constants (aux prix de 1959) ou en affectant l'année 1959 de l'indice 100 :

1938	153,1	milliards	de francs	=	indice	57,3
1950	184,9	—	—	=	—	69,2
1958	260,3	—	—	=	—	97,4
1965	369,3	—	—	=	—	138,1

La croissance du P.N.B. a été :

4,3 %	par an	de	1950 à 1955
4,6 %	—		1955 à 1960
5,1 %	—		1960 à 1965

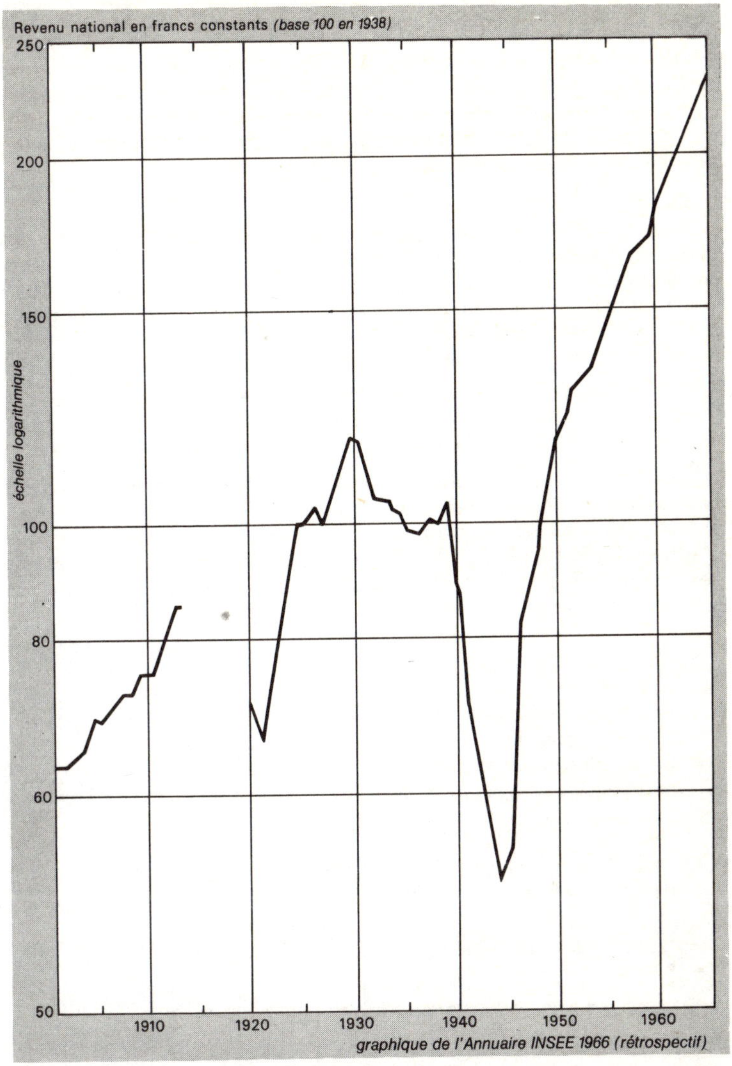

Revenu national en francs constants
(base 100 en 1938).

Cette croissance place la France à un rang fort honorable, bien avant les États-Unis, l'Angleterre ou la Belgique, mais cependant nettement derrière le Japon, l'Allemagne ou l'Italie.

Le *revenu national*, qui, outre les revenus procurés par les biens et les services, tient compte de tous ceux que peut assurer le capital, augmente encore plus vite. La courbe montre les indices suivants pour 100 en 1938 :

1901 ..	64	1929 ..	120	1944 ..	55	1958 ..	170
1914 ..	85	1938 ..	100	1950 ..	120	1965 ..	235

La *consommation* suit le progrès d'ensemble. Vers 1965-1967, son rythme est au doublement en vingt ans. Pour en apprécier la signification, il faut se rappeler que, lorsqu'on ne précise pas plus, elle inclut les dépenses de l'État ; que plus la consommation augmente, plus se réduisent l'investissement et l'exportation.

★★ *L'inégalité du progrès.*

Dans le temps. Depuis 1945, il y a eu de nombreux à-coups, des périodes d'emballement génératrices d'inflation, des coups de frein entraînant la récession. La tendance peu à peu est à la régularisation grâce à une meilleure connaissance des lois économiques et à la pratique d'une politique conjoncturelle [1]. On s'accorde, en tenant compte des liaisons économico-financières, à reconnaître trois étapes depuis 1945 :

- de 1945 à 1950 : reconstruction et difficultés financières ;
- de 1950 à 1958 : développement avec difficultés financières ;
- de 1958 à 1968 : développement sans problèmes financiers.

Le détail de cette évolution a déjà été vu [2]. L'entrée en vigueur progressive du Marché commun stimule la France.

Selon les activités. Certaines se sont développées plus vite que d'autres. En fait foi la P.I.B. (production intérieure brute = ensemble des valeurs ajoutées par chacune des branches de l'économie) : en milliards de francs courants :

	1949	*1965*
Agriculture	11,9	35
Industries agricoles	7,6	27,1
Autres industries	28,2	146
Bâtiments et travaux publics	5,5	41,3
Services	23,4	150,5
Total	76,6	399,9

On voit la part relative de l'agriculture diminuer de moitié.

Instructive est la comparaison des indices (base 100 en 1938) :

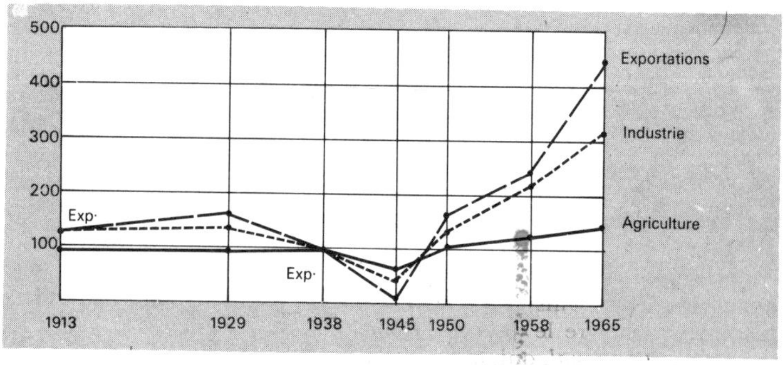

1. Voir ci-dessus le chapitre XXII, paragraphe III.
2. En suivant le rythme des Plans : voir chapitre XXII, paragraphe II.

Le progrès de l'agriculture est lent, non négligeable pourtant : environ 4 % par an depuis 1950. Mais la place qu'elle tient dans l'économie nationale décroît, tout comme le nombre des agriculteurs, passé en quarante ans, depuis 1926, de 8 millions et demi à 3 millions en 1968. L'industrie, au contraire, a augmenté au rythme de 7 % par an depuis 1950. Elle a pu doubler en dix ans, de 1947 à 1957 ou de 1952 à 1962 ; depuis lors, son rythme de doublement est de 12 à 14 ans ; on a donc pour elle les indices : 100 en 1938 et 1947, 200 en 1957, 400 en 1970.

Quant aux services, leur essor est un signe même de progrès économique. C'est au rythme de 2,4 % par an que croissent les emplois qu'ils offrent, alors que la population active n'augmente que de 0,2 % ! (période 1954-1964).

On conçoit dès lors quelle évolution a subie la répartition de la main-d'œuvre dans les *grands secteurs de l'activité* :

	1938	*1954*	*1962*	*1968*
Secteur primaire	37 %	28 %	20 %	16 %
— secondaire ...	31 %	36 %	39 %	39 %
— tertiaire	32 %	36 %	41 %	45 %

Nouvelle structure sociale

Le rapide essor économique, qui n'a pas de précédent dans l'histoire de la France, il faut bien insister sur ce fait, s'est naturellement accompagné d'une rapide évolution sociale. Celle-ci était commencée depuis assez longtemps mais, au début de la guerre de 1939, elle s'était traduite surtout par la dislocation de l'ancien ordre social, celui d'avant 1914 : la stabilité, l'équilibre, l'esprit d'épargne avaient été bouleversés et rien de ferme, de durable n'était venu en prendre la suite. Il en résultait un grand trouble de la société ; qu'en est-il advenu dans la période de 1945 à 1968 ?

★ Le *progrès social* est ce qui apparaît en premier lieu. Le Français vit mieux. Son niveau de vie, estime-t-on, est deux fois plus élevé de 1926 à 1967. Si on laisse à part la période de la guerre et de l'immédiat après-guerre, on trouve, depuis 1950, un progrès annuel d'environ 3,5 %. Comme pour l'économie ce chiffre place la France avant l'Angleterre ou la Belgique (2 %), mais après l'Allemagne (6 %) ou l'Italie (4 %). Le niveau de vie anglais est rattrapé, mais l'Allemagne a rattrapé celui de la France. Par rapport aux États-Unis, l'écart s'amenuise, bien qu'il reste considérable. Vers 1950, on estimait le niveau de vie français égal à 40 % de l'américain. Quinze ans plus tard : 55 %. On a vu comment les ménages français s'équipaient en voitures, postes de télévision, etc. C'est un indice. Il faut insister sur le rôle des diverses *allocations sociales* dans le relèvement du niveau de vie. En 1965, elles représentent 30 % du revenu (à cette date, le revenu brut moyen par personne est de 17 600 F par an).

★★ Les *éléments de différenciation sociale* sont loin d'avoir disparu pour autant. Ce sont :

- *d'abord le revenu :* tout le monde l'a amélioré, mais d'une part selon un progrès très variable ; d'autre part, les écarts initiaux n'ont pas été résorbés. Ainsi, en 1960, un tiers des ménages déclare un revenu inférieur à 500 nouveaux francs par mois ; un peu plus d'un tiers de 500 à 1 000 et le reste au-dessus et souvent très au-dessus. Certaines catégories socio-professionnelles restent les victimes de l'inégalité : non seulement les « vieux », les petits retraités, mais le monde des petits employés, celui — pris en bloc — des paysans dont le revenu n'est guère qu'à 55 % de la moyenne nationale (il a été à 50 % vers 1950) ; celui — toujours pris en bloc — des salariés qui font environ 75 % de la population active mais perçoivent 64 % du revenu (soit en 1965 un revenu brut de 15 400 F par an pour la moyenne nationale de 17 600).

• *ensuite l'instruction :* toujours très inégalement répartie — on l'a vu[1] — problème très grave : seule l'instruction donnera un minimum de chances donc d'égalité aux Français. Il y a progrès, indéniable, mais très insuffisant. Faute de pouvoir s'instruire, le fils du manœuvre sera manœuvre : c'est le cas de presque la moitié d'entre eux, selon une enquête de 1967.

• *enfin l'activité et le genre de vie.* L'opposition séculaire entre *citadins et ruraux* n'a pas disparu. Le rythme de vie est resté fondamentalement différent entre la ville et la campagne, le rythme de travail aussi. Il faut indiquer que beaucoup de petites villes sont, de ce point de vue, purement rurales. D'où le rôle irremplaçable de la grande ville pour changer les mentalités.

• Mais plus que l'opposition ville-campagne dont certains signes annoncent l'atténuation — on va le voir —, une opposition nouvelle est apparue, très caractéristique depuis la guerre, celle qui distingue les « *organisés* » *des* « *non-organisés* » : le petit paysan, l'artisan, le petit employé, ces « inorganisés » ont ceci de commun qu'ils se sentent emportés par une évolution économique à laquelle ils ne participent guère, qu'ils ne peuvent infléchir, de laquelle, instinctivement, ils se sentent les victimes. Au contraire, les membres des coopératives agricoles, les masses ouvrières, les fonctionnaires regroupés dans leurs syndicats ou les patrons dans leurs organismes professionnels sont autant d' « agents économiques » qui mènent un combat au coude à coude, qui ont moyen de faire entendre leur voix, qui influent sur l'évolution. Là est sans doute l'opposition sociale la plus nouvelle depuis la guerre.

★★★ *Les éléments d'égalisation font naître peu à peu une nouvelle société.*

Le *développement de l'organisation* affecte toutes les activités ; il est rapide, irréversible. Un à un, les individus, les producteurs se sentent entraînés de gré ou de force dans une organisation ; les plus vieux sont les plus rebelles, mais les générations se succèdent et l'avenir est contre eux. Ce n'est plus l'individu, c'est le groupe qui compte, qui agit. C'est lui le véritable partenaire social. L'État ne connaît plus, économiquement, que des groupes.

Cette mentalité de groupe est favorisée par la rapidité des transports, la presse à grand tirage, la radio et la télévision, les conditions de

---

1. Notamment au chapitre XVII, paragraphe I.

travail, le développement des échanges, qui suppose une puissante organisation. (Que pourrait le paysan tout seul pour vendre par exemple ses fruits dans le Marché commun ?) Le groupe prend naissance tout aussi bien dans l'urbanisation croissante qui rassemble des masses humaines vivant, travaillant, pensant d'une façon analogue.

Le *développement du salariat* est un autre facteur d'unification. Les salariés groupent 58 % des Français en 1931, 62 % en 1946, 75 % vers 1967. Depuis 1939, leur revenu dépasse la moitié du revenu national. Ainsi le salariat devient le cadre prédominant de l'activité. De plus en plus, le travailleur dépend, pour vivre, d'un employeur, catégorie dont le nombre diminue. L'État n'est pas l'employeur le moins important : en 1967, il fait vivre 1 400 000 personnes dont près de la moitié sont des enseignants. S'y ajoutent 300 000 militaires de carrière.

★★★★ Le *terme de l'évolution*, c'est cette « société industrielle » où l'individu n'est que partie d'un tout, soumis dans sa vie et son travail à une organisation complexe ; recourant, dans son activité professionnelle, à quelque secteur qu'elle appartienne : agriculture, industrie, services, aux mêmes méthodes, aux mêmes processus de conception, de fabrication, d'écoulement ; dépendant d'un État de plus en plus interventionniste ; mais destiné à participer, comme les autres, à cette civilisation des loisirs... en cours d'organisation.

Ainsi, un nouvel équilibre social tend à s'instaurer : les facteurs d'égalisation l'auront peu à peu emporté sur les facteurs de division, de rupture, de trouble qui semblaient prédominer dans l'entre-deux-guerres. Ce qui freinait[1], ce qui freine encore cette évolution, s'estompe peu à peu.

Il est intéressant pour l'historien de constater que la vieille solidarité du groupe, base de la société jusqu'à la fin du XVIIIe siècle, brisée par la vague de l'individualisme et du libéralisme au XIXe, cette solidarité de groupe réapparaît au milieu du XXe. Avec cette différence fondamentale pourtant que le groupe s'intègre dans un ensemble complexe et que les membres n'en sont plus des producteurs indépendants, mais des salariés et des assurés sociaux.

Causes profondes de la croissance depuis 1945

Avant 1945 la PIB augmentait de 2 % par an, la productivité de 2,5 % ; depuis 1945 les chiffres sont pour l'une et l'autre de 5%. Pourquoi ? [2]. Il semble que le dynamisme français a pu librement se manifester sans être paralysé comme entre 1914 et 1918 ou entre 1930 et 1945. Mais il y a des facteurs nouveaux : le travailleur travaille plus qu'autrefois (heures supplémentaires), stimulé par un meilleur revenu, grâce en partie à l'inflation ; l'entreprise, dans un climat plus industriel que rural, est mieux équipée et organisée ; l'Etat intervient, encadre, soutient avec efficacité... La France paraît s'être retrouvée.

1. Voir le chapitre XVII. Le poids de la tradition.
2. Voir en particulier J. J. Carré, P. Dubois, E. Malinvaud : *La croissance française*, Ed. du Seuil, 1972.

ORIENTATION BIBLIOGRAPHIQUE

POUR L'ENSEMBLE DE LA QUESTION

Sources statistiques

Annuaire statistique de la France, publié annuellement par l'I.N.S.E.E., Paris, Imprimerie Nationale et P.U.F., en particulier les volumes rétrospectifs : 1952, 1961, 1966.

Les diverses publications de l'I.N.S.E.E. et de « la Documentation française » (D.F.) qui, consacrées au présent, offrent pourtant nombre de chiffres relatifs au passé :

— *Tableaux de l'économie française* (I.N.S.E.E.) ;
— *Profil économique de la France* (D.F.) ;
— *Les Cahiers français* (D.F.).

Ouvrages généraux

P. DELFAUD, C. GÉRARD, P. GUILLAUME, J.-A. LESOURD : *Nouvelle histoire économique*, Coll. U., Paris, Colin, 6e éd. 1976 (tome II).

C. AMBROSI, M. BALESTE, M. TACEL : *Économies contemporaines*, t. I, 1926-1960 ; t. II, 1960-1981, Paris, Delagrave, 1981-1982.

M. REINHARD, A. ARMENGAUD et J. DUPAQUIER : *Histoire générale de la population mondiale*, Paris, Montchrestien, 1968.

J. LACOUR-GAYET : *Histoire du commerce*. T. V : *Le Commerce depuis le milieu du XIXe siècle*, Paris, Éd. Spid, 1952.

H. GRIMAL : *La Décolonisation, 1919-1963*, Coll. U., Paris, 1970.

Sur la France en particulier

M. LÉVY : *Histoire économique et sociale de la France depuis 1848*, Paris, Les Cours de Droit, Institut d'Etudes politiques, 1951-1952.

L.-H. PARIAS (Sous la direction de) : *Histoire du peuple français*, t. IV et V, Paris, Nouvelle librairie de France, 1958-1964.

G. DUBY et R. MANDROU : *Histoire de la civilisation française*, 2 vol., Paris, Colin, 1958 (le tome II dans la Coll. U.).

G. DUBY et A. WALLON : *Histoire de la France rurale*, Paris, le Seuil, 1975-1976 (les tomes III et surtout IV).

C. MORAZÉ : *La France bourgeoise*, Paris, Colin, 1946.

G. DUPEUX : *La Société française (1789-1970)*, Coll. U., Paris, Colin, 1972.

A. ARMENGAUD : *La Population française au XXe siècle*, Coll. Que sais-je ? Paris, P.U.F., 1965.

D. LIGOU : *Histoire du socialisme en France, 1861-1961*, Paris, P.U.F., 1962.

H. DESCHAMPS : *Les méthodes et les doctrines coloniales de la France*, Paris, Colin, 1953.

A. NEURRISSE : *Histoire du franc*, Coll. Que sais-je ?, Paris, P.U.F., 1967.

R. SÉDILLOT : *Histoire du franc*, Paris, Sirey, 1980.

F. Caron : *Histoire économique de la France, XIXe-XXe siècles* Paris, Colin, 1981.

POUR LA PÉRIODE D'AVANT 1945

A. Sauvy : *Histoire économique de la France entre les deux guerres*, 3 vol., Paris, Économica, 1984.

A. Sauvy : *La vie économique des Français de 1939 à 1945*, Paris, Flammarion, 1978.

C.-J. Gignoux : *L'Économie française entre les deux guerres*, Paris, S.E.D.E.S., 1943.

C. Bettelheim : *Bilan de l'économie française (1919-1946)*, Paris, P. U. F., 1946.

C. Fohlen : *La France de l'entre-deux-guerres (1917-1939)*, Paris, Casterman, 1966.

L. Chevalier : *Histoire du XXe siècle*, Paris, les Cours de Droit, Institut d'Etudes politiques, 1948-1949.

J. Fourastié et H. Montet : *L'Économie française dans le monde*, Coll. Que sais-je ?, Paris, P.U.F., 1946.

M. Augé-Laribé : *La Politique agricole de la France de 1880 à 1940*, Paris, P.U.F., 1950.

G. Lefranc : *Le Mouvement socialiste sous la troisième République (1875-1940)*, Paris, Payot, 1963.

G. Lefranc : *Le Mouvement syndical*, Paris, Payot, 2 tomes, 1967 et 1969.

G. Lefranc : *Histoire du Front populaire (1934-1938)*, Paris, Payot, 1965.

J. Chastenet : *Histoire de la troisième République*, t. IV à VII, Paris, Hachette, 1952-1953.

E. Bonnefous : *Histoire politique de la troisième République*, 7 vol., Paris, P.U.F., 1956-1965.

J. Néré : *La Troisième République*, Paris, Colin, Coll. U^{2}, 1967.

POUR LA PÉRIODE DE 1945 A 1968

L'Année politique, 2e série, par A. Siegfried, E. Bonnefous et J.-B. Duroselle, revue chronologique des faits politiques, diplomatiques, économiques et sociaux de la France ; publication annuelle. Paris, P.U.F., depuis 1946.

A. de Lattre : *Politique économique de la France depuis 1945*, Paris, Sirey, 1966.

J.-M. Jeanneney : *Forces et faiblesses de l'économie française (1945-1959)*, 2e éd., Paris, Colin, 1959.

P. Maillet : *La Structure économique de la France*, Coll. Que sais-je ?, Paris, P.U.F., 1960.

J. Chardonnet : *L'Économie française. Étude géographique d'une décadence et des possibilités de redressement*, 2 vol., Paris, Dalloz, 1958.

A. de Lattre : *Les Finances extérieures de la France (1954-1958)*, Paris, P.U.F., 1959.

J. Julliard : *La IVe République*, Paris, Calmann-Lévy, 1968.

G. Dupeux : *La France de 1945 à 1969*, Paris, Colin, Coll. U^{2}, 1972.

J. J. Carré, P. Dubois, E. Malinvaud : *La croissance française*, Paris, Ed. du Seuil, 1972.

M. Parodi : *L'économie et la société française depuis 1945*, Paris, Colin, 1981.

TABLE DES MATIÈRES

Troisième partie : LA FRANCE DE LA CRISE (des années 30 à la Deuxième Guerre mondiale)

Deuxième période : *DE 1945 A 1968*

Première partie : LES BASES ET LES FORCES DE L'ÉVOLUTION

Deuxième partie : L'ACTION DE L'ÉTAT

Troisième partie : LA MUTATION DE LA FRANCE

Impressions Dumas, 42100 Saint-Étienne
Numéro d'imprimeur : 29739
Dépôt légal : mai 1990
Dépôt légal de la 1re édition : 4e trimestre 1968
Imprimé en France